2024

广西调查年鉴

GUANGXI SURVEY YEARBOOK

国家统计局广西调查总队　编

Compiled by

Survey Office of the National Bureau of Statistics in Guangxi

中国统计出版社

China Statistics Press

图书在版编目 (CIP) 数据

广西调查年鉴 . 2024 = Guangxi Survey Yearbook 2024 : 汉、英 / 国家统计局广西调查总队编 . -- 北京 : 中国统计出版社 , 2024. 8. -- ISBN 978-7-5230-0493-7
Ⅰ . C832.67-54
中国国家版本馆 CIP 数据核字第 202413JU10 号

广西调查年鉴 2024

作　　者 / 国家统计局广西调查总队
责任编辑 / 罗　浩
执行编辑 / 闫云帆
校　　对 / 王雪梅
封面设计 / 李雪燕
出版发行 / 中国统计出版社有限公司
通信地址 / 北京市丰台区西三环南路甲 6 号　邮政编码 /100073
发行电话 / 邮购（010）63376909　书店（010）68783171
网　　址 / http://www.zgtjcbs.com/
印　　刷 / 北京捷迅佳彩印刷有限公司
经　　销 / 新华书店
开　　本 /880mm × 1230mm　1/16
字　　数 /908 千字
印　　张 /28.5
版　　别 /2024 年 8 月第 1 版
版　　次 /2024 年 8 月第 1 次印刷
定　　价 /350.00 元

《广西调查年鉴2024》

编委会和编辑出版人员

编　委　会

主　　任：廖金昌

副 主 任：陆奉昌　李　青　黄茂平　付成云　邱洪刚

编　　委：王雪梅　赵宗焕　温镜忠　李进贤　钟日辉
罗天明　林家豪　杨宁琳　成中文　陈科利
王　飞　周四海　陈　钧　许景玲　傅汉明
熊铭婕　蒋宏杰　龚建峰　赖振朋　唐　俊

主　　编：廖金昌

副 主 编：陆奉昌　李　青　黄茂平　付成云　邱洪刚
王雪梅

编辑工作人员

总 编 辑：王雪梅

副总编辑：劳　青

编辑人员：（以姓氏笔画为序）
叶雪莹　叶超峰　何月葵　邹旭滨　李琴仙
陈俐妃　陈璐阳　吴福海　张建裕　张　帅
罗宇连　黄金碧　谢定杰　蒋志华　廖显金

责任编辑：罗　浩

执行编辑：劳　青　吴福海

统计制图：吴福海

英文翻译：吴福海

Guangxi Survey Yearbook 2024

EDITORIAL BOARD AND EDITORIAL STAFF

编者说明

一、《广西调查年鉴 2024》系统收录了广西及各市、县（市、区）2023 年城乡居民收入和消费、居民消费价格与生产者价格、主要粮食和畜禽生产、脱贫县农村住户监测等方面的各项统计调查数据，以及收录了近年全国及各省（自治区、直辖市）主要统计指标的统计调查数据，是一部记录和反映广西城乡居民生活、物价、农村农业经济发展等情况的大型资料性年刊。

二、本年鉴正文内容分为 6 个篇章，即：1. 综述；2. 人民生活；3. 脱贫县农村住户监测；4. 价格调查；5. 农业生产；6. 分析资料；另外，还有附录篇章，即：附录 . 全国及各省（自治区、直辖市）主要统计调查指标。

为方便读者使用，各篇章前设有《简要说明》，对本篇章的主要内容、资料来源、统计范围、统计方法予以简要说明，主要篇章末附有《主要统计指标解释》。

三、本年鉴所涉及的全国性统计数据，除行政区划、森林资源及特殊注明外，均未包括香港、澳门特别行政区和台湾省数据。

四、本年鉴所使用的度量衡单位均采用国际统一标准计量单位，并统一使用最新颁布实施的产品目录。

五、本年鉴总量指标计算所采用的价格均为现行价格。

六、本年鉴中涉及的历史数据，均以最新出版的本年鉴数据为准；本年鉴中部分数据合计数或相对数由于单位取舍不同而产生的计算误差，均未做机械调整。

七、资料中部分药品、化学、矿产品名称采用中文汉语拼音拼写。

八、符号使用说明：

"…"表示数据不足本表最小计量单位数；

"#"表示其中的主要项；

"空格"表示该项统计指标数据不详或无该项数据；

"①"表示本表下有注解。

九、在本年鉴的编辑过程中，得到了许多单位和同志的大力支持，在此我们深表谢意。限于我们的水平，年鉴中的错误和不足之处在所难免，恳请广大读者给予批评指正。

Editor's Explanatory Notes

Ⅰ. Guangxi Survey Yearbook 2024 is an annual statistical publication, which refects comprehensively the expenditure and consumption of urban and rural residents,prices,rural agricultura economic development of Guangxi. It covers data for 2023 and key statistical data in income and consumption expenditure of urban and rural residents,consumption price and producer price, main grain and livestock production,rural household monitoring in poverty alleviation areas,etc of Guangxi,Cities and counties (districts). At the same time it collects the statistical survey data of the main socio-economic indicators of the main statistical indicators of the whole country and provinces (autonomous region and municipality).

Ⅱ. The Yearbook contains the following five chapters: 1.Review; 2. People's Livelihood; 3. Rural Household Monitoring in Poverty Alleviation Areas; 4. Price Survey;5.Agriculture Production;6.Analytical Data; In addition, there are appendix chapters:Appendix.Main Statistical Survey Indicators by Region.

To facilitate readers, the Brief Introduction at the beginning of each chapter provides a summary of the main contents of the chapter, data sources, statistical scope, statistical methods. At the end of each chapter, Explanatory Notes on Main Statistical Indicators are included.

Ⅲ. The national data in this book do not include those of the Hong Kong Special Administrative Region, the Macao Special Administrative Region and Taiwan Province, except for the divisions of administrative areas, forest resources and otherwise specified.

Ⅳ. The units of measurement used in the Yearbook are internationally standard measurement units, and newly published and implemented Product Categories are uniformly used.

Ⅴ. The computation of all the gross indicators in the Yearbook is equipped with current prices.

Ⅵ. Please refer to the newly published version of the Yearbook for updated historical data. Statistical discrepancies on totals and relative figures due to rounding are not adjusted in the Yearbook.

Ⅶ. Some of the materia medica, chemistry, mining product is adopted by Chinese spelling translation.

Ⅷ. Description of signs or symbols in the Yearbook:

"..." for data with insufficient decimal place;

"#"indicates a major breakdown of the total;

"blank space" indicates that the data are unknown, or are not available;

" ① "indicates footnotes at the end of the table.

Ⅸ. During the editions of this Yearbook, we have won wide support from many departments and comrades, and we deeply thanks for this all. Based on our limited level, perhaps there are some mistakes in the book, we welcome all candid comments and criticism from our readers.

目 录

Contents

第一篇 综述
Chapter 1 Review

第二篇 人民生活
Chapter 2 People's Livelihood

第三篇　脱贫县农村住户监测
Chapter 3 Rural Household Monitoring in Poverty Alleviation Counties

第四篇　价格调查
Chapter 4 Price Survey

第五篇 农业生产
Chapter 5 Agriculture Production

第六篇 分析资料
Chapter 6 Analytical of Data

附录：全国及各省（自治区、直辖市）主要统计调查指标

APPEDIX：Main Statistical Survey Indicators by Region

第一篇　综　述

Chapter 1　Review

（编辑：何月葵　吴福海）（Editor:He Yuekui　Wu Fuhai）

国家统计局广西调查总队概况

【机构沿革】

国家统计局广西调查总队（以下简称广西调查总队）既是政府统计调查机构，也是统计执法机构，依法独立行使统计调查、统计监督的职权，独立向国家统计局上报调查结果，并对上报的调查资料的真实性负责。同时，承担地方政府委托的各项统计调查任务。

（一）组织实施住户调查、劳动力调查、价格调查、农业与农村调查、采购经理调查，组织实施有关社情民意调查、企业和个体经营户调查等。

（二）组织实施国家统计快速反应制度，组织开展经济社会重大问题和经济发展新动能专项调查，及时报告本地区的突发性经济事件和重大社会经济问题等方面信息。

（三）参与组织实施国家有关普查项目；负责脱贫县农村住户、农民工、文明城市测评等专项监测。

（四）根据国家统计局的授权，管理和公布有关统计调查数据。

（五）依法查处其组织实施的统计调查活动中发生的统计违法行为。

（六）组织开展统计信息化的有关工作。

（七）负责调查总队机关人事、财务工作，管理下属各级调查队人事、财务工作。

（八）加强党对调查队工作的全面领导，承担总队和下属调查队系统党的建设、全面从严治党主体责任，组织落实总队和下属调查队系统党的建设、纪检监察、巡察工作。

（九）受国家统计局委托管理下属各级调查队；组织领导地方调查队的业务工作。

（十）接受地方党委政府的委托，开展统计调查和提供信息服务。

（十一）完成国家统计局交办的其他事项。

2023 年 3 月 10 日，自治区副主席苗庆旺（左二）到广西调查总队调研指导工作

2005 年，根据国务院办公厅《关于印发国家统计局直属调查队管理体制改革方案的通知》（国办发〔2005〕14 号）、中央编办《关于国家统计局各级调查队机构设置和人员编制的批复》（中央编办复字〔2005〕149 号）和《国家统计局直属调查队管理体制改革实施方案》（国统字〔2005〕158 号），国家统计局撤销广西壮族自治区农村社会经济调查队（1984 年 5 月成立）、城市社会经济调查队（1984 年 5 月成立）、企业调查队（1997 年 3 月成立），设立国家统计局广西调查总队。国家统计局广西调查总队是国家统计局的派出机构，为正厅级单位，事业编制 106 名（含华南数据中心编制 10 名）。2005 年 12 月为了加强对统计工作的领导，成立广西调查总队党组。

2006 年 4 月，经自治区直属机关工委批准，成立广西调查总队机关党委。广西调查总队内设：办公室、执法监督处、制度方法处、综合处、农业调查处、农村调查处、居民收支调查处、住户监测处、劳动力调查处、生产价格调查处、消费价格调查处、专项调查处、社会调查处、信息技术应用处、人事教育处、财务管理处、纪律检查室（巡察办）、机关党委办公室、业务应用处、系统运维管理处。

国家统计局广西调查总队受国家统计局委托，管理区内 14 个市级调查队、30 个县级调查队，全系统在职在编人员 625 人（注：2023 年度），是一支重要的政府统计调查力量，可快速、高效、灵活、准确地进行全自治区的统计调查，是为各级党政部门制定政策、企业决策、社会各界咨询提供科学统计调查数据信息服务的权威专业调查机构。

【工作情况】

2023 年，在国家统计局党组正确领导下，广西调查总队坚持以习近平新时代中国特色社会主义思想为指导，持续深入学习贯彻党的二十大精神，深入贯彻落实习近平总书记关于统计工作重要讲话指示批示精神和关于广西工作论述的重要要求，扎实推进学习贯彻习近平新时代中国特色社会主义思想主题教育，聚焦聚力“数据真实、服务优质、基础扎实”工作主线，实干笃行，砥砺奋进，取得了广西国家调查事业高质量发展的新成绩。

一、国家调查业务高质量发展

认真学习贯彻党的二十大精神，全面贯彻落实中央关于统计改革发展重大决策部署，统筹完成中央和地方的各项统计调查任务，统计调查事业发展取得新成绩。农业调查“e 农调”系统升级版再获计算机软件著作权证书，无人机遥感监测经验被国家统计局总结推广。生产价格调查编制工价、房价调查规范化操作手册，开发工价电子台账系统，完

2023 年 3 月 20 日，国家统计局党组成员、副局长毛盛勇（前排右一）到广西调查总队调研指导工作

2023 年 5 月 25 日，国家统计局办公室副主任王娟（前排左三）一行到广西北港新材料有限公司开展调研

2023 年 5 月 19 日，广西调查总队联合南宁调查队在南宁市开展“奋进新征程 建功新时代”五四青年活动

2023 年 5 月 23 日，广西调查总队在崇左市举办广西国家调查队系统主题教育暨 2023 年度党务干部培训班

善房价月报审核专用程序，数据采集审核水平有效提高。扫描数据应用在全区消费价格调查中实现地域全覆盖。《粮食播种面积自动高精度智能统计》《扫描数据在居民消费价格调查中的应用》在第四届联合国世界数据论坛“中国智慧统计”展区现场展出，采购经理指数编制工作经验做法在全国统计系统业务培训上作交流发言，获得国家统计局肯定。

2023 年 6 月 8 日，广西调查总队党组书记、总队长廖金昌（左二）到富川调查队调研指导工作

二、全面从严治党纵深发展

扎实推进基层党建“五基三化”系列行动，常态化开展“四强”党支部创建，举办学习贯彻习近平新时代中国特色社会主义思想主题教育暨党务干部培训班，组织基层党务干部开展党建课题调研、参加党务技能大赛，基层党建工作取得新成效。通过党员先锋队、党员示范岗推动党员干部走在前、作表率，党建与业务实现同频共振。坚持以严格精准的监督执纪作为推进落实党的自我革命战略思想和全面从严治党战略方针的重要抓手。制订广西调查总队党组巡察五年规划，对 12 个市县队开展“巡察 +”贯通协调监督，狠抓巡察整改和成果运用，利剑作用充分彰显。开展违反中央八项规定精神问题专项整治，持续完善制度体系，深化纪法教育和警示教育，纪律作风更加严明。选派 8 名干部参加中央巡视、国家统计局党组巡视和驻委纪检监察组专项工作，以干代训提升斗争本领。扎实开展纪检干部队伍教育整顿，纯洁思想纯洁队伍，忠诚干净担当的铁军底色更加鲜明。

三、完善机制保障数据质量

坚持把建立健全数据质量管理工作机制、压实领导干部数据真实性责任、筑牢源头数据质量基础作为发力点，落实数据质量管控职责，形成执法、制度、业务、综合保障等多部门联动合力，开展业务培训24次、业务检查调研300余次，促进源头数据生产制度化、规范化。严格执行报表质量通报制度，强化数据质量审核监管责任，“个性化”“定制化”设计通报内容，开展报表质量通报2次。加大源头数据质量核查和制度执行情况检查力度，制定实施《各统计专业源头数据质量核查方案》。住户调查开展“大访户”完成全区分省农村调查样本全覆盖访户，打造“日审”2.0版，强化信息技术应用，工作质效显著提升；农民工监测调查有效解决举家外出数据难统计问题；劳动力调查运用统计联网直报平台实时监测数据，建立多重审核机制；实施“加强统计调查提升统计服务”专项行动，对农业、畜牧业、居民收支、脱贫县监测、消费价格调查涉及的国家调查样本进行走访维护、业务培训、数据审核，源头数据质量基础不断筑牢。

2023年8月4日，广西调查总队在南宁市召开广西国家调查队系统人才工作推进会

2023年8月11日，时任广西调查总队党组成员、副总队长邱洪刚（右三）赴防城港调研消费价格调查工作

四、专项治理提升法治建设效能

坚持以防治统计造假专项治理行动为抓手，扎实推进依法统计依法治统，严格执行防范和惩治统计造假弄虚作假报告制度、调查队主要负责人保障统计数据真实性报告制度、领导干部违规干预统计工作记录制度，构建起常态化统计执法检查工作机制，统计执法监督效能不断提升。组织开展统计法治大学习，全系统干部参加统计法治知识测试，参考率、合格率双双达到100%。持续加大统计执法检查力度，选派执法骨干参加中央统计督察6人次、国家统计执法检查2人次，为统计法治建设贡献广西调查力量。

五、优化内部管理强化基础保障

坚持把制度、安全、规范作为政务服务的发力点，开展深化行政管理规范化建设行动，修订党组工作规则、贯彻落实中央八项规定及其实施细则的实施办法等制度8项，扎密制度体系，完善机要保密和国家安全、网络和数据安全工作机

2023 年 9 月 17 日，国家统计局党组成员、副局长盛来运（第二排右四）一行赴广西调研指导国家统计局数据灾备中心建设和管理工作

2023 年 9 月 20 日，广西调查总队在河池市举办第十四届“中国统计开放日”广西分会场活动

制，完成 2007 年以来文件整理，推动全系统档案定级率达到 91%。树立鲜明用人导向，持续推进干部队伍建设，系统人员力量不断充实。召开系统人才工作推进会，选送近 180 人次参加各类培训，系统人才建设稳步推进；鼓励干部参加职称考试，目前全系统有高级职称人数 14 名，中级职称人数 235 名，年内全系统 109 名干部通过中高级统计专业资格考试，1 名干部入选全国统计高层次人才第二期培养工程。开展统计建模大赛，储备建模人才。坚决落实“过紧日子”要求，从严控制一般性开支、新增资产，建立共享调剂机制，盘活存量资产，资产使用效能持续提升。在预算安排上，坚持保重点项目、保基本运转、压一般性支出，加大向基层和困难地区倾斜力度，财务服务保障水平进一步提升。

六、信息技术赋能调查事业高质量发展

不断夯实网络安全和信息化工作基础，顺利开

2023 年 10 月 24 日，广西调查总队党组成员、副总队长黄茂平（右三）带队到上林县开展晚稻实割实测

展灾备中心设备及人员的运维管理工作交接，初步建立运维管理制度体系；持续优化基础设施运维管理，推动职能有效运转；选派精干力量赴国家统计局开展统计灾备建设专班工作，建立健全灾备整体规划、建设、管理和保障体系，起草智慧统计数据灾备建设方案；圆满完成电力扩容工程建设、接火通电，灾备中心机房扩建工作。高位部署重点时期网络安全工作，不断完善网络和数据安全制度建设，常态化开展网络安全日常监测、检查和情况通报，筑牢全系统网络安全防线。不断强化信息化与调查业务融合，拓展完善广西国家调查综合信息平台功能，定制编写消价专用审核处理程序，统筹开展信息化设备统一维保，调查事业高质量发展支撑力度不断加强。

2023 年 10 月 31 日，广西调查总队与自治区总工会、自治区党委区直机关工委在柳州市联合举办 2023 年广西国家调查队系统劳动力调查业务技能竞赛

七、统计综合服务再上新台阶

围绕自治区党委、政府中心工作，聚焦经济社会发展和民生领域重点、热点和难点问题，组织开展选题会

2023 年 12 月 5—6 日，广西调查总队党组成员、纪检组长付成云（右一）带队到崇左辖区检查指导党风廉政建设工作，督导主题教育、纪检干部队伍教育整顿、巡察整改等工作

2023 年 12 月 15 日，广西调查总队在南宁市举办第六期首席统计师访谈活动

商、精准选题，深挖数据价值，编发高质量调查信息报告，打造统计分析研究精品，在自治区党委、政府办公厅政务信息工作考核中名列前茅。全年共编发调查信息报告 460 篇，其中，自治区“两办”采用 101 篇次，自治区领导批示 18 篇次；国家统计局“每日调查”采用 7 篇次，工作信息网采用 101 篇次；国办采用 2 篇次，中办采用 4 篇次，中央领导批示 1 篇次。1 篇调查报告获“全国统计优秀分析报告”二等奖，1 篇调查报告获自治区政府办公厅评为“广西优秀政务信息”，1 篇调查报告获《中国国情国力》采用。扎实开展统计调查宣传，成功举办第十四届“中国统计开放日”系列活动，创作歌舞 MV《山歌唱盛会》、科普动漫《闲话统计调查》等多部新媒体宣传作品。全年获《中国信息报》采用 111 篇，同比增长 29.1%，获《中国信息报》官方微信公众号采用 31 篇，同比增长 1.6 倍，广西调查总队两篇新闻稿获《中国信息报》好新闻奖，新闻宣传工作取得新成效。

【主要民生调查指标运行情况】

据国家统计局广西调查总队抽样调查资料显示，2023 年，广西居民收入平稳增长 消费支出较快恢复，居民消费价格低位运行、工业生产者价格呈现降势、农产品生产者价格小幅下滑，畜牧业生产总体稳定，粮食产量再次实现增长，农民工总量稳步增长。

一、广西居民收入和支出情况

（一）居民收入增长总体平稳

2023 年，广西居民人均可支配收入 29514 元，同比增长 5.5%；扣除价格因素，实际增长 5.7%。按常住地划分，城镇居民人均可支配收入 41287 元，同比增长 4.0%，扣除价格因素影响，实际增长 4.3%；农村居民人均可支配收入 18656 元，同比增长 7.0%，扣除价格因素影响，实际增长 7.0%。

2023 年，广西农村居民人均可支配收入增长快于城镇居民 3.0 个百分点，城乡居民收入比为 2.21，比上年缩小 0.07，已连续 14 年呈缩小态势，城乡居民收入分配格局不断优化，城乡收入比继续缩小。

（二）消费支出较快恢复

2023 年，广西居民人均消费支出 19749 元，同比增长 7.7%，增速比上年提高 6.3 个百分点。按常住地分，城镇居民人均消费支出 24427 元，增长 8.9%；农村居民人均消费支出 15435 元，增长 5.3%。

衣着、生活用品及服务、交通通信支出复苏明显，由上年的下降转为增长，分别增长 11.1%、4.0%、9.4%；医疗保健、教育文化娱乐、其他用

2024 年 1 月 4—5 日，国家统计局贸经司二级巡视员刘金钟（右四）一行赴广西开展服务零售结构调查专题调研

品和服务支出仍保持较快增长，分别增长 12.0%、9.7%、8.8%；食品烟酒、居住支出平稳增长，分别增长 6.5%、5.3%。

二、广西价格运行情况

（一）居民消费价格总体呈现低位运行态势

2023 年，广西居民消费价格下降 0.2%，比上年（上涨 1.9%）回落 2.1 个百分点，处于负增长区间，为 2010 年以后最低年度涨幅。按高低涨幅排序，居全国 31 个省（自治区、直辖市）第 29 位，居西部 12 省（自治区、直辖市）第 10 位。

（二）工业生产者出厂价格呈现降势

2023 年，广西工业生产者出厂价格下降 3.0%，较 2022 年涨幅 2.5% 回落 5.5 个百分点，与全国平均水平（−3.0%）持平，在全国 31 个省（自治区、

2024 年 3 月 28 日，国家统计局党组成员、副局长盛来运（右一）、自治区党委常委、自治区副主席许永锞（左二）到广西调查总队调研指导工作

直辖市）中排第15位。

（三）农产品生产者价格呈小幅下滑的态势

2023年，广西农产品生产者价格比上年下跌2.9%，跌幅比全国平均水平（-2.3%）多0.6个百分点，下跌幅度大于全国平均水平；农林牧渔四类别生产者价格呈“一涨三跌”的态势，其中：农业产品价格比上年上涨0.1%，林业、畜牧业和渔业产品价格比上年下跌4.1%、9.9%和3.2%。

三、广西主要畜禽生产情况

2023年，广西猪牛羊禽肉产量469.15万吨，为2019年以来同期最高水平，同比增长5.2%，高于全国0.7个百分点；禽蛋产量33.36万吨，增长13.8%；牛奶产量13.79万吨，增长5.0%，主要畜禽生产稳定发展。

（一）猪牛羊禽肉产量持续增长

2023年，猪牛羊禽肉产量469.15万吨，比上年增长5.2%。其中，猪肉产量276.05万吨，增长5.1%；牛肉产量15.25万吨，增长2.1%；羊肉产量4.35万吨，增长0.8%；禽肉产量173.50万吨，增长5.7%。

（二）生猪产能持续扩张

2023年，广西生猪出栏3516.60万头，同比增长5.1%，高于全国水平1.3个百分点；猪肉产量276.05万吨，增长5.1%，生猪出栏量及肉产量均为2019年以来最高水平。四季度末，广西生猪存栏2268.54万头，同比增长2.2%，其中，能繁母猪存栏221.29万头，同比下降1.0%，处于产能调控绿色区间。

（三）家禽生产稳定增长

2023年，广西家禽出栏为110973.00万羽，同比增长5.3%；禽肉产量173.50万吨，增长5.7%；禽蛋产量33.36万吨，增长13.8%。四季度末，广西家禽存栏为34324.37万羽，同比下降3.4%。

（四）牛羊生产平稳发展

2023年，广西牛出栏144.14万头，同比增长0.9%；羊出栏260.22万头，下降0.6%；牛奶产量13.79万吨，增长5.0%。四季度末，广西牛存栏349.84万头，下降3.83%；羊存栏276.58万头，增长0.2%。

四、粮食产量再次实现增长

2023年，广西粮食播种面积为2834.7千公顷（4252.08万亩），比上年增加5.4千公顷（8.11万亩），增长0.19%；单位面积产量为4922.4公斤／公顷（328.16公斤／亩），比上年减少1.6公斤／公顷，下降0.03%；总产量为1395.4万吨，比上年增加2.2万吨，增长0.16%。在全国31个省（自治区、直辖市）中，广西粮食播种面积列第17位，总产量列第17位，单位面积产量列第25位；面积、总产量、单产排位与2022年持平。自2020年以来，广西粮食产量已经连续4年保持稳定增长。

五、农民工总量稳步增长

2023年，广西农民工总量1323万人，比上年同期增加9万人，增长0.7%。其中，外出农民工（离开本乡镇，下同）912万人，比上年同期增加24万人，增长2.6%；本地农民工411万人，比上年同期减少15万人，下降3.5%。

图说民生

城镇居民人均可支配收入（元）
Per Capita Disposable Income of Urban Households（RMB）

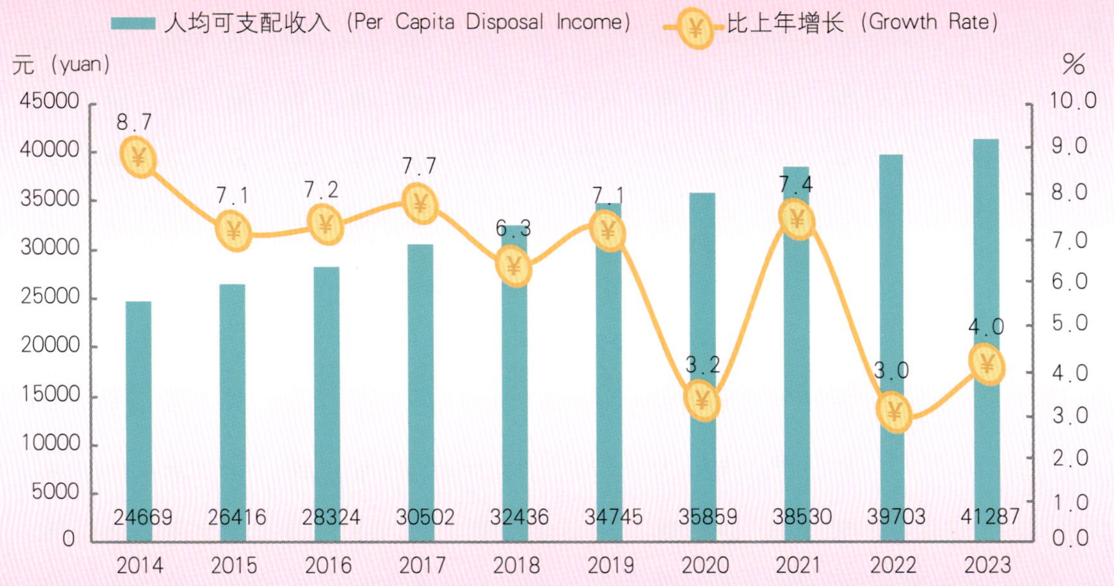

城镇居民人均消费支出（元）
Per Capita Consumer Expenditure of Urban Households（RMB）

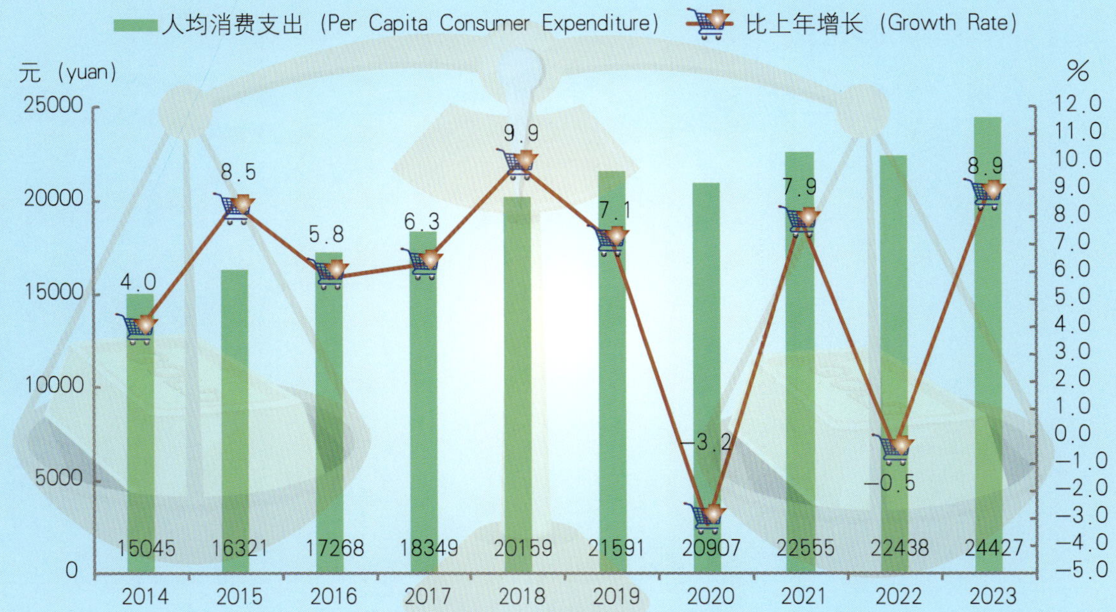

农村居民人均可支配收入（元）
Per Capita Disposal Income of Rural Households（RMB）

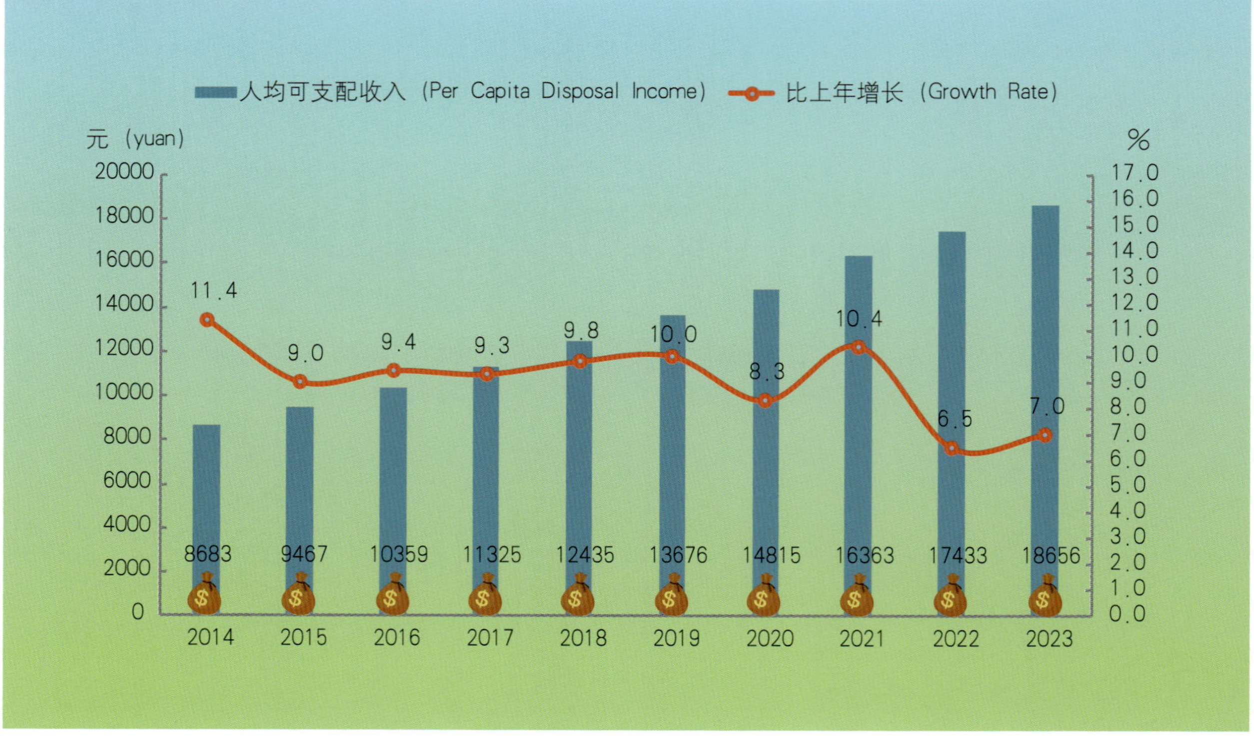

农村居民人均消费支出（元）
Per Capita Consumer Expenditure of Rural Households（RMB）

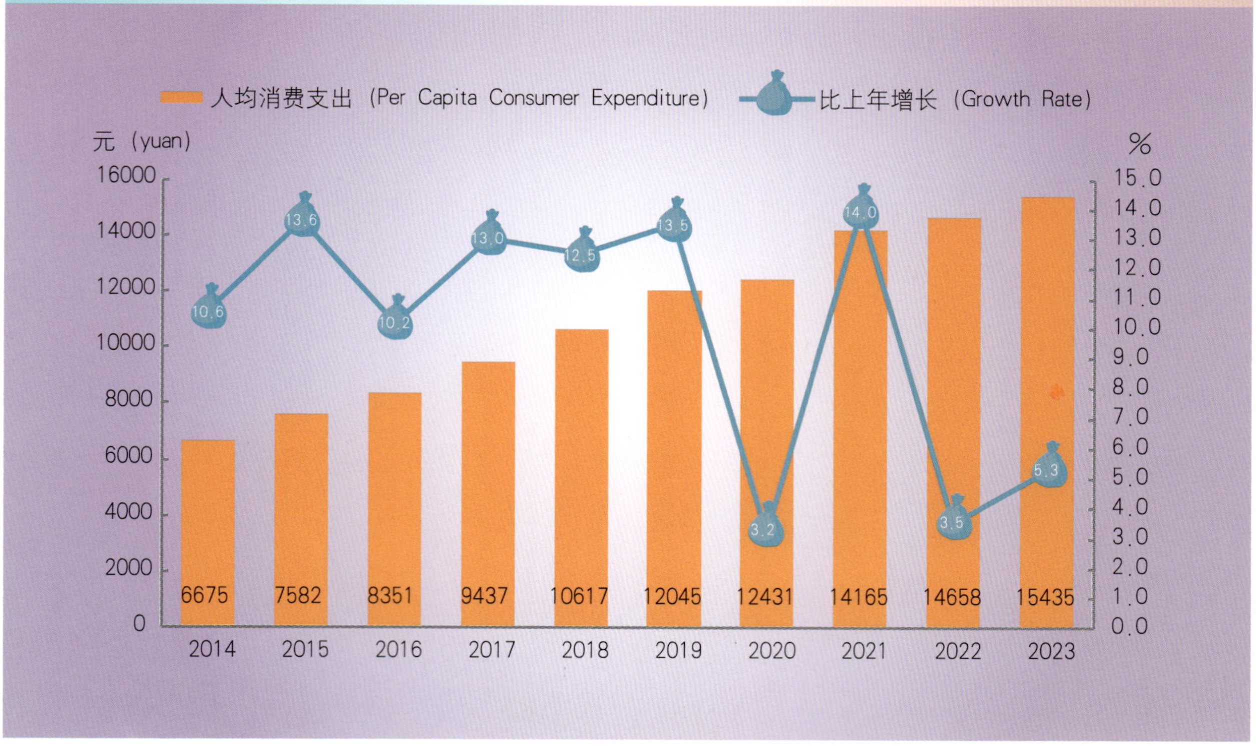

居民消费价格指数（上年 =100）
Consumer Price Index（Preceding Year=100）

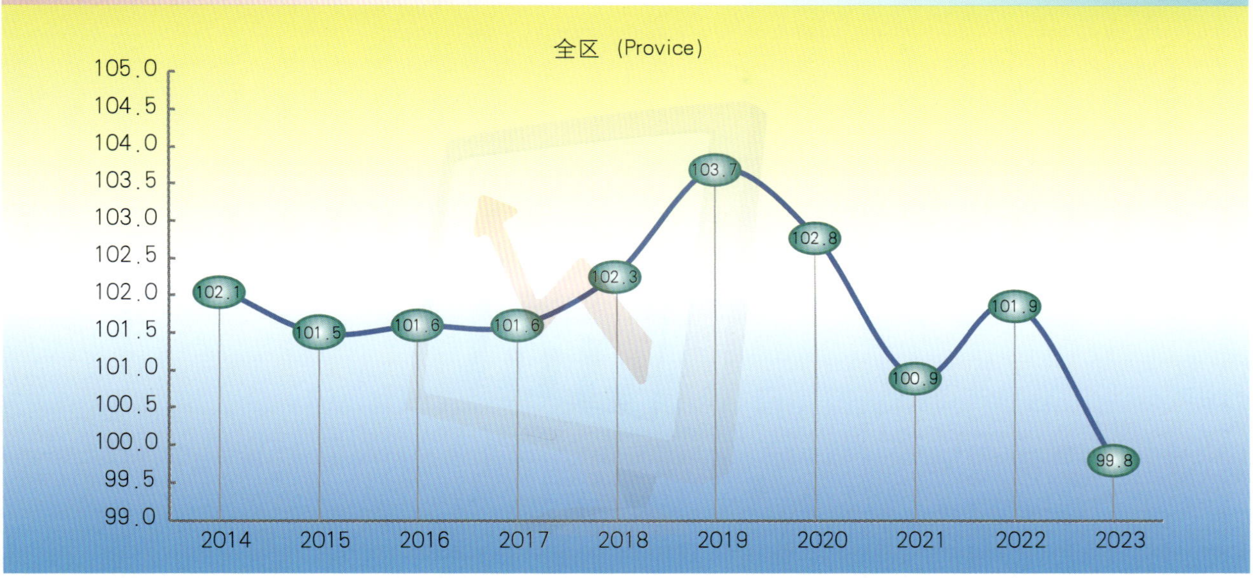

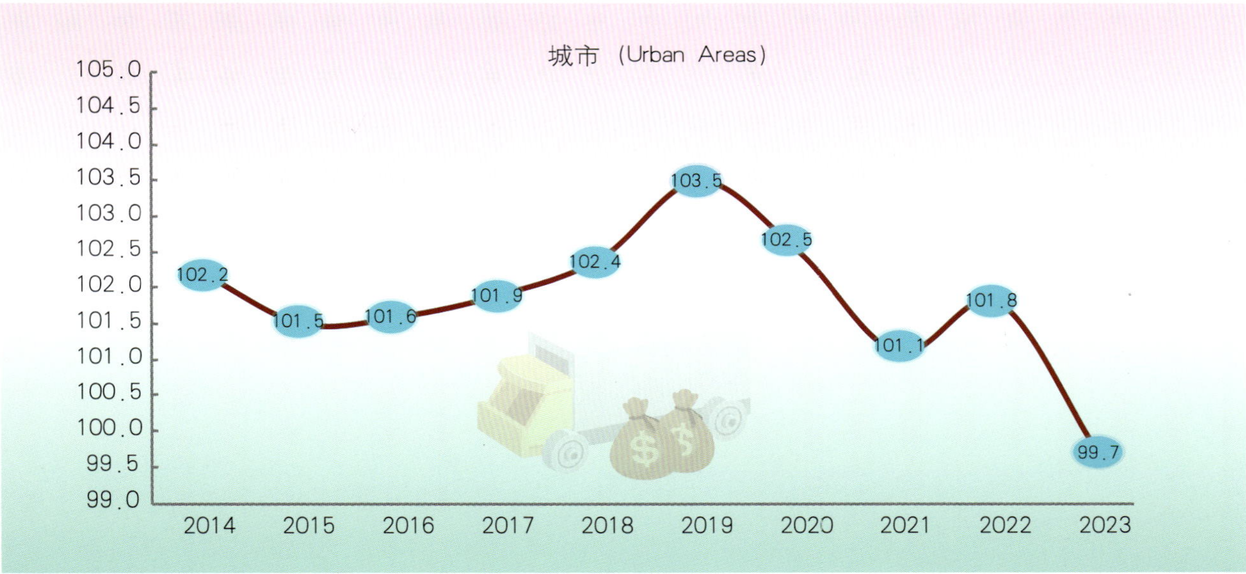

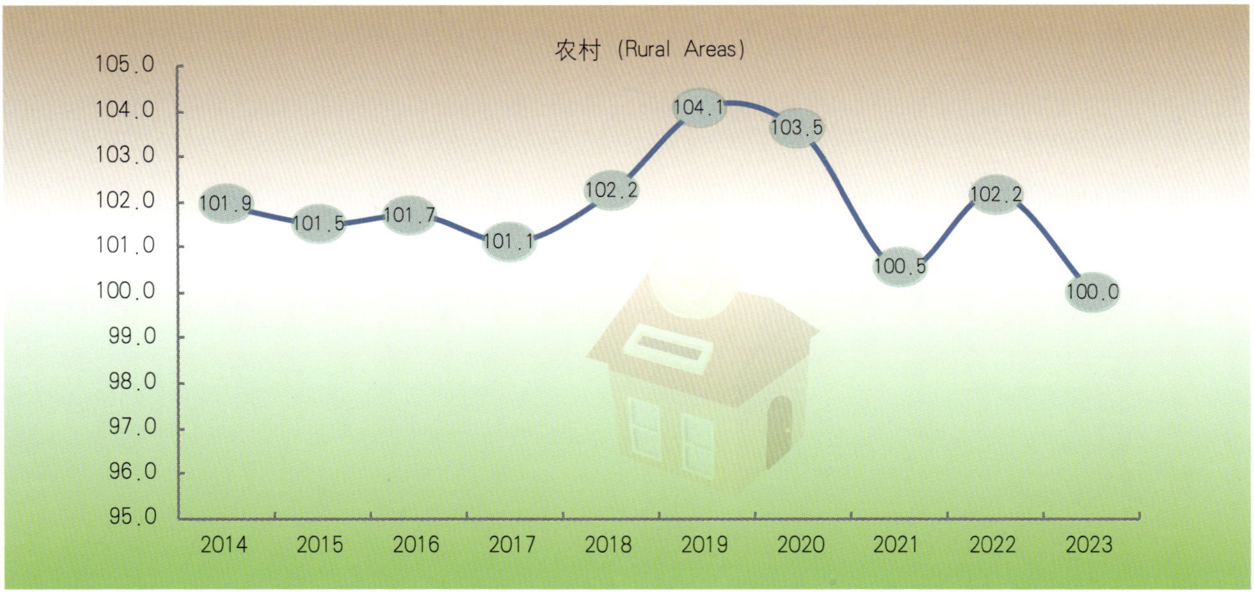

工业生产者出厂价格指数（上年 =100）
Producer Price Indices for Industrial Products（Preceding Year=100）

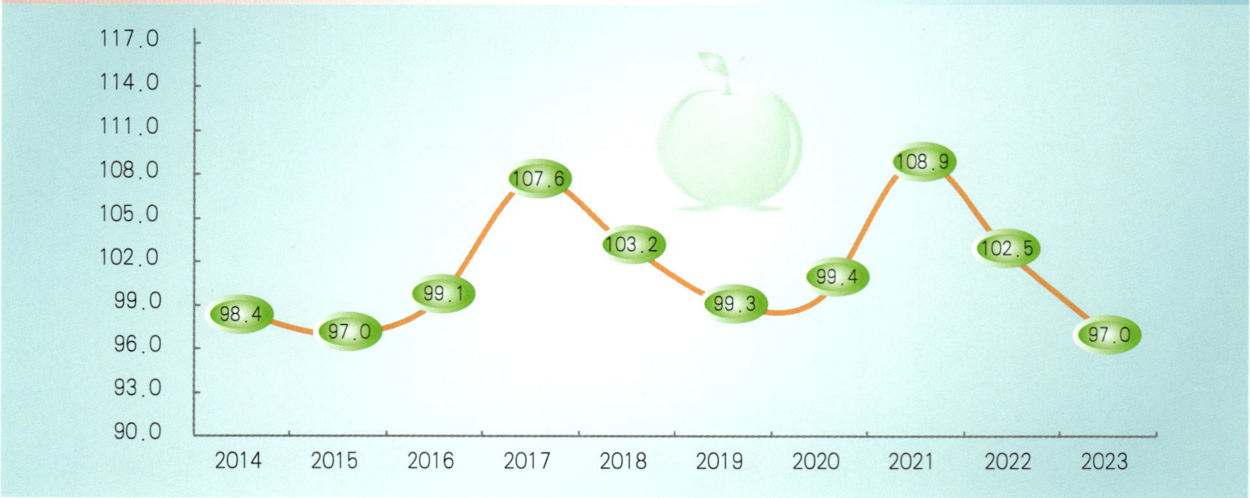

工业生产者购进价格指数（上年 =100）
Purchasing Price Indices for Industrial Producers（Preceding Year=100）

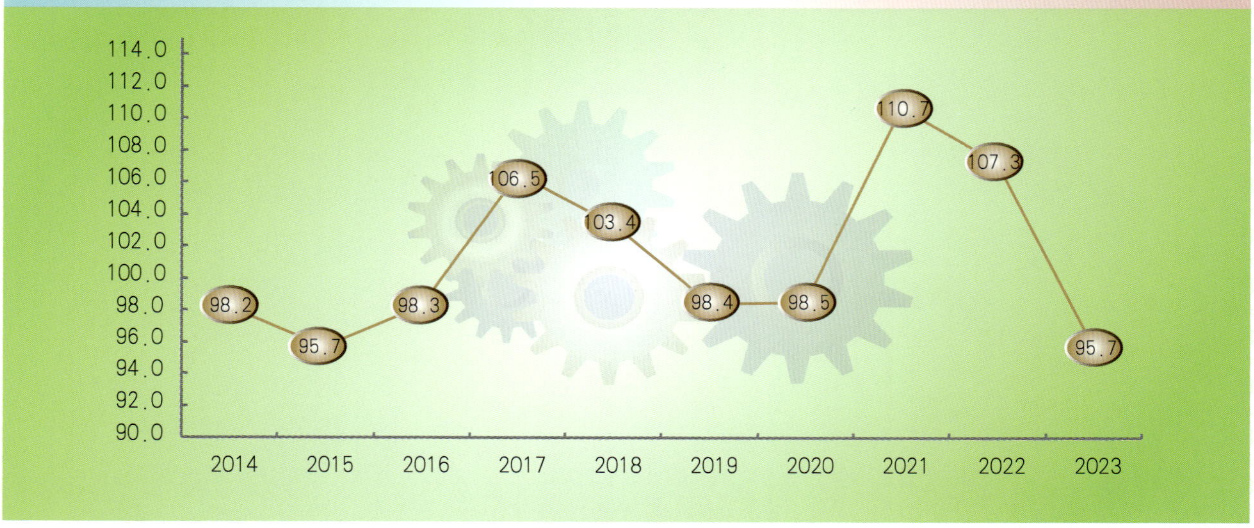

农产品生产价格指数（上年 =100）
Producer Price Indices for Farm Products（Preceding Year=100）

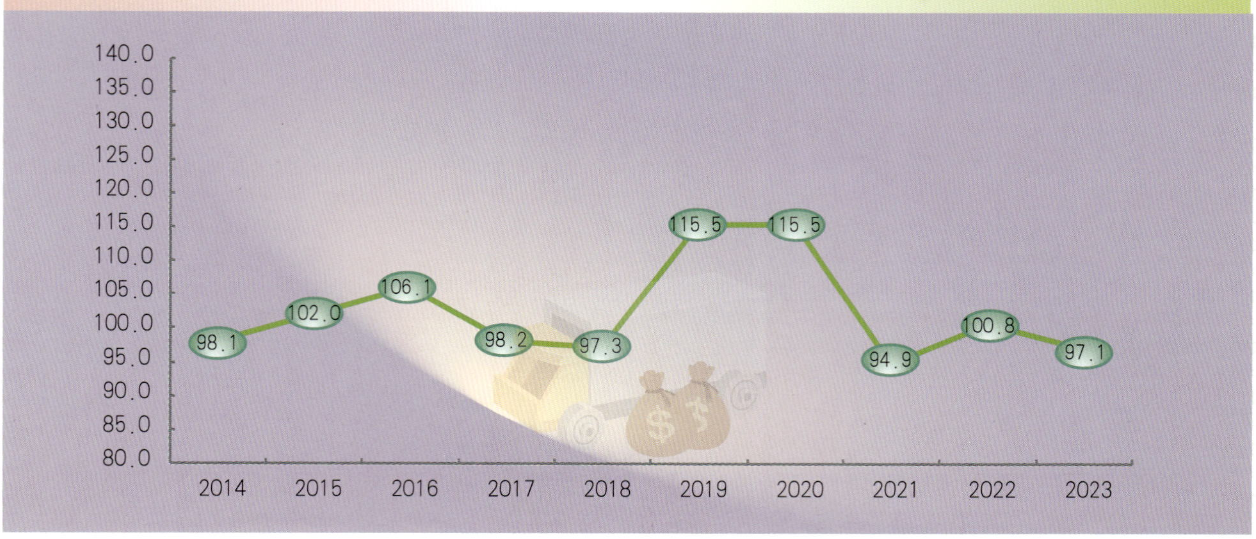

粮食作物播种面积（千公顷）
Sown Area of Grain Crops（1000 hectares）

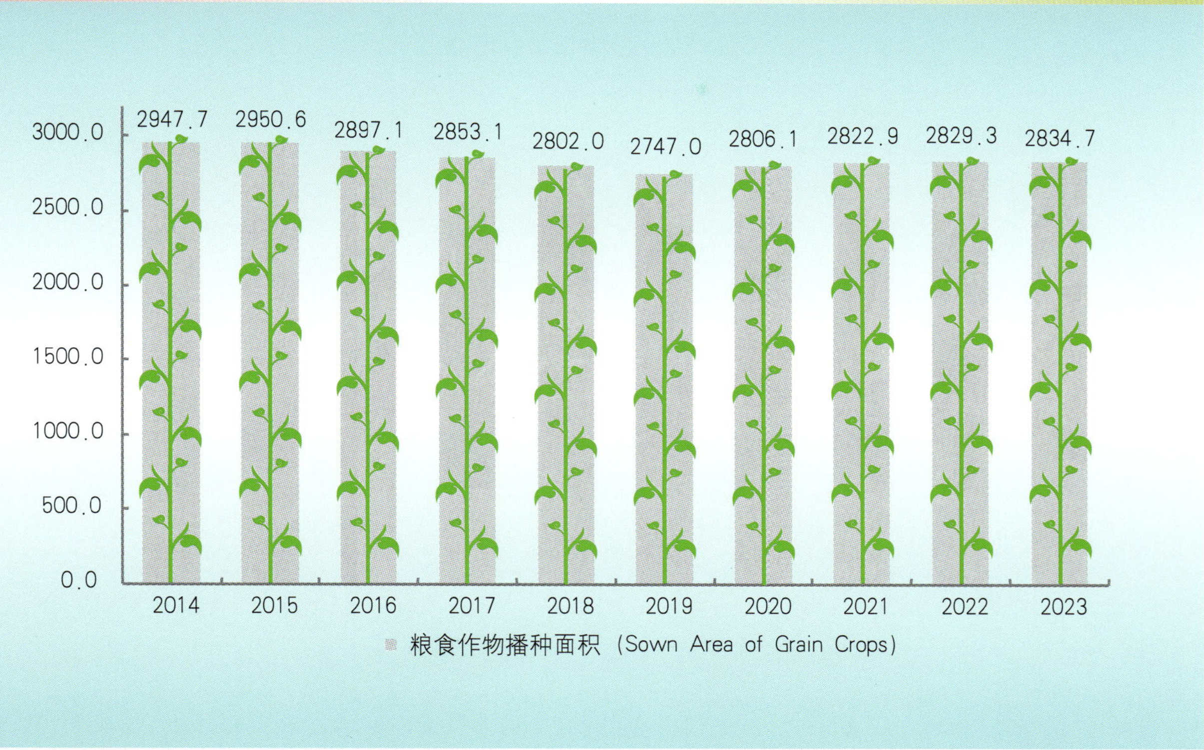

粮食作物总产量（万吨）
Total Output of Grain Crops（10 000 tons）

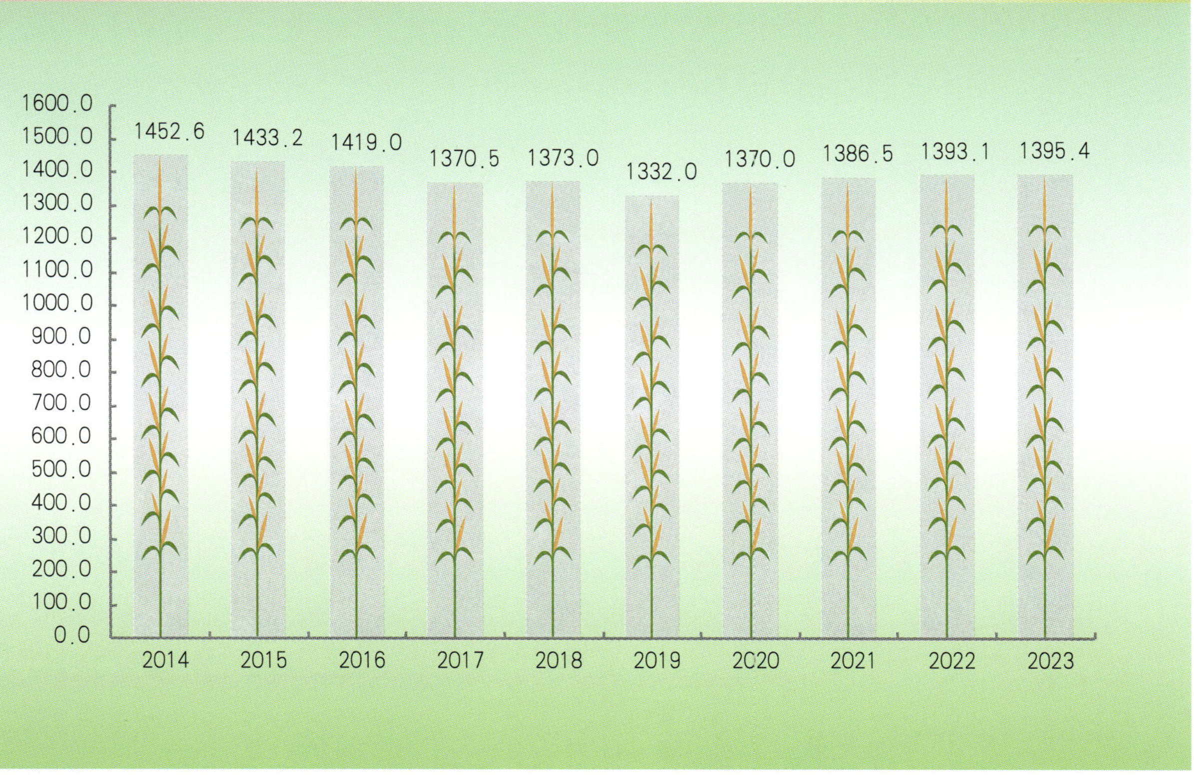

生猪出栏数据（万头）
Slaughtered Fattened Hogs（10 000 heads）

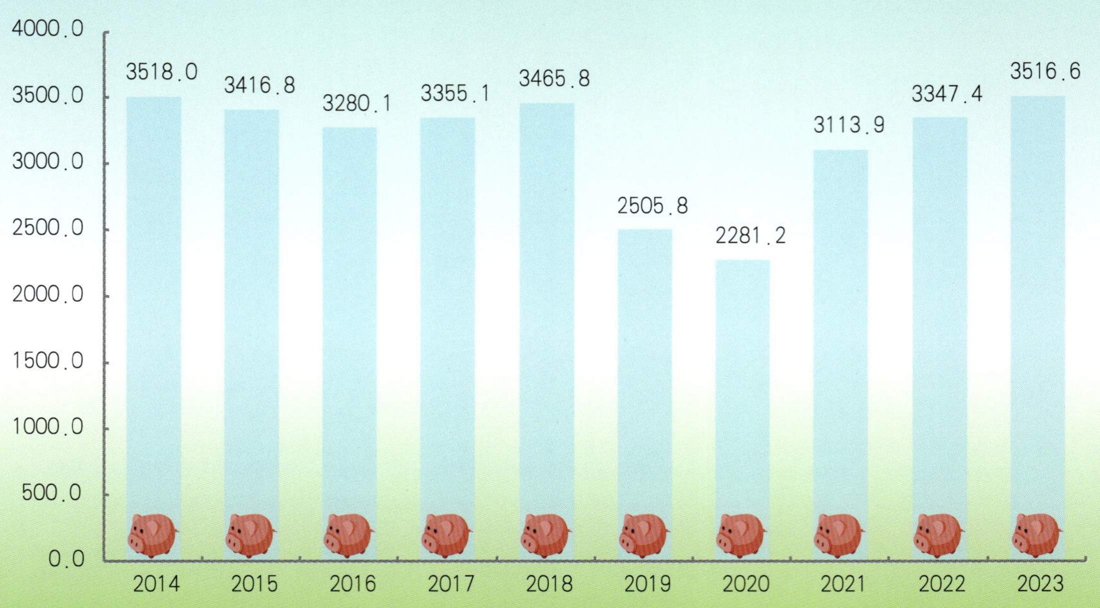

家禽出栏数量（万只）
Slaughtered Fattenteof Poultry（10 000 heads）

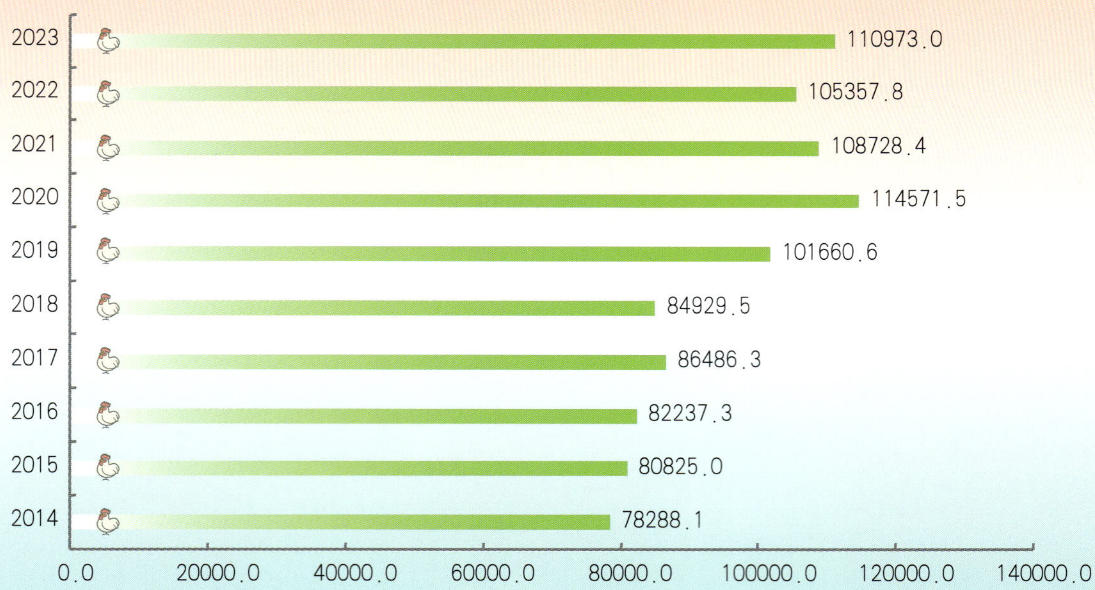

第二篇 人民生活
Chapter 2 People's Livelihood

（编辑：李琴仙 谢定杰）（Editor:Li Qinxian Xie Dingjie）

简要说明

一、本篇资料的主要内容

本篇资料反映广西人民生活现状及变化情况，主要包括居民家庭基本情况及生活状况、收入及支出、住房等。

二、城乡一体化住户收支与生活状况调查数据来源及调查方法

国家统计局住户调查司（原住户调查办公室）从2012年四季度起实施城乡一体化住户收支与生活状况抽样调查。主要内容包括：居民收入和消费情况，同时收集反映居民就业、社会保障参与、住房状况、家庭经营和生产投资以及收入分配影响因素等调查内容。

城乡一体化住户收支与生活状况调查是以各省（区、市）为总体，采用分层、多阶段、与人口规模大小成比例的概率抽样方法，随机抽选调查住宅，确定调查户。全国共抽选出1650个县（市、区）的1.6万个调查小区进行全面摸底调查，在此基础上随机等距抽选出住户参加记账调查。其中广西共抽选出约13000户参与住户调查，调查小区和调查户定期进行轮换。

城乡一体化住户收支与生活状况调查是在95%的置信度下，采用调查户记日记账的方式采集居民收支数据，同时辅之以统一的调查问卷，收集与收入支出有关的其他调查内容。所有调查工作由国家统计局派驻各地的调查队及各地统计局完成。各地统计机构使用统一的方法和数据处理程序对原始调查资料进行编码、审核、录入，然后将分户基础数据直接传输至国家统计局广西调查总队统一汇总计算，汇总计算出各地居民可支配收入、城镇居民可支配收入、农村居民可支配收入等收支数据。

根据城乡一体化住户收支与生活状况调查，新口径的城镇和农村居民人均可支配收入等数据的覆盖人群主要变化：一是计算城镇居民人均可支配收入时分母包括了在城镇地区常住的农民工，计算农村居民人均可支配收入时分母不包括在城镇地区常住的农民工；二是由本户供养的在外大学生视为常住人口。新口径的城镇居民和农村居民人均可支配收入及消费等指标口径变化主要是：计算城镇居民和农村居民人均可支配收入和消费支出时，包括了自有住房折算租金。

三、城镇住户调查数据来源及调查方法

2012年及以前，国家统计局城市司组织开展城镇住户调查。调查内容主要包括家庭人口及其构成、家庭现金收支、主要商品购买数量及支出金额、劳动就业状况、居住状况和耐用消费品的拥有量等。

调查对象在2001年以前为全国非农业住户，2002至2012年改为全国城市市区和县城关镇区住户。

城镇住户调查采用分层随机抽样的方法确定，首先，按照城镇规模将全国所有省（自治区、直辖市）的城镇划分为三层：第一，大中城市（地级和地级以上的城市）、县级市和县城（镇）。第二，按各层人口占全省（自治区、直辖市）人口的比例来分配每层的样本量。第三，按城镇就业者年人均工资从高到低排队，依次计算各城镇人口累计数，然后根据样本量的大小随机起点等距抽取所需数量的调查城镇。

城镇调查户的抽选工作分两步进行。第一步进行一次性的大样本调查；第二步从大样本调查中抽出一个小样本，作为经常性调查户，开展记账工作。

大样本调查每三年进行一次，其目的主要是为经常性调查提供抽样框和为经常性调查数据评估提供基础资料。在大样本调查中，各调查市、县采取分层、二（多）阶段、与大小成比例（PPS方法）的随机等距方法选取调查样本。即先按区分层，在层内按照PPS方法随机等距抽选调查社区／居委会，在抽中社区／居委会内随机等距抽选调查住宅。部分大城市根据需要可以采用三阶段抽样，即先抽选社区／居委会，再抽选调查小区，最后抽选调查住宅。对选出的大样本或一相样本开展调查，取得调查户家庭人口、就业人口、收入等辅助资料，然后，根据这些资料进行分组，从中按比例抽出一个小样本也称二相样本，作为经常性调查户，开展日记账工作。

四、农村住户调查数据来源及调查方法

2012年及以前，国家统计局农村司组织开展农村住户调查。主要内容包括农村居民家庭基本情况、住房情况、收入、生活消费支出、主要食品消费量、耐用消费品拥有量等。

农村住户调查是以各省（自治区、直辖市）为总体，直接抽选调查村，在抽中村中抽选调查户。综合运用多种抽样方法确定住户调查网点，农村住户调查在95%的概率把握程度下要求抽样误差不得超过±3%。

为解决调查户的厌烦情绪及样本老化问题，增强抽样调查网点的代表性，更加准确、及时地反映农村社会经济情况，对农村住户调查网点实行样本轮换制度，每五年为一个周期。

2-1　城镇居民人均收支及恩格尔系数（1981—2023年）
Per Capita Income and Expenditure & Engle's Coefficient of Urban Households（1981—2023）

年　份 Year	城镇居民人均可支配收入 Per Capita Disposable Income of Urban Households		城镇居民人均消费支出 Per Capita Consumption Expenditure of Urban Households		城镇居民恩格尔系数(%) Engel's Coefficient of Urban Households (%)
	绝对数（元） Value（yuan）	比上年 ±% Growth Rate Over Preceding Year (%)	绝对数（元） Value（yuan）	比上年 ±% Growth Rate Over Preceding Year (%)	
1981	460		423		58.7
1982	427	-7.2	399	-5.7	60.4
1983	444	4.1	427	7.0	61.4
1984	563	26.8	492	15.2	57.9
1985	745	32.3	664	35.0	56.6
1986	784	5.2	740	11.4	58.0
1987	899	14.7	861	16.4	59.1
1988	1158	28.8	1198	39.2	54.6
1989	1304	12.6	1296	8.2	59.3
1990	1588	21.8	1338	3.2	58.6
1991	1794	13.0	1641	22.6	55.3
1992	2104	17.3	1740	6.0	55.9
1993	2895	37.6	2303	32.4	53.7
1994	3981	37.5	3327	44.5	50.4
1995	4792	20.4	4046	21.6	51.0
1996	5033	5.0	4339	7.3	50.4
1997	5110	1.5	4453	2.6	47.5
1998	5401	5.7	4362	-2.0	46.3
1999	5597	3.6	4545	4.2	44.3
2000	5800	3.6	4785	5.3	39.9
2001	6612	14.0	5127	7.1	37.7
2002	7242	9.5	5287	3.1	40.7
2003	7692	6.2	5602	6.0	40.0
2004	8568	11.4	6234	11.3	44.0
2005	9138	6.7	6768	8.6	42.5
2006	9720	6.4	6508	-3.8	42.1
2007	11953	23.0	7768	19.4	41.7
2008	13829	15.7	9126	17.5	42.4
2009	15074	9.0	9765	7.0	39.9
2010	16613	10.2	10784	10.4	38.1
2011	18356	10.5	12059	11.8	39.5
2012	20681	12.7	13369	10.9	39.0
2013	22689	9.7	14470	8.2	37.9
2014	24669	8.7	15045	4.0	35.2
2015	26416	7.1	16321	8.5	34.4
2016	28324	7.2	17268	5.8	34.4
2017	30502	7.7	18349	6.3	33.2
2018	32436	6.3	20159	9.9	30.7
2019	34745	7.1	21591	7.1	30.5
2020	35859	3.2	20907	-3.2	33.9
2021	38530	7.4	22555	7.9	31.4
2022	39703	3.0	22438	-0.5	32.0
2023	41287	4.0	24427	8.9	31.8

注：1.1992年及以前可支配收入为生活费收入；2.从2014年起，开展城乡一体化的住户收支与生活状况调查，与2013年及以前分别开展的城镇和农村住户调查的调查范围、调查方法、指标口径有所不同（以下相关表同）。

Note: 1.Disposable income is income from living expenses before 1992 and before; 2.Started an integrated household income and expenditure survey in 2014.The coverage,methodology and definitions used in the survey are different from those used for the separated urban and rural household surveys prior to 2013 (The same applies to the relevant tables following).

2-2 城镇居民家庭基本情况
Basic Conditions of Urban Households

单位：人 (person)

指 标	Item	2022	2023
年末住户常住成员数（人）	**Number of Permanent Residents Per Households(person)**	**8236**	**8733**
调查样本住户数（户）	**Number of Households Surveyed Sample（household）**	**2330**	**2550**
年末人均自有现住房面积（平方米）	**Per Capita Floor Space of Houses（sq.m）**	**47.9**	**43.6**
常住成员从业人数	**Number of Employed by Permanent Residents**	**3874**	**4039**
户主文化程度	Degree of Education of Householder		
未上过学	No Schooling	10	16
小学	Primary School	252	378
初中	Junior Secondary School	913	949
高中	Senior Secondary School	564	545
大学专科	College Diploma	329	342
大学本科	Undergraduate	247	289
研究生	Postgraduate	15	31
常住从业人员就业类型	**Employed Types of Permanent Residents**		
雇主	Employer	20	17
公职人员	Functionary	124	99
事业单位人员	Personnel of Public Institutions	313	343
国有企业雇员	Employee of State-owned Enterprises	177	153
其他雇员	Other Employees	2113	2257
农业自营	Agricultural Own Business	496	458
非农自营	Non Agricultural Own Business	631	712
常住从业人员从事主要行业	**Engaged in Major Industries of Permanent Residents**		
第一产业	Primary Industry	563	540
第二产业	Secondary Industry	773	841
第三产业	Tertiary Industry	2538	2658

2-3 城镇居民人均收入与支出
Per Capita Disposable Income and Consumption Expenditure of Urban Households

单位：元 (yuan)

指 标	Item	2022	2023
可支配收入	**Disposable Income**	**39703**	**41287**
工资性收入	Income from Wages and Salaries	21321	22333
工资	Wages	19865	20779
实物福利	Benefit in Kind	293	389
其他	Other	1163	1165
经营净收入	Net Business Income	7222	7526
第一产业经营净收入	Net Business Income of Primary Industry	1830	1821
农业	Agriculture	1201	816
林业	Forestry	209	166
牧业	Animal Husbandry	379	796
渔业	Fishery	42	43
第二产业经营净收入	Net Business Income of Secondary Industry	468	470
第三产业经营净收入	Net Business Income of Tertiary Industry	4924	5235
财产净收入	Property Net Income	4206	4387
转移净收入	Transfer Net Income	6954	7040
转移性收入	Income form Transfer	9259	9475
# 养老金或离退休金	# Pensions and Retirement Pay	5901	6238
转移性支出	Transfer Expenditure	2305	2434
# 社会保障支出	# Social Security Expenditure	1950	1996
消费支出	**Consumption Expenditure**	**22438**	**24427**
食品烟酒	Food, Tobacco and Liquor	7172	7758
衣着	Clothing	905	1036
居住	Residence	4760	5041
生活用品及服务	Household Equipments Fuvnishings and Services	1250	1320
交通通信	Transport and Communications	3033	3276
教育文化娱乐	Education, Cultural and Recreation	2791	3142
医疗保健	Health Care and Medical Services	2097	2382
其他用品和服务	Other Goods and Services	429	473

2-4 城镇居民人均现金收入与支出
Per Capita Cash Income and Expenditure of Urban Households

单位：元 (yuan)

指 标	Item	2022	2023
现金可支配收入	**Cash Disposable Income**	**36920**	**39052**
现金工资性收入	Cash Income from Wages and Salaries	21028	21938
工资	Wages	19865	20773
其他	Other	1163	1165
现金经营净收入	Cash Net Business Income	7180	8290
第一产业现金经营净收入	Cash Net Business Income of Primary Industry	1500	1775
农业	Agriculture	910	758
林业	Forestry	199	164
牧业	Animal Husbandry	354	808
渔业	Fishery	37	46
第二产业现金经营净收入	Cash Net Business Income of Secondary Industry	522	718
第三产业现金经营净收入	Cash Net Business Income of Tertiary Industry	5158	5796
现金财产净收入	Cash Property Net Income	2550	2728
现金转移净收入	Cash Transfer Net Income	6163	6096
现金转移性收入	Cash Income form Transfer	8468	8530
# 养老金或离退休金	# Pensions and Retirement Pay	5901	6233
现金转移性支出	Cash Transfer Expenditure	2305	2434
# 社会保障支出	# Social Security Expenditure	1950	1996
现金消费支出	**Cash Consumption Expenditure**	**18230**	**19552**
食品烟酒	Food, Tobacco and Liquor	6624	7335
衣着	Clothing	905	1035
居住	Residence	1858	1604
生活用品及服务	Household Equipments Fuvnishings and Services	1224	1314
交通通信	Transport and Communications	3021	3269
教育文化娱乐	Education, Cultural and Recreation	2790	3141
医疗保健	Health Care and Medical Services	1393	1427
其他用品和服务	Other Goods and Services	414	427

2-5　城镇居民人均消费支出
Per Capita Consumption Expenditure of Urban Households

单位：元　　　　　　　　　　　　　　　　　　　　　　　　　　　　（yuan）

指　标	Item	2022	2023
消费支出	**Consumption Expenditure**	**22438**	**24427**
食品烟酒	Food, Tobacco and Liquor	7172	7758
食品	Food	5032	5132
烟酒	Tobacco and Liquor	428	486
饮料	Beverages	143	162
饮食服务	Catering Services	1569	1977
衣着	Clothing	905	1036
衣类	Clothes	747	874
鞋类	Footwear	158	162
居住	Residence	4760	5041
租赁房房租	Rental Housing Accommodation	96	200
住房维修及管理	Housing Maintenance and Management	804	367
水电燃料及其他	Water, Electricity, Fuels and Other	973	1068
自有住房折算租金	Owned Housing of Convert Rent	2888	3406
生活用品及服务	Household Equipments Fuvnishings and Services	1250	1320
家具及室内装饰品	Furniture and Interior Decorations	178	153
家用器具	Household Appliances	330	370
家用纺织品	Home Textiles	97	94
家庭日用杂品	The Family Daily Sundry Goods	276	359
个人用品	Personal Products	246	273
家庭服务	Household Service	122	72
交通通信	Transport and Communications	3033	3276
交通	Transport	2299	2472
通信	Communications	734	804
教育文化娱乐	Education, Cultural and Recreation	2791	3142
教育	Education	2349	2540
文化娱乐	Cultural and Recreation	442	602
医疗保健	Health Care and Medical Services	2097	2382
医疗器具及药品	Medical Apparatus and Drugs	445	524
医疗服务	Medical Services	1652	1858
其他用品和服务	Other Goods and Services	429	473
其他用品	Other Goods	186	140
其他服务	Other Services	243	333

2-6 城镇居民人均现金消费支出
Per Capita Cash Consumption Expenditure of Urban Households

单位：元 (yuan)

指 标	Item	2022	2023
现金消费支出	**Cash Consumption Expenditure**	**18230**	**19552**
食品烟酒	Food, Tobacco and Liquor	6624	7335
食品	Food	4686	4968
烟酒	Tobacco and Liquor	428	485
饮料	Beverages	143	162
饮食服务	Catering Services	1368	1720
衣着	Clothing	905	1035
衣类	Clothes	747	873
鞋类	Footwear	158	162
居住	Residence	1858	1604
租赁房房租	Rental Housing Accommodation	96	200
住房维修及管理	Housing Maintenance and Management	804	366
水电燃料及其他	Owned Housing of Convert Rent	958	1038
生活用品及服务	Household Equipments Fuvnishings and Services	1224	1314
家具及室内装饰品	Furniture and Interior Decorations	178	153
家用器具	Household Appliances	330	370
家用纺织品	Home Textiles	97	94
家庭日用杂品	The Family Daily Sundry Goods	250	353
个人用品	Personal Products	246	273
家庭服务	Household Service	122	72
交通通信	Transport and Communications	3021	3269
交通	Transport	2288	2466
通信	Communications	734	803
教育文化娱乐	Education, Cultural and Recreation	2790	3141
教育	Education	2349	2540
文化娱乐	Cultural and Recreation	442	601
医疗保健	Health Care and Medical Services	1393	1427
医疗器具及药品	Medical Apparatus and Drugs	434	524
医疗服务	Medical Services	958	903
其他用品和服务	Other Goods and Services	414	427
其他用品	Other Goods	181	134
其他服务	Other Services	233	292

2-7　城镇居民人均主要食品消费量
Per Capita Consumption of Major Foods of Urban Households

指　标	Item	单位	Unit	2022	2023
粮食	Grain	千克	kg	103.5	83.6
谷物	Cereal	千克	kg	96.4	77.2
薯类	Tuber	千克	kg	1.1	1.1
豆类	Beans and the Products	千克	kg	6.0	5.4
大豆	Soybean	千克	kg	0.3	0.3
油脂类	Grease	千克	kg	8.0	7.7
植物油	Vegetable Oil	千克	kg	7.4	7.1
蔬菜及菜制品	Vegetable and Vegetable Products	千克	kg	92.6	84.3
鲜菜	Fresh Vegetables	千克	kg	90.0	81.5
肉类	Meat	千克	kg	36.9	37.6
猪肉	Pork	千克	kg	31.4	30.9
牛肉	Beef	千克	kg	2.5	3.1
羊肉	Mutton	千克	kg	0.7	0.8
禽类	Poultry	千克	kg	22.5	19.7
水产品	Aquatic Products	千克	kg	14.2	14.1
蛋类及蛋制品	Eggs and Egg Products	千克	kg	6.5	6.6
奶和奶制品	Milk and Milk Products	千克	kg	7.3	8.3
鲜瓜果	Fresh Melons and Fruits	千克	kg	43.6	46.1
食糖	Sugar	千克	kg	1.1	0.9

2-8　城镇居民平均每百户年末主要耐用消费品拥有量
Main Durable Goods Owned Per 100 Urban Households

指　标	Item	单位	Unit	2022	2023
家用汽车	Automobile	辆	unit	49.3	53.3
摩托车	Motorcycle	辆	unit	39.9	24.8
助力车	Electric Bicycle	辆	unit	120.9	114.2
洗衣机	Washing Machine	台	set	103.2	101.6
电冰箱（柜）	Refrigerator	台	set	107.2	102.3
微波炉	Microwave Oven	台	set	70.7	66.4
彩色电视机	Color Television	台	set	112.9	100.6
空调	Air Conditioner	台	set	186.9	206.7
热水器	Water Heater	台	set	106.8	104.5
排油烟机	Vacuum Cleaner	台	set	67.6	80.3
固定电话	Telephone	部	set	3.8	3.1
移动电话	Mobile Telephone	部	set	287.2	264.5
计算机	Computer	台	set	64.7	57.7
照相机	Camera	架	set	9.2	8.3

2-9 农村居民人均收支及恩格尔系数（1981—2023 年）
Per Capita Income and Expenditure & Engle's Coefficient of Rural Households（1981—2023）

年 份 Year	农村居民人均可支配收入（元）Per Capita Disposable Income of Rural Households (yuan)	比上年 ±% Growth Rate Over Preceding Year (%)	农村居民人均消费支出（元）Per Capita Consumption Expenditure of Rural Households (yuan)	比上年 ±% Growth Rate Over Preceding Year (%)	# 食品消费支出（元）# Food Expenditure (yuan)	比上年 ±% Growth Rate Over Preceding Year (%)	农村居民恩格尔系数（%）Engel's Coefficient of Rural Households (%)
1981	204	17.6	171	13.6	116	20.9	67.6
1982	235	15.4	210	22.6	139	20.0	66.2
1983	262	11.2	224	6.6	148	6.6	66.2
1984	267	2.1	238	6.1	154	3.6	64.6
1985	303	13.4	268	12.9	167	8.6	62.2
1986	316	4.3	284	5.8	176	5.3	61.9
1987	354	12.0	309	9.0	192	9.2	62.1
1988	424	19.9	362	17.0	216	12.4	59.6
1989	483	13.9	419	15.8	244	13.2	58.3
1990	639	32.4	537	28.1	346	41.6	64.4
1991	658	2.9	581	8.2	360	4.1	62.0
1992	732	11.2	616	6.1	381	5.8	61.8
1993	892	21.9	705	14.4	448	17.6	63.6
1994	1107	24.1	926	31.4	552	23.2	59.6
1995	1446	30.6	1203	29.9	700	26.9	61.3
1996	1703	17.8	1399	16.3	795	14.6	56.8
1997	1875	10.1	1376	-1.7	800	0.6	58.2
1998	1992	6.2	1430	3.9	809	1.1	57.2
1999	2091	5.0	1490	4.2	849	5.0	58.3
2000	1921	-8.1	1537	3.2	825	-2.9	55.4
2001	2024	5.4	1620	5.4	811	-1.7	52.3
2002	2116	4.5	1782	10.0	875	7.9	51.9
2003	2225	5.2	1871	5.0	899	2.7	51.3
2004	2476	11.3	2085	11.4	1048	16.5	54.3
2005	2708	9.4	2573	23.4	1187	13.3	50.5
2006	3038	12.2	2672	3.8	1196	0.8	49.6
2007	3579	17.8	3078	15.2	1379	15.3	50.2
2008	4143	15.8	3383	9.9	1595	15.7	53.4
2009	4517	9.0	3704	9.5	1573	-1.4	48.7
2010	5214	15.4	4006	8.2	1675	6.5	48.5
2011	6003	15.1	4882	21.9	1845	10.1	43.8
2012	6894	14.8	5720	17.2	2086	13.1	42.8
2013	7793	13.0	6035	5.5	2085	-0.1	40.1
2014	8683	11.4	6675	10.6	2463	11.2	36.9
2015	9467	9.0	7582	13.6	2681	8.8	35.4
2016	10359	9.4	8351	10.2	2880	7.5	34.5
2017	11325	9.3	9437	13.0	3043	5.6	32.2
2018	12435	9.8	10617	12.5	3195	5.0	30.1
2019	13676	10.0	12045	13.5	3724	16.6	30.9
2020	14815	8.3	12431	3.2	4297	15.4	34.6
2021	16363	10.4	14165	14.0	4715	9.7	33.3
2022	17433	6.5	14658	3.5	4704	-0.2	32.1
2023	18656	7.0	15435	5.3	4869	3.5	31.5

注：从 2014 年起，开展城乡一体化的住户收支与生活状况调查，与 2013 年及以前分别开展的城镇和农村住户调查的调查范围、调查方法、指标口径有所不同（2014 年及以前农村居民家庭人均可支配收入为农村居民家庭人均纯收入）。

Note: Started an integrated household income and expenditure survey in 2014. The coverage, methodology and definitions used in the survey are different from those used for the separated urban and rural household surveys prior to 2013 (In 2014 and before, the per capita disposable income of rural households was the per capita net income of rural households).

2-10　农村居民家庭基本情况
Basic Conditions of Rural Households

单位：人　　　　（person）

指　标	Item	2022	2023
年末住户常住成员数（人）	**Number of Permanent Residents Per Households(person)**	9472	8872
调查样本住户数（户）	**Number of Households Surveyed Sample（household）**	2670	2550
年末人均自有现住房面积（平方米）	**Per Capita Floor Space of Houses（sq.m）**	57.9	62.3
常住成员从业人数	**Number of Employed by Permanent Residents**	5129	4544
户主文化程度	Degree of Education of Householder		
未上过学	No Schooling	28	27
小学	Primary School	703	804
初中	Junior Secondary School	1488	1359
高中	Senior Secondary School	383	291
大学专科	College Diploma	54	51
大学本科	Undergraduate	14	18
研究生	Postgraduate		
常住从业人员就业类型	**Employed Types of Permanent Residents**		
雇主	Employer	8	15
公职人员	Functionary	7	11
事业单位人员	Personnel of Public Institutions	103	58
国有企业雇员	Employee of State-owned Enterprises	7	15
其他雇员	Other Employees	1847	1779
农业自营	Agricultural Own Business	2586	2224
非农自营	Non Agricultural Own Business	571	442
常住从业人员从事主要行业	**Engaged in Major Industries of Permanent Residents**		
第一产业	Primary Industry	2777	2406
第二产业	Secondary Industry	955	946
第三产业	Tertiary Industry	1397	1192

2-11 农村居民人均收入与支出
Per Capita Disposable Income and Consumption Expenditure of Rural Households

单位：元 (yuan)

指 标	Item	2022	2023
可支配收入	**Disposable Income**	**17433**	**18656**
工资性收入	Income from Wages and Salaries	5922	6353
工资	Wages	5650	6099
实物福利	Benefit in Kind	121	115
其他	Other	150	139
经营净收入	Net Business Income	6982	7333
第一产业经营净收入	Net Business Income of Primary Industry	4756	4973
农业	Agriculture	2998	3180
林业	Forestry	761	715
牧业	Animal Husbandry	827	890
渔业	Fishery	169	187
第二产业经营净收入	Net Business Income of Secondary Industry	250	234
第三产业经营净收入	Net Business Income of Tertiary Industry	1976	2126
财产净收入	Property Net Income	430	431
转移净收入	Transfer Net Income	4099	4538
转移性收入	Income form Transfer	4842	5160
# 养老金或离退休金	# Pensions and Retirement Pay	1016	1065
转移性支出	Transfer Expenditure	743	622
# 社会保障支出	# Social Security Expenditure	617	521
消费支出	**Consumption Expenditure**	**14658**	**15435**
食品烟酒	Food, Tobacco and Liquor	4704	4869
衣着	Clothing	444	459
居住	Residence	3112	3227
生活用品及服务	Household Equipments, Furnishings and Services	718	722
交通通信	Transport and Communications	1904	2107
教育文化娱乐	Education, Cultural and Recreation	2041	2158
医疗保健	Health Care and Medical Services	1539	1687
其他用品和服务	Other Goods and Services	196	205

2-12　农村居民人均现金收入与支出
Per Capita Cash Income and Expenditure of Rural Households

单位：元　　（yuan）

指　标	Item	2022	2023
现金可支配收入	**Cash Disposable Income**	**15880**	**17804**
现金工资性收入	Cash Income from Wages and Salaries	5801	6237
工资	Wages	5650	6098
其他	Other	150	139
现金经营净收入	Cash Net Business Income	6202	7255
第一产业现金经营净收入	Cash Net Business Income of Primary Industry	3837	4526
农业	Agriculture	2114	2341
林业	Forestry	711	693
牧业	Animal Husbandry	856	1302
渔业	Fishery	156	190
第二产业现金经营净收入	Cash Net Business Income of Secondary Industry	268	394
第三产业现金经营净收入	Cash Net Business Income of Tertiary Industry	2097	2334
现金财产净收入	Cash Property Net Income	430	431
现金转移净收入	Cash Transfer Net Income	3447	3881
现金转移性收入	Cash Income form Transfer	4190	4503
#养老金或离退休金	# Pensions and Retirement Pay	1016	1064
现金转移性支出	Cash Transfer Expenditure	743	622
#社会保障支出	# Social Security Expenditure	617	521
现金消费支出	**Cash Consumption Expenditure**	**11198**	**12071**
食品烟酒	Food, Tobacco and Liquor	3656	4089
衣着	Clothing	443	459
居住	Residence	1270	1273
生活用品及服务	Household Equipments, Furnishings and Services	693	721
交通通信	Transport and Communications	1904	2106
教育文化娱乐	Education, Cultural and Recreation	2041	2157
医疗保健	Health Care and Medical Services	1006	1064
其他用品和服务	Other Goods and Services	185	202

2-13 农村居民人均消费支出
Per Capita Consumption Expenditure of Rural Households

单位：元 (yuan)

指　标	Item	2022	2023
消费支出	**Consumption Expenditure**	**14658**	**15435**
食品烟酒	Food, Tobacco and Liquor	4704	4869
食品	Food	3729	3700
烟酒	Tobacco and Liquor	415	511
饮料	Beverages	101	108
饮食服务	Catering Services	458	551
衣着	Clothing	444	459
衣类	Clothes	351	371
鞋类	Footwear	93	88
居住	Residence	3112	3227
租赁房房租	Rental Housing Accommodation	33	56
住房维修及管理	Housing Maintenance and Management	621	552
水电燃料及其他	Water, Electricity, Fuels and Other	668	693
自有住房折算租金	Owned Housing of Convert Rent	1789	1927
生活用品及服务	Household Equipments, Furnishings and Services	718	722
家具及室内装饰品	Furniture and Interior Decorations	106	54
家用器具	Household Appliances	196	241
家用纺织品	Home Textiles	52	54
家庭日用杂品	The Family Daily Sundry Goods	212	216
个人用品	Personal Products	129	135
家庭服务	Household Service	24	22
交通通信	Transport and Communications	1904	2107
交通	Transport	1337	1566
通信	Communications	567	541
教育文化娱乐	Education, Cultural and Recreation	2041	2158
教育	Education	1828	1908
文化娱乐	Cultural and Recreation	214	249
医疗保健	Health Care and Medical Services	1539	1687
医疗器具及药品	Medical Apparatus and Drugs	268	309
医疗服务	Medical Services	1271	1378
其他用品和服务	Other Goods and Services	196	205
其他用品	Other Goods	110	99
其他服务	Other Services	86	106

2-14　农村居民人均现金消费支出
Per Capita Cash Consumption Expenditure of Rural Households

单位：元　　（yuan）

指　标	Item	2022	2023
现金消费支出	**Cash Consumption Expenditure**	**11198**	**12071**
食品烟酒	Food, Tobacco and Liquor	3656	4089
食品	Food	2787	3028
烟酒	Tobacco and Liquor	415	504
饮料	Beverages	99	107
饮食服务	Catering Services	354	451
衣着	Clothing	443	459
衣类	Clothes	350	371
鞋类	Footwear	93	88
居住	Residence	1270	1273
租赁房房租	Rental Housing Accommodation	33	56
住房维修及管理	Housing Maintenance and Management	621	552
水电燃料及其他	Water, Electricity, Fuels and Other	616	665
生活用品及服务	Household Equipments, Furnishings and Services	693	721
家具及室内装饰品	Furniture and Interior Decorations	106	54
家用器具	Household Appliances	196	241
家用纺织品	Home Textiles	52	54
家庭日用杂品	The Family Daily Sundry Goods	187	214
个人用品	Personal Products	129	135
家庭服务	Household Service	24	22
交通通信	Transport and Communications	1904	2106
交通	Transport	1337	1565
通信	Communications	567	541
教育文化娱乐	Education, Cultural and Recreation	2041	2157
教育	Education	1827	1908
文化娱乐	Cultural and Recreation	214	249
医疗保健	Health Care and Medical Services	1006	1064
医疗器具及药品	Medical Apparatus and Drugs	258	309
医疗服务	Medical Services	748	755
其他用品和服务	Other Goods and Services	185	202
其他用品	Other Goods	107	98
其他服务	Other Services	79	104

2-15 农村居民人均主要食品消费量
Per Capita Consumption of Major Foods of Rural Households

指　标	Item	单位	Unit	2022	2023
粮食	Grain	千克	kg	161.9	146.5
谷物	Cereal	千克	kg	155.6	140.0
薯类	Tuber	千克	kg	0.6	0.7
豆类	Beans and the Products	千克	kg	5.7	5.8
大豆	Soybean	千克	kg	0.5	0.4
油脂类	Grease	千克	kg	9.3	9.4
植物油	Vegetable Oil	千克	kg	7.7	8.1
蔬菜及菜制品	Vegetable and Vegetable Products	千克	kg	93.6	87.5
鲜菜	Fresh Vegetables	千克	kg	92.3	85.9
肉类	Meat	千克	kg	36.9	38.7
猪肉	Pork	千克	kg	34.4	35.3
牛肉	Beef	千克	kg	1.0	1.3
羊肉	Mutton	千克	kg	0.3	0.4
禽类	Poultry	千克	kg	23.2	21.7
水产品	Aquatic Products	千克	kg	10.1	9.8
蛋类及蛋制品	Eggs and Egg Products	千克	kg	6.0	6.1
奶和奶制品	Milk and Milk Products	千克	kg	3.0	4.0
鲜瓜果	Fresh Melons and Fruits	千克	kg	30.3	32.7
食糖	Sugar	千克	kg	1.0	1.0

2-16 农村居民平均每百户年末主要耐用消费品拥有量
Main Durable Goods Owned Per 100 Rural Households

指　标	Item	单位	Unit	2022	2023
家用汽车	Automobile	辆	unit	24.9	31.1
摩托车	Motorcycle	辆	unit	85.0	70.3
助力车	Electric Bicycle	辆	unit	89.3	98.2
洗衣机	Washing Machine	台	set	92.1	92.3
电冰箱（柜）	Refrigerator	台	set	104.1	102.9
微波炉	Microwave Oven	台	set	38.6	34.1
彩色电视机	Color Television	台	set	107.2	97.5
空调	Air Conditioner	台	set	83.5	101.8
热水器	Water Heater	台	set	93.9	93.9
排油烟机	Vacuum Cleaner	台	set	25.0	33.1
固定电话	Telephone	部	set	1.1	1.6
移动电话	Mobile Telephone	部	set	286.7	287.8
计算机	Computer	台	set	22.2	16.1
照相机	Camera	架	set	0.5	0.5

2-17　农村居民家庭固定资产投资情况
Fixed Assets Investment of Rural Households

单位：亿元　　(100 million yuan)

项　目	Item	2019	2020	2021	2022	2023
新增固定资产原值	**New Original Value of Fixed Assets**	**612.48**	**584.54**	**645.87**	**587.72**	**484.03**
固定资产投资完成额	**Completed Amount of Investment in Fixed Assets**	**619.39**	**585.57**	**645.87**	**587.72**	**559.19**
按投资来源分	Investment by Source					
国内贷款	Domestic Loans	18.17	17.88	17.70	13.18	37.53
自筹资金	Self-raising Funds	591.51	558.95	615.40	562.48	502.75
其他资金	Others	9.71	8.74	12.77	12.06	18.91
按投资构成分	According to Constitute Sub-investment					
建筑工程	Construction	437.58	431.14	422.09	387.46	319.85
设备工、器具购置	For Equipment, the Purchase of Equipment	103.15	77.51	90.46	99.95	138.39
其他	Others	78.66	76.91	133.32	100.31	100.94
按投资方向分	According to the Investment Direction Pm					
农业	Agriculture	156.12	145.25	181.57	184.69	143.14
采矿业	Mining	…	…	…		…
制造业	Manufacturing	2.29	1.45	1.40	1.99	14.88
建筑业	Construction	1.01	1.39	1.56	0.43	14.40
交通运输、仓储和邮政业	Transport, Storage and Post	31.61	34.99	16.59	15.54	61.19
批发和零售业	Wholesale and Retail Trades	4.21	4.57	2.77	5.14	13.61
住宿和餐饮业	Hotels and Catering Services	…	…	2.57	…	6.69
房地产业	Real Estate	408.77	385.06	403.95	320.35	296.55
租赁和商务服务业	Leasing and Business Services	0.51	0.43	0.48	0.74	2.98
居民服务和其他服务业	Serices to Households and Other Services	14.87	12.42	35.00	58.84	5.74
按具体投资项目分	Based on specific investment projects pm					
房屋	Housing	420.02	375.78	403.95	320.35	303.02
设备	Equipment	103.15	93.72	109.37	120.85	138.39
水利	Water	0.94	0.87	1.29	1.81	4.80
其他	Others	95.28	115.20	131.26	144.72	112.98
施工房屋面积（万平方米）	**Acreage of House Construction（10 000 sq.m）**	**6423.49**	**6106.01**	**6030.17**	**4496.95**	**3782.05**
竣工房屋面积（万平方米）	**Acreage of House Completion（10 000 sq.m）**	**6020.09**	**5747.40**	**5556.24**	**4145.70**	**2794.24**
竣工房屋投资完成额	**Completion Amount of Investment in House**	**365.20**	**383.74**	**403.53**	**286.48**	**227.86**

2-18 各市城镇居民人均可支配收入（1981—2023 年）

单位：元

年 份 Year	南宁市 Nanning	柳州市 Liuzhou	桂林市 Guilin	梧州市 Wuzhou	北海市 Beihai	防城港市 Fangchenggang
1981	445	385	442	438	432	
1982	478	420	498	459	486	
1983	513	447	505	436	491	
1984	624	540	621	545	701	
1985	716	668	757	708	751	
1986	851	761	884	849	895	
1987	949	871	1033	991	990	
1988	1166	1226	1228	1189	1296	
1989	1274	1307	1335	1327	1376	
1990	1454	1515	1501	1545	1591	
1991	1658	1794	1829	1790	1910	
1992	2105	2306	2453	2315	2727	
1993	3081	3544	3168	3246	4516	
1994	4544	4243	4672	4309	5649	
1995	5544	4884	5506	4909	6365	
1996	5973	5243	5977	4945	6396	
1997	5931	5457	6025	4934	6558	
1998	6570	5552	6230	4838	6306	
1999	6947	5328	6494	5415	6483	
2000	7448	5740	6997	5221	6167	
2001	7906	7547	7547	5837	7013	
2002	8796	7928	7852	6282	7692	
2003	9162	8369	8246	7062	8007	
2004	9531	9155	8803	7325	8773	
2005	10078	9986	9502	8190	9520	
2006	10905	10592	10244	8855	11071	
2007	12955	11919	11514	10123	13090	
2008	14983	14536	13665	13351	14625	
2009	16531	15395	15001	14617	15536	
2010	17741	17532	16566	16578	16612	
2011	19972	18631	17915	18531	18347	
2012	22024	22261	19450	21416	20296	
2013	24817	24355	24552	22537	23407	24423
2014	27075	26693	26811	24272	25818	26523
2015	29106	28722	28768	25898	27729	28433
2016	30728	30270	30124	27260	29412	29758
2017	33217	32661	32534	29359	31912	32079
2018	35276	34849	34649	31209	33954	34325
2019	37675	37358	37178	33518	36602	36385
2020	38542	38479	38145	34591	37956	37185
2021	41394	41442	40739	37185	40727	39676
2022	42636	42478	42043	38524	41704	40470
2023	44469	44177	43725	40181	43539	42291

注：1. 1992 年及以前可支配收入为生活费收入；2. 从 2016 年起，各市人均可支配收入为新口径数据，2015 年及以前的数据不可比。

Per Capita Disposable Income of Urban Households by Cities（1981—2023）

(100 million yuan)

钦州市 Qinzhou	贵港市 Guigang	玉林市 Yulin	百色市 Baise	贺州市 Hezhou	河池市 Hechi	来宾市 Laibin	崇左市 Chongzuo
	416		442	401			
	525		549	520			
	695		663	653			
	787		784	776			
	981		947	926			
	1179		1163	1251			
	1304		1288	1521			
	1410		1421	1590			
	1523		1427	1615			
	1876		2002	2060			
	2417		2703	2536			
	4241		4017	3494			
	5258		5035	4355			
	4987		5180	4542			
	4927		5049	4520			
	5235		5495	4940			
	5590		5607	5199			
	5468		5747	5549			
	6118		6807	5997			
	6927		7215	7030			
	7607		7362	7869			
	7906		8532	10530			
	8253		9510	10105			
	8965		10116	10612			
	9880		11685	12020			
	11414		12984	13643			
	12455		14219	15013			
	14447		15554	16761			
	16276		16929	18612			
	18595		19242	21442			
23695	21361	24366	21458	21682	19653	23563	21288
25425	23262	26681	23282	23590	21363	25401	23184
27281	24890	28842	24958	25194	22752	27077	24668
29360	26771	30083	26919	26883	23660	28962	26605
31415	28806	32159	29126	28899	25647	31047	28813
33488	30506	33960	30611	30864	27468	32910	30916
35732	32916	36133	32784	33179	29665	34950	33297
37126	34002	37362	33964	34075	30881	36173	34562
40170	36756	40314	36375	36665	33351	38705	36947
41094	37748	41564	37721	38058	34518	40021	38166
42779	39145	43185	39154	39428	35692	41702	39502

Note: 1. 1992 disposable income before income for living expenses; 2. From 2016 onwards, the per capita disposable income of each city is a new caliber of data, which is incomparable from 2015 and before.

2-19 各市城镇居民人均消费支出（1981—2023 年）

单位：元

年 份 Year	南宁市 Nanning	柳州市 Liuzhou	桂林市 Guilin	梧州市 Wuzhou	北海市 Beihai	防城港市 Fangchenggang
1981	440	398	423	414	428	
1982	456	394	458	461	447	
1983	499	435	480	440	450	
1984	566	503	568	512	508	
1985	724	645	813	691	713	
1986	825	718	883	794	855	
1987	944	862	1031	956	933	
1988	1229	1367	1366	1224	1257	
1989	1293	1357	1320	1333	1327	
1990	1360	1462	1445	1418	1449	
1991	1667	1755	1807	1780	1860	
1992	1852	1936	2179	1916	2091	
1993	2624	2916	2595	2510	3483	
1994	4288	3708	3935	3794	4482	
1995	5055	4385	4531	4405	5014	
1996	5425	4577	5082	4580	5302	
1997	5456	4732	5221	4455	5394	
1998	5800	4273	5358	4424	5214	
1999	6321	4351	5786	4475	5693	
2000	6705	4458	5893	4604	5092	
2001	7107	6010	6111	5116	5407	
2002	6970	5992	6123	5129	5898	
2003	7217	6033	6326	6136	5865	
2004	7329	7117	6755	6417	6681	
2005	7882	7850	7186	6670	7128	
2006	8160	7245	7915	7100	8447	
2007	9459	8723	8252	7914	9289	
2008	10268	11351	8992	9552	9917	
2009	11120	11276	9880	9965	12414	
2010	12867	11978	10934	11126	11746	
2011	14834	13720	11890	12995	13176	
2012	15292	14115	14470	13630	14224	
2013	17128	15398	15555	14748	15191	14792
2014	19032	16970	16930	15899	16461	16058
2015	20897	18314	17998	17008	17959	17452
2016	15886	19360	17649	17969	18861	19005
2017	17279	20909	19005	19017	20238	20538
2018	18724	22421	20465	21215	21152	22752
2019	20143	24023	22450	23602	22875	24815
2020	19237	23254	21507	22870	22326	24071
2021	20584	24672	23335	23991	23219	25467
2022	20626	24919	22262	24639	23743	25824
2023	22556	27098	24261	26873	25890	28278

注：从 2016 年起，各市人均消费支出为新口径数据，与 2015 年及以前的数据不可比。

Per Capita Consumption Expenditure of Urban Households by Cities（1981—2023）

(100 million yuan)

钦州市 Qinzhou	贵港市 Guigang	玉林市 Yulin	百色市 Baise	贺州市 Hezhou	河池市 Hechi	来宾市 Laibin	崇左市 Chongzuo
	375		431	377			
	417		485	447			
	608		632	634			
	667		776	762			
	840		886	904			
	1215		1153	1258			
	1337		1259	1672			
	1344		1334	1336			
	1479		1355	1558			
	1470		1622	1633			
	1845		2094	1879			
	3257		3213	2786			
	4092		4396	3562			
	3923		4647	3515			
	4198		4639	3902			
	4120		4661	3813			
	4739		4785	3791			
	4134		5409	4076			
	4677		5701	4610			
	4563		5635	5075			
	5661		5766	5287			
	5143		6405	6230			
	5997		7245	6792			
	6313		7615	7545			
	6692		8176	8529			
	8189		9079	8063			
	7979		10268	9129			
	9686		11528	11084			
	11505		12344	11493			
	13123		12327	11706			
14361	14646	14938	13448	12635	12021	14676	12378
15316	15779	15996	14474	13493	14203	15654	13219
16446	16650	17299	15531	14322	14867	16757	14026
17173	15995	17207	16488	15206	15708	17389	15953
18392	17791	18306	17985	16335	16784	18619	17453
19513	19329	19596	19009	17564	18301	19325	18814
20898	21029	21535	19977	18736	19592	20195	20291
20543	20293	20954	19298	17987	19043	19529	19763
21509	22647	22442	20186	19948	20471	20525	21463
20842	22828	22698	19689	20150	20205	20812	21086
22726	24683	24688	21501	21894	21914	22715	22907

Note: Since 2016, the per capita consumption expenditure of each city is a new caliber data, which is incomparable with the data of 2015 and before.

2-20　各市城镇居民恩格尔系数（1981—2023年）

单位：%

年　份 Year	南宁市 Nanning	柳州市 Liuzhou	桂林市 Guilin	梧州市 Wuzhou	北海市 Beihai	防城港市 Fangchenggang
1981	57.7	57.4	58.2	62.4	60.5	
1982	59.6	60.4	61.4	60.3	60.7	
1983	58.3	60.9	62.2	63.2	64.7	
1984	56.6	58.0	55.4	62.5	64.0	
1985	54.5	59.3	54.4	63.8	59.4	
1986	58.6	61.1	57.6	67.7	59.1	
1987	59.3	63.8	57.7	65.7	64.1	
1988	58.9	51.1	55.8	56.4	58.9	
1989	63.7	64.1	60.5	64.4	65.8	
1990	62.1	61.0	57.5	62.0	60.4	
1991	56.1	57.9	56.6	53.9	56.8	
1992	57.0	54.8	52.7	56.9	58.8	
1993	52.9	48.3	54.0	56.6	50.1	
1994	49.2	48.4	48.8	50.4	51.8	
1995	49.9	53.3	52.3	54.6	55.9	
1996	49.7	51.0	49.8	53.7	57.0	
1997	46.5	46.4	48.0	53.2	55.2	
1998	42.4	48.5	43.5	50.2	52.0	
1999	37.5	45.9	41.6	49.5	48.9	
2000	36.5	43.8	38.7	44.4	47.1	
2001	34.7	35.3	37.2	43.3	46.9	
2002	37.5	38.8	40.3	47.6	45.3	
2003	37.5	40.8	40.4	46.5	46.3	
2004	40.1	44.0	42.1	45.5	48.0	
2005	40.5	39.1	39.1	48.0	42.7	
2006	39.0	39.3	39.7	46.8	41.3	
2007	39.6	40.3	45.2	50.4	44.1	
2008	41.0	39.7	50.8	51.9	44.9	
2009	38.8	37.4	49.4	47.5	37.5	
2010	35.1	37.6	46.0	48.4	43.3	
2011	36.0	37.9	43.3	47.2	45.1	
2012	39.2	41.5	41.0	45.1	46.9	
2013	39.0	40.8	41.1	43.8	46.3	40.4
2014	38.8	40.5	40.6	42.8	46.1	40.9
2015	37.9	40.6	40.2	42.3	44.9	40.9
2016	35.9	40.4	36.7	42.3	44.8	41.0
2017	35.3	40.2	36.4	40.8	43.0	33.5
2018	31.1	39.4	35.4	36.6	41.6	30.9
2019	32.0	39.0	34.3	33.0	39.9	31.4
2020	32.7	36.8	33.9	31.4	38.6	34.6
2021	31.8	34.8	33.8	31.0	36.7	33.1
2022	32.1	34.6	33.9	31.0	36.4	32.7
2023	32.1	34.5	33.8	31.0	35.5	31.2

注：从2016年起，各市城镇居民恩格尔系数采用新口径数据进行计算，2015年及以前为老口径数据计算。

Engel's Coefficient of Urban Households by Cities（1981—2023）

(%)

钦州市 Qinzhou	贵港市 Guigang	玉林市 Yulin	百色市 Baise	贺州市 Hezhou	河池市 Hechi	来宾市 Laibin	崇左市 Chongzuo
	61.9		56.1	56.7			
	58.6		55.5	55.7			
	49.9		57.8	59.2			
	54.0		55.5	56.0			
	53.4		59.5	57.1			
	49.3		52.9	49.8			
	53.2		59.7	46.4			
	57.1		59.4	59.1			
	53.4		59.5	54.1			
	55.3		57.9	57.4			
	58.0		57.0	58.6			
	48.3		49.9	51.1			
	48.3		47.5	50.9			
	50.2		45.8	55.1			
	47.2		45.8	49.3			
	48.0		45.8	47.9			
	41.1		44.9	49.9			
	42.0		36.4	46.8			
	36.5		35.8	39.6			
	40.8		39.2	41.3			
	35.9		39.0	42.0			
	42.3		39.0	40.1			
	40.3		40.3	42.1			
	40.4		38.1	39.9			
	47.9		42.2	38.7			
	43.8		42.4	46.3			
	46.1		37.3	41.9			
	39.9		35.0	36.2			
	38.8		40.6	40.2			
	42.3		40.0	39.8			
45.8	41.8	39.5	39.6	39.5	40.0	37.8	41.1
45.7	41.7	40.0	39.1	38.9	33.8	37.6	39.2
45.6	41.6	40.0	38.4	38.7	33.3	37.1	40.3
35.4	41.3	40.5	31.1	38.7	33.5	36.5	41.4
35.3	39.4	39.3	34.2	38.4	32.4	35.8	40.6
34.5	38.1	38.0	33.2	37.3	32.2	35.7	40.3
34.7	36.9	36.0	32.7	35.0	32.3	34.6	41.2
35.0	35.0	33.1	34.4	34.1	34.1	37.1	35.8
33.9	34.8	31.1	33.5	31.5	33.6	35.7	35.0
34.4	34.4	30.9	33.5	31.3	33.0	35.3	34.9
34.3	34.4	30.5	33.3	30.7	33.0	34.3	34.8

Note: Since 2016, the Engel coefficient of urban residents in various cities has been calculated with the new caliber data, and calculated for the old caliber data before 2015.

2-21 各市城镇居民人均收支情况（2023 年）

单位：元

项 目	Item	南宁市 Nanning	柳州市 Liuzhou	桂林市 Guilin	梧州市 Wuzhou
城镇居民人均收入	**Per Capita Income of Urban Households**				
可支配收入	Disposable Income	44469	44177	43725	40181
工资性收入	Income from Wages and Salaries	25528	26427	24136	22971
经营净收入	Net Business Income	6761	5338	5816	6349
财产性收入	Income from Properties	5499	2005	3017	2971
转移性收入	Income from Transfers	6681	10407	10756	7890
城镇居民人均支出	**Per Capita Expenditure of Urban Households**				
消费性支出	Consumption Expenditure	22556	27098	24261	26873
食品烟酒	Food, Tobacco and Liquor	7231	9345	8195	8341
衣着	Clothing	1017	1792	1250	2092
居住	Residence	5372	3242	5036	3652
生活用品及服务	Household Equipments, Furnishings and Services	1172	2049	1416	2347
交通和通信	Transport and Communications	2584	4792	2466	3814
教育文化娱乐	Education, Culture and Recreation	2531	3291	3061	3462
医疗保健	Health Care and Medical Services	2191	1766	2398	2520
其他用品和服务	Other Goods and Services	458	821	439	645

Per Capita Income and Consumption Expenditure of Urban Households by Cities（2023）

（yuan）

北海市 Beihai	防城港市 Fangcheng gang	钦州市 Qinzhou	贵港市 Guigang	玉林市 Yulin	百色市 Baise	贺州市 Hezhou	河池市 Hechi	来宾市 Laibin	崇左市 Chongzuo
43539	42291	42779	39145	43185	39154	39428	35692	41702	39502
24914	22978	22587	26556	24960	24547	22282	20181	25271	22437
7469	7766	8534	4805	7624	6293	5844	6128	6587	9322
2296	3451	3174	1569	2662	2817	4281	2253	2211	2094
8860	8096	8484	6215	7939	5497	7021	7130	7633	5649
25890	28278	22726	24683	24688	21501	21894	21914	22715	22907
9201	8821	7795	8491	7530	7155	6711	7222	7798	7982
1137	1332	909	1916	1647	1303	1594	910	1009	939
3371	6166	5318	2083	2766	3929	2718	4504	4252	5108
1351	2508	1045	1826	1902	1308	1503	1403	1195	1420
5523	3651	3273	5310	3835	2916	3935	3113	3151	2843
3043	2604	2500	3464	3958	2828	3224	2305	2791	2165
1702	2332	1477	1105	2248	1688	1801	1957	2155	1993
562	864	409	488	802	374	408	500	364	458

2-22 各市农村居民人均收支情况（2023 年）

单位：元

项 目	Item	南宁市 Nanning	柳州市 Liuzhou	桂林市 Guilin	梧州市 Wuzhou
农村居民人均收入	**Per Capita Income of Rural Households**				
可支配收入	Disposable Income	20369	19811	21562	18680
工资性收入	Income from Wages and Salaries	8985	6218	9078	8350
经营净收入	Net Business Income	7346	9777	8948	5976
第一产业	Primary Industry	5878	8324	5852	3293
第二产业	Secondary Industry	163	126	814	410
第三产业	**Tertiary Industry**	**1305**	**1327**	**2282**	**2273**
财产性收入	Income from Properties	803	208	453	484
转移性收入	Income from Transfers	3235	3608	3083	3870
农村居民人均支出	**Per Capita Expenditure of Rural Households**				
消费支出	Consumption Expenditure	15090	13383	12330	10966
食品烟酒	Food, Tobacco and Liquor	4579	4730	4353	3317
衣着	Clothing	433	549	399	405
居住	Residence	3708	3599	2576	2430
生活用品及服务	Household Equipments, Furnishings and Services	727	692	795	794
交通和通信	Transport and Communications	1950	829	1511	1634
教育文化娱乐	Education, Culture and Recreation	1835	941	1250	1071
医疗保健	Health Care and Medical Services	1689	1755	1253	1054
其他用品和服务	Other Goods and Services	169	288	193	261

Per Capita Income and Consumption Expenditure of Rural Households by Cities（2023）

（yuan）

北海市 Beihai	防城港市 Fangchenggang	钦州市 Qinzhou	贵港市 Guigang	玉林市 Yulin	百色市 Baise	贺州市 Hezhou	河池市 Hechi	来宾市 Laibin	崇左市 Chongzuo
20936	21460	19311	20829	22250	16972	17596	14164	17521	17918
7225	7567	7647	8888	6606	5361	8046	4698	5916	4337
11000	8945	6600	9832	9734	7815	7531	6068	7794	11037
7720	7106	3696	7209	6357	6033	5669	4215	5860	9028
362	180	726	1003	259	277	352	402	111	243
2918	1659	2178	1620	3118	1505	1510	1451	1823	1766
547	592	274	371	282	134	338	145	199	233
2164	4356	4790	1738	5628	3662	1681	3253	3612	2311
12736	14858	10874	12284	14598	10335	10869	9580	14184	10547
4439	4857	3860	4387	4637	3369	3496	3224	4577	3669
443	502	326	301	571	419	433	342	431	327
2863	3120	2466	2131	3192	2105	2503	1904	3164	1971
696	899	544	695	1062	557	770	651	703	620
1413	1735	1381	2098	1845	1595	1190	1051	1934	1499
1681	1533	1359	1434	1444	1424	1130	1311	1718	1363
1022	1847	753	982	1447	735	1101	942	1483	939
179	365	185	256	400	131	246	155	174	159

2-23 各市城镇居民家庭基本情况（2023 年）
Basic Statistics of Urban Households by Cities（2023）

地 区	Region	平均每户家庭人口（人）Average Households Size (person)	平均每户就业人口（人）Average Number of Employed Persons per Households (person)	平均每一就业者负担人数（人）Average Number of Persons Supported by a Laborer (person)	平均每人年末拥有房屋面积（平方米）Per Capita Have House Space at Year-end (sq.m)	平均每百户拥有家用汽车（辆）Average per 100 Households of Ownership of Automobile (unit)
南宁市	Nanning	3.3	1.5	2.2	43.5	47.9
柳州市	Liuzhou	3.1	1.5	2.1	46.5	63.1
桂林市	Guilin	3.1	1.4	2.2	49.8	51.3
梧州市	Wuzhou	3.7	1.6	2.3	51.1	46.0
北海市	Beihai	3.5	1.7	2.1	52.9	45.5
防城港市	Fangchenggang	3.7	1.8	2.1	58.3	63.5
钦州市	Qinzhou	3.7	1.8	2.0	46.8	47.5
贵港市	Guigang	4.0	1.9	2.1	55.3	40.8
玉林市	Yulin	4.1	1.9	2.2	57.5	52.9
百色市	Baise	3.7	1.8	2.1	49.9	52.5
贺州市	Hezhou	3.7	1.8	2.1	59.2	58.8
河池市	Hechi	3.5	1.6	2.2	51.5	52.8
来宾市	Laibin	3.3	1.5	2.1	51.0	47.3
崇左市	Chongzuo	3.3	1.6	2.1	51.8	45.3

2-24 各市农村居民家庭基本情况（2023 年）
Basic Statistics of Rural Households by Cities（2023）

地 区	Region	平均每户家庭人口（人）Average Households Size (person)	平均每户整半劳动力（人）Average Number of Semi Labour Force Per Household (person)	平均每一劳动力负担人数（人）Average Number of Dependents per Labour Force (person)	平均每人年末拥有房屋面积（平方米）Per Capita Have House Space at Year-end (sq.m)	平均每百户拥有生活用汽车（辆）Average per 100 Households of Life for Automobile (unit)
南 宁 市	Nanning	3.3	2.1	1.6	65.5	37.4
柳 州 市	Liuzhou	3.3	2.2	1.5	63.7	49.0
桂 林 市	Guilin	3.3	2.2	1.5	68.5	37.5
梧 州 市	Wuzhou	3.9	2.3	1.7	58.0	30.3
北 海 市	Beihai	3.8	2.5	1.5	47.9	29.1
防城港市	Fangchenggang	3.7	2.4	1.5	59.5	50.0
钦 州 市	Qinzhou	3.8	2.3	1.7	56.5	30.0
贵 港 市	Guigang	3.6	2.2	1.7	66.2	25.8
玉 林 市	Yulin	4.0	2.4	1.7	59.5	36.1
百 色 市	Baise	3.5	2.3	1.6	52.3	38.1
贺 州 市	Hezhou	3.9	2.3	1.7	61.0	47.9
河 池 市	Hechi	3.4	2.0	1.7	59.6	30.9
来 宾 市	Laibin	3.2	2.1	1.6	62.3	32.7
崇 左 市	Chongzuo	3.3	2.2	1.5	58.2	35.1

2-25 广西及各市、县（市、区）居民人均可支配收入

Per Capita Disposable Income of Households by Guangxi and Region

单位：元 (yuan)

地 区	Region	2019	2020	2021	2022	2023
广 西	**Guangxi Total**	**23328**	**24562**	**26727**	**27981**	**29514**
南宁市	**Nanning**	**28929**	**30114**	**32679**	**33903**	**35802**
兴宁区	Xingning District	37520	38592	41775	42913	45069
青秀区	Qingxiu District	45655	47219	50632	52506	55497
江南区	Jiangnan District	33113	33928	36695	37857	39514
西乡塘区	Xixiangtang District	33969	34929	37887	38962	40896
良庆区	Liangqing District	27933	29064	31578	32836	34677
邕宁区	Yongning District	22874	24129	26328	27566	28986
武鸣区	Wuming District	25774	26977	29551	30808	32665
隆安县	Long'an	17818	18985	20755	21758	23144
马山县	Mashan	16409	17560	19281	20305	21477
上林县	Shanglin	17491	18553	20305	21343	22553
宾阳县	Binyang	23961	24945	27234	28507	30016
横州市	Hengzhou	23347	24658	26868	28042	29764
柳州市	**Liuzhou**	**29209**	**30500**	**33036**	**34110**	**35816**
城中区	Chengzhong District	45260	46544	50368	51731	53920
鱼峰区	Yufeng District	41075	42054	45527	46520	48495
柳南区	Liunan District	42980	43927	47485	48530	50326
柳北区	Liubei District	40363	41949	45414	46493	48426
柳江区	Liujiang District	25895	27718	30468	31727	33348
柳城县	Liucheng	23943	25257	27570	28694	30055
鹿寨县	Luzhai	25950	27467	29779	30931	32524
融安县	Rong'an	20745	21829	23766	24861	26338
融水苗族自治县	Rongshui	19850	21197	23120	24234	25712
三江侗族自治县	Sanjiang	18328	19565	21252	22268	23654
桂林市	**Guilin**	**26381**	**27745**	**29964**	**31167**	**32912**
秀峰区	Xiufeng District	37828	39076	41694	42653	44700
叠彩区	Diecai District	35766	37124	39477	40500	44342
象山区	Xiangshan District	38129	38995	41959	43050	44789
七星区	Qixing District	39700	40656	44059	44986	46841
雁山区	Yanshan District	29241	30763	33067	34540	35941
临桂区	Lingui District	27903	29476	31667	32541	34241
阳朔县	Yangshuo	25917	27569	29976	31200	33173

2-25　续表 1　continued

单位：元　(yuan)

地　区	Region	2019	2020	2021	2022	2023
灵川县	Lingchuan	26776	27934	30103	31490	33177
全州县	Quanzhou	22392	24241	26478	27789	29461
兴安县	Xing'an	25980	27698	29712	30904	32860
永福县	Yongfu	23079	24554	26686	28043	29807
灌阳县	Guanyang	20175	21235	22972	24037	25457
龙胜各族自治县	Longsheng	20106	21412	23480	24622	25908
资源县	Ziyuan	19319	20576	22558	23697	25131
平乐县	Pingle	21778	23085	25188	26606	28216
荔浦市	Lipu	25911	27183	29071	30477	32033
恭城瑶族自治县	Gongcheng	20517	21658	23374	24523	25796
梧州市	**Wuzhou**	**23827**	**25140**	**27338**	**28584**	**30070**
万秀区	Wanxiu District	33026	34319	37044	38355	40027
长洲区	Changzhou District	33527	34777	37454	38786	40714
龙圩区	Longxu District	21269	22581	24578	25737	27078
苍梧县	Cangwu	14603	15554	17090	18024	19152
藤　县	Tengxian	20656	22005	24023	25229	26692
蒙山县	Mengshan	18276	19453	21248	22352	23613
岑溪市	Cenxi	25847	27239	29616	31006	32529
北海市	**Beihai**	**27684**	**29196**	**31602**	**32595**	**34355**
海城区	Haicheng District	37677	39035	41769	42730	44697
银海区	Yinhai District	31378	32839	35613	36567	38517
铁山港区	Tieshangang District	22869	24489	26730	27769	29352
合浦县	Hepu	23764	25230	27404	28447	30041
防城港市	**Fangchenggang**	**27679**	**28880**	**31222**	**32065**	**33893**
港口区	Gangkou District	35717	36891	39748	40968	42913
防城区	Fangcheng District	27885	28970	31180	32481	34325
上思县	Shangsi	16896	18036	19756	20764	22035
东兴市	Dongxing	35936	37088	39855	39337	41557
钦州市	**Qinzhou**	**22556**	**24061**	**26413**	**27406**	**28968**
钦南区	Qinnan District	27538	29078	31727	32771	34403
钦北区	Qinbei District	23745	25180	27693	28589	30133
灵山县	Lingshan	20728	22323	24505	25558	27115
浦北县	Pubei	20652	22062	24226	25257	26693

2-25 续表 2 continued

单位：元 (yuan)

地 区	Region	2019	2020	2021	2022	2023
贵港市	**Guigang**	**23930**	**25326**	**27664**	**28756**	**30165**
港北区	Gangbei District	30600	31965	34775	35836	37396
港南区	Gangnan District	23048	24641	26953	28109	29498
覃塘区	Qintang District	24552	26091	28499	29621	31050
平南县	Pingnan	23289	24696	26954	28022	29441
桂平市	Guiping	22811	24148	26437	27595	29042
玉林市	**Yulin**	**25882**	**27401**	**29912**	**31156**	**32745**
玉州区	Yuzhou District	36652	38386	41609	42801	44864
福绵区	Fumian District	24782	26312	28747	30015	31630
容 县	Rongxian	23192	24668	26881	28098	29457
陆川县	Luchuan	22924	24205	26563	27871	29300
博白县	Bobai	21321	22776	25006	26209	27576
兴业县	Xingye	20787	22135	24324	25479	26818
北流市	Beiliu	29052	30646	33448	34799	36545
玉东新区	Yudongxin District	32960	34590	37530	38709	
百色市	**Baise**	**19669**	**20962**	**22817**	**23985**	**25352**
右江区	Youjiang District	28612	29916	32204	33475	34967
田阳区	Tianyang District	22121	23532	25710	27035	28568
田东县	Tiandong	23656	25031	27288	28641	30210
平果市	Pingguo	24554	26012	28341	29867	31235
德保县	Debao	18468	20035	21755	22888	24165
那坡县	Napo	13783	14792	16130	17000	18001
凌云县	Lingyun	15159	16159	17555	18486	19504
乐业县	Leye	15676	16806	18498	19578	20734
田林县	Tianlin	16864	18099	19866	21073	22444
西林县	Xilin	16064	17333	18917	19997	21196
隆林各族自治县	Longlin	15640	16809	18244	19205	20297
靖西市	Jingxi	16793	17965	19733	20707	22014

2-25 续表 3 continued

单位：元 (yuan)

地 区	Region	2019	2020	2021	2022	2023
贺州市	**Hezhou**	**21975**	**23185**	**25248**	**26502**	**27827**
八步区	Babu District	24129	25390	27748	29082	30511
平桂管理区	Pinggui District	22011	23320	25451	26757	28114
昭平县	Zhaoping	21188	22098	24023	25224	26464
钟山县	Zhongshan	20122	21468	23301	24538	25726
富川瑶族自治县	Fuchuan	19596	20758	22623	23761	25065
河池市	**Hechi**	**17379**	**18637**	**20414**	**21416**	**22508**
金城江区	Jinchengjiang District	23199	25058	27905	29292	30656
宜州区	Yizhou District	22241	23697	26049	27331	28630
南丹县	Nandan	22805	24313	26633	27831	29138
天峨县	Tian'e	16479	17555	19260	20181	21273
凤山县	Fengshan	13012	14015	15387	16150	17014
东兰县	Donglan	12798	13789	15154	15987	16865
罗城仫佬族自治县	Luocheng	13845	14977	16381	17259	18291
环江毛南族自治县	Huanjiang	16551	17716	19420	20547	21685
巴马瑶族自治县	Bama	14146	15539	16967	17782	18640
都安瑶族自治县	Du'an	15237	16385	17911	18887	19837
大化瑶族自治县	Dahua	13708	14937	16330	17147	18061
来宾市	**Laibin**	**22498**	**23849**	**25874**	**27065**	**28445**
兴宾区	Xingbin District	24259	25687	27963	29249	30763
忻城县	Xincheng	19373	20765	22499	23632	24798
象州县	Xiangzhou	21939	23279	25130	26362	27787
武宣县	Wuxuan	22101	23471	25430	26608	28085
金秀瑶族自治县	Jinxiu	19817	21186	22936	24052	25361
合山市	Heshan	26732	27901	30136	31370	32924
崇左市	**Chongzuo**	**20967**	**22253**	**24114**	**25242**	**26555**
江州区	Jiangzhou District	25131	26893	29186	30538	32083
扶绥县	Fusui	24106	25430	27524	28851	30252
宁明县	Ningming	18004	19142	20855	21905	23198
龙州县	Longzhou	18916	19875	21534	22560	23709
大新县	Daxin	19871	21087	22972	24130	25457
天等县	Tiandeng	16518	17817	19317	20371	21588
凭祥市	Pingxiang	26953	28289	30184	31226	32660

2-26 各市、县（市、区）城镇居民人均可支配收入
Per Capita Disposable Income of Urban Households by Region

单位：元 （yuan）

地 区	Region	2019	2020	2021	2022	2023
南宁市	**Nanning**	**37675**	**38542**	**41394**	**42636**	**44469**
兴宁区	Xingning District	41158	41940	45211	46341	48426
青秀区	Qingxiu District	48286	49638	53013	54921	57832
江南区	Jiangnan District	37264	37823	40660	41798	43428
西乡塘区	Xixiangtang District	35940	36731	39706	40778	42654
良庆区	Liangqing District	32658	33442	36084	37347	39252
邕宁区	Yongning District	34652	35206	37670	38838	40430
武鸣区	Wuming District	36309	37071	40037	41078	43050
隆安县	Long'an	29197	30044	32117	33082	34306
马山县	Mashan	29031	29960	32177	33239	34569
上林县	Shanglin	28528	29241	31463	32470	33834
宾阳县	Binyang	35544	36255	38865	40186	41633
横州市	Hengzhou	35720	36684	39289	40428	42166
柳州市	**Liuzhou**	**37358**	**38479**	**41442**	**42478**	**44177**
城中区	Chengzhong District	45342	46612	50434	51796	53920
鱼峰区	Yufeng District	41573	42488	46015	46981	48954
柳南区	Liunan District	42988	43934	47493	48538	50334
柳北区	Liubei District	41357	42846	46317	47382	49277
柳江区	Liujiang District	37733	39129	42025	43286	45234
柳城县	Liucheng	35290	36243	39106	40123	41648
鹿寨县	Luzhai	37690	39009	41779	42823	44579
融安县	Rong'an	31285	32098	34505	35471	36854
融水苗族自治县	Rongshui	31040	32282	34800	35809	37170
三江侗族自治县	Sanjiang	31110	32074	34319	35108	36618
桂林市	**Guilin**	**37178**	**38145**	**40739**	**42043**	**43725**
秀峰区	Xiufeng District	37828	39076	41694	42653	44700
叠彩区	Diecai District	37808	38942	41240	42271	44342
象山区	Xiangshan District	38133	39010	41975	43066	44789
七星区	Qixing District	40047	40848	44198	45126	46841
雁山区	Yanshan District	35213	36622	39002	40758	42021
临桂区	Lingui District	40678	41736	44365	45253	46701
阳朔县	Yangshuo	40436	41851	44739	46081	48201

2-26 续表 1 continued

单位：元 (yuan)

地 区	Region	2019	2020	2021	2022	2023
灵川县	Lingchuan	38452	39067	41489	43066	44961
全州县	Quanzhou	35545	36860	39293	40589	42253
兴安县	Xing'an	37431	38966	41148	42259	44076
永福县	Yongfu	37820	38463	41194	42842	44770
灌阳县	Guanyang	34603	35122	37651	38818	40759
龙胜各族自治县	Longsheng	35315	36304	38845	39933	41331
资源县	Ziyuan	34892	35764	38589	39979	41298
平乐县	Pingle	36024	36708	39388	41081	42806
荔浦市	Lipu	37263	37934	40096	41500	43036
恭城瑶族自治县	Gongcheng	34846	35578	37855	39407	40747
梧州市	**Wuzhou**	**33518**	**34591**	**37185**	**38524**	**40181**
万秀区	Wanxiu District	34914	36171	38884	40167	41774
长洲区	Changzhou District	35495	36489	39153	40484	42387
龙圩区	Longxu District	30972	31870	34197	35462	37022
苍梧县	Cangwu	25250	26134	28251	29353	30615
藤 县	Tengxian	30714	31758	34203	35434	37064
蒙山县	Mengshan	30213	31210	33395	34731	36155
岑溪市	Cenxi	34925	36043	38782	40178	41865
北海市	**Beihai**	**36602**	**37956**	**40727**	**41704**	**43539**
海城区	Haicheng District	37700	39057	41791	42752	44719
银海区	Yinhai District	36181	37375	40216	41101	43156
铁山港区	Tieshangang District	35779	37317	40041	41042	42766
合浦县	Hepu	35906	37127	39874	40951	42548
防城港市	**Fangchenggang**	**36385**	**37185**	**39676**	**40470**	**42291**
港口区	Gangkou District	38900	39756	42539	43730	45523
防城区	Fangcheng District	37843	38524	40990	42302	44248
上思县	Shangsi	24967	25766	27518	28454	29734
东兴市	Dongxing	42704	43430	46296	45648	47885
钦州市	**Qinzhou**	**35732**	**37126**	**40170**	**41094**	**42779**
钦南区	Qinnan District	36492	37879	40909	41932	43609
钦北区	Qinbei District	35387	36696	39852	40689	42398
灵山县	Lingshan	35691	37119	40126	41089	42856
浦北县	Pubei	35438	36891	39916	40874	42509

2-26 续表 2 continued

单位：元 (yuan)

地 区	Region	2019	2020	2021	2022	2023
贵港市	**Guigang**	**32916**	**34002**	**36756**	**37748**	**39145**
港北区	Gangbei District	35087	36210	39143	40161	41647
港南区	Gangnan District	33939	35059	37934	39034	40400
覃塘区	Qintang District	33129	34289	37032	38032	39477
平南县	Pingnan	32863	34046	36736	37654	39160
桂平市	Guiping	32396	33400	36172	37185	38524
玉林市	**Yulin**	**36133**	**37362**	**40314**	**41564**	**43185**
玉州区	Yuzhou District	41680	42972	46324	47510	49534
福绵区	Fumian District	38569	39842	42830	44158	45951
容 县	Rongxian	33641	34852	37570	38735	40157
陆川县	Luchuan	32744	33759	36561	37877	39222
博白县	Bobai	30415	31540	34095	35275	36742
兴业县	Xingye	30789	31959	34676	35786	37164
北流市	Beiliu	38316	39657	42830	44243	46039
玉东新区	Yudongxin District	37142	38405	41439	42591	
百色市	**Baise**	**32784**	**33964**	**36375**	**37721**	**39154**
右江区	Youjiang District	35937	36943	39455	40678	42102
田阳区	Tianyang District	34050	35106	37634	38914	40471
田东县	Tiandong	35369	36430	39417	40836	42510
平果市	Pingguo	35966	37405	40248	41979	43448
德保县	Debao	34458	35940	38132	39581	40887
那坡县	Napo	26372	27242	29122	30316	31529
凌云县	Lingyun	29803	31055	32980	34134	35192
乐业县	Leye	31239	32332	34854	36213	37589
田林县	Tianlin	30776	31884	34435	35812	37209
西林县	Xilin	27103	28296	30277	31549	32937
隆林各族自治县	Longlin	32508	33711	35902	37230	38645
靖西市	Jingxi	30699	31866	34224	35353	36944

2-26　续表 3　continued

单位：元　(yuan)

地　区	Region	2019	2020	2021	2022	2023
贺州市	**Hezhou**	**33179**	**34075**	**36665**	**38058**	**39428**
八步区	Babu District	35482	36405	39317	40811	42239
平桂管理区	Pinggui District	31778	32922	35523	36944	38311
昭平县	Zhaoping	32081	32723	35177	36549	37865
钟山县	Zhongshan	31744	32601	34981	36415	37653
富川瑶族自治县	Fuchuan	30968	31835	34191	35353	36767
河池市	**Hechi**	**29665**	**30881**	**33351**	**34518**	**35692**
金城江区	Jinchengjiang District	37775	39437	42513	44128	45761
宜州区	Yizhou District	37240	37656	41901	43368	44886
南丹县	Nandan	35931	28551	40781	42086	43433
天峨县	Tian'e	27506	26315	30864	31975	33222
凤山县	Fengshan	25254	26745	28394	29246	30299
东兰县	Donglan	25692	26072	28804	29783	30647
罗城仫佬族自治县	Luocheng	24902	30386	28053	29203	30313
环江毛南族自治县	Huanjiang	29245	29317	32817	34097	35256
巴马瑶族自治县	Bama	28189	26775	31721	32641	33718
都安瑶族自治县	Du'an	25622	26446	28783	29934	30862
大化瑶族自治县	Dahua	25552	38618	28667	29556	30443
来宾市	**Laibin**	**34950**	**36173**	**38705**	**40021**	**41702**
兴宾区	Xingbin District	35624	36942	39602	41028	42874
忻城县	Xincheng	34677	35925	38296	39521	40746
象州县	Xiangzhou	35498	36634	39015	40459	42280
武宣县	Wuxuan	34628	35771	38418	39724	41591
金秀瑶族自治县	Jinxiu	35339	36541	39099	40350	41964
合山市	Heshan	33808	34991	37545	38859	40647
崇左市	**Chongzuo**	**33297**	**34562**	**36947**	**38166**	**39502**
江州区	Jiangzhou District	35421	37369	40284	41734	43195
扶绥县	Fusui	35118	36417	38821	40296	41626
宁明县	Ningming	29831	30607	32780	33862	35216
龙州县	Longzhou	31030	31806	34032	35189	36280
大新县	Daxin	34918	35966	38627	39824	41098
天等县	Tiandeng	29058	30627	32618	33825	34975
凭祥市	Pingxiang	37539	39078	41501	42539	44283

2-27 各市、县（市、区）农村居民人均可支配收入
Per Capita Disposable Income of Rural Households by Region

单位：元 (yuan)

地 区	Region	2019	2020	2021	2022	2023
南宁市	**Nanning**	**15047**	**16130**	**17808**	**19001**	**20369**
兴宁区	Xingning District	16256	17280	18939	20132	21743
青秀区	Qingxiu District	16811	17803	19565	20993	22714
江南区	Jiangnan District	16552	17562	19511	20779	22026
西乡塘区	Xixiangtang District	15147	16026	17741	18841	20311
良庆区	Liangqing District	16234	17598	19446	20691	22015
邕宁区	Yongning District	15460	16790	18385	19672	20970
武鸣区	Wuming District	17483	18777	20824	22261	23819
隆安县	Long'an	12876	13958	15465	16486	17821
马山县	Mashan	11844	12851	14213	15222	16333
上林县	Shanglin	12251	13268	14648	15703	16834
宾阳县	Binyang	15470	16321	18165	19400	20758
横州市	Hengzhou	15091	16253	17878	19076	20469
柳州市	**Liuzhou**	**14715**	**15848**	**17369**	**18515**	**19811**
城中区	Chengzhong District	24835	26698	29154	30962	
鱼峰区	Yufeng District	25453	27286	29742	31616	33639
柳南区	Liunan District	23215	24910	27202	28861	30766
柳北区	Liubei District	18614	20047	22052	23463	25035
柳江区	Liujiang District	15090	16267	17943	19199	20466
柳城县	Liucheng	15436	16625	18321	19530	20760
鹿寨县	Luzhai	15510	16766	18459	19714	21153
融安县	Rong'an	14280	15337	16825	18003	19389
融水苗族自治县	Rongshui	13909	15077	16524	17697	19095
三江侗族自治县	Sanjiang	13572	14698	16036	17142	18479
桂林市	**Guilin**	**16045**	**17345**	**18993**	**20095**	**21562**
秀峰区	Xiufeng District					
叠彩区	Diecai District	16341	17567	19148	20086	
象山区	Xiangshan District	16038	17161	18585	19440	
七星区	Qixing District	19542	21086	23089	23967	
雁山区	Yanshan District	15118	16206	17940	18694	20040
临桂区	Lingui District	19003	20485	22165	23029	24733
阳朔县	Yangshuo	18354	19859	21865	23024	24774

2-27　续表 1　continued

单位：元　　(yuan)

地　区	Region	2019	2020	2021	2022	2023
灵川县	Lingchuan	16933	18169	19950	21166	22669
全州县	Quanzhou	16233	17759	19695	21014	22485
兴安县	Xing'an	19252	20811	22580	23822	25728
永福县	Yongfu	15454	16629	18275	19463	20981
灌阳县	Guanyang	11950	12942	14146	15150	16256
龙胜各族自治县	Longsheng	12816	13931	15408	16579	17806
资源县	Ziyuan	12227	13327	14726	15742	17049
平乐县	Pingle	15339	16643	18357	19642	21076
荔浦市	Lipu	16369	17859	19306	20715	22082
恭城瑶族自治县	Gongcheng	14115	15160	16494	17451	18568
梧州市	**Wuzhou**	**13474**	**14660**	**16331**	**17474**	**18680**
万秀区	Wanxiu District	17238	18807	20951	22501	24054
长洲区	Changzhou District	16556	17963	19975	21313	22677
龙圩区	Longxu District	13040	14188	15862	16925	18042
苍梧县	Cangwu	9990	10859	12108	12968	14005
藤　县	Tengxian	13406	14613	16264	17451	18742
蒙山县	Mengshan	11524	12550	14018	14985	16049
岑溪市	Cenxi	15981	17323	19229	20613	21891
北海市	**Beihai**	**15510**	**16797**	**18460**	**19475**	**20936**
海城区	Haicheng District	16633	17964	19760	20807	22472
银海区	Yinhai District	17293	18728	20638	21814	23341
铁山港区	Tieshangang District	16189	17581	19269	20329	21833
合浦县	Hepu	15263	16545	18183	19201	20679
防城港市	**Fangchenggang**	**15962**	**17223**	**19031**	**19944**	**21460**
港口区	Gangkou District	17158	18599	20645	22070	23703
防城区	Fangcheng District	16404	17536	19219	20507	22004
上思县	Shangsi	13152	14296	15840	16885	18151
东兴市	Dongxing	19659	21173	23439	23251	25181
钦州市	**Qinzhou**	**14149**	**15352**	**17041**	**18081**	**19311**
钦南区	Qinnan District	14627	15841	17663	18740	20052
钦北区	Qinbei District	14197	15404	17206	18152	19386
灵山县	Lingshan	14108	15335	16884	17981	19186
浦北县	Pubei	13850	15041	16665	17732	18938

2-27 续表 2 continued

单位：元 (yuan)

地 区	Region	2019	2020	2021	2022	2023
贵港市	**Guigang**	**15289**	**16619**	**18381**	**19576**	**20829**
港北区	Gangbei District	15992	17415	19261	20474	21743
港南区	Gangnan District	15573	16975	18723	19921	21176
覃塘区	Qintang District	16235	17631	19553	20804	22073
平南县	Pingnan	14975	16248	18003	19209	20438
桂平市	Guiping	15592	16949	18729	20003	21403
玉林市	**Yulin**	**16348**	**17721**	**19635**	**20872**	**22250**
玉州区	Yuzhou District	18688	20202	22303	23521	25120
福绵区	Fumian District	15994	17385	19315	20543	21899
容 县	Rongxian	15604	16915	18607	19865	21176
陆川县	Luchuan	15410	16689	18592	19893	21286
博白县	Bobai	15504	16868	18757	19976	21274
兴业县	Xingye	14675	15937	17706	18889	20117
北流市	Beiliu	17512	19001	21148	22417	23919
玉东新区	Yudongxin District	18019	19461	21524	22815	
百色市	**Baise**	**12195**	**13305**	**14755**	**15817**	**16972**
右江区	Youjiang District	16205	17663	19359	20714	22123
田阳区	Tianyang District	14466	15710	17611	18967	20446
田东县	Tiandong	16146	17518	19252	20561	22021
平果市	Pingguo	13734	15011	16782	18108	19321
德保县	Debao	11291	12386	13773	14751	15902
那坡县	Napo	9138	10043	11098	11842	12683
凌云县	Lingyun	9789	10601	11757	12604	13562
乐业县	Leye	9899	10869	12162	13135	14120
田林县	Tianlin	12354	13491	14921	16070	17356
西林县	Xilin	11213	12233	13542	14531	15548
隆林各族自治县	Longlin	9972	10929	12066	12899	13841
靖西市	Jingxi	11347	12334	13777	14686	15787

2-27　续表 3　continued

单位：元　(yuan)

地　区	Region	2019	2020	2021	2022	2023
贺州市	**Hezhou**	**12737**	**13832**	**15312**	**16445**	**17596**
八步区	Babu District	13560	14713	16331	17507	18732
平桂管理区	Pinggui District	12820	13974	15483	16675	17859
昭平县	Zhaoping	12159	13059	14430	15483	16551
钟山县	Zhongshan	12274	13403	14797	15892	17004
富川瑶族自治县	Fuchuan	12196	13306	14756	15877	17020
河池市	**Hechi**	**10141**	**11074**	**12325**	**13225**	**14164**
金城江区	Jinchengjiang District	11976	13054	14555	15734	16851
宜州区	Yizhou District	12930	13036	15699	16861	17923
南丹县	Nandan	11982	10713	14561	15668	16827
天峨县	Tian'e	9784	9665	11956	12757	13663
凤山县	Fengshan	8818	9692	10757	11488	12258
东兰县	Donglan	8859	9789	10768	11554	12363
罗城仫佬族自治县	Luocheng	8915	11900	10846	11594	12510
环江毛南族自治县	Huanjiang	10927	9941	13197	14253	15308
巴马瑶族自治县	Bama	9112	9825	11054	11828	12597
都安瑶族自治县	Du'an	8956	9991	10945	11810	12672
大化瑶族自治县	Dahua	9141	14042	11090	11877	12803
来宾市	**Laibin**	**12810**	**13950**	**15317**	**16405**	**17521**
兴宾区	Xingbin District	13483	14696	16122	17267	18441
忻城县	Xincheng	12218	13379	14704	15792	16929
象州县	Xiangzhou	13238	14390	15800	16890	17954
武宣县	Wuxuan	13389	14594	15951	17036	18229
金秀瑶族自治县	Jinxiu	11105	12116	13279	14315	15331
合山市	Heshan	13292	14395	15906	16988	18092
崇左市	**Chongzuo**	**13320**	**14306**	**15694**	**16761**	**17918**
江州区	Jiangzhou District	15181	16320	17887	19139	20364
扶绥县	Fusui	15566	16578	18269	19475	20780
宁明县	Ningming	12988	14053	15472	16509	17681
龙州县	Longzhou	11889	12709	13916	14862	15932
大新县	Daxin	14042	15081	16559	17702	18959
天等县	Tiandeng	11588	12550	13767	14758	15924
凭祥市	Pingxiang	13354	14315	15646	16694	17729

2-28 广西及各市、县（市、区）居民人均消费支出
Per Capita Consumption Expenditure of Households by Guangxi and Region

单位：元 (yuan)

地　区	Region	2020	2021	2022	2023
广　西	**Guangxi Total**	**21210**	**24100**	**18343**	**19749**
南宁市	**Nanning**	**16818**	**18253**	**18280**	**19846**
兴宁区	Xingning District	19379	20669	20679	22468
青秀区	Qingxiu District	31705	33988	34757	37375
江南区	Jiangnan District	21406	23479	23628	25434
西乡塘区	Xixiangtang District	21671	23340	23232	25776
良庆区	Liangqing District	14275	15587	15696	17278
邕宁区	Yongning District	14800	16387	16537	17885
武鸣区	Wuming District	13361	14701	14764	16096
隆安县	Long'an	13265	14464	14621	15550
马山县	Mashan	14195	15745	15785	16556
上林县	Shanglin	14839	16258	16386	17339
宾阳县	Binyang	12622	13955	14085	15378
横州市	Hengzhou	12945	14298	14347	15464
柳州市	**Liuzhou**	**18998**	**20243**	**20668**	**22355**
城中区	Chengzhong District	26865	28696	29502	32185
鱼峰区	Yufeng District	24122	25444	25521	28159
柳南区	Liunan District	29730	32940	33006	35513
柳北区	Liubei District	26148	28849	29714	31823
柳江区	Liujiang District	17448	19537	20444	22114
柳城县	Liucheng	15647	16675	17290	18604
鹿寨县	Luzhai	14041	15337	15748	16963
融安县	Rong'an	13018	14399	14700	15714
融水苗族自治县	Rongshui	13283	14194	14877	15986
三江侗族自治县	Sanjiang	12741	13565	13982	15050
桂林市	**Guilin**	**16286**	**17896**	**17012**	**18403**
秀峰区	Xiufeng District	21490	23317	21288	23322
叠彩区	Diecai District	21903	23580	21836	24932
象山区	Xiangshan District	22363	24533	22522	24410
七星区	Qixing District	22733	24993	22927	25112
雁山区	Yanshan District	17582	19164	19243	20743
临桂区	Lingui District	16400	17938	16922	18248
阳朔县	Yangshuo	16016	17733	16049	17365

2-28 续表 1 continued

单位：元 (yuan)

地　区	Region	2020	2021	2022	2023
灵川县	Lingchuan	15292	16712	15193	16444
全州县	Quanzhou	14117	15689	15847	16901
兴安县	Xing'an	15456	16897	15990	17386
永福县	Yongfu	13820	15333	14513	15669
灌阳县	Guanyang	12297	13552	12765	13818
龙胜各族自治县	Longsheng	12759	14216	13777	14897
资源县	Ziyuan	12066	13374	12682	13691
平乐县	Pingle	12774	14205	13570	14618
荔浦市	Lipu	16236	17740	16369	17596
恭城瑶族自治县	Gongcheng	12778	14102	13795	14722
梧州市	**Wuzhou**	**16454**	**17377**	**17921**	**19394**
万秀区	Wanxiu District	24958	26607	27295	29572
长洲区	Changzhou District	24020	25076	25748	28731
龙圩区	Longxu District	12910	13523	13959	15091
苍梧县	Cangwu	11179	11852	12275	13156
藤　县	Tengxian	14101	14864	15361	16663
蒙山县	Mengshan	11666	12405	12854	13664
岑溪市	Cenxi	12630	13415	13876	14838
北海市	**Beihai**	**17765**	**18890**	**18977**	**20555**
海城区	Haicheng District	24012	25095	25210	27502
银海区	Yinhai District	19395	20492	20555	22820
铁山港区	Tieshangang District	14854	16088	16030	17093
合浦县	Hepu	13150	14128	14409	15384
防城港市	**Fangchenggang**	**19711**	**20938**	**20839**	**22556**
港口区	Gangkou District	22934	24298	22824	24654
防城区	Fangcheng District	19286	20243	20896	22779
上思县	Shangsi	11123	11957	12085	13099
东兴市	Dongxing	21094	22043	21970	24102
钦州市	**Qinzhou**	**13915**	**14832**	**14592**	**15738**
钦南区	Qinnan District	16265	17280	17496	18998
钦北区	Qinbei District	14448	15320	14837	16054
灵山县	Lingshan	12523	13487	13148	14191
浦北县	Pubei	12538	13451	13311	14239

2-28 续表 2 continued

单位：元 (yuan)

地 区	Region	2020	2021	2022	2023
贵港市	**Guigang**	**15357**	**17145**	**17284**	**18601**
港北区	Gangbei District	19413	21573	22144	24437
港南区	Gangnan District	12897	14579	14670	15666
覃塘区	Qintang District	13493	15051	15200	16229
平南县	Pingnan	16670	18450	19252	20769
桂平市	Guiping	15942	17849	17590	18660
玉林市	**Yulin**	**16603**	**18268**	**18274**	**19653**
玉州区	Yuzhou District	23405	25656	26240	28935
福绵区	Fumian District	11166	12410	12458	13373
容 县	Rongxian	12819	13976	14370	15376
陆川县	Luchuan	14399	15924	16084	16964
博白县	Bobai	14147	15327	15646	17110
兴业县	Xingye	14043	15373	15889	17052
北流市	Beiliu	18297	20052	20652	22419
玉东新区	Yudongxin District	20593	22896		
百色市	**Baise**	**13027**	**13808**	**13491**	**14524**
右江区	Youjiang District	18583	19522	18949	20454
田阳区	Tianyang District	13303	14148	13509	14565
田东县	Tiandong	13833	14667	14548	15684
平果市	Pingguo	14573	15480	15388	16462
德保县	Debao	11183	11826	11729	12523
那坡县	Napo	10393	11060	10686	11482
凌云县	Lingyun	10633	11233	11233	11872
乐业县	Leye	10570	11309	11021	11764
田林县	Tianlin	11551	12385	11736	12699
西林县	Xilin	11362	12059	12097	13070
隆林各族自治县	Longlin	10151	10786	10496	11259
靖西市	Jingxi	10492	11145	10795	11810

2-28　续表 3　continued

单位：元 (yuan)

地　区	Region	2020	2021	2022	2023
贺州市	**Hezhou**	**13431**	**14896**	**14877**	**16034**
八步区	Babu District	15207	16958	16939	17811
平桂管理区	Pinggui District	13415	14920	14923	16358
昭平县	Zhaoping	12696	14041	13968	14462
钟山县	Zhongshan	11629	12843	12846	13633
富川瑶族自治县	Fuchuan	10481	11612	11562	13200
河池市	**Hechi**	**12422**	**13561**	**13385**	**14359**
金城江区	Jinchengjiang District	17456	19912	19821	21382
宜州区	Yizhou District	13715	15328	15136	16067
南丹县	Nandan	11777	13247	13537	14483
天峨县	Tian'e	9069	9624	9966	10698
凤山县	Fengshan	8451	9409	9032	9637
东兰县	Donglan	9325	10053	10270	11135
罗城仫佬族自治县	Luocheng	11930	13416	13589	14461
环江毛南族自治县	Huanjiang	9327	9987	9474	10200
巴马瑶族自治县	Bama	11217	12212	12798	13783
都安瑶族自治县	Du'an	9893	10845	11409	12200
大化瑶族自治县	Dahua	14890	16293	16202	17164
来宾市	**Laibin**	**14934**	**16445**	**16783**	**18035**
兴宾区	Xingbin District	15910	17497	17894	19079
忻城县	Xincheng	12872	14250	14531	15586
象州县	Xiangzhou	14458	15821	16170	17339
武宣县	Wuxuan	14532	16022	16364	17676
金秀瑶族自治县	Jinxiu	13941	15595	15904	17143
合山市	Heshan	12191	13240	13503	14557
崇左市	**Chongzuo**	**13185**	**14569**	**14389**	**15491**
江州区	Jiangzhou District	15258	17044	16829	18184
扶绥县	Fusui	15353	16899	16767	18017
宁明县	Ningming	11313	12476	12064	13046
龙州县	Longzhou	11612	12846	12600	13479
大新县	Daxin	13354	14664	14575	15546
天等县	Tiandeng	10631	11786	12271	13206
凭祥市	Pingxiang	16818	18611	17708	19476

2-29 各市、县（市、区）城镇居民人均消费支出
Per Capita Consumption Expenditure of Urban Households by Region

单位：元 (yuan)

地 区	Region	2020	2021	2022	2023
南宁市	**Nanning**	**19237**	**20584**	**20626**	**22556**
兴宁区	Xingning District	20506	21736	21779	23695
青秀区	Qingxiu District	32938	35178	35987	38701
江南区	Jiangnan District	23935	26089	26298	28286
西乡塘区	Xixiangtang District	22286	23913	23770	26408
良庆区	Liangqing District	15813	17094	17299	19102
邕宁区	Yongning District	19013	20648	20669	22772
武鸣区	Wuming District	14541	15748	15905	17816
隆安县	Long'an	17334	18339	18559	19772
马山县	Mashan	16427	17807	17647	19141
上林县	Shanglin	16468	17571	17676	19495
宾阳县	Binyang	11109	12153	12214	14097
横州市	Hengzhou	14685	15904	15856	17311
柳州市	**Liuzhou**	**23254**	**24672**	**24919**	**27098**
城中区	Chengzhong District	26905	28735	29540	32185
鱼峰区	Yufeng District	24278	25613	25690	28381
柳南区	Liunan District	29735	32946	33012	35520
柳北区	Liubei District	26505	29209	30085	32211
柳江区	Liujiang District	23967	26244	27477	30068
柳城县	Liucheng	22818	23525	24043	26166
鹿寨县	Luzhai	18091	19918	20018	21745
融安县	Rong'an	17681	19414	20093	21550
融水苗族自治县	Rongshui	18887	20096	20699	22490
三江侗族自治县	Sanjiang	18350	19139	19407	21299
桂林市	**Guilin**	**21507**	**23335**	**22262**	**24261**
秀峰区	Xiufeng District	21490	23317	21288	23322
叠彩区	Diecai District	22923	24573	22705	24932
象山区	Xiangshan District	22371	24541	22529	24410
七星区	Qixing District	22821	25057	22977	25112
雁山区	Yanshan District	20782	22424	22760	24554
临桂区	Lingui District	23074	24874	23829	25716
阳朔县	Yangshuo	23267	25361	23053	25276

2-29　续表 1　continued

单位：元 (yuan)

地　区	Region	2020	2021	2022	2023
灵川县	Lingchuan	21099	22703	20705	22759
全州县	Quanzhou	19845	21492	21685	23465
兴安县	Xing'an	20762	22215	21837	23985
永福县	Yongfu	20868	22788	21808	23772
灌阳县	Guanyang	18835	20474	19737	21729
龙胜各族自治县	Longsheng	20823	22614	22049	24137
资源县	Ziyuan	19862	21669	20954	22657
平乐县	Pingle	18829	20637	20761	22550
荔浦市	Lipu	22070	23725	22183	24076
恭城瑶族自治县	Gongcheng	19690	21305	20218	21841
梧州市	**Wuzhou**	**22870**	**23991**	**24639**	**26873**
万秀区	Wanxiu District	26759	28445	29156	31597
长洲区	Changzhou District	24983	26007	26683	29840
龙圩区	Longxu District	18457	19085	19619	21461
苍梧县	Cangwu	19231	20154	20738	22481
藤　县	Tengxian	21077	22004	22598	24904
蒙山县	Mengshan	15370	16185	16671	17807
岑溪市	Cenxi	13547	14333	14720	16028
北海市	**Beihai**	**22326**	**23219**	**23743**	**25890**
海城区	Haicheng District	24023	25104	25221	27514
银海区	Yinhai District	21452	22310	22670	25457
铁山港区	Tieshangang District	20293	21024	22011	23843
合浦县	Hepu	17671	18342	18855	20213
防城港市	**Fangchenggang**	**24071**	**25467**	**25824**	**28278**
港口区	Gangkou District	24450	25819	24256	26252
防城区	Fangcheng District	25811	26689	27247	30004
上思县	Shangsi	15560	17225	17494	19179
东兴市	Dongxing	24537	25420	25318	27973
钦州市	**Qinzhou**	**20543**	**21509**	**20842**	**22726**
钦南区	Qinnan District	20978	22027	22354	24361
钦北区	Qinbei District	20264	21095	20041	21993
灵山县	Lingshan	19594	20672	19442	21321
浦北县	Pubei	19530	20624	20023	21668

2-29 续表 2 continued

单位：元 (yuan)

地 区	Region	2020	2021	2022	2023
贵港市	**Guigang**	**20293**	**22647**	**22828**	**24683**
港北区	Gangbei District	21632	24012	24780	27419
港南区	Gangnan District	18284	20588	20867	22321
覃塘区	Qintang District	17325	19352	19391	20887
平南县	Pingnan	22845	25267	25873	28447
桂平市	Guiping	22320	24998	24258	25904
玉林市	**Yulin**	**20954**	**22442**	**22698**	**24688**
玉州区	Yuzhou District	25705	28018	28859	31881
福绵区	Fumian District	12962	14232	14536	15897
容 县	Rongxian	16080	17543	17607	19109
陆川县	Luchuan	17780	19362	19536	20616
博白县	Bobai	18458	19769	19885	22656
兴业县	Xingye	19350	21188	22032	23988
北流市	Beiliu	24516	26379	27404	29936
玉东新区	Yudongxin District	22532	24920		
百色市	**Baise**	**19298**	**20186**	**19689**	**21501**
右江区	Youjiang District	22259	23305	22466	24377
田阳区	Tianyang District	17000	17782	16857	18514
田东县	Tiandong	19319	20227	20045	22134
平果市	Pingguo	19874	20967	20632	22268
德保县	Debao	16490	17051	16983	18308
那坡县	Napo	17558	18295	17874	19419
凌云县	Lingyun	16214	16798	16580	17782
乐业县	Leye	15941	16913	16423	17864
田林县	Tianlin	17546	18581	17745	19580
西林县	Xilin	19300	20169	20411	22247
隆林各族自治县	Longlin	17580	18318	17970	19584
靖西市	Jingxi	16235	16982	16099	18238

2-29 续表 3 continued

单位：元 (yuan)

地 区	Region	2020	2021	2022	2023
贺州市	**Hezhou**	**17987**	**19948**	**20150**	**21894**
八步区	Babu District	20135	22451	22833	23990
平桂管理区	Pinggui District	16833	18752	18714	21123
昭平县	Zhaoping	16369	18104	18376	19266
钟山县	Zhongshan	16475	18205	18187	19239
富川瑶族自治县	Fuchuan	14315	15847	16148	18519
河池市	**Hechi**	**19043**	**20471**	**20205**	**21914**
金城江区	Jinchengjiang District	26803	29671	30264	33038
宜州区	Yizhou District	19757	21911	21386	22745
南丹县	Nandan	16968	18851	19643	21263
天峨县	Tian'e	15073	15902	16447	18178
凤山县	Fengshan	13827	15265	14295	15413
东兰县	Donglan	14046	15296	15254	16853
罗城仫佬族自治县	Luocheng	17014	18852	19731	21279
环江毛南族自治县	Huanjiang	15413	15952	15897	17157
巴马瑶族自治县	Bama	18316	19616	21358	23127
都安瑶族自治县	Du'an	14573	15375	14609	16034
大化瑶族自治县	Dahua	21512	23254	23331	24956
来宾市	**Laibin**	**19529**	**20525**	**20812**	**22715**
兴宾区	Xingbin District	20222	21577	21944	23459
忻城县	Xincheng	18943	19644	19860	21827
象州县	Xiangzhou	18902	19564	19857	21840
武宣县	Wuxuan	19482	20359	20624	22751
金秀瑶族自治县	Jinxiu	20278	21454	21754	23829
合山市	Heshan	13736	14574	14807	16106
崇左市	**Chongzuo**	**19763**	**21463**	**21086**	**22907**
江州区	Jiangzhou District	20724	22859	22488	24355
扶绥县	Fusui	21351	22952	22978	24864
宁明县	Ningming	17375	18661	17873	19600
龙州县	Longzhou	16922	18428	17640	18977
大新县	Daxin	20925	22536	22005	23557
天等县	Tiandeng	16732	18154	19166	20728
凭祥市	Pingxiang	23046	25328	23940	26716

2-30 各市、县（市、区）农村居民人均消费支出
Per Capita Consumption Expenditure of Rural Households by Region

单位：元 (yuan)

地 区	Region	2020	2021	2022	2023
南宁市	**Nanning**	**12804**	**14276**	**14276**	**15090**
兴宁区	Xingning District	12208	13575	13371	14317
青秀区	Qingxiu District	16712	18467	18707	20084
江南区	Jiangnan District	10777	12167	12057	12693
西乡塘区	Xixiangtang District	15215	16995	17267	18374
良庆区	Liangqing District	10247	11528	11378	12231
邕宁区	Yongning District	12009	13402	13643	14268
武鸣区	Wuming District	12403	13829	13815	14630
隆安县	Long'an	11416	12660	12787	13584
马山县	Mashan	13347	14935	15054	15506
上林县	Shanglin	14034	15592	15732	16220
宾阳县	Binyang	13776	15360	15544	16398
横州市	Hengzhou	11729	13136	13254	14080
柳州市	**Liuzhou**	**11185**	**11990**	**12745**	**13383**
城中区	Chengzhong District	15151	16166		
鱼峰区	Yufeng District	18806	19972	20052	20991
柳南区	Liunan District	16704	18241	18296	19216
柳北区	Liubei District	17431	19540	20107	21149
柳江区	Liujiang District	10906	12269	12821	13494
柳城县	Liucheng	10012	11183	11876	12419
鹿寨县	Luzhai	10286	11016	11721	12376
融安县	Rong'an	10070	11158	11214	11858
融水苗族自治县	Rongshui	10189	10861	11589	12230
三江侗族自治县	Sanjiang	10559	11340	11816	12493
桂林市	**Guilin**	**11064**	**12358**	**11666**	**12330**
秀峰区	Xiufeng District				
叠彩区	Diecai District	10937	12129		
象山区	Xiangshan District	11296	12550		
七星区	Qixing District	13743	15337		
雁山区	Yanshan District	9633	10856	10281	10775
临桂区	Lingui District	11505	12748	11754	12550
阳朔县	Yangshuo	12102	13542	12201	12944

2-30　续表 1　continued

单位：元　(yuan)

地　区	Region	2020	2021	2022	2023
灵川县	Lingchuan	10197	11370	10278	10812
全州县	Quanzhou	11176	12618	12757	13321
兴安县	Xing'an	12212	13580	12344	13190
永福县	Yongfu	9804	11010	10283	10889
灌阳县	Guanyang	8482	9390	8573	9061
龙胜各族自治县	Longsheng	8708	9805	9432	10043
资源县	Ziyuan	8345	9321	8641	9209
平乐县	Pingle	9912	11111	10111	10736
荔浦市	Lipu	11175	12438	11219	11735
恭城瑶族自治县	Gongcheng	9552	10679	10743	11280
梧州市	**Wuzhou**	**9340**	**9984**	**10413**	**10966**
万秀区	Wanxiu District	9863	10534	11019	11856
长洲区	Changzhou District	14564	15496	16131	16776
龙圩区	Longxu District	7898	8482	8830	9303
苍梧县	Cangwu	7607	8147	8497	8969
藤　县	Tengxian	8814	9422	9846	10347
蒙山县	Mengshan	9491	10155	10582	11166
岑溪市	Cenxi	11598	12375	12920	13481
北海市	**Beihai**	**11310**	**12656**	**12112**	**12736**
海城区	Haicheng District	14054	15726	14596	15432
银海区	Yinhai District	12994	14579	13674	14241
铁山港区	Tieshangang District	11926	13321	12678	13309
合浦县	Hepu	9850	11012	11122	11769
防城港市	**Fangchenggang**	**13591**	**14406**	**14132**	**14858**
港口区	Gangkou District	13257	13893	13022	13722
防城区	Fangcheng District	11477	12384	13152	13809
上思县	Shangsi	8976	9299	9357	9903
东兴市	Dongxing	12451	13435	13438	14085
钦州市	**Qinzhou**	**9496**	**10284**	**10335**	**10874**
钦南区	Qinnan District	9174	10009	10055	10638
钦北区	Qinbei District	9511	10338	10348	10851
灵山县	Lingshan	9183	9982	10078	10599
浦北县	Pubei	9228	9994	10077	10597

2-30 续表 2 continued

单位：元 (yuan)

地 区	Region	2020	2021	2022	2023
贵港市	**Guigang**	**10404**	**11528**	**11759**	**12284**
港北区	Gangbei District	11803	12912	12783	13458
港南区	Gangnan District	8933	10076	10025	10586
覃塘区	Qintang District	9541	10542	10806	11267
平南县	Pingnan	11093	12213	13194	13656
桂平市	Guiping	10980	12188	12310	12824
玉林市	**Yulin**	**12374**	**14143**	**13903**	**14598**
玉州区	Yuzhou District	14283	15983	15519	16480
福绵区	Fumian District	9981	11189	11066	11657
容 县	Rongxian	10336	11215	11865	12486
陆川县	Luchuan	11739	13183	13332	14014
博白县	Bobai	11240	12274	12732	13297
兴业县	Xingye	10694	11656	11961	12559
北流市	Beiliu	10259	11757	11800	12421
玉东新区	Yudongxin District	12905	14608		
百色市	**Baise**	**9335**	**10016**	**9805**	**10335**
右江区	Youjiang District	12175	12820	12717	13392
田阳区	Tianyang District	10804	11679	11235	11870
田东县	Tiandong	10217	10983	10906	11390
平果市	Pingguo	9454	10154	10296	10799
德保县	Debao	8632	9279	9168	9664
那坡县	Napo	7660	8257	7902	8361
凌云县	Lingyun	8551	9141	9223	9634
乐业县	Leye	8516	9138	8928	9370
田林县	Tianlin	9547	10282	9696	10327
西林县	Xilin	7669	8221	8163	8655
隆林各族自治县	Longlin	7567	8150	7881	8329
靖西市	Jingxi	8166	8746	8615	9129

2-30　续表 3　continued

单位：元　(yuan)

地　区	Region	2020	2021	2022	2023
贺州市	**Hezhou**	**9519**	**10499**	**10289**	**10869**
八步区	Babu District	10431	11537	11122	11605
平桂管理区	Pinggui District	10088	11127	11172	11567
昭平县	Zhaoping	9570	10546	10177	10284
钟山县	Zhongshan	8119	8939	8957	9534
富川瑶族自治县	Fuchuan	7901	8731	8443	9543
河池市	**Hechi**	**8333**	**9241**	**9121**	**9580**
金城江区	Jinchengjiang District	9652	10994	10277	10729
宜州区	Yizhou District	8610	9712	9803	10316
南丹县	Nandan	8548	9719	9694	10165
天峨县	Tian'e	6945	7389	7659	8020
凤山县	Fengshan	6751	7527	7341	7750
东兰县	Donglan	7118	7566	7906	8386
罗城仫佬族自治县	Luocheng	9596	10891	10735	11257
环江毛南族自治县	Huanjiang	7002	7597	6900	7277
巴马瑶族自治县	Bama	6735	7469	7314	7711
都安瑶族自治县	Du'an	7987	8921	10050	10503
大化瑶族自治县	Dahua	10604	11749	11547	12032
来宾市	**Laibin**	**11243**	**13087**	**13467**	**14184**
兴宾区	Xingbin District	11698	13347	13774	14624
忻城县	Xincheng	9914	11589	11902	12507
象州县	Xiangzhou	11500	13306	13692	14285
武宣县	Wuxuan	10960	12856	13255	13973
金秀瑶族自治县	Jinxiu	10198	12095	12409	13104
合山市	Heshan	9246	10679	10999	11582
崇左市	**Chongzuo**	**8937**	**10045**	**9995**	**10547**
江州区	Jiangzhou District	9888	11124	11068	11676
扶绥县	Fusui	10521	11941	11679	12315
宁明县	Ningming	8623	9684	9442	10037
龙州县	Longzhou	8424	9443	9528	10078
大新县	Daxin	10297	11440	11532	12218
天等县	Tiandeng	8122	9129	9394	10024
凭祥市	Pingxiang	8818	9982	9703	10175

主要统计指标解释

从2012年四季度起，国家统计局对分别进行的城乡住户调查实施了一体化改革，统一了城乡居民收入指标名称、分类和统计标准，建立了城乡统一的一体化住户调查《住户收支与生活状况调查》。广西从2014年开始，正式发布此项改革后的一体化城乡住户收支与生活状况调查数据。

住户 指居住在一个住宅内，共同分享生活开支或收入的一群人。居住在同一房间内、不共同分享生活开支的人群，每个人都视为一个住户。住家保姆、住家家庭工视为单独的住户。

常住居民 指住户成员中，经常在家居住，或者调查期内居住时间超过一半的人员，以及本住户供养的学生。常住居民是住户收支的调查对象。

居民可支配收入 指居民可用于最终消费支出和储蓄的总和，即居民可用于自由支配的收入，既包括现金收入，也包括实物收入。按照收入的来源，可支配收入包含四项，分别为：工资性收入、经营净收入、财产净收入、转移净收入。

工资性收入 指就业人员通过各种途径得到的全部劳动报酬和各种福利，包括受雇于单位或个人、从事各种自由职业、兼职和零星劳动得到的全部劳动报酬和福利。

经营净收入 指住户或住户成员从事生产经营活动所获得的净收入，是全部经营收入中扣除经营费用、生产性固定资产折旧和生产税净额（生产税减去生产补贴）之后得到的净收入。计算公式具体为：

经营净收入＝经营收入－经营费用－生产性固定资产折旧－生产税净额（生产税－生产补贴）

财产净收入 指住户或住户成员将其所拥有的金融资产和自然资源交由其他机构单位、住户或个人支配而获得的回报并扣除相关的费用之后得到的净收入。计算公式为：

财产净收入＝财产性收入－财产性支出

转移净收入 指国家、单位、社会团体对住户的各种经常性转移支付和住户之间的经常性收入转移。包括政府、非行政事业单位、社会团体对居民转移的养老金或退休金、社会救济和补助、政策性生活补贴、救灾款、经常性捐赠和赔偿以及报销医疗费等；住户之间的赡养收入、经常性捐赠和赔偿以及农村地区（村委会）在外（含国外）工作的本住户非常住成员寄回的收入等。计算公式为：

转移净收入＝转移性收入－转移性支出

居民收入五等份分组 指将所有调查户按人均收入水平从低到高顺序排列，平均分为五个等份，处于最高20%的收入群体为高收入组，依此类推依次为中高收入组、中等收入组、中低收入组、低收入组。

居民消费支出 指居民用于满足家庭日常生活消费需要的全部支出，既包括现金消费支出，也包括实物消费支出。根据用途不同，消费支出包括食品烟酒、衣着、居住、生活用品及服务、交通通信、教育文化娱乐、医疗保健、其他用品及服务八大类。

食品烟酒 指用于各种食品和烟草、酒类的支出。

衣着 指与居民穿着有关的支出，包括服装、服装材料、鞋类、其他衣类及配件、衣着相关加工服务的支出。

居住 指与居住有关的支出，包括房租、水、电、燃料、物业管理等方面的支出，也包括自有住房折算租金。

生活用品及服务 指家庭及个人的各类生活品及家庭服务。包括家具及室内装饰品、家用器具、家用纺织品、家庭日用杂品、个人用品和家庭服务。

交通通信 指用于交通和通信工具及相关的各种服务费、维修费和车辆保险等支出。

教育文化娱乐 指用于教育、文化和娱乐方面的支出。

医疗保健 指用于医疗和保健的药品、用品和服务的总费用。包括医疗器具及药品，以及医疗服务。

其他用品及服务 指无法直接归入上述各类支出的其他用品与服务支出。

Explanatory Notes on Main Statistical Indicators

In the fourth quarter of 2012, the NBS launched its reform on the household survey programme in order to produce aggregates with the same concepts and definitions for the urban and rural population. This new survey Programme is an integrated one whereas there had existed two separate household surveys of the urban and rural households. The reform took a number of measures, including the integration of concepts, classifications and standards, which provided a basis for producing data covering all households. Guangxi from 2014, officially announced the integration of urban and rural household income and expenditure survey data after the reform.

Households A group of people who live in a house and share their living expenses or incomes. Living in the same room, not to share the living expenses of the crowd, everyone is considered as a household. Nanny, home family work as a separate household.

Permanent Resident Of the members of the household, who often live at home, or have more than half the residence time of the survey period, and the students who are supporting the residents. Residents are residents of household income and expenditure survey.

Disposable Income of Households refers to the income of households for purpose of final expenditure and savings. It includes income both in cash and in kind. By sources of income, disposable income includes four categories: income from wages and salaries, net business income, net income from properties and net income from transfer.

Income from Household Operations refers to all the labor remuneration and various benefits obtained by the employed persons through various means, including all the labor remuneration and benefits obtained from the employment of the unit or individual, in various kinds of free occupations, part - time, and sporadic work.

Net Business Income refers to the net income received by the household or household members engaged in the production and operation activities, and the net income after deducting operating expenses, depreciation of productive fixed assets, and net production tax (net income of production tax). Calculation formula is concrete:

Net Business Income = Operating Income - Operating Expenses - Depreciation of Productive Fixed Assets - Net Production Tax（Production Tax - Production Subsidies）

Property Net Income refers to the net income of the household or household members of the financial assets and natural resources owned by the financial assets and natural resources by other institutional units, households or individuals to obtain the return and deduct the relevant expenses. Calculation formula:

Property Net Income = Property Income – Property Expenses

Transfer Net Income refers to the country, the unit, the social group to the resident's each kinds of regular transfer payment and the inhabitant's regular income transfer. Including the government, non administrative institutions, social groups on the transfer of pension or pension, social relief and subsidies, policy of living subsidies, relief funds, regular donations and compensation and reimbursement of medical expenses, etc.. Calculation formula:

Transfer Net Income = Transfer Income – Transfer Expenditure

Per Capita Disposable Income of Households by Income Quintile refers to all households surveyed by per capita income level from high to low order arrangement, the average score for five equal parts, 20% of the highest income groups in the high income group, by analogy in order to high income group, medium income group and low income group and low income group.

Consumption Expenditure of Households refers to all expenditure of households for living expenditure to satisfy family daily living. It includes expenditure in cash and in kind. It includes eight categories: food, tobacco and liquor; clothing; residence; Household Equipments, Furnishings and Services; transport and communications; education, cultural and recreational activities; health care and medical services, and miscellaneous goods and services.

Food, Tobacco and Liquor refers to expenditure for food, tobacco and liquor of all kinds.

Clothing refers to expenditure related to clothing, including clothes, clothing materials, footwear, other clothing and accessories, processing services related to clothing.

Residence refers to expenditure related to residence, including housing rents, water, electricity, fuel, property management, and including converted self-owned housing rents.

Household Equipments, Furnishings and Services refers to expenditure for family and individual articles for living purpose and family services. It includes furniture and interior decoration, home appliances, home textiles, household miscellaneous daily articles, personal articles, and family services.

Transport and Communications refers to expenditure for transport and communication and related services, maintenance and repairs, and vehicle insurance.

Education, Cultural and Recreational Activities refers to expenditure on education, cultural and recreational activities.

Health Care and Medical Services refers to expenditure on drugs, supplies and services of medical and health care. It includes medical appliances and drugs, and medical services.

Miscellaneous Goods and Services refers to expenditure of all kinds of expenditure of Other Culture and Recreation Products and services that can not divided into the category above.

第三篇 脱贫县农村住户监测

Chapter 3 Rural Household Monitoring in Poverty Alleviation Counties Areas

（编辑：杨宁琳　张建裕）（Editor: Yang Ninglin　Zhang Jianyu）

简要说明

一、本篇资料的主要内容

本篇资料是根据国家统计局开展的脱贫县农村住户监测调查收集反映广西脱贫地区（共 33 个国家监测县）农村居民收支与生活现状、变化趋势和帮扶成效等情况。

二、脱贫县农村住户监测调查数据来源及调查方法

在国家统计局统一领导下，广西调查总队具体负责本地区的脱贫县农村住户监测调查工作。有国家调查队的县，现场调查工作由县级调查队承担；没有国家调查队的县，由县级统计局承担。所有基础数据由市县调查队、县统计局直接上报调查总队，经调查总队审核后，上报国家统计局住户调查司（原住户调查办公室）。

调查对象为广西脱贫地区的县（市、区），即 33 个监测县以及抽中行政村、农村住户及住户成员。

脱贫县农村住户监测调查户样本抽选是以省（区、市）为总体，采用分层、多阶段、与人口规模大小成比例（PPS）的概率抽样方法，随机抽选调查住宅，确定调查户。广西共抽选出 33 个县（市、区）的 244 个调查小区，2440 个住户参加记账调查。

脱贫县农村住户监测调查内容主要包括居民现金和实物收入、住户及劳动力从业情况、居民家庭住房和耐用消费品拥有情况，家庭经营和生产投资情况、社区基本情况、县（市）社会经济基本情况等。

脱贫县农村住户监测调查内容由两部分组成，分别为住房收支与生活状况调查内容和脱贫县农村住户监测补充调查内容。脱贫县在统一开展住户收支与生活状况调查的基础上，补充调查与巩固拓展脱贫攻坚成果同乡村振兴有效衔接等方面高度相关的内容。

脱贫县农村住户监测调查采用日记账和问卷调查相结合的方式采集基础数据。其中，居民现金收入与支出、实物收入与支出等内容主要使用记账方式采集。住户成员及劳动力从业情况、住房和耐用消费品拥有情况、家庭经营和生产投资情况、社区基本情况及村和户的产业发展等情况使用问卷调查方式采集。县级统计表和社区基本情况补充调查表中的村庄治理与公共服务情况全部指标数据均来源于《县域社会经济基本情况统计报表制度》，由国家统计局农村司相关数据库过录得到，无须基层采集。

所有基础数据由调查县、市直接上报调查总队，经调查总队审核，上报国家统计局住户调查司（原住户调查办公室）。

3-1　脱贫地区农村居民家庭基本情况
Basic Conditions of Rural Households in Poverty Alleviation Areas

项　目	Item	2022	2023
调查户类别（户）	**Household Survey Categories（household）**		
调查户数	Number of Household Surveyed	2710	2440
低保户	Low Income Households	191	255
建档立卡户	Cardholder Archiving Legislation	725	686
退耕还林户	Grain for Green by Households	155	111
当年参加专业性合作经济组织的户	Specialized Cooperative Economic Organizations of Households	173	164
当年家中是否发生大事	The Occurrence of Events at Home		
没有大事	No Big deal	2270	1949
盖房买房	Build a House Buy a House	94	107
婚丧嫁娶	Wedding and Funeral	47	68
子女上大学（含大中专）	Their Children to University（Including College）	168	157
大病治疗	Serious Illness Treatment	131	159
家庭成员基本情况（人）	**Basic Statistics of Family Members（person）**		
家庭全部人口	Family Entire Population	11971	10659
常住人口	Resident Population	9285	8375
男	Male	4802	4230
女	Female	4483	4145
少数民族人口	Ethnic Minority Population	9765	8466
有病是否能及时就医	Whether Prompt Medical Illness		
是	Yes	11986	10457
否	No	12	
不能及时就医的主要原因	Main Reasons for Not Timely Medical Treatment		
经济困难	Economic Difficulties	2	
医院太远	Hospitals are Too Far	8	
没有时间	No Time		
本人不重视	I Do Not Pay Attention		
小病不用医	No Nead for Medical Treatments		
其他	Other	2	
5 周岁及以下人口是否接受计划免疫人数	Whether to Accept the Number of Planned Immunization	816	761

3-1 续表 1 continued

项 目	Item	2022	2023
劳动力素质及就业状况（人）	**Quality of Labor Force and Employment Status（person）**		
常住从业人员中劳动力人数	Number of Permanent Employees	6073	5336
住房及生活设施情况（户）	**Household and Living Facilities（household）**		
居住住房主要建筑材料	Residential Housing Construction Materials	2710	2440
钢筋混凝土	Reinforced Concrete	636	887
砖混材料	Masonry Materials	1899	1450
砖瓦砖木	Brick and Tile Brick	173	102
竹草土坯	Bamboo Grass Adobe		
其他	Other	2	1
住宅外道路路面情况	Road Surface State of the Road Outside the House	2710	2440
水泥或柏油路面	Cement or Road Surface of Pitch	2426	2343
沙石或石板等硬质路面	Stone, Sand gravel or Other Hard-surface	238	89
其他	Other	46	8
对家庭饮用水所采取的主要处理措施	Main Treatment Measures for Domestic Drinking Water	2710	2440
煮沸	Boiled	2541	2298
加漂白剂 / 氯等	Add Bleach/Chlorine	9	2
使用水过滤器	Use Water Filter	46	38
其他处理措施	Other Treatment Measures	35	48
没有任何水处理措施	No Water Treatment Measures	79	54
厕所类型	Toilet Type	2710	2440
水冲式卫生厕所	Water Flush Sanitary Toilet	2693	2430
水冲式非卫生厕所	Water Flush Non-sanitary Toilet		
卫生旱厕	Sanitary Toilet	11	8
普通旱厕	Ordinary Toilet	6	2
无厕所	No Toilet		
厕所使用情况	Situation of Toilet Use	2710	2440
本住户独用	Household Use Alone	2648	2298
几户合用	Several Families Sharing	62	142
公用厕所	Communal Lavatories		
洗澡设施	Facilities for Bathing	2710	2440
统一供热水	Unity of Hot Water Supply	15	1

3-1　续表 2　continued

项　目	Item	2022	2023
家庭自装热水器	Families Install Their Own Water Heater	2304	2270
其他	Other	245	140
无洗澡设施	No Bathing Facilities	146	29
主要炊用能源状况	Mainly to Cooking Energy Situation	2710	2440
柴草	Firewood	550	450
煤炭	Coal		5
罐装液化石油气	Bottled Liquefied Petroleum Gas	1616	1478
电	Electricity	511	486
沼气	Biogas	22	10
其他	Other	11	1
使用照明电的	Use of Lighting Electricity	2710	2440
社会事务参与情况（户）	**Statistics of Participation in Social Affairs（household）**		
当年有人参加过村务会议的户	Households of Participated in Village meetings This Year	1376	1164
当年有人为村级公共事务提过建议的户	Households of Village-level Public Affairs When Someone Mentioned Recommendations This Year	792	624
本村的低保户是如何确定的	The Village is How to determine the minimal Assurance Households		
村民公开评议	Public Comment by Villagers	2514	1923
村干部指定	Specified by Village Cadres	6	
大家轮流	Everyone Take Turns		1
关系户优先	Priority of Family Relations		
其他	Other	190	402
您家当年面临的主要问题	The Main Problem That Faces in Your Home		
缺乏致富技术	Lack of Enrichment Technology	659	364
缺乏资金	Lack of Funds	858	701
缺乏劳动力	Lack of Labour Force	213	178
家中有人患大病	Someone Suffering From a Serious Illness by Households	77	81
家中有人残疾	Someone Disability by Households	31	21
容易遭受自然灾害	Vulnerable to Natural Disasters	30	31
其他	Other	109	107

3-2 脱贫地区农村居民家庭人均总收入及构成
Per Capita Gross Income and Composition of Rural Households in Poverty Alleviation Areas

项　目	Item	2022	2023
总收入（元）	**Total Income（yuan）**	**19747.5**	**21830.4**
工资性收入	Income of Wagesand Salaries	5095.4	5746.7
家庭经营收入	Household Business Income	9311.0	10356.1
第一产业	Primary Industry	6931.9	7352.3
农业	Farming	3838.5	4268.1
林业	Forestry	901.3	946.7
牧业	Animal Husbandry	2107.0	2106.4
渔业	Fishery	85.1	31.2
第二产业	Secondary Industry	574.8	889.1
工业	Industry	400.8	384.1
建筑业	Construction	174.0	505.0
第三产业	Tertiary Industry	1804.2	2114.6
批发和零售业	Wholesale and Retail Trades	596.2	903.4
交通、运输、邮电业	Transport and Telecommunications Industries	691.9	688.3
住宿和餐饮业	Hotel and Catering Services	52.5	216.3
居民服务修理和其他服务业	Residents Service Repair & Other Services	218.9	237.9
其他行业	Other Industry	244.8	4.8
财产性收入	Property Income	260.5	256.1
转移性收入	Transferred Income	5080.5	5471.5
总收入构成（%）	**Composition of Total Income（%）**		
工资性收入	Income of Wages and Salaries	25.80	26.32
家庭经营收入	Household Business Income	47.15	47.44
第一产业	Primary Industry	35.10	33.68
农业	Farming	19.44	19.55
林业	Forestry	4.56	4.34
牧业	Animal Husbandry	10.67	9.65
渔业	Fishery	0.43	0.14
第二产业	Secondary Industry	2.91	4.07
工业	Industry	0.88	1.76
建筑业	Construction	2.03	2.31
第三产业	Tertiary Industry	9.14	9.69
批发和零售业	Wholesale and Retail Trades	3.02	4.14
交通、运输、邮电业	Transport and Telecommunications Industries	3.50	3.15
住宿和餐饮业	Hotel and Catering Services	0.27	0.99
居民服务修理和其他服务业	Residents Service Repair and Other Services	1.11	1.09
其他行业	Other Industry	1.24	0.02
财产性收入	Property Income	1.32	1.17
转移性收入	Transferred Income	25.73	25.06

3-3　脱贫地区农村居民家庭人均可支配收入及构成
Per Capita Disposable Income and Composition of Rural Households in Poverty Alleviation Areas

项　目	Item	2022	2023
可支配收入（元）	**Disposable Income（yuan）**	**15796.1**	**17065.7**
工资性收入	Income of Wagesand Salaries	5095.4	5746.7
经营净收入	Net Business Income	5933.8	6125.6
第一产业	Primary Industry	4280.1	4429.0
农业	Farming	2526.1	2637.3
林业	Forestry	733.6	807.8
牧业	Animal Husbandry	955.9	968.1
渔业	Fishery	64.6	15.9
第二产业	Secondary Industry	279.2	259.2
工业	Industry	85.4	101.4
建筑业	Construction	193.8	157.9
第三产业	Tertiary Industry	1374.5	1437.4
批发和零售业	Wholesale and Retail Trades	559.3	776.5
交通、运输、邮电业	Transport and Telecommunications Industries	402.7	306.7
住宿和餐饮业	Hotel and Catering Services	46.0	160.6
居民服务修理和其他服务业	Residents Service Repair and Other Services	170.7	165.2
其他行业	Other Industry	195.8	2.0
财产净收入	Net Income from Property	238.2	241.9
转移净收入	Net Income from Transfer	4528.6	4951.5
可支配收入构成（%）	**Composition of Disposable Income（%）**		
工资性收入	Income of Wages and Salaries	32.26	33.67
经营净收入	Net Business Income	37.57	35.89
第一产业	Primary Industry	27.10	25.95
农业	Farming	15.99	15.45
林业	Forestry	4.64	4.73
牧业	Animal Husbandry	6.05	5.67
渔业	Fishery	0.41	0.09
第二产业	Secondary Industry	1.77	1.52
工业	Industry	0.54	0.59
建筑业	Construction	1.23	0.93
第三产业	Tertiary Industry	8.70	8.42
批发和零售业	Wholesale and Retail Trades	3.54	4.55
交通、运输、邮电业	Transport and Telecommunications Industries	2.55	1.80
住宿和餐饮业	Hotel and Catering Services	0.29	0.94
居民服务修理和其他服务业	Residents Service Repair and Other Services	1.08	0.97
其他行业	Other Industry	1.24	0.01
财产净收入	Net Income from Property	1.51	1.42
转移净收入	Net Income from Transfer	28.67	29.01

3-4 脱贫地区农村居民家庭人均现金可支配收入及构成
Per Capita Cash Disposable Income and Composition of Rural Households in Poverty Alleviation Areas

项 目	Item	2022	2023
现金收入（元）	**Cash Income（yuan）**	**17795.0**	**20145.5**
工资性收入	Income of Wages and Salaries	5060.1	5715.7
经营性收入	Net Business Income	7890.7	9218.5
第一产业	Primary Industry	5511.6	6214.8
农业	Farming	2912.5	3542.5
林业	Forestry	819.4	895.0
牧业	Animal Husbandry	1706.9	1757.0
渔业	Fishery	72.8	20.3
第二产业	Secondary Industry	574.8	889.1
工业	Industry	174.0	384.1
建筑业	Construction	400.8	505.0
第三产业	Tertiary Industry	1804.2	2114.6
批发和零售业	Wholesale and Retail Trades	596.2	903.4
交通、运输、邮电业	Transport and Telecommunications Industries	691.9	688.3
住宿和餐饮业	Hotel and Catering Services	52.5	216.3
居民服务修理和其他服务业	Residents Service Repair and Other Services	218.9	237.9
其他行业	Other Industry	244.8	4.8
财产性收入	Property Income	260.5	256.1
转移性收入	Transferred Income	4583.7	4955.1
现金收入构成（%）	**Composition of Cash Income（%）**		
工资性收入	Income of Wages and Salaries	28.44	28.37
经营性收入	Net Business Income	44.34	45.76
第一产业	Primary Industry	30.97	30.85
农业	Farming	16.37	17.58
林业	Forestry	4.60	4.44
牧业	Animal Husbandry	9.59	8.72
渔业	Fishery	0.41	0.10
第二产业	Secondary Industry	3.23	4.41
工业	Industry	0.98	1.91
建筑业	Construction	2.25	2.51
第三产业	Tertiary Industry	10.14	10.50
批发和零售业	Wholesale and Retail Trades	3.35	4.48
交通、运输、邮电业	Transport and Telecommunications Industries	3.89	3.42
住宿和餐饮业	Hotel and Catering Services	0.29	1.07
居民服务修理和其他服务业	Residents Service Repair and Other Services	1.23	1.18
其他行业	Other Industry	1.38	0.02
财产性收入	Property Income	1.46	1.27
转移性收入	Transferred Income	25.76	24.60

3-5　脱贫地区农村居民家庭人均总支出及构成
Per Capita Total Expenditure and Composition of Rural Households in Poverty Alleviation Areas

项　目	Item	2022	2023
总支出（元）	**Total Expenditure（yuan）**	**18382.9**	**20594.0**
消费支出	Consumption Expenditure	11993.9	13665.0
食品	Food	3076.7	4322.4
衣着	Clothing	382.7	422.0
居住	Residence	2424.1	2875.8
生活用品及服务	Household Equipments, Furnishings and Services	566.9	662.7
医疗保健	Medicines and Medical Services	1161.6	1354.0
交通通信	Transport and Communications	1621.4	1893.4
文化娱乐用品及服务	Stationery & Recreation Goods and Services	1763.6	1963.6
其他商品和服务	Other Commodities and Services	198.6	171.0
家庭经营费用支出	Expenditure for Household Business	3164.3	3834.8
第一产业	Primary Industry	2518.8	2724.1
农业	Farming	1248.1	1509.0
林业	Forestry	166.2	135.8
牧业	Animal Husbandry	1084.7	1064.1
渔业	Fishery	19.8	15.2
第二产业	Secondary Industry	275.1	559.9
工业	Industry	81.6	270.1
建筑业	Construction	193.4	289.8
第三产业	Tertiary Industry	370.5	550.8
批发和零售业	Wholesale and Retail Trades	19.7	93.6
交通、运输、邮电业	Transport and Telecommunications Industries	255.4	298.1
住宿和餐饮业	Hotel and Catering Services	4.6	50.9
居民服务修理和其他服务业	Residents Service Repair and Other Services	45.9	69.6
其他行业	Other Industry	44.8	2.2
财产性支出	Expenditure for Property	22.3	14.2
转移性支出	Transferred Expenditure	551.9	520.0
购置生产性固定资产支出	Expenditure for Productive Fixed Assets	2350.9	2058.9

3-5 续表 continued

项 目	Item	2022	2023
总支出构成（%）	**Composition of Total Expenditure（%）**		
消费支出	Consumption Expenditure	65.24	66.35
食品	Food	16.74	20.99
衣着	Clothing	2.08	2.05
居住	Residence	13.19	13.96
家庭设备、用品及服务	Household Equipments, Furnishings and Services	3.08	3.22
医疗保健	Medicines and Medical Services	6.32	6.57
交通通信	Transport and communications	8.82	9.19
文化娱乐用品及服务	Stationery and Recreation Goods and Services	9.59	9.53
其他商品和服务	Other Commodities and Services	1.08	0.83
家庭经营费用支出	Expenditure for Household Business	17.21	18.62
第一产业	Primary Industry	13.70	13.23
农业	Farming	6.79	7.33
林业	Forestry	0.90	0.66
牧业	Animal Husbandry	5.90	5.17
渔业	Fishery	0.11	0.07
第二产业	Secondary Industry	1.50	2.72
工业	Industry	0.44	1.31
建筑业	Construction	1.05	1.41
第三产业	Tertiary Industry	2.02	2.67
批发和零售业	Wholesale and Retail Trades	0.11	0.45
交通、运输、邮电业	Transport and Telecommunications Industries	1.39	1.45
住宿和餐饮业	Hotel and Catering Services	0.03	0.25
居民服务修理和其他服务业	Residents Service Repair and Other Services	0.25	0.34
其他行业	Other Industry	0.24	0.01
财产性支出	Expenditure for Property	0.12	0.07
转移性支出	Transferred Expenditure	3.00	2.53
购置生产性固定资产支出	Expenditure for Productive Fixed Assets	12.79	10.00

3-6　脱贫地区农村居民家庭人均现金支出及构成
Per Capita Cash Expenditure and Composition of Rural Households in Poverty Alleviation Areas

项　目	Item	2022	2023
现金支出（元）	**Cash Expenditure（yuan）**	**15213.6**	**17218.1**
生产费用现金支出	Cash Expenditure of Productive Costs	2813.2	3494.6
第一产业	Primary Industry	2167.5	2383.9
农业	Farming	1189.4	1444.6
林业	Forestry	166.2	135.8
牧业	Animal Husbandry	792.4	790.3
渔业	Fishery	19.5	13.1
第二产业	Secondary Industry	275.0	559.9
工业	Industry	81.6	270.1
建筑业	Construction	193.4	289.8
第三产业	Tertiary Industry	370.4	550.8
批发和零售业	Wholesale and Retail Trades	19.7	93.6
交通、运输、邮电业	Transport and Telecommunications Industries	255.4	298.1
住宿和餐饮业	Hotel and Catering Services	4.6	50.9
居民服务修理和其他服务业	Residents Service Repair and Other Services	45.9	69.6
其他行业	Other Industry	44.8	2.2
购置生产性固定资产支出	Expenditure for Productive Fixed Assets		
生活消费支出	Consumption Expenditure	9175.8	10629.3
财产性支出	Expenditure for Property	22.3	14.2
转移性支出	Transferred Expenditure	551.9	520.0
现金支出构成（%）	**Composition of Cash Expenditure（%）**		
生产费用现金支出	Cash Expenditure of Productive Costs	18.49	20.30
第一产业	Primary Industry	14.25	13.85
农业	Farming	7.82	8.39
林业	Forestry	1.09	0.79
牧业	Animal Husbandry	5.21	4.59
渔业	Fishery	0.13	0.08
第二产业	Secondary Industry	1.81	3.25
工业	Industry	0.54	1.57
建筑业	Construction	1.27	1.68
第三产业	Tertiary Industry	2.43	3.20
批发和零售业	Wholesale and Retail Trades	0.13	0.54
交通、运输、邮电业	Transport and Telecommunications Industries	1.68	1.73
住宿和餐饮业	Hotel and Catering Services	0.03	0.30
居民服务修理和其他服务业	Residents Service Repair and Other Services	0.30	0.40
其他行业	Other Industry	0.29	0.01
购置生产性固定资产支出	Expenditure for Productive Fixed Assets	0.00	0.00
生活消费支出	Consumption Expenditure	60.31	61.73
财产性支出	Expenditure for Property	0.15	0.08
转移性支出	Transferred Expenditure	3.63	3.02

3-7 脱贫地区社区基本情况
Basic Situation of Community in Poverty Alleviation Areas

项 目	Item	2022	2023
社区情况（个）	**Situation of community（unit）**		
调查村个数	Number of Surveyed Villages	271	244
自然村个数	Number of Natural Village	3295	2923
主干道路面经过硬化处理的自然村	Natural Village by Trunk Road Through Hardened	3064	2812
通宽带的自然村	Broadband Came to Natural Village	3124	2905
被通信信号覆盖的自然村	Natural Village Covered by the Communication Signal	3290	2919
饮用水经过集中净化处理的自然村	Purified Drinking Water Treatment of Natural Village	1952	1938
上幼儿园或学前班的便利程度如何	How to Facilitate the Extent Kindergarten or Preschool		
村内有，且便利	Village Have, and Convenient		
村内无，但入园较便利	Village Not Have, But More Convenient to Go to Kindergarten		
不便利	Not Convenient		
上小学的便利程度	Convenience Degree of go Elementary School		
村内有，且便利	Village Have, and Convenient		
村内无，但入学校便利	Village Not Have, But More Convenient to Go to School		
不便利	Not Convenient		
人口和资源情况	**Condition of Population and Resource**		
年末户籍人口（人）	Household Population at Year-end（person）	795489	684060
年末常住户数（户）	Number of Resident Households at Year-end（household）	199561	161860
年末常住人口数（人）	Number of Usual Residents（person）	628014	520292
耕地面积（亩）	Area of Cultivated Land（mu）	1017872	897803
# 有效灌溉面积（亩）	# Irrigated Area（mu）	380347	296525
园地面积（亩）	Area of Garden Plot（mu）	286016	179724
林地面积（亩）	Area of Forests Land（mu）	2935452	3037970
牧草地面积（亩）	Area of Grassland（mu）	45178	13722
养殖水面面积（亩）	Water Area of Breeding Aquatics（mu）	25736	20492
救济及社会保障情况	**Situation of Relief and Social Security**		
年内收到过救济、救灾款物的户数（户）	Number of Households by Received Relief, Relief Funds and Materials（household）	5303	4271
享受农村最低生活保障人数（人）	Number of Rural Residents with Minimum Living Allowance（person）	51091	44464

第四篇　价格调查

Chapter 4 Price Survey

（编辑：蒋志华　陈璐阳　罗宇连　张　帅　叶雪莹）

（Editor: Jiang Zhihua　Chen Luyang　Luo Yulian　Zhang Shuai　Yu Xueying）

简要说明

一、本篇资料的主要内容

本篇价格指数资料，反映生产、消费与投资等环节的价格变动趋势和变动幅度。主要包括居民消费价格指数、农产品生产者价格指数、工业生产者出厂价格指数、工业生产者购进价格指数、固定资产投资价格指数、房地产价格指数、农产品集贸市场价格及指数等。

二、本篇的资料来源

价格指数编制由国家统计局城市社会经济调查司和农村社会经济调查司组织实施。由各省、自治区、直辖市及抽选出的市、县调查队依据国家统计局统一制定的价格统计调查制度从基层采集原始数据汇总后上报。

三、居民消费价格指数

编制居民消费价格指数的资料采用抽样调查和重点调查相结合的方法取得，即在广西壮族自治区选择不同经济区域和分布合理的地区，以及有代表性的商品作为样本，对其市场价格进行定期调查，以样本推断总体。目前，参加广西省级数据汇总的调查市、县21个。编制过程按下列几个步骤进行：

1. 选择调查地区和调查点。调查地区按照经济区域和地区分布合理等原则，选出具有代表性的大、中、小城市和县作为广西的调查地区，在此基础上选定经营规模大、商品种类多的商场（店）、超市、农贸市场、服务网点等作为调查点。

2. 选择代表规格品。代表规格品是选择那些消费量大、价格变动有代表性的商品；代表规格品的确定是根据商品零售资料和城乡居民的消费支出记账资料，按照有关规定筛选的。筛选原则：（1）与社会生产和人民生活关系密切；（2）消费（销售）数量（金额）大；（3）市场供应稳定；（4）价格变动趋势有代表性；（5）所选的代表规格品之间性质差异大，价格变动特征的相关性低。

目前，居民消费价格调查按用途划分为8大类，268个基本分类，各调查市县每月调查800种以上的规格品价格；商品零售价格按用途划分为16个大类，197个基本分类，各调查市县每月调查500种以上的规格品价格。

3. 价格调查方法。通过手持数据采集器，采用定人、定点、定时的方法直接调查。

4. 权数的确定。居民消费价格指数的权数主要根据城乡居民家庭消费支出构成确定。

四、工业生产者出厂价格指数

工业生产者出厂价格指数反映工业企业产品第一次出售时的出厂价格的变化趋势和变动幅度。重点调查对象为年主营业务收入2000万元及以上的工业法人企业；典型调查对象为年主营业务收入2000万元以下的工业法人企业。

1. 选择代表企业的原则：（1）按工业行业选择调查企业，各中类行业原则上都要有调查企业；（2）大型企业应尽量都选上（或占相当大比重）；（3）选择生产正常、稳定的企业作为调查对象。

2. 选择代表产品的原则：（1）按工业行业选择代表产品；（2）选择对国计民生影响大的产品；（3）选择生产较为稳定的产品；（4）选择有发展前景的产品；（5）选择具有地方特色的产品。

工业生产者出厂价格统计调查涵盖36个工业行业大类、200多个基本分类的工业产品价格；工业生产者购进价格统计调查涵盖9大类、200多个基本分类的工业产品价格。

3. 价格调查方式。采取重点调查与典型调查相结合的调查方法，采用企业报表形式，每月1000多家工业企业上报数据资料。

4. 权数的确定。工业生产者出厂价格统计中，工业小类及小类以上的权数资料来源于工业统计中分行业工业销售产值数据资料；基本分类的权数资料来源于独立的工业企业产品权数调查。权数一般五年更换一次。

五、房地产价格指数

房地产价格指数由新建住宅销售价格指数和二手住宅销售价格指数组成。调查周期为月度。

1. 调查城市。包括原有统计的70个大中城市和2019年1月起新增的80个城市。广西壮族自治区的调查城市有南宁市、桂林市、北海市3个市和新增的柳州市、防城港市2个市。

2. 调查范围。调查范围为南宁市、桂林市、北海市、柳州市和防城港市的市辖区，不包括县。

3. 指标设置。各城市新建商品住宅和二手住宅均设置90平方米及以下、90～144平方米、144平方米以上三个基本分类。

4. 二手住宅销售价格调查中的房地产经纪机构和住宅样本选取原则：

（1）选取房地产经纪机构或房屋居住服务平台等相关企业要注重代表性。为保证调查资料的可靠性和连续性，要统筹考虑各种因素，选择规模大、实力强、营业额占当地总营业额比重较大、经营状况比较稳定的房地产经纪机构或房屋居住服务平台等相关企业，总营业额一般应占当地二手住宅总营业额的 70% 以上；对于经纪机构或相关企业经营分散、整体成交比重较小的城市，一般应选取不少于 15 家有代表性的经纪机构或相关企业填报数据。房地产经纪机构或相关企业原则上应报送当月全部销售数据，并按规定内容和要求填报调查表。

（2）各城市按照具体情况划分统计单位（包括但不限于各商圈、片区、街道、住宅小区或社区以及房地产经纪机构下辖门店等），要综合考虑住宅类型、区域、地段、结构等统计口径的一致性。

5. 价格调查方式。70 个大中城市新建住宅销售价格调查为全面调查，基础数据直接采用当地房地产主管部门的网签备案数据。二手住宅销售价格调查为非全面调查，采用重点调查与典型调查相结合的方法，按照房地产经纪机构或房屋居住服务平台等相关企业上报、房地产主管部门提供与调查员实地采价相结合的方式收集基础数据。新增 80 个城市新建住宅和二手住宅销售价格调查均为全面调查，采用房地产主管或规划和自然资源部门的网签备案数据。

六、农产品生产者价格指数

农产品生产者价格是农产品生产者直接出售其产品时实际获得的单位产品价格。农产品生产价格调查采用抽样调查和重点调查相结合的方法。内容包括被调查单位生产并出售的主要农产品。农产品代表产品的选择涵盖农、林、牧、渔四大类、各中类以及 90% 以上的小类，一般是生产量和销售量大的对国计民生影响大、稳定性强的产品，具有发展前景的新产品和具有地方特色的产品。代表品一般稳定五年。

（1）农产品生产者价格：在广西 41 个调查市县内，由国家调查队通过对抽样确定的农业生产经营单位和农户生产并出售的主要农产品进行登记台账取得。调查周期为季报。

（2）农产品集贸市场价格：在全国选中的农产品主产县的集贸市场调查农牧渔业 31 种主要产品价格取得。调查周期为月报。

4-1 各种价格指数（1985—2023 年）
Price Indices（1985—2023）

（上年 =100） （preceding year=100）

年 份 Year	居民消费价格指数 Consumer Price Index	城市居民消费价格指数 Urban Household	农村居民消费价格指数 Rural Household	工业生产者出厂价格指数 Producer Price Index for Industrial Products	工业生产者购进价格指数 Purchasing Price Index for Industrial Producers	农产品生产者价格指数 Producer Price Index for Agriculture Products
1985	113.0	114.7	111.8			
1986	106.2	106.2	106.2			
1987	108.2	110.2	105.8			
1988	120.8	123.3	118.4			
1989	121.1	119.7	123.3			
1990	101.1	98.3	104.4	101.5	102.2	
1991	102.8	102.7	103.0	103.3	107.8	
1992	105.9	107.0	105.4	111.3	112.5	
1993	122.0	123.3	119.1	121.1	141.7	
1994	126.0	125.4	126.5	118.8	117.8	
1995	118.4	118.0	118.6	117.2	112.9	
1996	106.5	105.5	107.4	102.6	103.4	
1997	100.8	100.7	100.8	97.7	99.3	
1998	97.0	97.1	96.8	95.4	95.2	
1999	97.7	97.2	98.2	95.6	93.6	
2000	99.7	100.0	99.5	105.5	100.9	
2001	100.6	101.3	99.6	106.3	103.7	
2002	99.1	98.9	99.3	95.6	95.6	
2003	101.1	100.9	101.3	102.8	101.2	104.5
2004	104.4	104.1	104.9	109.7	116.3	118.9
2005	102.4	103.0	101.6	104.9	108.2	100.0
2006	101.3	101.6	100.9	109.6	111.4	106.8
2007	106.1	105.6	106.8	104.5	106.1	121.5
2008	107.8	107.6	108.5	109.0	110.6	113.0
2009	97.9	97.9	97.5	93.5	95.1	89.3
2010	103.0	102.9	103.4	112.0	111.2	107.6
2011	105.9	105.7	106.4	108.5	110.0	124.5
2012	103.2	103.2	103.3	97.8	99.2	99.4
2013	102.2	102.1	102.4	98.2	98.9	102.5
2014	102.1	102.2	101.9	98.4	98.2	98.1
2015	101.5	101.5	101.5	97.0	95.7	102.0
2016	101.6	101.6	101.7	99.1	98.3	106.1
2017	101.6	101.9	101.1	107.6	106.5	98.2
2018	102.3	102.4	102.2	103.2	103.4	97.3
2019	103.7	103.5	104.1	99.3	98.4	115.5
2020	102.8	102.5	103.5	99.4	98.5	115.5
2021	100.9	101.1	100.5	108.9	110.7	94.9
2022	101.9	101.8	102.2	102.5	107.3	100.8
2023	99.8	99.7	100.0	97.0	95.7	97.1

注：从2011年起工业品出厂价格指数改为工业生产者出厂价格指数，原材料、燃料、动力购进价格指数改为工业生产者购进价格指数（以下相关表同）。

Note: Since 2011, the producer price index for manufactured good has been replaced by the producer price index for industrial products; and the purchasing price index for raw materials, fuel and power has been replaced by the purchasing price index for industrial producers. The same applies to the tables following.

4-2 居民消费价格分类指数（2023 年）
Consumer Price Indices by Category（2023）

（上年 =100）　　　　(preceding year=100)

指　标	Item	全区 Province Indices	城市 Urban Indices	农村 Rural Indices
居民消费价格指数	**Consumer Price Index**	**99.8**	**99.7**	**100.0**
服务价格指数	**Service Price Index**	**100.6**	**100.6**	**100.8**
工业品价格指数	**Industrial Product Price Index**	**98.7**	**98.5**	**99.0**
消费品价格指数	**Consumer Goods Price Index**	**99.3**	**99.2**	**99.5**
非食品价格指数	**Non-food Price Index**	**99.9**	**99.8**	**100.1**
扣除食品和能源价格指数	**Excluding Food and Energy Price Index**	**100.2**	**100.1**	**100.5**
扣除鲜菜鲜果价格指数	**Excluding Fresh Vegetables Fresh Fruit Price Index**	**99.8**	**99.7**	**99.9**
食品烟酒	**Food, Tobacco and Liquor**	**100.0**	**100.0**	**100.0**
食品	Food	99.3	99.3	99.3
粮食	Grain	100.6	100.2	101.0
大米	Rice	100.0	99.6	100.4
面粉	Flour	100.2	99.7	101.5
其他粮食	Other Grain	104.4	103.8	105.1
粮食制品	Grain Products	101.1	100.9	101.5
薯类	Tubers	105.7	104.8	107.8
豆类	Beans	99.9	101.1	98.3
干豆	Dried Beans	98.0	99.8	96.2
豆制品	Beans Products	100.8	101.6	99.6
食用油	Edible Oil and Fats	99.9	100.0	99.8
食用植物油	Oil of Plant	100.0	100.2	99.9
食用动物油	Edible Animal Oil	98.5	97.1	99.0
菜及食用菌	Vegetable and Edible Fungi	98.7	97.7	100.5
鲜菜	Fresh Vegetables	98.2	97.0	100.4
鲜菌	Fresh Fungus	102.7	102.4	103.3
干菜干菌及制品	Dried Vegetables and Edible Fungi Products	102.7	103.6	100.9
畜肉类	Neat of Livestock	91.6	92.4	90.3
猪肉	Pork	86.4	87.3	85.2
牛肉	Beef	96.5	96.7	96.0
羊肉	Mutton	96.1	96.7	94.5
其他畜肉及副产品	Other Meat of Livestock and By-products	96.0	96.4	95.4
畜肉制品	Animal Meat Products	99.9	98.2	102.3
禽肉类	Meat of Poultry	102.0	102.1	101.9
鸡	Chicken	101.0	101.1	100.8
鸭	Duck	101.9	102.6	100.6
其他禽肉及制品	Other Poultry and Products	105.5	104.4	107.7
水产品	Aquatic Products	100.9	101.0	100.7
淡水鱼	Freshwater Fish	98.2	98.8	97.3
海水鱼	Saltwater Fish	105.6	104.6	107.9
虾蟹类	Shrimps and Crabs	99.3	99.6	98.2
其他水产品及制品	Other Aquatic Products and Products	103.2	102.6	104.6

4-2 续表 1 continued

（上年 =100） (preceding year=100)

指 标	Item	全区 Province Indices	城市 Urban Indices	农村 Rural Indices
蛋类	Eggs	101.6	101.3	102.1
鸡蛋	Egg	100.7	100.5	101.0
其他蛋及制品	Other Eggs and Products	104.3	103.7	105.5
奶类	Milk	97.9	97.6	98.6
鲜奶	Fresh Milk	98.1	97.6	99.2
酸奶	Yogurt	97.3	96.9	99.9
奶粉	Milk Powder	97.9	97.8	98.1
其他奶制品	Other Dairy Products	98.6	98.0	100.0
干鲜瓜果类	Dried and Fresh Melons and Fruits	103.0	102.7	103.5
鲜果	Fresh Fruits	103.2	102.8	104.0
坚果	Nut	102.8	103.4	101.6
瓜果制品	Melon and Fruit Products	98.6	99.9	96.1
糖果糕点类	Candy and Cake	101.4	101.4	101.4
食糖	Sugar	106.0	103.1	108.1
糖果	Candy	101.4	101.9	100.4
糕点	Cakes and Pastries	100.9	100.9	100.8
其他糖果糕点	Other Sweets and Pastries	101.5	102.5	98.8
调味品	Flavoring	101.1	101.1	101.3
食用盐	Edible Salt	99.9	100.7	99.1
酱油	Soy Sauce	100.9	100.4	101.4
食醋	Vinegar	101.7	102.5	100.9
增味剂	Flavoring	101.7	101.9	101.5
其他调味品	Other Condiments	101.5	101.1	102.3
其他食品类	Other Foods	99.6	100.1	98.9
方便食品	Convenience Food	98.2	98.6	97.7
淀粉及制品	Starch and Products	101.0	100.5	101.5
其他食品	Other Food	100.7	101.7	99.3
茶及饮料	Tea and Beverages	100.9	101.3	100.2
茶叶	Tea	101.3	102.1	99.9
固体咖啡	Solid Coffee	102.0	101.2	103.9
其他固体饮料	Other Solid Drinks	104.4	107.4	99.6
饮用水	Drinking Water	100.1	100.4	99.7
果汁饮料	Fruit Juice Beverage	100.8	100.4	101.5
其他液体饮料	Other Liquid Beverages	100.4	100.4	100.3

4-2 续表 2 continued

（上年 =100） (preceding year=100)

指　标	Item	全区 Province Indices	城市 Urban Indices	农村 Rural Indices
烟酒	Tobacco and Liquor	100.5	100.4	100.7
卷烟	Cigarette	101.1	100.9	101.3
酒类	Liquor	99.4	99.3	99.5
白酒	Liquor	100.1	100.2	99.9
葡萄酒	Wine	97.1	96.1	98.3
啤酒	Beer	98.4	98.5	98.3
其他酒类	Other Wines	101.4	100.6	102.9
在外餐饮	Dining Out	101.4	101.2	102.0
餐馆餐饮	Restaurants and Catering	101.7	101.6	102.2
饮品店餐饮	Drink Shop and Catering	99.5	99.1	101.3
外卖	Take Out	101.5	101.6	100.8
其他在外餐饮	Others Dining Out	101.7	101.4	102.4
衣着	**Clothing**	**102.1**	**102.1**	**102.0**
服装	Garments	102.2	102.2	102.3
男式服装	Men's Clothing	102.3	102.3	102.4
男式外套	Men's Coat	102.8	103.1	102.1
男式针织衫	Men's Knit Shirt	102.5	102.3	102.9
男式衬衫 T 恤	Men's Shirt T-shirt	101.9	101.6	102.7
男式裤子	Men's Dress Pants	102.1	102.1	102.1
男式内衣	Men's Underwaist	101.0	100.0	102.7
女式服装	Women's Clothing	102.3	102.4	102.1
女式外套	Women's Coat	102.6	103.0	101.7
女式针织衫	Women's Knit Shirt	102.4	102.6	101.9
女式衬衫 T 恤	Women's Shirt T-shirt	101.8	101.7	102.3
女式裤子	Women's Pants	102.8	103.1	102.2
女式裙子	Women's Ladies Skirt	102.1	101.9	102.7
女式内衣	Women's Underwaist	101.6	101.4	102.2
儿童服装	Children's Clothing	102.4	102.1	103.1
婴儿服装	Baby Clothing	102.6	102.4	103.1
儿童上衣	Children's Coat	102.7	102.5	103.1
儿童裤子	Children's Trousers	102.0	101.4	103.4
儿童裙子	Children's Skirt	101.8	101.4	102.9
儿童内衣	Children's Underwaist	102.7	102.6	103.1

4-2 续表 3 continued

（上年 =100） (preceding year=100)

指 标	Item	全区 Province Indices	城市 Urban Indices	农村 Rural Indices
衣着材料及配件	Clothing Materials and Accessories	100.2	100.3	99.9
袜子	Socks	100.6	100.8	100.0
帽子	Cap	101.3	101.7	100.2
其他衣着材料及配件	Other Clothing Materials and Accessories	98.7	98.4	99.6
衣着加工服务费	Clothing Manufacturing Services	101.9	101.7	102.9
衣着洗涤保养	Scrubbing Maintenance	102.9	102.7	104.8
其他衣着服务	Other Clothing Services	100.2	100.2	100.3
鞋类	Footwear	101.3	101.6	100.6
鞋	Shoes	101.3	101.6	100.6
男鞋	Men's Shoes	100.9	101.3	100.1
女鞋	Women's Shoes	101.0	101.4	100.0
童鞋	Children's Shoes	102.8	102.7	103.0
鞋类服务	Footwear Services	101.7	102.4	100.5
居住	**Residence**	**99.1**	**98.8**	**99.6**
租赁房房租	Rent of Rental Housing	99.3	99.1	99.7
公房房租	Rent by Public Houses	100.0	100.0	100.0
私房房租	Private House Rent	99.2	99.0	99.6
住房保养维修及管理	Housing Maintenance and Management	99.5	99.0	100.4
住房装潢材料	Housing Decoration Materials	98.2	97.6	99.2
木地板	Wood Floor	98.4	97.5	100.2
瓷砖	Tile	98.0	97.1	98.9
水泥	Cement	92.5	92.6	92.5
涂料	Paint	98.8	97.7	100.4
板材	Board	98.0	97.5	98.8
管材	Pipe	98.8	98.5	99.1
厨卫设备	Kitchen & Bath Fixtures	99.3	99.3	99.4
门窗	Doors and Windows	98.2	97.4	99.4
其他住房装潢材料	Other Housing Decoration Materials	98.0	97.5	98.8
住房维修管理费用	Housing Maintenance and Management Expenses	101.4	100.9	102.4
物业管理费	Property Management Fee	100.0	100.0	100.1
装潢维修费	Upholstery Maintenance Fee	102.2	101.6	103.2
其他住房费用	Other Housing Costs	99.9	100.0	99.6

4-2 续表 4 continued

（上年 =100） (preceding year=100)

指 标	Item	全区 Province Indices	城市 Urban Indices	农村 Rural Indices
水电燃料	Water, Electricity and Fuels	99.2	99.4	99.0
水	Water	100.5	100.3	100.9
电	Electricity	100.0	100.0	100.0
燃气	Gas	97.6	98.3	96.5
管道燃气	Pipeline Gas	100.3	100.0	102.0
液化石油气	Liquefied Petroleum Gas	96.2	96.8	95.6
其他水电燃料类	Other Water, Electricity and Fuels	99.1	98.5	100.0
自有住房	Private Housing	98.9	98.5	99.6
生活用品及服务	**Articles for Daily Use and Services**	**99.0**	**98.9**	**99.3**
家具及室内装饰品	Furniture and Interior Decorations	98.4	97.8	99.4
家具	Furniture	98.3	97.8	99.3
柜	Cabinet	98.1	97.6	98.9
床	Bed	97.7	96.5	99.3
桌	Table	98.8	98.9	98.7
椅	Chair	98.1	97.3	100.2
沙发	Sofa	98.6	98.3	99.3
其他家具	Other Furniture	99.1	98.6	100.2
室内装饰品	Upholstery	99.5	98.7	100.7
灯具	Lamps and Lanterns	100.0	99.1	101.4
其他室内装饰品	Other Interior Decorations	98.6	98.2	99.4
家用器具	Home Appliances	98.1	97.9	98.4
大型家用器具	Large Household Appliances	98.2	98.0	98.4
洗衣机	Washing Machine	97.4	96.8	98.4
电冰箱（柜）	Refrigerator	96.1	96.2	96.1
抽油烟机	Range Hood	98.2	98.3	98.1
空调器	Air Conditioner	99.5	99.6	99.2
热水器	Water Heating	97.6	96.9	98.7
炉具灶具	Stove and Cookers	100.3	99.6	101.5
微波炉	Microwave Oven	98.1	98.2	97.5
其他大型家用器具	Other Large Household Appliances	102.6	103.5	100.6
净化器	Purifier	95.8	96.2	95.1
其他大型家用器具	Other Large Household Appliances	98.0	97.4	98.9
小家电	Small Home Appliances	97.9	97.6	98.4
厨房小家电	Kitchen Appliances	98.3	98.0	98.8
生活小家电	Small Household Electrical Appliances	97.0	96.4	97.7

4-2 续表 5 continued

（上年 =100） (preceding year=100)

指 标	Item	全区 Province Indices	城市 Urban Indices	农村 Rural Indices
家用纺织品	Home Textiles	98.4	97.8	100.0
床上用品	Bedding Article	98.6	98.1	99.9
被子	Quilt	99.0	99.1	98.7
床单被套	Bed Sheet & Duvet Cover	99.5	99.1	100.7
其他床上用品	Other Bedding	97.0	95.9	101.3
窗帘门帘	Curtain	99.9	99.8	100.1
其他家用纺织品	Other Household Textiles	96.4	95.4	100.0
家庭日用杂品	Daily Use Household Articles	99.4	99.4	99.4
洗涤卫生用品	Washing Sanitary Articles	98.7	99.1	98.4
清洗用品	Cleaning Supplies	98.8	99.6	97.9
清洁用具	Cleaning Appliances	97.8	97.8	97.8
清洁用纸	Cleaning Paper	98.9	98.9	98.9
厨具餐具茶具	Kitchenware, Tableware, Tea set	99.4	99.1	99.7
厨具	Kitchenware	99.4	99.1	99.8
餐具	Tableware	99.5	99.3	99.8
茶具	Tea Set	98.9	98.4	99.4
其他家庭日用杂品	Other Family Daily Sundry Goods	100.0	99.7	100.5
配电附件	Distribution Accessories	101.2	101.8	100.2
雨具	Rain Gear	98.5	98.1	99.0
其他日用杂品	Other Daily Sundry Goods	99.9	99.3	101.0
个人护理用品	Personal-care Supplies	99.8	99.7	100.1
化妆品	Cosmetics	99.6	99.4	99.9
清洁化妆品	Cleaning Cosmetics	101.4	101.7	101.0
护肤化妆品	Skin Care Cosmetics	98.6	98.5	99.0
彩妆化妆品	Make Up Cosmetics	100.5	100.5	100.4
化妆器具	Cosmetic Equipment	100.0	99.8	100.2
其他护理用品类	Other Types of Care Products	100.0	99.9	100.2
清洁类护理用品	Cleaning Supplies	100.7	100.9	100.2
护发美发用品	Hair Care Products	99.1	99.2	98.7
护理器具	Nursing Appliance	102.3	101.9	103.2
其他护理用品	Other Nursing Supplies	98.4	98.0	99.3
家庭服务	Household Services	100.6	100.6	100.6
家政服务	Household Management Services	101.4	101.6	100.2
母婴护理服务	Mother and Baby Nursing Services	100.1	100.2	100.0
家庭维修服务	Home Maintenance Services	100.5	100.3	100.9
其他家庭服务	Other Family Services	100.4	100.1	101.8

4-2 续表 6 continued

（上年 =100） (preceding year=100)

指 标	Item	全区 Province Indices	城市 Urban Indices	农村 Rural Indices
交通通信	**Transport and Communications**	**96.9**	**96.7**	**97.4**
交通	Transport	96.9	96.6	97.4
交通工具	Transport Facility	95.0	94.0	96.8
燃油小型汽车	Fuel Small-car	93.5	92.6	95.0
新能源小汽车	New Energy Car	98.2	97.5	100.0
电动自行车	Electric Bicycle	97.0	94.9	100.1
自行车	Bicycle	100.4	100.2	100.6
其他交通工具	Other Means of Transportation	99.5	99.0	100.1
交通工具用燃料	Fuels for Transport Facility	94.5	94.5	94.5
汽油	Gasoline	94.5	94.5	94.5
柴油	Diesel Oil	94.1	94.1	94.1
其他车用能源	Other Vehicle Energy	96.4	95.2	99.2
交通工具使用和维修	Use and Maintenance of Transport Facility	100.2	99.9	100.9
停车费	Parking Fee	93.9	93.0	100.3
车辆使用费	Vehicle Usage fee	103.2	104.1	101.1
交通工具零配件	Vehicle Parts	100.2	99.8	100.8
车辆修理与保养	Vehicle Repair and Maintenance	100.6	100.5	100.9
交通费	Traffic Fee	104.4	105.2	102.9
市内公共交通	City Public Transport	101.9	100.0	104.7
出租汽车	Taxi	100.3	100.5	100.0
飞机票	Airplane Ticket	114.3	114.5	113.3
火车票	Train Ticket	102.1	102.4	101.5
长途汽车	Long Distance Bus	102.1	102.5	101.9
网约车	Online Car Hailing	100.1	99.9	100.6
交通工具租赁费	Vehicle Rental Fee	102.1	103.4	100.2
其他交通费	Other Transportation Charges	99.3	98.8	99.7
通信	Communications	97.0	96.8	97.4
通信工具	Communication Tools	96.0	95.2	97.7
电话机	Telephone Set	95.9	95.0	97.6
其他通信工具及零配件	Other Communication Tools and Spare Parts	97.8	97.5	98.5
通信服务	Communication Services	96.6	96.5	96.8
电话费	Telephone Fee	99.9	100.2	99.4
家庭宽带服务	Broadband Service for Home	84.9	83.8	86.6
其他通信服务	Other Communication Services	96.9	94.1	100.2
邮递服务	Postal Services	99.9	99.8	100.1
教育文化娱乐	**Education, Culture and Recreation**	**101.8**	**101.8**	**101.8**
教育	Education	102.5	102.7	102.3
教育用品	Education Supplies	100.6	100.4	100.9
工具书	Reference Book	99.8	99.5	100.0

4-2　续表 7　continued

（上年 =100）　　(preceding year=100)

指　标	Item	全区 Province Indices	城市 Urban Indices	农村 Rural Indices
教材	Textbooks	100.7	100.7	100.7
参考资料	Reference Material	102.7	102.9	102.2
其他教育用品	Other Educational Supplies	93.9	92.8	96.8
教育服务	Education Services	102.7	102.9	102.4
幼儿早期教育	Early Childhood Education	100.6	100.9	100.0
学前教育	Preschool Education	105.1	106.0	103.5
小学初中教育	Primary and Secondary Education	102.6	102.2	103.1
高中中职教育	Secondary Vocational Education	106.1	106.6	105.6
高等教育	Higher Education	101.1	101.4	100.6
课外教育	Extracurricular Education	100.6	100.9	100.0
专业技能培训	Professional Skills Training	99.2	98.6	100.2
其他教育服务	Other Education Services	101.3	101.0	102.1
文化娱乐	Culture and Recreation	100.3	100.3	100.3
文娱耐用消费品	Durable Consumer Goods for Culture and Recreation	95.8	95.2	97.0
电视机	Television	93.4	91.9	95.9
照相机	Camera	101.9	102.1	101.4
台式计算机	Desktop Computer	96.2	96.0	97.1
笔记本电脑	Laptop	96.8	96.5	97.8
平板电脑	Tablet Computer	98.0	97.7	98.4
乐器	Musical Instruments	99.9	100.1	99.4
音响	Acoustics	96.9	96.4	97.9
可穿戴智能设备	Wearable Smart Devices	95.9	95.1	97.7
其他文娱耐用消费品	Other Recreational and Durable Goods	96.3	95.9	96.9
其他文娱用品	Other Culture and Recreation Products	100.2	99.5	101.1
书报杂志及音像制品	Newspapers, Magazines and Audio-visual Products	102.3	101.7	104.1
纸张文具	Paper Stationery	99.6	99.1	99.9
体育户外用品	Sports Outdoor Products	102.0	100.9	102.9
游戏用品和玩具	Game Supplies and Toys	99.1	98.3	100.3
园艺花卉及用品	Garden Flowers and Supplies	100.2	100.4	99.4
宠物及用品	Pets and Supplies	99.1	98.6	100.7
其他文化娱乐用品	Other Cultural and Recreational Products	99.8	98.9	101.0
文化娱乐服务	Services for Culture and Recreation	100.1	99.7	101.2
电影及演出票	Film and Performance Tickets	105.3	104.2	109.6
景点门票	Scenic Spot Ticket	94.8	93.6	99.3
电视服务	Television Services	100.1	100.2	100.0
健身活动	Fitness Activities	101.2	101.2	100.9
宠物服务	Pet Services	98.4	97.8	100.1
网络文娱服务	Network Entertainment Services	99.4	99.7	98.2
儿童娱乐项目	Children's Entertainment	100.5	100.7	100.0
其他文娱服务	Other Recreational Services	102.1	101.2	103.9

4-2 续表 8 continued

（上年 =100） (preceding year=100)

指 标	Item	全区 Province Indices	城市 Urban Indices	农村 Rural Indices
旅游	Touring and Outing	104.7	104.7	104.7
旅行社收费	Travel Service Charges	105.0	105.0	105.0
其他旅游	Other Travel	101.2	101.2	101.4
医疗保健	**Health Care**	**101.5**	**101.4**	**101.6**
药品及医疗器具	Medicine and Medical Instrument	101.8	101.7	102.0
中药	Traditional Chinese Medicine	106.9	107.9	104.9
中药材	Chinese Medicinal Materials	111.3	112.3	109.5
中成药	Chinese Patent Medicine	104.2	105.3	102.0
西药	Western Medicines	99.5	98.8	101.0
抗微生物药	Antimicrobial Agents	101.6	101.6	101.6
消化系统用药	Digestive System Drugs	101.4	100.1	103.7
呼吸系统用药	Respiratory System Drugs	100.5	100.6	100.3
解热镇痛药	Antipyretic Analgesics	104.4	102.2	107.5
抗肿瘤药	Antineoplastic Agents	96.3	95.0	98.7
激素及影响内分泌药	Hormones and Endocrine Drugs	93.6	92.9	95.0
心血管系统用药	Cardiovascular System Drugs	95.9	96.2	95.3
血液系统用药	Blood System Drugs	98.4	98.0	99.1
治疗精神障碍药	Mental Disorders Drugs	97.3	96.9	98.6
神经系统用药	Drugs for Nervous System	98.6	98.0	100.6
泌尿系统用药	Urinary System Drugs	99.8	98.3	100.7
维生素、矿物质类药	Vitamins and Minerals	103.9	103.5	104.6
调节水、电解质及酸碱平衡药	Adjust Water, Electrolyte and Acid-base Balance	98.6	96.8	100.6
其他西药	Other Western Medicines	104.0	102.1	108.3
滋补保健品	Nourishing Health Care Products	100.2	100.3	99.8
医疗卫生器具	Medical Sanitation	101.2	101.3	100.8
保健器具	Health Care Appliance	100.0	100.0	99.9
医疗服务	Medical Services	101.3	101.2	101.4
综合医疗类	Synthetic Medicine	102.6	102.6	102.5
一般医疗服务	General Medical Service	102.9	103.0	102.9
一般治疗操作	General Treatment Procedure	102.1	102.1	102.0
护理	Nursing	103.2	103.1	103.3
其他综合医疗服务	Other Comprehensive Medical Services	100.9	100.8	101.1
诊断类	Diagnostic Class	100.9	101.0	100.7
病理学诊断	Pathological Diagnosis	104.9	104.8	105.3
实验室诊断	Laboratory Diagnosis	100.0	100.1	99.8
影像学诊断	Imaging Diagnosis	100.3	100.2	100.4
临床诊断	Clinical Diagnosis	102.3	102.1	102.6

4-2 续表 9 continued

（上年 =100） （preceding year=100）

指 标	Item	全区 Province Indices	城市 Urban Indices	农村 Rural Indices
治疗类	Therapeutic Category	101.4	100.9	102.0
临床手术治疗	Clinical Surgical Treatment	101.9	101.2	103.1
临床非手术治疗	Clinical Non-surgical Treatment	100.5	100.3	100.6
康复类	Rehabilitation Class	102.5	102.0	103.7
康复医疗	Rehabilitation Medicine	102.5	102.0	103.7
中医医疗服务类	Chinese Medicine Medical Service	100.3	100.1	100.5
中医治疗	Traditional Chinese Medicine	100.3	100.1	100.5
其他医疗保健服务	Other Healthcare Services	102.4	103.4	100.7
其他用品及服务	**Other Culture and Recreation Products and Services**	**102.1**	**102.4**	**101.4**
其他用品	Other Culture and Recreation Products	102.3	102.4	102.3
首饰手表	Jewellery Watches	108.8	108.6	109.2
金饰品	Gold Jewelry	114.1	114.2	113.8
银饰品	Silver Jewelry	100.2	99.7	101.3
铂金饰品	Platinum Jewelry	103.4	104.0	101.7
手表	Wrist Watch	100.8	101.1	100.1
母婴用品	Mother and Baby Supplies	99.4	99.2	99.8
母婴洗护喂养用品	Mother and Baby Washing and Feeding Supplies	99.7	99.6	99.8
其他母婴用品	Other Mother and Baby Supplies	97.2	95.1	99.8
其他杂项用品	Other Miscellaneous Supplies	99.7	100.1	98.9
箱包	Luggage	100.0	100.5	99.2
眼镜	Glasses	99.0	99.3	98.1
其他服务	Other Services	101.9	102.4	100.4
在外住宿	Outside Accommodation	104.7	106.1	99.9
旅馆住宿	Hotel Accommodation	104.0	105.4	99.1
其他住宿	Other Accommodation	106.5	107.7	101.8
美容美发洗浴	Hairdressing & Beauty and Bath	100.1	100.0	100.2
美容	Hairdressing	99.0	98.7	99.9
美发	Hairdressing	100.2	100.1	100.4
洗浴	Bath	103.1	103.7	100.5
养老服务	Pension Services	101.6	101.7	100.8
金融及保险服务	Financial and Insurance Services	101.6	101.7	101.0
金融服务	Financial Service	100.5	100.7	100.1
车辆保险	Vehicle Insurance	101.1	101.2	100.7
旅行保险	Travel Insurance	99.5	99.4	100.0
其他保险	Other Insurance	104.4	104.6	103.3
中介法律及其他服务	Intermediary Laws and Other Services	99.8	99.8	100.1
中介服务	Intermediary Services	100.0	100.0	100.0
法律服务	Legal Service	100.1	100.0	100.9
其他杂项服务	Other Miscellaneous Services	99.5	99.4	100.0

4-3 居民消费价格分类月度环比指数（2023 年）

（上月 =100）

指　标	Item	1 月 January	2 月 February	3 月 March
居民消费价格指数	**Consumer Price Index**	**100.5**	**99.3**	**99.7**
服务价格指数	**Service Price Index**	**100.8**	**99.6**	**100.0**
工业品价格指数	**Industrial Product Price Index**	**99.6**	**100.2**	**99.8**
消费品价格指数	**Consumer Goods Price Index**	**100.4**	**99.2**	**99.5**
非食品价格指数	**Non-food Price Index**	**100.3**	**99.8**	**99.9**
扣除食品和能源价格指数	**Excluding Food and Energy Price Index**	**100.4**	**99.8**	**100.0**
扣除鲜菜鲜果价格指数	**Excluding Fresh Vegetables Fresh Fruit Price Index**	**100.2**	**99.5**	**99.8**
食品烟酒	**Food, Tobacco and Liquor**	**101.2**	**98.1**	**99.2**
食品	Food	101.6	97.2	98.7
粮食	Grain	100.2	100.1	99.8
大米	Rice	100.3	100.0	99.8
面粉	Flour	99.9	99.4	99.6
其他粮食	Other Grain	100.4	100.1	101.1
粮食制品	Grain Products	99.7	100.5	99.2
薯类	Tubers	104.7	102.2	99.2
豆类	Beans	102.9	98.0	98.6
干豆	Dried Beans	98.9	99.8	100.0
豆制品	Beans Products	104.8	97.2	98.0
食用油	Edible Oil and Fats	99.4	99.9	99.8
食用植物油	Oil of Plant	99.7	100.3	100.0
食用动物油	Edible Animal Oil	95.9	95.5	97.6
菜及食用菌	Vegetable and Edible Fungi	105.0	93.4	95.2
鲜菜	Fresh Vegetables	105.0	93.0	94.9
鲜菌	Fresh Fungus	115.0	90.2	92.2
干菜干菌及制品	Dried Vegetables and Edible Fungi Products	100.4	100.3	100.2
畜肉类	Neat of Livestock	96.9	90.6	96.8
猪肉	Pork	92.3	84.2	96.0
牛肉	Beef	103.4	97.6	98.4
羊肉	Mutton	102.9	97.2	98.3
其他畜肉及副产品	Other Meat of Livestock and By-products	101.1	95.5	94.8
畜肉制品	Animal Meat Products	100.1	98.7	98.6
禽肉类	Meat of Poultry	98.6	99.9	100.4
鸡	Chicken	98.5	99.8	100.3
鸭	Duck	97.7	99.9	101.0
其他禽肉及制品	Other Poultry and Products	100.3	100.2	100.0
水产品	Aquatic Products	106.8	98.7	98.0
淡水鱼	Freshwater Fish	103.0	99.6	98.8
海水鱼	Saltwater Fish	104.0	99.8	99.8
虾蟹类	Shrimps and Crabs	128.9	93.8	91.9
其他水产品及制品	Other Aquatic Products and Products	100.9	100.2	99.9

Month-to-month Consumer Price Index by Category（2023）

（last month=100）

4 月 April	5 月 May	6 月 June	7 月 July	8 月 August	9 月 September	10 月 October	11 月 November	12 月 December
100.0	**99.8**	**99.5**	**100.1**	**100.3**	**100.5**	**100.0**	**99.5**	**99.9**
100.3	**99.6**	**99.7**	**100.6**	**100.3**	**100.5**	**99.9**	**99.6**	**100.1**
99.5	**100.0**	**99.5**	**100.2**	**100.4**	**100.4**	**100.3**	**99.5**	**99.9**
99.7	**100.0**	**99.4**	**99.8**	**100.3**	**100.5**	**100.0**	**99.4**	**99.8**
100.0	**99.9**	**99.6**	**100.4**	**100.3**	**100.4**	**100.1**	**99.6**	**100.0**
100.1	**99.9**	**99.7**	**100.3**	**100.1**	**100.3**	**100.0**	**99.7**	**100.2**
99.9	**99.8**	**99.5**	**100.3**	**100.5**	**100.4**	**100.0**	**99.6**	**100.0**
100.0	**99.9**	**99.3**	**99.5**	**100.3**	**100.7**	**99.8**	**99.2**	**99.8**
99.9	99.8	99.0	99.1	100.3	101.1	99.5	98.7	99.5
99.7	100.3	99.8	100.2	100.3	100.4	100.0	100.3	100.2
99.5	100.3	99.7	100.3	100.4	100.4	99.9	100.3	100.1
99.7	100.0	99.8	98.9	101.1	99.7	101.8	99.1	101.6
100.1	100.3	101.0	99.8	100.2	100.7	99.9	100.2	99.9
100.1	100.3	99.5	100.3	100.2	100.3	100.1	100.3	100.8
100.0	103.5	101.3	99.2	99.0	96.9	96.3	95.5	96.5
99.7	99.7	99.7	100.1	99.5	99.9	100.0	100.0	100.1
99.6	99.7	99.5	100.3	99.1	99.6	100.3	99.3	100.1
99.8	99.7	99.8	100.0	99.7	100.0	99.9	100.4	100.1
100.0	99.7	98.4	98.7	100.6	99.0	99.2	99.3	99.4
100.0	99.7	98.5	98.7	100.2	98.8	99.4	99.3	99.5
99.7	98.7	97.2	99.2	105.3	100.9	97.3	99.3	98.1
101.8	98.0	101.7	98.7	99.9	106.5	98.4	95.5	98.7
102.0	97.8	102.0	98.5	99.8	107.2	98.2	95.0	98.4
97.9	97.7	98.0	99.6	101.2	100.7	100.1	97.7	103.5
100.0	100.1	100.1	99.9	100.3	100.8	100.2	100.0	99.8
98.4	97.9	98.3	99.7	106.2	99.8	98.8	98.4	99.4
97.7	96.9	97.9	100.3	112.9	99.5	97.5	97.4	99.1
99.5	99.2	98.3	99.2	99.1	100.0	100.3	99.2	99.3
99.3	98.9	99.0	99.1	99.5	100.3	100.4	99.2	99.9
97.9	97.5	98.9	98.4	103.4	100.1	99.8	99.6	100.4
99.3	99.2	98.8	99.9	100.3	100.4	99.9	99.7	99.8
100.3	100.4	98.5	99.2	100.3	100.2	99.6	99.2	99.5
99.8	99.3	98.9	99.3	100.4	100.8	99.4	99.2	99.2
101.4	102.4	97.2	98.6	99.8	99.0	99.5	99.0	99.7
100.2	100.2	99.6	100.0	100.5	100.1	100.6	99.7	99.8
99.2	100.9	98.4	100.1	100.0	100.5	99.6	98.7	100.0
99.2	99.4	100.0	100.1	100.1	101.6	100.3	99.2	99.1
100.9	101.4	101.1	100.5	100.6	99.3	99.2	98.3	98.9
96.8	104.8	88.2	99.7	98.8	100.3	97.3	97.3	104.7
99.0	100.7	100.1	99.8	99.7	99.9	100.4	99.5	100.2

4-3　续表 1

（上月 =100）

指　标	Item	1 月 January	2 月 February	3 月 March
蛋类	Eggs	98.2	98.2	99.5
鸡蛋	Egg	97.8	97.5	99.2
其他蛋及制品	Other Eggs and Products	99.7	100.3	100.1
奶类	Milk	98.5	100.0	99.3
鲜奶	Fresh Milk	99.0	99.4	100.6
酸奶	Yogurt	97.7	100.3	100.4
奶粉	Milk Powder	98.2	100.4	98.2
其他奶制品	Other Dairy Products	100.6	99.5	99.7
干鲜瓜果类	Dried and Fresh Melons and Fruits	107.6	99.3	100.9
鲜果	Fresh Fruits	108.8	99.2	101.0
坚果	Nut	99.7	99.8	100.5
瓜果制品	Melon and Fruit Products	98.6	101.1	100.0
糖果糕点类	Candy and Cake	99.7	100.1	100.3
食糖	Sugar	102.0	99.6	100.5
糖果	Candy	98.4	100.3	101.6
糕点	Cakes and Pastries	100.0	99.6	99.9
其他糖果糕点	Other Sweets and Pastries	98.8	102.3	100.7
调味品	Flavoring	99.4	100.5	99.1
食用盐	Edible Salt	100.7	99.5	100.2
酱油	Soy Sauce	99.3	100.5	98.9
食醋	Vinegar	100.3	99.9	99.0
增味剂	Flavoring	99.3	99.9	100.2
其他调味品	Other Condiments	98.6	101.4	98.6
其他食品类	Other Foods	99.6	99.8	99.9
方便食品	Convenience Food	99.1	99.5	99.4
淀粉及制品	Starch and Products	100.0	99.7	100.7
其他食品	Other Food	99.9	100.3	100.3
茶及饮料	Tea and Beverages	99.9	100.2	100.1
茶叶	Tea	100.0	100.5	101.3
固体咖啡	Solid Coffee	98.6	100.5	99.3
其他固体饮料	Other Solid Drinks	99.7	102.2	100.2
饮用水	Drinking Water	100.2	100.1	99.8
果汁饮料	Fruit Juice Beverage	99.7	101.2	99.7
其他液体饮料	Other Liquid Beverages	99.8	99.4	99.9

continued

(last month=100)

4 月 April	5 月 May	6 月 June	7 月 July	8 月 August	9 月 September	10 月 October	11 月 November	12 月 December
99.6	99.2	98.6	99.4	103.1	102.1	99.1	97.7	99.5
99.4	98.8	98.4	99.5	104.2	102.9	98.8	97.4	99.7
100.2	100.2	99.1	99.3	100.2	99.6	99.8	98.5	99.0
100.2	100.4	99.9	99.7	98.6	100.0	99.7	99.8	99.9
99.5	100.8	100.3	98.8	99.1	100.7	100.2	100.4	100.6
100.8	100.0	99.6	98.9	98.6	99.9	100.6	100.8	99.9
100.5	100.4	99.8	100.1	98.4	99.7	99.2	99.1	99.5
100.1	99.7	99.7	101.4	97.9	99.7	99.2	100.8	100.3
99.6	101.5	96.3	95.6	95.4	101.0	101.7	100.3	99.4
99.5	101.7	95.7	95.0	94.7	101.2	101.9	100.4	99.3
100.4	100.5	100.8	99.5	99.8	100.1	100.0	100.4	99.5
99.5	100.6	101.1	99.2	100.4	100.6	99.7	99.0	101.0
100.3	99.3	100.1	101.4	99.4	100.0	99.5	99.2	99.6
102.0	101.6	99.9	100.5	100.1	103.0	101.1	100.0	99.5
99.7	99.9	101.0	100.8	98.9	100.1	99.2	99.2	100.1
100.7	98.6	99.5	101.4	99.6	100.4	99.4	98.9	99.6
97.8	100.3	101.7	102.8	98.8	96.4	98.9	100.2	99.5
100.9	99.2	101.0	99.8	99.6	100.4	99.4	100.1	100.3
99.7	99.2	100.8	98.4	100.5	102.1	98.9	100.0	100.7
101.1	99.3	100.7	99.5	100.1	100.3	99.2	99.9	100.9
99.9	99.4	101.1	99.1	100.5	101.3	98.1	99.9	101.0
100.9	98.8	101.1	100.2	100.1	100.1	99.9	99.3	99.6
101.4	99.2	101.4	100.7	98.5	99.7	100.1	100.6	99.7
99.6	99.7	100.4	100.1	98.8	99.8	99.6	99.3	100.4
99.8	99.1	101.5	100.0	98.2	100.2	100.1	98.6	100.4
100.0	99.7	100.7	99.5	100.1	100.3	99.5	100.4	100.2
99.2	100.3	99.1	100.5	99.1	99.2	99.1	99.6	100.5
100.3	100.2	100.3	100.0	99.2	99.9	100.1	99.3	100.5
99.7	100.4	100.1	100.5	97.9	100.4	101.0	99.9	100.9
101.7	100.4	101.0	101.1	98.5	99.4	100.0	98.2	101.7
100.0	100.6	101.9	100.2	99.1	99.3	99.7	99.5	100.7
100.1	99.8	99.8	100.2	100.2	100.0	99.9	97.7	100.6
100.1	100.3	101.4	99.2	100.2	99.2	98.9	100.4	99.5
101.0	100.2	99.9	99.5	99.2	99.8	100.0	100.0	100.2

4-3 续表 2

（上月 =100）

指 标	Item	1 月 January	2 月 February	3 月 March
烟酒	Tobacco and Liquor	99.8	100.2	100.0
卷烟	Cigarette	100.1	100.1	100.0
酒类	Liquor	99.3	100.4	99.9
白酒	Liquor	99.1	100.5	100.4
葡萄酒	Wine	98.8	101.2	99.2
啤酒	Beer	99.8	100.3	99.6
其他酒类	Other Wines	99.6	99.9	100.0
在外餐饮	Dining Out	100.7	99.7	100.1
餐馆餐饮	Restaurants and Catering	100.3	100.1	100.2
饮品店餐饮	Drink Shop and Catering	100.1	100.0	100.1
外卖	Take Out	102.3	98.2	99.5
其他在外餐饮	Other Outside Catering	100.5	100.2	100.2
衣着	**Clothing**	**99.1**	**100.2**	**100.7**
服装	Garments	99.1	100.3	100.7
男式服装	Men's Clothing	98.9	100.4	100.6
男式外套	Men's Coat	98.2	100.3	100.5
男式针织衫	Men's Knit Shirt	98.8	100.2	100.6
男式衬衫 T 恤	Men's Shirt T-shirt	99.5	100.7	100.6
男式裤子	Men's Dress Pants	99.1	100.6	100.5
男式内衣	Men's Underwaist	99.7	98.9	100.5
女式服装	Women's Clothing	99.0	100.2	100.9
女式外套	Women's Coat	98.5	99.7	100.9
女式针织衫	Women's Knit Shirt	98.3	100.1	100.4
女式衬衫 T 恤	Women's Shirt T-shirt	99.8	100.7	101.3
女式裤子	Women's Pants	99.1	100.2	101.3
女式裙子	Women's Ladies Skirt	99.0	100.4	100.5
女式内衣	Women's Underwaist	99.7	100.1	100.5
儿童服装	Children's Clothing	99.2	100.4	100.8
婴儿服装	Baby Clothing	99.3	100.4	101.3
儿童上衣	Children's Coat	99.2	100.3	100.8
儿童裤子	Children's Trousers	99.2	100.6	100.5
儿童裙子	Children's Skirt	99.3	100.5	100.5
儿童内衣	Children's Underwaist	99.5	100.3	101.2

continued

(last month=100)

4月 April	5月 May	6月 June	7月 July	8月 August	9月 September	10月 October	11月 November	12月 December
100.2	100.3	99.8	100.3	100.1	99.7	100.0	100.5	100.3
100.2	100.3	100.0	100.1	100.1	100.1	100.4	100.4	100.5
100.3	100.2	99.5	100.6	100.1	99.0	99.0	100.6	100.1
100.3	99.8	100.0	100.9	100.3	98.4	99.3	100.4	100.7
101.3	98.4	99.9	100.0	100.4	98.4	98.4	102.1	97.6
99.6	102.2	97.8	100.8	99.5	99.5	98.5	100.7	100.5
100.5	99.2	100.5	100.1	100.3	100.1	99.3	99.7	99.5
100.1	100.2	99.7	100.1	100.3	100.1	100.3	99.9	100.0
100.1	100.4	100.0	100.6	100.1	100.2	100.0	99.9	100.0
99.9	100.0	99.9	99.9	100.0	100.0	100.1	99.9	100.1
100.3	99.8	98.7	99.4	101.2	99.8	101.2	99.9	100.0
100.0	100.0	100.1	99.8	100.1	100.4	100.0	99.9	100.1
99.3	**101.2**	**100.0**	**99.3**	**99.1**	**101.7**	**99.7**	**100.6**	**100.4**
99.3	101.2	100.0	99.3	99.2	101.7	99.8	100.5	100.5
99.0	101.1	100.0	99.4	99.3	101.9	99.9	100.8	100.6
98.4	100.1	100.0	99.9	100.0	102.2	99.6	101.3	100.8
98.0	99.8	100.0	100.0	100.0	102.3	100.4	101.7	100.7
99.7	102.6	99.8	98.7	98.7	101.5	99.7	100.1	100.2
99.4	101.8	100.1	99.0	98.9	101.8	100.3	100.6	100.6
99.4	100.9	99.9	99.8	98.7	101.2	100.2	100.1	101.1
99.4	101.2	100.0	99.3	99.0	102.0	99.7	100.4	100.4
98.4	99.8	100.1	99.7	100.0	102.4	99.5	100.7	101.0
98.9	99.7	100.0	99.9	100.0	103.0	99.7	101.1	100.3
100.1	102.9	100.2	98.2	98.2	101.8	99.7	99.5	99.9
99.6	101.7	100.0	99.3	98.9	102.0	99.5	100.3	100.5
100.0	102.7	99.8	98.8	98.2	101.5	100.3	100.5	100.5
100.0	100.5	99.6	100.0	98.5	101.3	99.6	100.5	99.6
99.5	101.6	100.1	99.0	99.1	101.4	99.8	100.5	100.5
99.0	101.2	100.1	99.1	99.3	101.3	100.1	100.5	99.9
99.7	101.9	99.8	99.1	98.9	101.4	99.8	100.3	100.7
99.5	102.0	99.9	98.6	99.0	101.4	100.0	100.7	100.5
99.5	101.8	100.5	98.5	99.1	101.6	99.4	100.6	100.3
99.9	100.3	100.4	99.5	99.7	100.7	99.9	100.1	100.9

4-3 续表 3

（上月 =100）

指 标	Item	1 月 January	2 月 February	3 月 March
衣着材料及配件	Clothing Materials and Accessories	99.4	100.3	100.3
袜子	Socks	99.7	99.8	100.1
帽子	Cap	99.3	101.2	100.7
其他衣着材料配件	Other Clothing Materials and Accessories	98.9	100.5	100.5
衣着服务费	Clothing Manufacturing Services	100.6	99.4	100.0
衣着洗涤保养	Scrubbing Maintenance	100.8	99.0	100.1
其他衣着服务	Other Clothing Services	100.1	100.0	100.0
鞋类	Footwear	99.1	100.1	100.7
鞋	Shoes	98.9	100.2	100.8
男鞋	Men's Shoes	98.9	100.1	100.7
女鞋	Women's Shoes	98.8	100.2	100.7
童鞋	Children's Shoes	99.1	100.4	101.1
鞋类服务	Footwear Services	101.4	99.4	99.9
居住	**Residence**	**100.0**	**100.0**	**100.0**
租赁房房租	Rent of Rental Housing	100.1	100.1	100.1
公房房租	Rent by Public Houses	100.0	100.0	100.0
私房房租	Private House Rent	100.1	100.1	100.1
住房保养维修及管理	Housing Maintenance and Management	99.9	100.0	100.3
住房装潢材料	Housing Decoration Materials	99.8	99.9	100.1
木地板	Wood Floor	99.4	100.1	100.4
瓷砖	Tile	99.9	99.5	100.0
水泥	Cement	99.8	105.4	99.3
涂料	Paint	100.0	99.8	101.1
板材	Board	99.9	99.9	100.0
管材	Pipe	100.0	99.8	99.8
厨卫设备	Kitchen & Bath Fixtures	100.4	99.7	99.1
门窗	Doors and Windows	99.0	99.3	100.5
其他住房装潢材料	Other Housing Decoration Materials	100.2	99.6	100.0
住房维修管理费用	Housing Maintenance and Management Expenses	100.0	100.2	100.5
物业管理费	Property Management Fee	100.0	100.0	100.0
装潢维修费	Upholstery Maintenance Fee	100.0	100.4	100.8
其他住房费用	Other Housing Costs	100.0	100.0	100.0

continued

(last month=100)

4月 April	5月 May	6月 June	7月 July	8月 August	9月 September	10月 October	11月 November	12月 December
99.9	100.3	99.9	99.9	99.3	100.1	99.6	100.3	100.6
99.9	100.6	100.2	100.0	99.0	100.0	99.4	99.9	101.1
99.9	100.2	100.0	100.1	98.9	99.9	99.7	101.0	100.5
99.7	99.8	99.3	99.8	100.4	100.3	100.0	100.7	99.7
100.2	100.0	100.0	100.0	100.0	100.1	100.3	100.0	100.3
100.3	100.0	99.9	100.0	100.0	100.1	100.4	100.0	100.5
100.1	100.0	100.0	100.0	99.9	100.0	100.0	100.0	100.0
99.4	101.3	100.1	99.2	99.0	101.4	99.4	100.7	100.1
99.3	101.4	100.1	99.1	98.9	101.5	99.3	100.8	100.1
99.1	101.1	100.2	99.2	99.3	101.4	99.0	101.2	99.9
99.1	101.6	100.0	99.2	98.8	101.7	99.4	100.7	100.1
100.2	101.5	100.3	99.0	98.3	101.1	99.9	100.3	100.6
100.2	100.3	99.9	99.6	100.1	100.4	100.1	100.0	100.4
99.9	**99.9**	**99.6**	**99.9**	**100.1**	**100.0**	**100.2**	**100.0**	**100.2**
100.0	100.1	99.8	100.1	100.0	100.0	99.9	100.0	100.1
100.0	100.0	100.0	100.0	100.0	100.0	100.0	100.0	100.0
100.0	100.1	99.8	100.1	100.0	100.1	99.9	100.0	100.1
99.8	100.0	99.8	99.8	99.9	100.0	100.1	100.0	100.1
99.7	100.0	99.6	99.6	99.9	99.6	100.2	100.0	100.0
99.8	99.5	100.4	99.5	100.5	100.1	100.1	99.1	99.8
99.5	100.1	100.3	99.0	100.0	99.3	100.1	100.8	100.1
99.5	98.2	94.3	95.7	97.6	97.8	101.4	101.2	99.9
100.1	99.9	99.6	99.4	100.0	100.0	99.6	99.5	99.9
99.8	99.8	99.5	99.7	99.6	100.0	99.7	100.0	100.1
99.8	100.1	99.6	99.7	100.0	99.7	100.1	100.0	100.0
99.6	100.4	100.0	100.1	99.2	100.0	100.0	100.0	100.0
99.9	100.4	98.3	101.0	100.4	99.1	101.1	99.7	99.9
99.6	100.5	100.5	99.6	99.9	99.7	99.7	100.0	100.2
100.0	100.0	100.0	100.0	100.0	100.5	100.1	100.1	100.3
100.0	100.0	100.0	100.0	100.0	100.3	100.0	100.0	100.0
100.1	100.0	100.0	100.0	100.0	100.6	100.1	100.2	100.5
99.8	100.0	100.0	100.0	100.0	100.0	100.0	100.0	100.0

4-3 续表 4

（上月 =100）

指　标	Item	1 月 January	2 月 February	3 月 March
水电燃料	Water, Electricity and Fuels	100.0	100.0	99.6
水	Water	100.0	100.0	100.0
电	Electricity	100.0	100.0	100.0
燃气	Gas	100.6	99.9	99.4
管道燃气	Pipeline Gas	100.0	100.0	100.0
液化石油气	Liquefied Petroleum Gas	100.9	99.9	99.1
其他水电燃料类	Other Water, Electricity and Fuels	98.8	100.4	98.3
自有住房	Private Housing	100.0	100.0	100.0
生活用品及服务	**Articles for Daily Use and Services**	**99.8**	**100.0**	**99.5**
家具及室内装饰品	Furniture and Interior Decorations	99.8	100.2	99.5
家具	Furniture	99.8	100.1	99.5
柜	Cabinet	99.3	100.6	99.3
床	Bed	100.0	100.0	99.1
桌	Table	100.0	100.7	99.4
椅	Chair	100.0	99.2	100.2
沙发	Sofa	100.4	100.1	100.0
其他家具	Other Furniture	100.0	99.5	99.9
室内装饰品	Upholstery	98.4	100.7	99.7
灯具	Lamps and Lanterns	97.3	101.0	99.5
其他室内装饰品	Other Interior Decorations	100.0	100.2	99.9
家用器具	Home Appliances	100.1	99.9	100.3
大型家用器具	Large Household Appliances	100.2	100.0	100.5
洗衣机	Washing Machine	100.4	101.2	100.2
电冰箱（柜）	Refrigerator	100.4	100.2	99.6
抽油烟机	Range Hood	100.4	100.5	98.8
空调器	Air Conditioner	100.4	99.8	101.3
热水器	Water Heating	99.8	98.1	101.0
炉具灶具	Stove and Cookers	99.7	100.1	101.0
微波炉	Microwave Oven	97.8	104.3	99.5
其他大型家用器具	Other Large Household Appliances	99.8	101.6	98.7
净水器	Purifier	100.5	98.9	99.1
其他大型家用器具	Other Large Household Appliances	99.8	99.9	99.5
小家电	Small Home Appliances	99.5	99.8	99.7
厨房小家电	Kitchen Appliances	99.5	99.8	99.7
生活小家电	Small Household Electrical Appliances	99.6	99.7	99.8

continued

(last month=100)

4 月 April	5 月 May	6 月 June	7 月 July	8 月 August	9 月 September	10 月 October	11 月 November	12 月 December
99.5	99.5	99.3	99.7	100.7	100.1	100.9	100.1	100.6
100.0	100.4	100.0	100.0	100.0	100.0	100.0	100.0	100.0
100.0	100.0	100.0	100.0	100.0	100.0	100.0	100.0	100.0
98.7	97.9	97.9	98.2	102.3	102.1	101.8	100.5	101.0
100.0	100.0	100.0	100.0	100.0	100.0	100.0	100.0	100.0
98.0	96.7	96.7	97.1	103.7	103.4	102.8	100.7	101.6
99.2	100.6	99.0	101.4	100.3	96.0	102.6	99.9	102.3
100.0	100.0	99.7	100.0	99.9	100.1	100.0	100.0	100.0
99.8	**99.9**	**99.6**	**100.5**	**99.8**	**99.7**	**100.1**	**99.5**	**100.6**
99.2	100.8	99.2	99.8	101.0	99.1	100.4	100.0	99.9
99.1	100.8	99.2	99.8	101.0	99.1	100.5	99.9	99.9
99.3	101.2	99.0	99.8	100.9	99.0	100.9	99.4	99.6
99.5	100.9	99.2	99.7	100.8	98.9	100.1	100.3	99.8
98.4	101.4	99.4	99.9	101.1	99.3	100.0	99.7	100.3
98.9	100.1	99.7	99.2	101.0	99.0	101.8	99.4	100.8
99.3	100.0	98.5	100.4	101.0	98.9	100.3	101.1	99.8
98.8	100.6	100.0	99.4	101.5	99.7	100.0	99.3	99.9
99.6	100.3	99.9	99.7	101.1	99.9	99.0	101.7	99.9
100.5	101.0	98.9	101.8	99.4	100.8	98.7	103.5	100.2
98.4	99.4	101.5	96.8	103.7	98.5	99.5	99.1	99.5
99.5	99.5	99.5	100.8	99.6	99.6	100.5	98.4	100.5
99.5	99.4	99.5	100.9	99.7	99.5	100.5	98.1	100.3
99.3	100.4	97.8	101.7	99.2	100.0	100.3	97.2	100.9
100.3	98.6	98.2	101.7	99.0	99.2	100.9	97.4	100.0
99.9	99.8	99.6	99.6	98.5	99.5	101.3	97.7	102.4
99.1	99.3	100.6	100.5	100.2	99.5	100.3	98.5	99.0
99.6	99.3	100.2	99.9	100.1	99.2	100.9	99.0	101.2
98.6	97.8	101.3	100.3	100.4	99.6	100.1	99.9	101.4
99.1	98.8	98.9	101.1	99.2	98.1	102.6	95.6	103.2
99.3	101.8	96.6	104.4	98.4	100.9	99.1	96.6	99.9
98.8	99.5	97.9	102.6	99.9	99.1	99.4	97.9	105.9
100.4	99.9	98.8	101.4	100.0	99.5	100.2	98.4	101.3
99.4	99.8	99.7	100.2	98.9	100.0	100.2	99.9	101.5
99.4	99.2	100.0	100.1	99.2	100.3	99.9	99.6	100.6
99.4	101.4	98.8	100.4	98.1	99.3	101.0	100.4	103.7

4-3 续表 5

（上月 =100）

指 标	Item	1 月 January	2 月 February	3 月 March
家用纺织品	Home Textiles	99.3	100.3	100.2
床上用品	Bedding Article	98.8	101.0	99.8
被子	Quilt	99.3	102.0	99.0
床单被套	Bed Sheet & Duvet Cover	97.9	100.8	101.7
其他床上用品	Other Bedding	99.2	99.7	98.7
窗帘门帘	Curtain	99.6	99.0	100.7
其他家用纺织品	Other Household Textiles	101.2	98.6	101.7
家庭日用杂品	Daily Use Household Articles	99.9	100.1	99.0
洗涤卫生用品	Washing Sanitary Articles	99.9	99.9	97.6
清洗用品	Cleaning Supplies	99.3	99.3	99.7
清洁用具	Cleaning Appliances	100.0	99.8	97.1
清洁用纸	Cleaning Paper	100.3	100.3	96.2
厨具餐具茶具	Kitchenware, Tableware, Tea set	99.5	99.9	100.6
厨具	Kitchenware	99.4	100.0	101.3
餐具	Tableware	100.5	99.6	99.6
茶具	Tea Set	96.9	100.8	100.8
其他家庭日用杂品	Other Family Daily Sundry Goods	100.0	100.3	99.4
配电附件	Distribution Accessories	99.2	101.6	99.9
雨具	Rain Gear	99.1	101.1	100.4
其他日用杂品	Other Daily Sundry Goods	100.5	99.7	99.0
个人护理用品	Personal-care Supplies	99.0	100.3	98.5
化妆品	Cosmetics	98.5	100.2	97.0
清洁化妆品	Cleaning Cosmetics	98.5	99.2	100.5
护肤化妆品	Skin Care Cosmetics	98.0	100.5	94.6
彩妆化妆品	Make Up Cosmetics	99.5	100.2	100.4
化妆器具	Cosmetic Equipment	99.6	100.3	99.9
其他护理用品类	Other Types of Care Products	99.5	100.5	99.7
清洁类护理用品	Cleaning Supplies	99.8	99.9	99.2
护发美发用品	Hair Care Products	99.2	102.3	99.3
护理器具	Nursing Appliance	99.8	101.2	101.7
其他护理用品	Other Nursing Supplies	99.0	100.0	99.3
家庭服务	Household Services	101.4	98.5	99.9
家政服务	Household Management Services	101.7	96.9	99.9
母婴护理服务	Mother and Baby Nursing Services	100.1	100.0	100.3
家庭维修服务	Home Maintenance Services	101.2	98.8	100.3
其他家庭服务	Other Family Services	103.3	98.4	98.6

continued

(last month=100)

4 月 April	5 月 May	6 月 June	7 月 July	8 月 August	9 月 September	10 月 October	11 月 November	12 月 December
99.2	100.3	100.9	98.7	99.9	100.1	100.1	100.7	100.3
99.1	99.9	101.6	97.8	100.3	100.0	100.2	101.3	100.3
99.9	98.2	101.7	99.5	97.9	101.2	99.7	100.7	101.1
100.0	101.0	100.4	97.1	101.6	98.3	101.2	100.6	99.7
97.1	101.1	103.1	96.3	102.6	100.3	99.9	102.7	100.1
99.2	101.1	99.9	99.9	99.7	99.8	100.0	101.1	100.0
99.3	101.4	98.5	101.4	98.4	100.7	99.5	98.2	100.2
99.6	99.6	99.5	101.2	99.3	99.6	100.0	100.3	101.4
99.5	100.5	98.9	100.6	98.4	99.7	100.1	101.0	102.4
99.0	100.2	100.1	100.5	99.1	101.0	100.8	101.8	103.6
99.6	100.2	98.5	101.8	99.9	101.4	99.4	100.4	103.7
99.8	100.8	98.1	100.5	97.6	98.3	99.7	100.4	101.1
98.0	99.8	99.8	101.2	100.6	98.9	99.5	99.9	100.0
96.6	100.2	100.2	101.3	101.3	98.5	100.2	100.0	99.5
98.9	99.4	99.4	101.5	99.7	99.2	98.8	99.8	100.2
101.2	99.4	99.7	100.4	100.6	99.4	98.5	99.7	101.5
100.5	98.8	99.8	101.7	99.4	99.9	100.2	99.9	101.2
98.5	99.9	101.8	98.9	100.9	100.5	98.9	100.1	99.5
98.5	99.3	97.4	102.1	99.8	99.6	101.8	100.5	106.0
101.6	98.3	99.5	102.7	98.8	99.7	100.3	99.7	100.8
101.6	100.2	99.3	100.7	99.3	100.1	99.6	99.1	100.7
103.1	100.3	98.7	101.2	99.5	100.5	99.3	98.7	101.2
101.2	100.2	99.4	101.2	98.6	100.8	100.0	98.7	102.1
105.0	100.6	98.3	101.4	99.5	100.3	99.3	98.6	101.1
100.4	99.9	99.1	100.4	100.8	100.0	98.9	99.0	100.9
99.3	99.9	98.9	101.3	99.3	102.4	97.7	99.4	100.2
100.4	100.1	99.8	100.4	99.1	99.8	99.9	99.3	100.3
100.5	99.9	100.0	100.7	99.3	99.7	100.7	98.1	101.5
99.6	99.2	100.4	99.7	99.5	99.0	100.1	99.5	100.1
100.2	100.0	99.4	100.8	98.0	99.5	100.1	99.9	97.8
100.8	100.7	99.4	100.1	99.3	100.5	98.5	100.6	100.2
100.0	100.0	100.0	99.9	100.2	100.0	100.1	100.0	100.2
99.9	100.0	99.9	100.0	100.5	100.0	100.1	100.0	100.1
100.0	100.0	100.0	100.0	100.1	99.9	100.3	100.0	100.0
100.0	100.2	100.0	100.0	100.1	100.0	100.0	100.0	100.5
100.0	99.9	100.0	99.1	99.9	100.0	100.2	99.8	100.0

4-3 续表 6

（上月 =100）

指 标	Item	1 月 January	2 月 February	3 月 March
交通通信	**Transport and Communications**	**100.7**	**99.4**	**99.3**
交通	Transport	101.1	99.3	99.1
交通工具	Transport Facility	99.9	99.8	98.7
燃油小汽车	Fuel Small-car	99.7	100.0	98.3
新能源小汽车	New Energy Car	101.3	98.8	99.4
电动自行车	Electric Bicycle	100.1	99.4	99.0
自行车	Bicycle	100.3	99.7	99.7
其他交通工具	Other Means of Transportation	99.8	100.1	100.0
交通工具用燃料	Fuels for Transport Facility	97.7	101.0	99.7
汽油	Gasoling	97.6	101.1	99.8
柴油	Diesel Oil	97.5	101.1	99.7
其他车用能源	Other Vehicle Energy	104.4	98.3	95.8
交通工具使用和维修	Use and Maintenance of Transport Facility	100.9	99.3	100.0
停车费	Parking Fee	100.0	100.0	100.0
车辆使用费	Vehicle Usage Fee	100.0	100.0	100.0
交通工具零配件	Vehicle Parts	100.2	99.9	100.1
车辆修理与保养	Vehicle Repair and Maintenance	103.2	97.1	100.0
交通费	Traffic Fee	111.7	94.8	98.4
市内公共交通	City Public Transport	100.9	99.7	99.1
出租汽车	Taxi	100.0	100.0	100.0
飞机票	Airplane Ticket	135.4	93.7	94.2
火车票	Train Ticket	100.1	100.0	100.0
长途汽车	Long Distance Bus	122.0	82.8	99.8
网约车	Online Car Hailing	100.1	100.0	100.2
交通工具租赁费	Vehicle Rental Fee	115.5	88.8	99.6
其他交通费	Other Transportation Charges	100.7	99.4	99.8
通信	Communications	99.5	99.9	99.9
通信工具	Communication Tools	98.8	99.7	99.5
电话机	Telephone Set	98.8	99.5	99.5
其他通信工具及零配件	Other Communication Tools and Spare Parts	99.6	101.4	99.4
通信服务	Communication Services	99.9	100.0	100.0
电话费	Telephone Fee	99.9	100.0	100.0
家庭宽带服务	Broadband Service for Home	100.0	100.0	100.0
其他通信服务	Other Communication Services	97.5	100.0	100.0
邮递服务	Postal Services	99.4	100.0	100.2
教育文化娱乐	**Education, Culture and Recreation**	**100.7**	**99.6**	**100.0**
教育	Education	99.9	100.6	100.1
教育用品	Education Supplies	99.8	100.1	100.0
工具书	Reference Book	99.7	100.0	99.8

continued

（last month=100）

4月 April	5月 May	6月 June	7月 July	8月 August	9月 September	10月 October	11月 November	12月 December
99.8	**98.6**	**99.3**	**101.1**	**101.0**	**100.1**	**100.0**	**98.7**	**99.0**
99.7	99.2	99.2	101.4	101.4	100.2	100.0	98.4	98.5
98.9	99.5	99.6	99.7	99.8	99.3	99.8	99.3	99.7
98.8	99.3	99.7	99.7	99.7	99.4	99.7	99.1	99.5
98.2	99.8	99.0	99.8	99.9	97.6	99.5	99.6	100.0
99.4	100.3	99.3	99.9	99.8	100.1	100.4	99.8	100.4
100.0	99.4	100.2	99.9	100.0	100.0	100.1	100.0	100.0
100.1	99.4	100.0	99.6	100.2	100.1	100.1	99.7	100.2
98.4	99.8	98.8	101.8	104.8	102.3	101.8	97.2	95.4
98.3	99.8	98.7	101.8	104.9	102.3	101.8	97.2	95.4
98.3	99.7	98.6	102.1	105.3	102.6	101.9	96.9	95.0
100.1	101.0	100.7	100.7	99.5	99.8	99.9	99.7	100.6
100.0	100.1	99.6	100.1	98.6	100.0	100.0	99.9	100.0
100.0	100.0	97.2	100.0	89.0	100.0	100.0	100.0	100.0
99.9	100.0	100.0	100.0	100.0	100.0	100.0	99.9	100.1
100.1	99.8	99.9	100.1	100.0	100.0	100.1	99.8	100.0
100.0	100.5	100.2	100.0	100.0	100.0	100.0	100.0	100.0
104.3	96.6	98.9	106.0	100.8	98.3	96.9	97.5	100.7
101.9	100.0	100.0	100.5	100.0	100.0	100.0	100.0	100.0
100.0	100.0	100.0	100.0	100.0	100.0	100.0	100.0	100.0
112.3	91.6	92.5	124.3	103.2	90.8	92.8	89.9	101.6
100.0	100.4	101.7	100.7	100.1	100.2	100.1	99.8	100.1
104.2	96.0	100.5	100.0	99.7	104.2	95.7	99.6	101.1
100.6	99.3	100.1	100.1	99.7	99.9	100.0	99.7	100.3
110.0	87.5	101.6	105.3	99.8	101.8	88.4	101.0	102.3
100.3	100.0	99.8	100.7	99.9	100.4	99.8	99.8	100.1
99.9	97.0	99.4	100.1	99.8	99.8	100.0	99.4	100.8
99.7	98.8	98.3	100.2	99.4	99.9	100.1	97.9	102.9
99.7	98.8	98.2	100.3	99.4	99.9	99.9	97.9	103.1
99.9	98.3	100.4	99.5	99.3	98.9	102.6	98.2	100.2
100.0	95.3	99.5	100.0	100.1	100.0	100.0	100.0	100.0
100.0	99.6	100.2	100.0	100.1	100.0	100.0	100.0	100.0
100.0	79.6	96.4	100.0	100.0	100.0	100.0	100.0	100.0
100.0	100.0	98.3	100.0	100.2	100.0	100.0	100.0	100.0
100.0	99.9	100.5	100.2	99.6	99.3	99.9	100.0	99.9
100.4	**100.0**	**99.7**	**101.0**	**100.1**	**101.7**	**100.0**	**99.3**	**100.2**
99.9	100.1	99.9	100.1	100.0	103.0	100.0	100.0	100.0
99.8	100.2	99.6	100.4	100.3	100.1	100.0	99.9	100.3
99.8	100.1	100.2	100.2	100.3	99.9	99.9	100.0	100.2

4-3 续表 7

（上月 =100）

指 标	Item	1 月 January	2 月 February	3 月 March
教材	Textbooks	100.0	100.1	100.0
参考资料	Reference Material	99.9	100.3	100.2
其他教育用品	Other Educational Supplies	98.9	99.3	100.0
教育服务	Education Services	99.9	100.7	100.1
幼儿早期教育	Early Childhood Education	99.5	100.1	100.6
学前教育	Preschool Education	100.0	102.3	100.3
小学初中教育	Primary and Secondary Education	100.0	100.5	100.0
高中中职教育	Secondary Vocational Education	100.0	100.4	99.9
高等教育	Higher Education	100.0	100.0	100.0
课外教育	Extracurricular Education	99.9	100.1	100.1
专业技能培训	Professional Skills Training	99.6	100.7	99.6
其他教育服务	Other Education Services	99.8	100.8	100.0
文化娱乐	Culture and Recreation	102.6	97.3	99.9
文娱耐用消费品	Durable Consumer Goods for Culture and Recreation	99.7	99.8	99.5
电视机	Television	100.1	99.9	99.5
照相机	Camera	100.9	99.3	100.9
台式计算机	Desktop Computer	99.7	98.5	100.2
笔记本电脑	Laptop	99.1	99.9	99.4
平板电脑	Tablet Computer	99.1	99.7	99.6
乐器	Musical Instruments	98.9	100.5	100.1
音响	Acoustics	99.9	98.4	99.6
可穿戴智能设备	Wearable Smart Devices	99.7	99.6	99.8
其他文娱耐用消费品	Other Recreational and Durable Goods	100.0	100.8	97.9
其他文娱用品	Other Culture and Recreation Products	99.8	100.5	99.5
书报杂志及音像制品	Newspapers, Magazines and Audio-visual Products	101.7	100.8	99.5
纸张文具	Paper Stationery	99.7	99.3	100.6
体育户外用品	Sports Outdoor Products	99.3	102.5	99.1
游戏用品和玩具	Game Supplies and Toys	100.2	100.8	99.7
园艺花卉及用品	Garden Flowers and Supplies	101.3	104.7	95.6
宠物及用品	Pets and Supplies	100.4	99.1	99.1
其他文化娱乐用品	Other Cultural and Recreational Products	98.5	99.5	100.1
文化娱乐服务	Services for Culture and Recreation	101.6	99.0	100.7
电影及演出票	Film and Performance Tickets	109.6	93.8	98.3
景点门票	Scenic Spot Ticket	99.7	101.4	106.0
电视服务	Television Services	100.0	100.0	100.0
健身活动	Fitness Activities	100.0	100.0	101.0
宠物服务	Pet Services	104.3	95.5	100.5
网络文娱服务	Network Entertainment Services	100.6	100.1	99.0
儿童娱乐项目	Children's Entertainment	100.5	100.2	100.0
其他文娱服务	Other Recreational Services	100.8	99.2	100.6

continued

（last month=100）

4 月 April	5 月 May	6 月 June	7 月 July	8 月 August	9 月 September	10 月 October	11 月 November	12 月 December
100.0	100.0	100.0	100.0	100.0	100.9	100.0	100.0	100.0
99.5	100.7	100.0	100.4	100.5	99.8	100.0	100.1	100.3
100.5	99.5	96.9	101.1	99.8	99.7	100.5	99.1	101.0
99.9	100.1	99.9	100.0	100.0	103.2	100.0	100.0	100.0
99.3	100.6	100.0	100.1	100.0	100.9	100.1	100.0	100.0
100.0	100.0	100.0	100.0	100.0	102.6	100.0	100.0	100.0
100.0	100.0	100.0	100.0	100.0	105.2	100.0	100.0	100.0
100.0	100.0	100.0	100.0	100.0	108.5	100.0	100.0	100.0
100.0	100.0	100.0	100.0	100.0	103.0	100.0	100.0	100.0
99.7	100.2	99.7	100.2	100.2	100.2	100.1	100.1	100.0
100.2	100.1	99.3	99.8	99.5	99.5	99.8	100.2	99.7
99.6	100.4	100.0	100.3	100.0	100.8	100.2	100.0	100.2
101.4	99.8	99.2	103.2	100.2	98.7	100.1	97.6	100.8
99.7	99.3	98.7	100.2	99.9	99.6	100.5	99.1	100.6
99.2	98.8	99.6	100.7	99.9	100.1	100.3	99.2	99.5
102.0	102.5	98.0	100.9	98.4	97.6	101.9	98.1	100.2
99.7	100.1	99.6	99.3	100.0	99.8	100.2	100.0	100.0
99.0	99.3	98.2	99.0	100.3	99.7	101.6	98.9	100.6
99.6	98.7	96.4	99.8	99.4	99.4	99.7	98.2	104.1
100.3	99.7	99.5	100.6	100.1	99.0	100.7	98.9	101.4
102.2	99.6	98.5	101.7	100.0	99.4	99.6	98.4	100.9
99.0	100.3	97.3	102.0	100.5	99.2	99.8	98.2	101.4
101.0	99.3	98.2	100.7	99.6	99.0	100.9	99.3	100.4
100.3	99.8	99.9	100.8	99.8	99.4	99.9	99.3	100.6
100.3	100.0	99.6	100.7	99.9	100.3	99.8	99.9	100.7
100.6	99.9	100.2	100.0	99.7	99.7	99.8	100.0	100.3
100.1	101.0	100.7	100.6	99.7	100.7	100.8	98.8	98.9
99.8	99.1	99.1	100.2	99.6	100.0	99.5	96.9	103.1
100.0	100.7	98.6	99.8	99.8	99.8	100.6	100.4	99.6
101.7	97.6	101.7	98.3	99.5	100.4	98.8	99.9	100.6
100.1	99.9	99.8	102.7	99.9	97.5	100.1	99.9	100.3
99.9	99.9	99.3	101.1	100.4	99.9	99.8	99.1	100.6
97.4	99.8	99.2	103.5	100.7	99.4	101.6	97.9	100.8
99.9	101.7	100.1	99.8	100.8	98.3	99.7	98.7	99.2
100.0	100.0	100.2	100.0	100.0	100.0	100.0	100.0	100.0
100.6	100.0	99.9	100.9	100.0	99.1	100.0	99.7	100.0
98.9	99.8	100.2	99.8	100.1	100.5	100.0	100.0	100.2
101.6	97.9	96.5	104.7	99.4	102.5	97.1	96.6	104.5
99.8	100.0	98.2	99.9	101.8	100.0	100.5	100.0	100.0
100.7	100.1	99.3	100.1	100.6	99.9	100.2	100.2	100.1

4-3 续表 8

（上月 =100）

指 标	Item	1 月 January	2 月 February	3 月 March
旅游	Touring and Outing	108.3	91.6	100.0
旅行社收费	Travel Service Charges	109.0	90.9	100.0
其他旅游	Other Travel	100.4	100.6	100.4
医疗保健	**Health Care**	**100.2**	**100.1**	**100.1**
药品及医疗器具	Medicine and Medical Instrument	100.6	100.3	100.4
中药	Traditional Chinese Medicine	101.6	100.2	100.7
中药材	Chinese Medicinal Materials	102.1	100.2	100.6
中成药	Chinese Patent Medicine	101.3	100.1	100.8
西药	Western Medicine	100.1	100.2	100.4
抗微生物药	Antimicrobial Agents	99.9	100.5	101.0
消化系统用药	Digestive System Durgs	100.5	100.2	99.8
呼吸系统用药	Respiratory System Durgs	100.5	100.5	99.9
解热镇痛药	Antipyretic Analgesics	101.2	100.4	103.1
抗肿瘤药	Antineoplastic Agents	100.0	99.6	100.0
激素及影响内分泌药	Hormones and Endocrine Drugs	99.5	99.9	100.2
心血管系统用药	Cardiovascular System Drugs	99.5	100.0	100.1
血液系统用药	Blood System Drugs	99.9	100.2	99.9
治疗精神障碍药	Mental Disorders Drugs	100.0	100.1	99.8
神经系统用药	Drugs for Nervous System	100.1	100.1	100.5
泌尿系统用药	Urinary System Drugs	99.6	100.8	100.5
维生素、矿物质类药	Vitamins and Minerals	100.3	100.2	100.3
调节水、电解质及酸碱平衡药	Adjust Water, Electrolyte and Acid-base Balance	100.7	100.1	100.1
其他西药	Other Western Medicines	100.5	100.4	100.1
滋补保健品	Nourishing Health Care Products	100.2	100.0	99.3
医疗卫生器具	Medical Sanitation	100.5	100.8	100.2
保健器具	Health Care Appliance	99.9	100.1	100.0
医疗服务	Medical Services	100.0	100.0	100.0
综合医疗类	Synthetic Medicine	100.0	100.0	100.0
一般医疗服务	General Medical Service	100.0	100.0	100.0
一般治疗操作	General Treatment Procedure	100.0	100.0	100.0
护理	Nursing	100.0	100.0	100.0
其他综合医疗服务	Other Comprehensive Medical Services	100.0	100.0	100.0
诊断类	Diagnostic Class	99.9	100.0	100.0
病理学诊断	Pathological Diagnosis	100.0	100.0	100.0
实验室诊断	Laboratory Diagnosis	99.8	100.0	100.0
影像学诊断	Imaging Diagnosis	100.0	100.0	100.0
临床诊断	Clinical Diagnosis	100.0	100.0	100.0

continued

(last month=100)

4 月 April	5 月 May	6 月 June	7 月 July	8 月 August	9 月 September	10 月 October	11 月 November	12 月 December
105.2	100.0	99.1	109.3	100.6	96.7	100.1	93.9	101.3
105.6	100.0	99.1	110.0	100.7	96.5	100.0	93.6	101.4
100.2	100.0	99.6	100.6	99.6	99.5	101.4	98.7	99.8
100.0	**100.1**	**100.0**	**100.1**	**101.3**	**100.2**	**100.1**	**100.0**	**100.0**
100.0	100.2	100.0	100.3	100.5	100.4	100.1	100.0	100.1
100.7	100.3	100.4	101.1	101.5	101.0	100.1	100.1	100.5
100.7	100.6	101.4	102.7	103.4	102.7	100.3	100.4	101.3
100.7	100.1	99.7	100.1	100.3	99.9	100.0	99.8	99.9
99.8	99.9	100.1	100.0	100.2	100.1	100.1	100.0	99.9
100.1	100.1	100.2	99.6	100.8	100.4	99.9	99.9	99.9
99.8	100.0	99.9	100.1	99.9	100.4	100.2	100.0	100.2
100.1	100.2	100.0	100.6	100.1	100.0	100.4	99.8	100.1
98.8	99.2	100.3	100.2	99.8	100.0	100.0	100.1	99.5
100.0	100.4	100.7	99.9	99.8	99.8	100.5	100.0	99.5
99.1	99.8	100.3	100.1	100.0	99.8	100.1	100.0	100.0
99.6	99.1	99.6	100.1	99.9	99.9	99.4	100.1	99.8
100.1	100.0	99.9	99.8	100.6	100.0	100.6	100.0	100.2
100.0	99.8	100.2	99.2	99.8	100.0	99.8	101.1	99.7
98.8	99.9	99.9	100.1	99.4	100.0	100.1	100.2	99.9
100.2	100.3	100.6	100.2	99.9	99.9	100.1	100.1	100.0
100.1	100.0	100.1	100.8	101.8	100.1	99.2	100.0	100.4
100.7	99.3	100.1	100.0	99.9	101.2	99.9	99.5	100.5
100.1	100.1	100.0	100.1	101.1	100.0	100.0	100.0	99.9
100.1	100.0	100.0	100.0	99.9	99.9	99.9	99.8	100.3
99.6	101.0	98.9	100.1	100.3	100.5	100.2	99.9	100.0
100.1	100.0	100.4	99.4	100.5	99.9	100.2	99.9	99.8
100.0	100.0	100.0	100.0	101.7	100.1	100.1	100.0	100.0
100.0	100.0	100.0	100.0	104.0	100.3	100.0	100.0	100.0
100.0	100.0	100.0	100.0	104.8	100.0	100.0	100.0	100.0
100.0	100.0	100.0	100.0	102.8	100.4	100.0	100.0	100.0
100.0	100.0	100.0	100.0	105.3	100.6	100.0	100.0	100.0
100.0	100.0	100.0	100.0	101.5	100.0	100.0	100.0	100.0
100.0	100.0	100.0	100.0	101.6	99.9	100.0	100.0	100.0
100.0	100.0	100.0	100.0	110.0	100.2	100.0	100.0	100.0
100.0	100.0	100.0	100.0	100.0	99.9	100.0	100.0	100.0
100.0	100.0	100.0	100.0	100.6	99.7	100.0	100.0	100.0
100.0	100.0	100.0	100.0	103.7	99.9	100.0	100.0	100.0

4-3 续表 9

（上月 =100）

指 标	Item	1 月 January	2 月 February	3 月 March
治疗类	Therapeutic Category	100.0	100.0	100.1
临床手术治疗	Clinical Surgical Treatment	100.0	100.0	100.1
临床非手术治疗	Clinical Non-surgical Treatment	100.0	100.0	100.0
康复类	Rehabilitation Class	100.0	100.0	100.0
康复医疗	Rehabilitation Medicine	100.0	100.0	100.0
中医医疗服务类	Chinese Medicine Medical Service	100.0	100.0	100.0
中医治疗	Traditional Chinese Medicine	100.0	100.0	100.0
其他医疗服务	Other Healthcare Services	100.7	100.0	100.0
其他用品及服务	**Other Culture and Recreation Products and Services**	**101.3**	**99.4**	**100.7**
其他用品	Other Culture and Recreation Products	100.4	100.4	100.4
首饰手表	Jewellery Watches	102.0	98.5	102.0
金饰品	Gold Jewelry	102.7	99.4	103.1
银饰品	Silver Jewelry	99.7	99.6	100.4
铂金饰品	Platinum Jewelry	102.9	92.9	101.3
手表	Wrist Watch	99.6	101.4	99.2
母婴用品	Mother and Baby Supplies	100.1	101.4	98.7
母婴洗护喂养用品	Mother and Baby Washing and Feeding Supplies	100.3	101.5	98.6
其他母婴用品	Other Mother and Baby Supplies	99.0	100.7	99.8
其他杂项用品	Other Miscellaneous Supplies	99.3	101.2	100.7
箱包	Luggage	98.9	101.9	101.1
眼镜	Glasses	100.0	100.0	99.9
其他服务	Other Services	102.1	98.6	100.8
在外住宿	Outside Accommodation	102.6	99.5	102.9
宾馆住宿	Hotel Accommodation	102.7	99.4	103.7
其他住宿	Other Accommodation	102.3	99.6	101.1
美容美发洗浴	Hairdressing & Beauty and Bath	104.2	95.3	100.0
美容	Hairdressing	100.1	98.9	99.9
美发	Hairdressing	106.8	93.0	100.0
洗浴	Bath	101.8	98.4	99.9
养老服务	Pension Services	100.9	99.8	99.9
金融及保险服务	Financial and Insurance Services	100.9	99.5	100.4
金融服务	Financial Service	100.0	100.0	100.0
车辆保险	Vehicle Insurance	101.8	99.1	101.7
旅行保险	Travel Insurance	100.0	97.9	100.0
其他保险	Other Insurance	101.5	100.0	99.6
中介法律及其他服务	Intermediary Laws and Other Services	100.0	100.0	100.0
中介服务	Intermediary Services	100.0	100.0	100.0
法律服务	Legal Service	100.0	100.0	100.0
其他杂项服务	Other Miscellaneous Services	100.1	100.0	100.0

continued

(last month=100)

4 月 April	5 月 May	6 月 June	7 月 July	8 月 August	9 月 September	10 月 October	11 月 November	12 月 December
100.0	100.0	100.0	100.0	101.5	100.4	100.1	100.0	100.0
100.0	100.0	100.0	100.0	101.7	100.6	100.0	100.0	100.0
100.0	100.0	100.0	100.0	101.0	100.1	100.3	100.0	100.0
100.0	100.0	100.0	100.0	99.4	99.9	100.2	100.0	100.0
100.0	100.0	100.0	100.0	99.4	99.9	100.2	100.0	100.0
100.0	100.0	100.0	100.0	100.7	100.4	100.0	100.0	100.0
100.0	100.0	100.0	100.0	100.7	100.4	100.0	100.0	100.0
100.0	100.0	100.0	100.0	100.9	100.0	100.6	100.0	100.0
101.2	**100.2**	**99.1**	**100.6**	**100.2**	**99.7**	**100.4**	**99.0**	**100.3**
100.8	99.5	99.7	100.9	99.5	99.9	99.3	100.5	100.5
103.3	101.1	99.6	99.9	100.5	100.6	99.6	101.3	100.9
103.7	101.4	100.5	100.5	100.9	101.2	99.8	102.1	101.2
99.9	100.2	100.2	100.2	100.3	99.8	100.2	100.0	100.3
106.3	101.4	96.1	97.1	99.6	99.3	97.6	100.5	101.0
100.6	99.9	99.4	100.8	99.8	100.1	100.3	99.6	99.6
99.0	99.3	98.9	102.5	98.7	99.5	99.0	99.8	100.0
98.9	99.3	98.9	102.8	98.5	99.3	98.7	100.2	99.9
99.5	99.6	99.5	100.4	100.4	101.3	101.1	96.9	100.3
100.1	98.3	100.3	100.4	99.2	99.5	99.3	100.3	100.7
100.1	98.2	101.1	100.4	98.6	99.7	99.4	99.9	101.1
100.1	98.5	98.8	100.3	100.5	99.2	99.1	101.0	100.1
101.6	100.7	98.6	100.4	100.9	99.6	101.3	97.8	100.1
106.6	102.2	95.0	101.0	103.0	98.5	104.2	92.6	100.1
105.4	102.0	94.3	102.2	102.9	97.8	105.6	93.5	99.6
109.3	102.4	96.3	98.5	103.1	100.2	101.4	90.5	101.2
99.7	100.0	99.8	100.3	100.0	100.0	100.3	100.2	100.0
99.1	99.7	100.2	100.9	100.1	99.9	101.0	100.1	100.1
99.9	100.2	99.6	100.1	100.0	100.0	100.0	99.9	100.0
100.1	100.0	100.0	100.0	100.0	100.0	100.3	101.9	100.2
100.0	100.6	100.0	100.0	100.2	100.2	100.2	99.9	100.0
99.5	99.9	100.2	100.1	100.1	100.0	100.1	99.9	100.1
100.0	100.0	100.0	100.0	100.0	100.0	100.0	100.0	100.0
98.3	99.7	100.0	100.0	100.0	100.0	100.0	100.0	100.0
100.0	100.0	102.5	100.0	100.0	100.0	100.0	100.0	100.0
100.0	100.1	100.0	100.4	100.4	100.0	100.3	99.6	100.5
100.0	100.0	100.0	100.0	100.0	100.0	100.0	100.0	100.0
100.0	100.0	100.0	100.0	100.0	100.0	100.0	100.0	100.0
100.0	100.0	100.0	100.0	100.0	100.0	100.0	100.0	100.0
100.0	100.0	100.0	99.9	100.0	100.0	100.0	100.0	100.1

4-4 居民消费价格分类月度同比指数（2023 年）

（上年同月 =100）

指　标	Item	1 月 January	2 月 February	3 月 March
居民消费价格指数	**Consumer Price Index**	**102.2**	**100.5**	**100.4**
服务价格指数	**Service Price Index**	**101.3**	**100.6**	**100.4**
工业品价格指数	**Industrial Product Price Index**	**100.5**	**100.0**	**98.8**
消费品价格指数	**Consumer Goods Price Index**	**102.7**	**100.4**	**100.4**
非食品价格指数	**Non-food Price Index**	**101.0**	**100.3**	**99.9**
扣除食品和能源价格指数	**Excluding Food and Energy Price Index**	**100.7**	**100.3**	**100.2**
扣除鲜菜鲜果价格指数	**Excluding Fresh Vegetables Fresh Fruit Price Index**	**101.6**	**100.6**	**100.4**
食品烟酒	**Food, Tobacco and Liquor**	**105.1**	**100.8**	**102.1**
食品	Food	107.3	101.0	102.6
粮食	Grain	100.7	100.9	100.5
大米	Rice	99.8	100.1	99.7
面粉	Flour	103.8	103.5	101.9
其他粮食	Other Grain	103.3	103.3	105.0
粮食制品	Grain Products	102.7	102.6	101.7
薯类	Tubers	114.4	111.7	111.7
豆类	Beans	105.7	99.1	100.8
干豆	Dried Beans	101.2	100.9	100.4
豆制品	Beans Products	107.9	98.3	101.0
食用油	Edible Oil and Fats	105.7	106.1	105.7
食用植物油	Oil of Plant	105.2	105.7	105.4
食用动物油	Edible Animal Oil	111.6	110.1	110.1
菜及食用菌	Vegetable and Edible Fungi	114.8	91.3	91.2
鲜菜	Fresh Vegetables	115.5	90.2	89.7
鲜菌	Fresh Fungus	124.7	98.0	109.6
干菜干菌及制品	Dried Vegetables and Edible Fungi Products	102.8	102.6	103.1
畜肉类	Neat of Livestock	107.9	98.7	104.7
猪肉	Pork	112.6	101.2	110.6
牛肉	Beef	101.2	95.4	98.5
羊肉	Mutton	99.8	92.4	96.5
其他畜肉及副产品	Other Meat of Livestock and By-products	108.9	97.7	102.7
畜肉制品	Animal Meat Products	103.6	101.6	102.6
禽肉类	Meat of Poultry	108.1	106.7	109.4
鸡	Chicken	106.8	104.5	107.6
鸭	Duck	109.6	109.6	113.2
其他禽肉及制品	Other Poultry and Products	109.9	109.3	109.2
水产品	Aquatic Products	105.4	98.7	100.0
淡水鱼	Freshwater Fish	100.4	95.4	96.7
海水鱼	Saltwater Fish	107.6	104.0	105.3
虾蟹类	Shrimps and Crabs	113.0	94.4	95.6
其他水产品及制品	Other Aquatic Products and Products	108.9	106.9	107.4

Year-over-year Consumer Price Index by Category（2023）

（same month of preceding year=100）

4 月 April	5 月 May	6 月 June	7 月 July	8 月 August	9 月 September	10 月 October	11 月 November	12 月 December
100.0	**99.7**	**99.1**	**98.9**	**99.5**	**99.6**	**99.5**	**99.3**	**99.2**
100.3	**100.0**	**99.7**	**100.2**	**100.7**	**101.1**	**101.1**	**101.1**	**101.2**
98.0	**97.7**	**96.8**	**97.6**	**98.7**	**99.1**	**99.3**	**98.7**	**99.1**
99.8	**99.5**	**98.7**	**98.1**	**98.7**	**98.7**	**98.6**	**98.2**	**98.0**
99.5	**99.3**	**98.7**	**99.3**	**100.0**	**100.3**	**100.4**	**100.2**	**100.3**
100.0	**99.8**	**99.6**	**100.0**	**100.3**	**100.5**	**100.4**	**100.4**	**100.5**
100.1	**99.6**	**98.9**	**98.9**	**99.5**	**99.7**	**99.5**	**99.2**	**99.4**
101.7	**101.5**	**100.8**	**98.5**	**98.7**	**98.4**	**97.8**	**97.6**	**96.8**
102.1	101.6	100.8	97.2	97.3	96.9	96.0	95.7	94.4
100.0	100.2	99.8	100.2	100.5	101.0	101.0	100.8	101.2
99.1	99.5	99.1	99.7	100.0	100.6	100.7	100.5	100.9
100.5	100.0	99.5	98.4	98.1	98.2	99.6	98.8	100.4
104.3	104.2	104.8	104.7	104.4	105.3	105.2	104.5	103.7
101.3	100.9	100.4	100.2	100.7	100.7	100.6	100.5	101.2
106.3	107.3	109.5	108.2	105.3	102.5	100.5	98.1	94.1
100.0	100.0	99.5	99.8	99.0	98.8	98.8	98.7	98.4
99.5	98.7	97.4	97.9	96.1	95.6	96.0	96.1	96.4
100.3	100.7	100.5	100.7	100.4	100.3	100.2	100.0	99.3
104.8	104.0	100.6	97.5	97.6	96.2	94.9	94.0	93.6
104.4	103.9	100.6	97.7	97.7	96.3	95.6	94.9	94.3
109.6	105.3	100.2	95.0	97.4	95.3	87.2	84.3	85.3
93.8	101.4	104.1	98.2	98.7	98.9	99.8	103.1	92.1
92.7	101.2	104.2	97.7	98.3	98.7	99.6	103.3	91.2
106.7	106.3	104.7	103.3	101.4	93.9	96.6	98.5	91.8
102.7	102.9	102.9	102.4	102.1	102.8	103.0	102.7	102.1
104.0	99.4	96.4	84.2	88.2	85.7	79.5	79.0	82.3
108.7	99.1	94.1	73.7	81.3	77.4	68.3	68.1	73.4
98.6	98.2	96.6	95.9	95.3	95.3	95.6	94.3	93.5
97.0	96.8	96.9	96.8	96.3	96.1	95.6	94.9	94.2
102.9	101.2	99.6	92.2	94.5	93.3	88.1	86.6	87.7
103.0	102.9	101.4	99.8	99.0	98.5	97.1	95.4	94.8
109.8	107.7	102.6	98.9	97.1	97.2	97.3	96.0	96.2
107.4	104.8	102.0	99.3	97.8	97.7	96.4	95.2	95.1
115.2	112.8	102.1	95.3	92.5	93.4	96.1	94.2	95.5
108.7	108.2	105.9	104.7	103.7	102.7	102.5	101.7	101.1
101.1	100.8	100.0	100.0	100.7	100.7	101.6	101.2	100.7
96.8	96.4	96.7	97.1	97.7	99.3	100.6	101.3	100.3
105.3	105.5	105.9	105.4	106.9	106.4	106.5	105.0	103.8
104.0	103.5	98.6	97.8	99.2	95.3	96.7	95.5	97.2
104.5	103.8	101.9	101.8	101.3	101.0	101.1	100.2	100.2

4-4　续表 1

（上年同月 =100）

指　标	Item	1 月 January	2 月 February	3 月 March
蛋类	Eggs	108.7	107.4	107.4
鸡蛋	Egg	108.1	106.5	106.6
其他蛋及制品	Other Eggs and Products	110.6	110.3	109.8
奶类	Milk	98.5	100.1	98.9
鲜奶	Fresh Milk	96.9	97.2	97.6
酸奶	Yogurt	97.7	97.9	97.1
奶粉	Milk Powder	99.4	102.3	100.1
其他奶制品	Other Dairy Products	100.1	99.9	99.0
干鲜瓜果类	Dried and Fresh Melons and Fruits	110.8	106.9	109.9
鲜果	Fresh Fruits	112.5	107.8	111.2
坚果	Nut	101.6	102.2	102.5
瓜果制品	Melon and Fruit Products	95.7	96.8	97.5
糖果糕点类	Candy and Cake	103.3	104.3	103.6
食糖	Sugar	101.3	101.3	101.9
糖果	Candy	102.6	104.4	104.7
糕点	Cakes and Pastries	104.2	104.4	103.7
其他糖果糕点	Other Sweets and Pastries	101.6	105.1	102.9
调味品	Flavoring	102.9	103.6	101.5
食用盐	Edible Salt	101.5	100.2	100.6
酱油	Soy Sauce	103.3	104.8	101.4
食醋	Vinegar	103.5	103.7	102.5
增味剂	Flavoring	104.5	104.0	102.8
其他调味品	Other Condiments	102.1	103.3	101.2
其他食品类	Other Foods	101.9	102.4	101.3
方便食品	Convenience Food	100.7	101.2	98.9
淀粉及制品	Starch and Products	101.5	100.7	101.2
其他食品	Other Food	103.4	104.4	104.1
茶及饮料	Tea and Beverages	101.2	101.5	101.4
茶叶	Tea	99.9	100.7	103.2
固体咖啡	Solid Coffee	103.6	104.9	101.5
其他固体饮料	Other Solid Drinks	102.2	104.9	106.1
饮用水	Drinking Water	100.1	100.5	99.9
果汁饮料	Fruit Juice Beverage	100.1	101.3	100.0
其他液体饮料	Other Liquid Beverages	102.7	101.7	100.9

continued

（same month of preceding year=100）

4月 April	5月 May	6月 June	7月 July	8月 August	9月 September	10月 October	11月 November	12月 December
103.6	100.9	101.1	101.0	102.4	101.1	98.6	94.3	94.1
102.0	98.9	99.9	100.0	102.1	100.9	98.1	93.4	93.5
108.4	107.1	105.0	104.0	103.4	101.8	100.1	97.0	96.0
98.8	98.9	97.9	98.1	96.8	97.4	97.2	96.6	96.1
98.7	100.3	99.0	98.1	97.0	97.7	97.8	97.8	99.2
98.6	98.0	97.6	96.2	95.3	96.7	96.7	97.8	97.5
99.0	98.4	97.3	98.4	97.1	97.4	97.0	95.6	93.6
99.2	99.3	98.4	100.1	97.5	97.4	96.8	97.4	98.6
104.5	101.2	102.5	101.2	98.7	99.1	101.8	101.2	98.0
104.9	101.0	102.5	101.1	98.3	98.6	101.7	101.2	97.6
103.2	103.8	104.5	103.7	102.8	103.2	102.9	102.0	101.1
97.7	98.1	99.2	98.2	98.5	100.4	101.0	99.8	100.9
103.2	101.6	101.0	101.6	100.7	100.8	100.2	98.6	98.8
104.9	107.2	106.3	105.6	105.7	108.4	109.8	110.0	110.0
102.9	100.5	101.0	101.6	100.4	101.1	99.8	98.9	99.2
103.4	101.2	100.2	100.4	99.6	99.7	99.3	97.2	97.5
101.7	101.5	101.4	104.9	103.4	100.8	98.8	98.2	97.9
102.2	100.8	101.1	101.0	100.6	100.5	100.4	99.8	99.8
99.7	98.4	99.3	98.1	98.5	100.7	100.9	100.1	100.8
102.0	100.4	100.6	99.8	99.8	99.9	100.3	99.2	99.6
102.4	102.5	102.6	102.3	102.0	101.9	99.2	98.6	99.5
103.3	101.7	102.0	101.0	101.1	101.0	100.9	99.6	99.2
102.9	101.3	101.5	102.8	101.4	100.3	100.5	100.8	99.9
100.1	99.7	99.9	100.4	99.0	98.3	98.3	96.6	97.1
98.2	97.5	99.1	99.4	97.2	96.9	97.8	95.5	96.1
101.0	101.3	101.5	101.3	100.6	100.8	100.5	100.7	100.9
102.0	101.6	100.2	101.2	100.4	99.2	98.2	96.6	97.0
101.4	101.5	101.5	101.5	100.6	100.6	100.6	99.4	100.0
102.4	102.0	101.8	101.5	99.6	100.4	101.3	100.7	102.3
103.6	102.7	101.8	103.5	101.9	101.4	100.8	98.5	100.3
104.8	104.7	105.5	106.9	105.3	103.3	103.6	102.7	103.2
99.4	100.4	100.4	100.2	101.2	101.2	101.2	98.6	98.5
100.6	101.4	102.7	102.5	101.5	100.5	99.6	99.6	99.8
101.6	101.1	100.9	100.7	99.3	99.5	99.3	98.5	98.8

4-4 续表 2

（上年同月 =100）

指 标	Item	1 月 January	2 月 February	3 月 March
烟酒	Tobacco and Liquor	100.2	100.4	100.3
卷烟	Cigarette	100.5	100.5	100.5
酒类	Liquor	99.6	100.3	99.9
白酒	Liquor	99.9	100.1	100.0
葡萄酒	Wine	96.3	98.8	96.6
啤酒	Beer	98.3	99.3	99.9
其他酒类	Other Wines	104.3	103.9	102.6
在外餐饮	Dining Out	101.6	100.5	101.8
餐馆餐饮	Restaurants and Catering	100.9	100.4	101.3
饮品店餐饮	Drink Shop and Catering	99.8	99.5	100.0
外卖	Take Out	104.4	100.5	104.0
其他在外餐饮	Other Outside Catering	102.0	101.5	102.2
衣着	**Clothing**	**102.1**	**102.3**	**102.2**
服装	Garments	102.2	102.5	102.4
男式服装	Men's Clothing	102.9	103.2	102.8
男式外套	Men's Coat	103.0	103.4	103.0
男式针织衫	Men's Knit Shirt	102.8	103.4	102.9
男式衬衫 T 恤	Men's Shirt T-shirt	103.5	103.7	103.0
男式裤子	Men's Dress Pants	102.3	102.8	102.4
男式内衣	Men's Underwaist	102.3	101.6	101.4
女式服装	Women's Clothing	102.0	102.2	102.2
女式外套	Women's Coat	102.9	103.0	103.0
女式针织衫	Women's Knit Shirt	101.8	102.5	102.0
女式衬衫 T 恤	Women's Shirt T-shirt	100.8	100.6	101.0
女式裤子	Women's Pants	103.2	102.9	103.1
女式裙子	Women's Ladies Skirt	101.1	101.8	101.7
女式内衣	Women's Underwaist	101.6	101.4	101.6
儿童服装	Children's Clothing	101.9	102.3	102.5
婴儿服装	Baby Clothing	102.3	102.6	103.6
儿童上衣	Children's Coat	102.5	102.6	102.6
儿童裤子	Children's Trousers	101.2	101.9	101.9
儿童裙子	Children's Skirt	101.3	101.5	101.4
儿童内衣	Children's Underwaist	102.2	102.6	103.1

continued

（same month of preceding year=100）

4 月 April	5 月 May	6 月 June	7 月 July	8 月 August	9 月 September	10 月 October	11 月 November	12 月 December
100.3	100.5	100.3	100.7	100.8	100.5	100.3	100.8	101.2
100.6	100.9	100.9	101.0	101.1	101.2	101.6	102.1	102.3
99.8	99.9	99.2	100.0	100.1	99.2	97.7	98.4	98.9
100.3	100.1	100.4	101.3	101.7	99.7	98.6	99.0	100.0
97.8	97.7	96.7	97.4	98.6	98.1	94.8	97.1	95.7
98.8	100.5	97.8	98.4	97.8	97.8	96.3	97.2	98.7
102.1	100.2	100.8	101.3	101.4	101.5	100.0	99.7	98.7
101.2	101.4	101.0	101.2	101.8	101.6	101.6	101.7	101.2
101.5	101.7	101.6	102.2	102.6	102.5	102.2	102.0	101.9
99.8	99.5	99.2	99.1	99.1	99.1	99.6	99.9	100.0
100.8	101.1	100.1	100.0	102.0	100.6	101.5	102.7	100.1
102.1	102.0	101.9	101.4	101.5	101.9	101.5	101.3	101.4
101.9	**102.0**	**102.4**	**102.5**	**102.2**	**102.4**	**102.0**	**101.4**	**101.4**
102.1	102.2	102.6	102.6	102.3	102.6	102.2	101.6	101.6
102.1	102.2	102.4	102.2	102.3	102.3	102.1	101.3	101.8
103.2	103.4	103.6	103.4	103.4	103.2	102.7	100.6	101.3
102.5	102.4	102.4	102.4	102.3	102.1	102.0	102.2	102.5
101.1	101.1	101.4	100.8	101.7	101.7	101.3	101.6	101.7
101.6	102.0	102.0	101.9	101.7	102.0	102.1	102.0	102.6
100.5	100.4	101.3	101.4	100.5	100.4	101.0	100.2	100.4
102.2	102.3	102.7	102.9	102.6	103.1	102.3	101.8	101.5
102.7	102.8	103.3	103.1	103.1	103.7	102.4	100.8	100.7
102.7	102.6	102.6	102.7	102.6	103.7	102.4	102.0	101.3
101.1	101.1	102.6	102.6	102.2	102.9	102.4	102.4	102.4
102.7	102.5	103.0	103.3	102.9	103.3	102.2	102.1	102.2
101.7	102.0	102.3	102.5	102.3	102.7	102.7	102.4	102.1
102.1	102.3	102.4	103.4	102.0	101.6	100.7	100.8	99.9
102.0	102.2	102.8	102.9	102.5	102.7	102.7	102.2	101.8
102.7	102.6	102.7	102.9	102.4	102.6	103.0	102.2	101.5
102.6	102.9	103.3	103.2	102.5	103.0	103.1	102.2	101.8
100.9	100.9	101.9	102.6	102.6	102.9	102.7	102.6	102.0
101.0	101.1	102.5	102.7	102.4	102.6	102.0	101.6	101.5
103.3	103.4	103.8	103.0	102.7	102.0	102.5	101.8	102.4

4-4　续表 3

（上年同月 =100）

指　标	Item	1 月 January	2 月 February	3 月 March
衣着材料及配件	Clothing Materials and Accessories	99.9	100.4	100.7
袜子	Socks	100.8	101.1	101.1
帽子	Cap	100.3	101.6	102.0
其他衣着材料配件	Other Clothing Materials and Accessories	97.8	98.3	99.1
衣着服务费	Clothing Manufacturing Services	103.5	102.7	102.8
衣着洗涤保养	Scrubbing Maintenance	105.2	104.1	104.6
其他衣着服务	Other Clothing Services	100.7	100.5	100.1
鞋类	Footwear	101.6	101.3	101.2
鞋	Shoes	101.2	101.4	101.1
男鞋	Men's Shoes	101.0	101.1	100.7
女鞋	Women's Shoes	101.0	101.0	100.7
童鞋	Children's Shoes	102.5	102.8	103.2
鞋类服务	Footwear Services	104.9	100.6	102.6
居住	**Residence**	**99.1**	**99.0**	**98.8**
租赁房房租	Rent of Rental Housing	98.2	98.3	98.4
公房房租	Rent by Public Houses	100.0	100.0	100.0
私房房租	Private House Rent	97.9	98.1	98.2
住房保养维修及管理	Housing Maintenance and Management	99.5	99.4	99.6
住房装潢材料	Housing Decoration Materials	98.3	98.0	98.1
木地板	Wood Floor	98.2	98.3	98.9
瓷砖	Tile	98.0	97.7	98.2
水泥	Cement	84.0	91.5	92.3
涂料	Paint	98.4	97.5	97.2
板材	Board	98.7	98.2	98.2
管材	Pipe	100.2	99.7	99.0
厨卫设备	Kitchen & Bath Fixtures	101.1	100.4	100.4
门窗	Doors and Windows	99.7	98.0	97.8
其他住房装潢材料	Other Housing Decoration Materials	96.7	96.0	96.0
住房维修管理费用	Housing Maintenance and Management Expenses	101.3	101.3	101.7
物业管理费	Property Management Fee	99.6	99.6	99.9
装潢维修费	Upholstery Maintenance Fee	102.2	102.2	102.7
其他住房费用	Other Housing Costs	100.2	100.2	100.0

continued

(same month of preceding year=100)

4月 April	5月 May	6月 June	7月 July	8月 August	9月 September	10月 October	11月 November	12月 December
100.5	100.5	100.3	100.4	100.2	100.0	99.9	99.5	100.0
100.8	101.3	101.2	101.0	100.7	100.2	100.1	98.9	99.8
101.8	100.9	101.1	101.9	100.9	101.7	100.7	101.0	101.3
98.9	98.6	98.2	98.2	98.8	98.5	98.8	99.7	99.5
102.8	102.7	102.4	102.4	100.5	100.5	100.8	100.7	100.8
104.5	104.3	103.8	103.8	100.8	100.9	101.3	101.1	101.2
100.2	100.2	100.2	100.2	99.9	99.9	99.9	100.1	100.1
100.7	101.2	101.8	101.9	101.7	101.7	101.2	100.8	100.5
100.6	101.2	101.8	102.0	101.8	101.7	101.2	100.8	100.4
100.2	100.5	101.3	101.7	101.7	101.5	100.9	100.6	100.1
100.3	100.9	101.6	101.6	101.3	101.4	100.9	100.7	100.2
102.5	103.3	103.5	103.6	103.4	102.9	102.8	101.7	101.7
101.7	101.3	101.5	101.2	101.2	101.6	101.2	101.2	101.6
98.8	**98.9**	**98.7**	**98.8**	**99.0**	**99.2**	**99.4**	**99.5**	**99.8**
98.6	99.2	99.4	99.5	99.6	99.9	99.9	100.0	100.3
100.0	100.0	100.0	100.0	100.0	100.0	100.0	100.0	100.0
98.4	99.1	99.3	99.4	99.6	99.8	99.9	100.0	100.3
99.6	99.6	99.5	99.4	99.4	99.6	99.5	99.5	99.7
98.2	98.1	98.0	98.0	98.5	98.5	98.2	98.2	98.3
98.9	96.8	97.0	97.4	98.8	99.3	99.5	98.8	98.8
98.7	97.7	97.7	97.2	97.8	97.7	97.7	98.6	98.6
91.1	93.5	97.4	100.0	99.2	96.5	88.6	89.9	90.1
98.2	100.0	99.6	98.8	99.1	99.9	99.3	98.9	99.0
98.0	98.0	97.7	97.3	98.1	98.2	98.0	97.6	98.0
98.1	98.4	98.4	98.5	98.8	98.5	98.6	98.5	98.7
99.7	99.1	99.6	99.2	98.6	99.1	98.2	98.0	98.3
98.3	98.9	96.5	97.6	98.2	97.5	99.1	98.7	98.6
96.7	97.7	98.3	98.6	99.0	99.1	99.1	99.1	99.5
101.7	101.6	101.6	101.4	100.7	101.2	101.2	101.3	101.7
99.9	99.9	99.9	100.0	100.0	100.3	100.3	100.3	100.3
102.8	102.7	102.6	102.3	101.1	101.8	101.9	102.0	102.6
99.8	99.8	99.8	99.8	99.8	99.8	99.8	99.8	99.8

4-4 续表 4

（上年同月 =100）

指 标	Item	1 月 January	2 月 February	3 月 March
水电燃料	Water, Electricity and Fuels	101.3	101.0	99.4
水	Water	100.9	100.9	100.6
电	Electricity	100.0	100.0	100.0
燃气	Gas	104.2	103.6	97.8
管道燃气	Pipeline Gas	100.5	100.5	100.5
液化石油气	Liquefied Petroleum Gas	106.3	105.3	96.5
其他水电燃料类	Other Water, Electricity and Fuels	100.0	98.9	100.0
自有住房	Private Housing	98.4	98.2	98.4
生活用品及服务	**Articles for Daily Use and Services**	**100.1**	**99.9**	**99.3**
家具及室内装饰品	Furniture and Interior Decorations	98.8	99.0	98.4
家具	Furniture	98.7	98.9	98.4
柜	Cabinet	98.0	98.8	97.7
床	Bed	98.8	99.0	98.1
桌	Table	98.4	99.6	98.9
椅	Chair	96.6	96.6	98.8
沙发	Sofa	99.5	99.3	98.9
其他家具	Other Furniture	100.7	99.2	98.9
室内装饰品	Upholstery	100.1	100.6	98.3
灯具	Lamps and Lanterns	98.9	100.4	96.7
其他室内装饰品	Other Interior Decorations	102.0	100.9	100.6
家用器具	Home Appliances	98.5	97.8	98.2
大型家用器具	Large Household Appliances	98.1	97.4	98.1
洗衣机	Washing Machine	94.8	95.9	97.9
电冰箱（柜）	Refrigerator	94.9	95.1	95.7
抽油烟机	Range Hood	98.9	99.9	98.6
空调器	Air Conditioner	99.6	98.2	99.5
热水器	Water Heating	99.9	96.8	96.6
炉具灶具	Stove and Cookers	103.6	102.2	102.1
微波炉	Microwave Oven	101.3	102.6	102.7
其他大型家用器具	Other Large Household Appliances	105.2	104.3	102.0
净水器	Purifier	100.2	99.0	96.3
其他大型家用器具	Other Large Household Appliances	97.3	96.7	96.7
小家电	Small Home Appliances	100.2	99.6	98.6
厨房小家电	Kitchen Appliances	100.8	100.0	99.3
生活小家电	Small Household Electrical Appliances	98.5	98.7	96.9

continued

(same month of preceding year=100)

4月 April	5月 May	6月 June	7月 July	8月 August	9月 September	10月 October	11月 November	12月 December
98.9	98.3	97.8	97.8	98.6	98.9	99.5	99.5	99.9
100.3	100.4	100.4	100.4	100.4	100.4	100.4	100.4	100.4
100.0	100.0	100.0	100.0	100.0	100.0	100.0	100.0	100.0
96.6	94.6	93.2	92.4	94.7	96.8	98.6	99.3	100.3
100.3	100.3	100.4	100.4	100.2	100.2	100.2	100.2	100.0
94.7	91.7	89.5	88.2	91.8	95.1	97.7	98.9	100.4
99.3	99.2	98.1	99.7	100.3	98.3	99.3	97.3	98.6
98.5	98.8	98.7	98.8	99.0	99.2	99.3	99.5	99.7
98.8	**98.6**	**98.5**	**99.2**	**98.9**	**98.7**	**98.8**	**98.6**	**98.9**
97.6	97.7	97.6	98.2	99.3	98.5	98.4	98.3	98.9
97.6	97.7	97.5	98.3	99.2	98.3	98.3	98.1	98.8
97.6	97.7	97.5	97.9	99.2	97.9	98.6	97.8	98.2
97.1	97.5	96.8	97.4	98.3	97.0	96.9	97.0	98.4
95.7	98.2	98.0	99.2	100.4	99.7	98.9	99.3	99.6
98.1	97.9	97.9	97.9	98.8	99.4	98.4	98.2	99.2
99.0	97.5	96.9	99.7	98.7	97.4	98.0	99.1	99.8
97.9	97.8	98.7	98.2	100.7	100.6	99.5	98.1	98.7
97.6	97.4	99.0	97.4	100.2	101.4	99.8	102.0	99.9
97.0	97.4	99.1	98.7	100.4	103.8	100.6	105.6	102.4
98.6	97.5	98.9	95.4	99.9	97.9	98.6	97.0	96.4
97.6	97.7	97.9	98.3	98.1	98.0	98.8	98.4	98.1
97.6	97.7	98.0	98.5	98.4	98.3	99.2	98.5	98.1
97.1	98.5	96.5	97.0	97.6	98.5	98.8	97.9	98.5
97.9	97.1	95.4	96.3	96.3	96.6	96.9	96.0	95.6
98.3	98.4	99.2	98.6	97.2	96.3	98.2	96.4	97.8
98.3	98.0	99.8	100.5	100.1	100.0	100.8	100.2	98.5
95.1	96.1	97.2	97.6	98.0	97.1	99.4	99.2	98.3
100.2	98.2	100.6	99.7	99.4	98.7	99.4	100.1	100.0
96.9	96.6	98.0	96.4	96.3	96.7	95.4	96.4	97.8
100.6	103.3	104.1	106.1	102.6	101.7	102.9	101.6	96.9
94.3	93.6	93.1	94.0	95.0	95.1	95.5	94.7	99.3
97.9	98.8	97.1	98.6	99.0	98.3	99.2	97.9	99.1
97.5	97.5	97.7	97.5	96.6	96.3	97.1	97.9	98.5
98.1	97.5	97.8	98.2	97.6	97.1	97.9	97.8	97.4
95.9	97.3	97.5	96.0	94.0	94.4	95.0	98.2	101.4

4-4　续表 5

（上年同月 =100）

指　标	Item	1 月 January	2 月 February	3 月 March
家用纺织品	Home Textiles	98.6	98.1	98.1
床上用品	Bedding Article	98.5	98.9	98.3
被子	Quilt	99.2	100.7	98.3
床单被套	Bed Sheet & Duvet Cover	98.0	97.6	99.3
其他床上用品	Other Bedding	98.1	97.8	97.1
窗帘门帘	Curtain	100.7	99.7	100.4
其他家用纺织品	Other Household Textiles	97.6	94.0	95.7
家庭日用杂品	Daily Use Household Articles	102.0	101.5	100.2
洗涤卫生用品	Washing Sanitary Articles	103.4	103.5	100.0
清洗用品	Cleaning Supplies	101.4	100.9	98.4
清洁用具	Cleaning Appliances	100.6	99.7	96.5
清洁用纸	Cleaning Paper	105.5	106.5	102.2
厨具餐具茶具	Kitchenware, Tableware, Tea set	103.5	101.1	101.9
厨具	Kitchenware	103.4	99.2	102.4
餐具	Tableware	104.4	105.1	102.1
茶具	Tea Set	100.7	96.7	99.6
其他家庭日用杂品	Other Family Daily Sundry Goods	100.0	99.9	99.4
配电附件	Distribution Accessories	99.8	101.6	102.5
雨具	Rain Gear	99.4	98.1	100.7
其他日用杂品	Other Daily Sundry Goods	100.2	99.7	98.1
个人护理用品	Personal-care Supplies	102.2	102.0	100.1
化妆品	Cosmetics	103.3	102.2	99.0
清洁化妆品	Cleaning Cosmetics	105.5	103.3	103.2
护肤化妆品	Skin Care Cosmetics	103.1	102.1	96.3
彩妆化妆品	Make Up Cosmetics	101.4	101.4	102.9
化妆器具	Cosmetic Equipment	103.8	101.4	100.2
其他护理用品类	Other Types of Care Products	101.3	101.8	100.9
清洁类护理用品	Cleaning Supplies	103.9	102.7	102.1
护发美发用品	Hair Care Products	99.5	101.7	100.2
护理器具	Nursing Appliance	103.1	106.4	102.9
其他护理用品	Other Nursing Supplies	98.1	98.3	98.6
家庭服务	Household Services	99.0	101.0	100.8
家政服务	Household Management Services	99.9	101.5	101.6
母婴护理服务	Mother and Baby Nursing Services	98.5	99.9	99.3
家庭维修服务	Home Maintenance Services	98.6	100.1	100.5
其他家庭服务	Other Family Services	99.0	103.5	102.3

continued

（same month of preceding year=100）

4月 April	5月 May	6月 June	7月 July	8月 August	9月 September	10月 October	11月 November	12月 December
98.1	97.7	98.7	98.0	98.0	98.3	98.2	98.9	100.0
98.5	97.7	99.6	97.4	98.2	98.3	98.5	99.2	100.2
99.9	98.0	99.7	98.9	97.0	98.6	98.6	98.7	100.1
100.5	100.2	101.5	97.8	101.2	98.9	99.6	100.1	99.9
94.2	94.4	97.4	94.8	96.8	97.2	97.0	98.9	100.6
99.4	100.6	100.7	100.4	99.2	99.0	99.0	100.1	100.1
95.8	95.6	93.9	98.5	96.0	98.0	96.6	96.4	99.0
99.0	98.6	98.2	99.7	98.4	98.7	98.6	98.5	99.3
98.4	98.9	97.8	98.5	96.8	96.6	96.9	96.0	98.4
96.3	96.2	96.6	98.3	96.7	97.7	98.1	100.9	104.3
96.3	96.4	94.1	96.2	95.7	99.2	97.7	99.7	101.7
100.5	101.7	99.7	99.1	97.1	95.0	95.7	91.4	93.2
98.5	97.4	97.4	99.7	98.7	98.9	98.6	99.1	97.8
97.5	97.7	96.9	99.8	99.2	99.1	99.7	99.6	98.4
99.2	96.9	97.2	99.8	97.9	98.8	97.8	98.5	96.6
100.6	98.0	100.3	99.1	99.1	98.8	96.3	99.0	98.8
99.9	99.0	99.0	100.9	99.7	100.6	100.3	100.5	101.0
100.5	101.7	102.5	100.5	102.6	102.2	100.3	100.6	99.7
98.2	97.3	95.7	96.1	96.0	97.0	98.1	100.1	105.3
100.0	98.3	98.5	102.0	99.4	100.7	100.7	100.5	100.6
100.3	99.9	99.6	100.4	99.8	99.2	98.3	97.8	98.5
100.5	99.6	98.5	99.9	99.1	99.3	98.4	97.0	98.1
103.1	100.5	100.0	100.9	99.6	101.2	100.0	100.1	100.1
99.6	98.9	97.6	99.6	98.5	98.0	97.5	95.3	97.0
100.3	100.7	100.1	99.9	100.7	100.8	99.5	98.6	99.7
99.8	100.1	97.9	100.4	99.5	102.2	98.3	97.9	98.1
100.3	100.1	100.4	100.7	100.3	99.1	98.2	98.5	98.7
99.7	100.5	100.9	102.1	101.1	99.5	99.2	97.6	99.2
100.2	98.7	100.1	99.8	100.2	97.1	96.2	97.4	98.0
103.5	102.2	101.2	101.7	102.4	101.9	100.4	103.6	98.4
99.2	99.2	99.3	98.8	98.2	98.1	96.7	97.3	98.5
100.8	100.8	100.8	100.6	100.8	100.8	101.0	101.0	100.1
101.6	101.6	101.5	101.6	102.1	102.1	102.3	102.3	99.0
99.8	100.0	100.3	100.4	100.4	100.5	100.9	100.9	100.8
100.4	100.8	100.7	100.7	100.8	100.8	100.6	100.6	101.1
102.0	100.8	100.4	99.5	99.5	99.4	99.7	99.6	99.1

4-4 续表 6

（上年同月=100）

指 标	Item	1月 January	2月 February	3月 March
交通通信	**Transport and Communications**	**101.9**	**99.7**	**97.9**
交通	Transport	102.7	99.7	97.4
交通工具	Transport Facility	96.8	96.9	96.1
燃油小汽车	Fuel Small-car	94.2	94.7	93.8
新能源小汽车	New Energy Car	108.8	107.1	106.3
电动自行车	Electric Bicycle	98.6	98.1	97.2
自行车	Bicycle	102.8	102.2	101.5
其他交通工具	Other Means of Transportation	99.8	100.2	100.3
交通工具用燃料	Fuels for Transport Facility	105.5	100.4	93.5
汽油	Gasoline	105.6	100.5	93.6
柴油	Diesel Oil	106.0	100.5	93.0
其他车用能源	Other Vehicle Energy	99.2	97.1	93.5
交通工具使用和维修	Use and Maintenance of Transport Facility	105.4	103.6	102.0
停车费	Parking Fee	100.1	99.3	100.1
车辆使用费	Vehicle Usage Fee	118.7	118.7	106.9
交通工具零配件	Vehicle Parts	100.6	100.4	100.6
车辆修理与保养	Vehicle Repair and Maintenance	103.6	97.3	100.2
交通费	Traffic Fee	111.5	102.8	106.3
市内公共交通	City Public Transport	101.4	101.1	100.2
出租汽车	Taxi	100.8	100.8	100.8
飞机票	Airplane Ticket	141.7	111.9	128.4
火车票	Train Ticket	101.0	101.1	101.1
长途汽车	Long Distance Bus	113.5	97.7	100.9
网约车	Online Car Hailing	100.1	100.2	100.4
交通工具租赁费	Vehicle Rental Fee	113.8	102.8	105.2
其他交通费	Other Transportation Charges	96.8	97.7	98.2
通信	Communications	99.5	99.8	99.4
通信工具	Communication Tools	98.4	99.0	97.6
电话机	Telephone Set	98.4	99.1	97.5
其他通信工具及零配件	Other Communication Tools and Spare Parts	97.5	99.0	99.4
通信服务	Communication Services	100.0	100.0	100.1
电话费	Telephone Fee	100.0	100.0	100.1
家庭宽带服务	Broadband Service for Home	100.2	100.2	100.2
其他通信服务	Other Communication Services	97.9	97.9	97.9
邮递服务	Postal Services	99.7	99.9	100.0
教育文化娱乐	**Education, Culture and Recreation**	**102.4**	**101.7**	**100.5**
教育	Education	103.2	103.8	101.6
教育用品	Education Supplies	100.4	100.6	101.2
工具书	Reference Book	99.6	99.7	99.8

continued

（same month of preceding year=100）

4 月 April	5 月 May	6 月 June	7 月 July	8 月 August	9 月 September	10 月 October	11 月 November	12 月 December
96.4	**95.0**	**92.6**	**94.3**	**96.8**	**97.2**	**97.7**	**96.7**	**97.0**
95.4	94.5	91.5	93.7	97.2	97.8	98.5	97.1	97.5
94.8	94.3	94.3	94.4	95.0	94.6	94.4	94.4	94.3
93.2	92.6	93.1	93.0	93.8	93.6	93.4	93.3	93.0
98.8	97.3	95.3	96.7	96.6	94.1	93.2	93.1	93.2
96.0	96.7	95.9	96.3	96.6	96.5	97.1	97.3	97.9
101.3	100.7	99.7	99.8	99.6	99.3	99.0	99.0	99.4
100.0	99.6	99.3	98.9	99.4	99.3	99.3	99.0	99.2
89.6	88.8	82.4	86.7	95.4	98.7	101.7	96.9	98.4
89.5	88.8	82.2	86.6	95.4	98.8	101.7	97.0	98.4
88.8	88.0	80.9	85.7	95.1	98.8	102.0	96.7	98.3
93.9	95.9	96.8	97.3	96.5	95.8	95.6	95.4	100.3
100.3	100.2	99.7	99.8	98.3	98.4	98.4	98.3	98.4
100.1	100.0	97.2	97.2	86.5	86.5	86.5	86.5	86.5
100.0	100.0	100.0	100.0	100.0	100.0	99.9	99.8	99.9
100.6	100.2	99.9	99.9	99.7	100.0	100.1	99.9	100.0
100.1	100.5	100.7	100.7	100.7	100.8	100.9	101.0	101.0
106.6	103.2	99.4	103.3	105.7	104.0	102.7	103.8	103.7
101.9	101.9	101.9	102.4	102.4	102.4	102.4	102.4	102.0
100.8	100.8	100.0	100.0	100.0	100.0	100.0	100.0	100.0
125.1	112.1	92.9	107.7	117.8	110.8	107.1	113.7	112.2
100.4	100.7	102.3	103.0	103.1	103.3	103.3	102.9	103.1
103.1	101.4	101.5	101.3	101.2	102.0	100.6	100.4	101.3
101.1	100.3	99.7	100.5	99.9	99.8	99.8	99.6	99.8
106.6	99.8	101.0	101.0	102.4	100.4	95.5	99.0	97.6
97.6	98.1	99.3	100.0	99.9	101.3	101.0	100.9	100.7
99.5	96.7	96.1	95.8	95.6	95.4	95.4	95.4	95.6
98.0	97.3	96.2	94.8	94.2	93.9	93.9	93.8	95.2
97.9	97.3	96.1	94.7	94.0	93.7	93.5	93.6	95.1
98.3	97.3	97.8	96.3	96.4	96.4	100.3	97.5	97.7
100.1	95.4	94.8	94.8	94.9	94.9	94.8	94.8	94.8
100.1	99.7	99.8	99.8	99.9	99.9	99.8	99.8	99.8
100.2	79.8	76.9	76.9	76.9	76.9	76.9	76.9	76.7
97.9	97.9	96.3	96.3	96.6	96.6	96.0	96.0	96.0
100.0	99.9	100.4	100.5	100.3	99.6	99.7	99.6	98.9
100.8	**100.9**	**100.8**	**101.7**	**101.8**	**103.1**	**102.9**	**102.6**	**102.8**
101.3	101.5	101.4	101.4	101.4	103.7	103.7	103.7	103.7
100.7	100.9	100.4	100.6	100.1	100.2	100.3	100.5	100.6
99.5	99.3	99.4	99.7	100.0	100.2	100.0	100.1	100.3

4-4　续表 7

（上年同月 =100）

指　标	Item	1 月 January	2 月 February	3 月 March
教材	Textbooks	100.5	100.6	100.6
参考资料	Reference Material	102.3	102.9	104.2
其他教育用品	Other Educational Supplies	94.9	94.2	94.6
教育服务	Education Services	103.5	104.0	101.6
幼儿早期教育	Early Childhood Education	100.6	100.2	100.5
学前教育	Preschool Education	107.9	109.8	104.6
小学初中教育	Primary and Secondary Education	101.2	101.7	100.8
高中中职教育	Secondary Vocational Education	110.0	110.4	102.9
高等教育	Higher Education	100.1	100.1	100.1
课外教育	Extracurricular Education	101.2	101.3	100.4
专业技能培训	Professional Skills Training	99.2	100.1	99.7
其他教育服务	Other Education Services	99.0	99.8	100.7
文化娱乐	Culture and Recreation	100.7	97.1	98.1
文娱耐用消费品	Durable Consumer Goods for Culture and Recreation	95.6	95.6	96.0
电视机	Television	89.5	90.3	91.6
照相机	Camera	99.0	98.2	100.9
台式计算机	Desktop Computer	96.3	95.4	96.2
笔记本电脑	Laptop	98.5	99.1	99.5
平板电脑	Tablet Computer	109.6	105.0	103.7
乐器	Musical Instruments	99.2	100.7	100.7
音响	Acoustics	95.8	94.8	95.4
可穿戴智能设备	Wearable Smart Devices	95.0	95.1	95.6
其他文娱耐用消费品	Other Recreational and Durable Goods	96.2	97.1	95.5
其他文娱用品	Other Culture and Recreation Products	100.4	100.8	100.4
书报杂志及音像制品	Newspapers, Magazines and Audio-visual Products	101.4	102.2	101.7
纸张文具	Paper Stationery	99.0	98.5	99.2
体育户外用品	Sports Outdoor Products	102.1	103.3	102.1
游戏用品和玩具	Game Supplies and Toys	101.0	102.2	101.4
园艺花卉及用品	Garden Flowers and Supplies	98.8	100.7	99.9
宠物及用品	Pets and Supplies	102.8	102.2	100.1
其他文化娱乐用品	Other Cultural and Recreational Products	99.4	99.2	99.4
文化娱乐服务	Services for Culture and Recreation	100.0	97.7	99.1
电影及演出票	Film and Performance Tickets	115.4	102.5	103.9
景点门票	Scenic Spot Ticket	85.0	85.4	91.1
电视服务	Television Services	100.0	100.0	100.0
健身活动	Fitness Activities	100.2	100.0	101.1
宠物服务	Pet Services	102.4	94.8	98.3
网络文娱服务	Network Entertainment Services	100.4	98.4	98.1
儿童娱乐项目	Children's Entertainment	100.4	100.9	100.9
其他文娱服务	Other Recreational Services	103.5	101.2	102.3

continued

（same month of preceding year=100）

4月 April	5月 May	6月 June	7月 July	8月 August	9月 September	10月 October	11月 November	12月 December
100.5	100.5	100.5	100.5	100.5	100.9	100.9	100.9	100.9
103.1	103.8	103.6	103.0	102.0	101.9	101.9	101.7	101.7
94.4	93.9	90.9	93.4	92.8	92.7	93.5	95.1	96.2
101.4	101.5	101.4	101.4	101.5	104.0	104.0	104.0	104.0
99.8	100.5	100.3	100.3	100.7	101.1	101.1	101.3	101.3
103.6	103.6	103.6	103.6	103.6	105.2	105.2	105.2	105.2
100.8	100.8	100.8	100.8	100.8	105.7	105.7	105.7	105.7
102.9	102.9	102.9	102.9	102.9	108.9	108.9	108.9	108.9
100.1	100.1	100.1	100.1	100.1	103.0	103.0	103.0	103.0
100.3	100.7	100.5	100.2	100.4	100.5	100.4	100.6	100.6
99.3	99.7	99.4	99.5	99.3	98.6	98.4	98.5	98.1
100.3	100.8	100.9	102.0	102.0	103.0	102.7	102.7	102.0
99.8	99.7	99.4	102.5	102.7	101.6	101.1	100.0	100.6
95.9	96.1	96.0	96.1	95.9	94.9	95.6	95.8	96.5
91.2	92.0	93.7	94.6	94.9	95.2	96.0	96.3	96.8
102.8	105.8	103.1	105.4	103.3	100.5	102.1	101.3	100.5
96.1	96.2	96.8	96.0	96.3	95.8	95.4	97.0	97.1
99.1	98.6	97.3	96.4	96.7	92.6	94.7	94.7	95.1
102.1	101.9	98.5	96.8	93.1	91.8	91.5	90.2	93.7
100.7	100.5	99.4	100.2	100.3	98.9	99.6	98.8	99.7
96.8	96.9	96.6	96.0	98.5	97.8	97.5	98.6	98.1
96.0	96.5	96.4	97.9	95.8	95.7	94.5	95.8	96.6
96.9	96.0	95.3	96.0	95.9	96.1	96.7	97.4	97.1
100.7	100.2	99.5	100.9	101.0	100.2	99.3	99.2	99.6
102.5	102.4	101.9	102.5	102.6	103.0	102.3	102.2	103.1
99.7	99.7	99.6	99.7	100.2	99.9	99.6	100.1	99.7
100.5	98.9	100.7	101.3	101.9	104.1	102.2	104.7	102.2
100.1	99.5	98.0	98.7	99.6	98.4	97.7	95.1	97.9
100.4	101.7	99.7	99.4	99.3	99.3	100.5	102.0	100.6
101.3	99.0	99.1	98.5	97.1	97.4	97.8	96.4	97.1
100.7	100.4	99.0	103.0	102.5	99.8	97.8	98.0	98.3
99.5	99.6	99.2	100.2	100.9	101.7	100.6	101.0	101.3
105.4	109.5	105.7	107.0	103.7	103.5	102.9	103.8	101.3
90.7	93.4	96.2	96.2	101.8	99.4	99.3	97.7	105.3
100.0	100.0	100.2	100.2	100.2	100.2	100.2	100.2	100.2
101.6	101.7	101.5	101.4	101.4	101.6	101.5	101.2	101.2
97.3	96.6	97.8	98.5	98.1	99.6	98.6	98.8	99.7
99.4	95.4	92.5	98.1	99.5	107.7	100.1	104.6	100.0
100.7	100.4	98.6	99.1	100.8	100.8	101.3	100.8	100.9
103.4	102.8	102.2	102.1	101.1	101.2	101.6	101.6	101.9

4-4 续表 8

（上年同月 =100）

指 标	Item	1 月 January	2 月 February	3 月 March
旅游	Touring and Outing	106.3	95.3	97.4
旅行社收费	Travel Service Charges	106.7	94.9	97.1
其他旅游	Other Travel	100.6	101.1	101.4
医疗保健	**Health Care**	**101.4**	**101.4**	**101.6**
药品及医疗器具	Medicine and Medical Instrument	100.4	100.5	100.8
中药	Traditional Chinese Medicine	105.9	105.3	105.7
中药材	Chinese Medicinal Materials	107.8	107.0	107.0
中成药	Chinese Patent Medicine	104.7	104.3	104.9
西药	Western Medicine	97.9	98.0	98.4
抗微生物药	Antimicrobial Agents	99.9	100.1	101.0
消化系统用药	Digestive System Durgs	101.5	101.5	101.3
呼吸系统用药	Respiratory System Durgs	97.0	97.9	97.8
解热镇痛药	Antipyretic Analgesics	103.6	103.8	107.1
抗肿瘤药	Antineoplastic Agents	93.8	93.6	93.3
激素及影响内分泌药	Hormones and Endocrine Drugs	91.0	90.8	91.0
心血管系统用药	Cardiovascular System Drugs	94.2	94.4	95.0
血液系统用药	Blood System Drugs	95.0	95.1	95.1
治疗精神障碍药	Mental Disorders Drugs	94.2	93.9	94.7
神经系统用药	Drugs for Nervous System	98.6	99.0	99.6
泌尿系统用药	Urinary System Drugs	96.0	96.7	97.2
维生素、矿物质类药	Vitamins and Minerals	104.5	104.5	104.5
调节水、电解质及酸碱平衡药	Adjust Water, Electrolyte and Acid-base Balance	92.8	92.8	92.8
其他西药	Other Western Medicines	106.1	106.0	105.7
滋补保健品	Nourishing Health Care Products	101.4	101.1	100.5
医疗卫生器具	Medical Sanitation	99.1	100.2	100.4
保健器具	Health Care Appliance	99.7	99.8	99.6
医疗服务	Medical Services	101.9	101.9	101.9
综合医疗类	Synthetic Medicine	103.1	103.1	103.1
一般医疗服务	General Medical Service	103.6	103.6	103.6
一般治疗操作	General Treatment Procedure	103.0	103.0	103.0
护理	Nursing	103.0	103.0	103.0
其他综合医疗服务	Other Comprehensive Medical Services	101.1	101.1	101.1
诊断类	Diagnostic Class	101.1	101.1	101.1
病理学诊断	Pathological Diagnosis	102.5	102.5	102.5
实验室诊断	Laboratory Diagnosis	100.8	100.8	100.8
影像学诊断	Imaging Diagnosis	100.2	100.2	100.2
临床诊断	Clinical Diagnosis	102.8	102.8	102.8

continued

（same month of preceding year=100）

4 月 April	5 月 May	6 月 June	7 月 July	8 月 August	9 月 September	10 月 October	11 月 November	12 月 December
103.1	102.9	102.6	111.7	112.1	108.9	108.0	103.6	104.7
103.2	103.0	102.7	112.5	112.9	109.5	108.5	103.8	105.0
101.6	101.6	101.2	101.6	101.1	100.8	102.2	101.0	100.7
100.7	**100.5**	**100.5**	**100.6**	**101.9**	**102.1**	**102.2**	**102.2**	**102.2**
101.3	101.5	101.5	101.9	102.3	102.7	102.9	102.8	102.9
106.3	105.8	106.0	106.5	107.3	108.4	108.4	108.1	108.4
106.9	106.1	107.8	109.8	114.2	117.4	116.9	116.6	117.7
105.9	105.7	105.0	104.5	103.2	103.1	103.2	103.0	102.7
99.0	99.3	99.6	99.8	100.0	100.3	100.8	100.7	100.8
101.4	101.6	101.2	100.9	102.2	103.0	102.8	102.6	102.5
101.4	102.0	101.6	101.7	101.4	101.8	100.9	100.7	100.9
99.2	100.4	101.0	102.1	102.5	101.5	102.3	102.0	102.1
106.7	105.7	104.6	104.0	104.1	104.4	103.7	103.0	102.5
93.9	94.2	96.2	96.6	96.6	97.1	100.1	100.2	100.2
89.8	90.3	92.3	94.1	94.5	94.8	98.4	98.6	98.8
96.2	96.2	96.3	96.6	95.9	96.2	96.3	96.5	97.1
97.5	97.9	98.6	99.4	99.9	100.3	100.9	100.9	101.2
97.4	97.4	98.8	98.1	98.1	98.1	98.1	99.8	99.5
97.2	97.7	98.4	98.7	98.1	98.5	99.0	99.3	99.0
98.0	98.9	99.5	101.3	101.5	102.3	102.2	102.2	102.2
104.9	103.3	103.5	103.2	104.7	104.4	103.0	103.1	103.5
97.7	98.4	100.4	100.4	100.8	102.6	102.5	101.8	102.1
107.0	106.8	103.7	101.9	102.7	101.9	102.5	102.4	102.4
100.6	99.9	100.6	100.8	100.5	99.5	99.4	99.1	99.4
100.4	101.7	100.5	101.6	101.9	102.1	102.3	102.3	101.9
99.8	99.6	100.3	100.2	100.2	100.2	100.4	100.3	100.0
100.5	100.0	100.0	100.0	101.7	101.9	101.9	101.9	101.9
100.2	100.0	100.0	100.0	104.1	104.3	104.3	104.3	104.3
100.2	100.0	100.1	100.1	104.9	104.9	104.8	104.8	104.8
100.1	100.0	100.0	100.0	102.8	103.3	103.3	103.3	103.3
100.3	100.2	100.0	100.0	105.3	105.9	105.9	105.9	105.9
100.4	100.0	100.0	100.0	101.5	101.5	101.5	101.5	101.5
100.4	99.8	99.8	99.9	101.5	101.4	101.4	101.4	101.4
100.3	100.0	100.0	100.0	110.0	110.2	110.2	110.2	110.2
99.8	99.7	99.7	99.7	99.7	99.6	99.6	99.6	99.6
101.2	99.6	99.9	100.0	100.7	100.3	100.3	100.3	100.3
100.5	100.1	100.0	100.0	103.7	103.7	103.7	103.7	103.7

4-4　续表 9

（上年同月 =100）

指　标	Item	1 月 January	2 月 February	3 月 March
治疗类	Therapeutic Category	101.9	101.9	102.0
临床手术治疗	Clinical Surgical Treatment	103.3	103.3	103.4
临床非手术治疗	Clinical Non-surgical Treatment	99.7	99.7	99.7
康复类	Rehabilitation Class	111.5	111.5	111.5
康复医疗	Rehabilitation Medicine	111.5	111.5	111.5
中医医疗服务类	Chinese Medicine Medical Service	99.5	99.5	99.5
中医治疗	Traditional Chinese Medicine	99.5	99.5	99.5
其他医疗服务	Other Healthcare Services	104.1	104.1	104.1
其他用品及服务	**Other Culture and Recreation Products and Services**	**102.0**	**101.4**	**101.7**
其他用品	Other Culture and Recreation Products	104.3	103.8	102.6
首饰手表	Jewellery Watches	107.7	104.7	103.5
金饰品	Gold Jewelry	110.7	108.8	106.7
银饰品	Silver Jewelry	99.1	98.4	98.9
铂金饰品	Platinum Jewelry	110.5	98.5	97.7
手表	Wrist Watch	99.2	101.3	101.7
母婴用品	Mother and Baby Supplies	106.7	106.9	104.2
母婴洗护喂养用品	Mother and Baby Washing and Feeding Supplies	107.3	108.1	105.5
其他母婴用品	Other Mother and Baby Supplies	102.8	99.1	95.8
其他杂项用品	Other Miscellaneous Supplies	99.7	100.6	100.6
箱包	Luggage	99.1	100.4	100.5
眼镜	Glasses	101.0	101.0	100.9
其他服务	Other Services	100.2	99.6	100.9
在外住宿	Outside Accommodation	98.2	95.8	100.4
宾馆住宿	Hotel Accommodation	96.4	95.0	99.1
其他住宿	Other Accommodation	102.3	97.7	103.4
美容美发洗浴	Hairdressing & Beauty and Bath	99.3	100.4	100.4
美容	Hairdressing	99.3	99.3	99.3
美发	Hairdressing	98.4	100.4	100.5
洗浴	Bath	106.7	105.0	104.2
养老服务	Pension Services	101.5	101.2	101.1
金融及保险服务	Financial and Insurance Services	102.3	101.7	102.2
金融服务	Financial Service	100.9	101.0	101.0
车辆保险	Vehicle Insurance	102.6	101.0	102.7
旅行保险	Travel Insurance	100.0	97.9	97.9
其他保险	Other Insurance	104.9	105.1	104.8
中介法律及其他服务	Intermediary Laws and Other Services	99.9	99.8	99.9
中介服务	Intermediary Services	100.1	100.1	100.1
法律服务	Legal Service	100.1	100.1	100.1
其他杂项服务	Other Miscellaneous Services	99.6	99.5	99.5

continued

(same month of preceding year=100)

4月 April	5月 May	6月 June	7月 July	8月 August	9月 September	10月 October	11月 November	12月 December
100.6	100.1	100.1	100.1	101.5	102.0	102.1	102.1	102.1
100.8	100.1	100.1	100.1	101.9	102.5	102.5	102.5	102.5
100.4	100.0	100.0	100.0	101.0	101.1	101.4	101.4	101.4
100.8	100.2	100.0	100.0	99.4	99.3	99.5	99.5	99.5
100.8	100.2	100.0	100.0	99.4	99.3	99.5	99.5	99.5
100.0	100.0	100.0	100.0	100.7	101.1	101.1	101.1	101.1
100.0	100.0	100.0	100.0	100.7	101.1	101.1	101.1	101.1
102.3	102.2	102.1	100.9	101.5	101.5	102.1	102.1	102.1
102.7	**102.0**	**101.2**	**102.2**	**102.5**	**102.4**	**102.7**	**102.5**	**102.1**
103.3	101.2	100.6	102.9	102.2	102.3	101.2	102.2	101.7
108.3	108.5	108.2	111.8	111.3	112.4	110.3	109.5	109.5
110.6	111.2	112.2	116.9	117.5	119.7	118.4	118.3	117.6
98.9	99.1	100.5	101.2	101.8	101.3	101.1	100.7	101.0
111.8	111.4	106.0	110.1	106.0	104.9	97.5	93.5	95.3
102.3	101.1	100.3	101.0	100.3	100.6	100.6	100.9	100.2
100.7	96.8	94.6	98.7	96.8	97.1	96.7	97.8	96.9
101.6	97.4	94.6	99.0	96.8	96.9	96.2	97.8	96.7
94.5	92.4	94.1	96.4	96.3	99.0	100.3	97.8	98.3
101.4	99.1	99.7	99.6	99.6	98.7	97.7	99.8	99.4
101.6	99.0	100.5	100.7	100.4	99.2	98.1	100.6	100.3
100.9	99.4	98.1	97.5	98.0	97.8	96.8	98.5	97.5
102.3	102.7	101.7	101.6	102.7	102.5	103.9	102.8	102.4
106.5	107.5	104.8	103.9	107.4	106.5	111.2	107.6	107.5
105.0	105.6	101.3	102.5	107.0	106.4	112.8	108.8	108.7
109.8	112.0	112.8	107.1	108.1	106.8	107.7	105.0	104.9
100.0	100.0	99.5	99.6	99.9	100.5	100.6	100.7	99.7
98.4	98.2	97.5	97.2	98.0	99.7	100.7	100.7	100.0
100.4	100.5	100.1	100.5	100.6	100.6	100.5	100.5	99.1
102.8	102.8	102.6	102.7	102.7	102.6	100.7	102.4	102.6
101.1	101.7	101.4	101.5	101.6	102.0	101.9	101.9	101.7
101.5	101.4	101.4	101.4	101.8	101.2	101.7	101.4	100.8
101.0	100.7	100.8	100.4	100.4	100.4	100.0	100.0	100.0
101.0	100.7	99.7	100.1	101.3	100.2	102.1	101.4	100.6
97.9	97.9	100.3	100.3	100.3	100.3	100.3	100.3	100.3
104.4	104.4	104.6	104.8	105.0	103.9	104.4	103.8	102.4
99.9	99.8	99.8	99.8	99.7	99.7	99.9	99.9	100.0
100.1	100.0	100.0	100.0	100.0	100.0	100.0	100.0	100.0
100.1	100.1	100.1	100.1	100.1	100.1	100.0	100.0	100.0
99.5	99.5	99.5	99.4	99.2	99.2	99.9	99.9	99.9

4-5 居民消费价格分类指数
Consumer Price Indices by Category

（上年 =100） (preceding year=100)

指　标	Item	2021	2022
居民消费价格指数	**Consumer Price Index**	**100.9**	**101.9**
服务价格指数	**Service Price Index**	**101.8**	**101.5**
工业品价格指数	**Industrial Product Price Index**	**101.8**	**102.4**
消费品价格指数	**Consumer Goods Price Index**	**100.3**	**102.2**
非食品价格指数	**Non-food Price Index**	**101.8**	**101.8**
扣除食品和能源价格指数	**Deduction Food and Energy Price Index**	**101.2**	**101.0**
扣除鲜菜鲜果价格指数	**Deduction Fresh Vegetables and Fruits Price Index**	**100.8**	**101.7**
食品烟酒	**Food, Tobacco and Liquor**	**98.8**	**101.9**
食品	Food	97.3	102.3
粮食	Grain	101.6	100.4
薯类	Tubers	95.0	105.3
豆类	Beans	105.1	105.0
食用油	Edible Oil and Fats	108.5	104.8
菜及食用菌	Vegetables and Edible Fungi	103.3	101.7
畜肉类	Neat of Livestock	78.7	93.2
禽肉类	Meat of Poultry	97.9	105.6
水产品	Aquatic Products	107.0	104.0
蛋类	Eggs	107.3	106.8
奶类	Milk	100.4	98.1
干鲜瓜果类	Dried and Fresh Melons and Fruits	101.4	111.6
糖果糕点类	Candy and Cake	101.1	103.6
调味品	Flavoring	101.2	103.2
其他食品类	Other Foods	99.6	100.7
茶及饮料	Tea and Beverages	101.0	101.2
烟酒	Tobacco and Liquor	100.6	100.5
卷烟	Cigarette	100.4	100.4
酒类	Liquor	101.0	100.8
在外餐饮	Dining Out	102.1	101.6

4-5　续表 1　continued

（上年 =100）　　（preceding year=100）

指　标	Item	2021	2022
衣着	**Clothing**	**101.0**	**100.7**
服装	Garments	101.0	100.7
男式服装	Men's Clothing	101.3	101.2
女式服装	Women's Clothing	100.9	100.5
儿童服装	Children's Clothing	100.5	100.1
衣着材料及配件	Clothing Materials and Accessories	100.6	99.6
衣着服务费	Clothing Service Fee	101.7	102.1
鞋类	Footwear	100.9	100.6
鞋	Shoes	101.0	100.4
鞋类服务	Footwear Services	100.5	102.8
居住	**Residence**	**100.8**	**100.4**
租赁房房租	Rent of Rental Housing	100.2	98.8
住房保养维修及管理	Housing Maintenance and Management	101.9	101.3
住房装潢材料	Housing Decoration Materials	102.2	100.9
住房维修管理费用	Housing Maintenance Administrative Expenses	101.5	101.7
水电燃料	Water, Electricity and Fuels	102.7	103.8
水	Water	100.9	101.0
电	Electricity	100.0	99.9
燃气	Gas	108.2	111.7
其他水电燃料类	Other Water, Electricity and Fuels	103.5	104.5
自有住房	Private Housing	99.9	99.1
生活用品及服务	**Articles for Daily Use and Services**	**100.4**	**100.5**
家具及室内装饰品	Furniture and Interior Decorations	100.4	100.9
家具	Furniture	100.4	101.0
室内装饰品	Upholstery	99.4	99.8
家用器具	Home Appliances	101.0	99.8
大型家用器具	Large Household Appliances	100.8	99.4
小家电	Small Home Appliances	101.9	101.5

4-5 续表 2 continued

（上年 =100） (preceding year=100)

指 标	Item	2021	2022
家用纺织品	Home Textiles	99.9	100.2
床上用品	Bedding Article	99.9	100.2
窗帘门帘	Curtain	101.5	101.8
其他家用纺织品	Other Household Textiles	98.6	98.9
家庭日用杂品	Daily Use Household Articles	100.0	99.9
洗涤卫生用品	Washing Sanitary Articles	99.8	99.7
厨具餐具茶具	Kitchenware, Tableware, Tea set	98.2	101.1
其他家庭日用杂品	Other Family Daily Sundry Goods	101.2	99.4
个人护理用品	Personal-care Supplies	99.5	101.2
化妆品	Cosmetics	99.1	101.1
其他护理用品类	Other Types of Care Products	99.9	101.2
家庭服务	Family Services	102.3	103.3
交通通信	**Transport and Communications**	**102.7**	**104.5**
交通	Transport	104.2	106.9
交通工具	Transport Facility	98.4	99.9
交通工具用燃料	Fuels for Transport Facility	117.0	120.7
交通工具使用和维修	Use and Maintenance of Transport Facility	100.7	104.2
交通费	Traffic Fee	102.6	102.5
通信	Communications	98.7	98.2
通信工具	Communication Tools	100.5	96.0
通信服务	Communication Services	97.5	98.6
邮递服务	Postal Services	99.9	100.1
教育文化娱乐	**Education, Culture and Recreation**	**103.7**	**104.0**
教育	Education	103.7	105.2
教育用品	Education Articles	100.4	101.7
教育服务	Education Services	104.0	105.5
文化娱乐	Culture and Recreation	103.7	101.3
文娱耐用消费品	Durable Consumer Goods for Culture and Recreation	102.5	97.7

4-5 续表 3 continued

（上年 =100） (preceding year=100)

指 标	Item	2021	2022
其他文娱用品	Other Culture and Recreation Products	101.3	101.5
文化娱乐服务	Services for Culture and Recreation	101.6	99.8
旅游	Touring and Outing	109.3	106.3
医疗保健	**Health Care**	**102.4**	**100.9**
药品及医疗器具	Medicine and Medical Instrument	98.5	99.1
中药	Traditional Chinese Medicine	100.8	103.7
西药	Western Medicine	97.0	97.5
滋补保健品	Nourishing Health Care Products	99.6	97.6
医疗卫生器具	Medical Sanitation	98.6	97.0
保健器具	Health Care Appliance	100.4	101.2
医疗服务	Medical Services	104.4	101.9
综合医疗类	Synthetic Medicine	108.2	102.7
诊断类	Diagnostic Class	102.1	101.4
治疗类	Therapeutic Category	106.3	101.8
康复类	Rehabilitation Class	100.6	108.7
中医医疗服务类	Chinese Medicine Medical Services	106.1	99.9
其他医疗保健服务	Other Healthcare Services	105.3	104.7
其他用品及服务	**Other Culture and Recreation Products and Services**	**99.7**	**101.0**
其他用品类	Other Culture and Recreation Products	99.7	101.1
首饰手表	Jewellery Watches	101.3	100.8
母婴用品	Maternal and Infant Supplies	98.4	104.0
其他杂项用品	Other Miscellaneous Goods	99.6	99.0
其他服务	Other Services	99.7	101.0
在外住宿	Accommodation Outside	99.8	98.2
美容美发洗浴	Hairdressing & Beauty and Bath	100.3	103.0
养老服务	Pension Services	101.0	102.9
金融及保险服务	Financial and Insurance Services	98.2	101.2
中介法律及其他服务	Legal of Intermediary and Other Services	100.1	99.9

4-6 各市居民消费价格总指数（1985—2023 年）

（上年 =100）

年　份 Year	南宁市 Nanning	柳州市 Liuzhou	桂林市 Guilin	梧州市 Wuzhou	北海市 Beihai	防城港市 Fangchenggang
1985	118.3	115.7	114.4	117.4	116.5	
1986	105.2	105.3	105.6	105.1	105.1	
1987	111.1	109.1	113.2	112.7	112.1	
1988	121.6	127.8	124.5	123.4	128.4	
1989	119.4	119.1	119.8	116.2	120.8	
1990	98.0	99.7	99.0	98.7	96.9	
1991	104.1	102.3	101.6	104.8	104.5	
1992	106.7	106.1	109.5	110.2	107.2	
1993	125.1	124.6	120.3	122.2	134.8	
1994	124.8	126.0	128.9	125.8	123.1	
1995	118.6	120.0	119.3	116.1	114.8	
1996	103.3	106.1	108.2	106.8	105.4	
1997	100.2	100.3	101.5	102.1	100.7	
1998	96.7	98.2	95.3	99.9	99.1	
1999	95.9	96.8	98.6	100.1	97.0	
2000	100.0	99.8	99.5	100.5	100.4	
2001	102.8	99.7	102.2	100.3	100.5	
2002	99.4	100.6	100.0	97.8	99.9	
2003	100.8	100.6	100.6	101.3	99.9	
2004	104.2	105.4	104.0	104.3	104.7	
2005	101.1	103.3	104.0	102.8	101.6	
2006	102.5	101.0	100.7	101.4	101.6	
2007	104.5	106.1	106.8	105.8	105.1	
2008	108.4	107.9	105.9	107.5	107.3	112.7
2009	98.2	97.8	99.2	97.6	97.4	97.5
2010	102.5	103.5	102.2	103.5	103.1	104.5
2011	105.7	105.4	105.8	105.4	105.5	106.0
2012	102.9	104.0	103.5	102.9	102.6	102.6
2013	102.1	101.9	102.5	102.3	102.0	102.6
2014	101.6	102.6	102.0	102.1	102.8	102.6
2015	101.9	101.7	101.9	101.0	100.4	101.1
2016	101.4	101.8	102.3	101.2	101.1	101.1
2017	102.3	101.3	101.6	102.3	102.9	102.7
2018	102.5	102.5	102.2	102.3	101.4	103.4
2019	103.4	103.1	103.4	103.9	103.1	103.6
2020	102.3	102.4	102.6	103.0	102.7	102.6
2021	101.4	100.9	100.7	100.8	101.3	101.2
2022	101.7	101.8	101.6	102.2	101.8	101.4
2023	99.7	99.7	99.8	100.2	99.6	100.0

Consumer Price Indices by Cities（1985—2023）

（preceding year=100）

钦州市 Qinzhou	贵港市 Guigang	玉林市 Yulin	百色市 Baise	贺州市 Hezhou	河池市 Hechi	来宾市 Laibin	崇左市 Chongzuo
	114.4		117.9	115.1			
	104.4		110.4	105.8			
	107.7		109.1	114.8			
	123.9		120.5	123.3			
	125.0		123.7	121.3			
	95.8		95.4	96.7			
	103.2		102.5	101.6			
	104.6		109.5	108.5			
	123.1		119.9	120.2			
	127.5		128.0	125.1			
	119.9		121.4	119.5			
	107.6		106.8	107.7			
	100.2		103.0	102.5			
	93.8		99.3	97.3			
	98.1		99.1	97.4			
	98.9		100.0	99.2			
	98.1		102.2	100.3			
	100.7		97.6	98.2			
	102.5		101.4	101.2			
	104.6		104.2	104.6			
	102.0		103.4	101.8			
	100.8		102.9	102.6			
	106.5		105.7	106.9			
110.9	108.0		109.8	108.6	106.8	107.9	110.1
99.7	97.2	97.4	98.5	97.9	98.3	97.9	96.9
103.3	103.8	102.3	103.7	104.4	101.8	103.2	102.9
105.4	105.9	105.5	106.5	106.8	105.6	105.5	105.5
103.1	103.5	103.4	103.0	102.8	103.2	102.6	103.1
102.1	102.7	101.6	102.5	102.0	101.9	102.0	102.5
102.5	101.8	102.6	102.3	101.9	102.8	101.5	102.4
101.1	101.4	101.7	101.9	101.8	100.7	101.2	100.4
101.6	101.2	102.4	101.1	101.4	101.0	102.0	101.6
102.1	101.6	102.2	101.4	101.4	101.3	101.4	101.6
102.2	103.0	102.2	102.5	102.5	102.5	101.9	101.7
103.7	104.1	103.6	103.4	103.0	103.7	104.2	103.8
102.5	102.8	102.4	102.1	102.6	101.9	102.0	102.4
100.9	100.9	100.7	100.9	100.8	101.7	100.5	100.9
101.7	102.0	101.9	101.9	101.8	102.0	101.4	102.3
99.5	99.6	99.1	99.8	100.2	99.5	100.0	99.7

4-7 各市居民消费价格月度环比指数（2023 年）

（上月 =100）

地　区	Region	1 月 January	2 月 February	3 月 March	4 月 April
南 宁 市	Nanning	100.7	99.3	99.7	99.9
柳 州 市	Liuzhou	100.6	99.0	99.9	100.2
桂 林 市	Guilin	100.7	99.3	99.8	99.8
梧 州 市	Wuzhou	100.3	99.5	99.6	99.9
北 海 市	Beihai	100.9	99.4	99.7	99.9
防城港市	Fangchenggang	100.5	99.5	99.7	100.2
钦 州 市	Qinzhou	100.7	99.6	99.6	99.9
贵 港 市	Guigang	100.7	98.9	99.7	99.9
玉 林 市	Yulin	100.6	99.4	99.5	99.6
百 色 市	Baise	100.8	99.9	99.5	99.4
贺 州 市	Hezhou	100.2	99.6	99.9	99.7
河 池 市	Hechi	100.5	99.5	99.7	99.6
来 宾 市	Laibin	100.3	99.2	99.3	100.2
崇 左 市	Chongzuo	100.7	99.0	100.0	99.8

4-8 各市居民消费价格月度同比指数（2023 年）

（上年同月 =100）

地　区	Region	1 月 January	2 月 February	3 月 March	4 月 April
南 宁 市	Nanning	102.0	100.2	100.6	100.2
柳 州 市	Liuzhou	101.7	99.8	100.0	99.2
桂 林 市	Guilin	101.6	100.0	100.1	99.8
梧 州 市	Wuzhou	102.6	100.6	100.4	99.9
北 海 市	Beihai	102.3	100.3	100.0	99.9
防城港市	Fangchenggang	101.0	99.4	99.4	99.5
钦 州 市	Qinzhou	101.4	99.9	99.4	99.4
贵 港 市	Guigang	102.5	100.3	100.1	99.4
玉 林 市	Yulin	101.8	99.8	100.0	99.4
百 色 市	Baise	102.0	100.5	100.7	99.9
贺 州 市	Hezhou	102.3	101.0	100.8	100.6
河 池 市	Hechi	101.7	100.6	100.2	99.6
来 宾 市	Laibin	103.3	101.0	100.9	101.0
崇 左 市	Chongzuo	102.9	101.0	100.7	99.8

Month-to-month Consumer Price Index by Cities（2023）

（last month=100）

5月 May	6月 June	7月 July	8月 August	9月 September	10月 October	11月 November	12月 December
99.8	99.5	100.3	100.2	100.1	100.0	99.4	100.0
100.0	99.6	100.1	100.3	100.7	100.0	99.3	100.0
100.0	99.4	100.3	100.5	100.4	99.9	99.5	99.8
99.8	99.9	100.0	100.2	100.8	100.1	99.4	99.8
100.0	99.5	100.4	100.2	100.0	100.3	98.9	99.8
100.0	99.5	100.2	100.3	100.6	99.9	99.1	100.0
99.9	99.2	100.1	100.0	100.3	100.0	99.5	100.0
99.7	99.7	100.0	100.2	100.5	99.8	99.7	99.9
99.9	99.5	99.9	100.4	100.5	99.6	99.6	99.9
100.0	99.8	100.0	100.1	100.4	100.0	99.5	100.0
100.1	99.2	100.3	100.4	100.4	99.9	99.4	100.0
99.8	99.9	99.7	100.2	100.2	100.0	99.4	100.2
99.6	99.3	99.6	100.6	100.6	99.9	99.6	99.9
99.7	99.9	100.0	100.4	100.2	99.8	99.6	99.9

Year-over-year Consumer Price Index by Cities（2023）

（same month of preceding year=100）

5月 May	6月 June	7月 July	8月 August	9月 September	10月 October	11月 November	12月 December
99.8	99.0	99.0	99.4	99.2	99.2	99.1	98.9
98.8	98.9	99.3	99.8	100.1	100.0	99.6	99.5
99.6	99.0	99.0	99.9	99.9	100.0	99.5	99.4
100.1	99.7	99.5	100.1	100.2	100.2	99.8	99.4
99.6	98.8	97.9	98.6	99.5	100.0	99.3	98.9
100.1	99.6	99.4	100.7	100.9	100.7	100.1	99.7
99.6	99.1	98.7	99.3	99.3	99.4	99.1	98.9
99.4	99.1	98.5	99.1	99.5	99.2	99.2	98.7
99.3	98.5	98.2	98.7	98.7	98.5	98.2	98.4
100.0	99.6	99.0	99.3	99.3	99.1	99.1	99.4
100.4	99.4	99.3	100.3	100.0	99.6	99.1	99.1
99.6	99.4	99.0	99.2	98.8	98.7	98.7	98.8
100.3	99.8	98.7	99.5	99.6	99.3	98.6	98.1
99.3	98.8	98.7	99.1	99.2	99.0	99.2	99.0

4-9 各市居民消费价格分类指数（2023 年）

（上年 =100）

指　标	Item	南宁市 Nanning	柳州市 Liuzhou	桂林市 Guilin	梧州市 Wuzhou
居民消费价格指数	**Consumer Price Index**	**99.7**	**99.7**	**99.8**	**100.2**
服务价格指数	**Service Price Index**	**100.9**	**100.5**	**100.3**	**100.8**
工业品价格指数	**Industrial Product Price Index**	**98.5**	**98.6**	**98.8**	**99.1**
消费品价格指数	**Consumer Price Index**	**99.0**	**99.2**	**99.5**	**99.8**
非食品价格指数	**Non-food Price Index**	**99.9**	**100.0**	**99.8**	**100.2**
扣除食品和能源价格指数	**Excluding Food and Energy Price Index**	**100.1**	**100.3**	**100.2**	**100.5**
扣除鲜菜鲜果价格指数	**Excluding Fresh Vegetables and Fruits Price Index**	**99.8**	**99.8**	**99.8**	**100.2**
食品烟酒	**Food, Tobacco and Liquor**	**99.5**	**99.8**	**100.4**	**100.7**
食品	Food	98.9	98.7	99.9	100.4
粮食	Grain	99.8	102.1	100.1	100.7
薯类	Tubers	107.4	101.0	104.4	105.4
豆类	Beans	100.2	103.0	101.5	101.0
食用油	Edible Oil and Fats	101.0	101.2	97.7	99.9
菜及食用菌	Vegetables and Edible Fungi	95.6	94.6	97.5	100.1
畜肉类	Meat of Livestock	93.7	91.0	93.4	91.7
禽肉类	Meat of Poultry	102.5	102.0	104.7	103.8
水产品	Aquatic Products	99.8	100.3	100.8	104.5
蛋类	Eggs	101.1	101.0	101.6	100.3
奶类	Milk	98.2	97.7	97.0	100.8
干鲜瓜果类	Dried and Fresh Melons and Fruits	100.6	103.4	103.7	100.7
糖果糕点类	Candy and Cake	101.4	100.6	102.7	103.5
调味品	Flavoring	100.4	101.3	102.6	101.8
其他食品类	Other Foods	100.6	96.9	101.6	103.5
茶及饮料	Tea and Beverages	101.0	100.8	101.4	102.0
烟酒	Tobacco and Liquor	100.3	101.3	98.6	103.5
卷烟	Cigarette	100.2	101.7	100.0	104.7
酒类	Liquor	100.4	100.4	96.8	101.3
在外餐饮	Dinging Out	100.6	102.0	102.2	100.3
衣着	**Clothing**	**103.1**	**103.5**	**101.2**	**101.6**
服装	Garments Material	103.1	104.0	101.4	101.9
男式服装	Men's Clothing	102.9	103.8	101.7	103.7
女式服装	Women's Clothing	103.5	105.2	100.5	101.4
儿童服装	Children' Clothing	103.6	102.7	101.6	100.8
衣着材料及配件	Clothing Materials and Accessories	101.8	99.5	100.3	100.1
衣着服务费	Clothing Services	99.0	100.0	108.2	100.0
鞋类	Footwear	103.1	101.0	100.4	100.5
鞋	Shoes	103.2	101.0	100.2	99.3
鞋类服务	Footwear Services	101.7	100.0	102.4	112.2

Consumer Price Indices by Category and Cities（2023）

（preceding year=100）

北海市 Beihai	防城港市 Fangcheng gang	钦州市 Qinzhou	贵港市 Guigang	玉林市 Yulin	百色市 Baise	贺州市 Hezhou	河池市 Hechi	来宾市 Laibin	崇左市 Chongzuo
99.6	**100.0**	**99.5**	**99.6**	**99.1**	**99.8**	**100.2**	**99.5**	**100.0**	**99.7**
99.7	**100.8**	**99.3**	**100.0**	**100.0**	**101.9**	**101.6**	**100.3**	**100.8**	**101.0**
98.4	**99.2**	**98.7**	**99.2**	**96.8**	**98.1**	**98.9**	**97.9**	**98.6**	**98.4**
99.5	**99.6**	**99.5**	**99.3**	**98.6**	**98.6**	**99.3**	**99.1**	**99.5**	**99.0**
99.4	**100.2**	**99.2**	**99.7**	**98.9**	**100.2**	**100.5**	**99.2**	**100.3**	**99.9**
99.7	**100.5**	**99.4**	**99.9**	**99.1**	**100.5**	**100.9**	**99.5**	**100.6**	**100.2**
99.5	**100.0**	**99.3**	**99.6**	**98.9**	**99.8**	**100.1**	**99.2**	**100.0**	**99.6**
100.7	**100.0**	**100.4**	**99.4**	**100.5**	**99.2**	**99.8**	**100.4**	**100.6**	**99.6**
100.6	99.4	100.4	98.9	100.0	98.3	98.8	100.9	98.9	98.7
101.5	99.1	99.1	98.8	98.2	98.2	100.4	101.5	100.1	100.0
102.5	111.4	101.9	105.6	107.9	103.5	102.5	106.8	105.1	106.2
101.6	101.7	105.3	101.2	96.4	100.5	100.3	100.8	103.4	98.9
99.6	97.1	98.0	98.9	101.4	101.2	101.5	99.6	98.1	101.2
102.1	100.6	99.6	97.3	104.5	100.9	99.0	99.8	99.2	100.6
90.4	93.5	92.6	92.4	91.5	92.5	91.9	92.6	90.3	87.8
100.6	100.1	99.2	101.6	103.5	99.2	97.8	101.7	103.4	99.4
103.9	100.7	103.9	101.4	100.7	99.7	101.6	102.1	96.3	100.1
101.2	104.8	102.8	102.3	99.0	98.8	100.8	102.9	102.4	101.3
100.7	96.9	95.5	97.9	98.6	92.6	97.3	97.2	92.2	97.5
103.9	100.5	105.9	101.5	102.5	101.3	103.3	111.4	102.8	103.3
100.6	99.1	102.6	103.1	100.2	97.8	99.2	101.5	103.7	104.0
101.2	100.1	100.6	101.9	99.5	98.9	100.7	101.6	103.3	100.8
101.5	100.0	99.4	100.4	97.4	101.2	98.3	98.9	103.7	98.8
101.1	100.5	101.8	103.7	103.0	97.3	96.8	103.2	104.3	101.3
100.1	101.4	98.4	100.4	100.8	101.1	102.6	98.4	99.7	101.3
100.0	100.5	100.0	101.0	100.0	102.7	103.6	100.1	100.8	103.0
100.2	103.2	94.6	98.6	102.4	98.3	100.2	94.9	97.4	98.4
101.4	101.0	101.0	99.9	101.5	100.8	101.5	99.7	104.8	101.0
98.4	**104.1**	**101.7**	**101.1**	**101.9**	**98.7**	**101.6**	**100.5**	**100.9**	**99.7**
98.9	104.0	101.7	101.3	101.5	98.7	101.7	99.8	101.0	99.6
101.7	103.9	99.6	101.7	100.3	98.9	101.1	99.7	101.9	99.1
98.7	103.9	102.7	101.8	101.8	98.9	101.9	99.7	100.5	99.4
93.2	105.0	102.3	101.2	103.7	97.2	101.6	99.5	101.3	100.5
100.6	99.4	99.4	92.9	99.3	100.8	104.8	99.5	98.2	101.6
100.0	108.5	106.2	100.0	101.2	100.7	101.5	102.6	100.0	97.5
96.1	104.5	101.7	99.8	103.7	98.6	100.7	104.1	100.7	100.4
95.6	104.9	101.0	99.8	103.8	98.4	100.8	104.2	100.8	100.4
101.9	99.1	108.9	100.0	102.4	100.9	100.0	103.3	100.0	100.0

4-9 续表 1

（上年 =100）

指 标	Item	南宁市 Nanning	柳州市 Liuzhou	桂林市 Guilin	梧州市 Wuzhou
居住	**Residence**	**99.3**	**98.8**	**98.4**	**99.5**
租赁房房租	Rent of Rental Housing	99.3	98.8	101.1	99.2
住房保养维修及管理	Housing Maintenance and Management	99.7	98.9	98.3	99.5
住房装潢材料	Housing Decoration Materials	97.9	97.9	96.1	99.2
住房维修管理费用	Housing Maintenance and Management Expenses	101.6	100.3	100.8	100.0
水电燃料	Water, Electricity and Fuels	99.5	99.5	98.1	99.0
水	Water	100.0	100.0	100.0	100.0
电	Electricity	100.0	100.0	100.0	100.0
燃气	Gas	98.4	99.0	93.4	96.7
其他水电燃料类	Other Water, Electricity and Fuels	99.5	98.4	100.0	100.0
自有住房	Home-ownership	99.1	98.5	98.1	99.7
生活用品及服务	**Articles for Daily Use and Services**	**99.3**	**98.0**	**100.2**	**99.6**
家具及室内装饰品	Furniture and Interior Decorations	98.3	95.8	100.7	99.6
家具	Furniture	98.3	95.4	101.0	99.7
室内装饰品	Upholstery	99.3	99.8	97.3	97.1
家用器具	Home Appliances	97.3	99.9	99.4	97.8
大型家用器具	Large Household Appliances	97.3	100.3	99.1	97.8
小家电	Small Home Appliances	96.9	97.9	101.1	98.0
家用纺织品	Home Textiles	98.2	96.9	102.0	98.0
床上用品	Bedding Article	98.4	97.3	102.8	97.8
窗帘门帘	Curtain	101.7	99.8	100.3	100.0
其他家用纺织品	Other Household Textiles	95.7	93.9	98.4	97.6
家庭日用杂品	Daily Use Household Articles	101.5	94.1	101.4	101.2
洗涤卫生用品	Washing Sanitary Articles	101.1	94.9	100.7	103.1
厨具餐具茶具	Kitchenware, Tableware, Tea set	98.8	98.4	101.2	101.2
其他家庭日用杂品	Other Family Daily Sundry Goods	103.1	90.8	102.2	100.3
个人护理用品	Personal-care Supplies	99.6	101.2	99.5	100.6
化妆品	Cosmetics	99.9	99.0	100.7	100.8
其他护理用品类	Other Types of Care Products	99.4	103.1	98.6	100.4
家庭服务	Household Services	101.0	99.7	98.6	98.9
交通通信	**Transport and Communications**	**96.1**	**97.0**	**96.8**	**97.2**
交通	Transport	96.0	97.2	97.2	96.9
交通工具	Transport Facility	92.1	94.3	96.8	96.7
交通工具用燃料	Fuels for Transport Facility	94.5	94.6	94.1	94.6
交通工具使用和维修	Use and Maintenance of Transport Facility	97.3	102.2	101.8	97.8
交通费	Traffic Fee	106.8	105.8	102.2	103.3

continued

(preceding year=100)

北海市 Beihai	防城港市 Fangchenggang	钦州市 Qinzhou	贵港市 Guigang	玉林市 Yulin	百色市 Baise	贺州市 Hezhou	河池市 Hechi	来宾市 Laibin	崇左市 Chongzuo
97.6	**98.4**	**97.5**	**98.2**	**98.4**	**99.5**	**100.2**	**98.5**	**98.2**	**99.2**
96.9	98.8	98.1	99.6	97.8	100.0	100.0	97.6	98.3	98.6
100.1	99.3	99.0	97.1	95.9	98.6	101.9	98.0	100.3	99.3
100.1	98.8	97.7	95.8	94.7	97.5	99.7	96.5	99.2	96.0
100.0	100.0	101.0	99.1	98.4	100.1	104.6	100.0	101.6	103.1
99.0	99.0	99.7	100.6	100.4	99.1	99.8	98.3	100.0	99.3
100.9	100.0	100.0	101.7	103.7	100.0	100.0	99.2	102.4	100.0
100.0	100.0	100.0	100.0	100.0	100.0	100.0	100.0	100.0	100.0
96.5	101.2	98.9	99.6	101.4	100.6	102.1	100.5	98.2	98.9
100.0	90.9	100.0	105.1	97.2	92.3	92.4	84.7	102.0	96.5
96.4	97.9	96.2	97.5	98.4	99.7	100.0	98.7	96.9	99.2
99.3	**98.4**	**98.3**	**99.6**	**95.0**	**98.5**	**99.0**	**98.1**	**99.2**	**99.7**
99.9	100.5	99.1	99.3	85.1	96.9	96.8	98.5	98.8	97.9
100.0	100.4	99.1	99.2	84.6	96.7	96.7	98.7	98.6	97.8
97.0	103.0	99.1	100.7	92.4	99.5	100.5	94.4	101.5	100.4
97.9	98.6	97.5	98.1	94.5	99.0	97.3	95.2	97.9	98.6
97.7	98.4	97.4	98.0	95.2	99.3	97.5	95.5	97.5	98.9
99.0	99.3	97.7	99.0	92.2	97.9	96.5	93.8	99.7	97.3
96.1	96.5	94.5	99.4	90.4	99.5	103.1	92.8	96.6	99.3
95.1	97.0	96.7	98.6	88.0	102.4	105.7	90.5	96.5	100.5
98.1	100.0	97.7	100.0	93.1	100.0	93.4	100.0	98.8	89.5
97.4	93.8	83.7	102.0	98.2	91.0	93.8	98.9	95.8	103.1
98.7	97.0	98.3	99.7	99.0	98.3	100.4	100.3	99.2	100.0
100.2	91.7	100.2	99.9	100.6	97.8	98.9	95.7	95.0	101.5
99.5	100.4	94.5	99.2	99.5	97.3	100.2	97.1	102.2	101.9
97.6	99.1	98.4	99.7	97.5	99.1	101.6	104.6	100.6	98.3
99.9	96.3	98.5	100.8	97.4	98.6	99.6	99.7	101.7	101.8
98.3	92.2	97.7	98.9	99.6	100.3	102.4	100.1	100.0	101.9
101.4	100.1	99.2	102.4	95.6	97.2	97.4	99.3	103.0	101.7
104.1	102.6	101.6	101.6	100.0	99.8	101.0	101.5	101.0	100.8
96.4	**98.3**	**97.3**	**98.4**	**94.1**	**97.8**	**96.8**	**96.4**	**96.3**	**97.6**
96.3	98.0	97.2	98.4	93.0	97.8	96.7	96.0	96.0	97.3
93.1	96.8	95.3	97.3	87.6	96.0	96.4	92.7	92.1	96.8
94.6	94.5	94.6	94.6	94.6	94.6	94.6	94.5	94.6	94.6
101.2	101.7	102.6	101.4	99.9	101.6	100.1	100.0	100.9	100.0
104.9	105.9	103.4	107.0	100.9	106.0	101.8	104.1	105.8	104.7

4-9 续表 2

（上年 =100）

指　标	Item	南宁市 Nanning	柳州市 Liuzhou	桂林市 Guilin	梧州市 Wuzhou
通信	Communications	96.4	96.6	95.7	97.8
通信工具	Communication Tools	94.4	95.8	93.1	100.2
通信服务	Communication Services	96.2	96.4	96.2	94.0
邮递服务	Postal Service	99.8	97.8	97.8	105.5
教育文化娱乐	**Education, Cultural and Recreation**	**102.0**	**101.8**	**101.0**	**102.8**
教育	Education	103.2	103.4	100.1	104.0
教育用品	Eduction Articles	101.3	102.5	98.8	99.4
教育服务	Education Services	103.4	103.5	100.3	104.4
文化娱乐	Culture and Recreation	99.8	98.7	102.6	100.7
文娱耐用消费品	Durable Consumer Goods for Culture and Recreation	94.0	94.7	98.9	95.0
其他文娱用品	Other Culture and Recreation Products	98.2	98.7	101.5	101.4
文化娱乐服务	Services for Culture and Recreation	97.5	99.5	102.3	99.8
旅游	Touring and Outing	107.4	99.7	106.4	103.9
医疗保健	**Health Care**	**101.0**	**101.0**	**101.7**	**100.9**
药品及医疗器具	Medicine and Medical Instrument	101.0	100.2	103.0	100.8
中药	Traditional Chinese Medicines	108.9	105.3	110.9	102.9
西药	Western Medicines	96.7	97.4	100.4	101.0
滋补保健品	Nourishing Health Care Products	101.2	100.0	93.6	100.7
医疗卫生器具	Medical Sanitation	102.2	99.9	102.5	97.3
保健器具	Health Care Appliance	99.9	100.0	100.0	101.3
医疗服务	Medical Services	101.0	101.4	100.9	101.0
综合医疗类	Synthetic Medicine	102.0	102.9	102.6	103.6
诊断类	Diagnostic Class	100.4	101.9	101.7	100.8
治疗类	Therapeutic Category	101.3	100.8	99.1	100.0
康复类	Rehabilitation Class	99.9	102.1	100.2	100.7
中医医疗服务类	Chinese Medicine Medical Services	100.6	100.2	100.2	100.2
其他医疗保健服务	Other Healthcare Services	105.1	100.1	100.0	103.7
其他用品及服务	**Other Culture and Recreation Products and Services**	**103.1**	**101.7**	**105.9**	**101.8**
其他用品	Other Culture and Recreation Products	103.8	101.8	101.8	103.1
首饰手表	Jewellery Watches	109.0	108.1	107.7	108.0
母婴用品	Mother and Baby Supplies	101.0	96.5	99.4	101.3
其他杂项用品	Other Miscellaneous Goods	101.4	99.9	99.4	100.2
其他服务	Other Services	102.6	101.7	108.6	100.9
在外住宿	Outside Accommodation	104.4	106.1	125.0	102.9
美容美发洗浴	Hairdressing & Beauty and Bath	100.7	98.0	104.4	98.1
养老服务	Pension Services	102.3	103.3	100.7	100.2
金融及保险服务	Financial and Insurance Services	103.2	100.2	102.4	101.8
中介法律及其他服务	Intermediary Laws and Other Services	99.3	100.0	100.0	100.0

continued

（preceding year=100）

北海市 Beihai	防城港市 Fangchenggang	钦州市 Qinzhou	贵港市 Guigang	玉林市 Yulin	百色市 Baise	贺州市 Hezhou	河池市 Hechi	来宾市 Laibin	崇左市 Chongzuo
96.7	99.2	97.7	98.4	96.9	97.7	97.1	97.3	97.3	98.3
96.3	99.2	93.1	96.3	92.0	96.0	96.0	96.3	98.0	97.8
95.5	98.6	98.9	98.1	97.4	97.3	95.5	96.8	95.8	97.8
100.4	101.0	100.0	101.6	99.9	100.8	102.6	100.0	100.4	100.3
102.2	**101.9**	**100.0**	**100.9**	**101.0**	**104.2**	**103.9**	**100.8**	**105.1**	**101.3**
101.8	102.2	101.1	100.5	101.8	106.4	105.6	101.5	105.3	100.1
99.9	98.2	100.0	98.8	100.2	102.7	99.1	99.5	99.6	99.5
102.0	102.6	101.2	100.7	102.0	106.7	106.1	101.7	105.7	100.2
102.9	101.3	97.7	101.8	99.1	99.4	100.3	99.2	104.7	103.4
97.3	95.8	94.9	96.4	92.3	97.6	94.5	94.4	98.9	95.3
100.7	99.9	99.6	100.3	101.0	99.7	100.4	100.3	100.5	101.6
102.8	101.2	98.8	100.5	102.1	99.1	95.5	99.1	102.8	102.3
107.6	106.4	97.7	112.0	101.0	100.7	105.2	104.5	113.6	114.5
102.4	**101.6**	**101.7**	**102.0**	**101.8**	**102.2**	**101.3**	**102.0**	**101.3**	**102.3**
105.0	101.1	103.7	102.7	102.0	101.9	102.1	102.1	102.3	100.6
117.5	105.1	109.4	105.2	108.4	108.1	106.1	106.6	103.3	102.5
99.4	98.6	101.1	102.3	97.8	98.1	99.9	100.4	103.1	98.1
101.2	100.7	100.5	103.0	107.6	99.1	100.7	102.2	99.3	106.5
103.5	100.3	102.5	100.3	100.9	101.7	101.9	100.0	100.4	100.9
100.0	106.2	97.0	99.4	100.5	100.0	100.0	100.0	100.1	100.0
101.0	101.9	100.4	101.5	101.7	102.3	100.8	101.9	100.8	103.0
103.9	103.0	102.1	103.2	102.4	101.7	102.5	102.3	103.0	103.6
101.1	101.1	100.2	101.0	100.8	101.1	99.0	101.8	100.7	102.5
99.9	102.2	99.9	100.1	103.4	100.1	102.8	103.3	100.0	103.7
100.6	103.4	101.5	106.8	101.3	102.9	104.4	105.4	101.4	106.8
100.3	101.8	101.0	100.4	100.5	100.0	100.3	93.9	99.6	100.0
100.0	100.2	100.0	100.0	104.0	157.5	101.1	102.2	100.0	101.6
102.6	**102.5**	**102.7**	**100.3**	**100.5**	**98.1**	**100.3**	**99.3**	**101.4**	**100.5**
104.4	102.6	103.2	102.8	100.9	97.2	99.6	99.3	102.1	100.1
109.5	108.5	108.7	109.8	109.2	106.9	107.1	106.5	111.4	105.6
102.8	99.7	102.4	99.9	95.1	90.4	98.0	96.7	99.7	98.4
101.6	100.5	100.8	98.7	101.4	100.0	97.1	97.2	97.7	98.2
101.3	102.5	102.4	98.2	100.2	98.7	101.0	99.3	100.8	100.9
105.7	108.3	106.9	93.3	102.5	95.8	101.2	95.7	102.6	103.9
99.1	100.1	99.7	100.0	96.3	98.2	102.0	100.0	96.8	98.5
102.3	100.0	100.0	100.0	100.0	100.2	99.0	101.7	103.5	100.0
100.3	101.0	102.0	100.2	101.1	101.0	101.0	100.6	101.9	101.4
100.0	98.5	100.0	100.0	100.0	100.0	100.7	100.0	100.0	101.1

4-10 工业生产者出厂价格分类指数（1990—2023 年）

（上年 =100）

年 份 Year	总指数 General Index	轻工业 Light Industry	以农产品为原料 Agricultural products as raw materials	以非农产品为原料 Non-agricultural Products as Raw Materials	重工业 Heavy Industry	采 掘 Mining & Quarrying Industry	原材料 Raw Materials Industry	加 工 Processing Industry
1990	101.5	101.0	102.6	97.4	102.0	90.1	97.0	108.6
1991	103.3	105.8	108.4	98.6	100.9	104.4	98.6	102.1
1992	111.3	106.0	106.9	101.9	117.3	109.5	124.4	110.9
1993	121.1	110.9	110.4	113.0	132.0	113.3	143.1	127.6
1994	118.8	122.1	123.0	118.0	115.5	118.5	115.4	114.1
1995	117.2	123.8	126.6	113.1	111.2	126.0	105.3	115.8
1996	102.6	103.1	104.4	98.1	102.0	98.8	102.6	102.0
1997	97.7	97.1	97.9	95.5	98.1	99.7	99.7	94.8
1998	95.4	95.2	94.9	95.8	95.6	93.5	96.0	95.8
1999	95.6	94.1	92.9	98.3	96.6	96.7	97.4	95.3
2000	105.5	109.0	109.9	100.4	103.1	106.1	106.1	96.0
2001	106.3	109.2	110.2	100.1	104.3	104.7	106.9	97.8
2002	95.6	90.6	89.8	97.0	98.4	102.5	98.3	98.3
2003	102.8	98.8	98.4	99.8	105.7	107.5	107.9	103.1
2004	109.7	110.0	112.6	104.6	109.5	121.3	110.3	107.9
2005	104.9	105.8	107.5	101.8	104.2	126.5	105.2	101.5
2006	109.6	113.3	119.1	100.3	106.7	137.4	111.8	99.5
2007	104.5	97.7	95.6	102.9	108.3	117.8	106.9	109.1
2008	109.0	104.4	102.4	109.6	111.7	113.0	104.3	119.6
2009	93.5	99.4	100.0	97.8	90.5	92.0	93.1	88.6
2010	112.0	115.0	118.9	105.6	110.3	129.1	113.0	106.3
2011	108.5	114.7	116.1	106.2	106.3	121.2	106.3	105.2
2012	97.8	98.6	98.0	102.6	97.5	101.7	98.5	96.6
2013	98.2	97.7	97.1	100.9	98.4	96.3	98.9	98.2
2014	98.4	97.4	97.0	99.8	98.7	96.6	99.6	98.3
2015	97.0	100.6	100.8	99.7	95.7	97.9	96.2	95.3
2016	99.1	101.8	102.2	100.0	98.2	100.8	96.7	98.7
2017	107.6	104.8	105.1	103.3	108.6	115.9	108.4	108.1
2018	103.2	98.8	98.3	101.2	104.7	103.8	105.2	104.6
2019	99.3	99.9	99.8	100.0	99.0	97.8	96.7	100.3
2020	99.4	102.6	103.2	99.8	98.3	100.2	95.7	99.4
2021	108.9	105.1	105.5	103.7	109.9	110.2	112.6	108.1
2022	102.5	105.2	105.4	104.6	101.8	111.1	108.7	96.9
2023	97.0	100.2	100.5	99.2	96.2	96.0	97.1	95.5

Producer Price Indices for Industrial Products by Category（1990—2023）

（preceding year=100）

生产资料 Means of Production	采　掘 Mining & Quarrying Industry	原材料 Raw Materials Industry	加　工 Processing Industry	生活资料 Consumer Goods	食　品 Food	衣　着 Clothing	一般日用品 Articles for Daily Use	耐用消费品 Durable Consumer Goods
102.0	90.1	97.3	108.0	100.8	99.4	103.9	104.1	91.6
100.8	104.4	98.5	101.9	106.5	117.5	102.9	101.1	95.1
116.1	109.5	121.4	110.9	106.1	107.3	105.5	105.9	96.8
130.1	113.5	138.0	126.5	110.5	108.3	113.3	116.1	110.5
116.1	118.5	116.8	114.4	122.2	117.9	148.4	123.1	111.2
114.2	125.9	110.7	116.7	121.4	124.4	123.7	116.0	103.5
102.2	98.8	102.6	102.4	103.1	105.6	92.6	103.2	95.4
97.2	99.7	97.8	95.2	98.4	99.1	99.9	99.6	87.5
95.2	93.5	95.0	96.2	96.0	98.0	83.7	95.5	92.2
96.5	96.7	97.2	95.2	93.9	94.0	98.2	94.6	94.6
103.2	106.1	106.2	97.4	110.4	113.4	98.8	99.2	93.8
103.5	104.7	106.7	97.8	112.3	115.3	91.7	101.3	99.5
98.2	102.5	98.2	98.0	88.5	85.4	100.2	98.9	93.3
105.3	107.5	107.6	103.4	96.3	96.5	101.5	100.5	91.7
110.5	121.3	110.2	110.0	108.1	112.2	107.0	98.3	94.0
104.0	126.5	105.4	101.9	106.8	109.6	105.0	102.9	94.2
105.5	137.4	112.0	99.9	119.9	124.3	100.4	97.8	102.7
107.3	117.8	106.6	107.3	94.5	93.6	100.7	98.8	100.7
111.3	113.0	104.1	116.4	100.9	100.4	102.8	103.2	102.9
91.4	92.0	92.9	90.5	101.7	102.5	95.1	98.6	98.3
110.3	129.1	113.9	107.0	118.2	121.3	108.5	104.5	100.5
107.2	121.2	106.5	106.6	112.0	118.5	115.9	104.5	99.8
97.4	101.7	98.2	96.6	99.0	97.0	105.0	103.4	100.7
98.4	96.3	98.8	98.4	97.5	95.3	100.2	102.0	100.2
98.7	96.6	99.6	98.3	97.5	95.4	105.3	100.2	100.1
95.5	97.9	96.3	94.8	101.3	101.9	102.6	100.4	100.0
98.1	100.8	96.5	98.6	102.4	104.3	100.4	100.9	98.2
109.1	115.9	108.6	108.8	103.1	105.3	101.0	100.0	99.2
104.9	103.8	105.1	104.9	97.7	95.5	100.4	102.0	100.6
98.6	97.8	96.4	99.7	101.2	100.9	101.1	101.5	101.8
98.2	100.2	95.8	99.1	103.2	104.8	100.2	101.8	100.4
110.8	110.2	113.2	109.3	101.4	102.3	101.1	101.0	100.0
102.3	111.1	109.0	97.9	102.9	104.4	103.0	102.3	100.6
96.3	96.0	97.0	95.7	100.1	99.6	111.4	98.9	100.5

4-11 按工业部门分工业生产者出厂价格指数（1990—2023 年）

（上年 =100）

年 份 Year	冶金工业 Metallurgical ndustry	电力工业 Power Industry	煤炭及炼焦工业 Coal Industry	石油工业 Petroleum Industry	化学工业 Chemical Industry
1990	97.4	90.2	98.7		100.2
1991	103.1	93.9	100.2		97.5
1992	121.8	101.9	114.8		103.2
1993	140.8	89.9	111.3		113.2
1994	104.2	138.0	126.1		112.0
1995	111.0	107.8	109.4		129.2
1996	98.1	107.5	106.4		104.6
1997	96.7	106.3	109.2		95.4
1998	92.4	102.7	95.3		93.0
1999	97.4	100.5	96.0		95.2
2000	108.5	112.5	104.1		95.6
2001	96.9	129.6	104.7		100.5
2002	94.3	101.8	113.0	104.9	98.2
2003	115.9	100.0	100.9	114.0	102.4
2004	128.9	102.2	109.2	112.2	107.3
2005	106.4	100.9	133.1	120.6	108.0
2006	117.2	102.7	106.1	116.4	101.4
2007	116.5	102.7	99.9	104.4	102.6
2008	117.7	102.0	137.3	120.4	114.8
2009	78.3	102.5	95.1	84.4	92.2
2010	118.1	102.0	111.0	124.1	114.7
2011	110.1	99.3	130.5	117.1	113.4
2012	90.9	106.3	113.6	101.6	95.8
2013	94.3	100.5	99.0	98.5	99.9
2014	94.4	100.4	94.2	97.7	100.3
2015	89.2	99.4	93.1	84.2	97.7
2016	99.0	98.0	94.6	93.7	98.4
2017	123.0	99.4	120.3	116.2	105.3
2018	106.0	99.9	103.9	117.4	105.5
2019	96.4	97.7	101.9	96.7	99.8
2020	97.2	97.5	94.4	91.4	98.5
2021	121.5	102.7	114.3	124.7	114.7
2022	98.2	105.2	120.0	126.6	109.8
2023	93.1	104.1	92.6	93.3	91.7

注：2002 年起，石油工业纳入工业生产者出厂价格统计调查范围（以下相关表同）。

Producer Price Indices for Industrial Products by Sector（1990—2023）

（preceding year=100）

机械工业 Machine Manufacturing Industry	建筑材料工业 Building Materials Industry	森林工业 Timber Industry	食品工业 Food Industry	纺织工业 Textile Industry	造纸工业 Paper Industry	其他工业 Other Industry
106.8	97.2	89.0	99.3	104.6	105.8	102.4
102.0	101.1	99.0	117.1	103.5	101.5	108.1
111.6	154.2	104.7	107.3	105.8	106.7	104.7
131.6	162.9	116.0	110.8	114.3	113.3	135.7
113.6	110.5	112.9	117.9	150.7	114.5	126.0
106.3	95.2	99.8	124.4	126.1	146.6	126.0
101.2	94.6	92.2	105.6	85.8	113.4	106.0
98.2	90.0	93.3	98.9	93.4	87.3	100.0
94.8	99.0	90.0	96.3	83.8	92.4	104.5
94.4	96.4	95.9	92.7	103.4	90.8	100.6
95.7	100.6	101.4	111.1	115.5	111.2	98.4
97.7	101.6	103.5	112.8	89.1	100.5	104.0
98.4	99.3	94.9	88.1	88.5	96.8	101.8
96.8	100.9	97.1	96.9	108.9	102.1	102.2
99.7	107.7	103.1	114.6	115.4	103.7	99.9
100.6	98.3	100.5	109.4	99.9	102.0	103.8
101.3	100.2	103.2	124.5	104.0	99.7	103.5
101.5	105.1	108.5	94.3	91.3	102.2	100.3
101.9	113.9	104.1	102.5	96.9	107.0	92.9
100.1	97.7	98.3	101.3	103.7	91.4	101.5
102.3	106.6	106.4	120.3	126.8	113.5	117.0
101.4	110.7	105.7	118.2	118.0	102.7	108.9
100.0	98.1	105.4	97.5	95.2	96.1	102.4
99.7	100.4	102.8	96.0	103.1	96.2	103.6
100.1	103.3	100.6	95.7	98.9	101.1	102.1
99.8	97.4	99.4	101.0	95.3	101.2	98.3
99.0	94.5	101.6	102.9	101.7	100.3	97.6
100.3	107.0	101.5	104.6	115.4	109.2	103.4
100.5	109.1	102.3	96.0	108.0	105.9	103.0
100.7	102.9	100.2	100.4	89.3	99.2	99.6
98.5	100.9	98.1	105.0	90.8	96.3	99.8
100.7	102.8	102.3	104.4	113.4	107.9	104.8
99.5	95.3	101.9	105.6	104.3	105.2	105.0
99.1	91.5	98.4	101.1	104.8	91.9	98.9

Note: From 2002, the petroleum industry has been included in the survey range of producer price of industrial producer. The same applies to the tables following.

4-12 工业生产者出厂价格分类月度环比指数（2023 年）

（上月 =100）

类 别	Item	1 月 January	2 月 February	3 月 March
总指数	**General Index**	**99.9**	**101.1**	**99.5**
# 轻工业	# Light Industry	99.8	100.4	99.6
以农产品为原料	Using Farm Produces as Raw Materials	99.7	100.7	99.4
以非农产品为原料	Using Non-farm Produces as Raw Materials	100.3	99.5	100.2
重工业	Heavy Industry	99.9	101.2	99.5
采掘	Mining and Quarrying	99.3	100.4	100.0
原材料	Raw Material	99.2	102.3	98.3
加工	Processing	100.4	100.6	100.3
# 生产资料	# Means of Production	99.8	101.4	99.4
采掘	Mining and Quarrying	99.3	100.4	100.0
原材料	Raw Material	99.2	102.4	98.3
加工	Processing	100.3	100.9	100.2
生活资料	Consumer Goods	100.2	99.7	99.8
食品	Food	100.1	99.5	99.7
衣着	Clothing	105.0	99.8	100.2
一般日用品	Articles for Daily Use	99.8	99.7	100.2
耐用消费品	Durable Consumers' Goods	100.2	100.0	100.0
按工业部门分	**Grouped by Department of Industry**			
冶金工业	Metallurgical Industry	100.8	101.8	100.1
电力工业	Power Industry	99.8	106.4	95.6
煤炭及炼焦工业	Coal and Coking Industry	101.3	100.0	99.4
石油工业	Petroleum Industry	96.3	101.2	99.3
化学工业	Chemical Industry	99.5	99.5	99.6
机械工业	Machine Manufacturing Industry	100.0	99.7	100.0
建筑材料工业	Building Materials Industry	99.6	101.4	100.4
森林工业	Timber Industry	100.4	99.1	100.0
食品工业	Food Industry	99.8	100.7	99.5
纺织工业	Textile Industry	99.4	100.7	101.1
缝纫工业	Tailoring Industry	107.8	99.5	100.3
皮革工业	Leather Industry	98.2	100.5	100.0
造纸工业	Paper Industry	98.2	99.7	98.3
文教艺术用品工业	Cultural, Educational and Handicraft Articles	100.1	100.0	99.3
其他工业	Other Industry	100.0	99.7	99.9

Month-to-month Producer Price Indices for Industrial Products by Category (2023)

(last month=100)

4 月 April	5 月 May	6 月 June	7 月 July	8 月 August	9 月 September	10 月 October	11 月 November	12 月 December
99.3	**99.0**	**98.4**	**99.8**	**100.5**	**100.5**	**100.2**	**99.6**	**99.7**
99.2	99.6	99.5	100.4	100.9	100.8	99.9	99.6	99.0
99.0	99.6	99.3	100.6	101.0	100.9	99.7	99.5	98.8
99.7	99.5	100.0	99.6	100.4	100.6	100.4	100.2	99.6
99.3	98.9	98.2	99.7	100.4	100.4	100.2	99.6	99.9
98.8	99.8	98.1	99.3	100.2	100.9	100.7	99.6	97.5
98.5	100.0	97.8	100.2	101.3	101.0	100.8	98.7	99.0
99.8	98.2	98.4	99.3	99.9	99.9	99.8	100.2	100.6
99.2	98.8	98.1	99.7	100.5	100.5	100.3	99.6	99.9
98.8	99.8	98.1	99.3	100.2	100.9	100.7	99.6	97.5
98.4	99.9	97.8	100.2	101.2	101.1	100.9	98.7	99.0
99.7	98.1	98.3	99.4	100.0	100.1	99.9	100.2	100.6
99.6	100.0	99.7	100.3	100.8	100.5	99.6	99.7	99.0
99.4	99.9	99.3	100.8	101.3	100.8	99.3	99.4	98.6
100.7	100.5	101.7	100.9	99.5	100.7	100.0	99.6	100.0
99.4	99.9	99.8	100.0	100.3	99.7	100.0	99.9	99.8
100.0	100.1	100.1	99.6	100.1	100.3	100.0	100.1	99.5
99.4	96.4	98.2	100.3	100.2	100.5	100.1	100.4	101.0
96.9	103.4	95.7	100.8	100.9	100.0	100.9	97.8	100.4
98.9	98.9	95.6	88.5	101.1	105.7	100.2	102.6	99.9
98.6	99.2	97.7	101.3	106.3	104.0	102.6	97.9	93.9
98.6	98.2	97.1	98.0	99.7	101.4	101.1	99.3	99.2
99.9	99.8	100.0	99.9	100.0	100.1	99.9	100.0	99.9
100.4	98.2	95.3	95.9	98.9	98.9	99.2	100.7	100.4
99.0	100.1	99.4	99.8	100.0	100.3	99.8	99.0	100.3
99.2	99.8	99.2	100.6	101.3	100.9	99.4	99.2	98.6
100.0	98.8	100.2	101.8	102.2	101.9	100.5	100.7	101.0
101.1	100.6	102.1	100.9	99.7	101.0	100.0	99.4	99.9
99.7	100.2	100.7	100.8	99.1	100.0	100.0	100.2	100.2
97.2	97.7	98.7	99.0	99.0	99.7	101.8	101.5	98.6
100.4	100.0	100.1	99.9	100.0	100.4	100.0	100.0	100.0
99.1	99.2	99.7	100.2	100.9	99.6	99.7	99.7	99.9

4-13 工业生产者出厂价格分类月度同比指数（2023 年）

（上年同月 =100）

类 别	Item	1 月 January	2 月 February	3 月 March
总指数	**General Index**	**98.4**	**98.5**	**97.2**
# 轻工业	# Light Industry	103.8	103.2	101.4
以农产品为原料	Using Farm Produces as Raw Materials	104.6	104.1	102.0
以非农产品为原料	Using Non-farm Produces as Raw Materials	100.8	99.9	99.6
重工业	Heavy Industry	96.9	97.3	96.0
采掘	Mining and Quarrying	101.1	100.3	97.6
原材料	Raw Material	100.3	100.8	97.2
加工	Processing	94.4	94.7	95.0
# 生产资料	# Means of Production	97.3	97.8	96.4
采掘	Mining and Quarrying	101.1	100.3	97.6
原材料	Raw Material	100.5	101.1	97.4
加工	Processing	95.1	95.6	95.6
生活资料	Consumer Goods	102.6	101.3	100.4
食品	Food	103.7	102.0	99.9
衣着	Clothing	110.4	109.8	110.6
一般日用品	Articles for Daily Use	100.7	100.0	100.1
耐用消费品	Durable Consumers' Goods	100.6	99.9	100.4
按工业部门分	**Grouped by Department of Industry**			
冶金工业	Metallurgical Industry	92.1	92.1	91.1
电力工业	Power Industry	104.1	109.9	107.1
煤炭及炼焦工业	Coal and Coking Industry	94.9	102.1	101.6
石油工业	Petroleum Industry	105.8	101.5	92.3
化学工业	Chemical Industry	98.4	96.8	94.9
机械工业	Machine Manufacturing Industry	99.3	98.9	99.1
建筑材料工业	Building Materials Industry	87.1	90.4	91.6
森林工业	Timber Industry	100.1	99.1	98.5
食品工业	Food Industry	105.4	104.7	102.3
纺织工业	Textile Industry	99.4	100.2	101.4
缝纫工业	Tailoring Industry	114.1	113.0	114.1
皮革工业	Leather Industry	101.7	102.4	102.3
造纸工业	Paper Industry	101.3	99.9	97.9
文教艺术用品工业	Cultural, Educational and Handicraft Articles	100.0	99.6	98.8
其他工业	Other Industry	102.6	102.4	101.3

Year-over-year Producer Price Indices for Industrial Products by Category（2023）

（same month of preceding year=100）

4 月 April	5 月 May	6 月 June	7 月 July	8 月 August	9 月 September	10 月 October	11 月 November	12 月 December
95.9	**95.4**	**94.2**	**95.8**	**97.8**	**98.4**	**98.1**	**97.5**	**97.6**
100.2	99.5	98.3	98.7	100.0	100.7	99.6	98.8	98.5
100.5	100.0	98.6	99.3	100.4	100.9	99.4	98.3	98.1
98.8	97.6	97.3	96.8	98.9	100.0	100.3	100.3	100.0
94.8	94.3	93.0	95.0	97.2	97.7	97.7	97.1	97.3
94.8	95.1	92.5	91.8	93.4	96.5	97.6	97.3	94.8
95.1	95.5	92.1	94.4	97.8	98.4	99.2	97.1	97.1
94.4	93.4	93.6	95.4	96.9	97.3	96.7	97.2	97.5
94.9	94.4	93.0	94.8	97.1	97.7	97.7	97.0	97.2
94.8	95.1	92.5	91.8	93.4	96.5	97.6	97.3	94.8
95.2	95.4	91.9	94.2	97.6	98.3	99.1	96.9	96.9
94.7	93.6	93.6	95.3	97.0	97.4	96.7	97.1	97.5
99.8	99.6	99.0	99.6	100.4	100.9	99.8	99.2	99.0
99.2	98.6	97.5	98.8	100.2	100.8	98.9	98.1	98.1
110.6	110.8	112.5	113.5	113.0	114.9	112.3	110.0	108.9
99.4	98.8	98.4	98.2	98.7	98.5	98.1	98.1	98.4
100.2	100.5	100.8	100.4	100.5	100.8	100.8	100.9	99.9
89.1	86.5	87.3	93.1	96.0	97.3	97.6	98.5	99.1
106.9	111.5	104.8	102.6	105.2	101.8	100.9	98.1	98.0
100.6	97.0	94.2	82.9	82.7	87.6	87.2	90.1	91.4
88.3	87.0	78.9	82.1	92.5	98.1	103.0	97.8	97.6
92.2	90.2	87.1	86.1	88.7	91.0	91.6	91.6	91.6
98.8	98.8	98.7	99.0	99.2	99.5	99.7	99.6	99.2
92.4	94.0	94.0	93.4	94.6	93.5	89.4	89.1	89.5
97.4	97.6	98.2	98.8	98.7	98.8	98.3	97.3	97.3
101.1	100.5	99.3	100.1	101.4	101.9	100.0	98.7	98.4
101.3	105.8	105.2	105.9	107.7	107.8	106.8	107.3	108.5
114.5	115.5	117.9	119.7	120.3	121.6	118.2	114.8	112.8
101.5	100.0	100.1	99.7	97.2	99.9	99.0	98.8	99.6
94.4	91.9	88.7	87.3	87.1	87.0	88.6	90.0	89.6
99.3	99.2	99.5	99.3	99.6	100.1	100.2	100.2	100.2
99.6	97.5	96.5	97.7	98.9	98.6	97.7	96.8	97.7

4-14 按行业分工业生产者出厂价格月度环比指数（2023 年）

（上月 =100）

类 别	Item	1 月 January	2 月 February	3 月 March
煤炭开采和洗选业	**Mining and Washing of Coal**	**101.3**	**100.0**	**99.4**
烟煤和无烟煤开采洗选	Mining and Washing of Bituminous and Anthracite	101.3	100.0	99.4
石油和天然气开采业	**Extraction of Petroleum and Natural Gas**	**86.8**	**96.1**	**99.3**
石油开采	Extraction of Petroleum	86.8	96.1	99.3
黑色金属矿采选业	**Mining and Processing of Ferrous Metal Ores**	**99.5**	**101.5**	**99.1**
锰矿、铬矿采选	Manganese Ore, Chrome Ore by Mining and Beneficiation	99.5	101.5	99.1
有色金属矿采选业	**Mining and Processing of Non-Ferrous Metal Ores**	**100.3**	**101.2**	**100.1**
常用有色金属矿采选	Mining and Processing of Common Non-Ferrous Metal Ores	100.3	101.2	100.1
非金属矿采选业	**Mining and Processing of Non-Metal Ores**	**99.7**	**99.7**	**100.4**
土砂石开采	Extraction of Soil Gravel	99.7	99.7	100.4
农副食品加工业	**Processing of Food from Agricultural Products**	**99.6**	**101.0**	**99.2**
谷物磨制	Cereal Whetted	100.4	100.1	99.5
饲料加工	Forage Processed	98.9	105.5	99.0
植物油加工	Planting-Oil Processed	99.7	97.6	97.2
制糖业	Sugar Industry	101.2	100.9	101.1
屠宰及肉类加工	Slaughtered Meta and Meat Processes	95.2	96.8	100.6
水产品加工	Fishery Product Processed	100.0	99.7	98.8
蔬菜、菌类、水果和坚果加工	Vegetables, Fungi, Fruits and Nuts Processing	100.3	97.2	96.5
其他农副食品加工	Other Farm and Side-line Food Processed	100.1	99.4	99.8
食品制造业	**Manufacture of Foods**	**99.5**	**99.7**	**99.8**
焙烤食品制造	Baked Food Manufacturing	100.5	100.1	100.0
糖果、巧克力及蜜饯制造	Candy, Chocolate and Candied Fruit Production	100.1	101.5	99.9
方便食品制造	Convenient Food Manufacturing	100.0	100.3	100.2
乳制品制造	Dairy Products Manufacturing	100.0	100.0	100.0
罐头食品制造	Canned Food Manufacturing	99.1	98.2	98.7
调味品、发酵制品制造	Condiment, Ferment Product Manufacturing	100.0	100.1	99.5
其他食品制造	Other Food Manufacturing	98.4	98.8	100.0
酒、饮料和精制茶制造业	**Manufacture of Liquor, Beverages and Refined Tea**	**100.0**	**101.1**	**99.7**
酒的制造	Manufacture of Wine	99.7	102.2	99.7
饮料制造	Beverage Manufacturing	100.5	100.5	99.5
精制茶加工	Refined-tea Process	100.0	100.0	100.0

Month-to-month Producer Price Indices for Industrial Products by Sector（2023）

（last month=100）

4月 April	5月 May	6月 June	7月 July	8月 August	9月 September	10月 October	11月 November	12月 December
98.9	**98.9**	**95.6**	**88.5**	**101.1**	**105.7**	**100.2**	**102.6**	**99.9**
98.9	98.9	95.6	88.5	101.1	105.7	100.2	102.6	99.9
96.7	**109.8**	**89.8**	**100.2**	**109.7**	**110.3**	**110.6**	**98.7**	**92.1**
96.7	109.8	89.8	100.2	109.7	110.3	110.6	98.7	92.1
96.1	**98.0**	**96.7**	**99.7**	**99.9**	**99.3**	**100.0**	**99.0**	**97.4**
96.1	98.0	96.7	99.7	99.9	99.3	100.0	99.0	97.4
100.2	**99.4**	**98.1**	**100.0**	**99.4**	**101.3**	**100.7**	**101.4**	**97.9**
100.2	99.4	98.1	100.0	99.4	101.3	100.7	101.4	97.9
99.1	**100.1**	**100.2**	**100.0**	**99.9**	**99.7**	**100.0**	**98.0**	**97.8**
99.1	100.1	100.2	100.0	99.9	99.7	100.0	98.0	97.8
98.7	**99.8**	**98.9**	**100.8**	**101.8**	**101.3**	**99.1**	**98.8**	**97.9**
100.1	99.4	99.9	100.0	99.9	100.8	100.8	99.9	100.1
98.6	99.7	99.3	99.7	101.1	101.1	100.1	98.6	99.0
95.8	98.4	95.7	103.2	104.8	100.6	96.7	97.4	93.9
101.4	101.0	100.8	100.5	100.4	103.2	99.9	99.5	98.8
98.4	99.5	100.1	99.1	104.2	99.0	98.2	99.4	99.1
98.5	101.4	99.9	100.5	98.4	100.1	99.9	100.3	99.3
99.7	97.3	97.9	100.7	98.1	100.3	99.6	99.4	101.0
100.2	100.3	99.8	101.7	100.7	101.2	100.3	99.9	100.1
99.3	**98.5**	**99.9**	**100.4**	**99.6**	**100.7**	**100.0**	**100.3**	**99.9**
98.7	100.0	100.0	100.0	100.0	99.3	101.0	100.0	100.0
97.5	100.6	101.8	101.9	100.3	100.2	99.5	104.7	99.8
99.5	99.2	99.7	100.5	100.7	100.2	100.5	100.1	100.0
99.8	99.8	100.0	100.0	100.8	100.0	100.0	100.0	100.0
99.1	98.3	99.4	100.8	98.3	100.5	99.7	99.8	100.0
99.0	99.4	101.6	100.7	97.7	100.0	98.9	101.0	99.9
99.4	95.9	98.4	100.4	99.7	102.4	100.2	99.7	99.7
100.1	**100.4**	**99.6**	**100.0**	**100.1**	**100.1**	**100.1**	**99.9**	**100.3**
99.7	101.0	100.1	99.9	100.1	100.9	100.5	99.4	100.8
100.2	99.9	100.2	100.0	99.6	99.8	99.7	100.5	99.9
100.6	100.0	97.6	100.0	100.9	99.1	100.0	100.0	100.0

4-14 续表 1

（上月 =100）

类 别	Item	1 月 January	2 月 February	3 月 March
烟草制品业	**Manufacture of Tobacco**	**100.0**	**100.0**	**100.0**
卷烟制造	Cigarette Manufacturing	100.0	100.0	100.0
纺织业	**Manufacture of Textile**	**99.4**	**100.7**	**101.1**
棉纺织及印染精加工	Cotton and Textile Printing and Dyeing Finishing	98.6	100.7	100.4
麻纺织及染整精加工	Finishing of Linen Textile and Dyeing and Finishing	100.0	100.0	99.9
丝绢纺织及印染精加工	Silk and Textile Printing and Dyeing Finishing	99.6	100.7	101.3
纺织服装、服饰业	**Manufacture of Textile, Wearing Apparel and Accessories**	**107.8**	**99.5**	**100.3**
机织服装制造	Manufacture of Woven Garment	107.8	99.5	100.3
皮革、毛皮、羽毛及其制品和制鞋业	**Manufacture of Leather, Fur, Feather and Related Products and Footware**	**98.8**	**101.9**	**102.8**
羽毛（绒）加工及制品制造	Feather Processing and Its Products Manufacturing	99.2	102.9	104.7
制鞋业	Shoemaking Industry	98.2	100.5	100.0
木材加工和木、竹、藤、棕、草制品业	**Processing of Timber, Manufacture of Wood, Bamboo, Rattan, Palm and Straw Products**	**100.4**	**99.1**	**100.1**
木材加工	Manufacture of Wood	100.1	99.9	99.3
人造板制造	Artificial Plank Manufacturing	100.5	98.9	100.2
木质制品制造	Timber Product Manufacturing	99.1	100.2	101.4
竹、藤、棕、草等制品制造	Bamboo, Ratten, Palm and Grass Product Manufacturing	99.9	100.1	100.1
家具制造业	**Manufacture of Furniture**	**100.0**	**100.1**	**98.8**
木质家具制造	Manufacture of Wooden Furniture	100.0	100.1	98.8
造纸和纸制品业	**Manufacture of Paper and Paper Products**	**98.2**	**99.7**	**98.3**
纸浆制造	Paper Pulp Manufacturing	99.0	100.2	97.4
造纸	Paper Making	97.7	99.8	97.2
纸制品制造	Paper Products Manufacturing	98.9	99.4	100.7
印刷和记录媒介复制业	**Printing and Recording Media Reproduction Industry**	**100.2**	**100.1**	**99.1**
印刷	Painting	100.2	100.1	99.1
文教、工美、体育和娱乐用品制造业	**Manufacturing of Culture and Education, Arts and Crafts, Sporting and Entertainment Goods**	**100.3**	**99.6**	**99.5**
工艺美术及礼仪用品制造	Arts and Crafts and Etiquette Supplies Manufacturing	100.4	99.6	99.4
玩具制造	Manufacture of Toys	99.6	99.7	99.9
石油、煤炭及其他燃料加工业	**Petroleum, Coal & Other Fuel Processing Industry**	**96.3**	**101.2**	**99.1**
精炼石油产品制造	Refined Coking Petroleum Manufacturing	96.2	101.2	99.2
生物质燃料加工	Biomass Fuel Processing	101.6	101.0	95.2

continued

(last month=100)

4 月 April	5 月 May	6 月 June	7 月 July	8 月 August	9 月 September	10 月 October	11 月 November	12 月 December
100.0	**100.0**	**100.0**	**100.0**	**100.0**	**100.0**	**100.0**	**100.0**	**100.0**
100.0	100.0	100.0	100.0	100.0	100.0	100.0	100.0	100.0
100.0	**98.8**	**100.2**	**101.8**	**102.2**	**101.9**	**100.5**	**100.7**	**101.0**
99.9	100.2	100.3	101.6	98.8	99.5	100.0	100.0	100.0
100.0	100.3	98.2	98.7	99.6	98.6	99.4	99.7	100.2
100.0	98.3	100.3	101.9	103.3	102.7	100.6	100.9	101.3
101.1	**100.6**	**102.1**	**100.9**	**99.7**	**101.0**	**100.0**	**99.4**	**99.9**
101.1	100.6	102.1	100.9	99.7	101.0	100.0	99.4	99.9
99.5	**99.3**	**100.3**	**102.9**	**100.5**	**99.7**	**99.8**	**100.0**	**100.9**
99.4	98.6	100.0	104.3	101.5	99.5	99.6	100.0	101.4
99.7	100.2	100.7	100.8	99.1	100.0	100.0	100.2	100.2
99.0	**100.1**	**99.4**	**99.8**	**100.0**	**100.3**	**99.8**	**99.0**	**100.3**
99.5	100.8	99.4	100.0	100.5	100.0	99.3	100.4	101.4
98.8	99.9	99.3	99.7	100.0	100.4	99.9	98.6	100.1
99.9	100.1	99.9	101.8	99.2	99.2	100.0	100.1	99.8
99.7	100.0	100.0	100.0	100.0	100.0	100.0	99.7	100.0
100.0	**100.0**	**100.7**	**100.2**	**100.0**	**99.9**	**100.1**	**99.9**	**100.0**
100.0	100.0	100.7	100.2	100.0	99.9	100.1	99.9	100.0
97.2	**97.7**	**98.7**	**99.0**	**99.0**	**99.7**	**101.8**	**101.5**	**98.6**
91.6	90.0	97.5	98.9	99.5	100.3	103.7	105.3	101.2
97.4	97.9	98.2	98.5	98.5	99.6	102.5	101.7	97.6
98.3	99.3	99.8	99.8	99.6	99.7	100.0	100.2	100.0
100.5	**100.2**	**100.0**	**99.9**	**100.0**	**100.0**	**100.0**	**100.1**	**100.1**
100.5	100.2	100.0	99.9	100.0	100.0	100.0	100.1	100.1
100.2	**99.8**	**100.2**	**100.5**	**100.9**	**100.0**	**99.8**	**99.9**	**99.8**
100.2	99.9	100.2	100.5	101.0	99.8	99.8	99.8	99.8
100.1	99.4	100.2	100.1	100.1	101.4	100.0	100.0	100.0
98.7	**99.3**	**98.2**	**101.5**	**106.5**	**103.8**	**102.6**	**97.6**	**93.4**
98.9	99.1	98.2	101.6	106.4	103.9	102.6	97.7	93.3
87.7	108.7	100.9	98.7	109.3	96.4	99.5	96.6	99.5

4-14 续表 2

（上月 =100）

类 别	Item	1 月 January	2 月 February	3 月 March
化学原料和化学制品制造业	**Manufacture of Raw Chemical Materials and Chemical Products**	**99.3**	**99.2**	**99.4**
基础化学原料制造	Basic Chemical Material Manufacturing	98.1	97.4	97.8
肥料制造	Fertilizer Manufacture	101.4	100.3	99.9
农药制造	Pesticide Manufacturing	99.8	97.5	99.1
涂料、油墨、颜料及类似产品制造	Coating, Printing Ink, Pigment and The Similar Products Manufacture	99.7	100.7	100.8
合成材料制造	Compounded Material Manufacture	99.6	100.5	100.9
专用化学产品制造	Specialized Chemical Product Manufacture	99.0	100.4	100.3
日用化学产品制造	Daily Chemical Product Manufacture	100.2	100.0	98.9
医药制造业	**Manufacture of Medicines**	**101.0**	**99.3**	**101.5**
化学药品原料药制造	Manufacture of Chemical Raw Material Medicine	98.1	98.4	101.6
化学药品制剂制造	Chemical Medicine Agent Manufacture	99.1	99.4	100.2
中药饮片加工	Processing of Chinese Herbal Pieces	100.6	100.5	100.8
中成药生产	Chines Patent Medicine's Production	101.7	99.2	101.9
生物药品制品制造	Manufacturing of Biological Drug Products	99.7	99.6	99.1
卫生材料及医药用品制造	Sanitary Materials and Medical Supplies Manufacturing	99.4	99.8	100.0
橡胶和塑料制品业	**Manufacture of Rubber and Plastics Products**	**100.5**	**101.0**	**99.9**
橡胶制品业	Rubber Products Industry	103.3	104.5	100.9
塑料制品业	Plastic Products Industry	99.4	99.6	99.5
非金属矿物制品业	**Manufacture of Non-metallic Mineral Products**	**99.6**	**101.3**	**100.3**
水泥、石灰和石膏制造	Manufacture of Cement, Lime and Gesso	99.3	103.6	101.1
石膏、水泥制品及类似制品制造	Manufacture of Gesso, Cement and Similar Products	99.9	100.4	99.8
砖瓦、石材等建筑材料制造	Manufacture of Tile and Dimension Stone	99.7	100.3	100.0
玻璃制造	Manufacture of Glass	99.5	99.1	99.7
玻璃制品制造	Manufacture of Glass Products	100.0	97.8	100.2
陶瓷制品制造	Manufacture of Ceramics Products	99.3	99.9	99.9
石墨及其他非金属矿物制品制造	Manufacture of Graphite and Other Non-metallic Mineral Products	99.7	98.3	98.8
黑色金属冶炼和压延加工业	**Smelting and Pressing of Ferrous Metals**	**101.8**	**101.9**	**100.9**
炼钢	Steelmaking	97.6	102.2	99.5
钢压延加工	Steel Rolling Processing	102.5	102.0	101.1
铁合金冶炼	Ferroalloy Smelting	100.5	101.0	100.9

continued

（last month=100）

4 月 April	5 月 May	6 月 June	7 月 July	8 月 August	9 月 September	10 月 October	11 月 November	12 月 December
98.2	**98.4**	**96.9**	**97.7**	**99.3**	**101.8**	**101.5**	**98.7**	**98.9**
96.4	96.4	95.9	99.3	101.1	104.1	103.5	97.0	98.0
98.7	98.7	97.6	96.2	98.4	101.2	100.5	98.6	101.3
98.3	96.7	98.0	99.9	101.5	98.9	99.9	98.9	97.6
99.7	100.3	98.0	99.5	99.3	103.5	103.0	101.9	97.3
101.3	98.4	95.2	97.0	102.7	101.1	101.3	99.2	99.9
98.7	99.8	96.2	94.3	97.7	99.1	98.8	98.3	99.6
98.5	99.8	100.0	99.3	95.8	100.1	100.2	99.7	100.2
100.4	**100.1**	**100.2**	**100.3**	**101.2**	**100.2**	**100.1**	**100.1**	**100.0**
92.9	101.7	97.8	99.9	101.5	96.2	98.5	97.7	98.7
100.1	99.2	101.3	100.2	99.9	105.2	100.0	100.0	100.0
99.2	103.8	104.4	102.7	100.8	104.4	100.8	100.2	100.9
101.2	99.8	100.0	100.2	101.5	99.8	100.3	100.3	100.1
103.6	99.8	100.0	100.6	100.9	100.0	99.7	100.6	100.6
100.2	99.6	99.6	99.6	99.1	99.1	99.5	100.0	99.1
100.7	**96.4**	**94.4**	**96.9**	**100.5**	**99.5**	**101.4**	**101.7**	**100.1**
102.0	91.2	84.8	91.1	102.6	101.5	106.4	102.9	100.3
100.1	98.7	98.3	98.9	99.8	98.9	99.7	101.2	100.0
100.5	**98.0**	**95.1**	**95.7**	**98.9**	**98.8**	**99.2**	**100.9**	**100.6**
101.5	95.5	88.4	89.7	97.2	96.9	100.4	104.3	102.0
100.0	99.5	97.6	97.9	99.6	98.8	97.1	98.6	99.6
100.2	99.9	100.6	99.6	99.2	101.1	100.9	100.6	101.2
100.9	100.2	104.9	99.5	99.5	101.3	98.7	99.4	100.5
100.0	104.2	100.0	100.0	100.0	100.0	100.0	100.3	100.0
99.3	99.8	99.4	99.7	100.2	100.3	100.0	99.7	98.9
98.9	95.7	98.5	98.0	99.6	99.6	99.6	99.8	99.4
99.3	**94.8**	**97.5**	**100.5**	**99.9**	**99.8**	**100.1**	**100.5**	**101.9**
101.3	95.9	99.7	98.8	94.8	97.3	103.5	99.2	97.9
99.1	94.2	97.2	101.0	100.7	100.1	99.7	100.7	102.8
99.1	98.5	97.0	97.9	98.4	100.0	100.4	100.1	98.0

4-14　续表 3

（上月 =100）

类　别	Item	1 月 January	2 月 February	3 月 March
有色金属冶炼和压延加工业	**Smelting and Pressing of Non-ferrous Metals**	**99.5**	**101.7**	**99.1**
常用有色金属冶炼	General Non-ferrous Metal Coking	99.7	102.0	99.1
稀有稀土金属冶炼	Smelting of Rare and Rare Earth Metals	93.5	106.5	86.9
有色金属合金制造	Non-ferrous Metal Alloy Manufacture	100.3	100.3	99.9
有色金属压延加工	Non-ferrous Metal Rolling Processing	98.8	100.8	99.8
金属制品业	**Manufacture of Metal Products**	**99.8**	**100.1**	**99.8**
结构性金属制品制造	Structural Metal Product	100.1	100.4	99.6
集装箱及金属包装容器制造	Manufacturing of Containers and Metal Packaging Containers	100.0	98.4	100.0
金属制日用品制造	Manufacture of Metal Commodity	99.0	100.2	100.0
铸造及其他金属制品制造	Casting and Other Metal Product Manufacturing	99.4	100.0	100.0
通用设备制造业	**Manufacture of General Purpose Machinery**	**102.2**	**100.0**	**98.9**
锅炉及原动设备制造	Boiler and Original Equipment Manufacturing	103.3	100.0	98.6
物料搬运设备制造	Manufacture of Material Handling Equipment	100.0	100.1	100.0
泵、阀门、压缩机及类似机械制造	Pump, Valve, Compressor and Its Similar Mechanical Manufacture	98.7	100.1	99.9
轴承、齿轮和传动部件制造	Bearings, Gears and Transmission Components Manufacturing	100.0	100.4	100.0
通用零部件制造	Metal Casting and Forging	99.9	99.7	99.1
专用设备制造业	**Manufacture of Special Purpose Machinery**	**99.1**	**99.4**	**99.9**
采矿、冶金、建筑专用设备制造	Mining, Metallurgy, Building Special Equipment Manufacture	98.9	99.4	99.9
化工、木材、非金属加工专用设备制造	Chemical Engineering, Timber, Non-Metal Processed Special Equipments Manufacture	100.0	99.5	100.0
农、林、牧、渔专用机械制造	Agriculture, Forestry Animal Husbandry and Fishery Specific Machinery Manufacture	99.9	100.1	100.1
医疗仪器设备及器械制造	Medical Equipment and Device Manufacturers	98.3	97.2	99.3
环保、邮政、社会公共服务及其他专用设备制造	Manufacturing of Environmental Protection,Postal, Social Public Services,and Other Equipment	100.0	100.0	100.0
汽车制造业	**Manufacture of Automobiles**	**100.0**	**99.9**	**100.0**
汽车整车制造	Manufacture of Automobiles	100.0	100.0	100.0
汽车用发动机制造	Automobile Engine Manufacturing	100.0	99.3	100.0
改装汽车制造	Manufacture of Automobile Making	100.0	101.6	100.1
汽车零部件及配件制造	Manufacture of Auto Parts and Accessories	100.0	99.7	100.0

continued

(last month=100)

4 月 April	5 月 May	6 月 June	7 月 July	8 月 August	9 月 September	10 月 October	11 月 November	12 月 December
99.8	**98.2**	**99.4**	**100.2**	**100.7**	**101.7**	**100.0**	**100.2**	**99.9**
100.1	97.9	99.4	100.4	100.8	101.8	99.7	100.6	100.2
82.4	95.1	96.6	96.1	97.1	98.8	99.1	96.9	91.5
100.1	99.5	99.5	100.9	100.6	99.1	100.9	99.7	100.1
99.8	99.2	99.3	99.4	100.7	102.2	100.6	99.2	99.4
100.0	**99.8**	**99.3**	**99.8**	**98.9**	**99.1**	**100.0**	**99.9**	**100.9**
100.0	99.7	98.9	100.0	98.3	98.6	100.0	99.9	101.4
100.0	99.5	100.5	99.4	97.9	100.0	100.0	99.7	100.3
100.0	100.0	100.0	100.6	100.0	100.0	100.0	100.0	100.0
99.8	100.0	99.4	99.1	100.5	99.5	100.0	100.0	100.0
99.9	**100.0**	**100.8**	**99.8**	**99.8**	**100.1**	**100.0**	**100.0**	**99.7**
99.9	100.1	101.4	100.0	99.8	100.1	100.0	100.0	99.6
100.2	99.9	100.2	99.4	100.1	100.2	100.0	100.0	100.5
100.4	99.9	99.0	99.3	99.9	100.0	100.0	100.3	100.0
100.0	99.7	99.7	100.0	100.0	99.9	99.8	100.5	100.3
99.9	99.9	99.4	99.3	99.7	100.0	100.3	99.9	99.7
100.2	**99.7**	**100.5**	**100.0**	**99.9**	**100.1**	**100.2**	**100.1**	**99.5**
100.2	100.2	100.5	100.0	99.9	100.1	100.2	100.2	99.3
100.0	100.0	100.3	100.0	100.0	100.0	100.0	100.0	100.0
100.0	100.8	100.0	99.8	99.8	100.0	100.9	99.0	101.9
101.3	92.9	101.6	100.2	99.9	100.1	100.6	100.0	100.0
100.0	100.0	100.0	100.0	100.0	100.0	100.0	100.0	100.0
100.0	**99.8**	**99.7**	**99.8**	**100.0**	**100.0**	**100.0**	**100.1**	**99.9**
100.0	100.0	100.0	99.9	100.1	100.0	100.0	100.0	99.6
100.2	100.2	101.2	101.0	98.8	99.6	99.6	100.5	100.3
101.6	100.9	100.1	103.2	100.6	99.7	99.0	101.8	99.0
100.0	99.3	99.2	99.5	99.9	100.0	100.0	100.0	100.2

4-14 续表 4

（上月 =100）

类 别	Item	1 月 January	2 月 February	3 月 March
铁路、船舶、航空航天和其他运输设备制造业	**Manufacture of Railway, Ship, Aerospace and Other Transport Equipments**	**100.3**	**99.5**	**100.0**
城市轨道交通设备制造	Manufacturing of Urban Rail Transit Equipment	100.0	100.0	100.0
助动车制造	Moped manufacturing	100.5	99.0	100.0
电气机械和器材制造业	**Manufacture of Electrical Machinery and Apparatus**	**99.6**	**99.9**	**100.4**
电机制造	Manufacture of Motor	100.1	100.5	98.7
输配电及控制设备制造	Electricity Mixed and Control Equipments Manufacture	100.1	100.0	100.0
电线、电缆、光缆及电工器材制造	Manufacture of Wire, Cable, Optical Cable and Electrical Equipment	98.9	100.4	102.2
电池制造	Manufacture of Battery	100.0	98.6	97.8
计算机、通信和其他电子设备制造业	**Manufacture of Computers, Communication and Other Electronic Equipment**	**99.7**	**99.3**	**100.1**
计算机制造	Manufacture of Computers	98.6	98.8	100.9
通信设备制造	Manufacture of Communication Equipment	99.7	99.4	99.9
非专业视听设备制造	Non Professional Audio-visual Equipment Manufacturing	102.1	99.8	100.1
电子器件制造	Manufacture of Electronic Device	99.6	99.3	100.4
电子元件及电子专用材料制造	Manufacture of Electronic Components and Special Materials	100.0	99.3	99.6
其他电子设备制造	Manufacture of Other Electronic Equipment	100.2	100.4	100.0
仪器仪表制造业	**Manufacture of Measuring Instruments and Machinery**	**100.0**	**100.0**	**100.0**
通用仪器仪表制造	Manufacture of General Instrument	100.0	100.0	100.0
钟表与计时仪器制造	Manufacture of Timepiece and Time Keeping nstrument	100.0	100.0	100.0
废弃资源综合利用业	**Utilization of Waste Resources**	100.9	102.0	99.9
金属废料和碎屑加工处理	Metal Waste and Scrap Processing	100.8	102.4	99.7
非金属废料和碎屑加工处理	Processing and Disposal of Non-metallic Wastes and Debris	101.8	98.4	102.3
电力、热力生产和供应业	**Production and Supply of Electric Power and Heat Power**	**99.8**	**106.4**	**95.6**
电力生产	Electric Power Production	100.0	101.9	99.9
电力供应	Electric Power Supply	99.7	108.8	93.6
热力生产和供应	Thermal Production and Supply	95.9	99.0	96.8
燃气生产和供应业	**Production and Supply of Gas**	**99.1**	**102.1**	**99.7**
燃气生产和供应业	Gas production and supply industry	99.1	102.1	99.7
水的生产和供应业	**Production and Supply of Water**	**100.0**	**100.0**	**100.0**
自来水生产和供应	Production and Supply of Tap Water	100.0	100.0	100.0

continued

（last month=100）

4月 April	5月 May	6月 June	7月 July	8月 August	9月 September	10月 October	11月 November	12月 December
100.0	**100.1**	**99.6**	**99.2**	**100.4**	**100.6**	**99.5**	**100.0**	**100.4**
100.0	100.0	100.0	100.0	100.0	100.0	100.0	100.0	100.0
100.0	100.2	99.3	98.3	100.8	101.2	99.0	100.0	100.9
98.7	**99.0**	**100.9**	**99.8**	**100.5**	**99.9**	**100.6**	**98.8**	**100.4**
100.3	100.3	100.4	99.8	99.6	100.2	99.8	99.8	99.6
99.8	100.1	100.1	100.3	99.6	99.9	100.0	99.9	100.1
97.8	98.5	102.1	99.1	101.1	100.1	101.4	97.9	101.4
98.7	97.7	99.4	100.5	100.7	99.3	100.0	98.9	99.2
100.0	**99.9**	**100.0**	**100.0**	**100.0**	**100.3**	**99.7**	**100.0**	**100.0**
99.5	100.4	99.4	100.3	99.4	99.9	99.8	99.8	100.1
98.9	99.1	100.8	99.7	100.0	99.4	100.1	99.1	100.0
97.5	99.2	103.5	95.4	99.3	102.4	101.7	100.7	98.6
96.2	100.7	100.1	99.8	103.8	100.1	99.4	100.1	99.5
101.4	99.4	99.9	100.4	99.5	100.3	99.4	100.1	100.4
102.2	102.0	98.7	101.3	100.7	101.1	100.0	100.0	98.7
100.0	**100.0**	**100.0**	**100.0**	**100.0**	**100.0**	**100.0**	**100.0**	**100.0**
100.0	100.0	100.0	100.0	100.0	100.0	100.0	100.0	100.0
100.0	100.0	100.0	100.0	100.0	100.0	100.0	100.0	100.0
99.3	98.0	98.1	99.3	101.1	100.0	100.2	100.0	100.7
99.4	97.8	98.0	99.4	101.2	100.0	100.5	99.9	100.6
98.6	99.8	99.4	98.2	99.8	100.2	97.0	101.5	101.5
96.9	**103.4**	**95.7**	**100.8**	**100.9**	**100.0**	**100.9**	**97.8**	**100.4**
100.1	101.2	99.5	100.1	99.8	100.3	100.3	98.9	99.8
95.1	104.6	93.7	101.3	101.5	99.9	101.2	97.1	100.8
100.2	96.3	96.7	91.9	100.8	98.6	102.5	103.3	98.8
95.9	**98.1**	**95.0**	**98.4**	**104.2**	**103.6**	**101.0**	**100.8**	**100.6**
95.9	98.1	95.0	98.4	104.2	103.6	101.0	100.8	100.6
100.0	**100.0**	**100.0**	**100.2**	**100.0**	**100.0**	**100.0**	**100.0**	**100.0**
100.0	100.0	100.0	100.2	100.0	100.0	100.0	100.0	100.0

4-15 按行业分工业生产者出厂价格月度同比指数（2023 年）

（上年同月 =100）

类　别	Item	1 月 January	2 月 February	3 月 March
煤炭开采和洗选业	**Mining and Washing of Coal**	**94.9**	**102.1**	**101.6**
烟煤和无烟煤开采洗选	Mining and Washing of Bituminous and Anthracite	94.9	102.1	101.6
石油和天然气开采业	**Extraction of Petroleum and Natural Gas**	**117.4**	**97.0**	**85.7**
石油开采	Extraction of Petroleum	117.4	97.0	85.7
黑色金属矿采选业	**Mining and Processing of Ferrous Metal Ores**	**99.0**	**100.0**	**87.4**
锰矿、铬矿采选	Manganese Ore, Chrome Ore by Mining and Beneficiation	99.0	100.0	87.4
有色金属矿采选业	**Mining and Processing of Non-Ferrous Metal Ores**	**106.5**	**105.7**	**106.1**
常用有色金属矿采选	Mining and Processing of Common Non-Ferrous Metal Ores	106.5	105.7	106.1
非金属矿采选业	**Mining and Processing of Non-Metal Ores**	**95.6**	**95.2**	**96.9**
土砂石开采	Extraction of Soil Gravel	95.6	95.2	96.9
农副食品加工业	**Processing of Food from Agricultural Products**	**107.1**	**106.3**	**102.7**
谷物磨制	Cereal Whetted	99.0	100.0	99.9
饲料加工	Forage Processed	111.7	115.1	111.4
植物油加工	Planting-Oil Processed	111.7	104.9	95.2
制糖业	Sugar Industry	99.6	100.5	101.6
屠宰及肉类加工	Slaughtered Meta and Meat Processes	102.6	101.5	105.8
水产品加工	Fishery Product Processed	102.8	102.6	100.7
蔬菜、菌类、水果和坚果加工	Vegetables, Fungi, Fruits and Nuts Processing	94.6	91.8	89.5
其他农副食品加工	Other Farm and Side-line Food Processed	108.2	104.4	101.8
食品制造业	**Manufacture of Foods**	**103.4**	**102.4**	**101.4**
焙烤食品制造	Baked Food Manufacturing	101.9	102.0	100.9
糖果、巧克力及蜜饯制造	Candy, Chocolate and Candied Fruit Production	99.3	100.4	100.3
方便食品制造	Convenient Food Manufacturing	98.0	98.1	98.1
乳制品制造	Dairy Products Manufacturing	104.9	104.9	104.6
罐头食品制造	Canned Food Manufacturing	100.3	97.2	96.8
调味品、发酵制品制造	Condiment, Ferment Product Manufacturing	108.0	104.8	103.1
其他食品制造	Other Food Manufacturing	103.7	102.5	101.2
酒、饮料和精制茶制造业	**Manufacture of Liquor, Beverages and Refined Tea**	**102.1**	**102.4**	**101.2**
酒的制造	Manufacture of Wine	100.9	102.0	99.8
饮料制造	Beverage Manufacturing	102.7	102.2	101.3
精制茶加工	Refined-tea Process	103.8	103.6	103.8

Year-over-year Producer Price Indices for Industrial Products by Sector（2023）

（same month of preceding year=100）

4月 April	5月 May	6月 June	7月 July	8月 August	9月 September	10月 October	11月 November	12月 December
100.6	**97.0**	**94.2**	**82.9**	**82.7**	**87.6**	**87.2**	**90.1**	**91.4**
100.6	97.0	94.2	82.9	82.7	87.6	87.2	90.1	91.4
68.1	**84.6**	**67.7**	**61.4**	**73.9**	**92.5**	**109.9**	**101.5**	**96.2**
68.1	84.6	67.7	61.4	73.9	92.5	109.9	101.5	96.2
83.9	**82.8**	**78.5**	**80.8**	**88.2**	**89.8**	**90.7**	**91.8**	**87.0**
83.9	82.8	78.5	80.8	88.2	89.8	90.7	91.8	87.0
102.4	**100.8**	**100.4**	**100.8**	**96.9**	**100.3**	**99.8**	**101.5**	**99.8**
102.4	100.8	100.4	100.8	96.9	100.3	99.8	101.5	99.8
98.3	**98.3**	**97.8**	**97.7**	**98.4**	**98.6**	**98.9**	**97.0**	**94.8**
98.3	98.3	97.8	97.7	98.4	98.6	98.9	97.0	94.8
100.9	**100.2**	**98.5**	**99.6**	**101.5**	**102.3**	**99.4**	**97.5**	**96.7**
100.0	100.5	99.9	100.3	100.2	101.1	101.2	100.8	100.8
108.4	108.2	106.9	105.4	106.4	106.8	104.7	101.9	100.4
90.8	88.5	83.9	89.8	94.0	93.6	87.1	84.3	82.1
103.1	104.0	104.5	105.0	106.0	110.1	110.9	110.6	108.9
103.5	99.7	98.9	91.0	94.4	92.3	86.5	82.1	89.9
99.4	101.7	100.7	100.8	100.1	98.9	97.4	98.0	96.9
89.9	87.6	86.7	89.2	88.2	88.2	87.8	87.3	88.6
101.7	100.9	99.8	101.1	101.8	102.8	102.9	102.9	103.6
99.0	**96.4**	**95.6**	**95.4**	**97.7**	**98.2**	**98.0**	**98.1**	**97.6**
98.3	98.3	98.3	98.0	99.2	98.5	99.3	99.2	99.7
98.0	98.4	100.1	102.2	103.0	103.1	102.8	107.6	107.7
99.6	97.4	95.6	96.0	96.6	96.9	98.3	100.7	100.9
101.4	101.2	101.5	101.5	101.5	100.4	100.4	100.4	100.4
95.6	94.0	93.9	94.0	92.6	92.8	90.3	90.8	92.2
102.9	101.7	102.7	102.7	100.3	100.1	98.6	98.8	97.9
95.7	89.6	87.0	86.3	93.6	96.1	95.9	94.4	92.9
100.8	**100.4**	**99.4**	**99.3**	**99.3**	**99.9**	**100.4**	**100.2**	**101.5**
98.3	98.4	98.0	98.1	98.2	100.0	101.3	100.6	104.2
101.9	102.1	101.1	100.9	100.3	100.2	100.0	100.8	100.5
104.3	101.7	99.3	99.3	100.2	99.2	99.2	98.7	98.1

4-15 续表 1

（上年同月 =100）

类　别	Item	1 月 January	2 月 February	3 月 March
烟草制品业	**Manufacture of Tobacco**	**100.0**	**100.0**	**100.0**
卷烟制造	Cigarette Manufacturing	100.0	100.0	100.0
纺织业	**Manufacture of Textile**	**99.4**	**100.2**	**101.4**
棉纺织及印染精加工	Cotton and Textile Printing and Dyeing Finishing	100.3	102.1	101.3
麻纺织及染整精加工	Finishing of Linen Textile and Dyeing and Finishing	99.3	99.3	99.3
丝绢纺织及印染精加工	Silk and Textile Printing and Dyeing Finishing	99.2	99.7	101.5
纺织服装、服饰业	**Manufacture of Textile, Wearing Apparel and Accessories**	**114.1**	**113.0**	**114.1**
机织服装制造	Manufacture of Woven Garment	114.1	113.0	114.1
皮革、毛皮、羽毛及其制品和制鞋业	**Manufacture of Leather, Fur, Feather and Related Products and Footware**	**96.6**	**99.4**	**103.4**
羽毛（绒）加工及制品制造	Feather Processing and Its Products Manufacturing	93.0	97.2	104.1
制鞋业	Shoemaking Industry	101.7	102.4	102.3
木材加工和木、竹、藤、棕、草制品业	**Processing of Timber, Manufacture of Wood, Bamboo, Rattan, Palm and Straw Products**	**100.0**	**99.1**	**98.5**
木材加工	Manufacture of Wood	99.3	98.8	97.5
人造板制造	Artificial Plank Manufacturing	100.1	99.0	98.5
木质制品制造	Timber Product Manufacturing	101.8	102.2	104.3
竹、藤、棕、草等制品制造	Bamboo, Ratten, Palm and Grass Product Manufacturing	101.2	101.4	101.2
家具制造业	**Manufacture of Furniture**	**102.1**	**100.9**	**99.4**
木质家具制造	Manufacture of Wooden Furniture	102.1	100.9	99.4
造纸和纸制品业	**Manufacture of Paper and Paper Products**	**101.3**	**99.9**	**97.9**
纸浆制造	Paper Pulp Manufacturing	121.4	122.1	117.4
造纸	Paper Making	98.4	96.4	93.5
纸制品制造	Paper Products Manufacturing	101.8	101.1	101.9
印刷和记录媒介复制业	**Printing and Recording Media Reproduction Industry**	**99.0**	**99.0**	**98.0**
印刷	Painting	99.0	99.0	98.0
文教、工美、体育和娱乐用品制造业	**Manufacturing of Culture and Education, Arts and Crafts, Sporting and Entertainment Goods**	**101.5**	**101.0**	**100.8**
工艺美术及礼仪用品制造	Arts and Crafts and Etiquette Supplies Manufacturing	101.3	101.0	100.8
玩具制造	Manufacture of Toys	102.7	101.1	101.0
石油、煤炭及其他燃料加工业	**Petroleum, Coal & Other Fuel Processing Industry**	**105.8**	**101.2**	**91.5**
精炼石油产品制造	Refined Coking Petroleum Manufacturing	105.9	101.1	91.5
生物质燃料加工	Biomass Fuel Processing	98.1	104.4	92.6

continued

（same month of preceding year=100）

4 月 April	5 月 May	6 月 June	7 月 July	8 月 August	9 月 September	10 月 October	11 月 November	12 月 December
100.0	**100.0**	**100.0**	**100.0**	**100.0**	**100.0**	**100.0**	**100.0**	**100.0**
100.0	100.0	100.0	100.0	100.0	100.0	100.0	100.0	100.0
101.3	**105.8**	**105.2**	**105.9**	**107.7**	**107.8**	**106.8**	**107.3**	**108.5**
97.8	97.2	98.0	100.5	100.7	98.9	99.3	100.6	100.0
98.9	99.1	97.5	97.1	95.8	94.4	93.7	94.5	94.7
102.5	108.9	107.8	108.0	110.4	111.1	109.6	109.7	111.5
114.5	**115.5**	**117.9**	**119.7**	**120.3**	**121.6**	**118.2**	**114.8**	**112.8**
114.5	115.5	117.9	119.7	120.3	121.6	118.2	114.8	112.8
104.5	**102.3**	**101.5**	**103.9**	**104.7**	**106.3**	**105.6**	**102.6**	**106.4**
106.5	103.9	102.4	106.9	110.4	111.0	110.6	105.2	111.4
101.5	100.0	100.1	99.7	97.2	99.9	99.0	98.8	99.6
97.4	**97.5**	**98.1**	**98.7**	**98.6**	**98.7**	**98.2**	**97.2**	**97.2**
96.8	97.2	97.0	97.9	98.1	97.7	97.5	99.7	100.6
97.2	97.4	98.2	98.7	98.7	98.9	98.3	96.5	96.3
103.2	102.7	101.5	104.3	101.1	100.3	99.9	100.6	100.5
100.5	100.9	101.3	100.6	100.3	99.1	98.6	98.2	99.4
99.3	**99.3**	**100.0**	**100.2**	**100.2**	**100.3**	**100.4**	**99.6**	**99.6**
99.3	99.3	100.0	100.2	100.2	100.3	100.4	99.6	99.6
94.4	**91.9**	**88.7**	**87.3**	**87.1**	**87.0**	**88.6**	**90.0**	**89.6**
106.2	93.6	84.5	80.5	77.9	78.0	80.2	83.9	84.9
90.3	88.5	85.2	83.5	83.7	83.7	86.5	88.3	87.4
100.0	98.3	97.4	97.5	97.2	96.8	95.3	95.4	95.7
98.6	**98.9**	**99.4**	**99.1**	**99.5**	**99.9**	**100.1**	**100.1**	**100.2**
98.6	98.9	99.4	99.1	99.5	99.9	100.1	100.1	100.2
101.0	**99.8**	**99.9**	**99.7**	**100.8**	**101.2**	**100.5**	**99.8**	**100.4**
101.0	99.8	99.9	99.7	100.9	101.2	100.4	99.7	100.4
101.1	100.0	100.0	100.0	99.9	100.8	100.5	100.4	100.4
88.0	**86.6**	**78.3**	**82.2**	**92.9**	**98.3**	**103.2**	**97.7**	**97.5**
88.2	86.7	78.3	82.1	92.9	98.5	103.4	97.8	97.6
77.1	80.2	76.5	86.9	94.8	86.9	90.4	93.4	93.6

4-15 续表 2

（上年同月 =100）

类 别	Item	1 月 January	2 月 February	3 月 March
化学原料和化学制品制造业	**Manufacture of Raw Chemical Materials and Chemical roducts**	**96.5**	**94.5**	**91.8**
基础化学原料制造	Basic Chemical Material Manufacturing	104.9	98.4	90.7
肥料制造	Fertilizer Manufacture	102.2	100.1	99.2
农药制造	Pesticide Manufacturing	92.9	94.5	94.8
涂料、油墨、颜料及类似产品制造	Coating, Printing Ink, Pigment and The Similar Products Manufacture	84.8	85.0	85.5
合成材料制造	Compounded Material Manufacture	89.6	91.4	91.8
专用化学产品制造	Specialized Chemical Product Manufacture	87.4	88.0	88.1
日用化学产品制造	Daily Chemical Product Manufacture	102.5	102.5	101.4
医药制造业	**Manufacture of Medicines**	**101.7**	**99.4**	**100.9**
化学药品原料药制造	Manufacture of Chemical Raw Material Medicine	90.8	86.3	87.1
化学药品制剂制造	Chemical Medicine Agent Manufacture	99.7	99.0	99.9
中药饮片加工	Processing of Chinese Herbal Pieces	105.3	104.4	104.3
中成药生产	Chines Patent Medicine's Production	103.2	100.7	102.8
生物药品制品制造	Manufacturing of Biological Drug Products	101.6	100.9	98.6
卫生材料及医药用品制造	Sanitary Materials and Medical Supplies Manufacturing	94.3	93.0	93.0
橡胶和塑料制品业	**Manufacture of Rubber and Plastics Products**	**104.6**	**104.8**	**104.5**
橡胶制品业	Rubber Products Industry	126.6	128.4	130.1
塑料制品业	Plastic Products Industry	97.2	96.8	95.8
非金属矿物制品业	**Manufacture of Non-metallic Mineral Products**	**87.9**	**91.2**	**92.0**
水泥、石灰和石膏制造	Manufacture of Cement, Lime and Gesso	82.2	91.1	91.9
石膏、水泥制品及类似制品制造	Manufacture of Gesso, Cement and Similar Products	84.1	84.9	86.3
砖瓦、石材等建筑材料制造	Manufacture of Tile and Dimension Stone	95.6	96.4	97.5
玻璃制造	Manufacture of Glass	87.9	88.1	88.4
玻璃制品制造	Manufacture of Glass Products	105.5	101.9	98.0
陶瓷制品制造	Manufacture of Ceramics Products	98.2	96.5	97.4
石墨及其他非金属矿物制品制造	Manufacture of Graphite and Other Non-metallic Mineral Products	110.2	107.2	103.7
黑色金属冶炼和压延加工业	**Smelting and Pressing of Ferrous Metals**	**88.5**	**88.3**	**88.7**
炼钢	Steelmaking	92.2	89.3	89.0
钢压延加工	Steel Rolling Processing	88.4	88.6	88.6
铁合金冶炼	Ferroalloy Smelting	84.9	84.6	88.0

continued

（same month of preceding year=100）

4月 April	5月 May	6月 June	7月 July	8月 August	9月 September	10月 October	11月 November	12月 December
89.0	**87.7**	**84.6**	**83.7**	**86.6**	**89.7**	**90.4**	**90.0**	**89.8**
85.3	81.8	77.4	78.2	83.9	88.3	88.8	86.0	85.7
95.5	92.9	89.2	85.3	83.6	86.7	87.9	91.8	92.9
94.4	91.2	88.9	88.3	89.2	88.9	89.5	88.7	86.8
84.9	85.5	83.9	84.3	91.2	98.3	103.3	105.9	103.7
90.7	89.8	84.8	86.1	92.7	94.5	95.2	94.9	97.0
87.4	89.6	87.2	84.1	85.0	85.6	84.6	83.3	83.3
99.0	97.5	97.5	96.7	92.4	92.5	92.9	92.8	93.0
101.3	**101.1**	**101.3**	**101.8**	**103.7**	**103.6**	**103.6**	**104.2**	**104.7**
80.6	79.9	79.5	78.9	82.3	80.1	78.7	80.1	83.8
100.1	98.9	100.0	100.1	100.0	105.1	104.5	104.4	104.5
102.8	105.4	110.1	113.1	114.3	117.7	118.5	119.9	120.5
104.0	103.9	103.7	104.0	106.0	105.3	105.6	105.9	105.9
101.9	101.8	101.8	102.4	103.3	103.3	102.9	103.4	104.2
94.4	91.9	93.0	95.4	96.7	95.0	94.8	95.5	95.0
103.5	**99.8**	**94.0**	**91.4**	**91.1**	**89.8**	**91.1**	**92.7**	**92.9**
128.8	114.2	96.2	85.8	83.7	81.1	86.4	89.2	89.5
94.9	94.6	92.9	93.1	93.7	93.2	92.9	94.0	94.2
92.4	**93.8**	**93.6**	**93.0**	**94.0**	**93.0**	**88.6**	**88.4**	**89.0**
91.7	93.1	93.2	90.6	93.6	89.8	78.9	78.6	80.4
87.9	92.1	92.0	92.1	92.9	92.7	89.8	89.8	89.3
98.1	97.3	98.4	99.8	99.2	99.9	101.9	102.1	103.4
90.9	92.2	97.4	97.9	97.7	102.3	100.9	103.0	103.2
98.0	102.2	102.2	102.2	102.2	102.2	102.2	102.4	102.4
97.2	95.4	95.1	96.6	97.4	96.6	96.7	96.9	96.5
99.5	93.1	91.3	90.5	90.6	90.6	87.9	86.8	86.7
86.1	**81.9**	**83.3**	**89.5**	**94.5**	**95.5**	**95.5**	**96.9**	**98.7**
83.7	82.1	83.0	89.6	93.2	91.0	94.8	89.9	88.1
86.0	81.1	82.7	89.5	94.9	96.1	95.6	98.2	100.8
88.9	88.4	89.1	89.2	91.9	94.9	94.6	94.2	92.1

4-15 续表 3

（上年同月 =100）

类 别	Item	1 月 January	2 月 February	3 月 March
有色金属冶炼和压延加工业	**Smelting and Pressing of Non-ferrous Metals**	**96.1**	**95.9**	**93.0**
常用有色金属冶炼	General Non-ferrous Metal Coking	96.4	96.7	94.3
稀有稀土金属冶炼	Smelting of Rare and Rare Earth Metals	107.4	110.2	81.3
有色金属合金制造	Non-ferrous Metal Alloy Manufacture	98.8	99.4	98.5
有色金属压延加工	Non-ferrous Metal Rolling Processing	93.3	91.3	88.8
金属制品业	**Manufacture of Metal Products**	**102.0**	**101.3**	**100.7**
结构性金属制品制造	Structural Metal Product	101.3	101.7	101.3
集装箱及金属包装容器制造	Manufacturing of Containers and Metal Packaging Containers"	106.6	100.5	99.5
金属制日用品制造	Manufacture of Metal Commodity	99.2	99.1	99.1
铸造及其他金属制品制造	Casting and Other Metal Product Manufacturing	102.3	101.5	100.5
通用设备制造业	**Manufacture of General Purpose Machinery**	**102.5**	**102.5**	**101.3**
锅炉及原动设备制造	Boiler and Original Equipment Manufacturing	103.6	103.6	102.1
物料搬运设备制造	Manufacture of Material Handling Equipment	100.8	100.7	100.4
泵、阀门、压缩机及类似机械制造	Pump, Valve, Compressor and Its Similar Mechanical Manufacture"	98.6	100.0	99.9
轴承、齿轮和传动部件制造	Bearings, Gears and Transmission Components Manufacturing"	100.1	100.5	100.4
通用零部件制造	Metal Casting and Forging	99.7	99.3	98.2
专用设备制造业	**Manufacture of Special Purpose Machinery**	**99.1**	**98.2**	**98.2**
采矿、冶金、建筑专用设备制造	Mining, Metallurgy, Building Special Equipment Manufacture	97.6	96.6	96.6
化工、木材、非金属加工专用设备制造	Chemical Engineering, Timber, Non-Metal Processed Special Equipments Manufacture	100.0	99.5	99.5
农、林、牧、渔专用机械制造	Agriculture, Forestry Animal Husbandry and Fishery Specific Machinery Manufacture	99.7	100.0	100.0
医疗仪器设备及器械制造	Medical Equipment and Device Manufacturers	115.7	112.4	113.2
环保、邮政、社会公共服务及其他专用设备制造	Manufacturing of Environmental Protection,Postal, Social Public Services,and Other Equipment	100.0	100.0	100.0
汽车制造业	**Manufacture of Automobiles**	**99.2**	**99.1**	**100.0**
汽车整车制造	Manufacture of Automobiles	99.8	99.2	99.9
汽车用发动机制造	Automobile Engine Manufacturing	99.3	99.3	99.3
改装汽车制造	Manufacture of Automobile Making	96.2	97.7	99.4
汽车零部件及配件制造	Manufacture of Auto Parts and Accessories	98.4	98.9	100.3

continued

（same month of preceding year=100）

4 月 April	5 月 May	6 月 June	7 月 July	8 月 August	9 月 September	10 月 October	11 月 November	12 月 December
92.0	**91.8**	**92.4**	**99.3**	**99.5**	**101.0**	**101.4**	**101.3**	**100.3**
92.8	91.9	92.9	100.6	100.4	101.6	101.7	102.1	101.5
68.2	64.3	60.9	59.6	57.9	64.3	63.6	59.1	53.0
96.6	97.7	99.8	100.8	101.3	100.1	102.7	101.6	100.9
90.2	92.1	92.1	98.2	99.8	101.4	102.6	101.7	99.4
100.4	**99.0**	**97.0**	**96.6**	**95.9**	**95.3**	**96.2**	**96.5**	**97.2**
101.3	99.3	97.3	97.3	95.7	94.9	95.8	95.6	97.0
97.4	97.0	94.2	93.6	93.1	93.1	94.9	96.0	95.8
99.1	97.6	97.6	98.1	99.5	99.8	100.0	99.9	99.7
100.5	99.7	98.0	96.1	96.6	96.1	96.8	97.5	97.8
101.2	**101.0**	**102.0**	**102.4**	**102.2**	**102.6**	**102.5**	**101.7**	**101.5**
102.0	101.6	103.0	103.9	103.7	104.4	104.4	103.1	102.7
100.6	100.7	100.9	100.3	100.2	100.4	100.4	100.1	100.6
100.6	100.2	99.5	98.7	98.8	98.8	97.7	97.3	97.6
100.4	100.9	101.1	101.1	100.7	99.6	99.6	100.0	100.3
98.0	97.8	97.7	97.1	96.6	96.5	96.6	96.7	96.9
98.2	**98.2**	**98.6**	**98.6**	**98.3**	**99.0**	**98.5**	**98.9**	**98.6**
96.5	97.2	97.6	97.8	97.7	98.7	98.7	99.0	98.6
99.5	99.5	99.8	99.8	99.8	99.8	99.8	99.8	99.8
99.6	100.5	100.5	100.3	100.3	99.6	100.5	100.5	102.0
114.3	103.5	104.3	103.1	98.1	97.5	91.0	92.6	91.4
100.0	100.0	100.0	100.0	100.0	100.0	100.0	100.0	100.0
100.0	**100.0**	**99.3**	**99.1**	**99.3**	**99.4**	**99.3**	**99.5**	**99.1**
99.8	100.3	100.5	100.3	100.4	100.4	100.4	100.4	99.6
100.8	99.7	100.9	101.9	100.7	100.4	100.0	100.5	100.8
101.0	102.0	102.3	104.9	106.2	106.5	105.5	109.2	107.8
100.3	99.6	97.3	96.9	97.1	97.4	97.4	97.5	97.9

4-15 续表 4

（上年同月 =100）

类 别	Item	1 月 January	2 月 February	3 月 March
铁路、船舶、航空航天和其他运输设备制造业	**Manufacture of Railway, Ship, Aerospace and Other Transport Equipments**	**100.9**	**100.4**	**99.5**
城市轨道交通设备制造	Manufacturing of Urban Rail Transit Equipment	100.0	100.0	100.0
助动车制造	Moped manufacturing	101.8	100.8	99.1
电气机械和器材制造业	**Manufacture of Electrical Machinery and Apparatus**	**99.0**	**99.9**	**99.3**
电机制造	Manufacture of Motor	99.7	100.0	98.6
输配电及控制设备制造	Electricity Mixed and Control Equipments Manufacture	99.0	99.0	99.0
电线、电缆、光缆及电工器材制造	Manufacture of Wire, Cable, Optical Cable and Electrical Equipment	97.0	97.7	99.7
电池制造	Manufacture of Battery	102.9	105.7	99.0
计算机、通信和其他电子设备制造业	**Manufacture of Computers, Communication and Other Electronic Equipment**	**98.4**	**97.3**	**97.2**
计算机制造	Manufacture of Computers	96.3	94.6	95.9
通信设备制造	Manufacture of Communication Equipment	89.6	89.3	89.2
非专业视听设备制造	Non Professional Audio-visual Equipment Manufacturing	110.6	108.6	107.7
电子器件制造	Manufacture of Electronic Device	93.4	92.4	92.3
电子元件及电子专用材料制造	Manufacture of Electronic Components and Special Materials	100.5	99.4	98.5
其他电子设备制造	Manufacture of Other Electronic Equipment	101.2	101.6	101.6
仪器仪表制造业	**Manufacture of Measuring Instruments and Machinery**	**101.9**	**101.3**	**101.3**
通用仪器仪表制造	Manufacture of General Instrument	102.1	102.1	102.1
钟表与计时仪器制造	Manufacture of Timepiece and Time Keeping Instrument	101.7	100.0	100.0
废弃资源综合利用业	**Utilization of Waste Resources**	88.8	90.4	89.3
金属废料和碎屑加工处理	Metal Waste and Scrap Processing	87.9	89.8	88.5
非金属废料和碎屑加工处理	Processing and Disposal of Non-metallic Wastes and Debris	99.1	97.3	99.3
电力、热力生产和供应业	**Production and Supply of Electric Power and Heat Power**	**104.1**	**109.9**	**107.1**
电力生产	Electric Power Production	97.4	99.3	98.4
电力供应	Electric Power Supply	108.0	116.2	112.7
热力生产和供应	Thermal Production and Supply	132.9	114.1	107.0
燃气生产和供应业	**Production and Supply of Gas**	**102.4**	**106.0**	**102.2**
燃气生产和供应业	Gas production and supply industry	102.4	106.0	102.2
水的生产和供应业	**Production and Supply of Water**	**99.8**	**99.8**	**99.9**
自来水生产和供应	Production and Supply of Tap Water	99.8	99.8	99.9

continued

（same month of preceding year=100）

4 月 April	5 月 May	6 月 June	7 月 July	8 月 August	9 月 September	10 月 October	11 月 November	12 月 December
99.9	**99.7**	**99.3**	**98.5**	**98.9**	**100.3**	**100.0**	**99.2**	**99.6**
100.0	100.0	100.0	100.0	100.0	100.0	100.0	100.0	100.0
99.8	99.4	98.6	97.0	97.8	100.6	99.8	98.3	99.3
97.6	**96.4**	**96.8**	**97.4**	**99.6**	**99.9**	**101.0**	**99.8**	**98.4**
99.0	99.2	99.6	99.5	99.0	99.5	98.9	99.0	99.0
98.4	98.1	101.2	100.7	100.2	100.3	100.0	99.4	100.0
96.9	95.7	95.3	97.0	101.6	102.4	105.1	104.4	100.8
97.5	94.2	92.6	92.6	94.7	94.2	94.6	91.9	91.1
96.5	**96.7**	**97.3**	**98.4**	**98.4**	**99.1**	**99.5**	**99.4**	**99.0**
95.7	96.8	97.2	96.9	95.7	96.1	97.6	97.1	97.2
88.6	87.7	89.8	90.0	92.6	92.3	92.5	93.8	96.1
104.8	100.8	103.4	98.9	98.5	100.5	101.7	101.5	100.0
88.8	89.3	90.2	90.8	95.1	95.5	97.4	98.9	98.9
98.3	98.6	99.1	101.9	101.1	102.1	101.4	100.6	99.6
103.0	103.2	101.6	102.9	103.6	104.5	104.5	107.2	105.4
101.3	**101.3**	**101.3**	**100.4**	**100.0**	**100.0**	**100.0**	**100.0**	**100.0**
102.1	102.1	102.1	100.7	100.0	100.0	100.0	100.0	100.0
100.0	100.0	100.0	100.0	100.0	100.0	100.0	100.0	100.0
88.0	85.2	85.3	89.3	92.5	94.9	96.4	98.4	99.5
87.2	84.2	84.4	89.0	92.4	94.8	96.7	98.7	99.6
98.5	97.2	95.8	93.3	94.0	95.0	93.0	94.8	98.3
106.9	**111.5**	**104.8**	**102.6**	**105.2**	**101.8**	**100.9**	**98.1**	**98.0**
100.1	103.1	101.0	102.9	102.3	103.1	103.0	102.3	101.8
111.7	117.2	107.6	102.9	107.3	101.4	100.0	96.1	96.2
95.3	95.7	93.6	85.0	86.7	85.8	83.6	83.1	82.0
94.4	**91.5**	**87.7**	**88.2**	**93.2**	**95.3**	**97.0**	**97.4**	**98.1**
94.4	91.5	87.7	88.2	93.2	95.3	97.0	97.4	98.1
100.0	**100.0**	**100.0**	**100.2**	**100.1**	**100.2**	**100.2**	**100.2**	**100.1**
100.0	100.0	100.0	100.2	100.1	100.2	100.2	100.2	100.1

4-16 工业生产者购进价格指数（1990—2023 年）

（上年 =100）

年 份 Year	总指数 General Index	燃料、动力类 Fuel and Power	黑色金属材料类 Ferrous Metals	钢 材 Steel Products	有色金属材料及电线类 Nonferrous Metals and Wires
1990	102.2	107.9	99.9		90.3
1991	107.8	109.0	101.6		115.4
1992	112.5	111.2	123.2	126.6	108.7
1993	141.7	131.1	182.4	182.0	111.6
1994	117.8	123.1	101.7	100.0	112.3
1995	112.9	107.8	94.7	94.4	137.6
1996	103.4	108.6	99.4	100.8	85.6
1997	99.3	108.7	94.6	93.2	94.9
1998	95.2	99.6	93.9	92.2	83.8
1999	93.6	93.1	96.2	96.3	99.8
2000	100.9	98.9	103.0	105.0	123.8
2001	103.7	103.8	107.8	101.1	90.3
2002	95.6	101.8	99.8	98.6	94.6
2003	101.2	101.3	108.7	110.4	110.6
2004	116.3	110.1	135.1	126.3	139.6
2005	108.2	112.1	111.3	105.9	114.5
2006	111.4	103.7	94.3	95.4	131.8
2007	106.1	105.4	108.9	108.3	124.0
2008	110.6	117.7	129.1	122.6	104.7
2009	95.1	100.8	82.8	83.2	81.2
2010	111.2	109.3	103.7	105.7	128.6
2011	110.0	105.5	107.7	109.1	114.5
2012	99.2	104.0	95.2	96.4	95.2
2013	98.9	97.8	97.6	97.4	95.5
2014	98.2	98.4	96.0	96.3	96.7
2015	95.7	95.1	90.9	93.1	95.4
2016	98.3	94.8	96.4	96.1	99.8
2017	106.5	108.2	109.4	108.1	112.5
2018	103.4	106.9	102.0	102.0	99.7
2019	98.4	98.5	97.8	98.9	96.4
2020	98.5	95.0	97.3	98.2	100.0
2021	110.7	118.5	114.8	114.6	122.1
2022	107.3	126.0	98.2	99.4	109.1
2023	95.7	94.4	91.8	92.5	97.6

Purchasing Price Indices for Industrial Producers（1990—2023）

（preceding year=100）

化工原料类 Raw Chemical Materials	木材及纸浆类 Timber and Paper Pulp	建筑材料及非金属类 Building Material and Non-metallic	其他工业原材料及半成品类 Other Materials and Semi-finished Category	农副产品类 Agricultural Products	纺织原料类 Textile Materials
101.3	102.1	97.7		100.4	105.8
108.1	113.8			108.2	113.3
102.3	106.6			108.4	97.3
122.1	115.4	170.6	154.8	137.9	104.0
116.2	110.5	103.0	139.0	145.2	142.5
125.2	108.9	88.1	91.7	148.2	150.5
95.1	101.9	97.4	101.5	117.0	99.0
95.3	94.4	94.4	100.4	92.3	91.5
92.6	99.7	98.7	96.4	89.4	88.1
95.9	93.7	95.6	90.7	92.5	102.0
104.5	99.8	92.6	104.7	90.3	106.3
96.9	94.3	96.7	112.0	105.3	95.6
97.9	101.0	98.3	91.4	94.6	89.8
106.3	103.5	98.8	98.2	92.7	119.7
114.8	111.5	109.9	113.5	109.8	117.2
110.0	94.4	103.6	103.7	116.8	90.6
104.0	102.7	98.5	112.2	124.1	102.3
105.3	110.9	101.5	105.8	98.9	101.6
121.3	104.5	114.0	106.9	102.6	102.2
85.8	84.3	96.1	100.2	101.7	94.1
112.3	111.2	114.6	110.3	116.6	121.4
116.5	108.6	109.5	107.0	115.9	119.5
98.3	97.5	98.3	98.5	101.3	92.1
98.1	100.2	98.6	98.6	103.4	98.5
99.6	100.3	100.2	98.2	98.1	99.8
98.0	99.6	95.7	97.9	93.8	99.7
97.6	100.6	98.0	99.5	102.9	98.2
105.8	103.8	107.2	103.5	105.6	101.4
103.8	104.4	109.3	102.1	99.7	101.1
93.5	96.3	102.1	99.5	100.6	99.3
95.5	97.1	102.1	100.6	102.5	95.7
109.6	104.9	106.5	104.1	108.4	105.8
107.6	106.9	105.5	99.5	105.8	103.5
91.5	96.4	95.1	96.6	98.3	102.5

4-17　工业生产者购进价格分类月度环比指数（2023 年）

（上月 =100）

类　别	Item	1 月 January	2 月 February	3 月 March
总指数	**General Index**	**99.2**	**99.7**	**99.5**
燃料、动力类	Fuel and Power	96.9	98.6	97.9
黑色金属材料类	Material of Black Metal	100.3	102.1	100.3
# 钢材	# Steel Product	99.9	101.2	100.4
其他	Other	101.5	104.5	100.0
有色金属材料及电线类	Nonferrous Metals and Electric Wire	100.8	100.8	99.1
化工原料类	Raw Chemical materials	99.2	99.5	99.2
木材及纸浆类	Timber and Paper Pulp	99.6	100.0	99.0
建筑材料及非金属类	Building Material and Non-metallic	100.1	99.2	100.3
其他工业原材料及半成品类	Other Industrial Raw Material and Semi-finished Category	99.7	99.9	100.2
农副产品类	Agricultural and Side-line Produces	98.5	98.6	99.7
纺织原料类	Raw Textile Material	100.4	100.1	100.1

4-18　工业生产者购进价格分类月度同比指数（2023 年）

（上年同月 =100）

类　别	Item	1 月 January	2 月 February	3 月 March
总指数	**General Index**	**101.5**	**100.6**	**99.1**
燃料、动力类	Fuel and Power	116.6	110.9	106.2
黑色金属材料类	Material of Black Metal	91.1	93.7	93.6
# 钢材	# Steel Product	89.3	91.6	92.1
其他	Other	96.5	99.4	97.5
有色金属材料及电线类	Nonferrous Metals and Electric Wire	99.1	97.5	94.6
化工原料类	Raw Chemical Materials	97.5	96.3	93.8
木材及纸浆类	Timber and Paper Pulp	104.4	103.8	102.0
建筑材料及非金属类	Building Material and Non-metallic	93.9	94.4	95.6
其他工业原材料及半成品类	Other Industrial Raw Material and Semi-finished Category	96.1	96.5	97.0
农副产品类	Agricultural and Side-line Produces	106.2	105.2	103.5
纺织原料类	Raw Textile Material	102.1	102.4	101.8

Month-to-month Purchasing Price Indices for Industrial Producers by Category（2023）

（last month=100）

4月 April	5月 May	6月 June	7月 July	8月 August	9月 September	10月 October	11月 November	12月 December
98.7	**99.1**	**98.2**	**98.9**	**100.1**	**100.9**	**100.4**	**99.8**	**99.4**
96.3	100.4	93.9	96.6	101.3	102.3	102.7	100.0	98.1
99.3	98.1	98.8	98.3	99.0	98.3	98.4	99.8	100.5
100.5	99.6	99.2	98.9	98.2	98.7	99.6	99.9	100.2
96.4	94.3	98.0	96.6	101.2	97.2	95.0	99.4	101.6
100.5	98.6	99.3	100.1	100.0	103.4	100.7	100.5	100.0
98.4	98.2	97.6	98.3	100.4	101.6	101.2	99.8	99.0
97.1	97.9	99.0	98.9	100.1	101.0	101.2	100.5	100.0
100.0	100.1	98.3	97.7	99.7	99.6	98.2	99.5	99.5
99.2	99.3	99.9	100.1	99.9	100.2	99.8	99.4	99.5
99.2	99.2	98.5	100.2	100.1	101.1	100.2	99.7	99.4
99.9	99.7	99.6	100.2	100.6	100.7	101.4	100.0	100.2

Year-over-year Purchasing Price Indices for Industrial Producers by Category（2023）

（same month of preceding year=100）

4月 April	5月 May	6月 June	7月 July	8月 August	9月 September	10月 October	11月 November	12月 December
95.9	**94.7**	**92.8**	**92.5**	**93.7**	**94.9**	**94.6**	**94.4**	**94.1**
96.5	95.2	87.9	86.3	88.3	89.6	88.3	87.2	85.7
91.8	89.8	89.7	89.7	91.7	92.0	92.2	92.5	93.4
92.6	91.8	92.3	91.9	91.6	92.7	94.2	94.7	96.3
89.8	84.9	83.1	83.9	92.2	90.3	87.0	86.7	86.2
93.0	92.5	92.5	95.0	96.1	100.7	103.1	104.2	103.6
90.9	89.0	86.7	86.1	88.6	91.1	92.6	93.2	92.7
97.7	95.8	94.2	91.6	92.1	93.2	94.4	94.5	94.4
95.5	96.6	96.0	96.0	96.2	96.4	94.4	93.5	92.5
96.0	95.2	95.3	96.4	97.1	97.8	97.7	97.3	97.1
100.5	98.8	97.0	95.1	95.5	96.0	94.6	94.5	94.6
101.7	102.6	102.5	102.9	102.8	102.7	102.7	102.5	103.1

4-19 南宁市商品住宅销售价格指数（2012—2023 年）

（上年同期 =100）

年 份 Year	新建商品住宅销售价格指数					
	1 月 January	2 月 February	3 月 March	4 月 April	5 月 May	6 月 June
2012	101.9	101.6	101.2	101.2	101.1	101.2
2013	101.6	102.9	104.6	105.4	106.9	107.8
2014	112.9	113.4	113.7	113.8	113.9	113.1
2015	107.0	106.5	106.8	107.1	107.1	107.5
2016	102.1	102.6	103.3	104.6	105.5	106.2
2017	113.6	114.0	115.4	116.7	118.1	119.2
2018	123.1	123.6	124.2	124.4	124.8	127.2
2019	135.6	136.4	137.6	138.8	139.3	140.0
2020	151.8	151.8	152.1	152.6	153.6	155.2
2021	102.5	103.0	103.6	104.1	104.7	105.2
2022	104.4	103.9	103.8	104.0	104.2	104.4
2023	96.0	96.5	97.0	97.2	97.4	97.5

年 份 Year	二手住宅销售价格指数					
	1 月 January	2 月 February	3 月 March	4 月 April	5 月 May	6 月 June
2012	101.2	101.1	101.3	101.4	101.6	101.8
2013	103.1	102.9	103.4	103.9	104.5	104.9
2014	106.8	106.6	107.0	107.5	106.6	106.5
2015	101.7	101.4	102.3	102.5	103.7	104.4
2016	102.1	102.3	102.3	102.9	103.2	103.2
2017	108.1	108.6	109.2	110.1	111.1	112.9
2018	115.7	116.5	117.0	116.9	117.0	117.8
2019	126.1	127.6	128.8	130.6	132.2	133.1
2020	137.4	137.4	137.5	137.8	137.9	138.3
2021	101.9	102.1	102.0	101.8	101.7	101.8
2022	99.6	99.3	98.7	98.3	97.7	97.2
2023	93.5	93.5	93.8	94.1	94.3	94.4

注：2012—2022 年为定基价格指数，2011—2015 年以 2010 年价格为 100；2016—2020 年以 2015 年价格为 100；2021—2025 年以 2020 年价格为 100。

Commercial Housing Price Indices of Residential Buildings in Nanning（2012—2023）

（same period preceding year=100）

Housing Price Indices of Newly Constructed Commercial Residential Buildings					
7月 July	8月 August	9月 September	10月 October	11月 November	12月 December
101.4	101.3	101.5	101.8	101.9	101.8
109.1	110.0	110.6	111.6	111.8	112.3
111.7	110.4	108.9	108.3	108.0	107.4
107.5	107.9	107.9	108.5	108.9	109.2
106.9	108.0	110.3	111.9	111.9	112.8
120.8	121.4	121.7	122.1	122.7	123.1
128.3	130.4	131.0	131.4	132.0	134.2
140.7	143.9	146.9	149.9	150.4	151.2
156.4	157.7	158.6	158.9	158.8	159.0
105.5	105.1	104.7	104.2	104.1	103.9
103.4	102.7	102.1	101.1	100.5	100.3
97.6	97.6	97.7	97.8	97.9	97.9

Housing Price Indices of Second-Hand Residential Buildings					
7月 July	8月 August	9月 September	10月 October	11月 November	12月 December
101.9	101.7	101.9	101.9	102.0	101.8
104.9	104.9	105.4	105.8	105.9	106.5
105.5	104.3	102.2	101.6	102.8	101.9
105.0	105.2	105.2	105.6	106.1	106.2
103.3	103.9	104.7	106.1	106.5	107.1
114.6	115.1	115.3	115.9	116.4	116.5
118.0	119.9	120.4	121.0	121.8	124.3
133.9	134.5	135.5	135.7	135.9	136.5
139.3	139.5	139.9	140.6	141.0	141.5
101.8	101.4	101.2	100.9	100.3	99.8
96.8	96.0	95.6	94.9	94.4	93.8
94.5	94.6	94.6	94.6	94.6	94.6

Note: 1. Fixed-base price indices for 2012-2022, from 2011 to 2015, year of 2010=100; from 2016 to 2020, year of 2015=100; from 2021 to 2025, year of 2020=100.

4-20 南宁市商品住宅销售价格月度环比指数（2023 年）

（上月 =100）

指 标	Item	1 月 January	2 月 February	3 月 March
新建商品住宅价格指数	**Housing Price Indices of Newly Constructed Commercial esidential Buildings**	**99.9**	**100.5**	**100.9**
90 平方米及以下	90m^2 and Below	99.9	100.7	100.8
90 ～ 144 平方米	90 ～ 144m^2	100.0	100.5	101.0
144 平方米以上	Above 144m^2	99.2	100.1	100.8
二手住宅价格指数	**Housing Price Indices of Second-Hand Residential Buildings**	**99.4**	**99.5**	**100.4**
90 平方米及以下	90m^2 and Below	99.5	99.5	100.5
90 ～ 144 平方米	90 ～ 144m^2	99.1	99.4	100.5
144 平方米以上	Above 144m^2	99.9	99.9	100.0

4-21 南宁市商品住宅销售价格月度同比指数（2023 年）

（上年同月 =100）

指 标	Item	1 月 January	2 月 February	3 月 March
新建商品住宅价格指数	**Housing Price Indices of Newly Constructed Commercial Residential uildings**	**96.0**	**96.9**	**98.0**
90 平方米及以下	90m^2 and Below	95.4	96.4	97.2
90 ～ 144 平方米	90 ～ 144m^2	96.4	97.3	98.4
144 平方米以上	Above 144m^2	94.6	95.1	96.3
二手住宅价格指数	**Housing Price Indices of Second-Hand Residential Buildings**	**93.5**	**93.4**	**94.4**
90 平方米及以下	90m^2 and Below	93.8	93.4	94.5
90 ～ 144 平方米	90 ～ 144m^2	93.4	93.3	94.3
144 平方米以上	Above 144m^2	93.3	93.7	94.6

Month-to-month Commercial Housing Price Indices of Residential Buildings in Nanning（2023）

（last month=100）

4月 April	5月 May	6月 June	7月 July	8月 August	9月 September	10月 October	11月 November	12月 December
100.3	**100.4**	**99.7**	**99.3**	**99.5**	**99.5**	**99.5**	**99.0**	**100.3**
100.2	100.7	99.2	99.6	99.6	99.3	99.6	98.7	100.4
100.3	100.3	99.8	99.3	99.5	99.5	99.4	99.2	100.2
100.2	100.6	99.7	98.9	99.0	99.9	99.8	98.5	100.7
100.2	**99.7**	**99.3**	**99.5**	**99.4**	**99.6**	**98.7**	**98.8**	**99.6**
100.2	99.6	99.3	99.4	99.4	99.3	98.7	99.1	99.2
100.1	99.9	99.3	99.9	99.3	99.8	98.8	98.7	99.8
100.2	99.1	99.5	99.0	99.8	99.8	98.3	98.6	99.8

Year-over-year Commercial Housing Price Indices of Residential Buildings in Nanning（2023）

（same month of preceding year=100）

4月 April	5月 May	6月 June	7月 July	8月 August	9月 September	10月 October	11月 November	12月 December
98.1	**98.2**	**97.8**	**98.0**	**98.1**	**98.3**	**98.7**	**98.3**	**98.7**
97.3	97.7	96.4	97.5	98.3	98.1	98.6	97.9	98.7
98.5	98.5	98.3	98.3	98.4	98.7	99.0	98.7	99.0
96.5	97.0	96.3	97.0	96.5	96.4	97.3	96.6	97.4
94.9	**95.2**	**95.0**	**95.0**	**95.2**	**95.2**	**94.7**	**94.0**	**94.3**
94.9	95.4	95.4	95.0	95.5	95.0	94.7	94.1	93.9
94.9	95.0	94.8	94.9	94.9	95.2	94.7	94.1	94.6
95.2	95.1	94.9	95.1	95.4	95.5	94.6	93.6	94.1

4-22 桂林市商品住宅销售价格指数（2012—2023 年）

（上年同期 =100）

年 份 Year	1 月 January	2 月 February	3 月 March	4 月 April	5 月 May	6 月 June
	新建商品住宅销售价格指数					
2012	106.2	106.1	105.9	105.9	105.9	106.1
2013	105.9	105.9	106.6	107.3	110.4	112.2
2014	119.5	119.8	120.0	120.1	120.2	119.1
2015	109.8	108.9	108.5	108.3	108.0	108.1
2016	98.9	98.8	99.0	99.4	99.4	99.7
2017	102.7	103.1	104.0	105.3	106.2	107.2
2018	110.1	112.1	112.8	113.5	114.2	114.9
2019	122.7	123.4	124.1	124.0	125.0	126.4
2020	130.8	130.4	130.2	130.8	131.4	131.7
2021	100.3	100.7	101.2	101.6	102.0	102.4
2022	100.2	99.9	99.4	98.8	98.7	98.7
2023	95.5	95.9	96.3	96.7	96.9	97.0
	二手住宅销售价格指数					
2012	102.0	101.5	101.6	101.7	101.4	101.4
2013	101.8	102.2	102.7	103.1	103.9	104.4
2014	106.4	106.3	106.4	106.2	106.1	106.1
2015	100.2	99.4	98.7	98.3	98.0	98.0
2016	98.9	98.8	98.6	98.4	98.1	98.2
2017	97.2	97.1	97.1	97.4	97.7	98.4
2018	100.2	100.3	100.6	100.7	100.9	101.7
2019	107.0	107.0	107.9	108.5	109.1	109.6
2020	112.4	112.6	112.6	113.0	113.4	113.6
2021	101.4	101.6	101.6	101.5	101.5	101.7
2022	99.7	99.3	99.5	99.1	99.4	99.1
2023	95.9	96.3	96.5	96.6	96.7	96.7

注：2012—2022 年为定基价格指数，2011—2015 年以 2010 年价格为 100；2016—2020 年以 2015 年价格为 100；2021—2025 年以 2020 年价格为 100。

Commercial Housing Price Indices of Residential Buildings in Guilin（2012—2023）

（same period preceding year=100）

Housing Price Indices of Newly Constructed Commercial Residential Buildings					
7 月 July	8 月 August	9 月 September	10 月 October	11 月 November	12 月 December
106.1	106.3	106.2	106.2	106.1	106.0
114.4	115.5	115.4	116.9	118.4	118.8
117.6	116.0	113.8	112.7	111.1	110.2
108.0	108.0	107.5	107.5	107.4	107.1
99.7	100.1	101.6	102.6	102.5	102.3
108.5	109.7	110.0	110.4	111.9	112.2
115.5	116.2	117.4	118.2	120.9	121.4
127.8	128.1	129.4	129.7	130.2	130.5
131.7	130.3	131.2	131.7	131.4	131.7
102.1	101.7	101.1	100.4	99.9	100.3
98.2	97.5	97.2	96.9	96.1	95.6
97.0	97.1	97.1	97.1	97.2	97.2

Housing Price Indices of Second-Hand Residential Buildings					
7 月 July	8 月 August	9 月 September	10 月 October	11 月 November	12 月 December
101.6	101.6	101.7	101.6	101.7	101.7
104.8	105.3	105.8	106.0	106.3	106.6
105.3	104.5	103.4	102.0	101.7	101.0
98.0	97.8	97.7	97.5	97.5	97.4
98.1	98.0	98.0	97.7	97.5	97.4
98.8	99.7	99.8	99.9	100.4	100.3
102.2	103.0	104.4	105.1	106.5	106.9
110.0	110.6	111.4	112.3	112.1	111.8
114.0	114.0	114.4	114.6	114.9	114.6
102.0	101.8	101.4	100.8	100.1	99.9
98.5	98.1	97.6	97.2	96.5	96.0
96.7	96.7	96.6	96.6	96.6	96.5

Note: Fixed-base price indices for 2012-2022, from 2011 to 2015, year of 2010=100; from 2016 to 2020, year of 2015=100; from 2021 to 2025, year of 2020=100.

4-23 桂林市商品住宅销售价格月度环比指数（2023 年）

（上月 =100）

指 标	Item	1 月 January	2 月 February	3 月 March
新建商品住宅价格指数	**Housing Price Indices of Newly Constructed Commercial esidential Buildings**	**100.1**	**100.7**	**100.1**
90 平方米及以下	$90m^2$ and Below	100.4	100.5	100.2
90 ～ 144 平方米	90 ～ $144m^2$	100.0	100.8	100.0
144 平方米以上	Above $144m^2$	99.9	100.7	100.1
二手住宅价格指数	**Housing Price Indices of Second-Hand Residential Buildings**	**99.6**	**100.5**	**100.4**
90 平方米及以下	$90m^2$ and Below	99.7	100.7	100.1
90 ～ 144 平方米	90 ～ $144m^2$	99.5	100.3	100.6
144 平方米以上	Above $144m^2$	99.6	100.6	100.7

4-24 桂林市商品住宅销售价格月度同比指数（2023 年）

（上年同月 =100）

指 标	Item	1 月 January	2 月 February	3 月 March
新建商品住宅价格指数	**Housing Price Indices of Newly Constructed Commercial Residential uildings**	**95.5**	**96.4**	**97.0**
90 平方米及以下	$90m^2$ and Below	95.4	95.8	96.5
90 ～ 144 平方米	90 ～ $144m^2$	95.8	96.7	97.2
144 平方米以上	Above $144m^2$	93.5	95.4	96.6
二手住宅价格指数	**Housing Price Indices of Second-Hand Residential Buildings**	**95.9**	**96.7**	**97.0**
90 平方米及以下	$90m^2$ and Below	95.5	96.7	96.4
90 ～ 144 平方米	90 ～ $144m^2$	96.1	96.5	97.0
144 平方米以上	Above $144m^2$	96.2	97.2	97.7

Month-to-month Commercial Housing Price Indices of Residential Buildings in Guilin（2023）

（last month=100）

4月 April	5月 May	6月 June	7月 July	8月 August	9月 September	10月 October	11月 November	12月 December
100.5	**99.6**	**99.5**	**99.4**	**99.5**	**99.4**	**99.6**	**99.8**	**99.6**
100.3	99.4	99.5	99.6	99.6	99.1	99.7	99.8	99.7
100.6	99.7	99.5	99.3	99.5	99.4	99.7	99.8	99.6
100.2	99.5	99.6	99.6	99.3	100.0	99.4	99.9	99.9
99.6	**100.4**	**99.4**	**99.3**	**99.3**	**99.5**	**99.3**	**99.6**	**98.9**
99.9	100.4	99.0	98.8	99.4	99.3	99.4	99.5	99.1
99.2	100.5	99.6	99.6	99.2	99.6	99.4	99.8	98.7
99.8	100.1	99.7	99.6	99.5	99.7	99.1	99.5	99.0

Year-over-year Commercial Housing Price Indices of Residential Buildings in Guilin（2023）

（same month of preceding year=100）

4月 April	5月 May	6月 June	7月 July	8月 August	9月 September	10月 October	11月 November	12月 December
98.0	**97.8**	**97.4**	**97.3**	**97.4**	**97.2**	**97.2**	**97.7**	**97.9**
97.5	97.2	97.1	97.0	97.0	96.8	96.9	97.5	97.8
98.2	98.0	97.5	97.2	97.4	97.2	97.2	97.8	97.9
97.9	97.4	97.2	98.3	98.0	98.2	97.7	97.6	98.1
96.9	**97.0**	**96.7**	**96.7**	**96.4**	**96.5**	**96.2**	**96.5**	**95.9**
96.8	96.8	96.5	96.3	96.3	96.1	95.9	95.7	95.3
96.5	97.0	96.6	96.7	96.1	96.1	95.8	96.5	95.9
97.9	97.3	97.4	97.3	97.5	98.1	97.9	97.9	97.0

4-22 北海市商品住宅销售价格指数（2012—2023 年）

（上年同期 =100）

年 份 Year	新建商品住宅销售价格指数					
	1 月 January	2 月 February	3 月 March	4 月 April	5 月 May	6 月 June
2012	101.9	101.6	101.5	101.3	101.2	101.2
2013	101.5	102.5	103.5	104.5	105.3	106.5
2014	112.4	112.7	113.0	113.1	113.1	112.6
2015	106.3	106.0	105.8	105.3	105.1	104.9
2016	99.8	100.2	100.6	100.9	100.9	100.7
2017	104.3	104.9	105.7	107.7	111.1	113.5
2018	115.2	117.7	118.7	119.6	120.9	122.5
2019	132.0	132.8	134.3	135.8	137.2	138.1
2020	142.2	142.4	142.4	142.3	142.0	141.1
2021	97.4	97.1	97.0	96.8	97.3	97.6
2022	95.9	93.9	93.5	92.0	91.2	90.4
2023	90.2	91.4	92.3	93.2	94.0	94.7

年 份 Year	二手住宅销售价格指数					
	1 月 January	2 月 February	3 月 March	4 月 April	5 月 May	6 月 June
2012	101.7	101.4	101.1	101.0	101.0	101.0
2013	102.0	102.4	103.4	104.0	104.7	105.4
2014	108.4	108.5	108.6	108.6	108.3	107.9
2015	101.0	100.6	100.6	101.0	101.4	101.7
2016	102.0	101.8	102.0	102.0	102.4	102.2
2017	103.8	104.0	104.4	106.0	108.4	110.2
2018	112.1	111.9	112.1	112.6	113.1	114.1
2019	120.8	121.4	122.6	123.4	124.0	123.8
2020	122.9	122.6	122.6	122.1	121.5	121.1
2021	98.3	98.2	98.0	97.7	97.7	98.1
2022	95.6	95.1	94.7	94.4	93.5	93.4
2023	92.2	92.3	92.6	92.9	93.3	93.5

注：2012—2022 年为定基价格指数，2011—2015 年以 2010 年价格为 100；2016—2020 年以 2015 年价格为 100；2021—2025 年以 2020 年价格为 100。

Commercial Housing Price Indices of Residential Buildings in Beihai（2012—2023）

（same period preceding year=100）

Housing Price Indices of Newly Constructed Commercial Residential Buildings					
7月 July	8月 August	9月 September	10月 October	11月 November	12月 December
101.5	101.5	101.3	101.4	101.8	101.5
107.5	108.5	109.7	110.2	111.1	111.6
112.0	110.4	109.2	108.2	107.2	107.1
104.9	105.4	105.9	105.4	105.3	105.5
100.9	101.1	102.2	102.6	103.4	103.9
115.2	116.2	116.7	117.5	117.9	117.6
123.0	126.8	127.8	129.4	130.8	131.5
139.1	140.5	140.5	140.8	140.9	141.6
140.8	139.7	139.2	138.3	137.9	137.3
97.9	97.9	97.5	97.2	96.8	96.1
89.2	88.0	87.5	86.8	86.5	86.2
95.4	96.1	96.7	97.2	97.6	97.9

Housing Price Indices of Second-Hand Residential Buildings					
7月 July	8月 August	9月 September	10月 October	11月 November	12月 December
101.0	101.2	101.3	101.3	101.3	101.6
105.9	106.3	106.7	107.1	107.7	108.1
107.0	105.7	104.5	103.3	102.6	101.7
102.1	102.4	103.0	103.4	103.7	103.9
102.3	102.5	102.7	103.0	103.2	103.6
111.1	111.8	112.1	112.4	112.4	112.3
114.6	117.1	119.4	119.9	120.7	121.1
124.2	124.7	123.9	123.8	123.3	123.2
120.5	120.3	120.0	119.4	119.1	118.9
98.2	98.1	97.9	97.7	97.3	96.7
92.6	91.7	90.7	89.9	89.5	88.4
93.8	94.0	94.3	94.5	94.6	94.8

Note: Fixed-base price indices for 2012-2022, from 2011 to 2015, year of 2010=100; from 2016 to 2020, year of 2015=100; from 2021 to 2025, year of 2020=100.

4-26 北海市商品住宅销售价格月度环比指数（2023 年）

（上月 =100）

指 标	Item	1 月 January	2 月 February	3 月 March
新建商品住宅价格指数	**Housing Price Indices of Newly Constructed Commercial esidential Buildings**	**100.4**	**100.6**	**100.9**
90 平方米及以下	90m^2 and Below	100.3	100.4	100.9
90 ~ 144 平方米	90 ~ 144m^2	100.5	100.8	101.0
144 平方米以上	Above 144m^2	100.3	100.9	100.0
二手住宅价格指数	**Housing Price Indices of Second-Hand Residential Buildings**	**99.7**	**99.9**	**100.3**
90 平方米及以下	90m^2 and Below	99.4	99.8	100.4
90 ~ 144 平方米	90 ~ 144m^2	99.9	100.0	100.2
144 平方米以上	Above 144m^2	99.9	99.9	100.5

4-27 北海市商品住宅销售价格月度同比指数（2023 年）

（上年同月 =100）

指 标	Item	1 月 January	2 月 February	3 月 March
新建商品住宅价格指数	**Housing Price Indices of Newly Constructed Commercial esidential Buildings**	**90.2**	**92.7**	**94.0**
90 平方米及以下	90m^2 and Below	90.7	93.0	94.4
90 ~ 144 平方米	90 ~ 144m^2	89.7	92.4	93.7
144 平方米以上	Above 144m^2	88.8	91.4	92.2
二手住宅价格指数	**Housing Price Indices of Second-Hand Residential Buildings**	**92.2**	**92.5**	**93.2**
90 平方米及以下	90m^2 and Below	92.6	92.9	93.4
90 ~ 144 平方米	90 ~ 144m^2	92.4	92.8	93.4
144 平方米以上	Above 144m^2	91.0	91.1	92.0

Month-to-month Commercial Housing Price Indices of Residential Buildings in Beihai（2023）

（last month=100）

4月 April	5月 May	6月 June	7月 July	8月 August	9月 September	10月 October	11月 November	12月 December
100.4	**100.5**	**100.2**	**100.3**	**100.3**	**99.6**	**99.2**	**99.5**	**99.4**
100.2	100.6	100.1	100.3	100.1	99.7	99.4	99.4	99.5
100.6	100.4	100.2	100.1	100.5	99.5	99.0	99.8	99.3
100.8	100.5	100.6	100.9	100.2	100.0	99.1	99.1	99.3
100.2	**100.3**	**99.4**	**100.4**	**99.2**	**99.4**	**99.2**	**99.4**	**99.0**
100.1	100.5	99.3	100.3	99.3	99.4	99.0	99.1	99.3
100.2	100.0	99.7	100.2	99.2	99.6	99.4	99.8	98.6
100.5	100.2	99.4	100.8	99.3	99.3	99.4	99.7	99.1

Year-over-year Commercial Housing Price Indices of Residential Buildings in Beihai（2023）

（same month of preceding year=100）

4月 April	5月 May	6月 June	7月 July	8月 August	9月 September	10月 October	11月 November	12月 December
95.9	**97.2**	**98.3**	**99.8**	**101.5**	**101.7**	**101.7**	**101.6**	**101.4**
96.0	97.2	98.1	99.6	101.1	101.4	101.6	101.1	101.0
95.9	97.3	98.6	100.1	101.9	102.1	101.7	102.2	101.9
94.7	96.7	98.9	100.7	102.6	103.4	102.8	101.9	101.7
93.7	**94.8**	**94.5**	**95.6**	**95.8**	**96.3**	**96.4**	**96.4**	**96.6**
93.8	95.1	94.4	95.4	95.5	95.8	95.7	95.2	95.9
93.8	94.5	94.7	95.8	96.2	96.8	96.9	97.5	96.9
93.2	94.6	94.4	96.0	96.2	96.8	97.4	97.5	98.0

4-28　农产品生产者价格指数（2023 年）
Producers Price Indices for Farm Products（2023）

（上年同期 =100）　　(same period of preceding year=100)

指　标	Item	全　年 Annual Year	一季度 First Quarter	二季度 Second Quarter	三季度 Third Quarter	四季度 Fourth Quarter
农产品生产者价格指数	**Producer Price Indices for Farm Products**	**97.1**	**100.5**	**104.8**	**96.0**	**93.6**
农业产品	**Agriculture Products**	**100.1**	**99.5**	**107.4**	**100.6**	**99.9**
谷物	Cereal	99.9	101.2	99.8	100.0	97.5
稻谷	Rice	99.2	99.4	99.8	98.3	98.5
早籼稻	Early Indica Rice	99.2	100.0		98.3	
晚籼稻	Late Indica Rice	99.2	99.2	99.8		98.5
玉米	Corn	102.5	107.4		105.2	95.5
薯类	Tubers	90.8	144.6	158.5		76.9
油料	Oil-bearing Crops	104.9	106.1	110.0	100.6	102.0
花生	Peanut	105.4	104.8	110.0	100.6	105.7
豆类	Beans	98.5	100.0	100.0	104.2	89.9
大豆	Soybean	98.5	100.0	100.0	104.2	89.9
生麻	Raw Hemp	94.4	94.2	99.6	99.6	88.3
糖料	Sugar	102.2	101.2			103.2
甘蔗	Sugar Cane	102.2	101.2			103.2
蔬菜及食用菌	Vegetables and Edible Fungus	98.8	89.6	102.4	99.8	103.9
蔬菜	Vegetables	99.2	89.3	102.2	101.8	106.1
叶菜类蔬菜	Leafy Vegetables	101.2	91.2	101.4	112.8	102.4
芹菜	Celery	99.7	99.7			
油菜	Canola	90.8	100.0	78.5	87.8	99.3
菠菜	Spinach	71.6	74.9			69.7
空心菜	Water Spinach	112.3		117.6	106.7	
小白菜	Bok Choy	88.9	99.5	81.8	94.6	81.0
白菜类蔬菜	Chinese Cabbage Group	97.7	85.6	92.5	105.2	102.6
大白菜	Napa Cabbage	99.6	83.1	102.0	105.6	105.6
普通白菜	Common Chinese Cabbage	88.9	74.6	85.7	93.8	99.9
菜心（菜薹）	Chinese Flowering Cabbage	97.6	91.8	90.8	111.9	97.6
芥菜类蔬菜	Mustard Vegetables	90.0	81.9	78.3	109.9	89.3
叶用芥菜	Leaf Mustard	90.0	81.9	78.3	109.9	89.3

4-28　续表 1　continued

（上年同期=100）　　（same period of preceding year=100）

指　标	Item	全　年 Annual Year	一季度 First Quarter	二季度 Second Quarter	三季度 Third Quarter	四季度 Fourth Quarter
甘蓝类蔬菜	Brassica Vegetables	87.0		46.6		95.1
青花菜	Broccoli	80.0				80.0
芥蓝	Cabbage Mustard	46.6		46.6		
根茎类蔬菜	Root Vegetables	83.2	77.0			92.6
白萝卜	White Radish	89.0	89.0			
瓜菜类蔬菜	Melons and Vegetables	105.7	101.4	102.7	96.6	112.1
黄瓜	Cucumber	95.0	96.1	90.4	87.2	100.7
冬瓜	Wax Gourd	105.7		110.8	92.3	113.3
西葫芦	Summer Squash	111.4		111.4		
苦瓜	Balsm Pear	111.1		103.0	102.9	124.7
南瓜	Pumpkin	104.2	103.1	119.0	85.7	107.1
丝瓜	Luffa	104.2		99.2	125.9	92.0
豆类蔬菜	Leguminous Vegetables	104.8		134.9	82.9	107.3
豇豆	Cowpea	103.7		146.0	68.4	107.9
四季豆	French Beans	112.5		117.1	105.6	114.0
茄果类蔬菜	Solanaceous Fruit Vegetable	95.5	83.4	94.7	84.6	118.4
茄子	Aubergine	90.2	92.3	86.6	75.6	102.6
青椒	Green Pepper	98.1	0.0		76.6	107.0
辣椒	Capsicum	86.9	50.2	80.2	88.2	128.4
西红柿	Tomato	106.2	93.9	109.7	95.0	132.2
萵苣及菊苣类蔬菜	Lettuce and Chicory Vegetables	106.4	97.9	80.3	96.4	127.7
生菜	Lettuce	93.8	103.3	80.3	96.4	95.9
萵笋	Asparagus Lettuce	127.4	79.1			180.0
葱蒜类蔬菜	Allium Vegetables	103.5	96.2	105.0	120.8	103.2
韭菜	Leek	104.6	94.3	105.0	120.8	103.2
水生蔬菜	Aquatic Vegetables	93.4	0.0	90.2		
食用菌	Edible Fungus	95.1	96.0	104.8	83.5	87.5
平菇	Pleurotus Ostreatus	93.4	89.6	100.0		94.2
黑木耳	Black Fungus	102.1	100.0	112.5		85.9
水果及坚果	Fruit and Nuts	100.0	94.6	116.4	100.5	99.9
水果（园林水果）	Fruit（Garden Fruit）	100.7	95.7	116.4	100.9	101.1
柑橘类水果	Citrus Fruit	114.9	114.1	113.0	150.0	109.7

4-28 续表 2 continued

（上年同期 =100） （same period of preceding year=100）

指 标	Item	全 年 Annual Year	一季度 First Quarter	二季度 Second Quarter	三季度 Third Quarter	四季度 Fourth Quarter
柑橘	Citrus	118.4	123.5			114.5
橙	Orange	101.6	98.3	113.0		98.0
柚	Pomelo	119.2	107.2		150.0	103.3
葡萄	Grape	108.0		105.0	110.9	109.6
巨峰葡萄	Kyoho Grape	108.1		105.0	111.4	109.6
热带水果	Tropical Fruits	88.8	72.7	102.8	92.8	96.7
香蕉	Banana	101.0	66.5	121.6	133.8	93.4
龙眼	Longan	73.9			73.9	
荔枝	Lychee	79.2		91.0	72.4	
芒果	Mango	92.6		104.1	86.5	
瓜类水果	Melon Fruit	112.2		138.8	94.3	103.5
西瓜	Watermelon	112.2		138.8	94.3	103.5
香瓜	Muskmelon					
其他水果	Other Fruit	99.4	100.1		103.3	93.0
柿子	Persimmon	99.4	100.1		103.3	93.0
茶及饮料原料	Tea and Beverage Raw Materials	104.2	109.5	99.0	107.8	99.0
茶叶	Tea	104.2	109.5	99.0	107.8	99.0
绿茶	Green Tea	108.0	109.5	101.7	113.8	105.9
中草药材	Chinese Medicinal Herbs	99.5	71.8	100.0	105.4	106.3
林业产品	**Forestry Products**	**95.9**	**93.1**	**99.3**	**95.1**	**95.5**
育种和育苗	Breeding and Seedling Raising	95.8	92.4	108.8	96.4	89.9
木材采伐产品	Timber Harvesting Products	96.3	96.6	98.3	95.0	95.3
原木	Log	96.3	96.6	98.3	95.0	95.3
针叶原木	Coniferous Log	100.6	96.6	102.6	101.3	101.4
马尾松原木	Ping Log	100.4			100.5	100.2
杉木原条	Chinese Fir	100.9	96.6	102.6	101.9	102.6
非针叶原木	Non Coniferous Wood	93.9	96.6	94.6	92.1	92.1
桉树原木	Eucalyptus Logs	93.9	96.6	94.6	92.1	92.1
竹材采伐产品	Bamboo Cutting Products	100.0	97.0	99.4	98.7	105.9
林产品	Forest Product	82.2	76.7		84.6	88.6
饲养动物及其产品	**Feeding Animals and Their Products**	**90.1**	**105.8**	**102.1**	**84.9**	**77.0**
活牲畜	Live Cattle	86.4	106.5	102.4	81.2	68.0
猪	Pig	85.6	107.7	104.7	79.8	65.2
种猪	Boar	84.9	118.0	90.4	79.9	67.8

4-28 续表 3 continued

（上年同期 =100） (same period of preceding year=100)

指 标	Item	全 年 Annual Year	一季度 First Quarter	二季度 Second Quarter	三季度 Third Quarter	四季度 Fourth Quarter
仔猪	Piglet	83.9	148.2	130.5	61.6	41.0
其他活猪	Other Pigs	85.9	100.9	102.2	81.6	69.1
牛	Cattle	89.7	95.8	86.9	88.7	87.6
羊	Sheep	96.0	101.7	96.1	97.1	89.2
活家禽	Live Poultry	96.3	102.3	98.5	91.8	93.3
活鸡	Live Chickens	94.6	98.2	94.8	92.1	93.5
活鸭	Live Ducks	101.5	116.4	109.8	91.2	92.4
畜禽产品	Livestock and Poultry Products	108.3	120.6	113.7	104.7	98.7
禽蛋	Eggs of Poultry	105.1	120.6	98.0	99.5	95.2
鸡蛋	Egg	98.9	102.9	98.0	99.4	95.2
鸭蛋	Duck's Egg	126.3	178.7		100.1	
蚕茧	Silkworm Cocoon	118.2		128.0	112.4	115.7
渔业产品	**Fishery Products**	**96.8**	**96.9**	**96.3**	**94.5**	**98.5**
海水养殖产品	Seawater Artificially Cultured Products	95.3	95.2	98.7	91.1	96.1
海水养殖虾	Mariculture of Prawns	95.7	98.3	103.7	83.2	94.8
海水养殖蟹	Mariculture of Crabs	95.9	95.9			
海水养殖贝类	Mariculture of Shellfish	94.8	92.8	95.2	96.6	97.0
海水养殖牡蛎	Mariculture of Oyster	95.4	92.9	95.0	96.6	97.0
海水养殖蛤	Mariculture of Clams	94.1	92.6	95.5		
海水捕捞产品	Seawater Fishing Products	98.2	100.6	101.6	96.6	95.4
海水捕捞鲜鱼	Marine Fishing Fresh Fish	99.0	99.1	99.7	94.5	101.9
海水捕捞虾	Marine Fishing Shrimp	102.8	110.7	111.1	100.1	93.4
海水捕捞蟹	Marine Fishing Crab	95.6	102.8	105.6	114.5	68.3
海水捕捞软体水生动物	Marine Aquatic Animals	97.6	100.8	96.7	93.3	99.7
淡水养殖产品	Fresh Water Farming Products	97.0	96.7	93.4	95.3	100.9
养殖淡水鱼	Cultured Freshwater Fish	97.3	97.8	93.1	96.1	101.8
养殖淡水鲤鱼	Cultured Freshwater Carp	102.3	106.1	94.6	99.8	107.5
养殖淡水草鱼	Cultured Freshwater Grass Carp	95.8	92.5	92.2	102.6	96.7
养殖淡水鳙鱼（胖头鱼）	Cultured Freshwater Bighead	100.9	103.0	100.0	100.7	100.0
养殖淡水罗非鱼	Cultured Freshwater Tilapia	94.2	93.2	87.8	92.2	104.5
养殖淡水鲢鱼	Cultured Freshwater Silver Carp	96.7	101.7	95.8	86.6	100.0
其他淡水养殖产品	Other Cultured Freshwater Products	94.6		97.2	88.8	91.8
淡水养殖龟	Cultured Freshwater Turtle	98.6	98.6			
淡水养殖鳖	Cultured Freshwater Turtles	94.2	97.8	97.2	88.8	91.8

4-29 分季度农产品生产者价格指数

（上年同期 =100）

指 标	Item	2019			
		一季度 First Quarter	二季度 Second Quarter	三季度 Third Quarter	四季度 Fourth Quarter
农产品生产者价格指数	**Producer Price Indices for Farm Products**	**95.6**	**110.6**	**122.9**	**137.7**
农业产品	**Agriculture Products**	**97.7**	**114.0**	**114.1**	**96.7**
谷物	Cereal	103.0	94.6	95.0	88.6
稻谷	Rice	101.2	93.2	94.1	86.1
早籼稻	Early Indica Rice			94.1	79.9
晚籼稻	Late Indica Rice	101.2	93.2		91.3
玉米	Corn	109.1	100.5	101.0	101.0
薯类	Tubers	136.7	143.3		98.5
油料	Oil-bearing Crops	99.3		109.6	123.4
花生	Peanut	99.3		109.6	123.4
豆类	Beans	100.0	92.5	97.7	95.5
大豆	Soybean	100.0	92.5	97.7	95.5
生麻	Raw Hemp	100.0	100.0	100.0	100.0
糖料	Sugar	98.1	98.1		100.0
甘蔗	Sugar Cane	98.1	98.1		100.0
未加工烟草	Untreated Tobacco			100.3	98.9
蔬菜及食用菌	Vegetables and Edible Fungus	102.1	125.4	107.1	101.1
蔬菜	Vegetables	102.3	126.7	107.4	100.6
叶菜类蔬菜	Leafy Vegetables	106.5	113.8	104.9	93.2
芹菜	Celery				77.8
油菜	Canola	116.0	105.0	101.6	86.3
菠菜	Spinach	103.3			111.9
空心菜	Water Spinach		124.9	117.0	
小白菜	Bok Choy	103.0	111.1	111.4	99.5
白菜类蔬菜	Chinese Cabbage Group	107.6	114.1	106.2	99.5
大白菜	Napa Cabbage	109.2	129.3	112.9	104.7
普通白菜	Common Chinese Cabbage	113.0	133.0		88.3
菜心（菜薹）	Chinese Flowering Cabbage	103.8	92.8	97.8	99.5
芥菜类蔬菜	Mustard Vegetables	105.0	114.1	96.4	96.6
叶用芥菜	Leaf Mustard	105.0	114.1	96.4	96.6
甘蓝类蔬菜	Brassica Vegetables	116.9	110.1	122.7	94.0
结球甘蓝	Common Head Cabbage	112.5	110.1	122.7	
芥蓝	Cabbage Mustard	121.2			94.0

Producers Price Indices for Farm Products by Quarter

(same period preceding year=100)

2020				2021				2022			
一季度 First Quarter	二季度 Second Quarter	三季度 Third Quarter	四季度 Fourth Quarter	一季度 First Quarter	二季度 Second Quarter	三季度 Third Quarter	四季度 Fourth Quarter	一季度 First Quarter	二季度 Second Quarter	三季度 Third Quarter	四季度 Fourth Quarter
145.4	**136.0**	**119.7**	**97.6**	**102.1**	**95.5**	**85.8**	**93.6**	**92.4**	**97.6**	**112.1**	**107.2**
98.7	**85.6**	**104.9**	**104.0**	**105.0**	**100.4**	**97.9**	**110.7**	**101.6**	**102.9**	**106.8**	**97.0**
97.6	104.2	103.8	112.5	121.1	109.6	108.1	103.3	99.2	99.7	103.6	102.4
95.6	103.1	101.8	110.8	106.7	102.7	105.1	96.0	98.6	97.7	102.7	101.2
		102.2	106.9			105.0	97.4			103.2	
95.6	103.1	100.5	114.1	106.7	102.7	105.5	94.9	98.6	97.7	100.7	101.2
104.7	109.1	116.3	121.1	170.0	139.7	128.4	140.0	101.2	104.6	106.5	104.7
115.0	118.2		93.1	104.4	50.0		101.4	95.6	127.2		108.6
		111.4	101.2	108.7		95.6	100.6	93.1	100.0	105.5	99.8
		111.4	101.2	108.7		95.6	100.6	100.0	100.0	105.5	99.8
103.7	100.9	100.0	97.1	126.3	142.9	142.9	100.0	100.0	87.5	99.1	96.3
103.7	100.9	100.0	97.1	126.3	142.9	142.9	100.0	100.0	87.5	99.1	96.3
102.6	100.0	87.9	97.7	95.6	97.4	98.2	103.6	103.5	98.3	108.6	91.7
100.0			100.0	100.0			100.0	100.0	100.0		101.4
100.0			100.0	100.0			100.0	100.0	100.0		101.4
		98.7				106.9					
100.3	91.9	105.7	117.3	110.8	92.6	105.3	123.2	102.8	98.6	103.9	85.7
100.3	91.6	105.8	117.9	111.1	92.7	105.6	124.3	102.7	98.5	104.4	83.4
96.4	105.8	105.7	103.5	106.7	82.8	104.2	122.3	98.9	103.9	98.6	84.9
66.7			84.6	175.0			102.5	100.3	100.3	102.8	97.8
109.6	104.9	102.3	108.4	79.6	70.7		156.2	106.6	69.5	84.3	95.8
116.6	105.7		101.4	104.1			119.4	108.1			133.8
	109.0	111.8	86.4		85.8	103.1			147.2	109.6	68.4
100.0	93.8	103.3	98.2	102.1	82.5	100.1	100.4	110.8	102.2	97.8	77.8
103.0	93.5	109.1	102.4	95.1	84.9	104.2	111.3	84.2	96.7	95.4	85.5
101.9	87.7	105.9	94.5	96.2	72.9	100.0	108.6	74.2	101.8	97.6	70.6
106.7	76.8		88.8	87.4	82.1		105.0	84.4	91.0	91.0	119.6
104.4	106.1	113.2	110.1	94.4	95.8	109.4	114.3	102.6	97.8	87.3	99.3
101.7	106.9	115.8	96.6	87.4	72.5	105.0	125.3	103.2	93.7	96.2	87.8
101.7	106.9	115.8	96.6	87.4	72.5	105.0	125.3	103.2	93.7	96.2	87.8
	80.0		103.6	64.8				102.6	96.9	93.8	98.7
	80.0		105.7								
			100.0	85.5				102.6	92.0		

4-29 续表 1

（上年同期=100）

指 标	Item	2019 一季度 First Quarter	二季度 Second Quarter	三季度 Third Quarter	四季度 Fourth Quarter
根茎类蔬菜	Root Vegetables	99.1	100.7	94.9	115.3
白萝卜	White Radish	99.1	100.7		115.3
胡萝卜	Carrot				
芋头	Taro				
山药	Common Yam Rhizome				
瓜菜类蔬菜	Melons and Vegetables	102.5	119.3	92.6	95.1
黄瓜	Cucumber		102.4	93.4	107.7
冬瓜	Wax Gourd	100.0	127.7	72.8	86.1
西葫芦	Summer Squash	94.7	111.5		230.7
苦瓜	Balsm Pear		133.2	99.5	72.1
南瓜	Pumpkin	106.4	109.4	91.8	119.1
丝瓜	Luffa			81.9	71.9
豆类蔬菜	Leguminous Vegetables	103.1	140.6	101.4	105.0
豇豆	Cowpea	103.1	130.4	102.2	102.9
四季豆	French Beans		232.3		111.7
茄果类蔬菜	Solanaceous Fruit Vegetable	98.7	163.8	128.8	99.3
茄子	Aubergine	115.2	112.3	108.1	89.5
青椒	Green Pepper	100.0	151.7	105.7	
辣椒	Capsicum	66.7	210.9	166.4	93.5
西红柿	Tomato	109.9	130.1	132.3	107.8
莴苣及菊苣类蔬菜	Lettuce and Chicory Vegetables	105.1	118.2	97.8	92.0
生菜	Lettuce	111.4	116.5	97.4	113.3
莴笋	Asparagus Lettuce	84.9	121.2		71.5
葱蒜类蔬菜	Allium Vegetables	98.9	112.5	106.7	108.2
细香葱	Chive	105.3	117.6	107.0	112.0
大蒜	Garlic				
韭菜	Leek	98.0	109.7	106.5	104.3
水生蔬菜	Aquatic Vegetables	99.6	103.5		105.3
莲藕	Lotus Root				
荸荠	Chufa	99.6	103.5		105.3
食用菌	Edible Fungus	96.9	99.3	101.9	109.2
双孢蘑菇	Double Spore Mushroom				
黑木耳	Black Fungus	86.6	87.3	94.1	
黄背木耳	Yellow Back Fungus	107.3	111.2	108.1	

continued

（same period preceding year=100）

2020				2021				2022			
一季度 First Quarter	二季度 Second Quarter	三季度 Third Quarter	四季度 Fourth Quarter	一季度 First Quarter	二季度 Second Quarter	三季度 Third Quarter	四季度 Fourth Quarter	一季度 First Quarter	二季度 Second Quarter	三季度 Third Quarter	四季度 Fourth Quarter
120.9				93.7				108.8	92.9		35.6
120.9				93.7				113.1			
110.3	90.5	123.1	113.7	98.0	85.0	99.9	147.1	101.8	82.9	97.6	75.5
113.9	92.9	141.0	122.3	120.0	105.1	90.6	299.0	104.6	68.0	102.3	78.5
	90.8	138.5	117.2		51.3	83.1	142.2		70.8	99.6	39.1
55.2	85.0		100.0		76.9				132.0		
92.1	88.0	121.8	131.1		81.4	97.0	98.4		89.6	94.8	90.3
126.4	90.5	60.1	89.8	90.8	74.6	121.0	97.5	100.9	87.3	99.8	102.5
	94.8	107.5	95.2		98.7	123.4	156.5		97.3	94.7	80.2
92.6	87.2	118.4	98.1		126.5	121.5	117.7		106.8	127.6	98.4
	84.0	129.2	100.0		141.7	121.3	121.0		111.3	137.8	98.1
	95.5	100.0			65.1	117.2			95.0	91.0	
86.7	80.4	86.6	180.7	156.9	77.6	103.1	119.3	108.9	113.4	106.1	69.0
96.1	102.4	101.4	104.5	94.1	100.6	99.8	122.6	99.8	100.2	103.3	65.3
117.6	71.0				53.4	99.5			101.7	98.1	98.6
62.9	66.9	59.0	252.8	323.0	68.3	116.7	92.6	104.6	143.4	116.0	83.2
92.1	92.4	93.3	107.9	97.3	89.5	93.3	150.5	111.0	102.2	100.1	52.4
101.5	98.0	129.3	147.8	104.1	98.5	105.1	119.6	111.3	90.7	135.1	89.4
98.2	98.6	129.3	103.7	98.5	100.9		119.2	112.2	89.9		108.1
114.7			190.0	124.4			120.0	109.2			58.2
102.3	74.3	91.6	89.7	108.2	111.5	104.5	102.1	103.9	94.8	111.8	123.9
	56.1	102.6	84.8								
91.3	84.1	86.3	94.8	108.2	111.5	104.5	102.1	103.9	94.8	111.8	123.9
98.7	101.6		97.7	92.5	98.4					98.8	101.1
98.7	101.6		97.7	92.5	98.4						
101.1	98.0	103.5	106.7	106.8	90.3	100.0	104.0	104.7	100.3	100.2	102.8
							100.0	111.7	103.0	100.0	106.8
103.6	95.6						96.2				

4-29 续表 2

（上年同期 =100）

指 标	Item	2019			
		一季度 First Quarter	二季度 Second Quarter	三季度 Third Quarter	四季度 Fourth Quarter
水果及坚果	Fruit and Nuts	82.6	149.0	142.8	95.6
水果（园林水果）	Fruit（Garden Fruit）	82.6	149.0	142.8	95.6
柑橘类水果	Citrus Fruit	69.6	89.2	198.9	95.6
柑橘	Citrus	61.6			97.6
橙	Orange	71.2	89.2		78.3
柚	Pomelo	86.9		198.9	99.3
葡萄	Grape			102.2	
巨峰葡萄	Kyoho Grape			87.1	
热带水果	Tropical Fruits	102.5	168.3	162.1	86.2
香蕉	Banana	102.5	134.3	108.8	86.2
龙眼	Longan			156.7	
荔枝	Lychee		183.9	353.5	
芒果	Mango			161.3	
瓜类水果	Melon Fruit		150.7	114.8	90.9
西瓜	Watermelon		150.3	116.8	90.9
香瓜	Muskmelon		155.3	100.0	
其他水果	Other Fruit	98.4		104.5	112.1
柿子	Persimmon	98.4		104.5	112.1
茶及饮料原料	Tea and Beverage Raw Materials	108.8	106.9	102.6	103.0
茶叶	Tea	108.8	106.9	102.6	103.0
绿茶	Green Tea	108.8	106.9	103.8	103.7
中草药材	Chinese Medicinal Herbs	102.3		96.6	110.5
林业产品	**Forestry Products**	**98.4**	**99.4**	**98.4**	**100.3**
育种和育苗	Breeding and Seedling Raising	92.7	84.9	75.6	98.4
木材采伐产品	Timber Harvesting Products	99.5	102.0	99.5	100.8
原木	Log	99.5	102.0	99.5	100.8
针叶原木	Coniferous Log	98.2	100.9	96.8	100.6
马尾松原木	Ping Log			95.5	103.2
杉木原条	Chinese Fir	98.2	100.9	101.1	92.5
非针叶原木	Non Coniferous Wood	102.0	104.0	104.2	101.3
桉树原木	Eucalyptus Log	102.0	104.0	104.2	101.3
竹材采伐产品	Bamboo Cutting Products	94.9	100.2	102.4	107.6
林产品	Forest Product	106.3	92.5	85.6	89.5

continued

(same period preceding year=100)

2020				2021				2022			
一季度 First Quarter	二季度 Second Quarter	三季度 Third Quarter	四季度 Fourth Quarter	一季度 First Quarter	二季度 Second Quarter	三季度 Third Quarter	四季度 Fourth Quarter	一季度 First Quarter	二季度 Second Quarter	三季度 Third Quarter	四季度 Fourth Quarter
92.3	59.2	106.5	85.8	97.6	104.5	77.7	110.8	106.8	116.5	118.0	99.4
92.3	59.2	106.5	85.8	97.6	104.5	77.7	110.8	108.7	116.5	118.7	99.6
85.4	67.1	110.4	86.7	86.1	99.2	78.1	92.5	104.0	100.0	98.4	112.2
65.6	60.8		84.7	83.1	57.7		84.5	97.8			115.9
107.6	69.6	113.3	84.2	96.0	115.4		130.9	116.5	100.0	114.3	104.2
111.0		106.3	94.1	83.5		78.1	95.0	106.5		76.6	106.3
		101.7				98.5	137.5	0.0	111.1	97.3	
		105.9				98.6	137.5	0.0	111.1	96.6	
99.7	59.5	118.0	85.5	114.8	77.1	58.0	109.3	117.1	126.8	134.1	101.4
99.7	71.0	84.5	85.5	114.8	71.9	95.6	109.3	124.5	113.0	97.3	106.8
		145.0				39.3				189.4	
	54.2	69.3			79.5	47.7			137.4	147.7	
		87.9				79.9				93.8	92.2
	55.1	79.4			143.9	104.3	124.2		105.6	110.8	86.0
	56.2	79.4			147.2	104.3	124.2		105.5	107.6	86.0
	41.8				102.9				106.1	127.8	
136.8		95.1	83.4	118.2		104.9	138.4	75.6	0.0	102.8	96.5
136.8		95.1	83.4	118.2		104.9	138.4	75.6	0.0	102.8	96.5
100.1	91.3	98.3	101.4	101.7	104.9	89.5	104.8	113.6	92.9	82.6	96.8
100.1	91.3	98.3	101.4	101.7	104.9	89.5	104.8	113.6	92.9	82.6	96.8
100.1	91.3	104.6	105.1	101.7	104.9	91.8	105.8	113.6	94.1	82.8	102.9
109.4	100.0	101.4	66.0	102.3	102.9	94.8	220.5	112.0	100.1	91.4	90.8
90.5	**97.3**	**97.7**	**105.2**	**114.3**	**108.3**	**100.8**	**102.7**	**100.0**	**98.9**	**101.6**	**98.7**
84.4	104.2	105.9	106.6	106.6	89.9	71.5	97.2	91.1	94.6	121.2	99.7
96.8	97.1	96.9	98.1	101.9	109.0	99.6	100.0	105.2	101.1	100.8	100.3
96.8	97.1	96.9	98.1	101.9	109.0	99.6	100.0	105.2	101.1	100.8	100.3
94.4	98.0	96.3		103.3	112.6	97.5	98.8	104.8	98.6	96.8	99.1
	97.8	98.2				94.3	97.3		104.6		
94.4	98.6	90.6		103.3	112.6	107.1	103.1	104.8	93.8	96.8	99.1
101.5	95.3	97.9	98.1	99.1	101.7	103.2	103.4	105.4	103.2	102.7	100.9
101.5	95.3	97.9	98.1	99.1	101.7	103.2	103.4	105.4	103.2	102.7	100.9
104.6	98.1	99.0	97.5	110.6	115.9	104.4	103.2	95.3	90.7	95.2	96.0
66.0	84.5	105.7	157.1	174.0	135.9	148.2	119.5	102.8	75.7	76.0	68.7

4-29 续表 3

（上年同期=100）

指 标	Item	2019 一季度 First Quarter	二季度 Second Quarter	三季度 Third Quarter	四季度 Fourth Quarter
饲养动物及其产品	**Feeding Animals and Their Products**	**89.9**	**111.1**	**144.0**	**208.6**
活牲畜	Live Cattle	88.8	116.2	152.5	235.8
猪	Pig	87.1	116.5	155.6	246.7
种猪	Boar	80.0	89.7	84.2	150.7
仔猪	Piglet	90.0	127.2	254.3	171.7
能繁殖母猪	Breeding Sows				
其他活猪	Other Pigs	86.9	116.0	153.1	250.8
牛	Cattle	107.6	115.7	121.2	132.6
羊	Sheep	102.4	112.1	124.1	130.1
活家禽	Live Poultry	93.0	111.5	125.1	118.8
活鸡	Live Chickens	90.9	112.6	128.8	120.2
活鸭	Live Ducks	101.0	107.2	117.8	112.6
畜禽产品	Livestock and Poultry Products	97.4	82.6	107.2	129.0
禽蛋	Eggs of Poultry	97.4	95.5	107.1	115.3
鸡蛋	Egg	95.5	95.5	102.5	105.5
鸭蛋	Duck's Egg	100.9		114.4	128.0
蚕茧	Silkworm Cocoon		72.0	107.3	137.6
渔业产品	**Fishery Products**	**101.2**	**100.5**	**103.4**	**100.9**
海水养殖产品	Seawater Artificially Cultured Products	101.1	110.0	102.8	100.8
海水养殖虾	Mariculture of Prawns	104.6	111.9	99.0	98.9
海水养殖蟹	Mariculture of Crabs	101.6		100.0	
海水养殖贝类	Mariculture of Shellfish	98.5	108.7	105.8	102.2
海水养殖牡蛎	Mariculture of Oyster	109.3	108.7	105.8	104.0
海水养殖蛤	Mariculture of Clams	85.2			100.0
海水捕捞产品	Seawater Fishing Products	102.6	102.1	99.9	105.7
海水捕捞鲜鱼	Marine Fishing Fresh Fish	103.9	100.5	97.2	107.2
海水捕捞虾	Marine Fishing Shrimp	100.7	100.6	104.9	102.7
海水捕捞蟹	Marine Fishing Crab	105.1	111.1	96.1	103.3
海水捕捞软体水生动物	Marine Aquatic Animals	98.0	104.2	111.0	99.9
淡水养殖产品	Fresh Water Farming Products	100.6	96.0	105.6	98.7
养殖淡水鱼	Cultured Freshwater Fish	102.0	96.0	108.3	103.0
养殖淡水鲤鱼	Cultured Freshwater Carp	101.6	103.5	106.8	102.8
养殖淡水草鱼	Cultured Freshwater Grass Carp	95.9	97.5	98.3	99.9
养殖淡水鳙鱼（胖头鱼）	Cultured Freshwater Bighead	107.9	107.6	124.6	106.1
养殖淡水罗非鱼	Cultured Freshwater Tilapia	99.8	102.5	106.1	100.2
养殖淡水鲢鱼	Cultured Freshwater Silver Carp	108.4	66.7	112.4	109.1
其他淡水养殖产品	Other Cultured Freshwater Products	95.4	96.0	94.7	81.1
淡水养殖龟	Cultured Freshwater Turtle	94.0	88.3	85.3	67.7
淡水养殖鳖	Cultured Freshwater Turtles	96.6	102.3	102.1	92.0

continued

（same period preceding year=100）

2020				2021				2022			
一季度 First Quarter	二季度 Second Quarter	三季度 Third Quarter	四季度 Fourth Quarter	一季度 First Quarter	二季度 Second Quarter	三季度 Third Quarter	四季度 Fourth Quarter	一季度 First Quarter	二季度 Second Quarter	三季度 Third Quarter	四季度 Fourth Quarter
261.5	**235.5**	**148.6**	**87.5**	**93.6**	**81.5**	**64.0**	**69.0**	**65.7**	**80.1**	**131.4**	**136.1**
309.1	284.4	171.2	89.2	88.3	66.1	47.2	54.1	48.4	72.7	135.0	148.9
328.0	303.9	177.1	87.4	86.8	61.6	42.2	49.2	41.4	68.0	140.2	156.3
257.7			77.6	80.2	74.2	44.7	35.5	46.4	57.2	85.3	119.6
641.8	716.1	320.4	82.2	79.6	57.4	19.1	20.7	19.7	48.4	144.3	147.1
294.6	274.1	172.6	87.7	87.7	61.8	42.9	50.5	44.8	70.2	141.0	158.5
117.4	102.7	112.1	105.9	104.6	97.4	95.3	101.3	98.4	96.2	96.2	95.8
126.5	116.2	110.7	107.0	102.5	116.4	106.7	99.5	105.0	96.7	101.7	95.7
88.7	80.3	77.8	82.7	114.6	112.2	99.5	111.3	98.1	108.1	126.4	112.3
89.5	81.1	73.0	83.5	112.5	110.2	102.8	108.9	101.6	104.9	127.0	110.0
85.9	77.2	87.4	79.1	122.7	119.6	92.8	121.9	86.2	118.1	125.0	120.3
97.8	91.1	80.9	81.0	106.7	141.6	138.8	124.7	98.2	90.1	103.4	111.5
97.8	92.0	85.7	92.6	106.7	108.1	109.4	103.7	98.2	100.4	106.9	112.0
97.8	92.0	76.7	87.0	100.9	108.1	115.4	103.7	98.2	100.4	106.9	110.9
		100.0	100.0	117.4		100.0					115.6
	90.4	79.2	73.6		169.0	149.4	137.9		80.7	98.2	108.9
98.2	**97.5**	**91.3**	**97.6**	**107.5**	**105.6**	**105.8**	**102.1**	**101.6**	**100.4**	**102.1**	**99.0**
95.4	89.3	85.2	96.8	122.6	91.3	107.8	101.0	98.7	100.6	106.4	99.1
75.0	73.4	78.9	96.6	126.9	85.6	103.5	103.6	95.9	95.3	105.8	103.9
105.4			95.2	97.9				105.0			
108.2	100.5	89.6	97.3	123.3	95.3	110.6	99.1	99.9	104.4	106.7	95.7
90.3	89.2	89.6	90.3	121.3	95.3	110.6	99.1	106.6	110.5	106.7	95.7
130.1	114.3		105.9	125.6				91.7	97.0		
101.6	103.1	93.3	94.1	96.2	98.0	95.0	97.3	103.3	103.1	103.1	103.7
102.3	103.3	89.4	89.5	88.7	96.0	99.1	92.0	103.5	104.2	106.2	103.8
101.0	103.1	77.3	91.0	103.4	96.5	97.4	123.6	101.5	108.7	101.3	106.2
			103.8	112.2	112.0	87.3	100.0	97.3	91.8	84.3	109.4
101.3	101.9	92.8	95.9	98.8	97.6	94.0	99.9	102.9	105.0	106.8	102.7
98.6	99.5	95.0	100.0	101.5	113.7	109.7	105.4	103.0	99.6	99.7	97.1
102.1	100.0	95.6	99.0	102.0	115.1	113.5	108.1	104.2	99.3	99.6	96.6
102.8	90.5	97.6	91.3	98.6	121.0	112.1	105.5	105.5	99.9	98.9	95.7
100.7	105.2	105.2	105.7	107.7	128.1	124.3	109.9	101.9	80.3	92.0	94.6
97.4	98.7	93.7	99.6	104.5	112.4	117.6	113.3	109.3	113.6	103.8	110.7
95.5	96.5	91.4	95.9	103.6	104.2	104.7	104.7	105.9	101.7	102.2	92.0
115.5	107.1	90.8	99.6	93.5	112.8	112.3	108.3	100.0	108.1	102.9	95.4
85.7	96.2	92.7	103.8	99.5	103.1	94.3	94.6		103.0	100.1	101.8
75.0	93.3	86.1	93.4	97.0	104.6	96.5	96.4	58.2			
94.5	98.6	97.9	112.2	101.6	101.9	92.5	93.1	97.4	103.0	100.1	101.8

4-30 农产品生产者价格指数
Producers Price Indices for Farm Products

（上年 =100） （preceding year=100）

指　标	Item	2018	2019	2020	2021	2022
农产品生产者价格指数	**Producer Price Indices for Farm Products**	**97.3**	**115.5**	**115.5**	**94.9**	**100.8**
农业产品	**Agriculture Products**	**99.2**	**103.5**	**99.5**	**103.3**	**103.5**
谷物	Cereal	102.5	94.2	106.1	112.2	102.2
稻谷	Rice	101.6	91.3	103.9	101.6	101.5
早籼稻	Early Indica Rice	103.3	86.9	104.7	100.9	103.2
晚籼稻	Late Indica Rice	100.2	95.2	103.2	102.3	99.5
玉米	Corn	105.3	102.8	112.7	144.2	105.1
薯类	Tubers	92.7	112.3	100.9	89.9	103.6
油料	Oil-bearing Crops	98.2	109.8	105.9	101.8	101.0
花生	Peanut	98.2	109.8	105.9	101.8	101.3
豆类	Beans	101.9	96.3	100.4	128.0	95.6
大豆	Soybean	101.9	96.3	100.4	128.0	95.6
生麻	Raw Hemp	100.0	100.0	97.1	98.9	99.4
糖料	Sugar	99.4	98.7	100.0	100.0	100.5
甘蔗	Sugar Cane	99.4	98.7	100.0	100.0	100.5
未加工烟草	Untreated Tobacco	100.6	99.6	98.7	106.9	
蔬菜及食用菌	Vegetables and Edible Fungus	101.2	105.9	104.0	106.3	97.1
蔬菜	Vegetables	101.2	106.1	104.2	106.7	96.7
叶菜类蔬菜	Leafy Vegetables	105.3	104.3	101.8	101.9	96.6
芹菜	Celery	162.3	77.8	74.6	115.3	100.4
油菜	Canola	96.2	103.6	105.3	110.6	90.8
菠菜	Spinach	100.1	107.7	107.9	113.9	120.8
空心菜	Water Spinach	102.4	121.3	101.1	93.3	99.2
小白菜	Bok Choy	102.0	107.1	99.4	96.5	95.4
白菜类蔬菜	Chinese Cabbage Group	109.1	106.6	102.3	99.6	91.1
大白菜	Napa Cabbage	105.3	113.8	97.2	96.8	88.0
普通白菜	Common Chinese Cabbage	95.4	103.5	102.8	95.2	97.1
菜心（菜薹）	Chinese Flowering Cabbage	116.4	98.3	108.5	103.9	96.1
芥菜类蔬菜	Mustard Vegetables	105.8	101.1	104.4	92.4	94.3
叶用芥菜	Leaf Mustard	105.8	101.1	104.4	92.4	94.3
甘蓝类蔬菜	Brassica Vegetables	103.6	111.6	89.8	64.8	92.2
结球甘蓝	Common Head Cabbage	101.8		90.6		
菜花	Cauliflower	108.8	115.2	75.0		
芥蓝	Cabbage Mustard	104.5	101.5	100.0	85.5	96.8

4-30 续表 1 continued

（上年 =100） （preceding year=100）

指 标	Item	2018	2019	2020	2021	2022
根茎类蔬菜	Root Vegetables	101.1	97.9	120.9	93.7	95.8
白萝卜	White Radish	101.9	100.6	120.9	93.7	113.1
胡萝卜	Carrot	90.9				
生姜	Ginger					
芋头	Taro	104.7				
山药	Common Yam Rhizome	109.4				
瓜菜类蔬菜	Melons and Vegetables	105.4	98.6	105.9	109.6	87.9
黄瓜	Cucumber	111.9	99.8	117.2	158.8	90.2
冬瓜	Wax Gourd	101.9	99.4	115.4	94.4	67.5
西葫芦	Summer Squash	102.1	122.9	76.2	76.9	132.0
苦瓜	Balsm Pear	112.6	99.3	107.0	91.9	91.4
南瓜	Pumpkin	93.6	102.8	88.1	90.6	98.5
丝瓜	Luffa	97.5	76.2	99.2	129.4	89.7
豆类蔬菜	Leguminous Vegetables	74.0	116.7	99.8	117.4	107.3
豇豆	Cowpea	91.3	111.1	101.7	127.2	112.1
四季豆	French Beans	100.2	156.8	98.4	88.0	92.9
茄果类蔬菜	Solanaceous Fruit Vegetable	103.7	114.0	99.5	117.3	98.0
茄子	Aubergine	94.7	107.3	101.2	104.8	91.0
青椒	Green Pepper	91.0	111.9	88.9	75.8	99.0
辣椒	Capsicum	100.0	109.9	107.8	148.0	111.5
西红柿	Tomato	99.7	121.7	95.9	113.2	91.8
莴苣及菊苣类蔬菜	Lettuce and Chicory Vegetables	100.1	101.0	131.3	116.8	97.3
生菜	Lettuce	102.5	108.8	107.9	107.9	104.6
莴笋	Asparagus Lettuce		97.1	144.1	122.0	83.8
葱蒜类蔬菜	Allium Vegetables	107.9	104.3	93.7	106.2	109.0
大葱	Allium Fistulosum					
细香葱	Chive	98.7	109.9	76.0		
大蒜	Garlic	104.2				
韭菜	Leek	102.4	104.4	89.4	106.2	109.0
水生蔬菜	Aquatic Vegetables	106.7	103.3	99.4	95.4	99.8
莲藕	Lotus Root	101.1				
荸荠	Chufa	107.7	103.3	96.4	95.4	
食用菌	Edible Fungus	116.4	100.6	101.0	99.2	101.0
双孢蘑菇	Double Spore Mushroom					
香菇	Mushrooms					
黑木耳	Black Fungus	81.0	89.1		100.0	105.8
黄背木耳	Yellow Back Fungus	103.5	108.5	99.6	96.2	

4-30 续表 2 continued

（上年 =100） （preceding year=100）

指 标	Item	2018	2019	2020	2021	2022
水果及坚果	Fruit and Nuts	90.6	118.7	85.8	91.3	117.0
水果（园林水果）	Fruit（Garden Fruit）	90.6	118.7	85.8	91.3	118.1
柑橘类水果	Citrus Fruit	90.0	84.6	80.0	86.8	106.8
柑橘	Citrus	89.9	78.0	69.6	76.4	110.3
橙	Orange	94.9	78.4	90.5	113.3	108.9
柚	Pomelo	82.0	121.3	104.0	84.5	95.7
葡萄	Grape	95.4	102.2	101.7	104.2	104.5
巨峰葡萄	Kyoho Grape	96.2	94.2	102.5	105.4	105.3
热带水果	Tropical Fruits	83.0	155.9	95.4	72.7	134.9
香蕉	Banana	135.3	107.5	84.9	97.4	111.0
龙眼	Longan	45.5	156.7	145.0	39.3	189.4
荔枝	Lychee	47.8	264.0	63.8	61.1	143.3
芒果	Mango	71.8	122.2	91.8	79.9	93.1
瓜类水果	Melon Fruit	101.4	119.0	62.4	120.1	101.5
西瓜	Watermelon	101.5	117.8	66.6	123.6	99.2
香瓜	Muskmelon	100.7	124.7	41.8	102.9	115.5
其他水果	Other Fruit	93.2	105.3	102.7	119.4	91.7
柿子	Persimmon	93.2	105.3	102.7	119.4	91.7
茶及饮料原料	Tea and Beverage Raw Materials	103.1	105.4	95.9	100.3	94.1
茶叶	Tea	103.1	105.4	95.9	100.3	94.1
绿茶	Green Tea	103.8	106.5	99.3	101.1	97.7
中草药材	Chinese Medicinal Herbs	114.4	100.7	100.7	114.5	96.2
林业产品	**Forestry Products**	**102.9**	**99.9**	**97.6**	**104.2**	**100.2**
育种和育苗	Breeding and Seedling Raising	106.4	92.4	93.2	101.8	97.4
木材采伐产品	Timber Harvesting Products	99.3	100.1	97.5	99.4	102.5
原木	Log	99.4	100.1	97.5	99.4	102.5
针叶原木	Coniferous Log	98.2	99.0	97.2	98.4	101.5
马尾松原木	Pine Log	97.8	99.2	98.0	95.9	104.6
杉木原条	Chinese Fir	99.4	98.2	94.5	106.6	98.5
非针叶原木	Non Coniferous Wood	102.4	102.8	98.3	101.8	103.1
桉树原木	Eucalyptus Log	101.8	102.8	98.3	101.8	103.1
竹材采伐产品	Bamboo Cutting Products	105.3	101.4	99.6	108.4	93.9
林产品	Forest Product	110.2	101.7	99.0	137.5	84.8

4-30　续表 3　continued

（上年 =100）　　（preceding year=100）

指　标	Item	2018	2019	2020	2021	2022
饲养动物及其产品	**Feeding Animals and Their Products**	**91.7**	**139.6**	**147.1**	**78.3**	**94.3**
活牲畜	Live Cattle	86.6	149.5	168.0	64.8	86.9
猪	Pig	84.9	152.8	174.0	60.8	85.3
种猪	Boar	87.0	100.3	96.0	60.3	65.7
仔猪	Piglet	65.4	163.6	281.8	46.7	59.4
能繁殖母猪	Breeding Sows					
其他活猪	Other Pigs	85.7	152.8	169.9	61.5	89.3
牛	Cattle	102.1	119.3	109.5	99.6	96.6
羊	Sheep	103.1	117.3	114.6	105.9	100.0
活家禽	Live Poultry	112.9	112.4	81.4	109.7	111.0
活鸡	Live Chickens	113.8	113.1	81.1	108.6	110.6
活鸭	Live Ducks	109.7	109.6	82.3	113.9	112.3
畜禽产品	Livestock and Poultry Products	99.7	104.2	85.0	134.7	104.0
禽蛋	Eggs of Poultry	115.4	105.1	93.2	107.6	106.7
鸡蛋	Egg	126.3	100.0	88.3	106.7	104.2
鸭蛋	Duck's Egg	100.0	112.3	100.0	108.9	115.6
蚕茧	Silkworm Cocoon	89.9	103.6	80.0	151.5	95.8
渔业产品	**Fishery Products**	**103.4**	**101.2**	**96.3**	**105.6**	**100.3**
海水养殖产品	Seawater Artificially Cultured Products	109.1	101.2	93.2	108.9	100.1
海水养殖虾	Mariculture of Prawns	96.7	103.8	80.6	103.9	99.8
海水养殖蟹	Mariculture of Crabs	106.8	101.0	100.5	97.9	105.0
海水养殖贝类	Mariculture of Shellfish	118.4	99.3	101.1	114.1	99.6
海水养殖牡蛎	Mariculture of Oyster	103.8	106.9	89.8	104.9	104.2
海水养殖蛤	Mariculture of Clams	136.5	89.8	115.2	125.6	94.0
海水捕捞产品	Seawater Fishing Products	102.5	102.2	96.7	96.1	102.7
海水捕捞鲜鱼	Marine Fishing Fresh Fish	103.2	101.4	93.5	93.1	103.5
海水捕捞虾	Marine Fishing Shrimp	97.0	102.5	90.6	105.3	104.4
海水捕捞蟹	Marine Fishing Crab	96.5	104.0	103.8	103.5	96.9
海水捕捞软体水生动物	Marine Aquatic Animals	100.6	103.2	97.6	97.6	104.1
淡水养殖产品	Fresh Water Farming Products	100.0	100.7	98.2	107.5	99.5
养殖淡水鱼	Cultured Freshwater Fish	102.9	102.6	99.0	109.6	99.8
养殖淡水鲤鱼	Cultured Freshwater Carp	109.4	103.9	95.8	109.2	100.3
养殖淡水草鱼	Cultured Freshwater Grass Carp	101.8	97.9	104.2	117.6	91.7
养殖淡水鳙鱼(胖头鱼)	Cultured Freshwater Bighead	102.8	111.4	97.2	112.0	109.1
养殖淡水罗非鱼	Cultured Freshwater Tilapia	102.1	102.2	94.7	104.3	100.2
养殖淡水鲢鱼	Cultured Freshwater Silver Carp	100.6	102.9	102.9	105.3	101.1
其他淡水养殖产品	Other Cultured Freshwater Products	86.9	91.9	94.6	97.5	97.0
淡水养殖龟	Cultured Freshwater Turtle	69.4	84.3	86.8	98.4	58.2
淡水养殖鳖	Cultured Freshwater Turtles	101.3	98.1	100.9	96.8	100.2

4-31 农产品集贸市场价格（2023 年）

单位：元 / 公斤

指 标	Item	1 月 January	2 月 February	3 月 March	4 月 April
粮食类	**Grain**				
籼稻	Rice	3.06	3.06	3.04	3.04
小麦	Wheat	5.95	5.95	5.95	5.95
玉米	Corn	3.09	3.08	3.09	3.10
大豆	Soybean	8.89	8.89	8.89	8.90
籼米	Indica	5.63	5.63	5.63	5.64
经济作物类	**Economic Crops Category**				
花生仁	Peanuts	14.13	14.13	15.00	15.13
畜产品类	**Animal Products**				
活猪	Live Pig	16.03	14.88	15.16	14.28
仔猪	Piglets	35.86	34.67	37.45	34.40
猪肉	Pork	26.13	23.13	22.50	21.13
活牛	Live Cattle	37.97	37.47	35.97	35.39
牛肉	Beef	98.75	94.50	91.50	92.50
活羊	Live Sheep	44.59	42.67	42.88	42.88
羊肉	Mutton	96.50	93.00	91.25	90.50
活鸡	Live Chicken	28.25	25.88	26.25	26.75
鸡蛋	Eggs	14.00	13.63	13.88	13.63
水产品类	**Aquatic Products**				
草鱼	Grass Carp	19.75	18.50	18.25	18.25
鲤鱼	Carps	16.75	16.00	16.00	16.00
鲢鱼	Silver Carp	11.57	11.57	11.43	11.43
蔬菜类	**Vegetables**				
大白菜	Chinese Cabbage	3.89	3.65	3.13	3.20
黄瓜	Cucumber	9.36	8.71	7.00	5.57
西红柿	Tomato	7.00	7.00	8.25	6.88
菜椒	Green Pepper	13.00	12.13	12.00	9.63
四季豆	French Beans	17.50	16.00	10.00	9.25
水果类	**Fruit Group**				
红富士苹果	Fuji apple	12.63	12.38	12.50	12.38
香蕉	Banana	6.25	6.00	6.38	6.38
橙子	Orange	7.50	7.50	7.86	6.80

Rural Market Fairs Prices of Agricultural Products（2023）

（yuan/kg）

5 月 May	6 月 June	7 月 July	8 月 August	9 月 September	10 月 October	11 月 November	12 月 December
3.07	3.08	3.07	3.06	3.08	3.08	3.11	3.14
5.95	5.85	5.70	5.65	5.60	5.70	5.70	5.80
3.13	3.10	3.05	3.03	3.02	3.08	3.05	2.95
8.90	8.75	8.75	8.75	8.76	8.78	8.78	8.75
5.64	5.64	5.64	5.64	5.64	5.64	5.64	5.64
15.25	15.50	15.50	15.63	15.38	15.00	14.88	14.38
14.24	14.30	14.68	17.33	16.35	15.70	15.68	15.00
34.40	33.44	32.09	34.62	30.19	28.00	28.29	28.04
20.75	21.25	21.63	25.63	24.88	23.25	23.25	23.00
35.27	33.94	33.07	33.19	33.19	34.13	33.60	33.00
92.50	89.25	87.25	89.00	89.00	89.75	89.25	89.25
42.38	41.49	41.35	41.35	41.06	42.00	41.71	42.14
89.50	87.50	86.00	86.00	85.75	85.00	84.50	84.50
27.38	27.50	27.25	27.75	28.50	28.25	27.88	28.50
13.50	13.58	13.75	14.20	14.45	13.63	13.38	13.25
18.25	18.25	18.25	18.25	18.25	18.25	18.25	18.25
16.00	15.75	15.75	15.88	16.25	16.25	16.25	16.25
11.43	11.29	11.57	11.29	11.71	11.86	11.86	11.71
3.63	4.08	4.15	3.81	3.95	3.88	3.40	3.33
5.43	5.14	5.14	5.29	7.14	7.00	7.36	7.43
6.13	6.63	7.00	6.00	5.83	6.50	7.19	7.88
10.13	10.00	9.75	9.13	9.13	9.13	9.38	9.63
9.50	9.25	9.75	9.75	9.75	11.75	10.75	11.00
12.38	12.38	13.13	12.88	13.25	12.75	12.13	12.00
6.63	6.38	6.00	6.63	6.25	5.45	5.25	4.93
6.25	6.25	6.25	6.25	6.25	7.40	7.43	6.50

4-32 农产品集贸市场价格

单位：元 / 公斤

指 标	Item	2020	2021	2022	2020	2021	2022
		1 月 January			2 月 February		
粮食类	**Grain**						
籼稻	Rice	2.82	2.93	2.95	2.82	3.03	2.95
小麦	Wheat	4.53	4.87	6.25	4.53	4.87	6.20
玉米	Corn	2.34	3.14	3.03	2.40	3.08	3.09
大豆	Soybean	7.33	8.06	8.53	7.28	8.03	8.53
籼米	Indica	5.31	5.54	5.49	5.31	5.54	5.49
经济作物类	**Economic Crops Category**						
花生仁	Peanuts	13.38	14.00	13.38	13.50	14.13	13.25
畜产品类	**Animal Products**						
活猪	Live Pig	37.68	35.75	15.26	39.63	32.55	13.70
仔猪	Piglets	74.41	78.44	29.80	86.32	82.63	26.13
猪肉	Pork	56.13	50.75	23.50	61.25	48.13	21.38
活牛	Live Cattle	33.45	36.39	38.52	34.45	35.25	38.89
牛肉	Beef	90.00	96.00	96.25	94.75	97.75	96.75
活羊	Live Sheep	42.34	44.83	45.69	42.59	45.44	46.12
羊肉	Mutton	92.00	93.38	95.75	97.57	98.00	97.50
活鸡	Live Chicken	26.25	24.25	26.50	25.00	24.88	26.38
鸡蛋	Eggs	13.20	13.25	13.38	12.54	13.00	12.63
水产品类	**Aquatic Products**						
草鱼	Grass Carp	16.38	16.50	18.25	17.00	16.63	18.88
鲤鱼	Carps	14.00	14.13	15.50	14.50	14.50	16.13
鲢鱼	Silver Carp	11.71	11.00	12.71	11.57	11.43	13.14
蔬菜类	**Vegetables**						
大白菜	Chinese Cabbage	3.30	3.69	3.80	3.58	3.24	4.00
黄瓜	Cucumber	7.29	6.93	9.21	8.14	6.00	8.57
西红柿	Tomato	6.94	6.25	8.38	7.63	5.56	8.63
菜椒	Green Pepper	9.13	12.38	12.13	10.00	11.50	11.75
四季豆	French Beans	12.00	11.00	10.75	12.15	11.00	12.75
水果类	**Fruit Group**						
红富士苹果	Fuji apple	10.63	10.75	10.63	10.63	10.75	10.25
香蕉	Banana	5.00	4.73	6.13	5.06	5.00	5.93
橙子	Orange	6.71	5.86	6.13	7.00	6.00	6.00

Rural Market Fairs Prices of Agricultural Products

(yuan/kg)

2020	2021	2022	2020	2021	2022	2020	2021	2022	2020	2021	2022
3 月 March			4 月 April			5 月 May			6 月 June		
2.79	3.03	2.95	2.81	3.03	2.95	2.86	3.05	2.96	2.92	3.06	2.96
4.53	4.87	6.20	4.53	4.87	6.10	4.53	4.87	6.10	4.53	5.20	6.05
2.46	3.07	3.08	2.46	3.08	3.06	2.51	3.08	3.09	2.53	3.10	3.11
7.28	8.10	8.78	7.45	7.98	8.78	7.40	8.25	8.79	7.40	8.25	8.78
5.31	5.54	5.50	5.35	5.54	5.48	5.43	5.55	5.46	5.43	5.55	5.61
13.75	14.38	13.25	15.00	14.13	13.00	15.13	13.75	13.13	15.25	13.75	13.13
37.75	28.50	12.31	35.88	22.70	13.76	30.83	18.00	15.64	34.70	13.85	16.64
87.43	86.63	24.93	89.55	67.73	25.81	84.30	58.58	31.61	80.27	44.19	33.46
56.38	42.75	18.75	51.63	34.50	20.88	47.38	28.38	22.88	52.00	23.75	23.88
33.57	35.77	38.47	33.57	36.02	37.64	33.32	36.52	37.52	33.39	36.27	37.52
90.50	93.50	94.25	89.75	93.25	93.25	89.50	94.00	93.25	90.75	93.25	93.13
45.98	45.98	45.83	45.41	45.83	45.26	43.41	45.98	44.26	41.98	45.41	44.12
93.50	95.00	94.50	91.00	94.75	94.50	89.75	93.25	94.00	87.50	93.25	93.00
26.38	24.88	26.13	24.25	24.63	24.75	23.63	24.13	25.13	23.13	24.38	25.63
12.50	12.50	13.00	12.25	12.50	14.00	11.63	12.88	13.88	11.38	12.88	13.50
16.50	18.13	18.88	16.38	21.13	19.00	16.50	23.25	18.75	16.50	23.25	19.00
13.88	14.63	16.13	13.75	16.50	16.13	13.75	17.63	16.13	13.88	17.25	16.13
11.29	11.43	12.43	11.57	12.14	11.86	11.43	12.29	11.86	11.00	12.43	12.14
3.53	3.35	3.80	3.78	3.48	4.38	3.73	3.63	4.20	4.45	3.88	3.88
6.29	5.29	9.71	5.57	5.14	6.57	5.00	4.86	4.66	5.43	5.14	5.00
6.63	4.88	6.50	8.25	4.63	7.29	5.88	4.75	7.13	5.75	5.13	6.06
9.50	9.13	12.50	10.50	9.00	10.75	8.00	8.63	9.75	7.69	8.25	9.75
10.25	10.50	13.50	8.75	8.50	10.50	7.25	8.75	7.00	8.50	7.50	8.25
10.63	10.94	10.50	10.75	10.75	10.75	10.75	10.38	11.13	10.75	10.25	11.25
5.50	5.25	6.30	5.75	5.25	6.25	5.63	5.13	6.50	4.93	4.93	6.25
6.77	5.83	6.17	6.00	6.40	6.27	6.80	5.50	5.75	6.00	5.50	5.75

4-32 续表

单位：元 / 公斤

指 标	Item	2020	2021	2022	2020	2021	2022
		7 月 July			8 月 August		
粮食类	**Grain**						
籼稻	Rice	2.82	2.95	2.98	2.87	2.91	3.01
小麦	Wheat	4.53	5.20	6.05	4.53	5.20	6.00
玉米	Corn	2.54	3.04	3.08	2.63	3.04	3.08
大豆	Soybean	7.53	8.38	8.78	7.65	8.38	8.78
籼米	Indica	5.38	5.51	5.61	5.38	5.50	5.63
经济作物类	**Economic Crops Category**						
花生仁	Peanuts	15.25	13.75	13.13	15.25	13.75	13.25
畜产品类	**Animal Products**						
活猪	Live Pig	37.99	15.30	22.18	38.85	15.35	22.75
仔猪	Piglets	85.92	42.41	41.63	88.55	35.93	45.25
猪肉	Pork	55.13	24.00	32.63	55.75	23.50	32.88
活牛	Live Cattle	33.89	36.77	37.64	34.14	37.02	37.72
牛肉	Beef	90.00	93.25	93.13	90.75	93.50	93.13
活羊	Live Sheep	41.83	44.55	43.41	42.12	44.41	44.41
羊肉	Mutton	87.75	92.00	91.88	88.25	91.50	91.88
活鸡	Live Chicken	23.75	24.25	28.38	24.25	24.00	28.88
鸡蛋	Eggs	11.88	12.88	13.63	12.48	13.63	13.70
水产品类	**Aquatic Products**						
草鱼	Grass Carp	16.50	22.50	18.75	16.50	22.00	18.75
鲤鱼	Carps	13.88	17.38	16.13	14.13	17.19	16.13
鲢鱼	Silver Carp	11.00	13.14	11.57	10.86	12.86	11.71
蔬菜类	**Vegetables**						
大白菜	Chinese Cabbage	4.38	3.83	3.83	4.50	3.94	3.88
黄瓜	Cucumber	5.79	5.14	6.07	6.57	5.71	6.93
西红柿	Tomato	6.63	5.25	6.19	6.75	5.75	6.06
菜椒	Green Pepper	8.63	8.50	10.38	8.25	8.50	9.63
四季豆	French Beans	10.00	8.75	7.25	10.75	9.50	9.00
水果类	**Fruit Group**						
红富士苹果	Fuji apple	10.75	9.63	11.63	10.50	9.50	11.75
香蕉	Banana	4.75	5.13	5.63	4.69	5.25	5.63
橙子	Orange	6.00	5.50	5.75	6.00	5.50	5.75

continued

(yuan/kg)

9月 September			10月 October			11月 November			12月 December		
2020	2021	2022	2020	2021	2022	2020	2021	2022	2020	2021	2022
2.87	2.91	3.02	2.88	2.89	3.02	2.93	2.95	3.08	2.93	2.95	3.08
4.53	6.99	6.00	4.53	6.50	6.00	4.53	6.40	6.00	4.53	6.30	5.95
2.66	3.00	3.08	2.68	2.93	3.09	2.76	3.01	3.12	2.79	3.00	3.09
7.68	8.40	8.78	7.68	8.40	8.78	7.80	8.40	8.80	8.03	8.53	8.81
5.38	5.50	5.63	5.39	5.49	5.63	5.39	5.49	5.63	5.46	5.49	5.63
14.06	13.75	13.63	13.94	13.75	13.88	13.88	13.75	13.88	14.00	13.63	14.00
36.58	13.80	23.98	32.45	14.64	27.63	30.58	17.80	23.80	33.60	17.20	18.95
87.17	32.64	47.30	83.05	25.86	49.42	76.30	30.01	45.45	76.44	30.36	38.82
52.81	21.63	35.00	48.25	23.00	40.50	45.13	27.38	36.00	48.25	26.88	30.88
34.39	37.89	37.62	35.39	37.64	37.57	35.39	38.02	37.57	35.77	38.02	37.54
92.25	93.50	93.13	93.50	93.50	93.00	93.00	95.50	93.00	94.50	95.50	93.00
42.26	44.83	44.26	42.83	44.83	44.12	42.83	44.69	44.12	43.41	44.69	43.24
89.25	93.50	92.63	90.25	94.00	93.13	90.00	94.75	93.88	91.50	94.75	92.88
24.38	24.25	30.25	24.38	24.63	31.13	24.13	25.50	30.13	24.13	25.13	29.00
12.60	13.50	14.20	12.35	13.50	14.58	12.20	13.63	14.83	12.45	13.63	14.25
16.50	20.75	18.75	16.63	20.25	18.63	16.50	18.75	18.50	16.50	18.25	18.25
14.00	17.13	16.13	14.00	16.63	16.13	14.00	15.88	16.00	13.88	15.75	16.00
11.00	12.57	11.86	11.14	12.29	11.86	11.14	12.14	11.57	11.00	12.71	11.29
4.45	3.95	4.33	4.39	5.18	4.25	4.13	5.18	3.86	3.68	4.30	3.88
6.71	6.57	5.57	6.43	9.43	5.79	6.29	8.86	5.71	6.16	6.50	7.29
7.00	5.88	6.38	7.06	7.50	7.75	6.38	7.50	6.13	6.75	7.58	6.00
9.13	8.88	11.25	9.88	11.00	12.25	10.13	12.75	10.00	11.75	11.00	10.63
11.00	9.75	9.50	10.25	14.25	9.00	8.00	13.25	9.50	9.25	9.00	11.75
10.69	9.88	12.13	10.63	10.00	11.75	10.63	10.00	11.75	10.63	10.13	12.38
5.01	5.25	5.25	4.88	4.88	5.25	4.80	5.13	5.33	4.63	5.33	5.88
5.90	5.50	5.75	6.80	6.60	6.25	6.40	7.00	8.43	5.93	6.43	7.50

主要统计指标解释

居民消费价格指数　是反映一定时期内城乡居民所购买的生活消费品和服务项目价格变动趋势和程度的相对数，是对城市居民消费价格指数和农村居民消费价格指数进行综合汇总计算的结果。通过该指数可以观察和分析消费品的零售价格和服务项目价格变动对城乡居民实际生活费支出的影响程度。

城市居民消费价格指数　是反映一定时期内城市居民家庭所购买的生活消费品价格和服务项目价格变动趋势和程度的相对数。通过该指数可以观察和分析消费品的零售价格和服务项目价格变动对城镇居民收入和消费支出的影响。

农村居民消费价格指数　是反映一定时期内农村居民家庭所购买的生活消费品价格和服务项目价格变动趋势和程度的相对数。该指数可以观察农村消费品的零售价格和服务项目价格变动对农村居民收入和生活消费支出的影响。

农产品生产价格指数　是反映一定时期内，农产品生产者出售农产品价格水平变动趋势及幅度的相对数。该指数可以客观反映全国农产品生产价格水平和结构变动情况，满足农业与国民经济核算需要。其中某代表品生产价格指数是通过对全部有出售该产品行为的调查单位的个体指数进行几何平均求得的，类价格指数是通过对其所属的类（或代表品）的价格指数进行加权平均求得的。季度累计价格指数的计算方法与分季指数的计算方法相同。

工业生产者出厂价格指数　是反映一定时期内全部工业产品第一次出售时的出厂价格总水平的变动趋势和变动幅度的相对数。

工业生产者购进价格指数　是反映作为中间投入的原材料、燃料、动力购进价格总水平的变动趋势和变动幅度的相对数。

新建商品住宅销售价格　指新建商品住宅实际销售（交易）价，包括住宅销售前的装修费用，无论其价格高低都视为房地产销售（交易）价格的组成部分。

二手住宅销售价格　指二手住宅实际交易价格。该指标取自《存量房屋买卖合同》。若合同中含有相关税费，则应将其扣除。

Explanatory Notes on Main Statistical Indicators

Consumer Price Indices reflect the trend and degree of changes in prices of consumer goods and services purchased by urban and rural households during a given period. They are obtained by combining Consumer Price Indices of Urban Household and Consumer Price Indices of Rural Household. The Indices enable the observation and analysis of the degree of impact of the changes in the prices of retailed goods and services on the actual living expenses of urban and rural residents.

Consumer Price Indices of Urban Household reflect the trend and degree of changes in prices of consumer goods and services purchased by urban households during a given period. It can be used to observe and analyze the impact of price changes in consumer goods and services on urban household income and consumption expenditure.

Consumer Price Indices of Rural Household reflect the trend and degree of changes in prices of consumer goods and services purchased by rural households during a given period. It can be used to observe the impact of change in retail prices of consumer goods and service prices on rural household income and consumption expenditure on living.

Price Indices for Means of Agricultural Production reflect the trend and degree of changes in the prices of the means of agricultural production during a given period. Compilation of these indices helps to understand the price changes of material input in agricultural production and facilitate the compilation of national accounts. Before 1994, price indices for means of agricultural production were a sub-category in the retail price indices for commodities, and it has been compiled separately since 1994.

Producer Prices Indices for Farm Products reflect the trend and degree of changes in producers' prices received by farmers when they sell farm products during a given period. These indices depict the change in the level and structure of producer prices for farm products of the country and meet the needs of agricultural statistics and national accounts statistics. The producer price index for a given product is calculated as the geometrical mean of individual indices for all surveyed units which sell such product, and the indices for a product category is obtained as the weighted mean of price indices for all products in the category. Method for calculating accumulative quarterly indices is the same as for calculating the individual quarterly indices.

Producer Price Indices for Industrial Products reflect the trend and degree of changes in general ex-factory prices of all manufactured goods for first sale during a given period,.

Purchasing Price Indices for Industrial Producers reflect changes in the level and degree of purchasing prices such as intermediate input such as raw materials, fuels and power.

At present, close to 1,800 products in 9 categories, including fuels and power, ferrous metals, non-ferrous metals, chemicals, building materials, are covered in China for the survey to produce indices of purchasing prices of raw materials, fuels and power.

New Commodity Residential Houses Selling Price Index refers to the actual sales (transaction) price of newly-built commercial residential buildings, including the decoration expenses before the sale of residential buildings. Regardless of the price, it is regarded as a component of the real estate sales (transaction) price.

Second-hand Housing Sales Price refers to the actual transaction price of second-hand housing. This indicator is taken from the stock housing sales contract. If the contract contains relevant taxes, they shall be deducted.

第五篇　农业生产
Chapter 5 Agriculture Production

（编辑：叶雪莹　叶超峰）（Editor: Ye Xueying　Ye Chaofeng）

简要说明

一、本篇资料的主要内容及统计范围

本篇资料反映广西农业生产的基本情况，内容主要包括主要粮食作物生产情况、主要畜禽生产情况等方面的统计资料。

（一）粮食作物

统计范围包括全部农业生产经营户，各种经济组织类型、各个系统的全部农业生产单位和非农业单位附属的农业生产活动单位。但不包括农业科学试验机构进行的农业生产。调查内容包括从抽样调查样本取得的各季农作物播种面积和产量资料。

1. 农作物播种面积（粮食作物）：包含谷物、豆类、薯类播种面积，由农业生产经营户和农业生产经营单位两部分组成。

2. 农作物产量（粮食作物）：包含实测作物（早稻、中稻、晚稻、玉米）和非放样实测作物（薯类、豆类、高粱、小麦、谷子、其他谷物等粮食作物）的单产和产量。

（二）畜禽

主要畜禽监测调查是按照国家统计局相关统计报表制度要求、以猪、牛、羊、禽等主要畜禽产品作为调查主题、由国家统计局广西调查总队统一组织、部署实施开展的国家常规性、制度性调查项目，该项目主要调查内容如下：

1. 生猪调查。对自治区范围内的生猪生产情况进行调查。

2. 牛调查。对牛的养殖情况和牛奶的生产情况开展季度调查。

3. 羊调查。羊包括绵羊和山羊，羊调查主要指对自治区范围内的羊的养殖情况开展调查。

4. 禽调查。禽类包括鸡、鸭、鹅三个种类，禽类调查包括禽、蛋禽和肉禽养殖情况的调查。

二、本篇的资料来源及统计调查方法

（一）粮食作物

1. 由国家统计局广西调查总队根据国家统计局《农林牧渔业统计报表制度》《农业产值和价格综合统计报表制度》开展抽样调查获得资料整理提供。

2. 调查方法：

（1）农作物播种面积：①省级播种面积：在 32 个国家抽样调查县内抽取调查样方，由市县级国家调查队对样方压盖的全部地块进行实地调查（包含无人机遥感测量调查和掌上电脑〔PDA〕实地调查方式）获得。调查周期分春播、夏播、秋冬播三个播种季节。②县级播种面积：在 38 个粮食生产大县中开展以县为总体的播种面积调查，由市县级国家调查队或统计局对样方压盖的全部地块进行实地调查（包含无人机遥感测量调查和 PDA 实地调查方式）获得。调查周期分春播、夏播、秋冬播三个播种季节。

（2）农作物单位面积产量：①省级产量：在 32 个国家抽样调查县样本村样方中，由市县级国家调查队对样方压盖的全部地块上种植粮食作物的地块进行放样实测和非放样实测调查获得。调查周期按国家口径分为夏收（广西春收）、早稻、秋收三个收获季节。②县级产量：在 38 个粮食生产大县样本村样方中，由市县级国家调查队或统计局对样方覆盖的全部地块上种植粮食作物的地块进行放样实测和非放样实测调查获得。调查周期按国家口径分为夏收（广西春收）、早稻、秋收三个收获季节。

（3）粮食生产全面统计：在广西 111 个县（市、区）统计各季节粮食面积与产量。数据采集从村民委员会一级起报，乡镇、县级逐级汇总。调查周期：粮食面积分为秋冬播、春播、夏播三个播种季节，粮食产量按国家口径分为夏收（广西春收）、早稻、秋收三个收获季节。

（二）畜禽

畜牧业生产基本情况由国家统计局广西调查总队根据每年的调查情况所提供。主要有季报和月报。

调查分为两大块：

1. 主要畜禽产品监测调查。即以生猪、牛、羊、禽为调查主题，实行按季度调查和上报调查数据，调查对象：全自治区 111 个县区所有大型规模养殖户全数调查（大型的标准是：生猪年饲养量 5000 头以上、肉牛 1000 头以上和肉禽 10 万只以上）；14 个市、29 个国家调查县（区）抽中的样本村开展中小型养殖户（如生猪年饲养量 100 ~ 5000 头）抽样调查。

2. 生猪调出大县调查，就是按照国家统计局核定给广西的生猪调出大县，仅以生猪品种的生产情况为调查主题，对县范围内的生猪生产情况进行调查，实行月度调查与季度调查相结合模式，主要数据按照月度上报。

5-1 主要粮食作物生产情况（1985—2023 年）
Basic Statistics on Main Grain Crops（1985—2023）

年 份 Year	粮食作物 Grain Crops			早 稻 Early Rice		
	播种面积（千公顷）Sown Area（1000 ectares）	每公顷产量（公斤/公顷）Per Hectare Output（kg/hectare）	总产量（万吨）Total Output（10 000 tons）	播种面积（千公顷）Sown Area（1000 ectares）	每公顷产量（公斤/公顷）Per Hectare Output（kg/hectare）	总产量（万吨）Total Output（10 000 tons）
1985	3447.3	3240.5	1117.1	1153.2	4701.7	542.2
1986	3530.6	3166.9	1118.1	1157.9	4556.4	527.6
1987	3539.5	3418.6	1210.0	1145.5	4863.2	557.1
1988	3510.7	2976.6	1045.0	1128.5	4691.9	529.5
1989	3596.9	3533.0	1270.8	1178.4	5070.4	597.5
1990	3639.9	3744.8	1363.1	1190.3	5287.9	629.4
1991	3567.7	3758.7	1341.0	1124.1	5473.9	615.3
1992	3521.8	4028.9	1418.9	1153.6	5710.8	658.8
1993	3538.8	4115.8	1456.5	1137.1	5678.5	645.7
1994	3633.6	3502.0	1272.5	1134.1	4554.3	516.5
1995	3662.7	4117.7	1508.2	1148.4	5846.4	671.4
1996	3708.0	4070.4	1509.3	1152.4	5795.7	667.9
1997	3738.5	4132.1	1544.8	1155.3	5983.7	691.3
1998	3757.7	4143.8	1557.1	1147.9	5551.9	637.3
1999	3725.5	4227.6	1575.0	1116.4	5966.6	666.1
2000	3655.9	4180.9	1528.5	1078.1	5865.9	632.4
2001	3641.9	4150.0	1511.4	1141.5	5148.5	587.7
2002	3556.9	4180.0	1486.8	1130.3	5383.5	608.5
2003	3470.0	4222.2	1465.1	1118.5	5353.6	598.8
2004	3511.2	3983.0	1398.5	1098.9	5217.0	573.3
2005	3496.2	4254.0	1487.3	1131.3	5056.1	572.0
2006	3133.2	4556.4	1427.6	1053.3	5261.6	554.2
2007	2969.4	4670.3	1386.8	985.1	5413.7	533.3
2008	2944.1	4671.4	1375.3	971.7	5307.2	515.7
2009	3023.9	4738.3	1432.8	969.7	5596.6	542.7
2010	3003.7	4568.0	1372.1	940.1	5509.0	517.9
2011	3013.9	4586.4	1382.3	911.2	5635.4	513.5
2012	2978.2	4789.1	1426.3	894.3	5861.6	524.2
2013	2974.1	4877.8	1450.7	886.7	5984.0	530.6
2014	2947.7	4927.9	1452.6	871.2	5921.7	515.9
2015	2950.6	4857.3	1433.2	837.9	5954.2	498.9
2016	2897.1	4898.0	1419.0	828.2	5994.9	496.5
2017	2853.1	4803.5	1370.5	810.7	5799.9	470.2
2018	2802.0	4899.0	1373.0	790.5	5952.0	470.5
2019	2747.0	4849.0	1332.0	767.9	5893.9	452.6
2020	2806.1	4882.3	1370.0	805.2	5921.0	476.8
2021	2822.9	4911.7	1386.5	807.5	5944.2	480.0
2022	2829.3	4924.0	1393.1	810.7	5926.7	480.4
2023	2834.7	4922.4	1395.4	812.7	5899.3	479.4

注：2007—2017 年数据根据第三次全国农业普查数据进行了修订（下相关表同）。
Note: Data from 2007 to 2017 have been revised according to the Third Agricultural Census. The same applies to the relevant tables following.

5-1 续表 continued

年 份 Year	晚 稻 Late Rice			玉 米 Corn		
	播种面积 (千公顷) Sown Area (1000 ectares)	每公顷产量 (公斤 / 公顷) Per Hectare Output (kg/hectare)	总 产 量 (万吨) Total Output (10 000 tons)	播种面积 (千公顷) Sown Area (1000 ectares)	每公顷产量 (公斤 / 公顷) Per Hectare Output (kg/hectare)	总 产 量 (万吨) Total Output (10 000 tons)
1985	1124.5	3616.7	406.7			
1986	1180.9	3407.6	402.4			
1987	1172.7	3855.2	452.1			
1988	1151.2	3015.1	347.1			
1989	1134.5	3963.0	449.6			
1990	1174.5	4330.4	508.6			
1991	1182.4	4217.7	498.7			
1992	1160.2	4453.5	516.7			
1993	1131.8	4547.6	514.7			
1994	1132.2	3413.7	386.5			
1995	1136.9	4546.6	516.9			
1996	1143.3	4537.7	518.8			
1997	1143.8	4416.0	505.1			
1998	1140.0	5064.0	577.3			
1999	1123.8	4825.6	542.3			
2000	1068.7	4775.9	510.4	610.7	3016.2	184.2
2001	1147.3	4915.9	564.0	556.9	3025.7	168.5
2002	1142.0	4659.4	532.1	520.3	3094.4	161.0
2003	1110.2	4800.0	532.9	531.1	3007.0	159.7
2004	1125.0	4245.3	477.6	586.6	3002.0	176.1
2005	1108.4	4767.2	528.4	575.7	3682.5	212.0
2006	1038.8	4944.2	513.6	516.3	3844.7	198.5
2007	980.3	4969.2	487.1	489.6	4162.4	203.9
2008	971.2	5056.6	491.1	488.7	4228.8	206.7
2009	971.9	5125.4	498.1	533.0	4209.0	224.3
2010	954.6	5200.0	496.4	536.4	3870.4	207.6
2011	954.8	4785.5	456.9	563.0	4318.5	243.2
2012	941.8	5205.8	490.3	577.0	4309.7	248.7
2013	924.5	5252.2	485.5	583.5	4516.3	263.5
2014	911.2	5474.3	498.8	579.3	4551.4	263.7
2015	894.1	5414.2	484.1	617.0	4496.8	277.5
2016	871.8	5495.3	479.1	603.2	4571.6	275.8
2017	849.9	5327.6	452.8	591.2	4594.5	271.6
2018	826.6	5461.2	451.4	584.4	4678.1	273.4
2019	810.9	5485.5	444.8	580.1	4502.5	261.2
2020	821.2	5396.8	443.2	597.0	4578.6	273.3
2021	811.9	5417.2	439.8	615.0	4636.3	285.1
2022	813.8	5569.3	453.2	616.3	4549.6	280.4
2023	814.5	5592.7	455.5	616.5	4512.1	278.2

5-2　粮食作物播种面积
Sown Area of Grain Crops

单位：公顷　　　　(hectares)

年份 Year 地区 Region		粮食作物 Grain Crops	谷物 Cereals	稻谷 Rice	# 早稻 Early Rice	晚稻 Late Rice	小麦 Wheat
2016		2897144.4	2482477.7	1836697.9	828177.5	871756.0	3200.0
2017		2853056.2	2436465.6	1801710.2	810746.2	849919.9	3082.1
2018		2795305.1	2369233.8	1769002.1	791728.2	834066.4	4732.9
2019		2747001.3	2325942.1	1726348.0	767905.6	817233.8	4529.1
2020		2806092.8	2377950.0	1760114.5	805180.0	821197.2	3864.2
2021		2822950.0	2391550.0	1756720.0	807510.0	811920.0	3810.0
2022		2829310.2	2393789.4	1758030.0	810650.0	813800.0	4436.4
2023		2834718.7	2396323.6	1760761.1	812716.7	814451.0	4596.4
南宁市	Nanning	426215.0	383526.3	268729.5	128105.2	137772.4	
柳州市	Liuzhou	148640.1	132656.2	114274.9	53891.9	39149.3	
桂林市	Guilin	341099.8	268678.3	221134.9	102815.9	80807.1	899.6
梧州市	Wuzhou	141458.6	118040.6	103715.5	52881.7	50833.8	134.7
北海市	Beihai	68021.9	50126.6	38046.6	10572.7	27473.9	
防城港市	Fangchenggang	46037.6	35460.4	25314.1	9179.3	16074.8	
钦州市	Qinzhou	190247.7	159143.5	139137.4	59550.0	79587.5	
贵港市	Guigang	276948.3	240166.4	207256.3	103000.6	104255.8	
玉林市	Yulin	293969.5	255708.5	228497.7	114296.8	114196.9	
百色市	Baise	259066.8	214283.0	82984.2	23706.8	28426.9	2042.0
贺州市	Hezhou	119025.7	101182.4	85994.7	44523.0	35913.1	
河池市	Hechi	252845.1	200728.3	84778.6	29933.8	23965.8	421.0
来宾市	Laibin	154228.6	135950.9	102681.2	55745.3	46037.8	1094.2
崇左市	Chongzuo	116914.2	100672.2	58215.5	24513.9	29956.0	4.9

5-2 续表 continued

单位：公顷 (hectares)

年份 地区	Year Region	玉米 Corn	其他谷物 Other Cereal	豆类 Beans	薯类 Tubers	# 马铃薯 Potato	甘薯 Sweet Potato
2016		603246.7	4725.4	145333.3	269333.3	60000.0	209333.3
2017		591228.1	5420.5	149350.3	267240.3	55335.4	211904.9
2018		568263.5	27235.3	165780.6	260290.7	57315.1	202975.6
2019		568739.4	26867.8	163622.7	256923.5	54437.7	202485.8
2020		596973.8	16997.5	160870.8	267272.0	52811.7	214460.3
2021		615030.0	15980.0	164040.0	267350.0	53560.0	213790.0
2022		616329.1	14994.0	167935.8	267584.9	53554.1	214030.8
2023		616523.2	14443.0	168609.5	269785.6	54331.4	215454.2
南宁市	Nanning	114674.1	122.7	22432.5	20256.2	5203.4	15052.8
柳州市	Liuzhou	18003.5	377.9	4557.5	11426.3	1455.8	9970.5
桂林市	Guilin	43654.6	2989.2	33605.5	38815.9	4707.0	34108.9
梧州市	Wuzhou	10951.0	3239.4	9052.0	14366.0	5978.7	8387.3
北海市	Beihai	11977.2	102.8	1094.3	16801.0	1514.1	15286.9
防城港市	Fangchenggang	10146.4	0.0	1607.6	8969.5	1361.0	7608.5
钦州市	Qinzhou	20006.1	0.0	6139.7	24964.5	8801.9	16162.6
贵港市	Guigang	32899.1	11.0	7764.2	29017.7	10767.3	18250.4
玉林市	Yulin	25112.5	2098.3	5671.5	32589.5	12019.3	20570.2
百色市	Baise	126403.8	2853.0	26716.7	18067.2	204.8	17862.4
贺州市	Hezhou	15012.3	175.4	6032.3	11811.1	376.1	11435.0
河池市	Hechi	113902.4	1626.4	25742.7	26374.1	182.3	26191.8
来宾市	Laibin	31562.3	613.1	8423.9	9853.8	1264.4	8589.4
崇左市	Chongzuo	42217.9	233.9	9769.1	6472.9	495.4	5977.5

5-3　粮食作物产量
Output of Grain Crops

单位：吨　　　　(ton)

年份 地区	Year Region	粮食作物 Grain Crops	谷物 Cereals	稻谷 Rice	# 早稻 Early Rice	晚稻 Late Rice	小麦 Wheat
2016		14190344.3	13479302.4	10659962.7	4964918.7	4790542.1	5250.0
2017		13704904.5	12979798.7	10197820.7	4701535.2	4528046.7	5100.0
2018		13720399.6	12896366.4	10189156.0	4713702.1	4520602.4	7719.6
2019		13320002.7	12519105.1	9872276.4	4525004.8	4415755.8	7458.9
2020		13700245.1	12908229.6	10137412.1	4767500.0	4431863.7	6250.8
2021		13865434.4	13066833.0	10179086.2	4800000.9	4398344.5	6300.0
2022		13931475.5	13121610.1	10280667.7	4804438.8	4532323.8	7900.0
2023		13953586.0	13123619.0	10303504.8	4794498.3	4555000.6	9800.0
南宁市	Nanning	2126486.4	2054034.6	1507375.4	759857.3	729563.5	
柳州市	Liuzhou	747251.5	720249.1	637377.0	294098.4	201762.7	
桂林市	Guilin	1792827.4	1623693.3	1397646.2	599833.2	477691.4	1529.5
梧州市	Wuzhou	714248.6	665285.1	615165.4	314968.6	300196.8	238.1
北海市	Beihai	321452.2	277965.3	217250.7	62027.1	155223.6	
防城港市	Fangchenggang	179863.4	157842.7	113801.1	47374.8	66073.1	
钦州市	Qinzhou	948958.2	891705.9	792551.3	342744.5	449806.8	
贵港市	Guigang	1493401.8	1411175.8	1231945.9	619640.1	612305.8	
玉林市	Yulin	1655174.6	1569880.4	1435539.2	717623.8	717890.8	
百色市	Baise	1127160.4	1060435.7	495987.3	144373.6	152406.3	3497.3
贺州市	Hezhou	614027.7	582670.6	512671.7	271164.6	201551.3	
河池市	Hechi	978049.3	912701.1	481230.0	154973.4	119580.9	1246.8
来宾市	Laibin	741542.4	709612.8	561098.7	326113.3	229505.6	3281.3
崇左市	Chongzuo	513142.2	486366.7	303864.9	139705.7	141442.1	6.9

5-3 续表 continued

单位：吨 (ton)

年 份 Year / 地 区 Region	玉米 Corn	其他谷物 Other Cereal	豆类 Beans	薯类 Tubers	# 马铃薯 Potato	甘薯 Sweet Potato
2016	2757800.0	10424.0	230849.1	480192.8	151231.7	328961.1
2017	2716418.6	12508.8	246758.1	478347.7	137591.2	340756.5
2018	2659424.0	40066.8	286191.4	537841.9	150527.5	387314.4
2019	2600845.6	38591.7	278404.3	522614.7	135635.6	386979.1
2020	2733317.9	31248.8	266010.4	526005.2	125528.3	400476.9
2021	2851457.3	29989.5	267642.3	530959.1	126369.5	404589.6
2022	2804028.0	29014.4	272454.1	537411.3	125789.0	411622.3
2023	2781833.4	28480.8	277559.4	552407.6	130187.4	422220.2
南宁市 Nanning	546428.9	230.3	33632.3	38819.5	11278.4	27541.1
柳州市 Liuzhou	81649.5	1222.6	6874.5	20127.9	3581.1	16546.8
桂林市 Guilin	216472.3	8045.2	75051.1	94083.0	8655.5	85427.5
梧州市 Wuzhou	46288.8	3592.7	15771.4	33192.1	14797.7	18394.3
北海市 Beihai	60490.6	224.0	1947.2	41539.8	2439.2	39100.6
防城港市 Fangchenggang	44041.6	0.0	3065.7	18955.0	2831.7	16123.3
钦州市 Qinzhou	99154.6	0.0	10771.4	46480.9	13734.4	32746.5
贵港市 Guigang	179194.8	35.1	14660.2	67565.8	33448.6	34117.2
玉林市 Yulin	129771.9	4569.3	10557.4	74736.9	32242.1	42494.8
百色市 Baise	556035.8	4915.3	36119.6	30605.1	469.6	30135.5
贺州市 Hezhou	69578.0	420.8	9346.6	22010.5	510.7	21499.8
河池市 Hechi	426618.4	3605.9	31743.9	33604.2	242.6	33361.7
来宾市 Laibin	144056.0	1176.7	13277.3	18652.3	4794.0	13858.3
崇左市 Chongzuo	182052.0	442.9	14740.8	12034.7	1161.9	10872.8

5-4　粮食作物单位面积产量
Yield per Unit Area of Grain Crops

单位：公斤 / 公顷 (kg/hectare)

年份 Year 地区 Region	粮食作物 Grain Crops	谷物 Cereals	稻谷 Rice	# 早稻 Early Rice	晚稻 Late Rice	小麦 Wheat
2016	4898.0	5429.8	5803.9	5995.0	5495.3	1640.6
2017	4803.6	5327.3	5660.1	5799.0	5327.6	1654.7
2018	4908.4	5443.3	5759.8	5953.7	5420.0	1631.1
2019	4848.9	5382.4	5718.6	5892.7	5403.3	1646.9
2020	4882.3	5428.3	5759.5	5921.0	5396.8	1617.6
2021	4911.7	5463.8	5794.4	5944.2	5417.2	1653.5
2022	4924.0	5481.5	5847.8	5926.7	5569.3	1780.7
2023	4922.4	5476.6	5851.7	5899.3	5592.7	2132.1
南宁市 Nanning	4989.2	5355.7	5609.3	5931.5	5295.4	
柳州市 Liuzhou	5027.3	5429.4	5577.6	5457.2	5153.7	
桂林市 Guilin	5256.0	6043.3	6320.3	5834.0	5911.5	1700.2
梧州市 Wuzhou	5049.2	5636.1	5931.3	5956.1	5905.5	1767.8
北海市 Beihai	4725.7	5545.3	5710.1	5866.7	5649.9	
防城港市 Fangchenggang	3906.9	4451.2	4495.6	5161.0	4110.3	
钦州市 Qinzhou	4988.0	5603.2	5696.2	5755.6	5651.7	
贵港市 Guigang	5392.3	5875.8	5944.1	6015.9	5873.1	
玉林市 Yulin	5630.4	6139.3	6282.5	6278.6	6286.4	
百色市 Baise	4350.8	4948.8	5976.9	6090.0	5361.3	1712.7
贺州市 Hezhou	5158.8	5758.6	5961.7	6090.4	5612.2	
河池市 Hechi	3868.2	4546.9	5676.3	5177.2	4989.7	2961.6
来宾市 Laibin	4808.1	5219.6	5464.5	5850.1	4985.2	2998.8
崇左市 Chongzuo	4389.0	4831.2	5219.7	5699.0	4721.7	1400.0

5-4 续表 continued

单位：公斤 / 公顷 (kg/hectare)

年 份 地 区	Year Region	玉米 Corn	其他谷物 Other Cereal	豆类 Beans	薯类 Tubers	# 马铃薯 Potato	甘薯 Sweet Potato
2016		4571.6	2206.0	1588.4	1782.9	2520.5	1571.5
2017		4594.5	2307.7	1652.2	1790.0	2486.5	1608.1
2018		4679.9	1471.1	1726.3	2066.3	2626.3	1908.2
2019		4573.0	1436.4	1701.5	2034.1	2491.6	1911.1
2020		4578.6	1838.4	1653.6	1968.1	2376.9	1867.4
2021		4636.3	1876.7	1631.6	1986.0	2359.4	1892.5
2022		4549.6	1935.1	1622.4	2008.4	2348.8	1923.2
2023		4512.1	1971.9	1646.2	2047.6	2396.2	1959.7
南 宁 市	Nanning	4765.1	1876.7	1499.3	1916.4	2167.5	1829.6
柳 州 市	Liuzhou	4535.2	3235.7	1508.4	1761.5	2459.9	1659.6
桂 林 市	Guilin	4958.8	2691.4	2233.3	2423.8	1838.9	2504.6
梧 州 市	Wuzhou	4226.9	1109.0	1742.3	2310.5	2475.1	2193.1
北 海 市	Beihai	5050.5	2178.6	1779.4	2472.5	1611.0	2557.8
防城港市	Fangchenggang	4340.6	0.0	1907.0	2113.3	2080.6	2119.1
钦 州 市	Qinzhou	4956.2	0.0	1754.4	1861.9	1560.4	2026.1
贵 港 市	Guigang	5446.8	3183.9	1888.2	2328.4	3106.5	1869.4
玉 林 市	Yulin	5167.6	2177.6	1861.5	2293.3	2682.5	2065.8
百 色 市	Baise	4398.9	1722.9	1352.0	1694.0	2292.8	1687.1
贺 州 市	Hezhou	4634.7	2399.4	1549.4	1863.6	1358.2	1880.2
河 池 市	Hechi	3745.5	2217.2	1233.1	1274.1	1330.7	1273.7
来 宾 市	Laibin	4564.2	1919.2	1576.1	1892.9	3791.6	1613.4
崇 左 市	Chongzuo	4312.2	1893.7	1508.9	1859.3	2345.4	1819.0

5-5 主要畜禽生产情况（1978—2023 年）
Basic Statistics of major Livestock and Poultry（1978—2023）

年 份 Year	生 猪 Live Hog			牛 Cattle		
	存 栏（万头）Number of Hogs（10 000 heads）	出 栏（万头）Slaughter Hogs（10 000 heads）	肉产量（万吨）Output of Pork（10 000 tons）	存 栏（万头）Number of Cattles（10 000 heads）	出 栏（万头）Slaughter Cattles（10 000 heads）	肉产量（万吨）Output of Beaf（10 000 tons）
1978	1246.3	650.6		413.9	7.4	
1979	1103.0	683.2	36.6	415.5	8.5	0.5
1980	1034.1	564.7	39.7	411.0	5.0	0.3
1981	1125.3	514.7	42.6	428.3	6.5	0.5
1982	1284.2	610.2	50.4	460.4	7.1	0.6
1983	1355.3	691.6	56.4	484.0	7.6	0.6
1984	1350.0	743.5	61.8	522.7	9.1	0.8
1985	1435.7	693.4	60.8	560.2	12.5	1.1
1986	1563.8	733.2	62.1	595.5	14.8	1.3
1987	1564.6	841.0	69.1	627.2	21.3	1.8
1988	1527.2	876.1	71.3	648.0	27.2	2.4
1989	1634.0	939.4	76.9	672.8	28.1	2.4
1990	1742.5	1063.9	87.2	703.9	35.0	3.0
1991	1808.6	1195.0	97.4	708.7	44.2	3.8
1992	1903.9	1349.9	109.8	712.3	55.3	4.8
1993	1923.6	1464.4	118.1	714.8	60.3	5.3
1994	1990.1	1654.3	134.4	724.8	67.1	5.9
1995	2075.7	1905.8	153.6	738.8	73.5	6.5
1996	2137.0	2187.0	175.9	747.4	83.2	7.5
1997	2244.0	2378.4	190.0	759.6	96.9	8.7
1998	2085.2	2424.5	194.0	776.3	105.8	9.5
1999	2309.6	2547.0	202.5	770.7	99.9	8.9
2000	2415.6	2756.9	217.9	775.3	108.9	9.8
2001	3154.6	2768.4	208.1	766.6	115.5	10.4
2002	3029.3	2656.5	190.8	766.5	129.1	11.6
2003	2637.7	2555.1	179.8	760.6	144.4	12.9
2004	2671.0	2462.5	161.7	739.7	163.5	14.6
2005	3015.0	2831.9	186.0	735.6	188.3	16.9
2006	2259.9	2957.2	210.3	403.8	117.1	10.9
2007	2169.3	2767.3	206.2	396.8	125.4	11.7
2008	2307.0	2935.0	218.4	421.8	133.7	12.5
2009	2332.4	3119.9	232.3	448.0	143.0	13.4
2010	2344.0	3230.0	241.5	450.0	146.3	13.7
2011	2412.0	3195.1	239.8	441.7	150.4	14.3
2012	2466.6	3342.1	252.5	453.6	147.7	13.9
2013	2471.5	3456.7	261.3	457.0	148.2	14.3
2014	2360.3	3518.0	266.3	448.6	149.6	14.4
2015	2303.7	3416.8	258.8	445.9	149.3	14.4
2016	2216.1	3280.1	249.8	418.7	149.8	14.7
2017	2293.7	3355.1	255.0	326.6	117.0	11.7
2018	2298.3	3465.8	263.9	328.6	123.6	12.3
2019	1599.6	2505.8	192.1	337.0	124.6	12.4
2020	1828.3	2281.2	174.1	349.1	131.2	13.6
2021	2128.2	3113.9	245.2	355.7	134.4	14.0
2022	2219.7	3347.4	262.7	363.8	142.8	14.9
2023	2268.5	3516.6	276.0	349.8	144.1	15.3

5-3 续表 continued

年 份 Year	羊 Sheep			家 禽 Poultry		
	存 栏（万只）Number of Sheeps（10 000 heads）	出 栏（万只）Slaughter Sheeps（10 000 heads）	肉产量（万吨）Output of Mutton（10 000 tons）	存 栏（万只）Number of Poultries（10 000 heads）	出 栏（万只）Slaughter Poultries（10 000 heads）	肉产量（万吨）Output of Poultry（10 000 tons）
1978	94.8	17.8				
1979	87.5	16.0	0.3			
1980	80.3	15.1	0.2			
1981	78.0	14.2	0.2			
1982	79.8	12.6	0.2			
1983	76.6	10.3	0.2			
1984	71.8	11.9	0.2			
1985	66.6	14.4	0.2			
1986	63.6	15.7	0.2			
1987	66.7	15.3	0.2			
1988	68.8	17.4	0.2			
1989	74.6	18.2	0.3			
1990	80.6	21.5	0.3			
1991	84.0	25.5	0.4			
1992	89.1	30.3	0.4			
1993	95.4	34.7	0.5			
1994	104.2	38.9	0.6			
1995	131.5	51.5	0.8			
1996	161.6	66.3	1.1			
1997	228.7	102.8	1.6			
1998	239.2	133.1	2.1			
1999	241.1	150.9	2.3			
2000	241.8	165.0	2.5			
2001	237.6	173.8	2.6		24617.3	43.4
2002	232.4	181.5	2.6		22918.3	41.6
2003	246.6	194.4	2.8		21206.9	29.3
2004	278.1	217.7	3.2		20166.1	28.4
2005	260.0	255.0	3.8		27111.6	33.5
2006	151.4	166.5	2.5	23957.5	60123.0	94.5
2007	155.1	176.0	2.7	25938.8	64538.1	105.3
2008	176.4	190.9	2.9	27495.1	69701.1	113.7
2009	190.0	205.0	3.2	28180.0	72834.0	118.4
2010	193.4	212.3	3.3	28501.3	77058.4	124.9
2011	198.2	205.0	3.2	30282.6	79169.8	128.8
2012	203.6	206.0	3.2	31202.6	82631.7	136.0
2013	202.2	205.6	3.2	30625.4	82218.5	135.3
2014	201.6	205.0	3.2	30656.0	78288.1	128.2
2015	202.6	205.3	3.2	31330.4	80825.0	132.5
2016	203.7	207.2	3.3	30860.5	82237.3	135.0
2017	222.4	209.7	3.3	32712.1	86486.3	142.0
2018	223.5	210.9	3.4	33300.9	84929.5	138.8
2019	231.2	217.5	3.5	38296.1	101660.6	162.9
2020	239.2	228.0	3.6	37932.3	114571.5	179.9
2021	259.0	245.8	4.0	36483.2	108728.4	169.2
2022	276.1	261.8	4.3	35534.7	105357.8	164.1
2023	276.6	260.2	4.3	34324.4	110973.0	173.5

主要统计指标解释

粮食产量 指日历年度内生产的全部粮食数量。按收获季节包括夏收粮食、早稻和秋收粮食，按作物品种包括谷物、豆类和薯类。其产量计算方法：谷物按脱粒后的原粮计算，豆类按去豆荚后的干豆计算；薯类（包括甘薯和马铃薯，不包括芋头和木薯）1964年以前按每4公斤鲜薯折1公斤粮食计算，从1964年开始改为按5公斤鲜薯折1公斤粮食计算；城市郊区作为蔬菜的薯类（如马铃薯等）按鲜品计算，并且不作粮食统计。1989年以前全国粮食产量数据主要靠全面报表取得，1989年开始使用抽样调查数据。

猪、牛、羊、禽肉产量 指当年出栏并已屠宰、除去头蹄下水后带骨肉（即胴体重）的重量。1996年以前为全面统计并逐级上报数据。1996年第一次农业普查以后，根据普查结果，对畜牧业主要年报数据进行了修正。1999年，国家统计局在部分地区开展了猪、牛、羊、禽等主要畜禽品种的抽样调查，并用抽样数据作为国家定案数据使用。未开展抽样调查的地区，仍使用各级统计部门逐级上报数据。2008年，建立了主要畜禽监测调查制度，猪、牛、羊、禽等主要畜禽数据均以抽样调查数为法定数据。

期初（末）畜禽存栏头（只）数 指报告期初（末）饲养的大牲畜、猪、羊、家禽等畜禽的数量。数据上报方式及数据调整情况同猪、牛、羊、禽肉产量。

当年出栏头数 指农林牧渔企业生产单位饲养的，供屠宰并已出栏的全部牲畜头数。包括自宰、集市上出售的部分。

常用耕地 是指耕地总资源中专门种植农作物并经常进行耕种、能够正常收获的土地。包括当年实际耕种的熟地；弃耕、休闲不满三年，随时可以复耕的地；开荒利用三年以上的土地。在统计口径上包括南方小于1米、北方小于2米宽的沟、渠、路和田埂。不包括临时种植农作物的坡度在25度以上的陡坡地；在河套、湖畔、库区临时开发的成片或零星土地；也不包括已列为国家和省（区、市）退耕计划但临时耕种的土地。常用耕地是国家需要重点保护的耕地，是反映我国农业综合生产能力的一个重要指标。

农作物播种面积 指日历年度内收获农作物在全部土地（耕地或非耕地）上的播种或移植面积。凡是本年内收获的农作物，无论是本年还是上年播种，都算为播种面积，但不包括本年播种，下年收获的农作物面积。

Explanatory Notes on Main Statistical Indicators

Grain Output refers to the total output of grains produced within a calendar year. It includes summer crops, early rice and autumn crops by harvest seasons; and covers cereals, beans and tubers by type of crops. Output of cereals cover husked grain only. Output of beans refers to dry beans without pods. The output of tubers (sweet potatoes and potatoes,not including taros and cassava) are converted with the ratio of 4:1, i.e. 4 kilograms of fresh tubers were equivalent to 1 kilogram of grain before 1964. Since 1964 the ratio has been changed to 5:1. Tubers consumed as vegetables (such as potatoes) in cities and suburbs are calculated as fresh vegetables and their output is not included in the output of grain. Data on grain production before 1989 were obtained through the comprehensive statistical reporting system. Since 1989, data from sample surveys are used.

Output of Pork, Beef, Mutton and Poultry efers to the meat of slaughtered hogs, cattle, sheep and goats with head, feet, and offal taken away. Before 1996, data were obtained through bottom-up comprehensive reporting system. The first agricultural census of China in 1996 revealed some discrepancy between the production of animal products from the annual reports and that from the census. Efforts were made to adjust the output value of animal husbandry to make the figures from the annual reports consistent with the census data. Since 1999, the NBS conducted sample surveys in selected regions for the major animal husbandry products, such as hogs, cattle, sheep and goats and fowls, and the data from sample surveys are used as finalized national data. Production of other regions which are not covered by the sample survey is still reported by statistical agencies level by level. A monitoring and survey program was set up in 2008 on main livestock, and data on the main livestock such as hog, cattle, sheep and poultry from the sample survey became the official data.

Number of Livestock or Poultry in Stock at Beginning or End refers to the total number of large animals, pigs, sheep, fowls, etc. raised by rural cooperative organizations, state farms, rural individuals, government agencies, schools, industrial and mining enterprises, army, and urban residents at the beginning or end of the reference period. Data reporting system and data adjustment are the same as that in the output of pork, beef and mutton.

Number of Livestock or Poultry in Stock at Beginning/End of Period refers to the total number of large animals, pigs, sheep, fowls, etc. raised at the beginning/end of the reference period. Data reporting system and data adjustment are the same as that in the output of pork, beef, mutton and poultry.

Regularly Cultivated Land refers to farmland among the total land resources, which is exclusively used for farming and is under regular cultivation with harvest in normal years. Included are currently cultivated land, land that has been abandoned or put in idle for less than 3 years and could be re-used for cultivation at any time, and new-claimed land that has been put into cultivation for more than 3 years. According to statistical coverage, it includes the gouges, dykes, roads and ridges of field with 1 meter wide in Southern areas and 2 meters wide in Northern areas. Excluded under this category are steep slope land over 25 degrees under temporary cultivation, land (large or small plots) that is claimed along river bends, lake sides or banks of reservoirs, as well as land that has been designated under the "Green for Grain" programme of the state and provincial governments but is still temporarily under cultivation. The regularly cultivated land is the key protection land of the nation, an important indicator reflecting the comprehensive productivity of agriculture of China.

Sown Area of Crops refers to area of all land(cultivated or non-cultivated area) sown or transplanted with Agriculture crops that are harvested within the calendar year. All crops harvested within the year are counted as sown area, regardless of being sown in this year or the previous year. Crops sown this year but will be harvested in the coming year are excluded.

第六篇　分析资料

Chapter 6 Analytical Data

6-1　2023年广西壮族自治区国民经济和社会发展统计公报
Statistical Communique on National Economic and Social Development of Guangxi Zhuang Autonomous Region in 2023

2023年广西壮族自治区国民经济和社会发展统计公报[1]

广西壮族自治区统计局　国家统计局广西调查总队
2024年3月30日

2023年是全面贯彻党的二十大精神开局之年，是三年新冠疫情防控转段后经济恢复发展的一年，也是广西高质量发展迈出新步伐的一年。在以习近平同志为核心的党中央坚强领导下，自治区党委、政府团结带领广西各族人民，深入学习贯彻党的二十大、二十届二中全会精神，深入贯彻落实习近平总书记对广西重大方略要求，以学习贯彻习近平新时代中国特色社会主义思想主题教育为强大动力，着力学思想、拼经济、稳增长、惠民生，攻坚克难，加压奋进，推动广西经济社会高质量发展取得新成效。广西经济回升向好，高质量发展扎实推进，各方面发展呈现新气象。

一、综合

初步核算，全年广西生产总值[2]（Gross Domestic Product，简称GDP，下同）27202.39亿元，按可比价计算，比上年增长4.1%。其中，第一产业增加值4468.18亿元，增长4.7%；第二产业增加值8924.13亿元，增长3.2%；第三产业增加值13810.08亿元，增长4.4%。第一、二、三产业增加值占地区生产总值的比重分别为16.4%、32.8%和50.8%，对经济增长的贡献率分别为19.5%、24.9%和55.6%。按常住人口计算，全年人均地区生产总值54005元，比上年增长4.2%。

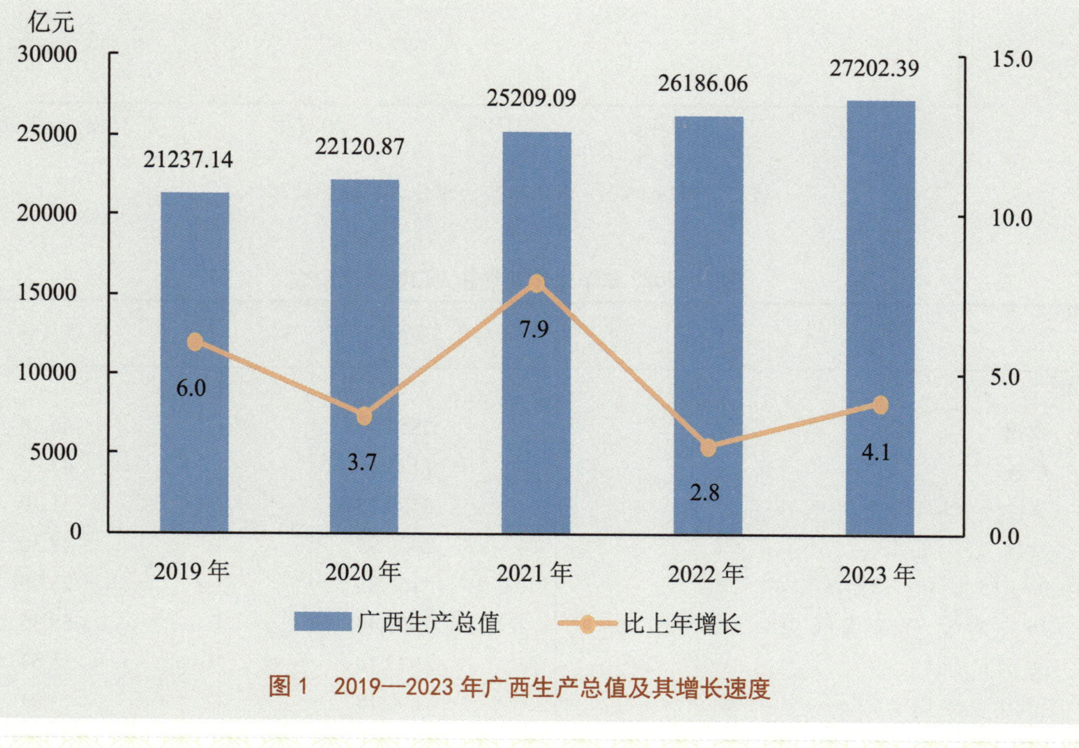

图1　2019—2023年广西生产总值及其增长速度

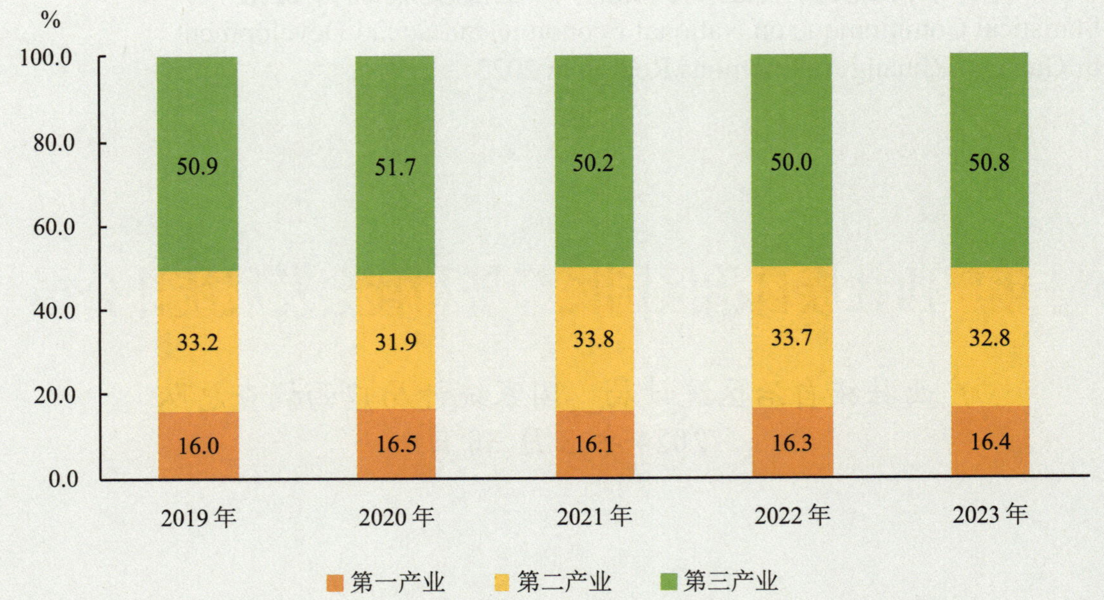

图 2　2019—2023 年广西三次产业增加值占 GDP 比重

年末广西常住人口[3]5027 万人，比上年末减少 20 万人，其中城镇人口 2854.50 万人，占常住人口比重（常住人口城镇化率）为 56.78%，比上年末提高 1.13 个百分点。全年出生人口 40.5 万人，出生率为 8.04‰；死亡人口 38.4 万人，死亡率为 7.62‰；自然增长率为 0.42‰。

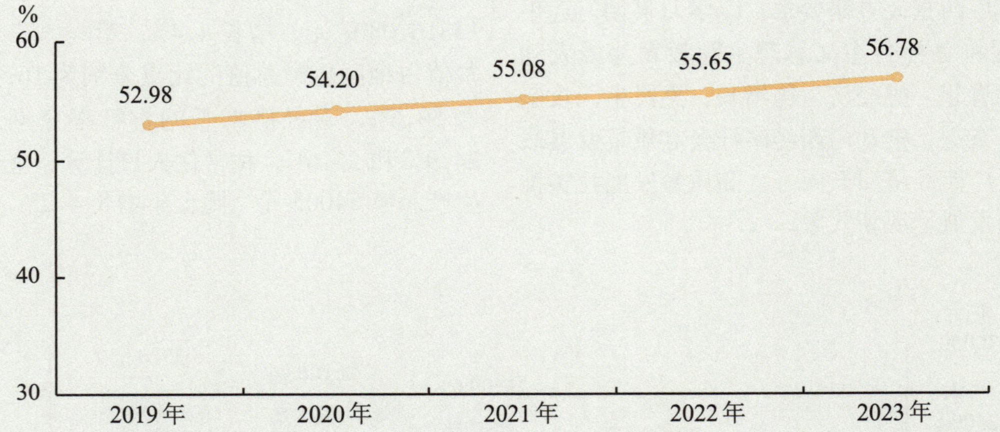

图 3　2019—2023 年年末广西常住人口城镇化率

表 1　2023 年年末广西常住人口数及其构成

指　　标	年末数（万人）	比重（%）
常住人口	5027	
其中：城镇	2854.50	56.78
乡村	2172.50	43.22
其中：男性	2599.05	51.70
女性	2427.95	48.30
其中：0 ~ 15 岁（含不满 16 周岁）[4]	1156.38	23.00
16 ~ 59 岁（含不满 60 周岁）	2933.44	58.35
60 周岁及以上	937.19	18.64
其中：65 周岁及以上	694.18	13.81

全年城镇新增就业39.9万人，比上年多增1.48万人。农民工[5]总量1323万人，比上年增长0.7%。其中，本地农民工411万人，下降3.5%；外出农民工（离开本乡镇）912万人，增长2.6%。

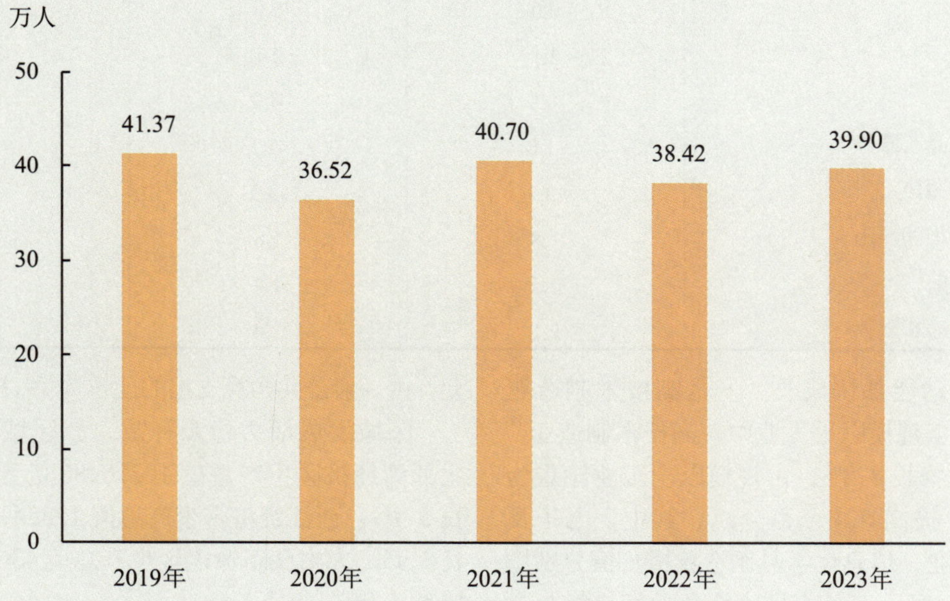

图4　2019—2023年广西城镇新增就业人数

全年居民消费价格比上年下降0.2%。工业生产者出厂价格下降3.0%。工业生产者购进价格下降4.3%。农产品生产者价格[6]下降2.9%。

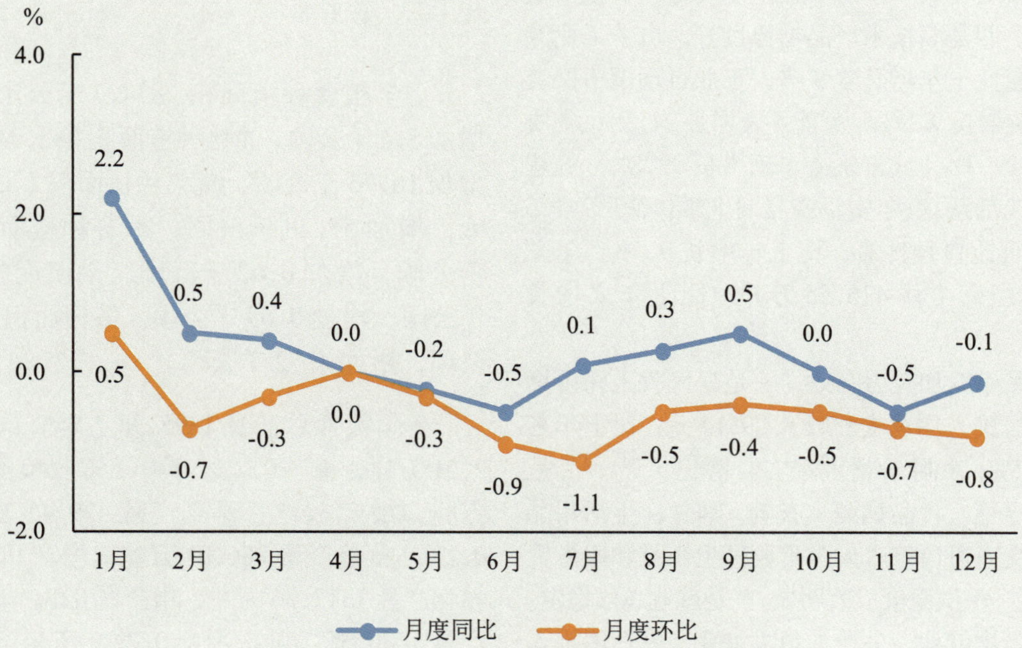

图5　2023年广西居民消费价格月度涨跌幅度

表 2　2023 年广西居民消费价格比上年涨跌幅度

单位：%

指　　标	广西	城市	农村
居民消费价格	-0.2	-0.3	0.0
其中：食品烟酒	0.0	0.0	0.0
衣着	2.1	2.1	2.0
居住[7]	-0.9	-1.2	-0.4
生活用品及服务	-1.0	-1.1	-0.7
交通和通信	-3.1	-3.3	-2.6
教育文化和娱乐	1.8	1.8	1.8
医疗保健	1.5	1.4	1.6
其他用品和服务	2.1	2.4	1.4

新产业新动能加快成长。一是高技术制造业增势良好。全年规模以上工业中，高技术制造业[8]增加值比上年增长 8.3%，占规模以上工业比重为 6.5%，比上年提高 0.4 个百分点。其中，电子及通信设备制造业、信息化学品制造业增加值分别增长 16.5%、24.4%。二是高技术服务业较快增长。全年规模以上高技术服务业营业收入比上年增长 20.3%，高于广西规模以上服务业[9]增速 12.4 个百分点。其中信息服务增长 26.7%，电子商务服务增长 21.3%，研发与设计服务增长 23.4%。三是新能源产业加速发展。汽车用锂离子动力电池产量比上年增长 15.5 倍，风力发电机组产量增长 7.1%，太阳能工业用超白玻璃产量增长 47.3%。风力发电项目完成投资增长 66.8%，太阳能发电项目投资增长 20.8%。四是高技术产品增势良好。电子工业专用设备产量比上年增长 4.9 倍，工业自动调节仪表与控制系统增长 93.7%，智能手表增长 24.2%，集成电路增长 19.9%，城市轨道车辆增长 39.8%。五是新业态较为活跃。全年实物商品网上零售额[10]941.5 亿元，按可比口径计算，比上年增长 9.5%。年末广西实有经营主体 436.55 万户，比上年末增长 1.5%。

民生保障更加有力有效。一是居民收入保持增长。全年居民人均可支配收入 29514 元，比上年名义增长 5.5%，扣除价格因素实际增长 5.7%。二是物价运行平稳。食品烟酒、衣着、居住、生活用品及服务、交通通信等八大类重要民生商品和服务价格总体稳定，保供稳价成效明显。三是就业总体稳定。全年城镇新增就业、失业人员再就业、就业困难人员实现就业人数全部超额完成年度任务。四是民生支出稳定保障。全年民生领域财政支出 4848.82 亿元，占一般公共预算支出的比重为 79.5%。

区域发展活力稳步释放。分区域看[11]，全年北部湾经济区生产总值 10216.86 亿元，比上年增长 5.1%；西江经济带生产总值 12854.56 亿元，增长 3.1%；左右江革命老区生产总值 4366.69 亿元，增长 4.9%。

绿色转型发展持续推进。一是绿色发展加速推进。全年规模以上风电、核电、太阳能发电等清洁能源发电量分别比上年增长 18.0%、40.0%、61.6%。二是生态环境质量位居全国前列。全年地表水考核断面水质优良比例 99.1%，近岸海域优良水质面积比例 94.5%。生态质量指数连续两年全国第二，生物多样性丰富度全国第三。

二、农业

全年粮食种植面积 2834.7 千公顷，比上年增加 5.4 千公顷。油料种植面积 282.34 千公顷，增加 16.76 千公顷。蔬菜种植面积 1704.96 千公顷，增加 51.28 千公顷。木薯种植面积 156.16 千公顷，增加 0.62 千公顷。果园面积 1406.02 千公顷，增加 0.67 千公顷。茶园面积 107.23 千公顷，增加 4.72 千公顷。

全年粮食总产量 1395.36 万吨，比上年增加 2.21 万吨，增产 0.2%。其中，春收粮食产量 29.0 万吨，增产 5.1%；早稻产量 479.45 万吨，减产 0.2%；秋粮产量 886.91 万吨，增产 0.2%。全年谷物产量 1312.36 万吨，增产 0.02%。其中，稻谷产量 1030.35 万吨，增产 0.2%；玉米产量 278.18 万吨，减产 0.8%。

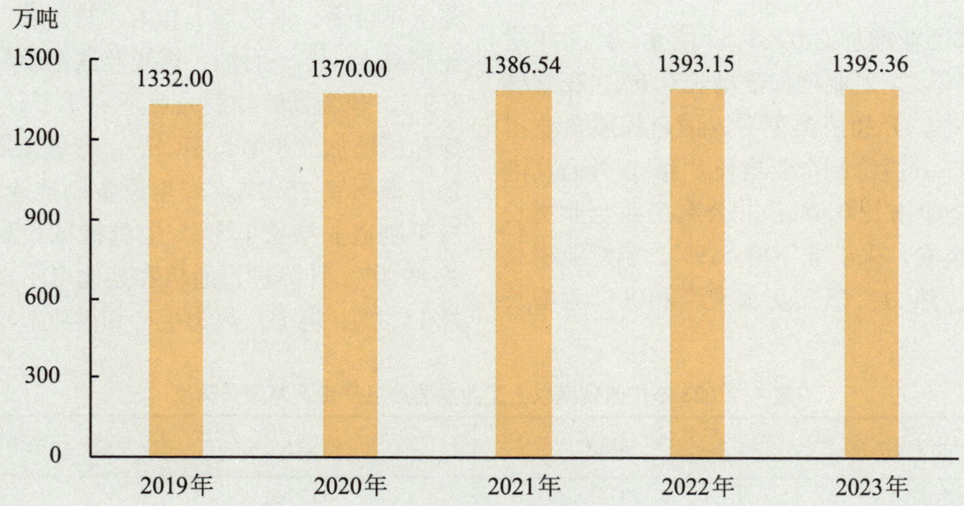

图6 2019—2023年广西粮食产量

全年油料产量80.75万吨，比上年增产5.6%。

全年蔬菜产量（含食用菌）4425.03万吨，增产4.4%。园林水果产量3232.59万吨，增产5.0%。

全年猪牛羊禽肉产量469.15万吨，比上年增长5.2%。其中，猪肉产量276.05万吨，增长5.1%；牛肉产量15.25万吨，增长2.1%；羊肉产量4.35万吨，增长0.8%；禽肉产量173.50万吨，增长5.7%。禽蛋产量33.36万吨，增长13.8%；牛奶产量13.79万吨，增长5.0%。全年生猪出栏3516.60万头，比上年增长5.1%。年末生猪存栏2268.54万头，比上年末增长2.2%。

全年水产品产量376.99万吨，比上年增长3.6%。其中，海水产品产量220.98万吨，增长3.6%。

全年木材采伐5220.70万立方米，比上年增长7.3%。天然松脂77.06万吨，下降0.04%。油茶籽41.95万吨，增长8.1%。

表3 2023年主要农产品产量及其增长速度

产品名称	产量（万吨）	比上年增长（%）
粮食	1395.36	0.2
其中：稻谷	1030.35	0.2
其中：早稻	479.45	-0.2
晚稻	455.50	0.5
玉米	278.18	-0.8
油料	80.75	5.6
其中：花生	75.49	5.3
蔬菜(含菌类)	4425.03	4.4
烤烟	2.07	27.8
木薯	161.83	2.6
茶叶	12.01	11.6
园林水果	3232.59	5.0
食用坚果	17.85	8.0
肉类总产量	478.94	5.3
猪肉	276.05	5.1
禽肉	173.50	5.7
蚕茧	46.14	5.6
水产品	376.99	3.6
其中：海水产品	220.98	3.6

三、工业和建筑业

全年全部工业增加值6918.32亿元，比上年增长5.7%。规模以上工业增加值增长6.6%。在规模以上工业[12]中，分经济类型看，国有控股企业增加值增长8.4%；股份制企业增长8.0%，外商及港澳台商投资企业增长0.7%；非公有工业企业增长5.6%。分门类看，采矿业下降5.9%，制造业增长6.9%，电力、热力、燃气及水生产和供应业增长7.5%。

全年规模以上工业中，农副食品加工业增加值与上年持平，木材加工和木、竹、藤、棕、草制品业下降12.1%，石油、煤炭及其他燃料加工业增长3.9%，非金属矿物制品业下降3.2%，黑色金属冶炼和压延加工业增长18.8%，有色金属冶炼和压延加工业增长25.2%，专用设备制造业增长2.1%，汽车制造业增长1.3%，电气机械和器材制造业增长89.0%，计算机、通信和其他电子设备制造业下降11.2%，电力、热力生产和供应业增长8.0%。

表4　2023年广西规模以上工业主要产品产量及其增长速度

产品名称	单位	产量	比上年增长（%）
成品糖	万吨	621.53	-14.8
发酵酒精	万千升	30.50	-13.6
卷烟	万箱	144.20	0.4
机制纸及纸板	万吨	658.71	17.9
原煤	万吨	265.50	-9.0
原油	万吨	66.52	3.5
发电量	亿千瓦小时	2287.33	11.9
其中：火电	亿千瓦小时	1405.47	28.7
水电	亿千瓦小时	357.34	-35.5
粗钢	万吨	3816.57	0.6
钢材	万吨	5200.45	6.9
十种有色金属	万吨	509.13	25.1
其中：电解铝	万吨	281.92	36.6
氧化铝	万吨	1383.72	8.2
水泥	万吨	9998.77	-2.3
显示器	万台	370.21	-17.9
电子元件	亿只	137.69	-41.4
化肥（折100%）	万吨	27.37	-19.7
发动机	万千瓦	11110.64	-3.4
汽车	万辆	97.52	-8.4
铁合金	万吨	196.84	-18.2

全年规模以上工业企业利润总额706.9亿元，比上年增长9.0%。分经济类型看，国有控股企业利润总额比上年增长20.4%；股份制企业增长15.1%，外商及港澳台商投资企业下降4.8%；非公有制工业企业增长4.3%。分门类看，采矿业利润比上年下降19.1%，制造业增长7.6%，电力、热力、燃气及水生产和供应业增长25.8%。规模以上工业企业每百元营业收入中的成本为89.42元，比上年减少0.43元；营业收入利润率为3.04%，提高0.20个百分点。年末规模以上工业企业资产负债率为66.1%，比上年末下降0.1个百分点。

全年全社会建筑业增加值2028.44亿元，比上年下降4.3%。具有资质等级的总承包和专业承包建筑业企业实现总产值5933.07亿元，比上年增长4.2%。其中国有控股企业3131.46亿元，比上年增长6.4%。

四、服务业

全年批发和零售业增加值2316.94亿元，比上年增长6.7%；交通运输、仓储和邮政业增加值1260.05亿元，增长8.2%；住宿和餐饮业增加值453.52亿元，增长11.9%；金融业增加值1940.61亿元，增长6.6%；房地产业增加值1874.30亿元，下降2.0%；其他服务业增加值5797.12亿元，增长3.7%。规模以上服务业企业营业收入比上年增长7.9%，营业利润增长23.5%。

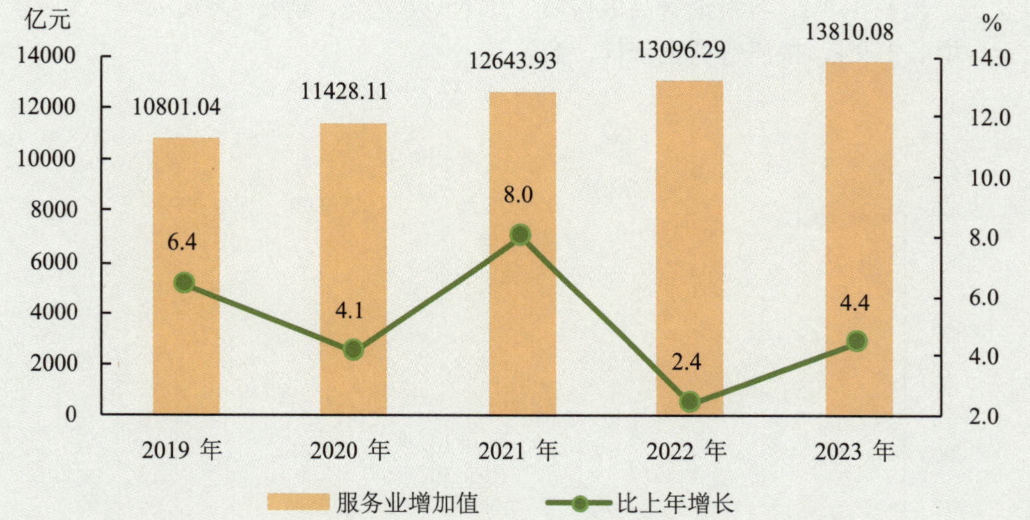

图 7 2019—2023 年广西服务业增加值及其增长速度

年末公路总里程 18.36 万公里，比上年末新增 1.12 万公里；其中，高速公路里程 9067 公里。年末铁路营业总里程 5672 公里，比上年末增加 335 公里；其中，高速铁路营业里程 2212 公里。

表 5 2023 年广西旅客、货物运输量及其增长速度

指 标	单位	绝对数	比上年增长（%）
旅客运输总量	亿人次	3.19	47.2
旅客运输周转量	亿人公里	636.17	68.4
货物运输总量	亿吨	22.84	7.0
货物运输周转量	亿吨公里	5589.63	8.1

全年货物运输总量[13]22.84 亿吨，比上年增长 7.0%。货物运输周转量 5589.63 亿吨公里，增长 8.1%。港口完成货物吞吐量 6.63 亿吨，比上年增长 16.8%，其中外贸货物吞吐量 1.98 亿吨，增长 17.4%。港口集装箱吞吐量 957.35 万标准箱，增长 15.8%。

全年旅客运输总量 3.19 亿人次，比上年增长 47.2%。旅客运输周转量 636.17 亿人公里，增长 68.4%。

年末民用汽车保有量 942.95 万辆，比上年末增长 5.7%，其中私人汽车保有量 874.43 万辆，增长 5.9%。轿车保有量 540.21 万辆，增长 7.7%，其中私人轿车 523.95 万辆，增长 7.8%。

全年完成邮政行业业务总量[14]200.75 亿元，比上年增长 18.9%。邮政业全年完成邮政函件业务 0.15 亿件，包裹业务 36.42 万件，快递业务量 13.00 亿件，快递业务收入 130.89 亿元。

全年完成电信业务总量[15]528.77 亿元，比上年增长 16.1%。

年末移动电话基站数[16]35.5 万个，其中 4G 基站 19.1 万个，5G 基站 10.7 万个。

年末电话用户总数 6550.9 万户，其中移动电话用户 6073.3 万户。移动电话普及率上升至 129.8 部／百人。年末互联网用户 7748.8 万户，比上年末增加 516.8 万户。固定互联网宽带接入用户[17]2315.4 万户，比上年末增加 261.2 万户，其中固定互联网光纤宽带接入用户 2200.6 万户，增加 242.3 万户；移动互联网用户 5433.4 万户，增加 255.6 万户。互联网宽带接入通达的行政村比重达到 100%。全年移动互联网接入流量 106.88 亿 GB，比上年增长 11.2%。

五、国内贸易

全年社会消费品零售总额 8651.57 亿元，比

上年增长 1.3%。按经营地统计，城镇消费品零售额 7454.79 亿元，增长 1.2%，乡村消费品零售额 1196.78 亿元，增长 1.9%。按消费类型统计，商品零售额 7385.61 亿元，增长 0.9%，餐饮收入额 1265.96 亿元，增长 3.6%。

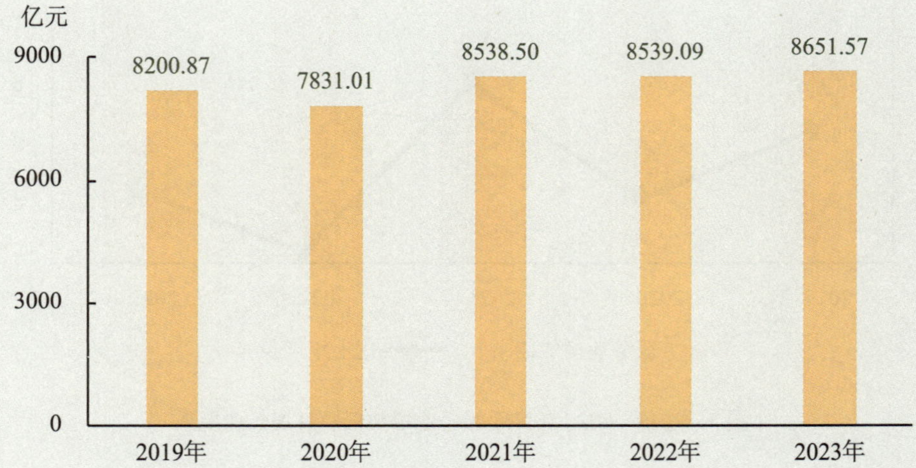

图 8　2019—2023 年广西社会消费品零售总额

全年限额以上单位商品零售额中，粮油食品、饮料、烟酒类零售额比上年下降 0.8%，服装、鞋帽、针纺织品类增长 6.2%，化妆品类下降 28.6%，金银珠宝类增长 22.8%，日用品类下降 13.7%，家用电器和音像器材类下降 9.0%，中西药品类下降 4.2%，文化办公用品类下降 10.7%，家具类下降 18.8%，通讯器材类下降 7.1%，建筑及装潢材料类下降 34.2%，石油及制品类增长 4.0%，汽车类下降 7.0%。

全年实物商品网上零售额 941.5 亿元，按可比口径计算，比上年增长 9.5%，占社会消费品零售总额的比重为 10.9%，比上年提高 1.7 个百分点。

六、固定资产投资

全年固定资产投资（不含农户）比上年下降 15.5%，其中，第一产业投资下降 22.3%；第二产业投资下降 3.2%，其中工业投资下降 2.6%；第三产业投资下降 21.8%。基础设施投资[18]下降 16.4%。民间固定资产投资[19]下降 19.4%，社会领域投资[20]下降 22.5%。

全年房地产开发投资 1337.02 亿元，比上年下降 31.2%。其中住宅投资 1057.17 亿元，下降 29.6%；办公楼投资 24.87 亿元，下降 35.5%；商业营业用房投资 91.45 亿元，下降 28.7%。商品房销售面积 2916.73 万平方米，下降 18.6%，其中住宅 2342.28 万平方米，下降 16.2%。年末商品房待售面积 2468.40 万平方米，比上年末增加 663.50 万平方米。其中，商品住宅待售面积 1280.07 万平方米，增加 330.78 万平方米。

七、对外经济

全年货物进出口总额 6936.49 亿元，比上年增长 7.3%。其中，出口 3639.50 亿元，增长 1.5%；进口 3297.00 亿元，增长 14.6%。进出口顺差（进口小于出口）342.50 亿元。对东盟国家进出口总额 3394.44 亿元，比上年增长 22.8%。其中，出口 2403.44 亿元，增长 19.7%；进口 990.99 亿元，增长 31.1%。对“一带一路”共建国家[21]进出口总额 4961.61 亿元，比上年增长 19.0%。其中，出口 2809.82 亿元，增长 16.8%；进口 2151.79 亿元，增长 22.1%。对《区域全面经济伙伴关系协定》（Regional Comprehensive Economic Partnership，简称 RCEP，下同）其他成员国[22]进出口额 3905.13 亿元，比上年增长 23.7%。其中，出口 2517.13 亿元，增长 17.7%；进口 1388.00 亿元，增长 36.2%。

全年实际利用外资 86.8 亿元（商务部口径）。全年对外实际投资额（非金融类）1.62 亿美元，比上年下降 64.6%。对外承包工程完成营业额 2.61 亿美元，比上年下降 27.1%。对外劳务合作实际收入总额 0.06 亿美元，比上年下降 13.5%。

表 6 2023 年广西货物进出口总额及其增长速度

指 标	绝对数（亿元）	比上年增长（%）
货物进出口总额	6936.49	7.3
其中：一般贸易	2943.46	7.6
其中：货物出口额	3639.50	1.5
其中：一般贸易	1335.10	-11.0
来料加工	44.08	-0.7
进料加工	334.44	-36.8
边境小额贸易	813.08	6.8
货物进口额	3297.00	14.6

表 7 2023 年广西对主要国家和地区货物进出口总额及其增长速度

国家和地区	货物出口额（亿元）	比上年增长（%）	货物进口额（亿元）	比上年增长（%）
亚洲	2980.48	7.6	1686.34	6.4
其中：东盟	2403.44	19.7	990.99	31.1
其中：越南	1915.95	23.1	623.60	52.5
其中：中国香港	272.65	-36.7	1.53	-92.9
日本	32.21	-34.8	28.62	-6.0
韩国	51.98	18.3	91.85	-3.1
非洲	125.33	44.9	206.43	18.4
欧洲	205.44	-8.4	177.69	46.7
其中：欧盟	134.09	-4.3	74.93	66.6
拉丁美洲	128.73	-12.5	674.79	9.3
北美洲	167.99	-47.3	270.38	14.3
其中：美国	157.18	-47.3	120.45	0.6
大洋洲	31.52	-20.9	280.90	98.1

八、财政金融

全年一般公共预算收入 1783.80 亿元，比上年增长 5.7%。其中税收收入 1081.99 亿元，增长 16.3%，占一般公共预算收入的比重为 60.7%。一般公共预算支出 6102.58 亿元，比上年增长 3.6%，其中，民生重点领域支出 4848.82 亿元，增长 4.2%，占一般公共预算支出的比重为 79.5%。

年末金融机构本外币各项存款余额 44067.20 亿元，比年初增加 3854.82 亿元，其中人民币各项存款余额 43886.89 亿元，增加 3854.24 亿元。年末金融机构本外币各项贷款余额 49773.05 亿元，比年初增加 5083.26 亿元，其中人民币各项贷款余额 49388.57 亿元，增加 5191.33 亿元。

表 8 2023 年广西金融机构本外币存贷款余额及其增长速度

指 标	年末数（亿元）	比上年末增长 %
各项存款余额	44067.20	9.6
其中：住户存款	26125.89	10.9
其中：人民币	26076.72	11.0
非金融企业存款	10239.44	3.8
各项贷款余额	49773.05	11.4
其中：境内短期贷款	9146.06	14.4
境内中长期贷款	38034.01	11.2

年末上市公司（A股）数量41家，市价总值2791.29亿元。

全年保险公司原保险保费收入[23]844.77亿元，比上年增长4.3%。其中，财产险业务原保险保费收入283.89亿元，增长8.6%；寿险业务原保险保费收入380.40亿元，增长4.8%；健康险和意外险业务原保险保费收入180.47亿元，下降2.3%。支付各类赔款及给付328.65亿元，增长11.5%。其中，财产险业务赔款178.89亿元，增长12.5%；人身险业务给付149.76亿元，增长10.4%；健康险和意外险业务赔款及给付94.90亿元，增长5.1%。

九、居民收入消费和社会保障

全年居民人均可支配收入29514元，比上年名义增长5.5%，扣除价格因素，实际增长5.7%。居民人均可支配收入中位数[24]23363元，名义增长4.0%。按常住地分，城镇居民人均可支配收入41287元，比上年名义增长4.0%，扣除价格因素，实际增长4.3%。农村居民人均可支配收入18656元，比上年名义增长7.0%，扣除价格因素，实际增长7.0%。城乡居民人均收入比为2.21 ∶ 1，比上年缩小0.07。

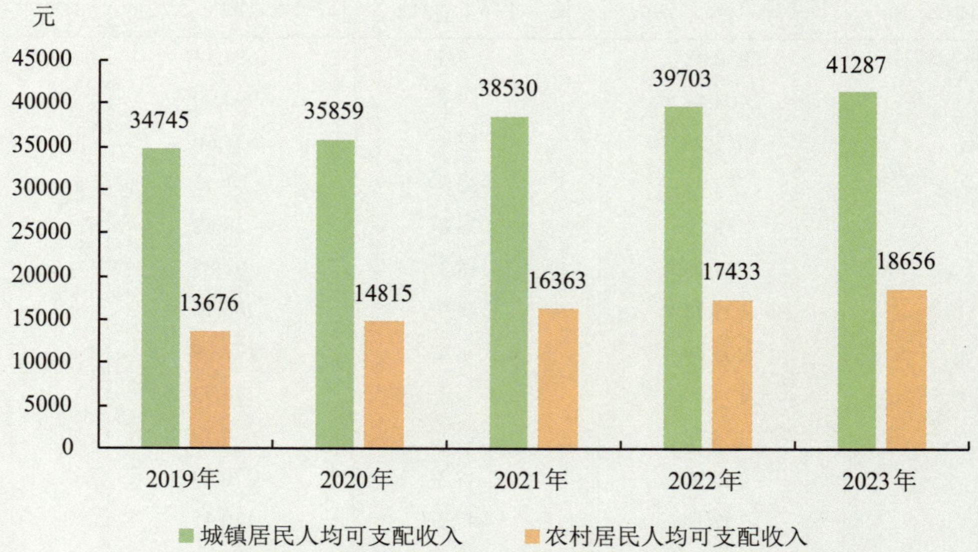

图9　2019—2023年广西城乡居民收入

全年居民人均消费支出19749元，比上年名义增长7.7%，扣除价格因素，实际增长7.9%。按常住地分，城镇居民人均消费支出24427元，名义增长8.9%，扣除价格因素，实际增长9.2%；农村居民人均消费支出15435元，名义增长5.3%，扣除价格因素，实际增长5.3%。广西居民恩格尔系数为31.7%。

年末参加城镇职工（包括企业和机关事业单位）基本养老保险人数1069.56万人，比上年末增加36.96万人。参加城乡居民基本养老保险人数2365.48万人，增加58.68万人。参加基本医疗保险人数5161.93万人，减少39.92万人。其中，参加城镇职工基本医疗保险人数742.40万人，增加12.01万人；参加城乡居民基本医疗保险人数4419.53万人，减少51.94万人。参加失业保险人数540.81万人，增加31.38万人。年末领取失业保险金人数8.30万人。参加工伤保险人数636.95万人，增加35.70万人，其中参加工伤保险的农民工32.30万人。参加生育保险人数513.80万人，增加5.49万人。

年末社会保障卡持卡人数5060.78万人，比上年末增加95.36万人。共有38.50万人享受城市居民最低生活保障，238.40万人享受农村居民最低生活保障，25.79万人享受特困人员救助供养。医疗救助资助参加基本医疗保险人数304.77万人，比上年末增加4.84万人。

年末为儿童提供救助收养服务的机构48个，床位0.35万张，收养0.15万人。

十、科学技术和教育

全年安排科学研究与技术开发计划项目3518项，资助经费6.30亿元。其中，重点研发计划经费3.34亿元，技术创新引导专项（基金）经费0.42亿元，科技基地和人才专项经费1.32亿元，自然科学基金1.22亿元。取得省部级以上登记科技成果7075项，其中，应用技术成果6502项，软科学研究成果32项，基础理论成果541项。全年三种专利获授权34111件，比上年下降23.7%，其中发明专利6716件，比上年增长22.8%。全年共签订技术合同12186项,技术合同成交金额735.36亿元，比上年下降9.1%。

年末共有产品检测实验室（指广西获得省级实验室资质认定的检验检测实验室）1713个，国家级检测中心9个，自治区级检测中心32个。累计完成产品认证企业个数2658个。共有法定计量技术机构86个，全年强制检定计量器具245.23万台（件）。累计制、修订地方标准数3019个，地理标志保护产品93个。

全年研究生教育招生2.41万人，在校研究生6.9万人，毕业生1.88万人。普通高等教育招生46.92万人，在校生148.32万人，毕业生36.92万人。

各类中等职业教育（不含技工）招生19.54万人，在校生51.09万人，毕业生16.12万人。普通高中招生44.50万人，在校生129.20万人，毕业生39.47万人。普通初中招生84.56万人，在校生245.59万人，毕业生75.66万人。普通小学招生83.88万人，在校生516.29万人，毕业生83.68万人。特殊教育招生0.76万人，在校生4.42万人，毕业生0.76万人。学前教育在园幼儿193.10万人。九年义务教育巩固率96.8%，高中阶段毛入学率92.9%。

表9　2023年各类教育发展情况

指　标	招生人数（万人）	在校生人数（万人）	毕业生人数（万人）
研究生	2.41	6.9	1.88
普通高等教育	46.92	148.32	36.92
中等职业教育（不含技工）	19.54	51.09	16.12
普通高中	44.50	129.20	39.47
普通初中	84.56	245.59	75.66
普通小学	83.88	516.29	83.68
特殊教育	0.76	4.42	0.76

十一、文化旅游和卫生健康

年末共有县级以上公共图书馆116个，文化馆125个，博物馆142个，国有艺术表演团体21个。广西共有70个项目列入国家级非物质文化遗产名录，1115个项目列入自治区级非物质文化遗产名录。

年末共有广播电视台91座。有线广播电视用户794.66万户，数字电视用户794.66万户。年末广播节目综合人口覆盖率为99.28%；电视节目综合人口覆盖率为99.62%。年末共有档案馆158个，已开放各类档案97.57万卷。

全年接待国内游客8.49亿人次；实现国内旅游收入9211.17亿元。

年末共有医疗卫生机构34904个，其中医院894个，乡镇卫生院1266个，社区卫生服务中心213个，诊所（卫生所、医务室）12515个，村卫生室18586个，疾病预防控制中心123个，卫生监督所（中心）126个，妇幼保健院（所、站）106个。年末卫生技术人员43.37万人，其中执业医师和执业助理医师14.52万人，注册护士20.09万人，乡村医生和卫生员2.68万人。医疗卫生机构床位36.21万张，其中医院25.18万张，乡镇卫生院8.83万张。

全年运动员随国家队参加世界三大赛获得金牌22枚、银牌11枚、铜牌6枚。广西蹼泳队单独组队参加2023年蹼泳世界杯黄金总决赛，成年组获得金牌1枚、银牌7枚、铜牌12枚，青年组获得金牌7枚、银牌5枚、铜牌2枚。

十二、资源、环境和应急管理

全年国有建设用地供应总量[25]4.91万公顷。其中，工矿仓储用地0.51万公顷，住宅用地0.12万公顷，基础设施等其他用地4.28万公顷。

全年规模以上工业企业原煤产量比上年下降9.0%，原油产量增长3.5%，发电量增长11.9%，规模以上风电、核电、太阳能发电等清洁能源发电量分别增长18.0%、40.0%、61.6%。全年规模以上工业企业电力消费量比上年增长 14.3%。

全年总用水量 258.51 亿立方米。其中，生活用水 35.31 亿立方米，工业用水 35.36 亿立方米，农业用水 182.55 亿立方米，生态补水 5.29 亿立方米。人均用水量 514 立方米。

年末共有国家生态文明建设示范市县 19 个，其中本年新增 3 个。全年完成造林面积 278.57 千公顷，其中人工造林面积 130.16 千公顷，占全部造林面积的 46.7%。截至年底，建成自然保护区 78 个，其中国家级自然保护区 23 个，自然保护区面积 125.83 万公顷。新增水土流失治理面积 1972.54 平方公里。

全年地表水考核断面水质优良率 99.1%，地级城市集中式生活饮用水水源地水质达标率 100%。

全年近岸海域海水水质[26]总体为优，优良水质（一、二类）面积比例平均为 94.5%，三类水质面积比例为 1.7%，四类水质面积比例为 3.1%，劣四类水质面积比例为 0.7%。

空气质量达标以上城市 13 个，比上年减少 1 个。细颗粒物（PM2.5）年平均浓度 26.4 微克／立方米。城市区域昼间声环境质量较好的市占 64.3%，一般的占 35.7%。

全年平均气温为 21.6℃，比上年升高 0.7℃，共有 3 个热带气旋直接影响广西。

年末共有海洋观测站 23 个，全年海洋监测预报中心发布预警 44 次。

年末共有地震台站 658 个，地震监测台网 10 个。

全年各级气象台共发布气象预警信号 15350 次，全年自治区气象台发布预警 125 次。

全年因地质灾害造成直接经济损失 5912.41 万元，因海洋灾害造成直接经济损失 13310.50 万元。全年共发生森林火灾 37 次，受灾面积 0.022 万公顷。

注释：

[1] 本公报中数据均为初步统计数。部分数据因四舍五入的原因，存在总计与分项合计不等的情况。

[2] 地区生产总值、三次产业及相关行业增加值、人均地区生产总值绝对数按现价计算，增长速度按不变价格计算。

[3] 常住人口指在广西居住半年以上的人口，以及户口在广西、外出广西不满半年或在境外工作学习的人口。

[4] 2023 年年末，广西 0 ~ 14 岁（含不满 15 周岁）常住人口为 1078 万人，15 ~ 59 岁（含不满 60 周岁）常住人口为 3012 万人。

[5] 年度农民工数量包括年内在本乡镇以外从业 6 个月及以上的外出农民工和在本乡镇内从事非农产业 6 个月及以上的本地农民工。

[6] 农产品生产者价格是指农产品生产者第一手出售其产品时的价格。

[7] 居住类价格包括租赁房房租、住房保养维修及管理、水电燃料、自有住房服务价格。

[8] 高技术制造业包括医药制造业，航空、航天器及设备制造业，电子及通信设备制造业，计算机及办公设备制造业，医疗仪器设备及仪器仪表制造业，信息化学品制造业。

[9] 规模以上服务业统计范围包括：年营业收入 2000 万元及以上的交通运输、仓储和邮政业，信息传输、软件和信息技术服务业，水利、环境和公共设施管理业，卫生行业法人单位；年营业收入 1000 万元及以上的房地产业（不含房地产开发经营），租赁和商务服务业，科学研究和技术服务业，教育行业法人单位；以及年营业收入 500 万元及以上的居民服务、修理和其他服务业，文化、体育和娱乐业，社会工作行业法人单位。2023 年规模以上服务业企业财务指标增速按可比口径计算。

[10] 实物商品网上零售额是指通过公共网络交易平台（主要从事实物商品交易的网上平台，包括自建网站和第三方平台）实现的实物商品零售额。

[11] 北部湾经济区是指南宁市、北海市、防城港市、钦州市 4 市；西江经济带是指柳州市、桂林市、梧州市、贵港市、玉林市、贺州市、来宾市 7 市，左右江革命老区是指百色市、河池市、崇左市、隆安县、马山县 5 市（县）。

[12] 2023 年规模以上工业相关指标增速及变化按可比口径计算。

[13] 货物运输总量包括铁路、公路、水路、民航四种运输方式完成量；周转量包括铁路、公路、水路三种运输方式完成量，2023 年增速按可比口径计算。

[14] 邮政行业业务总量按 2020 年价格计算。

[15] 电信业务总量按上年价格计算。

[16] 移动电话基站数是指报告期末为小区服务的无线收发信设备，处理基站与移动台之间的无线通信，在移动交换机与移动台之间起中继作用，

监视无线传输质量的全套设备数。

[17] 固定互联网宽带接入用户是指报告期末在电信企业登记注册，通过 xDSL、FTTx+LAN、FTTH/O 以及其他宽带接入方式和普通专线接入公众互联网的用户。

[18] 基础设施投资包括铁路运输业、道路运输业、水上运输业、航空运输业、管道运输业、多式联运和运输代理业、装卸搬运业、邮政业、电信广播电视和卫星传输服务业、互联网和相关服务业、水利管理业、生态保护和环境治理业、公共设施管理业投资。

[19] 民间固定资产投资是指具有集体、私营、个人性质的内资企事业单位以及由其控股（包括绝对控股和相对控股）的企业单位建造或购置固定资产的投资。

[20] 社会领域投资包括教育，卫生和社会工作，文化、体育和娱乐业投资。

[21] “一带一路”是指“丝绸之路经济带”和“21 世纪海上丝绸之路”。

[22]《区域全面经济伙伴关系协定》（RCEP）其他成员国包括印度尼西亚、马来西亚、菲律宾、泰国、新加坡、文莱、柬埔寨、老挝、缅甸、越南、日本、韩国、澳大利亚、新西兰。

[23] 原保险保费收入是指保险企业确认的原保险合同保费收入。

[24] 人均可支配收入中位数是指将所有调查户按人均收入水平从低到高（或从高到低）顺序排列，处于最中间位置调查户的人均可支配收入。

[25] 国有建设用地供应总量是指报告期内市、县人民政府根据年度土地供应计划依法以出让、划拨、租赁等方式与用地单位或个人签订出让合同或签发划拨决定书、完成交易的国有建设用地总量。

[26] 近岸海域海水水质采用面积法进行评价。

资料来源：

本公报中城镇新增就业、社会保障数据来自自治区人力资源和社会保障厅；医疗保障数据来自自治区医疗保障局；财政数据来自自治区财政厅；物价、城乡居民收入和支出、恩格尔系数、农民工、部分农业数据来自国家统计局广西调查总队；进出口数据来自中华人民共和国南宁海关；实际利用外资、对外承包工程和劳务合作等数据来自自治区商务厅；金融数据来自中国人民银行广西壮族自治区分行；证券数据来自中国证券监督管理委员会广西监管局；保险数据来自国家金融监督管理总局广西监管局；公路里程、港口数据来自自治区交通运输厅；旅客、货物运输量和周转量数据来自自治区交通运输厅、中国铁路南宁局集团有限公司和广西机场集团；铁路营业里程、高速铁路数据来自中国铁路南宁局集团有限公司；汽车保有量数据来自自治区公安厅交通警察总队；邮政业务数据来自自治区邮政管理局；电信业务数据来自自治区通信管理局；教育数据来自自治区教育厅；安排科技计划项目、技术合同等数据来自自治区科学技术厅；经营主体、专利数据、质量检验、标准制定修订等数据来自自治区市场监督管理局；艺术表演团体、博物馆、公共图书馆、文化馆、非物质文化遗产、旅游等数据来自自治区文化和旅游厅；广播电视数据来自自治区新闻出版广电局；医疗卫生数据来自自治区卫生健康委员会；社会服务及救助数据来自自治区党委社会工作部；国有建设用地供应、地质灾害数据来自自治区自然资源厅；用水量数据来自自治区水利厅；林业、自然保护区等数据来自自治区林业局；环境监测数据来自自治区生态环境厅；气象预警、平均气温、热带气旋等数据来自自治区气象局；海洋观测站、海洋监测预报、海洋灾害等数据来自自治区海洋局；地震数据来自自治区地震局；其他数据均来自自治区统计局。

6-2 2023 年广西城镇居民生活调查报告
Investigation Report of Urban Residents Living in 2023

2023 年广西城镇居民收入平稳增长消费明显复苏

据国家统计局广西调查总队调查数据显示，2023 年广西城镇居民人均可支配收入为 41287 元，同比增长 4.0%，扣除价格因素同比实际增长 4.3%；人均消费支出 24427 元，增长 8.9%。

一、城镇居民收入平稳增长

（一）收入增速与经济增长基本同步

2023 年，广西城镇居民人均可支配收入为 41287 元，同比增长 4.0%，扣除价格因素同比实际增长 4.3%，与经济增长基本同步，呈现平稳增长的态势（详见图 1）。

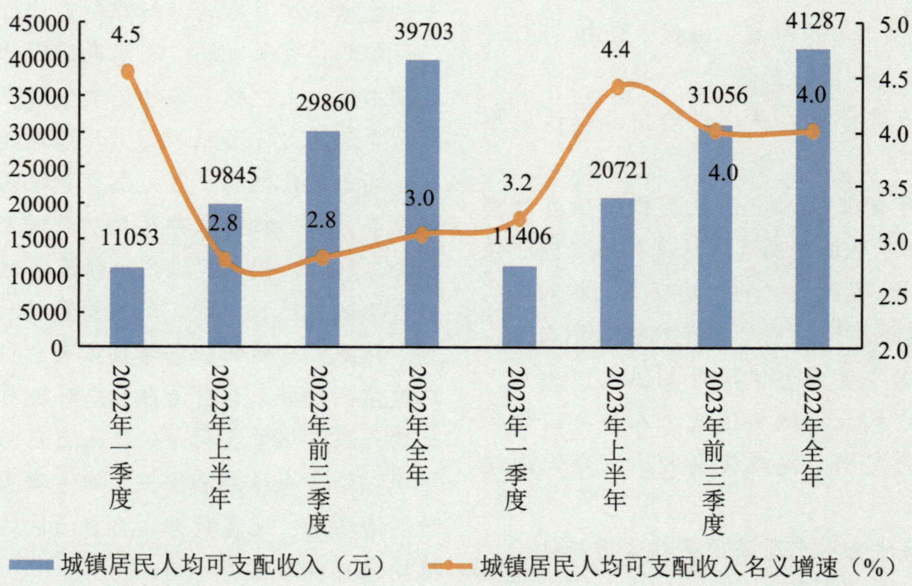

图 1　2022—2023 年各时期广西城镇居民可支配收入增长状况

（二）收入水平突破 4 万元大关

2023 年，广西城镇居民人均可支配收入突破 4 万元大关，距离 2017 年的 3 万元大关，历时 6 年时间。

（三）在全国排位有所后移

2023 年，广西城镇居民收入比全国平均水平低 10534 元，增速慢于全国 1.1 个百分点，收入水平和增速在全国 31 个省（自治区、直辖市）中分别位居第 25 位、第 30 位，位次比上年分别后移 1 位、6 位。在西部 12 省（自治区、直辖市）中，收入水平和增速分别位居第 9 位、第 11 位，收入水平位次与上年保持不变，增速位次后移 1 位。

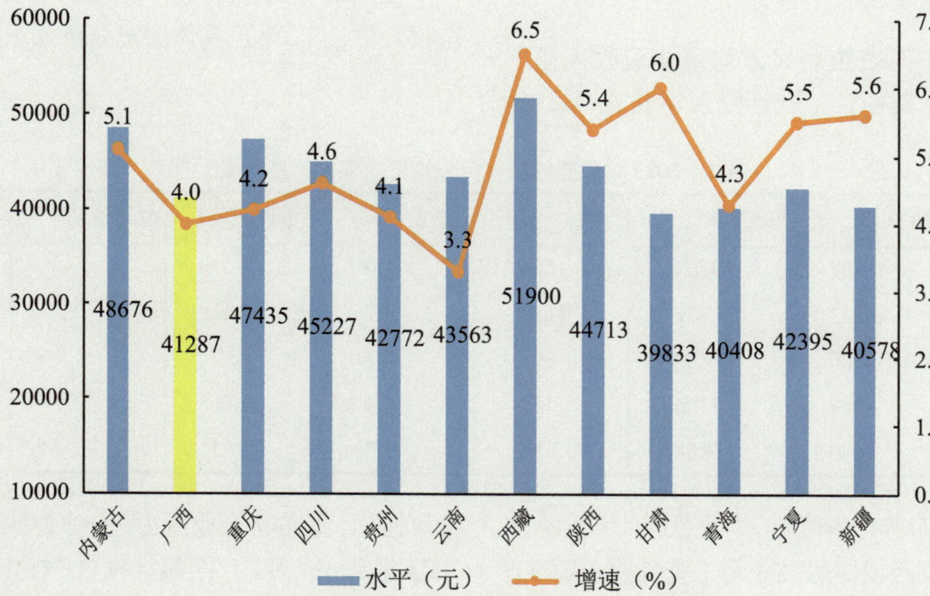

图 2　2023 年广西与西部十二省城镇居民收入增长情况

二、城镇居民生活消费较快提升

随着经济社会全面恢复常态化运行，经济持续好转，广西各地促消费政策落地显效，居民消费潜力逐步释放，消费支出明显复苏。2023 年，广西城镇居民人均消费支出 24427 元，增长 8.9%，其中：人均衣着、医疗保健、教育文化娱乐和其他用品及服务支出较快增长，分别比上年增长 14.4%、13.6%、12.6% 和 10.3%，增长速度快于消费支出平均速度；人均食品烟酒、交通通信、居住和生活用品及服务支出平稳增长，分别增长 8.2%、8.0%、5.9% 和 5.6%。

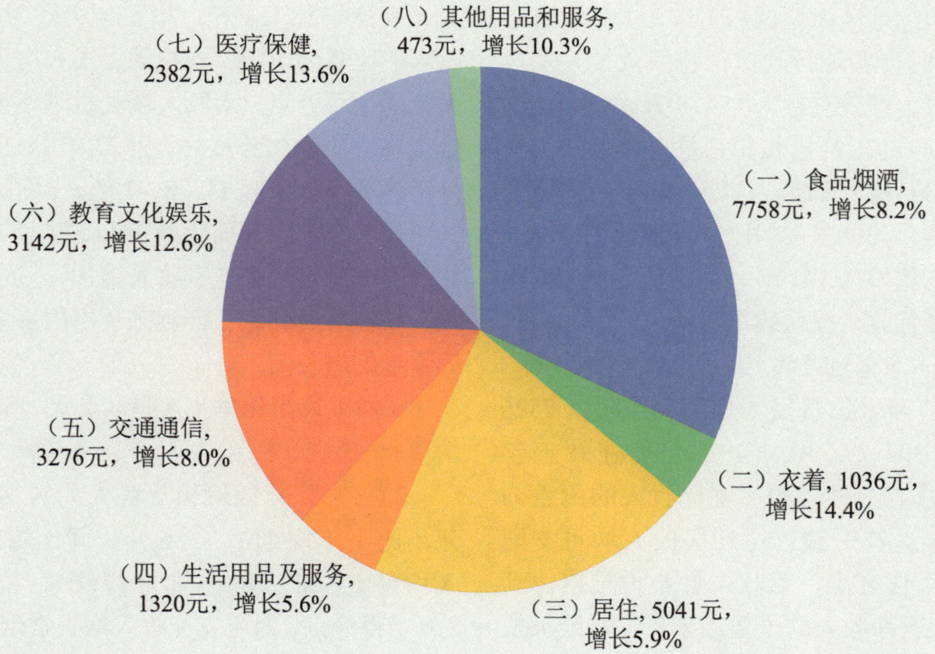

图 3　2023 年广西城镇居民生活消费支出结构

三、城镇居民增收因素分析

2023 年，广西城镇居民人均可支配收入呈现全面增长态势，其中，工资性收入增长 4.7%，经营净收入增长 4.2%，财产净收入增长 4.3%，转移净收入增长 1.2%。具体情况分析如下：

表 1　2023 年广西城镇居民人均可支配收入及构成

指标名称	2023 年（元）	2022 年（元）	增加（元）	增长（%）	占比（%）	拉动增长（%）	贡献率（%）
可支配收入	41287	39703	1584	4.0			
工资性收入	22333	21321	1012	4.7	54.1	2.5	63.9
经营净收入	7526	7222	304	4.2	18.2	1.4	19.2
财产净收入	4387	4206	181	4.3	10.6	2.4	11.4
转移净收入	7040	6954	86	1.2	17.1	2.0	5.4

（一）就业形势整体稳定，工资性收入平稳增长

2023 年，广西城镇居民人均工资性收入 22333 元，比上年增长 4.7%；占居民人均可支配收入比重为 54.1%，比上年提高 0.4 个百分点；拉动居民人均可支配收入增长 2.5 个百分点，对收入增长贡献率为 63.9%。2023 年，广西城镇居民人均工资性收入增长主要得益于：一是就业形势整体稳定。据自治区人力资源和社会保障厅数据显示，2023 年 1—11 月，广西累计实现城镇新增就业 38.13 万人，同比增长 2.72%；失业人员再就业人数 10.72 万人，就业困难人员实现就业人数 4.08 万人。二是政策增资幅度较大。落实新的事业单位收入分配政策，事业单位工资福利有较大提高，完成机关事业单位晋升薪级工资调标工作，人均增资每月 86 元，完成艰苦边远地区津贴调标工作，人均增资每月 46.3 元。同时，各地行政单位将绩效按月发放列入工资一部分，绩效总额人均 4.8 万元，同比增长 6.7%，有力拉动工资增长。三是上调最低工资标准。2023 年 11 月 1 日起，广西各地不同程度上调最低工资标准，与调整前相比，月最低工资标准每档平均值平均增幅为 14.9%，一定程度上为低收入群体增加工资性收入提供政策保障。

（二）惠企政策落地见效，经营净收入稳定增长

2023 年，广西城镇居民人均经营净收入 7526 元，同比增加 304 元，增长 4.2%，增速较上年下降 0.5 个百分点；占人均可支配收入的比重为 18.2%，与上年保持一致；拉动居民人均可支配收入增长 1.4 个百分点，对收入增长贡献率达到 19.2%。促进经营净收入的主要因素：一是政策扶持力度强，自治区层面相继出台降成本、优化营商环境、促进个体工商户高质量发展等一系列“壮大实体经济、推动高质量发展”政策，政策扶持力度大、针对性强，缓解了企业压力，全方位减轻企业负担。2023 年 1—11 月，广西累计投放“桂惠贷”2589.58 亿元，直接降低相关经营主体融资成本 48.55 亿元，拉动广西经营主体融资成本持续下降。二是旅游业快速恢复。2023 年 1—11 月，广西旅客总人数 8 万人次，同比增长 61%，广西旅游总收入 8100 亿元，同比增长 49.4%。三是消费市场持续恢复，随着各地发放汽车消费券、餐饮电子消费券等一系列扩内需促消费政策落地显效，市场活力逐步恢复，消费品市场保持恢复增长态势。2023 年 1—11 月份，广西新能源汽车零售额同比增长 44.4%，拉动广西限额以上消费品零售额增长 3.3 个百分点。

（三）居民投资方式多样，拉动财产净收入增长

2023 年，广西城镇居民人均财产净收入 4387 元，同比增加 181 元，增长 4.3%。占人均可支配收入的比重为 10.6%，拉动居民人均可支配收入增长 2.4 个百分点，对收入增长贡献率为 11.4%。一是金融存贷款增势良好。2023 年 11 月末，广西本外币各项存款余额 43378.41 亿元，同比增长 7.8%；其中住户存款余额同比增长 11.2%。二是企业经营状况基本稳定带来红利收入增加。三是投资渠道增加，城镇居民利息、红利以及出租房屋收入均有不同程度的增长。

（四）民生保障力度持续加大，转移净收入稳定增长

2023 年，广西城镇居民人均转移净收入 7040 元，比上年同期增加 86 元，同比增长 1.2%；占人均可支配收入的比重为 17.1%，拉动居民增收 2.0 个百分点，对可支配收入增长贡献率为 5.4%。转移净收入增长的主要原因：一是调整广西企业和机关事业单位退休人员基本养老金，广西共有 279.9 万名退休人员参加了调整，月人均调整增

加133.51元。二是加大社会救助兜底保障力度，2023年1—11月，广西城市低保人数40.2万人次，同比增长8.36%。困难群众补助资金支出104.8亿元，同比增长6.4%，同时，基本养老保险参保人数也稳步上升，11月末广西城镇职工基本养老保险参保总人数1065.1万人，同比增长3.1%。三是出台多项举措提高居民医疗保障待遇，满足就医需求的同时提高医疗报销标准，2023年1—11月，广西城乡居民报销医疗费用总额622.66亿元，同比增长13.8%。

四、需要关注的问题

（一）工资性收入增长动能不足

广西城镇居民工资性收入占比达54.1%，城镇居民对工资性收入的依赖性较大，对居民增收起到决定性作用。工资收入受政策影响较大，如无后续有力的政策支撑，城镇居民持续增收将面临较大的压力。另一方面，受经济下行等因素影响，部分企业利润下滑，用工需求减少，企业职工工资增速放缓，同时在产业转型升级、人口老龄化趋势下，就业压力和困难不断加大，也制约了居民工资性收入增长。

（二）经营盈利空间受挤压

一方面经营成本上涨。受国际环境变化、经济下行压力较大等因素影响，原材料、劳动力、运输等成本仍然较高，小微企业及个体经营持续承压。另一方面市场需求恢复不足。当前，世界政治经济形势错综复杂，全球经济增长放缓，需求不足、订单减少或增量不足等问题仍然存在，企业经营状况对居民收入增长产生影响。

（三）转移净收入增速较慢

近年来，人口老龄化进程的加快及社保缴纳标准的逐年提高，个人社会保障支出不断增大，城镇居民在养老支出、赡养支出等转移性支出同比增加，缩减了转移净收入的增长幅度。另一方面外地务工形势不好影响城镇外出务工人员寄带回收入减少。当前，各项惠民政策的补贴标准、补贴范围趋于稳定，政策红利效应趋于弱化，在已有政策标准没有较大提升的情况下，转移净收入进一步增长较为乏力。

（四）居民消费水平有待提高

2023年，广西城镇居民消费支出较快提升，增速在全国31个省（自治区、直辖市）中排第14位，但从消费水平看，与全国比仍有较大差距。从全国范围来看，2023年广西城镇居民人均生活消费支出在全国31个省份中居于末位，与全国城镇居民人均生活消费支出平均水平相差8567元，仅为全国平均水平的74%，消费潜力有待进一步提高。

五、几点建议

（一）全面强化就业优先。一是强化稳企稳岗等就业保障政策，对经营压力较大的行业企业重点帮扶，保障就业市场整体稳定。二是助力高校毕业生顺利就业，加强校企合作，强化职业培训，提升就业能力。三是鼓励失业人员灵活就业，出台政策支持新业态发展，推动网约车、外卖快递、直播带货等行业健康发展。

（二）持续优化营商环境。一是进一步出台税费减免等政策，减轻中小微企业和个体工商户经营压力，增强市场活力。二是继续落实好系列促消费活动，创新新型消费场景，适时出台进一步促消费跟进措施，激发居民消费活力。三是推进各地区块区域合作，强化产业之间、产业之外的交流合作，充分发挥产业集群效应，形成强大发展合力。

（三）积极拓宽增收渠道。一是拓宽投资渠道，推动金融创新，鼓励创造更多支持实体经济发展、使城镇居民能分享增值收益的金融产品，深挖财产性收入潜力。二是建立健全养老保险增长长效机制，密切关注低收入群体生活，切实提高低保、社会救济等保障标准。

（四）多措并举深挖消费潜力。一是大力促进新兴消费，通过线上线下、业态场景的深度融合，发展多形式、多层次的文化、旅游、娱乐经济，全面激活多元化消费新格局，不断增强新型消费带动力。二是进一步完善市场服务水平，持续优化消费环境，营造安全便捷的线下实体消费环境。三是稳住餐饮、汽车、家电等消费基本盘，提振大宗消费。

（撰稿：陈娟）

6-3 2023 年广西农村居民生活调查报告
Investigation Report of Rural Residents Living in 2023

2023 年广西农村居民收入平稳增长

据国家统计局广西调查总队调查，2023 年广西农村居民人均可支配收入 18656 元，同比增长 7.0%，增速较上年提高 0.5 个百分点，总体上呈平稳增长态势。

一、农村居民收入增长主要特点

（一）总体呈现平稳增长态势

2023 年，广西农村居民人均可支配收入比上年增加 1223 元，增长 7.0%（如无特别说明，为名义增速，下同），扣除价格因素，实际增长 7.0%。2019—2023 年，广西农村居民人均可支配收入年均增加 1244 元，年均名义增长 8.5%，年均实际增长 6.3%。与近 5 年平均数据相比，2023 年农村居民收入呈现平稳增长态势。

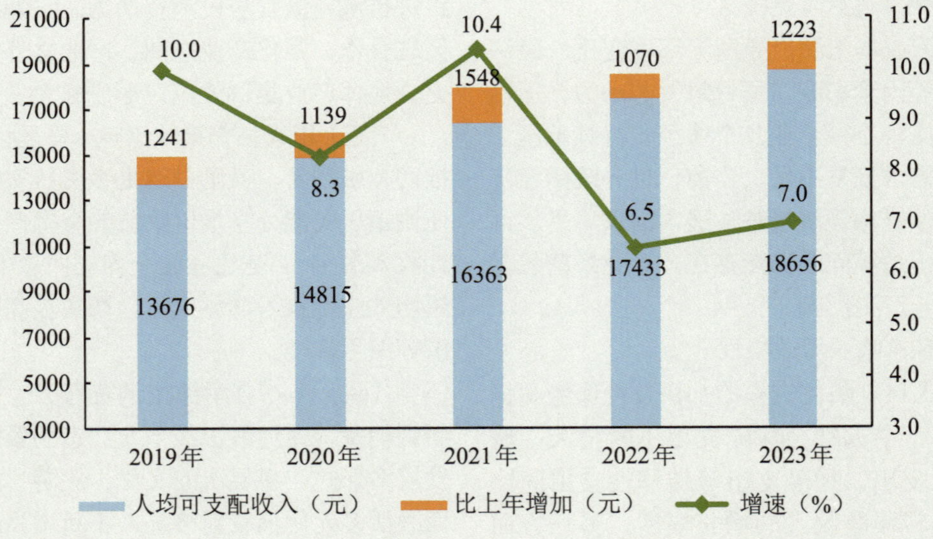

图 1 2019—2023 广西农村居民人均可支配收入增速趋势

（二）农民收入增速快于城镇

2023 年，广西农村居民人均可支配收入增速比城镇居民快 3.0 个百分点，城乡居民收入比为 2.21 ∶ 1，比上年同期缩小 0.07，城乡居民收入差距进一步缩小。

（三）增速排位有所下滑

2023 年，广西农村居民人均可支配收入总量比全国平均水平低 3035 元，在全国排第 23 位，与上年保持不变。增速低于全国平均水平 0.7 个百分点，在全国排第 23 位，较上年同期后移 9 位。

二、拉动农村居民增收因素分析

2023 年，广西农村居民四大项收入全面增长，其中工资性收入和转移净收入是增长主要支撑，转移净收入增速最高，对可支配收入增长贡献最大（详见下表）。

表 1　2023 年广西农村居民四大项收入情况

指标名称	2023 年（元）	2022 年（元）	增量（元）	增速（%）	构成（%）	贡献率（%）	拉动增长(%)
可支配收入	18656	17433	1223	7.0			
工资性收入	6353	5922	431	7.3	34.1	35.3	2.5
经营净收入	7333	6982	351	5.0	39.3	28.7	2.0
财产净收入	431	430	1	0.3	2.3	0.1	0.01
转移净收入	4538	4099	439	10.7	24.3	35.9	2.5

注：部分数据因四舍五入的原因存在总计与分项合计不同的情况

（一）工资性收入增速好于上年

2023 年，广西农村居民人均工资性收入 6353 元，比上年增加 431 元，同比增长 7.3%，增速较上年提高 0.3 个百分点，拉动可支配收入增长 2.5 个百分点。增长主要原因：一是农民工从业时长增加。2023 年前三季度，广西本地非农务工人均从业时间达到 61 天，同比增长 6.6%。二是脱贫人口务工规模不断扩大。截至 2023 年 11 月底，广西脱贫人口务工规模达到 293.32 万人，比上年全年增长 3.8%；广西开发乡村公益性岗位安置脱贫人口就业 27.47 万人，较上年增长 4.0%；就业帮扶车间吸纳脱贫人口、监测对象务工人数 6.13 万人，比上年同期增长 5.2%。三是以工代赈资金增长，规模扩大。2023 年，广西共争取到中央以工代赈专项资金 48133 万元，同比增长 71.2%。截至 2023 年 11 月底，广西以工代赈实施项目吸纳务工群众 4.21 万人，同比增长 186%。四是最低工资标准提高。从 2023 年 11 月起，广西提高最低工资标准，一档、二档、三档最低工资分别提高 10.0%、16.5%、18.2%，对农民就业工资水平的提高有促进作用。

（二）经营净收入平稳增长

2023 年，广西农村居民人均经营净收入 7333 元，比上年增加 351 元，同比增长 5.0%，在四大项收入中占比最高。增长主要原因：一是主要农产品产量保持增长。2023 年，广西粮食总产量 1395.4 万吨，同比增长 0.16%，连续 4 年保持稳定增长。2023 年 1—11 月，广西水果产量 3863.69 万吨，增长 10%，产量稳居全国第一；蔬菜产量增长 4.6%；禽肉产量增长 1.4%；水产品总产量同比增长 4.7%。二是柑橘类水果价格上涨。2023 年，广西柑橘类水果价格上涨 14.9%，农村居民全年人均出售柑橘类水果金额增长 34.5%。作为广西产量最大的水果，柑橘价格的大幅上涨，有力促进农民增收。三是蚕茧产量、价格双增长。截至 2023 年 11 月底，广西蚕茧产量 46.73 万吨，同比增长 5.31%，产量保持全国第一。2023 年，广西蚕茧价格同比上涨 18.2%。蚕茧产业的利好对农村居民，尤其是脱贫地区农民增收有较大促进作用。广西国家乡村振兴重点帮扶县中有 18 个县发展蚕桑，约 24 万脱贫户受益，户均售茧收入约 4.15 万元，同比增长 33.4%。四是乡村旅游消费快速增长。2023 年，广西各地山水先后爆火于网络，助推广西旅游快速发展。2023 年前三季度，广西乡村旅游接待人数 1.95 亿人次，同比增长 45.7%；实现乡村旅游收入 1700.53 亿元，增长 54.1%。

（三）财产净收入稳中微升

2023 年，广西农村居民人均财产净收入 431 元，比上年增加 1 元，同比增长 0.3%。主要原因在于：一是涉农贷款较快增长。截至 2023 年 10 月末，广西涉农贷款余额 1.4 万亿元，同比增长 14.18%，高于广西各项贷款增速 2.6 个百分点。其中“桂惠贷”投向农业 148.61 亿元，支持涉农主体 15873 户。二是脱贫地区村集体经济快速增长。截至 2023 年 10 月底，广西脱贫村集体经济平均收入 16.47 万元，较上年增长 32.5%。

（四）转移净收入增速明显加快

2023 年，广西农村居民人均转移净收入 4538 元，比上年增加 439 元，同比增长 10.7%，较上年提高 9.5 个百分点，是四大项中对可支配收入增长贡献率最高的收入，贡献率达 35.9%。增长主要原因：一是各项惠民补贴金额不断增长，惠及人数增加。2023 年 1—11 月，广西惠农补贴总额达到 209.69 亿元，较上年增加 28.41 亿元，同比增长 15.7%；惠及 5459.50 万人次，同比增长 57.3%。发放产业以奖代补资金 29.17 亿元，补贴金额比上年全年增长约 15%。发放给脱贫人口县域内稳定就业劳务补助 5.2 亿元，约增长 84%；惠及脱贫人口 36 万人，较上年提高约 64%。二是困难人群救济和补助投入力度加大。截至 2023 年 11 月底，广西纳入农村低保对象共 239.6 万人，同比增长 3.0%；共发放农村低保补助 64 亿元，同比增长 6.5%；脱贫人口、监测对象享受特困供养人数 7.8 万人，增长 13.0%，发放特困供养金总额 4.7 亿，增长 20%。三是医疗保险报销较快增长。2023 年 3 月起，广西新增 111 个药品纳入医保支付范围；出台文件明确大病保险对困难群众予以降低起付线、提高报销比例、不设封顶线的倾斜，最高报销比例达 90%。2023 年 1—11 月，广西城乡居民报销医疗费用总额同比增长 13.8%。

三、制约农村居民收入增长的主要因素

（一）工资性收入增速低于预期，与全国差距较大

2023 年，广西农村居民人均工资性收入增速低于全国 1.1 个百分点，对可支配收入增长的贡献率比上年下降 0.8 个百分点。主要原因：一是本地务工人数增速低于全国平均水平。由于受经济大环境影响，广西经济恢复发展态势仍在继续巩固中，部分劳动密集型产业发展遇到困难，影响到本地务工人数增速慢于全国。据农民工监测调查，2023 年三季度末，广西本地农民工总量同比仅增长 0.3%，比全国平均水平 2.8% 低 2.5 个百分点。二是本地非农务工的农民工从事建筑业行业占比高于全国水平。广西本地非农务工的农民工从事建筑业行业比重比全国高 12.6 个百分点左右，广西农民工就业受建筑业行业影响程度大于全国。

（二）经营净收入增速明显减缓

2023 年，广西农村居民人均经营净收入增长 5.0%，较上年回落 4.2 个百分点，低于全国平均水平 1.6 个百分点，拉动力比上年减弱 1.6 个百分点。家庭经营收入是广西农民收入主要来源，经营净收入增速减缓对农民收入的影响很大。主要原因有：一是 2022/2023 榨季甘蔗减产，农民出售糖料蔗大幅减少，导致第一产业收入增速明显回落，增速较上年减少 6.8 个百分点。二是农产品生产者价格下降。2023 年，广西农产品生产者价格同比下降 2.9%，农林牧渔四大产业产品价格除农业产品价格微增 0.1% 外全部下降，其中林业、畜牧业、渔业产品价格分别下跌 4.1%、9.9%、3.2%，蔬菜及食用菌、热带水果、桉树原木、中草药材、活猪等特色农产品价格均有所下降，影响农民种养收入。

（三）财产净收入增速大幅回落

2023 年，广西农村居民人均财产净收入增长 0.3%，为近十年最低增速，比上年回落 11.3 个百分点，比全国平均水平 8.4% 低 8.1 个百分点。由于农业经营成本不断上涨，以及耕地“非粮化”“非农化”治理深入推进，农村新增流转土地减少，前三季广西土地经营权流转面积为 1312.8 万亩，同比下降 1.6%，农民集体分红和土地租金等财产收入受影响。

四、促进农民增收的建议

（一）加强就业引导服务，促进农村劳动力充分就业

完善就业信息管理平台，充分发挥零工市场等平台，扩大招工信息面，进一步抓好企业用工需求信息与农民工就业信息对接，切实提高用工信息与就业信息匹配度。整理月均就业时长较短和未就业的劳动力人员信息表，充分了解就业意向，定向推荐用工信息，引导和鼓励农村闲置劳动力实现本地务工。降低农民创业准入门槛，搭建支持农民创业平台，落实返乡就业创业扶持政策，支持以创业带就业，创造更多就业岗位。

（二）加强农业整体规划，做大做强农民增收基本盘

加大水果等优势农产品品牌营销力度，提高网络热点敏锐度，及时抓住扩大品牌宣传契机，将广西优质农产品推向国内外，不断扩大销路，稳定农产品价格。结合地方资源优势，因地制宜，推进乡村振兴产业升级，不断优化广西农业产业布局，控制好优质中高端农产品的供给量，提高各地农产品竞争力。加大农田水利设施建设投入，不断消除中小型水库病险和排灌沟渠破损，为粮食安全、农产品稳供强化水源保障，提高中小种养殖户抗旱抗洪能力。

（三）加强集体扶持力度，鼓励村集体创新经营壮大

精准推进、推广农村集体产权制度改革，发展新型农村集体经济，加快培育发展新型农业经营主体，发挥农业专业合作社、龙头企业示范引领作用。积极探索村集体与企业合作新模式，促进村集体收入多样化，实现村集体与企业双赢。学习先进地区成功做法，结合现有资源，集中力量，先扶持起一批潜力较高的村集体经济，树立村集体经营示范点，辐射周边，不断带动各地村集体经济向好发展，让更多农民共享集体红利。

（撰稿：黄丽婷）

6-4 2023 年广西脱贫县监测调查报告
Investigation Report of Poverty Relief County Monitoring in 2023

2023 年广西脱贫县农村居民收入增速保持较快增长

据国家统计局广西调查总队监测调查结果显示，2023 年广西脱贫地区（指原 33 个国定贫困县，下同）农村居民人均可支配收入 17066 元，比上年增长 8.0%，收入增速保持较快增长。

一、广西脱贫地区农村居民收入保持较快增长

（一）广西脱贫地区农村居民收入同比增长 8.0%

2023 年，广西脱贫地区农村居民人均可支配收入 17066 元，比上年增长 8.0%，增速高于全国农村平均水平（7.7%）0.3 个百分点，高于广西农村水平（7.0%）1.0 个百分点。

（二）与广西农村居民收入差距进一步缩小

2023 年，广西脱贫地区农村居民人均可支配收入占广西农村居民收入比重达 91.5%，较 2018 年的 86.5% 提高 5 个百分点，较 2022 年的 90.6% 提高 0.9 个百分点，脱贫地区农村居民收入与广西农村居民收入相对差距进一步缩小（详见表 1 和图 1）。

表 1 2018 年—2023 年广西农村和脱贫地区收入占比情况

	2018 年	2019 年	2020 年	2021 年	2022 年	2023 年
广西脱贫地区（元）	10761	11958	13141	14663	15796	17066
广西农村（元）	12435	13676	14815	16363	17433	18656
收入占比情况（%）	86.5	87.4	88.7	89.6	90.6	91.5

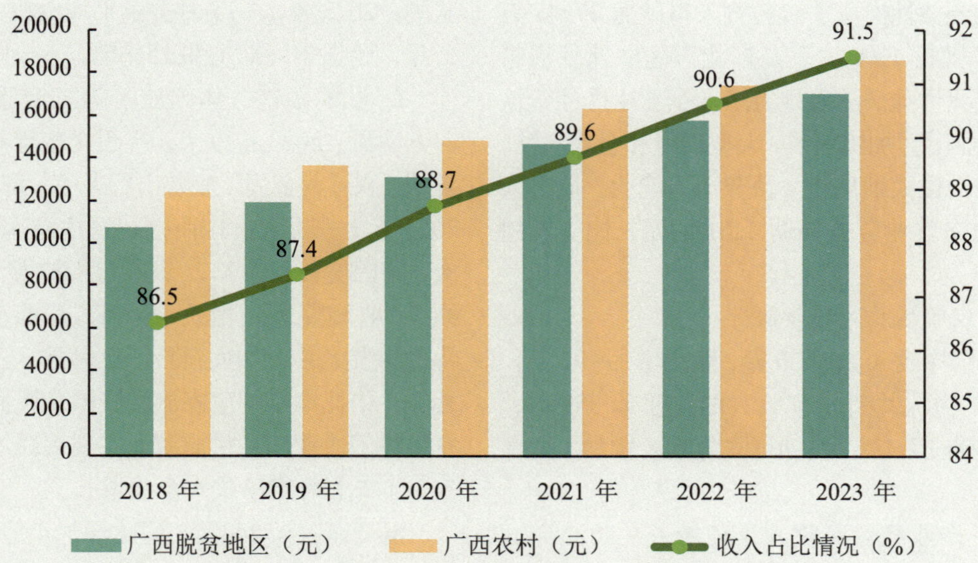

图 1 脱贫地区农村居民人均可支配收入占广西农村居民收入比重

（三）收入增速居中西部脱贫地区中下水平

2023 年，广西脱贫地区收入增速在中西部 22 个省（自治区、直辖市）排位第 18 位。与西部脱贫地区相比，高于四川省脱贫地区收入增速（7.8%）0.2 个百分点，与重庆市脱贫地区收入增速持平，低于云南省脱贫地区收入增速（8.5%）0.5 个百分点，低于贵州省脱贫地区收入增速（8.2%）0.2 个百分点。

二、工资性收入是主要增收动力

2023 年，广西脱贫地区农村居民人均可支配收入中的四大项收入保持增长。其中，工资性收入增速较快，达到 12.8%，经营净收入增长 3.2%，财产净收入稳定增长 1.5%，转移净收入增长 9.3%。

表 2　2022—2023 年广西脱贫地区农村人均可支配收入增长结构

	2022 年（元）	2023 年（元）	比上年增加（元）	比上年增长（%）	拉动可支配收入增长（%）
可支配收入	15796	17066	1270	8.0	
工资性收入	5095	5747	651	12.8	4.1
经营净收入	5934	6126	192	3.2	1.2
财产净收入	238	242	4	1.5	0.0
转移净收入	4529	4951	423	9.3	2.7

（一）工资性收入是拉动收入增长的主动力

工资性收入为 5747 元，同比增加 651 元，增长 12.8%，占人均可支配收入的比重为 33.7%，增收贡献率为 51.3%，拉动可支配收入增加 4.1 个百分点，是拉动可支配收入稳定增长的主动力。影响工资性收入的主要因素有：一是脱贫人口本地就业增加。2023 年广西脱贫人口、含监测对象务工规模达 293.32 万人，比 2022 年（288.87 万人）增长 1.54%。其中，县内务工规模增长 2.89%。就业帮扶车间车间数 4297 家，较 2022 年 4265 家增长 0.75%；就业帮扶车间吸纳脱贫人口、监测对象务工人数 6.13 万人，比 2022 年同期增长 5.15%。二是公益性岗位同比增加。截至 2023 年 11 月底，广西开发乡村公益性岗位安置脱贫人口就业 27.47 万人，较上年增长 4.0%。三是产业园区快速发展带动农民工就业增加。随着地方工业企业生产经营恢复增长，工业园区加快发展，大型项目和企业入驻，提供了就业岗位吸纳周边乡镇劳动力就业。脱贫人口县域内稳岗就业劳务补助 4.61 亿元，比上年增长 8.15%。

（二）经营性收入稳步回升

家庭经营净收入为 6126 元，同比增加 192 元，增长 3.2%，占人均可支配收入的比重为 35.9%，增收贡献率为 15.1%，拉动可支配收入增加 1.2 个百分点。

1. 第一产业经营净收入平稳增长。2023 年，广西脱贫地区第一产业经营净收入 4429 元，同比增加 149 元，增长 3.5%，占家庭经营净收入 72.3%，占可支配收入比重达 26.0%，对可支配收入增收贡献率高达 11.7%，拉动可支配收入增加 0.9 个百分点。影响第一产业经营净收入的有利因素主要有：一是农业经营收入稳中有升。2023 年脱贫地区农业经营净收入 2526 元，同比增加 107 元，增长 4.4%。根据前期脱贫地区农产品上行情况调研结果显示，超八成受访农户表示 2023 年家庭农产品收益好于上年。二是蚕茧“量价齐升”。桑蚕产业是广西脱贫地区发展特色产业，33 个国定脱贫县中有 26 个发展蚕桑产业。2023 年，26 个脱贫县桑园面积 123.82 万亩，占广西的 44.73%；蚕茧产量 19 万吨，占广西的 40.64%，产量比上年增加 10.06%。同时，蚕茧价格上涨，据农业农村部门监测，2023 年 1—11 月蚕茧平均价格为 54.53 元 / 公斤，比上年同期上涨 15.36%。

2. 批零餐饮、休闲旅游等三产服务行业收入回升明显。2023 年以来，广西文旅行业强势复苏，暑期、双“黄金周”旅游出行井喷。部门资料显示，2023 年 1—11 月，广西接待国内游客约 9.62 亿人次，同比增长 135.8%，银联口径旅游消费（收入）约 5584.35 亿元，增长 55.0%。广西多数脱贫县是特色旅游大县，如大新县、巴马县、三江县、龙胜县等，依托丰富的生态旅游资源和民族文化优势，发展休闲农业和乡村旅游业实现促民增收。

（三）财产净收入平稳增长

财产净收入 242 元，同比增加 4 元，增长 1.5%，占人均可支配收入的比重约为 1.4%，增收贡献率为 0.3%。财产净收入平稳增长的主要原因有：一是脱贫地区村集体经济快速增长。截至2023年10月底，广西脱贫村集体经济平均收入16.47万元，较2022年增长32.5%。二是脱贫人口土地流转租金增长。截至2023年10月底，广西620万脱贫人口土地流转租金3.3亿元，比2022年提高35.1%。

（四）转移性收入稳步增长

转移净收入为4951元，同比增加423元，增长9.3%，占人均可支配收入的比重为29.0%，增收贡献率为33.3%，拉动可支配收入增加2.7个百分点，成为拉动脱贫地区农村居民可支配收入稳定增长的第二主动力。其中，外出人员寄带回2157元，同比增加184元，增长9.3%，占人均可支配收入的比重为12.6%，增收贡献率为14，5%，拉动可支配收入增加1.2个百分点，是农民转移净收入的重要组成部分。2023年以来，随着新冠肺炎疫情防控的稳定，广西各级政府、部门积极推动脱贫劳动力跨省就业，全年合计交通补助4.05亿元，比上年同期增长7.14%，促进脱贫县到外省务工人员增加，33个县脱贫人口（含监测对象）省外务工规模较上年增长2.85%。外出务工的人员和时间增加，外出务工收入增加，寄回带回增加。其次，惠农补贴发放范围扩大、发放金额增长，是促进脱贫地区农村居民转移净收入增长的又一因素。根据部门数据，2023年1—11月，广西惠农补贴总额达到209.69亿元，较上年增长28.41亿元，同比增长15.67%，惠及5459.50万人次，惠及人次同比增长57.3%；脱贫地区发放产业以奖代补资金29.17亿元，补贴金额比2022年全年增长约14.98%。

三、几点建议

（一）为大龄农民工就近就业提供更多选择

随着社会发展，农村青壮劳动力多选择外出打工，促进了外出寄带回收入增长，同时也应注意所产生的农村特别是脱贫地区农村空心化严重的问题。建议结合乡村振兴规划等政策，提供农业种植、养殖、垃圾分类知识等技术培训，培育新农人或定向技术人员，为大龄农民工家门口就业提供更多选择。

（二）进一步优化提升乡村产业

一是依托重点帮扶县特色优势资源，加大品牌农业培育力度，增强科技兴农支持力度，布局特色农产品产地精深加工，推动农业产业化发展，培育壮大农业龙头企业，并依托龙头企业延长加粗产业链条，形成有竞争力的产业集群；二是积极引导和支持农户和企业开拓新的市场渠道，推动农产品的品牌建设和销售推广；三是完善上下产业链条，增强产业集群凝聚力，加强对特色养殖产业链的规划，推动相关配套设施的建设和完善，带动农村一二三产业融合发展，实现种养加、产供销、贸工农一体化经营，推进现代农业经营体系建设。

（三）加强市场引导与风险预警

脱贫地区农户个体种、养经营缺乏组织性与方向性，容易出现“单打独斗”或者“蜂拥而上”等极端现象，抵御风险的能力弱，产能效益偏低，需要政府加强市场引导，根据实际情况选择发展项目，减少盲目跟风种养现象，做好产业布局规划，避免产业重叠，同时要加强风险预警，提前预判自然风险，最大限度减少农民损失，为农民增收保驾护航。

（四）提升村级集体经济发展质效

一方面，要结合地方实际，因村施策，整合当地人才、政策、技术等优势资源，探索资源发包、物业出租、居间服务、资产参股等多样化发展途径。另一方面，要顺应社会资本对村级集体经济发展的需求，将发展壮大新型农村集体经济纳入乡镇经济发展总体布局，积极探索发展农产品深加工产业等传统产业，推动村级集体经济增收，进一步带动脱贫地区农村财产净收入增长。

（撰稿：张建裕）

6-5　2023 年广西居民消费价格调查报告

Investigation Report of Consumer Prices in 2023

2023 年广西居民消费价格低位运行

据国家统计局广西调查总队调查数据显示，2023 年广西居民消费价格下降 0.2%，扣除食品和能源的核心居民消费价格指数（Consumer Price Index，简称 CPI，下同）上涨 0.2%，总体呈现低位运行态势。

一、2023 年居民消费价格总体运行情况

（一）价格涨幅为近 14 年来最低

受国际环境复杂严峻、世界经济低迷、国内有效需求不足、部分行业产能过剩以及上年同期基数较高等多重因素叠加影响，2023 年广西居民消费价格下降 0.2%，比上年（上涨 1.9%）回落 2.1 个百分点，处于负增长区间，为 2010 年 14 年最低年度涨幅（见图 1）。按高低涨幅排序，居全国 31 个省（自治区、直辖市）第 29 位，居西部 12 省（自治区、直辖市）第 10 位。

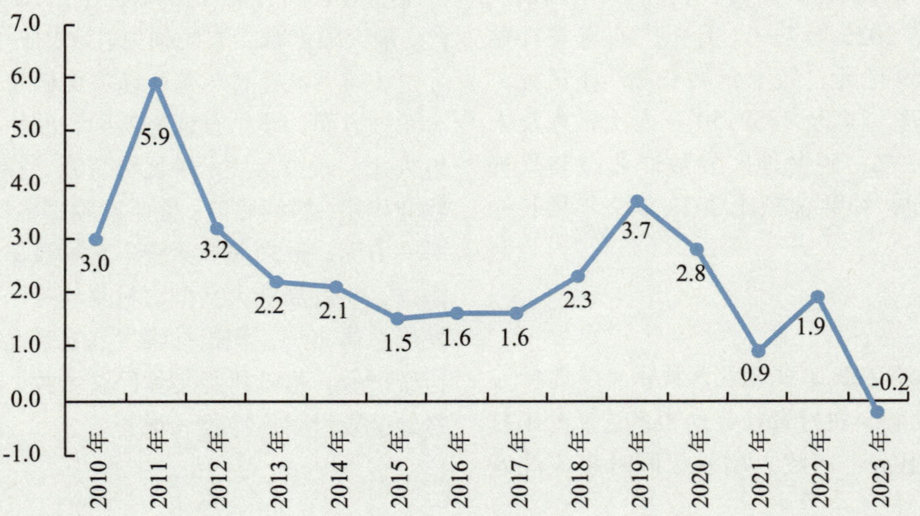

图 1　2010—2023 年广西居民消费价格涨跌情况（%）

（二）月度走势总体低迷

从月度同比看，总体呈现持续下行的态势。1—7 月，居民消费价格同比总体呈回落态势，7—12 月，居民消费价格同比总体呈低位回升态势；5 月起，连续 8 个月同比处于负区间，7 月居民消费价格同比下降 1.1%，创下 2009 年 11 月以来的月度新低。

从月度环比看，季节性波动特征较明显。分别以 1 月、4 月、9 月为谷峰，以 2 月、9 月、11 月谷底，呈现季节性波动，但波动幅度不大。

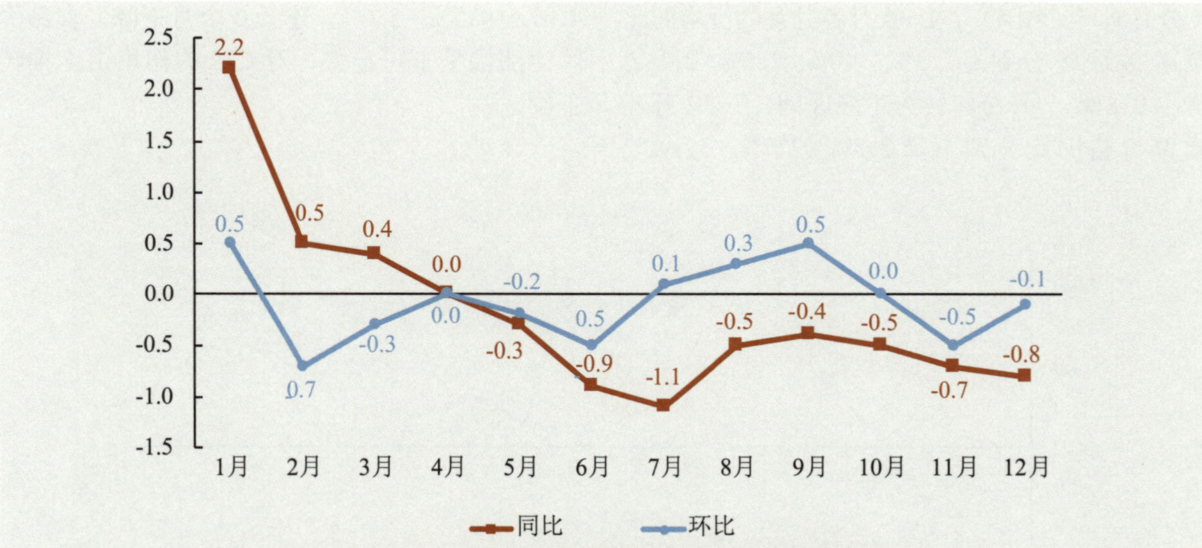

图 2　2023 年广西各月居民消费价格环比和同比涨跌幅（%）

（三）结构呈现“四涨三降一平”

2023 年，构成居民消费价格的八大类商品和服务价格呈现“四涨三降一平”（见图 3）。其中，衣着、其他用品及服务、教育文化和娱乐、医疗保健类价格分别上涨 2.1%、2.1%、1.8% 和 1.5%；居住、生活用品及服务、交通和通信类价格分别下降 0.9%、1.0% 和 3.1%；食品烟酒类价格持平。

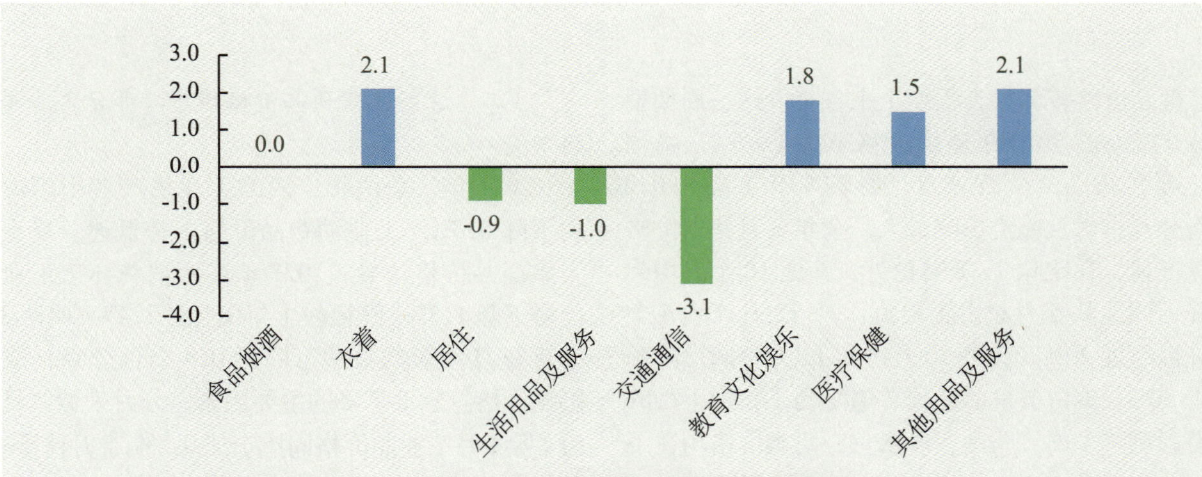

图 3　2023 年广西居民消费价格分类别同比涨跌幅（%）

二、2023 年 CPI 变动原因分析

2023 年，广西 CPI 受上年价格变动形成的翘尾影响约为 0.37 个百分点，当年价格变动产生的新涨价因素约为 −0.52 个百分点，新涨价因素为 2003 年以来最低，比 2009 年低 1.0 个百分点。新涨价动能不足，是 2023 年广西 CPI 下行的主要原因。

（一）主要食品市场供应充足，食品类价格由涨转降

2023 年，广西重要农产品生产供应持续增加，为市场物价稳定奠定坚实基础。据统计，2023 年广西粮食总产量为 1395.4 万吨，比上年增加 2.2 万吨，粮食产量连续 4 年保持稳定增长；生猪出栏 3516.6 万头，增长 5.05%；猪肉产量 276.05 万吨，增长 5.1%，生猪出栏量及肉产量为 2019 年以来同期最高水平；禽肉产量 173.5 万吨，增长 5.74%；禽蛋产量 33.36 万吨，增长 13.77%。在市场供应充足的保障下，“米袋子”“菜篮子”商品价格总体平稳，2023 年食品价格下降 0.7%，涨幅比上年（上涨 2.3%）回落 3.0 个百分点，对价格总水平产生的影响由上年上拉 0.4 个百分点转为下拉 0.1 个百分点，是 CPI 由涨转跌的重要因素。其中，鲜果、禽肉、蛋类、水产品、粮食类价格分别上涨 3.2%、2.0%、1.6%、0.9%、0.6%；畜肉、鲜菜、食用油类价格分别下降 8.4%、1.8%、0.1%；其他食品价格基本稳定。

分月看（见图 4），1—6 月各月食品价格同比涨幅逐步收窄，分别为 7.3%、1.0%、2.6%、2.1%、1.6%、0.8%；7 月份起转为下降区间，7-12 月各月食品价格同比分别下降 2.8%、2.7%、3.1%、4.0%、4.3%、5.6%，连续 6 个月下降。食品价格同比涨幅呈下行走势，对 CPI 的作用由上推转为下拉。

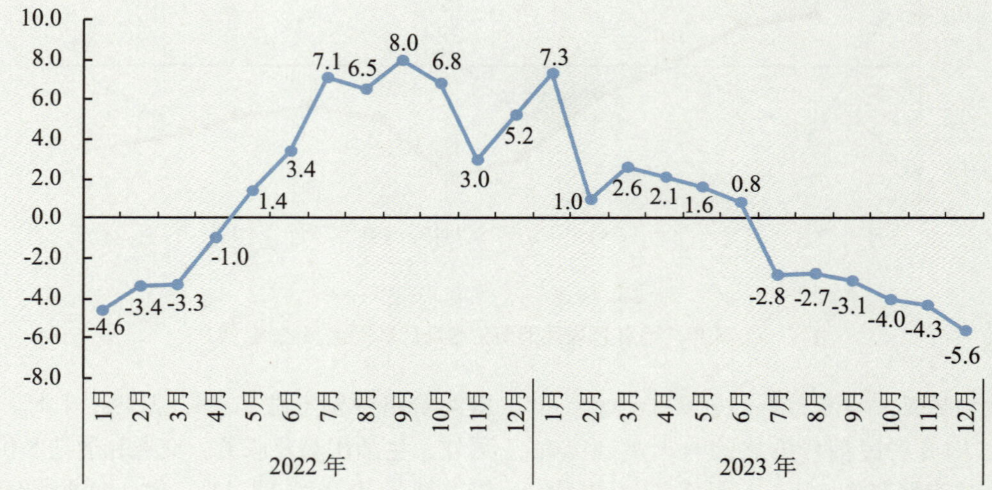

图 4　2022 年以来广西各月食品价格同比涨跌幅（%）

食品价格疲弱很大程度上来自猪价这一周期型因素的影响。2023 年猪肉价格下降 13.6%，降幅比上年扩大 2.9 个百分点，影响 CPI 下降约 0.2 个百分点，对食品类影响最大。全年各月猪肉价格持续低迷，环比除 7—8 月份外，其他 10 个月均为下降；同比从 5 月起由正转负，9—12 月连续 4 个月降幅超过 20%，其中 10 月份和 11 月份同比降幅大于 30%。蛋白类食品分项普遍受到了猪价下跌的外溢影响，牛肉、羊肉、淡水鱼、奶类价格均在下跌，分别下降 3.5%、3.9%、1.8% 和 2.1%。

（二）上游大宗商品价格传导，部分工业品价格下降

2023 年，全国和广西的工业生产者出厂价格均下降 0.3%，工业消费品价格走势低迷。受上游大宗商品价格传导，2023 年广西消费环节工业品价格下降 1.3%，涨幅较上年（上涨 2.4%）回落 3.7 个百分点，影响 CPI 下降约 0.4 个百分点，成为影响价格总水平下降的主要因素。分月来看（见图 5），除 1 月工业品价格同比上涨 0.5%，2 月持平外，其他 10 个月工业品价格同比均在负区间运行。

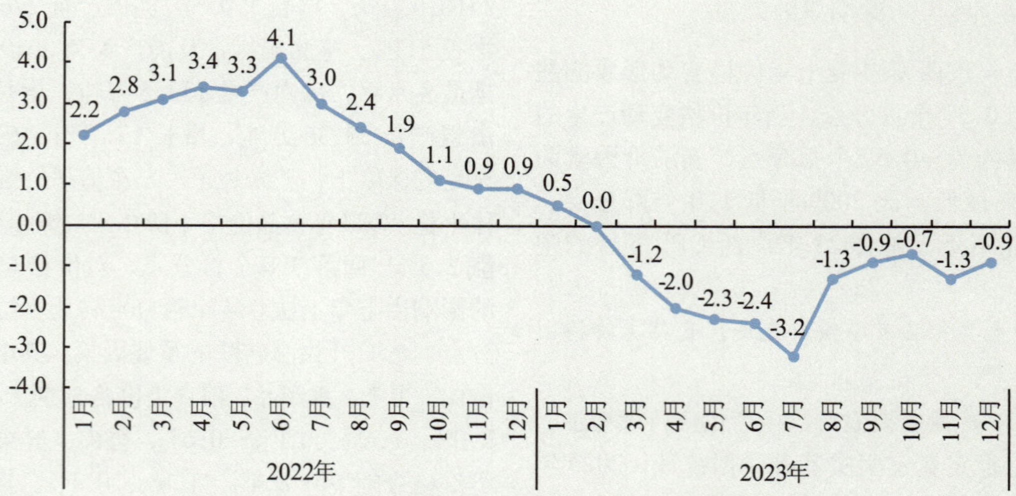

图 5　2022 年以来广西各月工业品价格同比涨跌幅（%）

2023年以来，全球经济增速放缓、多个经济体面临衰退，国际原油市场等大宗商品价格从高点回落，受其传导影响，2023年能源价格由上年上涨11.5%转为下降3.1%。其中，汽油、柴油和液化石油气分别由上年上涨21.0%、22.9%和18.4%转为下降5.5%、5.9%和3.8%，合计影响CPI下降约0.2个百分点。部分耐用消费品降价促销明显，如在中央和地方政府出台新能源汽车下乡、购车补贴等促进汽车消费举措及车企清理库存大规模降价促销的共同影响下，交通工具类价格下降5.0%，影响CPI下降约0.2个百分点；与居民收入、地产后周期密切相关的文娱耐用消费品、通信工具、家用器具、住房装潢材料和家具类价格分别下降4.2%、4.0%、1.9%、1.8%和1.7%，合计拉动CPI下降约0.2个百分点。

（三）服务性消费回暖，带动服务价格上涨

2023年，广西服务价格上涨0.6%，涨幅比上年回落0.9百分点，拉动CPI上涨约0.2个百分点，对冲了实物消费疲软的影响，对CPI下行产生了一定的抑制作用；从历年数据看，2023年服务价格虽上涨但涨势相对平稳，涨幅处于2011年以来低位。

在广西CPI调查的72个服务项目基本分类中，除25个服务项目价格比去年同期下降或持平外，其余47个服务项目价格较去年同期上涨，上涨面高达65.3%。分月来看（见图6），呈V型走势，除6月服务价格同比下降0.3%，其他11个月均为上涨。

在收入增长制约下，消费的复苏处于一种不均衡的状态，服务消费恢复明显好于商品消费。统计数据显示，2023年前三季度广西区餐饮收入同比增长4.2%，高于商品零售3.2个百分点。随着经济社会恢复常态化运行，居民出行活动明显增加，住宿、餐饮、文娱、旅游等接触型、聚集型、体验型、场景型服务消费需求快速释放，带动相关服务领域价格上涨，如飞机票、其他住宿、电影及演出票、旅行社收费、宾馆住宿和车辆使用费等服务价格分别上涨14.3%、6.5%、5.3%、5.0%、4.0%和3.2%。生活性服务类价格延续温和上涨态势，家庭维修服务、衣着洗涤保养、养老服务、装潢维修费等价格涨幅均在 1.1% ~ 2.6%之间。

另外，受政策性价格调整因素影响，广西医疗服务价格、教育服务类价格分别上涨1.3%、2.7%，合计拉动居民消费价格总水平上升约0.3个百分点。

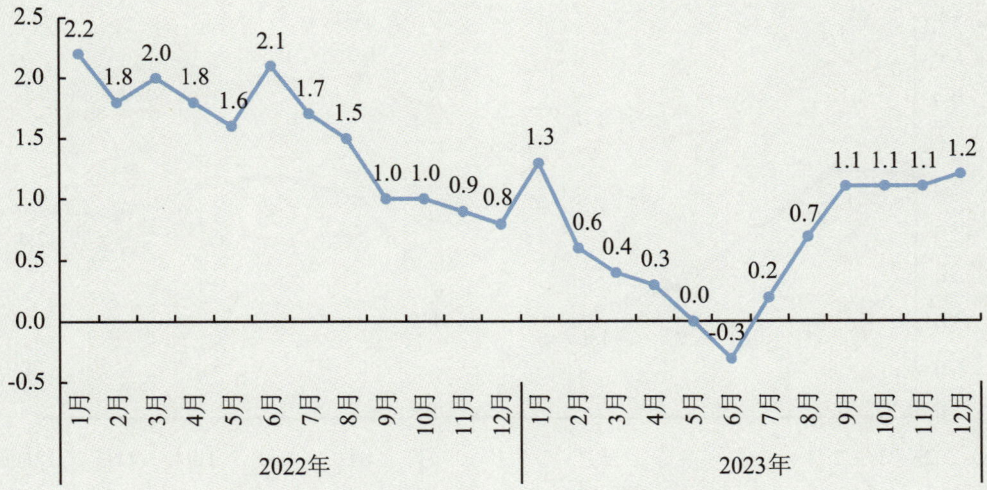

图6 2022年以来广西各月服务价格同比涨跌幅（%）

（撰稿：黄岚兰）

6-6 2023 年广西工业生产者出厂价格调查报告

Investigation Report of Industrial Producer Prices in 2023

2023 年广西工业生产者出厂价格呈现降势

据国家统计局广西调查总队监测数据显示，2023 年广西工业生产者出厂价格下降 3.0%，较 2022 年涨幅 2.5% 回落 5.5 个百分点，与全国平均水平（−3.0%）持平，在全国 31 个省（自治区、直辖市）中排第 15 位。

一、2023 年广西工业生产者价格总体运行情况

（一）月度指数呈现 V 字型走势

2023 年 1—12 月，广西工业生产者出厂价格月度环比、同比总体呈现 V 字型走势，均在 6 月达到年度低点。其中，月度环比震荡幅度较小，最大涨幅与最低降幅相差 2.7 个百分点；月度同比震荡幅度较大，全年同比均位于下降区间，最大最小降幅间相差 4.3 个百分点。

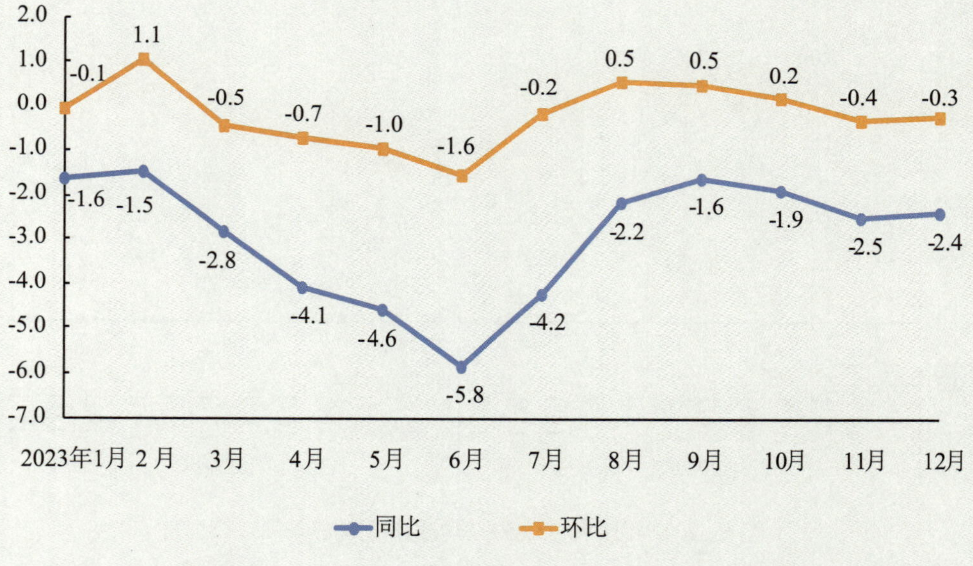

图 1 2023 年 1—12 月广西工业生产者出厂价格涨跌情况（%）

（二）翘尾因素和新涨价因素共同推动价格持续下降

受 2022 年广西工业生产者出厂价格持续回落的影响，2023 年广西工业生产者出厂价格降幅中，翘尾影响约为 −1.6 个百分点。受部分工业品需求不足的影响，2023 年价格变动的新影响约为 −1.4 个百分点。两者共同推动 2023 年全年广西工业生产者出厂价格持续处于下行区间。

表1 2023年1—12月广西工业生产者出厂价格翘尾因素和新涨价因素

月份	翘尾因素	新涨价因素
1月	-1.6	-0.1
2月	-2.4	1.0
3月	-3.3	0.5
4月	-3.9	-0.2
5月	-3.4	-1.2
6月	-3.2	-2.7
7月	-1.3	-2.9
8月	0.2	-2.4
9月	0.3	-1.9
10月	-0.1	-1.8
11月	-0.4	-2.1
12月	0	-2.4
全年平均	-1.6	-1.4

（三）生产资料降幅较大，生活资料微涨

按生产生活资料分，生产资料价格下降3.7%，其中：采掘、原材料、加工工业产品价格同比分别下降4.0%、3.0%和4.3%；生活资料产品价格上涨0.1%，其中：食品、衣着、一般日用品、耐用消费品价格同比涨幅分别为−0.4%、11.4%、−1.1%和0.5%。

（四）行业大类上涨面大幅缩小

按行业大类分，呈“12升2平22降”的格局，上涨面为33.3%，比2022年的75%缩小41.7个百分点。其中涨幅较大的行业为：纺织服装、服饰业上涨16.3%、纺织业上涨4.8%、电力、热力生产和供应业上涨4.1%；降幅较多的行业为：石油和天然气开采业下降14.1%、黑色金属矿采选业下降12.0%、化学原料和化学制品制造业下降10.5%、黑色金属冶炼和压延加工业下降9.7%、废弃资源综合利用业下降8.8%、非金属矿物制品业下降8.6%、造纸和纸制品业下降8.1%、石油、煤炭及其他燃料加工业下降6.9%。

二、广西重点行业价格运行情况分析

（一）钢材价格上半年降势加大，下半年缓慢回升

2023年，广西钢压延加工价格下降9.6%。一季度房地产市场出现回暖迹象，带动钢材需求增加，但受上年同期基数较高的影响，钢材价格同比下降11.5%。二季度铁矿石、焦炭等原料价格下降，对钢材的价格支撑减弱，加之房地产市场回暖放缓，上半年钢材价格同比下降14.1%，降幅持续扩大。三季度国家稳经济政策措施落地，市场需求逐渐改善，同时原材料价格持续下降，前三季度钢材价格同比下降11.8%，降幅有所收窄。四季度全国钢材市场控量保价初见成效，市场上钢材供应有所下降，特别国债发行、部分企业开启年底冬储，使得市场需求小幅回升，此外原材料价格上涨为价格形成支撑，多因素利好使得钢材价格最终于12月转负为正，同比上涨0.8%。

（二）有色金属价格上半年降幅扩大，下半年逐月回升

2023年，广西有色金属冶炼和压延加工业价格下降3.1%。上半年国内房地产市场、汽车等终端市场总体不景气，而上游电解铝企业生产稳定，铝价持续下降，推动有色金属价格持续下行，有色金属价格同比下降6.5%。随国内稳经济政策措施加速落地，与新能源汽车、智能家居等消费品有关的铜、铝等有色金属产品价格迅速回暖，前三季度有色金属价格同比下降4.4%，降幅收窄，此外价格月同比从7月起降幅连续收窄并于9月转降为升。四季度随着政策效果逐渐减弱，终端市场需求回升速度放慢，铝价回落，有色金属价格降幅持续收窄。

（三）水泥价格全年呈现降势

2023年全年，广西水泥制造价格同比下降12.3%。一季度房地产市场出现小阳春，各项目推进加快，水泥价格月度同比分别下降19.2%、9.2%、8.5%，降幅逐月收窄。二、三季度经济下行压力加大，房地产市场回暖速度放缓甚至呈现不景气，加上广西高温多雨天气，工地施工放缓导致水泥价格在下降区间内震荡波动，上半年、前三季度水泥价格同比分别下降10.1%、9.5%，总体变动不大。四季度广西天气总体晴朗干燥，且临近年底建筑工程进入赶工期，使得水泥需求有所上升，但受2011年同期价格高的影响，水泥价格连续两年在四季度同比降幅扩大。

（四）石油价格持续下降

2023年全年，广西精炼石油产品制造价格同比下降6.8%。一季度国内旅游业加快恢复、各行业运行良好，市场对石油需求较强，但受国际原油价格波动影响，国内油价以向下调整为主，最终使得油价同比下降0.9%，价格总体稳定。二季度受世界经济衰退风险及欧美加息预期增强影响，国际原油价格持续承压下行，上半年油价同比下降8.8%，降幅持续扩大。三季度国际上石油输出国组织（Organization of the Petroleum Exporting

Countries，简称 OPEC，下同）+ 持续减产，俄罗斯限制石油出口等事件引发国际市场对原油供应的担忧，国内假期游火爆加上制造业景气度回升，汽柴油需求增加，从 8 月起油价同比降幅持续收窄，前三季度油价同比下降 8.9%。四季度爆发的巴以冲突加剧国际市场短期内对原油供应的担忧，年底原油需求减少油价承压下降，但受 2022 年同期价格不断走低影响，四季度油价同比降幅持续收窄。

（五）农副食品加工产品价格涨幅收窄，内部分化明显

2023 年，广西农副食品加工业价格全年同比上涨 1%。受内部产品价格走势分化影响，广西农副食品加工业价格全年在上行区间运行，但涨幅逐渐收窄，一季度、上半年、前三季度的价格分别同比上涨 5.3%、2.5%、2.1%。其中：植物油价格较上年下降 8.1%，全年植物油生产稳定，大豆等原材料供应充足难以形成成本支撑，市场需求总体相对弱势，三因素共同作用导致油脂价格出现明显下降。食糖价格较上年上涨 5.4%，由于 2022 年天气干旱甘蔗减产，2022/2023 榨季广西食糖产量同比减少，2023 年疫情结束以及厄尔尼诺现象造成的气温上升，餐饮业需求回升和饮品需求旺盛，均推动食糖需求增加，使得糖价不断走高；直至四季度南方新榨季来临，叠加食糖需求下降后糖价涨幅才有所收窄。

三、需关注的问题

（一）部分工业品需求不足，企业经营压力较大

一是需求不足导致产品销量下降。房地产市场不景气，固定资产投资增速回落，相关钢材、水泥等建材企业需求减少，销量下降。如百色某水泥企业表示 2023 年销售量总体水平下滑明显，11 月水泥销售量为 3200 吨，同比下降 74.9%。

二是需求不足带来企业库存较高。面对市场需求疲软订单减少，个别企业库存积压而减产甚至停产。如南宁某碳素制品企业四季度每月开工不足 15 天，计划于 2024 年 1 月份提前停工放假；来宾某金属企业自 7 月份以来已停止生产，8—10 月份均为销售库存，截至年底仍有 1000 多吨库存未售出。

（二）资金周转困难，影响企业正常运营

受经济形势不佳及上下游产业链风险传导影响，部分企业存在资金周转困难的问题，影响到企业正常运营。主要表现为融资困难、欠款难收等。如南宁某饲料企业资金周转不灵向多家金融机构申请贷款，但未得到明确回复；贵港某粮食企业为稳定客户名下应收账款已逾千万，同时负担银行千万贷款，应收账款和贷款利息双重压力影响企业现金流转。

（撰稿：张帅）

6-7 2023年广西农产品生产者价格调查报告
Investigation Report of Producer Price for Farm Products in 2023

2023年广西农产品生产者价格小幅下滑

据国家统计局广西调查总队调查，受生猪价格大幅下跌、部分大宗农产品供过于求和消费需求回暖不如预期等因素叠加影响，2023年广西农产品生产者价格比上年下跌2.9%，呈小幅下滑的态势。

一、2023年广西农产品生产者价格变动情况

（一）总体价格跌幅大于全国平均水平

2023年，广西农产品生产者价格比上年下跌2.9%，跌幅比全国平均水平（-2.3%）多0.6个百分点，下跌幅度大于全国平均水平；农林牧渔四类别生产者价格呈“一涨三跌”的态势，其中：农业产品价格比上年上涨0.1%，林业、畜牧业和渔业产品价格比上年下跌4.1%、9.9%和3.2%。2023年广西与全国农产品生产者价格变动情况详见图1。

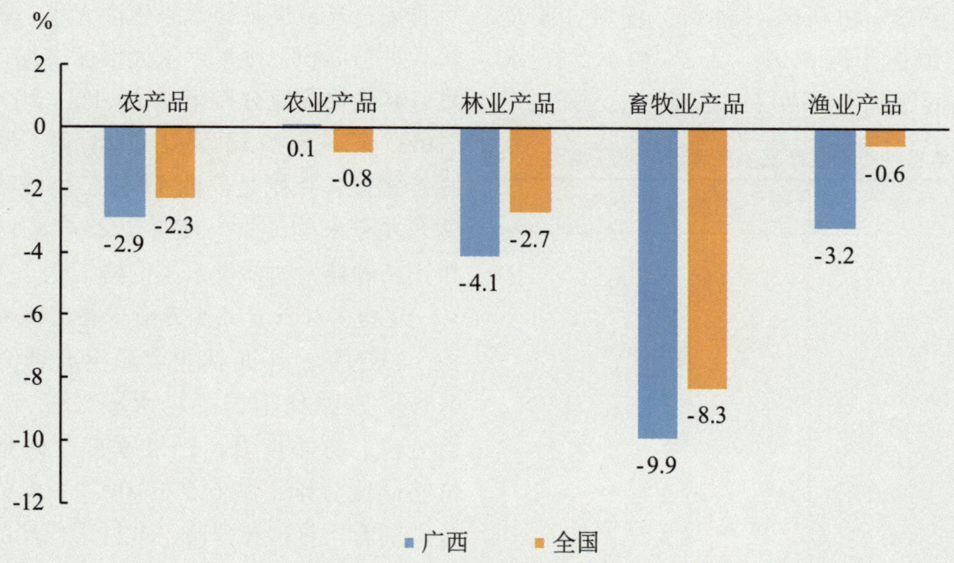

图1 2023年广西与全国农产品生产者价格变动情况

（二）年内总体价格走势呈“前涨后跌”态势

分季度看，一、二季度广西农产品生产者价格同比上涨0.5%和4.8%；三、四季度同比则下跌4.0%和6.4%，年内呈“前涨后跌”的态势。广西2023年1—4季度及全年农产品生产者价格变动情况详见图2。

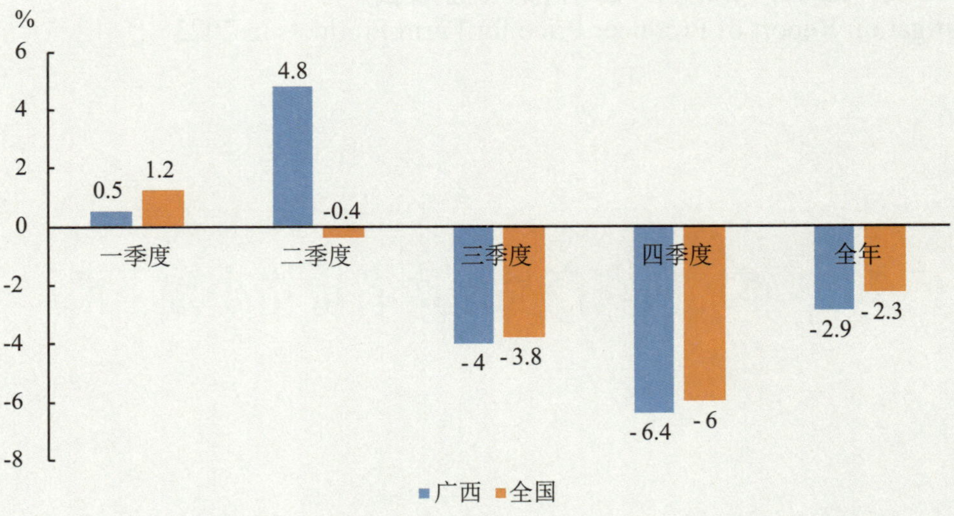

图 2　广西 2023 年 1—4 季度及全年农产品生产者价格变动情况

（三）农业产品生产者价格略有上涨

2023 年，广西农业产品生产者价格比上年上涨 0.1%，呈略涨态势，比全国平均水平（−0.8%）高 0.9 个百分点。分季度看，一、四季度农业产品生产者价格同比分别下跌 0.5% 和 0.1%；二、三季度同比上涨 7.4% 和 0.6%。分类别看，谷物、薯类、豆类、生麻、蔬菜及食用菌、香料原料、中草药材价格同比分别下跌 0.1%、9.2%、1.5%、5.6%、1.2%、7.9% 和 0.6%，油料、糖料、茶及饮料原料价格同比上涨 4.9%、2.2% 和 4.2%，水果及坚果价格同比基本持平（详见表 1）。

表 1　2023 年各种类农业产品生产者价格涨跌情况

农业产品种类	涨跌幅度（%）
农业产品	0.1
谷物	-0.1
薯类	-9.2
油料	4.9
豆类	-1.5
生麻	-5.6
糖料	2.2
蔬菜及食用菌	-1.2
# 蔬菜	-0.8
水果及坚果	0
# 园林水果	0.7
茶及饮料原料	4.2
香料原料	-7.9
中草药材	-0.6

2023 年，广西各地认真落实粮食安全党政同责，出台了一系列保障粮食生产的政策，粮食生产获得丰收，市场供应充足，稻谷价格略有回落，下跌了 0.8%。为了提高蔗农生产积极性，2023/2024 年榨季广西提高了糖料蔗收购价格，糖料蔗价格上涨了 2.2%。2023 年天气相对适宜，加上设施蔬菜迅速发展，蔬菜产量有所增加，蔬菜价格下跌了 0.8%。2023 年是广西龙眼、荔枝、芒果、火龙果、百香果、夏威夷果等水果生产大年，加上部分水果扩大种植面积，水果产量大幅度增加，市场供应充足，其价格同比分别下跌 26.1%、20.8%、7.5%、3.6%、12.2% 和 13.5%。2023 年广西秋冬季水果宣传到位，特别是广西 11 位“小砂糖橘宝宝”勇闯东北带来的流量，使得 2023 年广西砂糖橘、沃柑销路顺畅，柑橘类水果价格上涨了 18.4%。

（四）林业产品生产者价格下跌 4.1%

2023 年，广西林业产品生产者价格同比下跌 4.1%，跌幅比全国平均水平（−2.7%）多 1.4 个百分点。分季度看，1—4 季度，林业产品生产者价格同比分别下跌 6.9%、0.7%、4.9% 和 4.5%。分类别看，育种和育苗、木材采伐产品、林产品价格同比下跌 4.2%、3.7% 和 17.9%；竹材采伐产品价格同比持平。分品种看，果树苗、杉木原条、竹笋干价格同比分别上涨了 4.2%、0.9% 和 9.7%，桉树原木、天然松脂、油桐籽价格同比下跌 6.1%、24.4% 和 7.7%。桉树是广西大宗木材产品，主要用于板材加工和造纸等，受当前房地产低迷，木材成品市场不景气，木材需求大幅下降的影响，桉树原木价格持续下跌。

（五）畜牧业产品生产者价格下跌 9.9%

2023 年，广西畜牧业产品生产者价格同比下跌 9.9%，跌幅比全国平均水平（-8.3%）多 1.6 个百分点。分季度看，一、二季度同比分别上涨 5.8% 和 2.1%；三、四季度同比下跌 15.1% 和 23.0%，呈前涨后跌的态势。分类别看，活牲畜、活家禽价格同比分别下跌 13.6% 和 3.7%，畜禽产品价格同比上涨 8.3%。

广西是全国生猪、家禽主产区之一，2023 年肉类供应过剩的基本盘仍未改变，市场价格持续低迷，生猪、家禽养殖户积极性不高，补栏意愿较弱，加上消费乏力、外销减少及翘尾等因素的影响，生猪、家禽价格同比下跌了 14.4% 和 3.7%。2023 年受北方牛南下及越南进口牛的冲击，广西牛、羊价格分别下跌了 10.3% 和 4.0%。蚕茧也是广西大宗农产品，2023 年广西丝绸市场行情持续向好、蚕茧质量较高，销路顺畅，农户出售蚕茧的价格上涨了 18.2%，对增加农民收入有利。

（六）渔业产品生产者价格下跌 3.2%

2023 年，广西渔业产品生产者价格同比下跌 3.2%，跌幅比全国平均水平（-0.6%）多 2.6 个百分点。分季度看，1—4 季度，渔业产品生产者价格比上年分别下跌 3.1%、3.8%、5.5% 和 1.5%。分类别看，海水养殖产品、海水捕捞产品、淡水养殖产品价格同比分别下跌 4.7%、1.8% 和 3.0%。分品种看，海水养殖南美白对虾、海水养殖青蟹、海水养殖牡蛎、海水养殖蛤、海水捕捞蟹价格同比分别下跌 4.3%、4.1%、4.6%、5.9% 和 4.4%；海水捕捞带鱼、海水捕捞虾、淡水养殖鲤鱼、淡水养殖鳙鱼价格同比分别上涨 1.2%、3.1%、2.3% 和 0.9%。2023 年因水产养殖面积不断扩大，水产品产量增加，加上受进口海鲜冲击和日本排放核污染水的影响，水产品市场销量和对外出口量大幅度下降，渔业产品生产价格下跌。

二、影响农产品生产者价格下滑的主要原因

（一）居民收入增速趋缓，消费需求增长乏力

2023 年，在新冠肺炎疫情防控平稳转段后，广西经济逐渐修复向好，但居民消费信心尚未完全恢复，带动农产品价格上涨的动力不足。据国家统计局广西调查总队数据，2023 年广西城镇、农村居民人均可支配收入比上年分别增长 4.0% 和 7.0%，增速比疫情前（2019 年）低 3.1 和 3.0 个百分点，比全国平均水平低 1.1 和 0.7 个百分点。据自治区统计局数据，2023 年广西 GDP 和社会消费品零售总额比上年增长 4.1% 和 1.3%，增速比疫情前（2019 年）低 1.9 和 5.7 个百分点，比全国平均水平低 1.1 和 5.9 个百分点。

（二）部分农产品产能过剩，致使价格下滑

近年来，随着设施农业的快速发展，广西部分大宗农产品产量迅速增加，市场供应充足，带动农产品生产价格下滑。特别是生猪生产在经历非洲猪瘟疫情过后，社会资本大量投入养殖业，2023 年生猪、家禽生产迅速扩张，产能过剩使得猪价迅速下滑，由于生猪在农产品生产者价格计算中占的权重较大，在一定程度上带动了农产品总体价格下行。

三、几点建议

（一）进一步畅通农产品销售渠道，助农增产增收

充分利用社交网络媒体的带动效应，培育具有优势竞争力的市场主体，抓住流量密码，把握机遇赢得市场。同时，通过各类展会、专项宣传、线上线下对接等方式大力推介广西蔬菜、水果、茶叶、畜禽、水产等“桂字号”农产品，进一步畅通农产品销售渠道，助农丰产顺销，千方百计增加农民收入，从根本上提振消费能力和信心。

（二）进一步加快设施农业发展，推动“桂字号”农产品高质量发展

希望政府和有关部门加大资金投入，强化科技服务体系，大力发展设施农业、智慧农业，加快农业现代化步伐，突破地域与四季的“自然限制”，打破“看天吃饭”的困扰，做大做强设施农业、设施畜牧业和设施渔业，向设施农业要食物，不断满足城乡人民对肉、蛋、奶、菜、果等食物需求，促进广西“桂字号”农产品高质量发展，确保农产品保供稳价。

（三）进一步调整产业结构，避免农产品过度集中

建议有关部门密切关注区内外、国内外市场信息和动向，做好广西猪、禽、果、菜等大宗农产品的市场运行监测分析，掌握生产及价格变动情况，有针对性地指导农产品生产者调整种植、养殖结构，特别是生猪、家禽、蔬菜、水果等种养户务必要合理安排生产，避免因农产品过度集中上市而导致价格下跌。

（撰稿：李小雯）

6-8 2023 年广西粮食生产调查报告
Investigation Report of Grain Production in 2023

2023 年广西粮食产量再次实现增长

根据国家统计局广西调查总队粮食产量实测调查结果并经国家统计局核定，2023 年广西粮食播种面积为 2834.7 千公顷（4252.08 万亩），比上年增加 5.4 千公顷（8.11 万亩），增长 0.19%；单位面积产量为 4922.4 公斤／公顷（328.16 公斤／亩），比上年减少 1.6 公斤／公顷，下降 0.03%；总产量为 1395.4 万吨，比上年增加 2.2 万吨，增长 0.16%。在全国 31 个省（自治区、直辖市）中，广西粮食播种面积列第 17 位，总产量列第 17 位，单位面积产量列第 25 位；面积、总产量、单产排位与 2022 年持平。

自 2020 年以来，广西粮食产量已经连续 4 年保持稳定增长。但耕地非农化、非粮化、耕地撂荒等整治任务仍然较重；农田水利设施还不完善，抵御自然灾害能力有限；种植收益偏低使农户积极性不高，种粮的内生动力不足等问题依然存在，争做有余粮省区仍需努力。

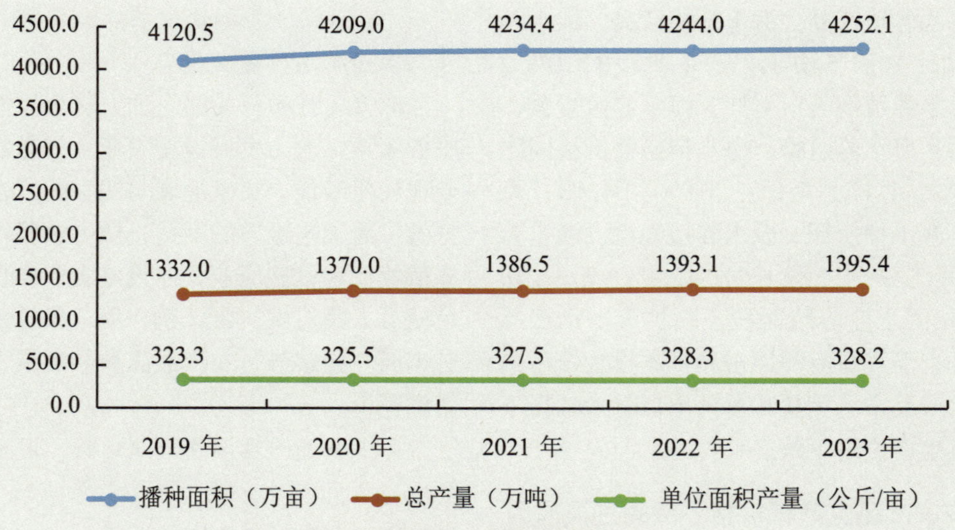

图 1 2019—2023 年广西粮食产量情况

一、2023 年广西粮食生产概况

分大类看：谷物播种面积 2396.32 千公顷，比上年增加 2.53 千公顷，增长 0.11%；亩产 365.10 公斤，比上年减少 0.33 公斤，下降 0.09%；产量 1312.36 万吨，比上年增加 0.20 万吨，增长 0.02%。（注：部分数据因四舍五入，分大类、分季节、分品种合计数与全区合计数略有差异，下同。）

豆类播种面积 168.61 千公顷，比上年增加 0.67 千公顷，增长 0.40%；亩产 109.74 公斤，比上年增加 1.59 公斤，增长 1.47%；产量 27.76 万吨，比上年增加 0.51 万吨，增长 1.87%。

薯类播种面积 269.79 千公顷，比上年增加 2.20 千公顷，增长 0.82%；亩产（折粮）136.51 公斤，比上年增加 2.61 公斤，增长 1.95%；产量（折粮）

55.24万吨，比上年增加1.5万吨，增长2.79%。

分季节看：春收粮食（注：国家口径为“夏粮”）播种面积120.12千公顷，比上年增加2.14 千公顷，增长1.82%。亩产160.95公斤／亩，比上年增加5.05公斤／亩，增长3.24%；总产量为29.0万吨，比上年增加1.41万吨，增长5.11%。

早稻播种面积为812.72千公顷，比上年增加2.07千公顷，增幅为0.25%，亩产为393.29公斤／亩，比上年减少1.82公斤，减幅0.46%；总产量为479.45万吨，比上年减少0.99万吨，减幅0.21%。

秋粮播种面积1901.88千公顷，比上年增加1.20千公顷，增长0.06%；亩产310.89公斤，比上年增加0.43公斤，增长0.14%；产量886.91万吨，比上年增加1.80万吨，增长0.20%。

分品种看：中稻播种面积133.59 千公顷，比上年增加0.01千公顷，增幅0.01%；亩产476.07公斤／亩，比上年增加4.99公斤／亩，增幅1.06%；产量为95.40万吨，比上年增加1.01万吨，增幅为1.07%。

晚稻播种面积814.45千公顷，比上年增加0.65千公顷，增幅0.08%；亩产372.85公斤／亩，比上年增加1.56公斤／亩，增长0.42%；产量为455.50万吨，比上年增加2.27万吨，增长0.50%。

玉米播种面积616.52 千公顷，比上年增加0.19千公顷，增长0.03%；亩产300.81公斤／亩，比上年减少2.5公斤／亩，下降0.82%；产量为278.18万吨，比上年减少2.22万吨，下降0.79%。

玉米大豆复合种植面积15.10千公顷，同比增加0.9千公顷，增长6.37%，产量为5.49万吨。

再生稻收获面积为2.48千公顷，收获产量为0.74万吨，亩产198.86公斤／亩。

二、2023年广西粮食生产主要特点

（一）粮食播种面积继续小幅增长

2023年是中央和自治区开展耕地保护和粮食安全党政同责考核首年，广西各级党委政府和有关部门持续发力，及早部署和压实各项工作，出台多项促进粮食生产政策措施，治理农田撂荒、“旱改水”“单改双”、退果还粮、退桉还粮等措施落地见效，全年谷物、豆类、薯类播种面积均实现小幅增长。

（二）粮食单产基本平稳

全年粮食亩产减少0.11公斤，下降0.03%。主要是早稻、春玉米受天气干旱、病虫害等因素影响，单产下降较大；中稻、晚稻、夏玉米生产条件较好，单产小幅增长。

早稻方面：一是春耕前期部分地区天气干旱，早稻种植进度推迟；二是后期“龙舟水”使部分地区出现雨洗禾花、短时涝害；三是双抢时节提前收割，早稻单产受损；四是病虫害略重于上年。

玉米方面：2022年底秋冬播玉米面积和产量均实现增长；但是2023年春季由于受旱，春玉米长势较差，单产下降较大；夏玉米播种期间部分地区降雨较多，农户推迟玉米种植或改种其他作物，导致面积下降，但夏玉米长势总体较好，单产恢复正常水平。

三、几点建议

一是抓好秋冬种，为稳定全年粮食播种面积打下基础。秋冬种是一年粮食生产的开始，广西粮食秋冬种面积总体不大，还有较大发展潜力。近年来广西部分地区鼓励大户采取土地流转方式规模种植马铃薯、红薯、小麦、玉米等作物，成效明显，建议自治区大力推广，不断扩大广西粮食秋冬种规模，为稳定全年粮食播种面积打下坚实基础。

二是下力气抓好农田水利设施建设和维护，努力消除旱涝不利影响。广西耕地破碎、地形地貌复杂，当前高标准农田建设和农田水利设施建设水平离旱涝保收的目标尚有差距，建议自治区加强领导，各地农业农村、水利等部门加强协调，加快补足水利设施短板，力争高标准农田都建设成为旱涝保收田。

三是加大农业社会化服务力度，更好科学种粮。当前，广西粮食种植规模化程度偏低，劳动力偏紧缺，这给社会化服务带来了新机遇。建议各级政府加强对育秧、耕种、管护、收割等种粮全流程社会化服务主体的建设和指导，既使种粮科学化、现代化，又为增加粮食单产打下良好基础。

四是不断夯实粮食产量统计调查基层基础。目前，广西粮食生产全面统计基础仍较为薄弱，乡镇和村级统计人员业务能力待提升；对粮食产量抽样调查工作的人财物保障还有不足；运用卫星遥感技术开展空间分布测量和长势及单产监测尚处于空白，与先进省份有差距。建议各级党委政府及有关部门加大对粮食统计调查工作重视程度，加强人财物保障能力，支持统计调查部门筑牢基层基础，加大业务创新，运用更先进手段统好粮食产量；同时要求各地牢固树立依法统计意识，坚决防范和惩治统计造假、弄虚作假，共同为粮食安全这个“国之大者”提供优质统计保障。

（撰稿：钟日辉）

6-9　2023 年广西主要畜禽生产调查报告
Investigation Report of Production of Major Livestock and Poultry in 2023

2023 年广西主要畜禽生产稳定发展

据国家统计局广西调查总队主要畜禽监测调查显示，2023 年，广西猪牛羊禽肉产量 469.15 万吨，为 2019 年以来同期最高水平，同比增长 5.2%，高于全国 0.7 个百分点；禽蛋产量 33.36 万吨，增长 13.8%；牛奶产量 13.79 万吨，增长 5.0%，主要畜禽生产稳定发展。

一、全年畜牧生产形势较好，产能稳中有升

（一）生猪产能持续扩张

2023 年，广西生猪出栏 3516.60 万头，同比增长 5.1%，高于全国水平 1.3 个百分点；猪肉产量 276.05 万吨，增长 5.1%，生猪出栏量及肉产量均为 2019 年以来最高水平。四季度末，广西生猪存栏 2268.54 万头，同比增长 2.2%，其中，能繁母猪存栏 221.29 万头，同比下降 1.0%，处于产能调控绿色区间。

从大型养殖场产能看，2023 年广西规模以上生猪养殖场户（年饲养量 5000 头以上）1202 家，比上年增加 81 家。1—4 季度，大型养殖场生猪存栏不断增加，从 1 季度末的 1330 万头增至四季度末 1427.51 万头，大型养殖场生猪存栏占广西生猪存栏已超六成，养殖规模化水平持续提升。大型养殖场能繁母猪存栏规模较稳固，全年无较大变化，母猪结构优化，生产效能高，确保了生猪供应充足。

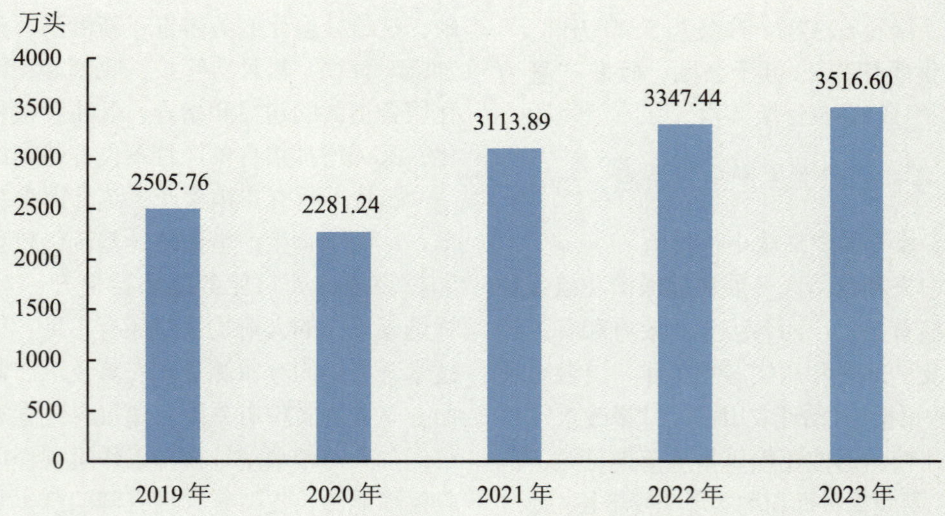

图 1　2019—2023 年广西生猪出栏情况

（二）家禽生产稳定增长

2023 年，广西家禽出栏为 110973.00 万羽，同比增长 5.3%；禽肉产量 173.50 万吨，增长 5.7%；禽蛋产量 33.36 万吨，增长 13.8%。四季度末，广西家禽存栏为 34324.37 万羽，同比下降 3.4%。

1. 肉禽稳步发展。大型养殖场不断转型升级调结构，一方面强化家禽养殖标准化力度，提升养殖效率；另一方面充分挖掘饲养周期短、出栏快的家禽品种，扩大肉鸭养殖、调整肉鸡养殖品种，加快出栏速度。数据显示，在家禽大型养殖场户数不变的情况下，2023 年一、二、三季度存栏均保持同比 5% 以上的增长态势，全年出栏同比增加 11.4%。养殖户季度出栏率在 80% 以上，出栏速度整体较快。但由于 2023 年畜禽价格全年低位运行，部分养殖户可能全年亏损，补栏积极性下降。

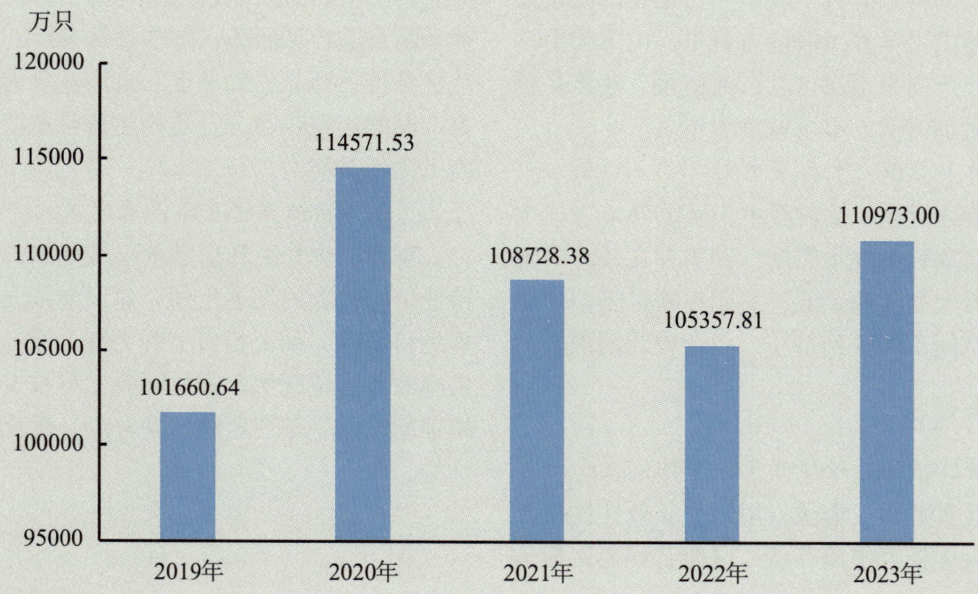

图 2　2019—2023 年广西家禽出栏情况

2. 禽蛋生产较快扩张。2023 年，大型蛋禽企业多点布局，蛋产量占广西禽蛋产量超 7 成，其中 5 家存栏 100 万羽以上的蛋禽企业产蛋量就占广西禽蛋产量 3 成以上。大型企业大型禽蛋企业蛋产量同比增长 15.0%，拉动了广西禽蛋产量的快速增长。

（三）牛羊生产平稳发展

2023 年，广西牛出栏 144.14 万头，同比增长 0.9%；羊出栏 260.22 万头，下降 0.6%；牛奶产量 13.79 万吨，增长 5.0%。主要得益于广西继续出台政策支持牛羊产业发展，扩大母畜基础存栏，支持优良牧草种植和桑枝饲料化利用，提高养殖效率，推动牛羊肉供给保障能力不断增强。同时，鼓励奶牛企业从国外引进高产奶水牛种质资源，鼓励水牛本交改良，推动广西奶产量保持增长态势。但由于今年牛羊行情较为悲观，养殖户补栏、出栏积极性较弱。四季度末，广西牛存栏 349.84 万头，下降 3.83%；羊存栏 276.58 万头，增长 0.2%。

二、主要畜禽生产需关注的问题

（一）养殖亏损时间长

一是全年猪牛羊禽价格低位运行。据自治区发展和改革委员会数据，全年 51 周猪粮比价低于 6∶1，其中 31 周处于低于 5∶1 的过度下跌一级预警区间。从问卷调查结果来看，只有 1、8、9 月养殖户有盈利，其他月份养殖户均处于亏损景象。受生猪价格低迷和需求疲弱影响，牛羊禽市场普遍低迷，主要畜禽监测数据显示，大型场全年活鸡出栏平均价格 15.19 元／公斤，同比下降 10.5%；大型场全年肉牛出栏平均价格 32.72 元／公斤，同比下降 13.5%；活羊尤其是绵羊出栏价格也出现不同程度的下降。二是养殖成本高位运行。虽然今年饲料价格有所回调，但总体仍处于高位。问卷调研显示，82.3% 的受访畜禽养殖户认为成本过高。反映饲料成本、人工成本太贵的养殖户分别占 100%、48.82%。如灵川县某旺养殖公司反映，该公司肉猪养殖成本约 16 元／公斤，出售一头 130 公斤的肉猪亏损约 260 元。玉林市福绵区某有限公司反映，该公司肉鸡养殖成本 19 元／公斤，2023 年 1—8 月肉鸡出栏价格在 16 元／公斤左右，一直都是处于亏损状态，三季度开始平本，四季度出栏均价又跌至 16.4 元／公斤，公司长期亏损。

（二）肉牛羊发展短板明显

一是规模化水平不高。由于土地、牧草等资源的缺乏，广西牛羊养殖多以散养、放养为主，已有规模场分布也不均匀，不利于培育和推广良种肉牛。二是优质饲草料供应不足。牛羊产业需要大量的饲草料，目前本地饲草产业发展不足，跟不上养殖规模发展需要，饲料采购成本较高。三是经济比较效益不高。本地肉牛羊养殖以地方黄牛、山羊为主，饲养周期长，产肉率不高，且产业链短，缺乏品牌打造，产品附加值低，市场竞争力不足。

（三）中小养殖户生存压力大

在行情持续低迷，饲料成本上涨的环境下，中小养殖户资金周转、成本管理、销售存在较大的困难，同时随着大型养殖企业、集团不断扩张，中小散户的生存空间不断受到挤压，经营较为困难。

三、对策建议

（一）持续推进养殖规模化、合作化

进一步落实财政、金融、用地等长效性扶持政策，稳定扩大规模养殖场存量，以经营规模化带动产业生产标准化，不断提升产业质量和效率。增强龙头企业带动能力，持续发展“公司＋农户”合作化经营模式，带动普通农户养殖增收，推动畜禽产业高质量发展。

（二）持续提升畜牧产品价值和市场竞争力

一是优化产品结构，做强产品精深加工，提高产品附加值。二是积极打造本地优质特色产品品牌，提升品质监控和服务，加强宣传推广，提升具有产地优势特色产品的知名度和市场竞争力，提高优质畜产品的养殖收益。三是构建畜牧业全产业链，提高风险抵御能力。

（三）持续推进牛羊产业发展

随着消费升级和生活水平的提高，广西牛羊养殖业仍有较大的发展空间，建议继续强化产业发展规划科学性，加大招商引资力度，提升规模企业、家庭农场养殖比例，强化财政、科技支持力度，持续推动广西牛羊产业的转型升级，优化动畜牧产品结构。

（撰稿：罗俐芬）

国家统计局南宁调查队

2023年，国家统计局南宁调查队（以下简称南宁调查队）坚持以习近平新时代中国特色社会主义思想为指引，扎实开展学习贯彻习近平新时代中国特色社会主义思想主题教育，聚焦“数据真实、服务优质、基础扎实”工作主线，紧扣“四个一流”目标要求，全面落实广西国家调查工作会议工作部署，圆满完成各项统计调查任务。

2023年11月15日，国家统计局第三巡回指导组到南宁调查队参加主题教育座谈会

一、以更高的站位谋划部署，机关党的建设成效显著

深入学习贯彻党的二十大精神。组织干部职工参加国家统计局视频辅导报告会、广西调查队系统宣讲报告会和市委讲师团宣讲报告会；组织专题党课学习，广西调查总队党组书记、总队长廖金昌以“深入学习贯彻党的二十大精神 在统计现代化新征程上展现新作为”为题，为南宁市辖区调查队干部职工讲党课；举办南宁辖区调查队学习贯彻党的二十大精神宣讲报告会，南宁调查队党组书记、队长卢定新作宣讲报告；举办南

2023年6月9日，南宁调查队赴上海市参观一大会址，体验党史历程

2024 年 1 月 24 日，南宁调查队赴南宁市邕宁区那楼镇住户调查样本点开展春节走访慰问活动

宁市辖区国家调查队党的二十大精神学习培训班，60 余人参加脱产培训；开展“党的二十大精神宣讲进乡村暨春节慰问”活动，深入南宁市西乡塘区下楞村和横州市方村开展宣讲和慰问。

扎实有序开展主题教育。一是召开主题教育工作布置会暨专题党课。南宁调查队党组书记、队长卢定新作工作部署并讲专题党课。二是精心组织理论学习，向全体党员、干部发放主题教育 8 种教材供学习，10—11 月举办为期 7 天读书班集中研读。三是坚持问题导向大兴调查研究之风，组织开展 5 项课题调研，深入基层把情况摸清、把问题找准、把对策提实。

二、以更实的举措压实责任，全面从严治党纵深推进

一是狠抓意识形态建设，组织党组理论学习中心组学习 7 次，党组会“第一议题”学习 23 次；加强对各类文稿、出版物、宣传稿件的审读，确保政治方向、舆论导向、价值取向不出偏差。二是召开南宁市辖区调查队党建暨党风廉政建设工作会议 2 次，听取县队专题汇报并作工作部署。三是定期召开全面从严治党专题研究会议，聚焦“加强对广西调查总队巡察、三项清理、审计问题的整改”及“加强制度执行力，夯实管理基础，完善内控机制”开展专题研讨，提出工作措施。

三、以更大的合力攻坚克难，数据质量保障持续加强

住户调查——市政府高位部署推进：一是推动南宁市政府召开全市住户调查工作推进会，南宁市政府领导、广西调查总队领导出席会议并讲话，通报新一轮样本维护存在问题并作规范性要求。二是推动市政府印发工作文件，从提高站位、明确分工、访户培训、样本维护、工作保障、责任监督进一步加强和规范住户调查工作。三是市领导主持召开专题会议研究提高记账补贴工作方案，并给予专项经费支持。

农业调查——多部门联合推动：南宁市领导主持召开专题会议研究部署南宁市粮食统计“县县抽样”调查试点工作，以南宁市政府名义印发实施方案，南宁市农业农村局、统计局积极配合，试点工作有序开展。主要畜牧监测样本轮换全面摸底工作实现统计、农业农村等相关部门高效联动，联合调研、实地指导，有效提高调查对象配合度，摸底工作顺利完成。

2024 年 2 月 22 日，南宁调查队到隆安县那桐镇方村开展放样实测工作

劳动力调查——立体宣传全覆盖：一是配强"装备"，为全市近 300 名入户调查员配备全套"统计蓝"访户装备，树立统一、良好的调查员形象。二是亮出"名片"，购买"来电名片"业务，调查对象接到回访电话时手机显示"南宁劳动力调查来电回访，请您接听"等内容，回访配合度显著提高。三是构建"宣传矩阵"，设计宣传海报，联合市人社局在商业广场、公交车站、大型社区等 LED 宣传栏开展滚动宣传；构建县、乡、村三级联动责任体系，通过悬挂横幅、张贴标语、LED 屏等形式构建宣传矩阵，营造全方位、立体式的宣传氛围。

生产价格调查——以赛促训稳基础：举办线下业务知识竞赛，约 110 家样本企业派员参与，比赛内容涉及党建、工价调查业务、统计法等相关知识，参赛人员反响热烈，通过以赛促训提高统计员工价调查技能水平，极大拉近队、企距离。

CPI 调查——进一步推广扫描数据应用：当前，南宁市应用电子扫描数据的品类涉及居住、生活用品及服务、教育文化娱乐、医疗 4 个大类下的 46 个基本分类共计 600 个代表规格品，占基本分类的 17.2%，规格品占比由 27.8% 提高到 32.4%。每年向每个扫描数据应用调查网点发放补助和慰问品约 1500 元，补贴及慰问标准在 14 个市队中最高，有效维护样本稳定。

采购经理调查——强审核提高年报质效：审核提精度，对于资产总计、营业收入等关键数据，要求企业提供财务报表辅助核查，异常数据提交情况说明留存备查。核查强力度，自查、抽查和上级核查融合推进，实现 300 家样本企业全覆盖。年内面访、抽查以及执法检查均未发现数据质量问题。

四、以更新的理念提升能力，宣传及服务效能稳步提升

构建统计调查宣传格局。一是联合南宁市统计局承办第十四届"中国统计开放日"广西现场活动，通过有奖问答、展板展示、现场讲解、发放图册等形式强化宣传效果；邀请相关职能部门、社会公众、调查对象等代表体验粮食产量调查数据生产全过程，让社会公众进一步认识统计、支持统计。二是借力媒体多角度宣传，自治区驻邕及市属主流

2024 年 2 月 22 日，南宁调查队开展"筑农业调查堡垒 当党建服务一流标兵"主题党日活动

2023 年 9 月 22 日，南宁调查队在南宁市武鸣区陆斡镇开展第十四届"中国统计开放日"统计科普宣传体验活动

媒体直接采用新闻通稿 31 篇次。

提升统计信息写作能力。举办信息写作培训班，邀请广西调查总队办公室、综合处业务骨干分别就政务信息、调查信息报告写作为南宁市辖区市县队约 110 名干部职工授课，围绕当前"两个信息"的采编形势、特点及撰稿技巧讲解，对撰写高质量信息具有很强的指导性和实践性。

提升统计信息服务效能。强化调查指标的跟踪监测和预警分析，挖掘苗头性、趋势性和拐点性问题，及时为党政领导提供重要参考。以"南宁调查"公众号为主阵地，借力南宁日报、南宁新闻网等主流媒体发布和解读数据，提供便捷高效的统计服务。借调研走访之机针对性提供统计咨询服务，满足调查对象的实际需求。

五、以更严的要求强化法治，统计监督作用日益凸显

连续两年受南宁市、横州市、上林县等地方党校邀请，派员为中青班等培训班学员作统计法治专题讲座。扎实开展统计造假专项治理行动，建立工作进度台账并动态更新，及时跟进督促，推动专项治理行动落地见效。加大对调查陪访和数据评估的监督力度，有效防范廉政风险和数字腐败；开展规范化和数据质量"全覆盖"抽查，对发现问题予以反馈，督促整改，保障检查取得实效。

（撰稿：唐欢、卿嵩岚）

国家统计局柳州调查队

2023年，国家统计局柳州调查队(以下简称柳州调查队)坚持以习近平新时代中国特色社会主义思想为指导，深入学习贯彻党的二十大和党的二十届一中、二中全会精神，认真落实广西国家调查工作会议精神，紧扣“数据真实、服务优质、基础扎实”工作主线，对标新要求，谋求新发展，展现新作为，在广西国家调查队系统年度考核中，单项业务考核优良率达到82.1%，目标管理考核连续四年荣获优秀等次。

2023年6月5日，柳州市住户调查新样本首个“国家调查住户工作示范点”建设成立

一、党建工作出特色，从严从实加强党的政治建设

（一）实招实干，抓好党的二十大精神落地落实。拓宽党建服务渠道，全年联合结对社区开展志愿服务15批次；开展主题实践活动服务工业企业150家次，解决企业问题49条，在乡村振兴中服务农户20次。

2023年8月17日，柳州调查队党支部联合两面针公司科室党支部开展主题党日活动

2023 年 11 月 1 日，广西调查总队与自治区总工会、自治区党委区直机关工委在柳州市联合举办
2023 年广西国家调查队系统劳动力调查业务技能竞赛

（二）有形有色，推动第二批主题教育见行见效。队党组迅速传达学习和研究部署，成立工作机构，研究制定方案，作出 53 项主要工作安排，确保主题教育各项工作高质量开展。

（三）强基强拓，党建赋能业务增优增效。联合调查企业开展主题党日活动，搭建政企沟通合作桥梁；强化典型引领，率先在广西创建国家调查住户工作示范点，以点带面推进调查业务规范化建设；在调查网点中建立党员调查员名录，通过以强带弱结对活动加强对后进调查员传帮带。报送的典型案例获评“柳州市直机关基层党建‘五基三化’工作优秀案例”。

（四）善作善成，大兴调查研究高质高效。精心制定贴合本队实际的大兴调查研究实施方案，建立并基本完成 9 项调研课题任务，其中一项获 2023 年市直机关党建理论研究调研成果二等奖”。

（五）守正守心，意识形态工作抓牢抓稳。柳州调查队党组定期听取汇报、分析研判形势，做到多场合常强调、勤部署；从严从细抓好对外发布内容审核和宣传阵地建设，积极稳妥做好舆论引导，筑牢思想防线。

2023 年 12 月 7—8 日，广西调查总队党组成员、副总队长陆奉昌（左二）到柳州市三江县督导“加强统计调查，提升统计服务”工作开展情况

二、从严治党见实效，抓长抓常强化党风廉政建设

一是强化责任引领，传导工作压力。柳州调查队领导班子成员通过听取汇报、廉政谈话、工作点评等多种形式定期到辖区县队和分管科室开展党风廉政建设检查指导。二是强化教育引领，凝聚廉政合力。首次以廉洁“微相声”“微推文”等形式创新提升廉洁过节教育成效。三是强化作风引领，激活内生动力。做实做细考勤、工作、会议、公车使用等监督检查，为调查事业健康发展提供坚实作风保障。

2023 年 12 月 21—22 日，广西调查总队党组成员、副总队长黄茂平（左五）到柳州市开展粮食秋冬种统计和农产品生产者价格调查检查工作

三、工作主线紧抓牢，提质提效推进各项重点任务

（一）强培训、促规范，“数据真实”有方狠抓

住户调查通过“微课堂 + 送技下基层 + 小规模办班 + 视频快速办班”等，业务培训突出针对性和实用性。农业调查将培训课堂搬入田间地头，以实战化训练为牵引带动业务员快速熟悉业务。住户调查、农业调查、价格调查等扎实开展“加强统计调查提升统计服务”专项行动，强化组织领导，细化落实措施，组建工作专班，统筹推进样本大维护、业务大培训、数据大审核、网点大走访，全力保障调查源头数据真实准确。

（二）强服务，善分析，“服务优质”有效提升

一是发挥带头好作用。通过月度例会明方向、季度通报亮采用、年度完成纳考核，邀请专家专题讲，促进信息工作提质提效。二是擦亮国调佳品牌。围绕党政和社会关注需求，每月科室轮值报送自主调研选题，撰写专项调研报告，推动信息服务工作做优做强。三是宣传向上主旋律。聚焦宣传要点，积极运用微信公众号等开展统计宣传，鼓励全员踊跃投稿，联合柳州市县统计局开展统计开放日集中宣传

2024 年 3 月 20—21 日，柳州调查队陪同柳州市政府副市长陈文敏到柳城县、鹿寨县、柳江区开展实地检查粮食样方点管护工作情况调研

活动，新闻宣传工作面上开花。截至10月底，共编发微信公众号推文83条，获广西调查总队采用21条；获《中国信息报》采用稿件8篇，比上年增长60%。四是数据共享强服务。继续利用“聚通用”“数字广西”等数据共享平台，对柳州市各机关单位及社会公众提供统计数据，打通数据共享壁垒，扩大数据共享面。截至10月底，在柳州市政务信息共享平台发布、更新结构化数据1867条，挂接率100%，数据挂接率排名第一。

（三）强保障、抓落实，“基础扎实”有序开展

1. 基层基础多措并举。劳动力调查“五强五关”夯实调查基础工作，创新组建培训讲师团，开展“云培训”“云陪访”，建立规范统一台账，试行市县两级数据会审。价格调查通过应用电子扫描数据、强化跟采抽查和每月随机查机制、绘制走访规划图、走访与数据质量抽查同步进行等排除风险隐患；企业调查开展“微课堂”线上培训，实现现场培训与数据核查面面俱到，走访覆盖率创新高。农业调查出台全市粮食和畜牧业数据质量管理、审核评估等制度。住户调查从技能培训、关怀激励、工作示范、志愿服务、党建融合、专题调研等工作重点出发，以“六个一”活动为载体推进调查基层基础建设。

2. 队伍建设多点落脚。年内晋升7名干部，安排1名科级干部到柳州市辖区县调查队基层锻炼，继续选派1名干部担任驻村工作队员，分别选派3名和2名干部参加系统巡察和执法检查。选派干部参加联合国亚太统计研修所和国家统计局网上党校科级干部培训班，10人报名参加统计中高级专业技术资格考试；承办系统首届劳动力调查业务技能竞赛，创新举办“政务小课堂”实用知识讲座。针对辅助调查员这一重点群体，及时修订完善管理办法，凸显工作激励机制。

3. 政务管理多元并进。完善办文全链条管理，规范有序做好文件各环节工作；大力推动数字档案室建设，推进档案信息化、数字化，被评为柳州市档案质量检查优秀单位。从严从紧编制和执行预算，把“过紧日子”的要求贯穿工作全过程，建立共享调剂机制，积极推进资产盘活。创新开展保密和国家安全宣传工作，成功承办系统2023年全国保密宣传教育月暨“4.15”全民国家安全教育日宣传活动。

4. 网络安全管控多点发力。加强制度建设保障及各科室责任落实，形成自上而下、层层落实的网络安全管理框架。定期对各科室进行电脑安全扫描、对设备口令进行更改，严格落实网络安全相关规定。

四、强化担当出真招，走深走实推动统计造假专项治理

（一）以强素养为出发点，多形式开展统计法治大学习

举办法治专题讲座、全员学法大讲堂、法治知识测试和学法用法考试；开展“防范造假我先行”大讨论，举办“两干双促”执法与业务大讲堂；开展统计违法警示教育活动，筑牢全员法治思想防线；向柳州市领导专题汇报，推动柳州市政府党组会和各部门专题学习和研究部署推进统计造假专项治理工作。

（二）以强质量为着力点，多途径开展源头数据大核查

在全市范围内组织开展业务基础工作检查抽查，对源头数据质量进行全面摸底；到县乡村开展源头数据质量核查，有力确保新样本住户调查数据真实准确；组织对承担的全部国家调查业务开展数据质量自查，深入查找梳理数据质量风险、薄弱环节和问题困难，形成防控清单与措施；在队内开展规范化交叉检查，确保各项业务工作规范高质运行。

（三）以强监督为落脚点，多维度开展统计执法大检查

制定全年方案，分批次安排执法检查，规范做好执法前各项准备工作；一年来对5个县区统计局和10家企业开展执法检查，执法对象数量较上年均有所增加；首次对县级统计机构开展执法检查，做到常规重点专业全覆盖检查；对执法检查发现的问题，责令督促受检单位整改，确保整改实效。

（撰稿：陈娟芳）

国家统计局桂林调查队

2023年，国家统计局桂林调查队（以下简称桂林调查队）在桂林市委、市政府和广西调查总队的正确领导下和大力支持下，坚持以习近平新时代中国特色社会主义思想为指导，深入学习贯彻党的二十大精神、习近平总书记关于统计工作重要讲话指示批示精神和《关于深化统计管理体制改革 提高统计数据真实性的意见》《统计违纪违法责任人处分处理建议办法》《防范和惩治统计造假、弄虚作假督察工作规定》《关于更加有效发挥统计监督职能作用的意见》（以下简称《意见》《办法》《规定》《监督意见》）等重要统计改革文件精神，围绕“数据真实、服务优质、基础扎实”工作主线，以党的政治建设为统领，以数据质量为核心，以目标管理为导向，稳步推进重点工作落实。

一、以品牌建设为抓手，高位推进机关党的建设

（一）持续强化理论武装。制定党组中心组理论学习计划，及时跟进学习习近平总书记最新讲话精神，推动“五学联动”，落实意识形态责任制和“第一议题”制度，开展第一议题学习18次，中心组学习研讨15次。成立主题教育领导小组，围绕年轻干部思想动态等6个课题，开展调查研究，完成6个调研报告，其中党建与统计调查业务深度融合课题获得桂林市党建重点课题研究优秀成果。细化主题教育实施方案，召开动员部署会，党组理论学习中心组开展6次集中学习研讨，党组书记上2次专题党课，举办读书班集中学习5天，主题教育扎实有序。

（二）持续加强党的建设。按照上级决策部署，深化模范机关、清廉机关、文明单位创建等，获评桂林市直机关先进基层党组织，通过自治区文明单位现场检查，获评桂林市直机关“创建模范机关、建设清廉机关”先进单位。

（三）推进支部规范化建设。制定党建工作要点和“情景课堂”主题活动方案，以“情景课堂”方式开展7期“党建＋业务”活动，促进党建和业务深度融合，提升党建与业务工作质量。开展“三会一课”、民主生活会，与结对社区开展庆“七一”党日活动，重温入党誓词、表彰先进，推进支部工作规范化。

2023年6月1日，广西调查总队党组成员、副总队长李青（左四）带队赴桂林调查队开展网络安全和信息化建设调研工作

二、以数据质量为核心，高效推进依法治统能力

（一）加强统计法治建设。将统计法律法规教

2023 年 9 月 18 日，桂林调查队与采购经理调查样本企业开展党建与业务融合活动

育融入日常工作，逢会必讲、逢班必讲、走访必讲。开展 8 次集中法治宣传，培训企业统计员、记账户近 500 人次。召开全队及区域调查队法治工作会议集体学习统计法，开展知识测试。参加广西总队统计违纪违法案件评审，获得广西调查队系统优质案卷第一名，并获统计法治征文活动一等奖。联合桂林市统计局推动市委常委会专题学习《监督意见》的实施意见。对 2 个县局、2 个县队和 6 家企业开展双随机”统计执法检查。开通国家企业信用信息公示系统的专属账号，对查处的 1 家企业在公示系统中公布行政处罚信息，并规范进行信用修复。

（二）推进调查业务建设。一是优化工作制度。修订完善采价员管理办法、消价调查应急预案等，开展工作交叉检查，推广扫描数据应用。二是持续加大走访。企业调查走访调查企业 600 余家次，年内平均每个企业走访 3 次。三是多渠道开展调研。农业调查围绕专项调研，同专家、种粮专业户座谈；开展非粮食大县以县为总体粮食产量抽样调查试

2023 年 9 月 22 日，桂林调查队联合桂林市统计局开展第十四届“中国统计开放日”暨“经济大普查 数说新时代”主题活动

点，在5个非产粮大县增设42监测点，为数据评估提供依据。四是强化报表审核。劳动力调查利用直报平台和人工"双审"，逐户逐项审核并每日反馈，形成"审核——查询——修正——反馈"闭环管理，严格电话回访，加强重点指标核实，确保数据匹配。

2023年10月26日，桂林调查队到桂林监狱开展"廉洁自律 警钟长鸣"警示教育主题党日活动和《统计法》颁布四十周年系列活动之统计法律法规进基层活动

（三）完成专题调查工作。一是认真开展统计造假专项治理行动。各专业认真开展数据质量核查和基础数据检查，定期报告治理措施和效果。开展"加强统计调查，提升统计服务"专项行动，扎实开展样本大维护、业务大培训、数据大审核、网点大走访工作，提高数据真实性。二是扎实开展"大访户"工作。住户调查实地走访全部新记账户，积极做好"稳户"工作，及时发现并解决记账难题，指导住户补记漏记的现金和实物账，夯实记账基础并严格换户管理。三是开展专题业务培训。住户调查安排县区15名业务员到队跟班学习，加强日审周结，督促电子记账户及时记账，强化部门分析研判，提高数据质量。

三、以优质服务为重点，服务保障工作提质增效

（一）提升管理水平。健全完善数据安全责任制规定、统计网络与数据安全事件应急预案等，开展网络和数据安全事件应急演练，提高突出事件应对能力。召开保密工作领导小组会议，开展保密、档案培训和"4·15"国家安全教育日活动。完成年度档案资料整理归档和数字化工作。落实过"紧日子"要求，保障重点业务经费支出，加强预算绩效管理和预算执行。召开创先争优座谈会，找差距、提对策，凝聚共识。开展岗位技能比武活动，以赛促干。

（二）强化信息分析工作。围绕热点难点，加强统计调查研究，为各级党委政府决策提供数据支撑。2023年桂林调查队获广西调查总队采用信息20篇、报告91篇，总采用得分居全区第4名，1篇获评"广西国家调查队系统2023年第二季度高质量调查信息报告"。完成桂林市委、市政府信息约稿采用全年任务，向桂林市委投稿69篇，桂林市政府投稿50篇，在63个市直单位中排在第7位，获得桂林市政府通报表扬。

2023年11月3日，桂林调查队举办第四届岗位大练兵和技能比武活动

（三）做好新闻宣传。全年发布微信公众号信息310篇，16篇获总队采用，1篇视频获国家统计局官方微信公众号"统计微讯"综合采用，11篇信息获中国信息报及其微信公众号采用。定期编印调查信

2023 年 12 月 8 日，桂林调查队党支部组织党员志愿者到桂林市秀峰区福利路社区开展“创城惠民进社区”主题党日活动

息月报，编辑印刷《桂林统计年鉴（2023）》，11 篇新闻通稿获桂林日报、桂林晚报发布，2 篇在桂林市政府门户网站刊发。在桂林市委党校为 2023 年秋季学期主体班学员作统计法治专题授课。联合桂林市统计局开展桂林市第十四届“中国统计开放日”暨“经济大普查 数说新时代”主题宣传活动。

四、压实“两个责任”，全面从严治党纵深推进

（一）履行全面从严治党主体责任。制定 2023 年党风廉政建设和纪检监察工作要点，召开区域调查队全面从严治党工作会议，开展谈心谈话，层层压实责任。严格落实中央八项规定精神，定期开展监督检查，组织开展落实中央八项规定精神情况自查。

（二）扎实开展警示教育工作。常态化开展警示教育，集体学习警示案例和统计违法案例，观看《永远吹冲锋号》，做好廉洁过节提醒和节前教育。结合主题教育要求，加强对纪检干部教育，组织辖区纪检干部开展 4 次集中学习研讨、4 次主题党日活动，组织区域纪检干部和本队党员干部到“爱莲堂”廉政文化教育基地和桂林监狱开展清廉文化警示教育。

（撰稿：杜娟）

国家统计局梧州调查队

2023年，国家统计局梧州调查队（以下简称梧州调查队）在国家统计局广西调查总队和梧州市委、市政府的正确领导和大力支持下，坚持以习近平新时代中国特色社会主义思想为指导，紧紧围绕“一条主线、双轨并进、三管齐下、再创一流”工作思路，锐意进取，奋楫争先，在2023年度广西国家调查队系统市县调查队目标管理考核中再获“优秀”等次。

一、定基调明方向，立足新起点开启新征程

（一）提高认识，全力推动主题教育走深走实

第二批习近平新时代中国特色社会主义思想主题教育启动以来，梧州调查队党组第一时间组织学习领会主题教育要求，研究制定实施方案，召开动员部署会和行动推进会，细列项目清单、层层抓好落实，聚焦干部队伍建设等六个板块大兴调查研究、推进成果交流，剖析反面案例，确保主题教育动真格、见真章、有真效，通过主题教育找到高质量发展动力源，开启梧州国家调查事业新征程。

（二）强基固本，全面提升机关政治建设水平

严格落实意识形态工作责任制和“第一议题”制度，梧州队党组先后2次专题研究意识形态工作，并带头深入学习贯彻党的二十大精神，习近平总书记关于统计工作重要讲话指示批示精神和《意见》《办法》《规定》《监督意见》等，筑牢意识形态堡垒。全面深化党支部标准化规范化建设，层层压实党建工作责任，2023年，梧州调查队党支部先后获评市委市直属机关清廉党支部、党建工作示范点，复核通过五星级党支部。

二、严管理细落实，数据质量实现新提升

（一）强“治”立“制”，强化数据源头管理

狠抓数据管理的“治”和业务规章的“制”，筑牢数据质量风险防火墙。其中，住户调查开展分

2023年7月13日，广西调查总队机关第二党支部与梧州调查队党支部联合开展“学思想 强党性 比学赶超展作为”主题党日活动

2024年5月11日，梧州市市长李振品（中）到苍梧县六堡镇记帐户家中调研居民增长情况

2023 年 9 月 20 日，梧州调查队联合藤县调查队在藤县太平镇泰州北社区举办第十四届“中国统计开放日”晚会

省记账户全覆盖、分市县记账户强抽查模式“大访户”，深入走访全市 7 个县（市、区）210 户记账户，细查收入漏统漏报实情；先后建立健全数据日审、平台管理等 2 项制度，加强对分市县局队制度执行情况的监督检查，从制度上堵截风险漏洞。劳动力调查重点关注数据存在异常、出现较多问题的社区，以通报等形式向基层局队反馈制度执行不严等问题 20 多次，有效堵截数据源头漏洞。涉农调查与农业农村局等职能部门组成工作核验组，加强对县、乡镇、村等各级业务规范化情况的现场检查，督促立行立改。持续推进统计造假屡禁难绝专项治理行动，以统计法治大学习、源头数据大核查、统计执法大检查三大行动为抓手，狠抓专项治理落地落实落细，先后对 1 家企业、4 个 县级统计局开展“双随机”统计执法检查，并将检查结果及时反馈到检查单位，跟踪督促检查单位整改落实，专项治理行

2023 年 9 月 27 日，梧州调查队赴苍梧县、梧州市龙圩区开展非粮大县粮食生产实测工作

动取得阶段性成果。

（二）强“智”提“质”，赋能业务提质增效

创新运用信息化数字化技术，助力统计调查各项业务质效双升。住户调查开发表间审核公式精准判别调查户务工情况。价格调查通过对比采集系统和处理系统的数据一致性，筛查长期不变价格规格品情况。涉企调查使用“天眼查”APP和嵌入VLOOKUP函数小公式等数字化工具，高效搜集、精准识别和筛查对比企业信息和数据，节省人工对比排查的时间和精力。2023年，农民工调查等多项业务在全区调查系统会议上作先进经验交流发言。

2024年5月14日，梧州调查队到梧州市龙圩区新地镇龙窝村开展第三次全国时间利用调查，现场指导调查户填报问卷

三、凝共识聚合力，基层基础建设展现新面貌

（一）强沟通，强化统计基础建设保障

积极争取地方党委政府支持。代梧州市政府起草关于做好主要畜禽监测调查样本轮换摸底调查工作的通知，由梧州市政府主持召开工作推进视频会议，督促各县（市、区）落实摸底调查工作的经费和人员保障。梧州调查队领导先后与各县（市、区）政府分管领导座谈，督促地方党委政府落实调查工作保障。2023年，梧州市辖区劳动力调查点共选聘102名责任心强、素质高的辅助调查员；为梧州市辖区各县（市、区）统计局、调查队分别解决2个公益性岗位名额，市队落实5个名额，进一步强化了统计基层基础建设保障。

（二）强队伍，提升干部能力素质

着力建设高素质干部队伍。2023年，先后在上海复旦大学和梧州市委党校自主办班，选派4名领导干部参加国家统计局党校处级、科级培训班，以及梧州市处级干部、科级干部培训班。提拔任用2名科级干部，为3名干部晋升职级，激发干事创业拼劲。聚焦“关键岗位”“后进人员”开展谈话，并与地方长期建立双向交流机制。加强年轻干部多岗位锻炼，对3名干部和1名财务人员开展轮岗。联合县队开展“下派上挂”3人次，先后选派6名干部参加总队巡察、审计和统计执法等工作，选派2名干部到总队处室跟班学习，进一步提升破解复杂问题矛盾的能力。

2024年2月26日，梧州调查队以新旧样本并行调查为切入点，联合农业部门对辖区全部大型畜禽养殖场（户）开展实地走访，核实生产经营台账，摸清样本底数

（三）强培训，夯实基层数据基础

聚焦构建特色培训体系。

采购经理调查通过“沉浸式”培训，手把手指导142家企业统计员集中、统一管理业务资料，不断规范台账建设。涉农调查统一为辖区890个村级行政机构印制下发粮食畜牧业统计调查村级台账、村民小组台账约0.2万本，有效夯实村级起报基础。住户调查以基础工作检查、统计执法、大访户为切入点，加强统计法律法规、国家方法制度和业务知识的学习教育宣传，做到逢会讲法、下乡宣法。工价调查采取分片区集中和“送教”上门相结合的方式就近培训，全面降低企业参与成本、提高培训成效。

四、促改革谋发展，统计优质服务取得新突破

（一）优质调查分析从“零”到“有”

着力改革优质服务方式。以发改、统计、农业农村等部门的信息作为监测分析的详尽扩充，构建全方位、多层次的统计监测格局，以直观的统计监测分析和详尽深入的报告向相关政府部门和社会公众展示统计监测成果，为地方决策提供第一手资料。2023年，承接全区组稿调查信息5篇，2次获评系统季度高质量调查信息报告；2篇调查报告获广西国家调查系统优秀调查报告一等奖，1篇获评优秀青年调查报告一等奖；印发《调查专报》8期，获得梧州市政府常务副市长批示2次，召开新闻发布会2次，有效提高统计公信力。

（二）统计政务服务从“有”到“优”

着力推进统计政令畅通。梳理梧州调查队行政管理方面责任事项33项，细化责任措施52条，不断规范工作流程。优化统计政务服务。建立“一会商、两活动、三管理、四审批”工作机制，进一步提高重要活动筹办、后勤保障运转、内部管理效率。保密和国家安全工作严谨规范。每季度专题研究部署保密和国家安全工作，定期梳理各调查专业数据处理平台的泄密风险隐患，确保网络和数据安全。档案管理成效显现。持续巩固一级档案室创建成果，为统计调查工作提供更加有力的服务支持。

（撰稿：汤琳娜）

国家统计局北海调查队

2023年，在国家统计局广西调查总队的正确领导下，国家统计局北海调查队（以下简称北海调查队）围绕学习贯彻习近平新时代中国特色社会主义思想和党的二十大精神，紧扣贯彻落实习近平总书记关于统计工作重要讲话指示批示精神，以及全国统计工作会议决策部署和广西国家调查工作会议部署，聚焦“数据真实、服务优质、基础扎实”工作主线，以“抓落实、提质量、强服务、争第一”为目标，推进北海国家调查事业发展取得更多成效。

2024年3月19日，广西调查总队党组成员、副总队长陆奉昌（右二）到北海调查队开展调研指导工作

一、学思想，强党性，增强党建融合力

（一）坚持党建统领，巩固党的执政地位

北海调查队党组旗帜鲜明坚持党的全面领导，认真落实“第一议题”制度，按照模范机关创建标准，把党建工作同业务工作同部署同落实，同向发力、同向压实责任，一体推进落实。严格落实意识形态工作责任制，利用网站、微信公众号和主流媒体等向社会展现北海调查队统计调查中心工作，突出统计特色，讲好调查故事，传播好统计声音，打造意识形态主阵地。

2023年12月22日，广西调查总队党组成员、党组纪检组组长付成云（右二）到北海调查队开展调研指导工作

（二）强化一体推进，写好主题教育文章

高度重视，精心部署。北海调查队党组研究制定实施方案和工作进度安排，统筹开展理论学习、调查研究、推动发展、检视整改等工作。举办两期读书班，班子成员原汁原味学思想，开展专题研讨交流3次。制定党支部

2024 年 1 月 23 月，北海调查队组织参观北海市海城区家风家训廉政教育基地

主题教育学习计划，引导全体党员干部开展自学的同时组织集中学习 2 次。通过对照 5 个方面和调查研究、干部教育整顿等，查找问题 5 条，制定 13 条整改措施和专项整治方案。成立统计服务党员突击队，引导党员干部在“数据真实、服务优质、基础扎实”工作主线中勇挑重担、冲锋在前，将“学思想、强党性、重实践、建新功”落到实处。

二、常严管，内贯通，推动全面从严治党走深走实

依托《广西国家调查队系统纪检监督检查工作台账》，以“日常监督 + 重点监督”模式，对重点人、重要岗位、重大支出、统计调查专业数据风险防控等进行重点检查。组织召开 2 次北海调查队内部监督贯通协同机制工作会议，大力推进各综合岗位内部监督工作的贯通融合、协同联动。正式投入使用北海调查队廉政谈话室，建成廉政清风亭，打造北海市辖区国家调查队“学廉、倡廉、兴廉”的廉政建设的文化基地。给全体职工家属发放《家庭助廉倡议书》，队长与纪检组长对队其他分管领导、党员干部进行廉政家访。以“数海廉心”为品牌，积极推进北海市清廉机关建设，是全市唯一一个有品牌命名的清廉机关创建单位，获市委“两随机”督导组高度肯定。

三、高标准，严要求，聚焦业务主阵地

（一）激活创新思维，推进统计改革发展

住户调查通过“一户一建档，一户一分析，一户一定色”的方法，对新一轮记账户进行“红黄绿”三色预警管理，维护记账户稳定，推动真记账、记真账。农民工监测调查建立一村一台账，确保数出有据，相关台账模板在全国推广使用。房地产价格调查总结工作经验，以图文并茂的方式协助广西调查总队制作《房地产价格调查规范化操作手册》，深入探索在二手住宅价格统计改革中率先打破城区单一划分区域模式，增加海景房、城景房划分，突出北海特点体现房价走势。农业调查强化业务培训，针对县区、乡镇、村统计人员不同的短板弱项，分层分类培训，并以线上方式开展实时互动指导，及时答疑解惑。

（二）优化方式方法，提升统计数据质量

2023 年 9 月 22 日，北海调查队组织开展第十四届“中国统计开放日”宣传活动

住户调查设立“大访户”工作专班，通过“分组包户”的方式，有效整合领导班子和干部队伍资源，每季度面访率均达到95%以上，夯实工作基础。居民消费价格调查从严复审，通过“横纵”交错方式，重点关注环比、同比波动较大和网点趋势不一致的价格，详细了解变动原因，做到审核精细化。工业生产者价格调查年度培训增加测试环节促培训入脑入心，年内走访企业全覆盖，审核加压，增加数据微差、趋势相反、历史对比审核，参考专业行情分析把好数据质量关口。劳动力调查采取即报即审的方式，实现当日上报当日审核完毕，调查期间密切关注采集进度，对苗头性、倾向性问题实时进行沟通、核实，加大陪访力度和频次，多措并举确保源头数据真实准确。

2023 年 11 月 22 日，北海调查队组织开展“美丽庭院你我共创”乡村振兴志愿服务活动

四、强法治，重引导，护航统计事业行稳致远

积极推动党委政府常态化学习中央关于统计工作重要文件和统计法律知识，充分利用地方党校资源，推动《统计法》《监督意见》等统计法律法规培训入党校，成为处级领导干部、中青班、初任公务员等培训班的必修课程。在北海当地主流媒体刊发队长署名文章，制作《统计调查对象“两个不得”》统计法治动漫微视频，在微信公众号、业务群和调查业务培训会上进行广泛宣传，开展“送法入企”“巾帼普法下乡村”“统计法入海岛”“统计法进党校”等普法宣传活动，提升统计普法覆盖面，增强全民“依法统计、诚信统计”的法治观念。

五、抓热点，深调研，提升综合服务能力

立足岗位做好统计综合分析服务。2023 年，北海调查队报送的信息报告获广西调查总队采用115 篇次，获北海市政府办公室采用 12 篇次，在《广西云》《北海日报》等地方媒体刊发统计调查数据分析信息 13 篇次。围绕广西“五个更大”和“品质北海 魅力北海”建设深入开展调查研究，邀请北海职业学院、北海市人民政府经济研究中心进行三方合作，撰写《广西北海加快打造先进制造业基地研究》《北部湾经济区向海经济发展评价指标体系研究》《提升地方农产品

2023 年 7 月 7 日，北海调查队组织开展“丹青颂党 廉守初心”主题党日活动

价格调查数据质量措施研究》等课题报告。其中《广西北海加快打造先进制造业基地研究》获得《中国国情国力》刊发。

2023年，召开2次北海市主要统计调查数据新闻发布会，运用视频、音频、诗词、图画等元素不断丰富公众号推文形式，持续拓展统计调查数据新闻发布的广度和深度。2023年北海调查队编发的信息获《中国信息报》采用5篇次，获国家统计局、广西总队微信公众号采用14条次。首次在中国统计出版社公开出版《北海调查年鉴2023》，持续提高北海调查队知名度。

（撰稿：王鑫和）

国家统计局防城港调查队

2023 年，在国家统计局广西调查总队的坚强领导下，国家统计局防城港调查队（以下简称防城港调查队）认真贯彻中央关于统计工作重大决策部署和国家统计局各项工作安排，以新时代党的建设总要求为根本指引，以推进调查事业高质量发展为奋斗目标，推进全面从严治党、治队，聚焦“数据真实、服务优质、基础扎实”工作主线，锚定“巩固提升”总目标，凝心聚力、真抓实干，较好地完成了各项工作任务。

一、以加强思想政治建设为引领，厚培统计调查研究功力

（一）深化学习教育，理论武装持续强化

一是发挥“头雁效应”，强化党组领学。严格落实“第一议题”学习制度，坚持领导干部示范带动学。通过党组会议“第一议题”、党组理论学习中心组集体学习和党支部理论学习研讨等形式，组织学习习近平新时代中国特色社会主义思想、党的二十大报告、中国共产党章程和习近平总书记系列重要讲话 30 余次。

二是铸魂赋能强基，提升培训质效。开展专题培训班 2 次，共邀请 10 余位专家学者进行专题授课。在防城港市委党校举办 1 期学习宣传贯彻党的二十大精神专题培训班，到南京大学举办统计干部能力提升培训班。用党的创新理论凝心铸魂，不断强化政治意识和责任担当，帮助党员干部填补知识弱项、能力短板，提升综合能力。

三是聚焦方式创新，增强培训活力。组织党员干部参观“北港故里”“侵华日军南京大屠杀遇难同胞纪念馆”等党史学习教育和爱国主义教育基地。运用网络平台延伸党员学习教育，收看收听“党课开讲啦”云直播，充分利用“钉钉”“学习强国”等平台开展党员领导干部线上培训，发动党员参加由旗帜杂志社举办的知识挑战赛，不断增强党员干部参与度，提升学习教育效果。

（二）坚持统筹谋划，主题教育稳步推进

一是加强组织领导。成立主题教育领导小组，制定主题教育工作方案和工作安排表，明确任务分工和时间节点。召开全队动员部署会，传达上级精神，提出具体要求，营造浓厚的学习氛围。二是抓好学习研讨。举办为期 8 天的读书班集中学习，主要负责同志向全体干部职工讲授专题党课。组织党员干部到峒中镇尖峰岭哨所和华石镇红色文化展示馆参观学习，开展党性教育和革命传统教育，不断强化党性教育。

2023 年 10 月 17 日，广西调查总队第二批主题教育督导组到防城港市防城区华石镇红色文化展示馆参观学习，追寻红色记忆

2023 年 6 月 15 日，防城港调查队到广西欣贸再生资源回收有限公司开展基础数据核查工作

三是扎实开展调查研究。制定调研方案，列好调研提纲，积极开展“四下基层”活动，做好基层专题走访调研。四是制定《为民办实事清单》。立足工作岗位，将业务与活动有效融合，开展“建言献策”和“我为群众办实事”等活动。五是制定印发方案，开展“加强统计调查 提升统计服务”专项行动，扎实做好 2023 年巩固拓展脱贫攻坚成果扎实推进乡村振兴统计服务工作，不断夯实基层基础，确保源头数据真实准确。六是增强检视整改实效。研究提出专项整治问题，制定专项整治方案开展整治。七是深化建章立制。及时总结提炼开展主题教育的有效做法，新制定了 2 项制度和修订了 8 项制度。

二、以确保“数据真实”为准则，提升基层统计调查工作水平

（一）聚焦主责主业，推进调查工作提质增效

联合防城港市统计局召开全市统计调查工作电视电话会议，覆盖市直、驻港相关单位和各县（市、区）相关部门，有力推动重要统计调查工作任务的部署和落实。

农业农村调查工作：紧盯方法改革工作，稳步推进全市畜牧业统计调查电子化记账工作，数据评估质量有效提升，全市畜牧业电子化记账推广覆盖率达 93%，电子记账率约 40%。推进非粮食大县以县为总体粮食产量抽样调查及粮食生产监测调查工作。

住户调查工作：突出“日审”，痕迹管理贯穿全过程，发挥好痕迹管理详细记录、可回溯等优势，全面提升住户调查数据质量。持续强化“市管县”工作模式，理顺市县两级工作堵点难点，开展季度数据联审和现场调研，各县区业务人员轮流到队跟班学习，提升业务素质。

价格调查工作：积极推进流通和消费价格调查应用扫描数据工作，2023 年将 4 个调查网点纳入数据扫描应用，拓宽应用行业，对 252 个 CPI 调查网点进行走访全覆盖。用好国家调查工作联动机制，与地方主管部门联合开展调研、联合培训、联合发文，进一步提升房地产价格调查工作质效。

采购经理调查工作：走访检查调查企业 30 家次，开展数据质量核查，充分运用“机审 + 人工”模式提高审核质量，筑牢业务基础，保障数据质量。

劳动力调查工作：邀请广西调查总队劳动力调查处开展业务培训，组织开展业务技能比赛，提升工作能力；全年 4 次到各县（市、区）统计局开展业务指导，推动局队深化协调配合；先后到

2023 年 12 月 8 日，防城港调查队联合防城港市统计局、防城区统计局在防城港市防城区嘉乐城举办《中华人民共和国统计法》颁布四十周年活动

2023 年 8 月 14 日，广西调查总队党组成员、副总队长李青（左三）陪同国家统计局数据管理中心相关人员到防城港调查队开展调研指导工作

防城区、港口区统计局开展源头数据质量核查市级复查工作，提升源头数据质量。

（二）加强调查研究，着力提升统计服务水平

一是联合防城港市统计局召开全市经济运行新闻发布会，解读 2022 年度居民消费价格运行和城乡居民收入情况。二是在微信公众号、地方主流媒体公布 CPI、城乡居民收入数据。三是定期召开信息分析写作周例会，加强选题指导，提升写作积极性。2023 年，共上报并获得广西调查总队采用调查信息 91 篇，报告 28 篇，组稿 1 篇，国家统计局统计分析栏目采用 11 篇，在市级调查队中位居前列。此外，累计向防城港市委、市政府及有关部门编印报送《调查专报》12 期。发布微信原创作品 90 余篇，获得广西调查总队采用 7 篇。投稿《中国信息报》并获得采用 6 篇，投稿《防城港日报》并获得采用 14 篇。政务信息获广西调查总队采用 138 篇，国家统计局网页采用 59 篇，在市级调查队中位居前列。

（三）树牢法治意识，推动依法统计依法治统

一是持续加强统计法治宣传教育和贯彻落实。将《意见》《办法》《规定》《监督意见》等列入党组理论学习中心组学习内容，每季度至少学习 1 次；常态化在调查业务培训会上培训统计法治知识；党组书记、队长在防城港市第 17 期中青班及市委管理干部专题研讨班上作统计法治专题讲座。二是制定法治工作要点和“双随机”统计执法检查工作计划，并按计划开展相关工作。三是续聘专业法律顾问，为依法统计和执法检查提供专业的法律服务。四是在调查样本中全面推行统计调查事务告知制度，全年共印发《统计法律义务

2023 年 11 月 11 日，防城港调查队联合民营企业开展“边海党旗红·工价数据真”党支部联学联建活动

2023年6月20日，防城港调查队开展“我们的节日·端午”暨“情系端午 传承文明”主题活动

告知书》126份。五是与政府部门加强沟通，及时纠正违反统计法精神的做法和错误用词，全面防范违反统计法精神的做法。六是组织开展统计调查数据质量自查及交叉检查，确保规范开展调查业务，不断提升数据质量。

（四）高度重视网络安全和信息化工作

一是及时传达学习重要文件精神，召开专题会议研究部署相关工作。二是开展3次宣传教育培训，筑牢思想防线。压紧压实意识形态工作责任，加强对本队公开出版物、网站、微信公众号的管理，守好思想、舆论、文化、网络等工作阵地。三是认真组织开展保密自查工作，全面排查安全风险隐患，全队无失、泄密事件发生。四是建立健全责任制实施办法、网络和数据安全管理办法、应急预案、约谈办法等制度，整体谋划、协同推进网络和数据安全工作，做到有章可循。

三、以服务基层为抓手，实现“党建＋业务”双融双促双提升

（一）持续开展“我为群众办实事活动”

联合农业部门开展“传承农耕文化 助力乡村振兴”志愿服务活动，下田插秧耕种，积极宣传春耕生产政策，邀请农业技术专家为群众讲解水稻种植要领和田间管理技术。开展“党建＋劳动力调查”主题党日活动，到峒中公路口岸调研边境口岸贸易经济及边民就业等情况，向来往群众发放就业援助宣传册，详细讲解劳动力调查的目的、内容、宗旨及相关就业政策。开展“党建＋住户调查”主题党日活动，走访记账户，宣传为国记账理念，组织参观蛋鸡养殖基地，进一步了解防城港市农业现代化建设水平，为准确判断居民农业增收趋势提供依据。

（二）扎实开展“四下基层”实践活动

一是送党课下基层。将“流动党课”搬到工价调查企业，以“调查数据真”为小切口宣讲党的思想路线。二是到结对共建帮扶村那稔村为当地党员、群众上专题党课，传递党的“好声音”。三是建言献策下基层。邀请那稔村干部、党员、村民开展党员群众面对面交流活动，围绕党建工作、乡村振兴和村民增收等方面进行深入交流，积极建言献策。

（三）常态化开展结对共建活动

积极推进与防城港市防城区镇夏岭社区党委、那稔村党支部的结对帮扶活动，持续开展“三个一”共建活动，定期开展脱贫群众大回访活动，帮助指导党支部和脱贫户解决困难问题，双向提升支部建设质量。与工价调查民营企业联学共建，开展唱红歌、“党建＋业务”知识竞赛及党团共建融合竞技等活动，实现共建共促共融。

四、以组织建设为立足点，坚持严管厚爱激励干部担当作为

（一）加强组织建设，筑牢“战斗堡垒”

一是严肃党内政治生活，严格执行“三会一课”、谈心谈话等党内制度。召开支委会15次，党员大会3次，专题党课7次，开展主题党日活动10次，谈心谈话50余人次。二是修订完善年度目标管理考核办法，突出业务导向，发挥考核“指挥棒”作用。三是清单式、项目化管理年度重点工作。研究制定《实现“巩固提升”重点工作任务表》，并动态更新完善。四是定期召开月度例会，更新“红黑榜”，检查并通报重点任务完成情况，有效促进工作任务的落实。

（二）立鲜明导向，干部队伍建设持续加强

一是围绕工作需求选拔任用和锻炼干部。跨科室交流3名干部，选派1名干部到广西调查总队办公室跟班学习，多岗位锻炼干部。以工作实绩为导向，选拔任用正科级领导干部4名，晋升职级干部2名，激励干部职工担当作为。二是完成2名新任科级领导干部和4名新录用公务员试用期满转正考核。三是强化干部职工教育培训。积极沟通协调，将4名新录用公务员纳入自治区新录用公务员初任培训班，联合防城港市统计局在南京大学举办2期统计调查干部综合能力提升培训班，在防城港市委党校举办1期学习贯彻党的二十大精神专题培训班，不断提升干部职工干事创业本领。

（三）厚植文化根基，丰富干部职工精神文化生活

一是围绕民族团结主题，组织全体女干部职工参观东兴市京族博物馆，学习弹奏民族乐器独弦琴，感受民族艺术魅力。二是以传统节日为契机，举办“我们的节日”系列主题活动。开展做花灯、猜灯谜、套圈圈等民俗活动，共庆元宵佳节；组织观看爱国影片，朗诵端午经典诗词，以端午知识、文明常识、民族团结知识为题开展龙舟竞答，在浓厚的端午节氛围中坚定文化自信，增强爱国主义情感。

五、以推进作风建设为依托，压紧压实全面从严治党政治责任

（一）强化管党治党责任落实，深耕从严治党“责任田”

以压实“两个责任”为主线，全面贯彻执行《党委（党组）落实全面从严治党主体责任规定》，坚持把党风廉政建设和反腐败工作纳入全队中心工作。全年共召开2次全面从严治党工作会议和2次全面从严治党会商会议，研究部署党风廉政建设和反腐败工作。

（二）聚焦倡廉守廉文化建设，弘扬崇廉拒腐“新风尚”

坚持纠“四风”树新风并举，开展贯彻落实中央八项规定精神情况自查和党性教育，深入排查廉洁风险点，将廉洁防控落到实处。开展“清廉家风润童心 文明家庭传美德”主题党日活动，举办“清廉教育大讲堂”，布置“党建＋清廉建设”双文化墙，打造廉政文化走廊，扎实推进新时代党风廉洁文化建设。

（三）常态化开展廉政警示教育，时刻绷紧“廉洁弦”

举办“庆五四、话廉洁”等主题党日活动，组织观看《吹响冲锋号》《忠诚与背叛》等廉政警示教育片，组织旁听案件庭审，通过专题学习、开展专题讨论、队领导上廉政党课、通报典型案例等方式，持续增强党员干部廉洁自律意识。前移廉政教育阵地，强化对党员干部职工“八小时以外”监督。

（撰稿：李丽芳）

国家统计局钦州调查队

2023 年，在国家统计局广西调查总队党组的正确领导下，国家统计局钦州调查队（以下简称钦州调查队）坚持以习近平新时代中国特色社会主义思想为指导，深入学习贯彻党的二十大精神，坚决贯彻党中央、国务院关于统计工作重大决策部署，全面落实国家统计局党组、广西调查总队党组各项决策部署，围绕“数据真实、服务优质、基础扎实”工作主线，强基固本，真抓实干，扎实推进各项工作取得新成效。

2023 年 6 月 8 日，广西调查总队党组成员、副总队长李青（右二）到中国石油广西石化公司产业园区调研

一、提高政治站位，压实政治责任，政治机关建设扎实推进

钦州调查队严格落实“第一时间”“第一议题”制度，深入学习贯彻习近平新时代中国特色社会主义思想和党的二十大精神、习近平总书记关于统计工作重要讲话指示批示精神。严格执行民主集中制、“三重一大”决策制度和谈心谈话制度，形成“一把手负总责，全队干部齐抓共进”的工作机制。压紧压实党建责任，专题研究部署 2023 年党建工作，全年党建工作要点、党组理论学习中心组计划、党支部理论学习计划圆满完成。按规定召开全面从严治党专题研究会议，精准查摆问题并落实整改。完成支部换届选举，获评钦州市直机关“五星级党支部”，确定和培养入党积极分子 1 名。联合中石油广西石化公司举行主题党日活动暨诚信统计评比活动启动仪式，签订“西部陆海新通道枢纽党建联盟”共建协议书。扎实开展学习贯彻习近平新时代中国特色社会主义思想主题教育，明

2023 年 6 月 8 日，广西调查总队党组成员、副总队长李青（左一）到钦州出席“党旗领航聚合力 诚信统计出实数”主题党日活动暨诚信统计评比活动启动仪式

2023 年 6 月 19—20 日，钦州调查队举办钦州市辖区国家调查队学习贯彻习近平新时代中国特色社会主义思想主题教育暨“强基础、提质量”专题培训班

确学习任务和学习重点，举办主题教育读书班 2 期，开展调查研究 1 次，制定调研主题 2 个。召开主题教育整改整治专题研究会，形成问题清单 5 项，制定整改措施 11 条。

二、聚焦主责主业，主动担当作为，调查工作质效稳步提升

紧盯“基础扎实”下功夫，工作基础进一步夯实。明确目标任务：将 2023 年重点工作目标清单上墙，明确干部工作职责和目标，执行月度例会制度，强化督查督办。一是畜牧业电子化记账工作推进有力，大中型样本点养殖场（户）电子化记账实现全覆盖正常记账。二是农产品价格调查在 2023 年全区会议上作经验交流发言。三是住户调查样本维护合力进一步加强，联合发展和改革、人力资源和社会保障、农业农村等部门开展走访，实现管辖县区全覆盖，在全区培训班上表演访户技巧情景剧并获得全区住户知识竞赛第一名。四是 CPI 调查深入推广电子共享台账，在 8 家调查网点中推广扫描数据应用等，调查数据更真实可靠。五是 PPI 调查制作提示卡精细化对企业指导检查，完成调查企业培训全覆盖，企业走访检查和线上抽查凭证覆盖率均达 100%。六是采购经理调查与样本企业签订企业诚信统计承诺书，开展“送学入企”加强现场业务培训，树立

2023 年 9 月 22 日，钦州调查队联合钦州市统计局在钦州市永福广场开展“经济大普查，数说新时代”为主题的第十四届“中国统计开放日”宣传活动

2023 年 10 月 27 日，广西调查总队农业调查处到灵山县开展 2023 年晚稻实测工作

诚实守信钦州统计调查新风尚。七是劳动力调查电话回访数据完全匹配率达 93.3%，排名全区第一，获得广西调查总队表扬。

三、发挥职能作用，积极建言献策，优质服务水平稳中有进

充分发挥“国调轻骑兵”作用，积极服务经济社会发展，为党委政府决策提供优质的统计信息服务。2023 年，撰写调查信息、调查报告和约稿上报广西调查总队 141 篇，其中组稿采用 15 篇，约稿采用 92 篇；报送钦州市委、市政府政务信息 22 篇，其中获自治区采用 4 篇，在非考核单位中分别排第 2 和第 3 名。持续强化新闻宣传，编辑发布微信公众号宣传信息 243 篇，按照时间节点召开主要调查数据新闻发布会。编撰《2023 年钦州调查资料汇编》和《2023 年钦州经济社会调查报告集》。组织撰写的 1 个经济类课题获二等奖，组稿的 3 篇自主选题入选三季度、四季度高质量调查信息报告汇编，其中 1 篇自主选题获得自治区领导批示，同时获得 2023 年度广西国家调查队系统优秀调查报告二等奖、三等奖各 1 篇；2023 年度广西国家调查队系统青年优秀调研报告三等奖 1 篇。获得制度方法类课题三等奖 1 个，制度方法类研究文章二等奖 1 篇、三等奖 2 篇。

四、落实普法宣传，强化执法检查，数据质量保障更加有力

紧盯“数据真实”，将数据质量责任贯穿始终，数据质量保障更加有力。钦州调查队党组召开会议专门研究部署 2023 年统计法治工作，贯彻落实防范和惩治统计造假弄虚作假专项治理工作部署，开展《意见》《办法》《规定》《监督意见》再学习再领会，把防范和惩治统计造假弄虚作假贯穿到统计各项工作中。落实各调查业务培训与统计法治培训同部署、同开展。联合钦州市统计局开展第十四届“中国统计开放日”活动。举办 2023 年钦州市辖区国家调查队统计执法业务培训班。在钦州市主流媒体《钦州日报》、钦州新闻网发表 2 篇领导署名文章。荣获 2023 年全区国家调查队系统统计执法检查案卷评审优秀等次、统计法

2024 年 2 月 18 日，钦州市副市长谢立品（左二）春节期间到钦州调查队看望慰问干部职工

律法规知识竞赛三等奖。完成全年 4 次“双随机”执法检查，检查 2 个县区统计局、6 家企业，对 1 家企业进行立案查处，实现对重点调查业务的全覆盖检查，保持对统计违法违规行为和苗头趋势的高压态势。

五、严抓队伍建设，激发干部活力，凝聚力向心力持续增强

加强干部历练，派出 1 名科长到基层锻炼，1 名科长援疆，1 名干部驻村振兴乡村，3 名干部到广西调查总队帮助工作，调整 4 名干部工作岗位。提高干部综合素质，选派 5 名干部参加联合国亚太研修所网上培训班等，组件 1 支队伍参加系统建模大赛，邀请专家到钦州调查队讲授新闻写作、摄影和视频制作知识，在钦州市委党校举办钦州市辖区调查队主题教育专题培训班 2 期，举办钦州市辖区国家调查队统计执法业务培训班等，组织 10 名队员参加 2023 年度统计专业技术资格考试。关心关爱干部，举办干部心理健康和心脑血管疾病专题等讲座，开展“三八”、端午和中秋慰问等活动。用好职务职级激励机制，提拔 1 名副科级领导和晋升 1 名四级主任科员。充实队伍力量，争取到地方公益性岗位 2 人。

六、严明纪律作风，抓实日常监督，廉政防线更加坚实

落实创建清廉机关“10+1”举措，抓好专题研讨，形成清廉机关长效机制。常态化开展廉政教育、警示教育，以案促改。开展家庭家教家风教育，引导党员干部牢固树立新时代家庭观，筑牢反腐倡廉的家庭防线。每逢春节、中秋、国庆等重要节点，召开节前集体廉政提醒会议，结合违纪违法典型案例开展警示教育。落实节前廉政提醒，编辑廉政短信，通过手机短信的形式发送至辖区干部职工和辅调员。组织党员干部到钦南区廉政警示教育基地开展廉政警示教育活动。加强对“人、财、物、数”关键环节和廉政风险重点岗位的监督检查，突出对管人管钱管物、廉政风险高等关键岗位的监督，开展全覆盖监督检查 2 次、重点监督检查 4 次。落实纪检干部队伍教育整顿动员部署，制定钦州市辖区调查队 2023 年纪检干部队伍教育整顿工作任务清单，查摆问题 15 个已完成整改。

（撰稿：邓泽江）

国家统计局贵港调查队

2023 年，国家统计局贵港调查队（以下简称贵港调查队）始终坚持以习近平新时代中国特色社会主义思想为指导，深入学习贯彻党的二十大精神和习近平总书记关于统计工作重要讲话指示批示精神，认真贯彻落实全国统计工作会议、广西国家调查工作会议精神，高质量完成各项工作任务。

2023 年 7 月 11 日，广西调查总队党组书记、总队长廖金昌（左二）到广西爱咯乐农牧科技有限公司调研，贵港市委副书记林海波（左三）陪同

一、推动主题教育走深走实

一是把高质量开展主题教育作为首要政治任务。制定主题教育方案，成立主题教育工作领导小组，召开主题教育部署会议和推进会议。二是坚持理论武装，高标准举办主题教育读书班 8 天，贵港调查队党支部开展主题教育集中学习 2 次，党员个人认真自学指定书目。三是大兴调查研究，党组及领导班子成员每人牵头 1 个课题开展调研，调研课题内容涵盖“市管县”难点问题、党建与业务融合、辅助调查员管理等 6 个方面的 5 个课题，抓好典型案例解剖调研，形成调研报告。四是对标对表系统梳理调查研究发现的问题，检视出 3 条存在问题，制定 10 条整改措施，对“居民收支调查数据质量不够高问题”等数据风险和基层基础不扎实等问题开展专项整治。

2024 年 3 月 6 日，广西调查总队一级巡视员邱洪刚（左二）带队到贵港市港北区贵城街道南平社区开展劳动力调查数据质量核查工作

二、筑牢防范和惩治统计造假、弄虚作假的坚实堤坝

一是召开贵港调查队党组会议研究部署防惩统计造假弄虚作假工作，研究制定年度统计执法检查工作实施方案、统计法治工作要点和“双随机”统计执法检查报告，推动地方党委、政府学习中央关于统计工作重要文件和统计法律

2023 年 7 月 18 日，贵港调查队到桂平市油麻镇开展住户调查数据质量核查工作

发《关于印发贵港市非粮食大县开展以县为总体粮食产量抽样调查试点工作实施方案的通知》，推进两个非粮试点县区经费落实，报表期“一对一”到调查点进行现场培训指导，确保试点工作顺利开展。三是开展粮食和畜牧业统计调查实地检查。对 70% 以上的重点监测场、31 个乡镇、2 个县队、5 个县区统计局进行基础工作检查指导和数据核实，强化源头质量审核。四是强化劳动力调查事前告知、陪访和回访。每月通过短信平台向调查对象宣传入户调查时间、工作程序和有关规定，提高群众配合度。抓好“即报即审”工作，对异常数据及时核实、修正，下半年每月到县区陪访均超过 8 个调查点，国家级样本数据和省级样本数据城镇调查失业率从 7 月份开始连续 4 个月差距控制在 1%。五是采购经理调查抓好关键环节告知公示。调查前，给各调查企业发放统计调查事务及有关法律责任告知书并开展法治宣讲；调查中，做到“一报一审”，要求企业同时提供财务报表等佐证材料，根据评优制度打分公示，提升报表数据质量。六是工业生产者价格调查强化价格越界、长期不变价数据审核。利用直报平台、PPI、EXCEL 等进行数据“机审”，

法规，将统计法律法规纳入贵港市委党校干部教育培训班必修课。二是联合贵港市统计局到贵港市辖区开展统计造假屡禁难绝专题调研，领导干部和科室共同填报违规干预统计工作台账，建立台账管理制度，实行动态管理跟踪，常态化开展源头数据核查工作、风险防控排查。三是将各级分管统计工作领导、乡镇统计助理等基层人员作为普法宣传重点，开展统计违法案例警示教育，广泛利用本地酒店、超市等公共场所 LED 显示屏播放统计法治宣传标语，扎实开展《中华人民共和国统计法》颁布 40 周年系列活动，提升统计法治宣讲成效。四是对 2 个县级统计机构、8 家企业开展“双随机”执法检查，对 2 个县级统计机构开展统计执法检查发现问题“回头看”，对 1 家企业下发责令整改通知书，做实做细统计执法检查后半篇文章。

三、统计基层基础数据质量进一步提升

一是住户调查“以查促改”提升数据质量。通过业务交叉检查、年中数据核查、常态化抽查相结合，采取现场查阅、实地核查等方式开展数据质量检查，正式发文对检查结果进行通报，持续巩固“大访户”工作成效。二是实现非粮食大县抽样调查全覆盖。推动贵港市人民政府办公室印

2023 年 12 月 7 日，贵港调查队到贵港市中山社区开展“12・4”国家宪法日暨“12・8”统计法颁布纪念日宣传活动

2024 年 3 月 28 日，贵港调查队到桂平市石龙镇开展“兴修水利助春耕 保障生产惠民生”活动

开展专项基础工作现场检查，强化“人审”。共走访 58 家企业开展专项基础工作现场检查，“线上 + 线下”核查凭证。七是居民消费价格调查每月编制采价提醒。根据季节变更和重要时点，月初向采价员发出提醒，数据审核时根据提醒对不符合市场价格趋势的数据并进行重点复核，形成工作“闭环”，实现数据采集审核“关口前移”。

四、坚定不移全面从严治党

一是坚持严的主基调，紧盯“两个责任”落实。贵港调查队党支部、领导班子成员每半年向党组汇报意识形态工作责任制落实情况，及时对重要讲话、文件及会议精神进行传达学习，加强工作群和微信公众号管理，严格执行信息发布审查。二是贵港调查队党组会、支委会“第一议题”深入学习领会和贯彻落实习近平总书记重要讲话和重要指示批示精神。三是建立“每周一讲 + 中心组 + 党支部 + 青工委”理论学习体系，“每周一讲”开展理论学习 27 次，贵港调查队党组理论学习中心组集中学习研讨 5 次，党小组集中学习 22 次，领导干部上党课 8 次，青年党员干部讲微党课 9 次。四是严格执行领导干部插手干预重大事项报告制度，每半年召开一次内部监督贯通协同机制会议。加强纪检干部教育整顿监管，组织贵港市辖区纪检干部开展个人自查事项报告和党性分析，列出问题清单逐项消号整改。持续推进作风建设，贵港调查队领导班子成员开展集体廉政谈话 9 次，上廉政党课 5 次，开展节前廉政警示教育 4 次。开展清廉家风分享、家庭助廉教育活动，签收《家庭助廉承诺书》26 份。

五、统计服务水平不断提高

一是实行国家调查季度反馈工作机制，压实当地政府推进责任的落实，联合贵港市统计局、发展和改革委员会、人力资源和社会保障局、农业农村局等部门，到所辖县市区召开工作反馈会议，反馈住户调查、劳动力调查、粮食和畜牧业统计调查数据质量，提升统计服务精准度。二是坚持开展调研，发挥统计数据“晴雨表”作用。2023 年，获得广西调查总队采用调查信息 106 篇，调查报告 10 篇，采用得分 661 分；向贵港市委、市政府报送调查信息报告 113 篇，向各市直部门发送《调查简讯》12 期。被评为 2022 年度贵港市政务信息工作成绩突出单位，1 名干部分别被评为 2022 年度贵港市政务信息工作成绩突出个人，形成统计宣传内部协同

2024 年 4 月 28 日，贵港调查队到贵港市覃塘区三里镇开展无人机遥感测量工作指导

配合格局。新闻宣传通稿获得《中国信息报》单篇采用 7 篇，地方主流媒体采用 2 篇；广西调查总队微信公众号汇编采用 14 篇，单篇采用 2 篇；微信公众号推送各项统计调查活动新闻 209 篇，转载广西调查总队文章 119 篇；自主改编拍摄的 1 篇微信宣传稿获得近 3800 浏览量。

（撰稿：冯丽君）

国家统计局玉林调查队

2023 年，国家统计局玉林调查队（以下简称玉林调查队）坚持以习近平新时代中国特色社会主义思想为指导，深入贯彻落实党的二十大精神和广西国家调查工作会议精神，紧扣工作主线，铆劲突破，圆满完成各项工作任务。

一、突出政治建设，党建成效日益提升

（一）理论武装下实功

严格落实“第一议题”和“三会一课”制度，第一时间组织学习习近平总书记的最新理论、最新重要讲话精神。3 名党员干部在首届全区机关党务技能大赛中获自治区机关工委通报表扬。

（二）党建引领出实效

一是持续深化“美玉党旗红 · 国调出实数”党建品牌与业务深度融合，带动玉林市辖区调查队、统计局开展各具特色的主题党建活动。在住户调查等专业开展“六个一”活动，在粮食畜牧业调查专业开展星级评选。二是推出党建“红手册”和统计“蓝手册”，进行全覆盖宣传，提高党建工作质效。三是自治区文明单位创建工作有成效，顺利通过自治区考核组现场核验。

（三）群团共建聚活力

新成立玉林调查队妇工委，群团建设进一步加强；开展青年志愿者服务主题活动获《中国信息报》报道；在少数民族村小学开展民族团结主题活动，获广西调查总队公众号采用。凝聚群团组织力量，形成党建带群建、群建促党建的良好局面。

（四）推进主题教育学深悟透

一是在玉林市委党校组织集中培训，凝聚思想认识，形成强大合力。举办主题教育读书班集中学习 7 天，坚持读原著学原文悟原理。二是玉林调查队领导班子成员牵头开展课题，其中，党建课题《党

2023 年 6 月 23 日，玉林调查队在红色读书角开展“微党课”

建引领城乡居民共同富裕问题研究》获得玉林市2023年度立项重点课题。三是坚持边学边改，建立动态化问题清单，推动主题教育走深走实。

二、聚焦业务建设，数据质量不断夯实

（一）夯实业务调查基础工作

一是制定夯实统计调查基层基础专项行动方案，对县级统计调查业务全覆盖检查。二是联合市乡村振兴指挥部督查全市“大访户”工作，夯实调查基础。三是召开玉林市辖区专项行动推进会，贯彻落实总队“加强统计调查 提升统计服务”会议精神。

（二）充分发挥政府支持作用

一是玉林市政府印发《关于进一步加强畜牧业统计调查工作的通知》，部署全市畜牧业统计调查工作。二是玉林市政府召开统计调查工作推进会，专题研究部署玉林国家调查有关工作。

（三）用好报表质量通报利器

建立数据质量通报制度，定期通报各县（市、区）住户调查、主要畜禽及生猪调出大县电子化记账数据质量情况，通过查不足、促整改、抓落实，不断提升数据质量。

（四）强化县区考核成果运用

继续将住户、农业等专业工作质量考核结果运用于地方绩效考评，劳动力调查工作首次完成对玉林市辖区县级统计局、调查队年度考核，考核结果作为地方考核各县区年度绩效工作的重要参考依据。

三、加强法治建设，依法治统持续推进

（一）法治基础有保障

一是玉林调查队党组带动全员，落实《意见》《办法》《规定》《监督意见》常态化学习。二是规范统计调查业务流程，加大执法力度，持续推进防范统计造假弄虚作假。三是联合玉林市统计局开展“落实习近平总书记关于统计工作的重要讲话指示批示精神”的专题调研，积极推动基层单位依法统计工作。

2023 年 8 月 14 日，玉林市人民政府召开玉林市粮食畜牧业统计暨住户调查工作推进会

（二）法治宣传有抓手

主要领导在《玉林日报》发表多篇统计法治署名文章；分管领导受邀到玉林市委党校上统计法治课；派员到玉林师范学院讲解《中华人民共和国统计法》，获《中国信息报》报道；制作统计监督漫画作品获国家统计局内网采用；联合玉林市统计局组织玉林市辖区市县统计局、调查队举办玉林市第十四届“中国统计开放日”暨《中华人民共和国统计法》颁布 40 周年宣传活动，通过文艺汇演、摆放宣传展板、发放宣传资料等，提高统计普法实效。

2023 年 6 月 14 日，玉林调查队积极推进《中华人民共和国统计法》进党校，邀请广西调查总队执法监督处为玉林市委党校中青班干部作统计法治专题授课

四、完善制度建设，综合管理不断规范

（一）着力提升制度执行力，制度建设全面落实

实行“每周课堂”制度，加强制度学习，提高干部职工的制度意识，强化制度执行；持续深化科室值周制度，落实督查督办工作机制，增强贯彻执

行制度的推动力，有力推进各项重点工作。

（二）着力提升安全思想力，安全防线全面筑牢

一是严格落实意识形态工作责任，加强意识形态阵地建设，提高干部职工政治意识。二是抓实保密和国家安全工作。开展国家安全主题活动，组织参观国家安全展。三是抓实网络和数据安全工作。建立健全网络安全和数据安全责任制、应急预案、管理办法，开展网络安全宣传周等，持续筑牢安全防线。

2023 年 9 月 23 日，玉林调查队联合玉林市统计局举办玉林市第十四届“中国统计开放日”暨《中华人民共和国统计法》颁布 40 周年宣传活动

（三）着力提升财务保障力，后勤服务全面优化

积极向玉林市委、市政府汇报，进一步落实自治区 53 号文件要求，获得玉林市本级预算经费 180 万元和绩效考核专项经费 93 万余元；成功确认了办公楼产权并取得不动产证，保障进一步加强。

五、增强统计服务建设，统计调查职能持续深化

（一）优质服务有成果

一是组建综合调查工作联络员队伍，压实写作责任，提高选题质量，完成 2 篇自主选题调查组稿，其中 1 篇获自治区党委办公厅、政府办公厅采用，1 篇获国家统计局工作信息网采用。二是注重调查信息、调查报告二次开发，坚持多改、多投、多用，上报 7 篇信息全部获国家统计局内网采用，优质服务工作成效凸显。三是定期向玉林市委、市政府报送玉林调查专报、工作简报，《2022 年玉林市农村居民人均可支配收入首次突破 2 万元》获玉林市委书记批示，并被自治区政府官网和《广西日报》刊载。

2023 年 9 月 11 日，玉林调查队开展“2023 年玉林市辖区调查队网络安全宣传周主题活动

（二）新闻推广有成效

一是以玉林市政府名义召开新闻发布会 1 次，做好数据发布工作，及时回应社会关切。二是多形式展现调查风采，积极报送宣传稿件，其中，《中国信息报》采用 11 篇，比上年获《玉林增长 266%，广西调查总队公众号采用 12 篇，比上年增长 33.33%。三是加强与媒体合作，日报》刊用信息 5 篇，宣传成效明显。（三）课题研究有突破

（三）课题研究有突破

一是深入贯彻落实《关于在统计部门大兴调查研究的实施方案》精神，玉林调查队领导带队开展课题研究，组建课题研究队伍，提高研究针对性和专业性。二是上报的制度方法类课题——《电子记账住户收支与生活状况调查电子记账数据“日

2024 年 4 月 19 日，玉林调查队前往玉林市国家安全教育基地开展“总体国家安全观·创新引领 10 周年”主题活动

审”工作方法探索》、经济类课题——《玉林城乡居民收入与消费关系研究》均获广西总队批准立项。

六、抓牢党风廉政建设，全面从严治党更加严实

组织召开全面从严治党专题研究会议，压实全面从严治党责任；丰富学习形式，持续抓好警示教育，采取廉政座谈会、学习党规党纪、观看廉政警示教育片、参观廉政教育基地等方式，引导、教育党员干部筑牢廉洁底线；提升纪检干部履职能力，派员到广西调查总队纪律检查室跟班学习、参加广西调查总队巡察工作，以干代训，在实践中提升专业素养和业务能力；制定干部教育整顿工作计划，召开专题会议研究布置，明确牵头科室，定期汇报工作进度，高质量落实干部教育整顿工作。

（撰稿：黄铮）

国家统计局百色调查队

2023年，国家统计局百色调查队（以下简称百色调查队）坚持以习近平新时代中国特色社会主义思想为指导，围绕“数据真实、服务优质、基础扎实”工作主线，突出重点、狠抓落实，各项工作成效显著。

一、坚持党建引领，纵深推进全面从严治党

（一）加强政治学习，强化政治机关建设

一是扎实开展政治理论学习。严格落实“第一议题”“三会一课”等制度，印发年度百色调查队党建工作要点、党组理论学习中心组学习计划、党支部理论学习计划并认真贯彻执行。二是持续强化意识形态工作。百色调查队党组坚持每半年至少研究一次意识形态工作，积极利用工作信息网、微信公众号开展意识形态宣传教育。三是着力打造“党旗红、统计蓝、队伍强、业务精”单位文化宣传阵地，构建良好的环境氛围。

（二）深入开展主题教育，增强党组织凝聚力

一是精心谋划部署，落实举措把理论学习、调查研究、推动发展、检视整改等贯通起来，确保主题教育各项任务落实落细。二是坚持高标准严要求，通过百色调查队党组领学、支部带学、专题促学和个人自学，推动党员干部主题教育理论学习入脑入心。

（三）提升党建品牌建设，推动党建和业务深度融合

1. 深化党建品牌建设。坚持党建和业务深度融合，推动实施“文秀先锋行·调查数据真”党建工作品牌建设，设立7个“文秀”先锋队，不断增强党支部政治功能和组织功能。2023年，百色调查队“文秀先锋行·调查数据真”党建品牌获评百色市直机关“一支部一主题一品牌”优秀案例；百色调查队党支部获评百色市市直机关“四强”标兵党支部。

2. 打造党建联盟助推辖区同频共振。着力打造红城国调特色党建品牌，联合百色市辖区县级调查队党支部组建“右江红·国调先锋联盟”，积极开展“联学、联建”活动，构建共建、共享、共融的基层国家调查队党建工作新格局。

2023年9月23日，广西调查总队党组成员、副总队长黄茂平（右一）带队到百色市右江区福禄村开展农业生产情况调研

（四）推进清廉建设，持续落实全面从严治党责任

1. 压紧压实主体责任。精心研究推动全面从严治党工作，每半年召开全面从严治党专题研究会议和百色市辖区调查队全面从严治党工作会议。印制党风廉政建设“两个责任”全程纪实手册，推动“两个责任”落实。加强对百色市辖区县级调查队

2023 年 11 月 14 日，百色市委副书记丘德彬（前排中间）
带队到百色调查队开展调研指导工作

党建和党风廉政建设监督指导。

2. 深入开展警示教育。利用集中学习、微信公众号、手机短信、廉政党课等方式，常态化开展警示教育。扎实推动纪检干部教育整顿和第二批干部队伍教育整顿，认真抓好学习研讨和警示教育，不断夯实党员干部的思想基础。

3. 认真落实总队巡察整改各项工作。将广西调查总队党组巡察反馈问题整改工作与落实 2023 年重点工作任务有机结合起来，严格制定整改方案和 69 项整改措施，并认真落实整改，如期完成整改任务。

二、聚焦主责主业，高效推进统计调查工作

（一）借势用力，探索建立“市管县”数据质量管理新格局

推动召开百色市级层面工作会议推进住户调查、劳动力调查、畜禽监测调查样本轮换等工作。积极推动百色市人民政府将住户调查、农业统计调查数据质量及基础工作质量纳入年度绩效考评工作体系，住户调查、农业统计调查“市管县”工作有了着力点和指挥棒。

（二）打牢基础，圆满完成各项调查任务

1. 强化“标准化”管理，推进住户调查工作。统一整理、完善百色市“编码通”“平台日审通”“问卷审核通”和“台账通”等四项数据审核流程，制定“日常数据审核考评标准”“分市县住户调查基础工作检查评分表”“分市县住户调查报表质量考评通报表”，理清“日审”工作思路，强化数据审核力度。

2. 开展联查联审，夯实农业畜牧业调查基层基础。会同百色市统计局建立农业统计调查基层基础台账定期联合检查机制，运用线上视频全覆盖检查、线下重点抽查检查的方式，提高基层基础台账的检查频次和范围，确保粮食畜牧业调查基础工作扎实稳固。

3. 加大核查力度，力促涉企调查核查全覆盖。印发采购经理调查、工业生产者价格调查数据质量核查工作通知，强化核查进度通报。全年采购经理调查数据质量核查覆盖率超 95%。

4. “小班培训”，提升劳动力调查工作质效。改变集体培训的方式，派员深入百色市辖区 12 个县级统计局、调查队开展“小”而“精”培训，实现“一对一”现场检查指导，提高培训的针对性和实效性。

2023 年 6 月 12 日，广西调查总队劳动力调查处到百色市平果市开展劳动力入户陪访工作

5. 溯源管理，全程把控价格调查数据质量。以日常化追踪、凭证化回溯、标准化质控三载体加强溯源管理，全程把控消费价格调查数据质量，对网络采价点和超市采价点实行季度核查全覆盖。

2023 年 11 月 23 日，广西调查总队农业调查处到百色市隆林各族自治县开展调研工作

三、推进统计法治建设，为高质量统计调查保驾护航

（一）深化普法学习宣传，提高统计法治感染力

一是推动百色市委常委会、市人民政府常务会议专题学习统计法律法规和防范统计造假、弄虚作假相关文件精神。百色调查队主要领导到百色市委党校讲授《统计法》及相关法律法规知识。二是每季度组织全队学习《意见》《办法》《规定》《监督意见》，开展百色市辖区调查队统计法治学习培训。三是坚持逢会必讲法，全年依托各调查业务培训会开展统计法治宣讲 16 次，培训人数超 500 人次。

（二）严格开展执法检查，提升统计法治威慑力

一是持续推进“双随机”统计执法检查工作。年内对 2 个县级统计局和 6 家企业开展统计执法检查，选派 2 名执法人员参加广西调查总队“双随机”统计执法检查工作。二是扎实做好统计执法检查“后半篇”文章。认真对照广西调查总队“双随机”统计执法检查发现问题，开展对照整改和自查自纠。三是加大统计造假屡禁难绝专项治理行动推进力度，全覆盖开展各调查专业源头数据核查专项行动。

四、强化统筹协调，有效服务统计调查工作

2023 年 6 月 13 日，广西调查总队机关第七党支部与百色队党支部联合到粤东会馆开展“联学联建强党性 统计征程建新功”主题党日活动

一是推进规范化管理，修订公车管理使用、会议管理、培训管理和财务管理等相关制度，开展公文写作、固定资产管理使用、财务管理工作等学习培训。二是扎实开展网络安全与信息化、保密、档案工作，组织百色市辖区国家调查队干部职工开展网络和数据安全培训及应急演练。做好日常涉密管理，多形式组织开展保密学习培训，组织干部职工参加“保密观”APP 保密知识学习并全部通过考试。以购买服

务的方式，推进数字化档案建设，完成全部档案数字化转化。

五、加强教育培训，锻造高素质干部队伍

2023 年 8 月 31 日，百色调查队举办 2023 年三季度百色市“住户调查文秀先锋流动红旗”授旗活动

一是坚持以“实绩”用人导向，用好公务员职务与职级并行政策，年内晋升 4 名干部职级。二是选树先进典型和标兵，表彰年度文秀先锋科室 3 个、业务标兵 6 名和“两个信息”写作先进个人 6 名。三是加强干部教育培训，鼓励 13 名干部参加中、高级统计专业技术资格考试，组织 12 名干部参加国家统计局国际网络培训；积极参与地方调训，选派 8 名干部参加百色市党建、保密、妇联等培训；走进基层党校自主办学，组织百色市辖区国家调查队干部到靖西市南坡乡党校开展党的二十大精神学习培训。四是以创建文明单位为抓手，积极展现干部队伍团结协作、奋勇争先的精神风貌。2023 年百色调查队获评第十批百色市文明单位、第十八批广西壮族自治区文明单位。

（撰稿：黄立东）

国家统计局贺州调查队

2023 年，国家统计局贺州调查队（以下简称贺州调查队）在国家统计局广西调查总队党组的正确领导和贺州市委、市政府的关心支持下，坚持以习近平新时代中国特色社会主义思想为指导，认真学习和贯彻党的二十大精神，扎实开展第二批主题教育，紧紧围绕广西总队“数据真实、服务优质、基础扎实”三大工作主线，坚持“33553”绩效管理目标工作思路，不断提升统计调查业务能力和服务水平，高质量完成了各项工作任务。

2023 年 6 月 7 日，广西调查总队党组书记、总队长廖金昌（左一）到贺州调查队开展党建调研指导工作

一、守正创新，赋能驱动调查事业高质量发展

一是扎实推动党的二十大精神落实落地。持续在全面学习、全面把握、全面落实习近平新时代中国特色社会主义思想上下功夫。严格落实“第一议题”制度，跟进学习党的二十大精神 11 次，参加党的二十大精神培训班，组建宣讲小分队赴基层宣讲、开展“微党课”走进调查网点、支部书记讲专题党课、撰写“党的二十大精神与业务融合”工作情况交流 7 篇等举措推动党的二十大精神落实落地。二是政治机关建设提质增效。坚持政治机关定位，将学习贯彻习近平总书记对统计工作重要指示批示精神和《意见》《办法》《规定》《监督意见》贯穿全年工作始终，全年通过党组会、党组中心组会议、“三

2023 年 6 月 6 日，贺州调查队深入贺州市八步区贺街镇开展早稻病虫害生产情况调研

会一课”等学习4次。深入贯彻落实习近平法治思想，贺州调查队党组书记、队长应邀到市委党校为“2023年贺州市中青年干部培训班”开展统计法治专题讲座。广西调查总队在贺州建立首个广西国家调查队系统统计法治宣传教育志愿者服务队，全年组织开展“双随机”统计执法4次。三是多维“廉”动赋能清廉机关建设纵深推进。围绕“清廉机关”建设主线，通过学习倡廉、党建引廉、制度固廉、文化润廉、家庭助廉、正风护廉六步“廉”动，不断打造“清廉队伍”推动国家调查工作高质量发展。利用红色教育基地深化党风廉政教育；制定《推进清廉机关建设实施方案》，印发廉政风险防控手册；开展廉政家访，打造好清廉文化长廊。四是把党中央、国务院关于推进统计现代化改革的重大部署具体化、行动化，创新提出绩效管理提升“33553”工作思路，制定49项工作任务，明晰高质量发展任务书、时间表、责任人。五是贯彻落实意识形态责任制，学习习近平总书记关于意识形态重要论述2次，党组听取落实意识形态报告2次。

2023年8月28日，贺州调查队到富川瑶族自治县开展住户调查“大访户”督导工作

二、党建引领，推动党建业务同频共振互融互促

一是党建引领激发统计调查新活力。打造“党建+住户调查”示范点，联合广西调查总队高规格打造广西第一家“国家住户调查驿站”，得到广西调查总队领导高度认可；在贺州市机关党务干部培训班上围绕党建与业务融合经验进行了典型发言，在2023年广西住户调查工作培训班上作先进经验介绍，获得2023年系统劳动力调查业务技能竞赛团体三等奖。二是创新主题党日新方式。组织党员赴红军长征湘江战役园开展“踏寻长征足迹传承红色基因”主题党日活动，结合庆祝“七一”开展“清风扬正气 廉洁守初心”主题党日活动，联合百色调查队开展“传承红色基因 大兴调查研究”主题党日活动等。三是深入开展支部标准化规范化建设。党支部荣获市直属机关先进基层党组织称号，2名党员同志分别获贺州市直属机关优秀共产党员、优秀党务工作者称号，单位荣获新一轮贺州市文明单位荣誉称号。四是群团聚力实现新突破。常态化开展志愿服务活动，举办青年理论学习小组研讨活动，党员先锋模范作用日益彰显。

2023年11月20日，贺州调查队深入贺州市平桂区养殖企业，详细了解主要畜禽统计指标数据来源及统计人员配备等情况

2023 年 9 月 19 日，广西调查总队、贺州调查队、贺州市统计局在贺州市八步区黄洞瑶族乡联合举办第十四届“中国统计开放日”暨《中华人民共和国统计法》颁布 40 周年宣传活动

三、严字当头，纵深推进全面从严治党亮点频出

一是创新开展“拉练工作法”赋能纪检工作提质增效。分批组织党员、纪检干部赴桂林、梧州、玉林、北流等调查队开展纪检业务拉练，提升纪检干部履职能力。二是首次开展对贺州市辖区县级调查队全面从严治党“政治体检”，营造贺州市辖区调查队风清气正政治生态。三是在全区率先开展“干部作风强化年”活动。出台《贺州辖区国家调查队干部作风强化年工作方案》，重点纠治“躺平式”“守摊型”等八种作风表现，深入查摆存在的作风问题，建立单位、个人两张作风问题清单，明确整改措施和完成时限。四是纪检干部队伍教育整顿成效突出。开展集中学习 5 次，交流研讨 3 次，廉政家访 5 人次，纪检干部廉洁谈心谈话全覆盖，开展专题警示教育会 14 次，贺州市辖区调度会 4 次。五是创新开展纪法教育。在全系统创新建立“廉政导师”制度，编印全面从严治党暨纪法知识汇编，围绕“一次党内谈心谈话、一次队长宣讲统计法、一次统计法治大学习、一次《统计法》在我心中主题征文、

2024 年 5 月 9 日，贺州市委书记李杰云（中）到贺州调查队开展调研指导工作

一次廉政警示教育、一次党纪法规知识测试”等“六个一”开展纪法教育月活动。

四、凝心聚力，统计优质服务水平不断提升

1. 优质服务提档升级。发挥统计监督职能作用，大兴调查研究之风，组建“两个信息”工作专班，每个季度召开“两个信息”推进会及调度会，参与撰写调查信息报告 130 篇，其中国家统计局采用 40 篇。广西调查总队采用政务信息 140 篇，国家统计局内网首页采用 47 篇。优质服务工作得到地方党委政府高度肯定，获贺州市委、市政府主要领导批示 10 篇次。

2. 新闻宣传成效明显。一是联合广西调查总队成功举办贺州市第十四届“中国统计开放日”活动，得到广西法治日报、平安广西网、贺州电视台、贺州日报宣传报道。二是发挥政务新媒体宣传优势打造宣传“新高地”。截至 10 月底，累计发布原创微信信息 162 条，转发广西调查总队微信 97 条，转发其他媒体微信 63 条，广西调查总队官方微信公众号采用 16 篇。三是社会效果显著。获中国信息报采用 7 篇，“中国信息报”微信公众号采用 1 篇，广西法治日报采用 1 篇，贺州新闻网采用 1 篇。

五、质量先行，各项业务工作取得新成绩

一是牢固树立数据质量生命线意识，扎实做好粮食产量、住户收支、居民消费价格、农民工监测调查、工业品价格、采购经理指数调查等常规调查，为研判经济形势、保障粮食安全、统筹城乡发展、增强民生福祉提供重要参考。二是高质量完成青年发展状况调查、2023 年贺州市妇女儿童相关领域发展状况调查等专项调查任务。制定《2023 年贺州市妇女儿童相关领域发展状况调查方案》，明确调查开展方式，落实具体人员责任，抓好人员培训，做好数据采集和监督审核，确保调查过程严谨规范。三是开展住户调查交叉检查，扎实推进住户调查“大访户”工作。成立“大访户”工作组，贺州调查队主要领导、分管领导、纪检组组长深入到 5 个县（区）调查网点，实现全市县（区）全覆盖。四是贯彻落实数据质量核查制度，印发《贺州统计调查报表质量通报制度》，强化开展督查检查，推动各专业源头数据质量核查全覆盖，累计开展核查 70 余次。

（撰稿：陶镜羽、谢恒）

国家统计局河池调查队

2023 年，在国家统计局广西调查总队党组的正确领导下，国家统计局河池调查队（以下简称河池调查队）坚持以习近平新时代中国特色社会主义思想为指导，全面贯彻党的二十大精神，深入贯彻落实习近平总书记关于统计工作重要讲话指示批示精神，围绕“数据真实、服务优质、基础扎实”工作主线，统一思想，凝心聚力，抓好落实，深入推进全面从严治党，着力夯实调查基层基础，切实提高数据质量，持续优化统计调查服务水平。

一、强化政治建设，推动上级决策部署落地

（一）持续深入学习贯彻党的二十大精神

一是依托党组理论学习中心组学习、“三会一课”、青年理论学习小组等载体，组织党员干部学习习近平总书记关于统计工作的重要讲话指示批示精神、《党的二十大报告辅导读本》《习近平著作选读》等读物，开展集中学习研讨 36 次，抓好抓牢意识形态工作。二是把学习宣传贯彻党的二十大精神作为 2023 年党建工作重中之重持续抓好，开展“党的二十大我来讲”主题活动、河池调查队领导班子上专题党课、“党的二十大精神下基层”、举办河池市辖区调查队学习贯彻党的二十大精神干部能力素质提升轮训班等形式多样的宣传教育活动。

（二）推动主题教育走深走实

一是组织党员干部参加全国“学思想强党性共奋斗”知识挑战赛，激发党员干部学习理论知识的热情。开展“缅怀革命先烈，弘扬烈士遗风”等一系列的主题党日活动，激发党员干部干事创业的斗志。二是紧紧围绕“学思想、强党性、重实践、建新功”总要求，针对党的建设、基层基础、队伍建设等领域的重点难点堵点问题，确定党组和领导班

2023 年 9 月 20 日，河池调查队举办第十四届“中国统计开放日”广西分会场活动

子成员的5个调研选题，调研范围覆盖全市11个县（区）统计局和4个县级调查队，班子成员深入基层开展调研36人次。

2024年1月11日，国家统计局数据管理中心副主任余新华（左二）、广西调查总队党组成员、副队长李青（左三）赴河池调查队开展调研指导工作

（三）创新开展辖区纪检干部教育整顿

一是纪检组长带队到河池市辖区各县调查队开展“倾听式”走访，全面了解各队的纪检监督情况及存在的问题，并现场提出指导性意见。二是刀刃向内扎实开展纪检干部队伍教育整顿。组织召开河池市辖区纪检干部集中专题学习教育会7次，开展纪检监督检查、执法检查和业务规范化检查，以问题为导向开展自查自纠，深挖产生问题的根源并明确整改方向，共查摆问题33条，制定整改措施71条，明确1条为重点整改问题，每月定期更新整改情况。

（四）积极贯彻落实上级重大决策部署

一是认真贯彻落实《国家统计局贯彻落实党的二十大战略部署工作方案》，结合工作实际研究制定了21条措施。二是通过河池调查队党组会、党组理论学习中心组学习、全体会议等多种形式学习统计法律法规及《意见》《办法》《规定》《监督意见》8次，积极推动河池市政府印发《关于进一步加强河池国家调查工作的通知》，为国家调查工作提供了坚强的保障。

二、强化法治建设，推动统计数据质量提升

（一）加强调查对象普法宣传力度

河池调查队充分利用新媒体宣传效能，结合主流媒体，构建全方位普法宣传新格局。河池调查队制作的2篇统计法治类专题微信均获广西调查总队微信公众号采用，并获得调查对象一致好评。在《河池日报》上发表署名文章《扎实推进统计法治建设 奋力开启依法统计新征程》，通过主流媒体宣传提高普法宣传影响力。

（二）夯实地方统计法治基层基础

一是持续推动“统计法进党校”工作。河池调查队纪检组长受邀到河池市委党校进行授课6次。二是认真开展统计造假屡禁难绝专项治理行动，始终保持统计执法检查高压态势。年内由河池调查队领导班子成员带队对6家调查企业及河池市辖区4个县（区）统计局开展了统计执法检查，并向8个乡镇12个村延伸检查。

2023年11月6日-8日，广西调查总队党组成员、副总队长陆奉昌（左二）率调研组赴河池市督导“加强统计调查 提升统计服务”居民增收工作

三、强化基础建设，推动调查业务工作落实

2023年，河池调查队紧紧围绕总队“数据真实、服

2024 年 3 月 12 日，广西调查总队党组成员、党组纪检组组长付成云（右排中）赴河池调查队督导统计法治专项工作

务优质、基础扎实”工作主线，脚踏实地，稳扎稳打，不断夯实统计基层基础工作。住户调查方面，实施数据质量定期通报制度，倒逼各县区数据监管责任落实到位。开展“县县”交叉检查、住户调查“大访户”“加强统计调查提升统计服务”专项行动，全力做好新样本记账户收支数据核查工作，有效提升数据质量。粮食面积产量调查方面，稳步推进非国家监测调查县粮食面积产量监测调查工作，全覆盖开展数据质量核查，对河池市辖区内所有县区统计局、县级调查队从核查范围、核查层级和核查内容等全方面开展核查，提升数据质量。畜牧业监测调查方面，安排专人通过平台对记账工作实时监控，加大跟踪监督力度，及时将存在问题反馈县区，电子记账工作推进成效明显，部分县区大型规模养殖场（户）已实现 100% 电子记账。劳动力调查方面，开展“大家来找茬”情景式培训、小班式辅助调查员培训会，切实提高调查员入户调查技巧。该项做法获《中国信息报》推广报道。居民消费价格调查方面，建立采价打卡制度，有效预防提前采集数据或迟报、漏报数据问题。开

2023 年 11 月 6 日，河池调查队获评 2023 年度河池市新闻工作先进集体

2024 年 2 月 27 日，河池调查队赴帮扶联系点河池市金城江区六圩镇板坝村开展“春耕助农”志愿服务活动

展数据大清查，组织人员对全市所有采价点和规格品进行全面检查，及时替换部分 518 个缺失或失去代表性的规格品，替换了 9 个调查网点。

四、强化能力建设，推动统计服务水平提高

（一）优质服务质量稳中向好

2023 年河池调查队共撰写调查信息报告 91 篇，其中全区组稿 7 篇，成绩显著。撰写的《当前民办幼儿园生源严峻经营困难　需顺应少子化形势纾解窘境》获评 2023 年一季度高质量调查信息报告，并获自治区领导批示。

（二）新闻宣传工作取得新进步

2023 年河池调查队获广西调查总队微信公众号单篇采用 12 篇；获《中国信息报》单篇采用 8 篇；获河池日报等本地主流媒体采用信息 10 篇。年内共召开 2 次调查数据新闻发布会，成功举办第十四届“中国统计开放日”河池分会场活动，获广西日报、河池日报、头条河池等主流媒体跟进报导。河池调查队通过加强数据发布、紧扣关键节点、覆盖新老平台等方式加大新闻宣传力度，新闻宣传工作取得突出成效，获评 2023 年度河池市新闻工作先进集体。

（撰稿：岳浩宇）

国家统计局来宾调查队

2023年，国家统计局来宾调查队（以下简称来宾调查队）坚持以习近平新时代中国特色社会主义思想为指导，深入学习贯彻党的二十大精神和习近平总书记关于统计工作重要讲话指示批示精神，围绕“数据真实、服务优质、基础扎实”工作主线，扎实推进来宾国家调查工作规范有序开展。

2023年10月26日，广西调查总队党组成员、副总队长黄茂平（中）带队赴来宾市兴宾区开展晚稻实割实测工作

一、全面加强党的建设，筑牢政治根基

（一）深化理论武装，坚持不懈用党的创新理论凝心铸魂

一是扎实推进学习贯彻习近平新时代中国特色社会主义思想主题教育。成立主题教育领导小组，印发工作方案，制定细化30项措施；购买指定必学书籍，制定主题教育读书班、专题学习研讨工作计划；来宾调查队党支部制定理论学习计划，

2023年9月20日，来宾调查队与来宾市统计局、金秀县统计局联合举办以“经济大普查 数说新时代”为主题的文艺演出

通过“主题党日”“三会一课”等形式，“五级联动”推动主题教育理论学习走深走实。自第二批主题教育启动以来，已组织开展理论学习中心组学习、读书班、党员集中学习、青年理论学习小组学习、上专题党课等各1次，学习人次达105人次。扎实开展调查研究，班子成员结合分管领域深入基层调研10余次。结合开展“加强统计调查 提升统计服务”专项行动，深入基层统计局、调查队和调查网点等开展建言献策活动。二是推进理论学习常态化。来宾调查队党组理论学习中心组集体学习5次、领导上党课5次。举办来宾市辖区调查队学习贯彻党的二十大精神暨能力提升培训班，学习人数39人。

2023年12月8日，来宾调查队联合来宾市兴宾区统计局到乡村振兴联系点兴宾区良塘镇开展《中华人民共和国统计法》颁布40周年纪念日法治大宣传活动

（二）规范组织建设，筑牢坚强战斗堡垒

一是强化支部班子建设。来宾调查队党组高度重视党支部换届选举工作，配齐配强党支部班子。2023年6月19日，完成支部换届选举，产生新一届支部委员会。二是大力推进党支部标准化规范化建设。认真制定支部组织生活指导计划，通过规范组织形式、规范学习活动、规范管理机制，认真抓好“三会一课”、组织生活会、谈心谈话、民主评议党员等党内组织生活制度落实；来宾调查队党支部连续三年获评市直机关五星级党支部。党建调研课题《机关党建服务党中央经济工作决策部署研究——以品牌创建推动党建与业务深度融合的实践与思考》荣获2022年度市直机关党建优秀理论研究成果三等奖。

（三）以党建促文明创建，积极争创自治区文明单位

一是积极培育践行社会主义核心价值观。充分发挥文化阵地作用，开展道德讲堂、全民阅读等系列活动5次，开展“我们的节日”主题活动和民族团结创建活动4次，志愿服务7次。二是积极争创自治区文明单位，6月已通过自治区精神文明建设指导委员会办公室核验。

2024年3月5日，来宾调查队到忻城县红渡社区开展劳动力调查回访检查工作，现场举办“业务微课堂”

二、紧扣工作主线，年度重点工作取得扎实成效

聚焦“数据真实、服务优质、基础扎实”工作主线，研究制定《国家统计局来宾调查队推进调查工作“数据真实、服务优质、基础扎实”实施方案》推动年度各项工作取得成效。

（一）守牢数据质量“生命线”，为“数据真实”护航

一是持续营造良好统计法治氛围。持续推动统计法治宣传，先后深入企业、网点、机关单位“面对面”普法。

2024 年 4 月 15 日，来宾调查队联合来宾市农业农村局及兴宾区相关单位到大湾镇歪榜村开展南方冬小麦实割实测工作

提质增效

一是推进“专项行动”提升统计服务质效。制定《“加强统计调查 提升统计服务”行动实施方案》，通过开展样本大维护、业务大培训、数据大审核、网点大走访，加强农业农村、居民收支、脱贫县监测、消费价格等调查工作监管，全面掌握实情实数，为地方党委政府决策提供优质统计调查服务。二是积极开展热点难点问题深度分析。加强统计信息和约稿撰写，向广西调查总队上报约稿 109 篇，组稿 3 篇，单篇报告 11 篇；广西调查总队采用约稿 97 篇，单篇报告 10 篇，向来宾市委办公室、市政府办公室报送信息 70 余篇，编发调查专报《来宾市多策“藏粮”显成效 持续稳粮保供仍需加力》获来宾市市长廖和明批示。

在兴宾区良塘镇开展“党的二十大精神润心田，统计法治护数源”宣传活动，结合第十四届“中国统计开放日”联合来宾市统计局及金秀县统计局举办第十四届“中国统计开放日”暨《中华人民共和国统计法》四十周年系列宣传活动。二是强化统计法治威慑力，持续加大统计执法检查力度，坚决遏制“数字上的腐败”。联合纪检部门对金秀县统计局、武宣县统计局及 5 家样本企业开展统计执法检查，对涉及调查业务全覆盖检查。三是统计造假屡禁难绝专项治理有序推进。紧扣国家统计局、广西调查总队工作部署，制定推进落实防治统计造假专项治理行动工作安排表，推进专项治理持续深入。

（二）聚焦统计信息分析，推动“服务优质”提质增效

（三）抓好基层基础建设，确保“基础扎实”保障有力

一是持续推动党建与业务深度融合。打造“红映国调 · 数说来宾”党建品牌，推进党建与调查业务同频共振，实施党员干部联系指导制度，加强对县乡调查员、村委社区辅助调查员和企业统计员培训指导，打造“党员帮扶工作站”；发挥党员辅助调查员先锋模范作用和党员记账户示范带动作用。

2024 年 3 月 12 日，来宾调查队组织干部职工到乡村振兴联系点兴宾区良塘镇里望村与村委干部、群众共同开展“兴修水利助春耕 乡村振兴惠民生”活动

二是聚焦国家调查业务基础提升，确保调查任务有序推进。继续加强粮食畜牧业统计调查数据归口管理工作，加强报表督促指导，主动了解基层存在困难问题，做好指导，强化部门协同和报表分析评估，把准全市粮食畜牧业生产运行总体趋势。住户调查扎实推进“大访户”，在完成分省农村样本“大访户”的基础上，9 月来宾市启动分市县农村样本“大访户”工作，来宾市辖区源头数据质量明显提升。涉企调查创新数据质量核查，结合统计执法检查、纪检参与核查等多种形式进行数据质量监督检查，核查覆盖面及力度较往年明显增加。CPI 调查不断拓宽行业中扫描数据应用，通过开展“党建 + 消费价格调查”联学联建主题党日活动、加强与地方部门沟通座谈等多种形式推动扫描数据在 CPI 调查行业中的应用，目前扫描数据应用规格品数量 257 个，占总规格品的 15.7%。劳动力调查源头数据质量核查实现全覆盖，联合来宾市市文明办、人力资源和社会保障局，将劳动力调查宣传融入创城宣传和用工招聘宣传工作中，利用移动公交、社区电子屏等载体扩大宣传覆盖面，有效延伸至县、乡、村一级。

三是部门联动探索调查方法。为加快构建现代化农村统计调查体系，探索改进农作物单位面积产量抽样调查方法，在广西调查总队和自治区农业农村厅领导、专家的指导下，组织来宾市辖区兴宾区统计局、象州调查队在全区首次开展早稻整收整测试点、首次举办 2023 年全区水稻高产攻关暨绿色高产高效行动晚稻整收整测试点现场会，为服务保障广西粮食安全提供坚实的数据支撑。

（撰稿：李谦）

国家统计局崇左调查队

2023 年，国家统计局崇左调查队（以下简称崇左调查队）持续深入贯彻党的二十大精神，扎实开展学习习近平新时代中国特色社会主义思想主题教育，围绕广西调查总队“数据真实、服务优质、基础扎实”工作主线，团结一心，务实进取，保持稳健发展，工作业绩实现新跨越。在 2023 年广西国家调查队系统市县调查队目标管理考核中，崇左调查队单项考核荣获 10 项优秀和 11 项良好，综合考核排名跃居第 3，建队以来首获优秀等次。单位获评“崇左市建市 20 周年突出贡献奖先进集体”。

一、聚焦政治机关建设，党建工作再上新台阶

崇左调查队坚持和加强党的全面领导，深刻领悟“两个确立”的决定性意义，增强“四个意识”，坚定“四个自信”，做到“两个维护”，坚持以党建为引领，扎实推动各项工作。

（一）深入开展主题教育和学习贯彻党的二十大精神，政治能力不断提高

贯彻落实“学思想、强党性、重实践、建新功”总要求，举办崇左辖区国家调查队学习贯彻党的二十大精神培训班，学习贯彻党的二十大精神宣传视频《弹起天琴颂党恩》获得学习强国平台采用。深入开展第二批学习贯彻习近平新时代中国特色社会主义思想主题教育，举办 6 期 7 天的读书班。

2023 年 5 月 16 日，崇左调查队与广西民族师范学院数理与电子信息工程学院签订联合开展人才培养与科研开发合作协议

2023 年 8 月 3 日，崇左调查队举办 2023 年崇左市劳动力调查技能竞赛

严格执行“第一议题”制度，安排“第一议题”学习 41 次。注重组织自学，持续开展“书香国调 · 读书札记”活动。

（二）严格落实党建工作责任，机关党的建设不断完善

制定年度党建工作要点，明确全年党建工作重点目标任务。严格落实意识形态工作责任制，树牢意识形态思想防线。扎实开展基层党建“五基三化两创”提升年活动，获评“崇左市先进基层党组织”。打造“服务型”模范机关，获评“崇左市创建模范机关标杆单位”。

（三）搭建“1+2+N”党建品牌矩阵，党建和业务不断融合

建立“1”个基地，面向崇左市党委、市政府及有关部门和社会公众，“诚信统计”沉浸式主题党日活动示范基地实现“三进”（进党校、进高校、进新时代文明实践中心），获评崇左市直属机关党组织“固定党日”活动优秀案例。建设“2”个示范点，开展“党建＋粮食畜牧业统计”基层基础工作扎实示范点创建工作，搭建劳动力调查党员辅调员“诚信统计讲堂”平台，夯实基层国家调查数据基础。建立“N”个调查对象模范，评选“诚信统计”记账户、“诚信统计”企业、“诚信统计”辅助调查员，凝聚起不断夯实源头数据质量的强大力量。

二、聚焦工作主线，全线展现新作为

（一）“数据真实”找准新抓手

一是抓数据采集质量监控。抓实电子记账平台

2023 年 9 月 20 日，崇左调查队开展第十四届“中国统计开放日”暨《统计法》颁布 40 周年诚信统计沉浸式体验活动

2023 年 12 月 15 日，崇左调查队获“崇左市先进基层党组织”荣誉称号

日常监控审核工作，大中型畜牧业养殖户电子记账率超过 99%，住户调查电子记账率超过 96%；建立完善现场问题反馈台账等 11 套劳动力调查工作台账，对 50% 的调查户进行电话回访。二是抓数据审核方法创新。建立甘蔗收支核查台账等特色台账，有力提升调查数据质量；制定并下发《粮食畜牧业全面统计村级报表审核流程》，指导乡镇统计机构规范做好粮食畜牧业全面统计调查报表审核工作。三是抓数据生产的监督。队内按季度对科室调查工作及数据质量进行交叉检查；组织各专业开展源头数据大核查。

（二）“基础扎实”取得新进步

一是夯实基层业务基础。举办崇左市劳动力调查技能竞赛，派员参加广西国家调查队系统劳动力调查技能竞赛获得团体二等奖，组织崇左市县级统计机构分管领导业务测试，举办崇左市县（区）住户调查业务能力“周”提升班。二是提升队员调查能力。编印《统计调查业务知识 200 问》，开展岗位比武，举办统计应用软件培训班，组织全队业务骨干对专业数据评估过程进行问诊。三是推进主要业务高质量发展。主要畜禽监测调查样本轮换摸底调查工作采取三级业务培训等措施，顺利通过联合督导组的实地检查。住户调查加大“日审”力度、创新培训模式等措施，加大电话抽查和回访力度，基层基础工作不断夯实。市级城镇调查失业率统计工作步入正轨。

（三）“服务优质”展现新作为

一是开展“加强统计调查 提升统计服务”专项行动。制定专项行动方案，对粮食生产、居民收支、脱贫县农村监测、消费价格等民生基础数据进行重新梳理。二是优质服务继续保持前列。2023 年度调查信息报告得分在 14 个市级队中排第 1 位。崇左市政府政务信息采用考评得分、任务完成率在所有崇左市直及中区直驻单位中均排第 3 位。2023 年度，调查报告获崇左市领导批示 4 篇，获国家统计局内网首页采用 11 篇。三是新闻宣传取得新进展。在崇左市政府新闻办公室召开主要调查数据新闻发布会；投稿《中国信息报》47 篇，获得采用 11 篇；主要领导在各级媒体发表署名文章 3 篇。

三、聚焦专项治理，统计法治生态逐步向好

严格落实防范和惩治统计造假弄虚作假责任制，研究部署统计造假屡禁难绝专项治理工作，制定工作清单，明确三大任务 14 项具体工作措施。开展 4 次对统计法律法规及重要改革文件的学习。配合做好广西调查总队 2023 年第一批“双随机”统计执法检查，制定 39 项整改措施，已全部完成整改。完成对 16 家企业及 2 家县统计局的统计执

2024 年 1 月 18 日，国家统计局党廉办（机关纪委）副书记李星（右二）、广西调查总队党组书记、总队长廖金昌（左二）莅临崇左调查队调研指导工作

法检查，对1家样本企业的统计违法行为给予警告处罚。

四、聚焦队伍保障，行政工作高效运行

（一）落实强有力人才队伍

一是多途径提高干部职工能力。开展壮语培训，改善进村入户“沟通难”问题；到高校举办统计应用软件培训班，储备专业人才；分组到区内先进队交流学习，拓展工作思路，学习优秀经验。二是着力加大干部培养力度。选拔任用2名正科级领导干部；安排干部上派下挂5人次；选派参加全国专项调查工作及广西调查总队巡察、执法、审计工作7人次。三是着力搭建能力展示平台。每季度评选“业绩标兵”“星级党员”和“清廉标兵”，设置“党员先锋岗”，营造干事创业良好氛围。

2024年4月28日，崇左调查队举办“今日之中国”青年论坛活动

（二）落实高效规范行政运行保障

制定印发重点工作任务分解表，将业绩进度表上墙，并强化督查督办；加强保密和国家安全宣传培训力度，与国安部门合作，加强对队员的出入境管理，抓牢保密防线，全年无失泄密事件发生；保障OA、无纸化会议系统、视频会议系统正常运行；严格日常档案管理，档案工作获评优秀等次；抓实网络安全和数据安全工作。狠抓预算制度执行，落实“紧日子”要求。

五、聚焦巡察整改，全面从严治党稳步前行

狠抓全面从严治党责任落实，贯彻落实国家统计局、广西调查总队全面从严治党工作会议精神。配合完成广西调查总队党组2023年第一轮巡察第二巡察组的现场巡察工作。全面落实巡察反馈意见和整改要求，细化分解为4方面28项具体问题56项具体整改措施任务，按期完成全部整改工作。

（撰稿：谢佛）

国家统计局马山调查队

2023年，在国家统计局广西调查总队党组、南宁调查队党组的正确领导下，国家统计局马山调查队（以下简称马山调查队）领导班子坚持以习近平新时代中国特色社会主义思想为指导，持续深入学习党的二十大精神，认真贯彻落实习近平总书记关于统计工作重要讲话指示批示精神、习近平总书记对广西重大方略要求，深入开展第二批主题教育，锚定“数据真实、服务优质、基础扎实”年度工作主线，各项重点任务扎实推进、工作成效良好。

2024年4月16日，广西调查总队党组成员、副总队长陆奉昌（右三）陪同黑龙江调查总队二级巡视员李春华（右四）到马山县开展党建引领乡村振兴工作调研

一、2023年工作开展情况

（一）从严强思想、抓作风，党的建设全面加强

1. 强化政治建设，坚守政治机关定位。一是围绕走好第一方阵，加强政治机关建设。严格落实“第一时间”“第一议题”制度，及时跟进学习习近平总书记最新重要讲话精神、深入巩固学习党的二十大精神，稳步推进贯彻落实党的二十大战略部署21项统计专项任务有序开展。二是狠抓意识形态工作，分析研判意识形态工作形势，加强工作群、微信公众号、内网等意识形态阵地建设，牢牢掌握意识形态话语权。三是健全工作机制，推进“四强”党支部建设，严肃党内政治生活，开展基层党建“五基三化”提升年行动，推进基层支部标准化、规范化建设。

2023年9月13日，马山调查队陪同马山县县委书记穆贤清（左一）开展访户调研工作

2. 坚持统筹谋划，扎实推进主题教育。一是强化组织领导，严格落实工作安排。研究制定实施方案，组建领导小组，开展动员部署，进一步统一思想、统一行动。二是持续多点发力，推动学思践悟。依托“三

2023 年 9 月 20 日，马山调查队联合马山县统计局开展第十四届“中国统计开放日”宣传活动

会一课”、主题党日形式，陆续开展“青年荐学课堂”等活动，在读原著、学原文、悟原理上下功夫、求实效。三是激发干事创业精神，推动高质量发展。组建党员服务突击队、党员辅调员普法先锋队，不断发挥党员先锋模范作用。四是坚持问题导向，推动检视整改见成效。对照检视查摆突出问题 5 项，制定整改措施 13 条，对清单实行动态管理，执行销号制度。五是抓好建章立制，推动常态长效。修订公务用车管理细则等 5 个制度，补齐制度短板，确保主题教育有实效见长效。

3. 积极创新举措，巩固提升党建品牌。持续推进党建与调查业务深度融合，持续巩固提升“为民调查当先锋 千山万弄党旗红”党建品牌。住户类调查通过“党建＋结对互联”“党员联户记账”等机制，确保记账质量有效提升。粮食产量调查通过“微党课”开展政治理论联学共学，提升辅助调查员“做好粮食调查 守护粮食安全”的意识。劳动力调查通过加强对辅助调查员的考核管理，以先进典型为引领，不断提升调查工作规范性。主要畜禽监测调查深入推动“党建＋”，切实发挥村级党支部战斗堡垒作用，充分调动全县 156 个村、社区力量，推动样本轮换摸底调查走深走实。

（二）全力抓管控，强基础，业务建设不断提升

牢固树立抓源头、重基层、强基础的工作理念，落实源头数据大核查任务，及时研究对策措施，强基赋能。住户类调查建立完善访户长效机制。粮食面积产量调查确保业务人员、辅调员学深悟透最新制度要求，提升报表方案执行力。主要畜禽监测调查坚持部门联合推动、积极争取地方党委政府的工作支持。劳动力调查坚持“每月一陪访、每月一回访、每月一电话核查”。

（三）坚持抓重点、提实效，落实防范和惩治统计造假弄虚作假责任

一是扎实开展防范和惩治统计造假弄虚作假专项治理行动。研究部署，制定专项治理行动实施方案，推动专项治理行动各项工作措施落实落地。二是加强统计法治学习。不断提高全体干部职工依法统计的责任意识和风险意识，全面压实防范和惩治统计造假弄虚作假责任。三是完善相关统计法治规范性文件。及时制定出台法治工作文件，全面落实工作职责。四是多次推动地方常委会、常务会议专题学习统计法治重要文件精神，积极推动“统计法治进党校”。10 月底，队主要领导到党校授课，解读统计法律法规，增强领导干部依法统计意识。五是积极与地方纪委、巡察机构沟通协调，进一步明确相互职能，促进统计监督与其他监督的有效融合。

（四）突出深调研、提质量，优质服务卓有成效

狠抓信息工作，不断提升统计优质服务水平。一是充分发挥“轻骑兵”作用。2023 年调查信息报告采用得分 490 分，排在全区县级调查队第 8 名。二是加强政务信息工作，持续提升政务信息工作质

2023 年 12 月 8 日，马山调查队联合马山县统计局开展 2023 年国家宪法日和《中华人民共和国统计法》颁布 40 周年宣传活动

2024年3月7日，马山调查队到马山县古零镇开展马铃薯产量实测工作

面实现电子化办公替代，创建节约型机关。二是加强国家安全人民防线、保密工作、网络安全和数据安全等工作，守牢安全防线。三是优化办公条件，完成2023年办公业务用房修缮维护项目，对会议室、档案室进行升级改造，办公条件得到进一步改善。四是落实政务公开制度，按年度公开预决算及“三公”经费信息，增强工作的公开透明性，自觉接受社会各界和群众监督。

量，2023年获国家统计局工作信息网采用20篇。三是主动向地方政府报送居民收入、粮食产量等专报，获得马山县人民政府有关领导批示并在常委会、常务上研究。四是增强使命意识，讲好统计调查故事，2023年获得广西新闻网等媒体采用通讯稿共10篇。

（五）着力严管理、抓规范，综合保障更加有力

1. 队伍活力进一步激发。一是积极拓宽干部教育培训渠道，2名干部纳入地方党校主体班，4名干部参加统计职称教育考试，不断加强干部能力建设。二是加强干部实践锻炼，建立轮岗机制，选派青年干部参加广西调查总队执法检查、政治巡察、驻村锻炼等，提升干部能力素质。三是加强干部培养，培养2名入党积极分子，党支部定期考察，把好“入口关”，确保每名新发展党员政治合格、质量过硬。四是强化考核管理，发挥“考核”指挥棒作用，推动形成比学赶超良好氛围，进一步激发干事创业潜力。

2. 政务管理进一步规范。一是政务管理全面电子化，充分运用OA办公软件流转办理公文，全

（六）着力重监督，强作风，全面从严治党纵深推进

一是严格落实全面从严治党主体责任，坚持民主集中制、末位表态制，认真执行队内领导集体议事规则，严格遵守“三重一大”制度。将党风廉政建设与业务工作同部署、同检查、同落实。二是开展新时代廉洁文化建设，组织开展廉政家访、节日倡廉等系列主题活动，持续抓好作风建设和警示教育。三是加强“两个责任”落实情况的监督检查，推动《关于加强对“一把手”和领导班子监督的意见》落地见效；严格落实中央八项规定精神，加大重点领域重点岗位廉政风险的防控；对标对表，聚力开展巡视、巡察发现主要问题对照检查整改工作，强化整改攻坚，切实做好巡视巡察“后半篇文章”。

2024年1月9日，马山调查队到马山县周鹿镇开展劳动力回访工作

（撰稿：黄立清）

国家统计局上林调查队

2023 年，国家统计局上林调查队（以下简称上林调查队）以习近平新时代中国特色社会主义思想为指导，深入贯彻落实党的二十大精神，在国家统计局、广西调查总队正确领导和上林县委、县政府支持下，以党建为引领、以业务为抓手，以改革为动力，团结奋斗，扎实工作，圆满完成了年度各项工作任务。

一、围绕工作主线，全力争先创优，2023 年调查工作取得成效

（一）强化党建引领，筑牢思想政治基础

一是强化理论武装。坚持“第一议题”制度，坚定政治方向，深入学习贯彻习近平新时代中国特色社会主义思想和党的二十大精神，坚决贯彻落实习近平总书记关于统计工作重要讲话指示批示精神，贯彻执行“数据真实，服务优质，基础扎实”工作主线，扛起全面从严治党治队的政治责任，干部队伍不断增强“四个意识”、坚定“四个自信”、做到“两个维护”，深刻领悟“两个确立”的决定性意义。

二是扎实开展主题教育。制定主题教育工作方案及日程安排，上榜列出每旬学习计划，通过集体学习及个人自学，组织党员干部召开主题教育专题学习会 5 次，班子会组织学习 3 次，深入学习《中国共产党章程》《习近平新时代中国特色社会主义思想专题摘编》和党的二十大精神等；开展“心中有信仰 脚下有力量”及“加强统计调查，提升统计服务”专题研讨 2 次，不断强化青年党员的思想道德和纪法教育。在主题教育中深入开展调查研究，认真对照 2 个方面自查发现共 2 个问题，研究制定 7 条整改措施，全力进行整改，获黄茂平副总队长于 10 月 24 日到队督导时的肯定。

2023 年 11 月 15 日，国家统计局人事司司长和胜平（左二）到上林调查队开展第二批主题教育督导检查工作，广西调查总队党组成员、副总队长陆奉昌（右一）陪同调研

2023 年 10 月 24 日，广西调查总队党组成员、副总队长黄茂平（左二）带队到上林县塘红乡石门村开展晚稻实割实测调研工作

三是抓好支部建设。积极推进“五

2023 年 9 月 13 日，上林县委副书记、县长王鹏（左二）带队到上林县西燕镇寨鹿村慰问住户调查记账户

发党员干部创先争优意识。

二是强化队伍教育培训。依托网络安全宣传周，组织开展《中华人民共和国数据安全法》《中华人民共和国网络安全法》学习，进一步强化队伍国家安全意识；组织干部职工收看《今日说法—迷失境外》保密警示教育片；组织开展调查工作计划专题会议 2 次及“如何提高调查研究能力”专题研讨，利用“学习强国”“国家统计网络培训平台”等强化理论学习，不断更新工作理念，与时俱进明确工作方向。

基三化”建设，以“一支部一品牌”创建为抓手，在队内设立“党建长廊”，努力打造规范化标准化党支部，发挥支部组织战斗堡垒作用。年内支部书记上党课 4 期，开展“党建引领聚合力、共护粮安测稻情”等主题党日 12 次，每季度评选 2 名“先锋示范岗”。落实意识形态工作制度，强化舆情监测。

（二）强化监督问责，提升工作执行力

一是从严要求，强化党风廉政建设。组织召开班子会 16 次，集体决策“三重一大”事项 121 项，严格落实“第一议题”制度，开展警示教育及廉政谈话 16 次 60 人次，保持干部队伍纯洁性。

二是法治领航，切实保障调查工作。年内组织开展统计法治学习 4 期次，开展统计法治知识测试 1 期 16 人，主要领导“送法入企”6 家。9 月 20 日组织全体调查员、辅助调查员共 60 人深入调查点上林县城北社区开展统计法治宣传。

（三）强化先锋示范，提升凝聚向心力

一是激发队伍内生动力。始终教育引导队伍用 100% 的努力争取 100 分，100% 保障数据真实准确，保持“永争第一，争当先进”拼搏精神。开展“我的业务我来讲”业务课堂，提高干部队伍业务水平；每季度评选“先锋示范岗”2 名，鼓励队员向先进看齐，激发全员工作动力。鼓励符合报考条件的年轻干部参加中级统计师考试；选派 2 名年轻干部参加系统内巡察、审计工作，选派 2 名年轻干部到总队、市队跟班学习，激

（四）强化制度执行，提升数据质量

一是在采集源头数据方面，坚持深入一线。采取 3 个 100% 访户措施，在住户调查工作中扎实推进“日审周结月清”机制。充分利用行政记录信息，以电子记账为主、纸质报表为辅，监测每一户畜禽养殖户养殖状况。组织开展对 134 个行政村全覆盖进行畜禽监测轮换摸底调查，保障后续抽村工作。坚持每月都到调查点进行走访入户，详细掌握每一户劳动力就业状况。

二是在分析研判数据方面，坚持关注热点。积极为上林县委、县政府提供《上林县 2023 年上半年城乡居民增收形势严峻》《上林县 2023 年早稻播种面积稳定产量略有增长》等调查信息，均获上林县委书记、县长批示共 3 次。紧跟社会热点，向

2023 年 12 月 28 日，上林调查队到上林县镇圩瑶族乡定点帮扶村龙贵村对五保户进行春节慰问

2023 年 12 月 8 日，上林调查队到上林县城北社区开展《中华人民共和国统计法》颁布 40 周年互动宣传活动

广西调查总队报送调查信息及报告 43 篇次，向地方“两办”报送民生领域调查期刊 8 期，充分发挥统计调查优质服务职能作用。

三是在管理使用数据方面，坚持规范有序。要求各业务股室将上报数据，定期移交上林调查队办公室，并做双签表。对电子版数据加密压缩处理存入硬盘，对纸质报表分专业按档案管理规范整理归档，确保历史数据永久可查，确保数据使用安全。对上级公布的居民可支配收入、粮食种植面积和产量等数据，定期向地方党政部门及社会大众反馈核定数，确保数据使用安全准确。

2023 年 9 月 20 日，上林调查队在上林县莲花坡幸福佳园小区开展第十四届“中国统计开放日”活动

（五）强化行政管理，提升服务效能

实施工作评价机制，建立清单化管理，出台修订完善重要制度共 20 项，更新各项工作领导小组 10 次。2023 年度“上林调查”微信公众号推送原创性推文 30 篇次，投稿被“广西国家调查”采用 7 篇次，在年内完成二级档案室晋级工作。

（六）强化为民情怀，提升服务群众力

积极开展帮扶工作，帮助调查对象解决大米、沃柑等农产品销售难问题。选派 1 名乡村振兴驻村工作队员，为挂点帮扶村捐赠经费 3000 元，为挂点村及调查点五保户发放慰问品 2400 元。积极承接地方委托性调查，圆满完成了 2023 年禁毒预防教育工作成效调查和群众安全感满意度委托调查，客观反映社会治安问题。

（撰稿：谢宛姗）

国家统计局横州调查队

2023 年，国家统计局横州调查队（以下简称横州调查队）在国家统计局广西调查总队党组的正确指导和横州市委、市政府的关心支持下，坚持以习近平新时代中国特色社会主义思想为指引，学习贯彻党的二十大精神和习近平总书记关于统计工作的重要讲话和重要指示批示精神，认真统筹推进各项工作任务。

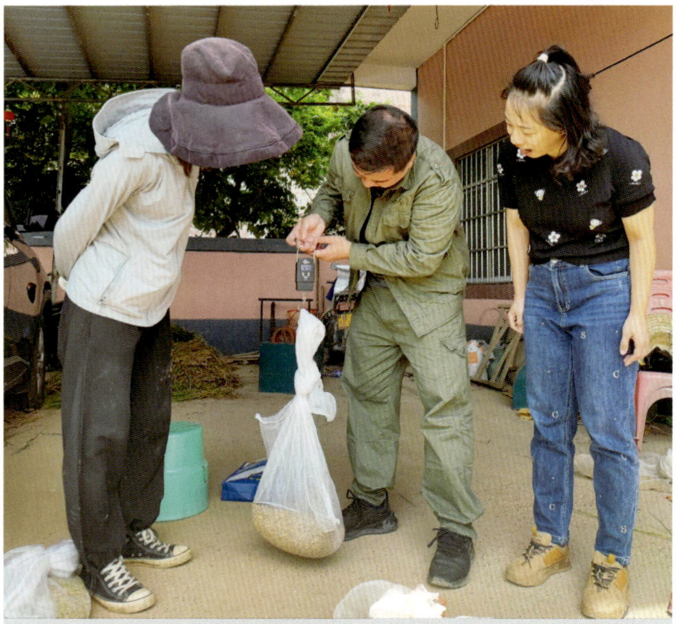

2023 年 7 月 17 日，横州调查队到横州市平马镇五权村开展水稻实割实测工作

一、认真统筹部署，持续加强党的政治统领

一是持续强化党建引领。分别召开理论学习专题会和开展主题党日活动 12 次，深入学习贯彻党的二十大精神和习近平总书记关于广西工作论述的重要要求，再组织再学习《中国共产党章程》等党规党纪，每月轮流安排干部职工作为与会代表结合工作生活实际就学习主题作中心发言，促进学习入脑入心，强化政治素养。

二是有序开展主题教育。召开主题教育工作会议，研究制定主题教育工作方案，成立主题教育领导小组，按要求制定学习计划，购置《习近平新时代中国特色社会主义思想专题摘编》等主题教育书籍 21 册供干部职工借阅学习。设立党员先锋岗，成立党员突击队，开展党员承诺践诺，组织开展“社区邻里守望”“推进移风易俗 · 助力乡村振兴”“培蕾护苗　呵护成长”关爱未成年人等志愿服务活动 4 次，发挥党员先锋模范作用，推动干事创业。

2023 年 9 月 12 日，广西调查总队二级巡视员、农村调查处处长莫林（右一）一行到横州市开展家禽生产情况调研工作

二、筑牢思想防线，党风廉政建设水平不断提升

一是明确工作职责。研究制定领导班子、主要负责人、领导班子其他

成员 2023 年度党风廉政建设责任清单，组织各股室签订 2023 年党风廉政建设承诺书，落实落细党风廉政建设主体责任。

二是抓实常态化教育。召开 2023 年警示教育专题会和廉政警示教育专题会，利用酒驾醉驾等典型案例进行警示教育；节前进行集体廉政谈话，提醒督促干部职工坚守底线红线，认真贯彻落实中央八项规定及其实施细则精神。

三是严格自查自纠。组织开展贯彻落实中央八项规定精神和领导干部利用职权或影响力插手工程项目谋私贪腐问题专项整治自查自纠工作。经查，未发现横州调查队干部职工存在违反中央八项规定精神等违规违纪现象。

2023 年 9 月 22 日，横州调查队在横州市横州镇步行街开展第十四届“中国统计开放日”现场宣传活动

三、深入学习贯彻，促进统计法治建设提质增效

一是加强学习宣传。每季度召开 1 次统计法治专题会，学习贯彻习近平总书记关于统计工作的重要讲话和重要指示批示精神以及《意见》《办法》《规定》《监督意见》等统计法律法规，组织开展统计法治知识测试，利用通报的统计违规违纪典型案例开展警示教育，以案释法，凝聚依法统计共识。联合横州市统计局在横州市横州镇步行街开展第十四届“中国统计开放日”现场宣传活动，在横州市体育馆广场开展“12 · 4”国家宪法日暨“12 · 8”统计法颁布纪念日现场宣传活动，向过往群众详细介绍统计法律法规，进行统计调查知识有奖问答，强化统计法治宣传。

二是加强监督检查。组织各调查专业辅助调查员签订数据质量承诺书，督促各辅助调查员依法依

2023 年 11 月 27 日，横州调查队党支部联合横州市气象局党支部开展“学身边榜样 扬清风正气”主题党日活动

2024 年 2 月 4 日，横州调查队到横州市横州镇蒙村村委开展“感恩相遇　温暖同行”春节慰问活动

规开展统计调查、上报数据。2023 年 6 月，根据广西调查总队有关工作部署要求，组织各业务股室开展统计调查数据质量自查工作，深入自查自纠，排查数据质量风险隐患，提高数据质量；2023 年 8 月 10—21 日，由横州调查队主要负责人带队，全员联动，开展住户调查“大访户”工作，遍访 8 个农村调查点、80 户记账户，及时纠正记账户不规范的记账情况，有效减少“笼统账”“随意账”的出现。2023 年 10 月 13 日，对广西横县康泓养猪场和横县校椅镇旺农生猪养殖家庭农场 2 家企业开展“双随机”统计执法检查，均未发现存在违反统计法律法规行为。

四、着力统筹联动，稳步开展统计调查重点工作

一是筑牢住户调查新样本工作基础。进入新样本周期后，已召开横州市住户调查工作培训会 2 次。提请以横州市政府办公室名义印发实施《关于进一步加强 2023 年住户调查工作的通知》，统筹部门乡镇力量，合力推进住户调查工作。2022 年 12 月至 2023 年 12 月，共更换居民收支调查户 1 户，换户率 0.9%。2023 年，调查户记账习惯总体良好，记账笔数逐步提高，记账情况持续向好，在南宁市级会议上作典型发言 2 次。

二是扎实推进农业调查工作。召开“党旗耀花都·调查树标兵”党建活动暨 2023 年农业调查业务培训会，做好新调查村辅助调查员培训工作。组织开展 2022 年春夏播回忆调查工作，为做好数据对比衔接奠定基础。统筹做好粮食播种面积和产量调查各环节工作。采取一对一方式对 12 个省级调查点共 120 户农户开展春夏、秋冬播种植意向调查。按时保质完成 2023 年农产品生产者价格调查和主要农产品中间消耗调查工作。联合横州市农业农村局、乡镇农业站对横州市 30 块大豆玉米带状复合种植地块进行科学预产，顺利完成玉米实割实测和大豆入户访问。

三是有序推进主要畜禽监测调查样本轮换工作。联合横州市农业农村局、统计局印发《横州市 2023 年主要畜禽监测调查样本轮换摸底调查工作方案》；积极向横州市人民政府汇报主要畜禽监测调查样本轮换工作情况，争取到以横州市人民政府名义召开主要畜禽监测调查样本轮换摸底调查工作培训会；邀请横州市融媒体中心对主要畜禽监测调查样本轮换工作进行宣传报道，扎实推进主要畜禽监测调查样本轮换工作。

2024 年 4 月 7 日，横州调查队联合横州市人力资源和社会保障局、那阳镇政府到横州市那阳镇三合村委开展劳动力样本核实工作

四是认真抓好劳动力调查工作。到调查网点校椅镇临江村委举办2023年劳动力调查业务培训会，组织辅助调查员观摩学习优秀党员辅助调查员现场入户调查技巧，之后由广西调查总队和南宁调查队领导进行点评，提出改进意见，现场交流经验，取长补短，共同提升现场入户调查能力。

五是持续抓实新设立小微企业和个体经营户跟踪调查工作。印发《关于做好2023年横州市新设立小微企业和个体经营户跟踪调查的通知》和《统计事务告知书》发送至调查对象，规范基础工作。每季度对处于营业状态的企业开展实地调查，通过人工加平台程序双重审核模式，准确掌握数据变化原因，科学反映小微企业生产经营情况。

五、积极担当作为，深刻践行服务优质工作目标

一是每半年度编印《横州调查》小册子，分发给横州市17个乡镇和29个市直有关部门；同步将日常调查信息报告报送至横州市政府办公室，提升统计服务水平。

二是开展横州市茉莉花价格形势调研，在走访横州市农业农村局、花业中心、花茶协会的基础上，对当地茉莉花茶企业、茶叶店、茉莉花种植户等相关市场主体展开重点调研，了解横州市茉莉花价格上涨的总体情况，明晰推动茉莉花价格上涨的具体原因，形成调查报告后报送至横州市委、市政府，为进一步推动横州市茉莉花产业发展提供决策参考。

（撰稿者：周姬宋）

国家统计局阳朔调查队

2023年，国家统计局阳朔调查队（以下简称阳朔调查队）在广西调查总队的正确领导下，认真学习贯彻习近平新时代中国特色社会主义思想和党的二十大精神，持续贯彻落实习近平总书记关于统计工作重要讲话指示批示精神，聚焦“数据真实、服务优质、基础扎实”工作主线，扎实开展各项工作，在2023年度广西国家调查队系统市县级调查队目标管理考核中连续三年获得优秀等次，单项业务考核优良率达到100%，圆满地完成了各项调查任务。

一、提高认识，深入学习贯彻《意见》《办法》《规定》《监督意见》等相关统计改革文件

2023年，阳朔调查队充分利用班子会、集中理论学习、个人自学等多种形式，学习党的二十大精神、习近平总书记关于统计工作重要讲话指示批示精神、《意见》《办法》《规定》《监督意见》等重要统计改革文件精神，切实把思想和行动统一到习近平总书记的重要讲话精神上来，统一到党中央关于统计改革的研究决策上来。2023年开展全体干部集中学习会议15次，业务培训会专题学习8次。

二、以主题教育为契机，助推调查事业高质量发展

一是谋划部署先行，夯实工作基础。第二批主题教育启动后，阳朔调查队班子第一时间组织学习领会主题教育要求，研究制定实施方案，召开动员部署会，推动主题教育各项工作有力有序开展。二是大兴调查研究之风，通过走村入户、田间地头等基层一线开展“沉浸式”调研，不断提高源头数据质量。三是开展“立足岗位作贡献”活动，引导党员、干部在推动发展、破解难题、服务群众中主动作为、担当有为，引导党员、干部以学铸魂、以学增智、以学正风、以学促干。

2023年7月28日，广西调查总队、桂林调查队、桂林市农业农村局、阳朔调查队、阳朔县农业农村局联合在阳朔县葡萄镇洞村开展“党旗领航新征程 国调实测筑粮基”主题党日活动

三、多措并举，抓实统计法治宣传工作

一是紧扣国家局内网法治栏目采用特点，引导各业务股室结合调查业务积极撰写“业务＋法治”政务信息，促进统计法治与调查业务深度融合。2023年，阳朔调查队的1篇法治类稿件获中国信息报采用，3篇法治工作政务信息获国家统计局内网采用，6篇法治工作政务信息获广西调查总队内网采用，3篇广西调查总队微信公众号采用。

二是借助报刊、户外媒体等传统媒体和微信公众号等新兴媒

介结合线下普法宣传活动，开展形式多样的统计法治宣传教育活动。同时，促进统计法治宣传教育与调查业务深度融合，在2023年开展的8次集中业务培训会中，都把统计法律法规知识培训列入培训内容中，促进辅助调查员对统计工作的理解和配合。结合《中华人民共和国民法典》主题宣传活动，到调查点开展集中普法宣传活动。

2023年12月4日，阳朔调查队联合阳朔县统计局在阳朔公园普法长廊开展《中华人民共和国统计法》颁布40周年纪念日宣传活动

四是主动与地方县委办沟通联系，把统计法律法规文件的学习纳入县委常委会的会议议题；推进统计法治进党校，在阳朔县委党校举办的阳朔县2023年中青年干部培训班（第二期）上作专题培训讲座，切实提升基层干部依法统计能力，增强法治统计思维，进一步筑牢防范和惩治统计造假弄虚作假的思想防线。

四、提高政治站位，加强党风廉政建设工作

一是始终把政治建设摆在首位，组织全队人员深入学习贯彻习近平总书记关于党风廉政建设的重要论述和重要指示批示精神，用好"党建＋清廉"机制，一体推进党建和业务建设。二是成立清廉机关建设工作领导小组，制定《国家统计局阳朔调查队廉政风险防控手册》，常态化制度化开展廉政风险点排查防控和源头治理，推动清廉机关建设工作持续走深走实。三是充分利用办公楼走廊楼道和队内宣传栏，精心打造"习近平清风廉语"、廉洁宣传栏等阵地和模块，同时加强警示教育，2023年通报警示案例8次、观看廉政警示教育片5次、开展集体廉政谈话4次，从思想上拧紧全队人员廉洁从政"总开关"。

五、提高数据质量，防范数据风险

一是住户调查多措并举，提高数据质量。加强记账培训，全面推广"E调查"和"E记账"。加强对问题户访户力度，开展上门一对一、集中讲

2024年1月18日，阳朔调查队组织党员干部到高田镇龙村开展"国调先锋办实事 助力冬忙暖民心"主题党日活动

2024 年 5 月 8 日，阳朔县委书记周彦（右二）带队到阳朔调查队调研指导工作

解等方式培训，并在日常审核工作中督促调查户按时记账，让记账户会记账、记全账。2023 年度阳朔县电子记账率为 96.67%，“E 调查”使用率为 100%。依托住户“大访户”和“加强统计调查 提升统计服务”专项行动，于 8 月份逐户走访 70 户农村调查户，9—11 月逐户走访 40 户城镇调查户，了解调查户家庭成员务工情况、种养情况、教育情况等方面动态信息，做好查漏补缺、记账指导工作，进一步夯实农村调查点数据源头质量。通过加强与调查对象沟通交流，助记账户插秧、推荐介绍工作、宣传惠民政策等方式，解决调查对象急难愁盼问题，增强调查对象的信任度，提高调查户配合度。

二是高质高效做好各项农业调查工作。通过加强组织领导、强化培训沟通、严格执行制度、借助主题党日活动等，扎实推进农产量调查工作，并实现从 2017—2023 年连续 7 个年头农业调查粮食实割实测全流程队员 100% 参与，确保农产量调查数据真实、可靠。圆满完成主要畜禽监测调查样本轮换摸底调查工作。稳扎稳打做好 2023 年农作物对地抽样调查新、旧样本的衔接工作。

三是沟通协调全力做好专项调查工作。通过加强规划、宣传、培训、监督、审核五方面，用心做好 2023 年劳动力调查工作。积极搭建沟通交流平台，建立新小微跟踪调查微信工作群，并在走访调查中倾听样本单位在经营过程中遇到的困难和诉求，听取他们的建议和意见，进一步了解他们在生活和工作中遇到的困难，尽己所能为样本单位排忧解难。

六、提升优质服务水平，保障各项工作顺利开展

一是严格按照标准和要求，发挥组织协调作用，在日常化工作中做到严谨高效，在事务性工作中做到周密细致。2023 年来，协助各股室成功举办 8 次业务培训、12 次主题党日活动，为各股室开展业务培训活动，提供了坚实的服务保障。

二是及时上传下达，发挥中枢作用。广西调查总队及阳朔县委、县政府等重要文件和通知，做到即收即达，让各项政令措施尽快传达落实到位。2023 年来，共处理上级来文及阳朔县委、县政府等其他部门来文共 1336(份 / 次)。

三是服务地方政府，每季度撰写编印专报《阳朔县居民收支调查专报》，积极主动和县领导汇报工作 8 次，并多次在经济运行会议上发言。积极参与地方年鉴的编写，上报地方信息约稿 27 篇，不断做好统计信息服务工作。

四是“两个信息”工作取得实效，全队上报政务信息 90 篇，广西调查总队采用 58 篇，工作情况交流采用 13 篇，国家统计局采用 18 篇，位列县队第 1；全队上报调查信息 71 篇，采用 71 篇，采用得分 505，位列县队第 4，考核得分 258.4，位列县级调查队第 6。

（撰稿：韦芳）

国家统计局全州调查队

2023年，国家统计局全州调查队（以下简称全州调查队）在国家统计局广西调查总队党组的正确领导下，坚持以习近平新时代中国特色社会主义思想为指导，深入学习贯彻党的二十大精神，按照广西调查总队党组工作部署，聚焦“数据真实、服务优质、基础扎实”工作主线，有序推进各项工作，取得了一定的工作成效。

2023年12月21日，广西调查总队党组书记、总队长廖金昌（右三）到全州调查队开展基层工作调研指导

一、加强党建工作引领，扎实推动各项工作落实

一是强化政治理论学习。认真落实“第一议题”制度，深入学习习近平新时代中国特色社会主义思想和党的二十大精神，跟进习近平总书记重要讲话指示批示精神，不断提高政治三力，全年共开展理论集中学习20次。

二是加强党的组织建设。严格执行民主集中制，落实“三会一课”、党费收缴、组织生活会、主题党日活动等制度，基层党建工作稳步推进，全年共召开民主生活会1次、组织生活会1次，开展民主评议党员1次，专题党课5次，党员活动日12次，知识测试4次。积极推进党员发展工作，年内新发展党员1人，新转入党员1人，目前党员人数达到5人。

三是着力打造党建品牌。持续推进“党旗红·数据真”党建品牌建设，2023年开展“守粮产统计初心，担数据真实使命”等主题党日活动，与乡镇党支部联合召开“党旗红·数据真”党建品牌建设座谈会，引导党员在各项工作中打头阵、打攻坚，努力培养优秀党员业务能手、建设高能党员调查队伍，强化党组织的凝聚力和战斗力。

2023年10月24日，广西调查总队第四党建督导组参加由全州调查队、全州县农业农村局在全州县金屏村联合开展的“加强统计调查、提升统计服务”主题党日活动

四是扎实开展第二批主题教育。坚持学习教育贯穿始终，以自学为主，9月份以来开展集中学习14次，通读党

2023 年 12 月 29 日，全州调查队联合全州县统计局开展《中华人民共和国统计法》颁布 40 周年宣传活动

的二十大报告、党章，学习《专题摘编》等指定书籍。推动干事创业，班子成员深入调查点和调查对象，开展建言献策活动，群众听民意、访民情、提建议次数 14 次，努力解决基层群众面临的难题。11 月联合住户调查点党支部开展支部共建活动以及开展基层党员志愿服务活动，激励党员在服务群众、奉献社会中发挥作用。10 月份成立党员先锋突击队、设立党员先锋岗，激励党员干部攻坚克难建新功。认真开展检视整改，按照有关要求进行党性分析，深入查找自身存在的差距和不足。针对发现的 6 个问题制定整改措施 9 条，截至目前，已完成整改措施 6 条，已销号问题 3 个，取得一定成效。

二、深化业务建设，圆满完成各项调查任务

一是做好住户调查“大访户”工作。制定《全州调查队住户调查“大访户”工作方案》，采取“白加黑”“5+2”工作模式，逐门逐户实地走访，确保“大访户”工作“全覆盖”“零死角”，做到访户成功率 100%，全面了解掌握记账户家庭成员和就业情况信息，认真分析走访过程中发现的问题，确保访户质效，切实提高数据质量，助力住户调查工作迈上新台阶。

二是高质量推进畜禽监测样本轮换工作。推动全州县人民政府发文召开全县粮食畜牧业抽样调查工作部署会。联合全州县有关部门成立主要畜禽监测调查样本轮换工作领导小组，实现对所有乡镇摸底督导全覆盖，确保摸底数据质量。11 月中旬与全州县农业农村局到 28 个大型养殖场开展“上图入库”，圆满完成名录库初建工作。同时，深入 16 个乡镇会商 36 个抽中调查村委的辅助调查员选聘工作。12 月 19 日，联合全州县农业农村局召开全县业务培训会，部署和培训老样本年报工作和新样本 2024 年工作，推动新旧样本顺利衔接。

2024 年 2 月 19 日，桂林调查队陪同全州县委常委、常务副县长唐基恒（右三）到全州县才湾镇生猪养殖企业检查指导主要畜禽监测调查工作、调研畜牧业生产形势

三是认真开展“加强统计调查 提升统计服务”专项行动。第一时间印发行动方案，并成立行动工作小组，统筹全队力

2024 年 3 月 15 日，全州调查队到全州县龙水镇龙水村红色古迹虹饮桥开展“学习雷锋筑信仰 国家调查促振兴”主题党日活动

量推动行动工作高效有序开展样本大维护、业务大培训、数据大审核、网点大走访，切实农业、农村、居民收支、消费价格等专业的四季度调查工作监管，全面掌握粮食生产、畜禽生产、居民收入、消费价格实情实数。

四是扎实做好各项常规调查业务工作。住户调查采取“面对面”“一对一”的方式开展业务指导，通过举办小班化业务培训会、记账座谈会、记账问题有奖问答等访户工作，加快促进住户调查记账的规范化，提升源头数据的准确性。农业调查严格规范管理样本名录，多方式多渠道开展辅助调查员业务培训，持续推进调查对象台账建设，严格执行源头数据采集工作规范，早稻、晚稻、春玉米的估产实测均达到 100% 的参与率。劳动力调查通过加强宣传力度、加强辅助调查员业务培训、加强陪访指导工作、加强数据审核、加强回访工作等方式提高数据质量，真正做到区不漏户，户不漏人，人不漏项，项不出错，准确反映劳动力状况。居民消费价格调查培训方式由传统的“一对多”向“互动式”转变，切实提高采价员的业务素质能力；强化“走出去”和“请进来”学习模式，与桂林调查队进行业务交叉检查，有效提升数据质量。

三、坚持依法统计，持续推进法治工作建设

一是抓好法律法规宣传教育。坚持每季度专题学习《意见》《办法》《规定》《监督意见》等重要统计法律法规，引导干部职工牢固树立依法统计、依法治统意识，夯实提高统计调查数据真实性的思想根基；将学习重要统计法律法规作为各专业辅助调查员业务培训的必需内容，不断增强辅助调查员防范和惩治统计造假、弄虚作假的政治意识。

二是推进落实统计造假专项治理行动工作。组织各专业开展统计调查数据质量自查工作，系统梳理问题、核查源头数据，针对发现的数据质量风险隐患问题做到立行立改，并提出下一步工作措施计划，进一步夯实统计调查业务数据质量。

三是开展统计执法检查工作。年内对 2 家畜牧业调查企业开展统计执法检查工作，通过执法检查的震慑作用提高调查对象依法统计意识，保障基层统计数据质量。

2024 年 5 月 8 日，广西调查总队农业调查处到全州县文桥镇杨福村调研指导 2024 年无人机遥感春播面积调查工作

（撰稿：刘路洁）

国家统计局藤县调查队

2023年，国家统计局藤县调查队（以下简称藤县调查队）坚持以习近平新时代中国特色社会主义思想为指导，深入贯彻落实习近平总书记关于统计工作重要讲话和指示批示精神，紧紧围绕总队"数据真实、服务优质、基础扎实"工作主线，强化党的建设，紧盯数据质量，多举并措推进各项工作做实做细。

2023年7月12日，藤县调查队到藤县古佩村开展早稻实割实测工作

一、强化理论基础，筑牢理想信念之基

（一）学习常态化，深化思想建设

持续深入学习习近平总书记关于统计工作重要讲话指示批示精神，组织集中学《意见》《办法》《规定》《监督意见》《习近平法治思想纲要》等重要文件。积极开展普法活动，提高群众对《中华人民共和国统计法》的认识，进一步增强全民"依法统计、诚信统计"的法治观念。线上组织全体干部参与"学习强国"APP、八桂先锋、广西云、钉钉等线上平台学习，线下将习近平新时代中国特色社会主义思想和党的二十大精神纳入"三会一课"和主题党日活动，做到以学对标、以学看齐。

（二）突出政治引领，加强党性修养

2023年4月17日，组织前往藤县金鸡镇同荣村家风家教宣传教育基地，开展"树清廉家风传正气，铸清廉机关好作风"参观学习活动。对队员在政治思想、意识形态等方面认真开展舆论引导。2023年7月4日，开展"品读红色经典，传承红色基因"主题党日活动，在红色革命历史学习中，传承优良红色基因。2023年11月2日，到荔枝村参观"藤县第一面红旗升起的地方"，增强党员干部的党性修养，时刻以党员的标准严格要求自己、激励自己，坚定理想信念、忠诚履职尽责。教育党员干部和群众，不断强化廉洁意识和法治意识，提升全面从严治党水平。

二、真抓实干，稳步有序推进统计调查工作

（一）以党建引领，推进"党建+业务"深度融合

2023年7月28日，藤县调查队到藤县平福乡开展大调研大走访大排查行动

2023 年 9 月 20 日，藤县调查队到藤县太平镇举办第十四届“中国统计开放日”文艺晚会

为进一步推进模范机关建设和作风建设，推动藤县队“党建＋业务”活动走深走细，促进党建和业务的融合提高，积极开展主题鲜明、内涵丰富的党建与业务融合活动。2023 年 5 月 25 日藤县调查队到思亥村开展“我为群众办实事，志愿服务我先行”主题党日活动，联合藤县人力资源和社会保障局、林业局、水果技术服务中心等部门，向待业记账户现场推送适合的岗位信息。到果园实地讲解砂糖橘、澳洲坚果种植技术，为记账户解决急、难、愁、盼的问题。2023 年 11 月 2 日，开展“加强统计调查，提升统计服务”党建引领秋粮实产调查主题党日活动，一方面通过县、镇、村三级联合共同守护样方点的完整和安全，党员干部深入调查村充分调研了解水稻生长形势，对水稻生长差、受病虫灾害影响而经济困难的农户，跟有关部门沟通获得化肥、农药等资源，减轻群众负担；另一方面通过户外实地培训讲解晚稻实测实割操作流程、注意事项和在调查样方内现场演示开展晚稻实割实测工作。

2023 年 11 月 2 日，藤县副县长梁庆志（右二）到藤县屯江村参与“加强统计调查 提升统计服务”党建引领秋粮实产调查主题党日活动

（二）夯实基础，守护统计调查数据质量“生命线”

一是业务股室每季度召开一次辅助调查员培训会议与不定期召开专题业务培训会。会议持续加强《意见》《办法》《规定》《监督意见》《中华人民共和国统计法》《中华人民共和国统计法实施条例》等文件精神学习，持续注入坚决防范和惩治统计造假弄虚作假底线思维；二是表扬先进，“以比促学”“以比促干”“以优带劣”。业务股室通过表扬先进辅助调查员、记账户、企业等，激励先进，

2023 年 11 月 2 日，藤县调查队到藤县荔枝村参观
“藤县第一面红旗升起的地方”

督促后进。同时邀请优秀记账户、辅调员、企业代表上台做经验分享，实现共享共治共进，进一步提高统计调查员的积极性和配合度；三是持续跟进，实地跟进，在过程中抓牢数据质量。加强入户指导时效，加大队领导和业务人员的入户陪访工作频次和效果，每月至少进行两个调查网点的现场培训，针对业务较薄弱的调查网点及时深入现场了解问题原因，在数据生产过程中持续监测夯实数据质量；四是严把数据出口关，加强审核，把好质量关。紧盯信息报告逻辑和质量，对逻辑性错误，不规范等问题的数据、报告一律退回，指导修改正确和输出规范，切实把好出口关，严格执行审核流程。

2023 年 12 月 8 日，藤县调查队到藤县雷塘顶二坪小广场开展
“依法依规做统计，求真求实谋发展”暨“12·8”统计法普法宣传活动

三、其他亮点工作

（一）圆满开展第十四届“中国统计开放日”系列活动

2023 年 9 月 20 日，藤县调查队到藤县太平镇泰州北社区举办第十四届“中国统计开放日”文艺晚会，一是设置样式新颖的相框展板供群众拍照打卡，与群众亲密互动，同时发放《全国第五次经济普查》《中华人民共和国统计法》宣传手册；二是进行“普查知识我知道”有奖竞答，有效普及经济普查的内容、方式及意义；三是通过歌曲《稻香——调查队版本》、小品《我和记账户还有个约定——为国记账，为己理财》、诗朗诵《话说劳动力调查》等节目，寓宣传于乐，让人民群众更了解统计工作的重要意义，进一步提升群众对统计调查工作的配合度。

（二）积极开展志愿者活动

2023 年，藤县调查队相继开展了“志愿服务送关爱，文明实践树新风”“护卫青山，弘扬雷锋精神”“阳春三月学雷锋，助采清茶心意浓”“弘扬志愿精神，争做环境卫士”“文明共建，守护家园”等 5 项志愿服务活动，积极培育和践行社会主义核心价值观，大力弘扬“奉献、友爱、互助、进步”的志愿精神。

（三）开展大调研大走访大排查行动

2023 年 6 月，藤县调查队组织党员干部深入基层群众，进一步密切党群关系，推动解决一批群众关心的热点难点问题，增强人民群众获得感幸福感安全感。

（撰稿人：韦彦文）

国家统计局岑溪调查队

2023年，在国家统计局广西调查总队党组的正确领导下，国家统计局岑溪调查队（以下简称岑溪调查队）坚持党建引领，认真贯彻落实全国统计工作会议精神及广西国家调查队工作会议精神，围绕“数据真实、服务优质、基础扎实”工作主线，主动作为，担当实干，扎实推动各项工作稳步前进，取得了较好成绩。

一、着力提站位点，党的建设全面加强

（一）加强政治理论学习，着力提站位

认真组织学习贯彻习近平总书记关于统计工作重要讲话指示批示精神。一是严格落实“第一议题”制度。二是通过队务会、专题会等方式，加强对《意见》《办法》《规定》《监督意见》《统计法》等知识的学习研究，提高全体干部职工的法治意识和法治建设能力。三是通过送货上门，结合党的二十大精神，开展统计法律法规知识到村到点到企业宣传，向调查对象、社会群众宣传统计法律法规知识，切实提高普法宣传实效。

（二）党建工作持续发力，引领作用进一步提升

1. 党建工作持续发力，党支部战斗堡垒作用得到进一步增强。一是持续抓好党建品牌创建工作，打造宣传文化阵地。“建‘三情’·记真数”党建品牌得到岑溪市直属机关工委的高度认可，纳入岑溪市直机关工委党建服务品牌系列。二是党建工作获岑溪市直机关工委认可，成效突出。岑溪调查队党支部荣获先进基层党组织、岑溪市直属机关创建模范机关先进单位、岑溪市直属机关开展优秀“主题党日”先进单位。三是多形式开展党建工作，加强党建＋业务的融合，助推统计调查工作高质量发展。

2. 扎实开展主题教育，取得实效。坚持理论学习、调查研究、推动发展、检视整改、建章立制等重点措施有机融合，检视出问题6个，并提出整改措施13条限时整改，取得成效，推动工作上新台阶。

3. 深入开展清廉机关创建工作。结合单位实际，找准廉政风险点，对新进人员开展岗前廉政谈话，在重要节假日等节点，同干部职工开展廉政提醒谈话。

（三）坚持严的主基调，全面从严治党纵深推进

1. 强化学习，筑牢思想防线。结合典型违规

2023年10月18日，广西调查总队党组书记、总队长廖金昌（右一）在岑溪市委副书记、市长吴伟华（右二）的陪同下到岑溪调查队开展检查指导工作

2023 年 7 月 12 日，时任广西调查总队党组成员、副总队长邱洪刚（左四）到岑溪调查队开展检查指导工作

违纪违法案例，利用身边事教育身边人，开展常态化警示教育，2023 年累计开展警示教育 9 次，切实筑牢队员廉政思想防线。

2. 压实责任，扎实做好防惩和惩治统计造假弄虚作假工作。队班子带头开展 2023 年前三季度统计数据质量及基础工作交叉检查和住户调查“大访户”工作，并组织开展“党建 +，不断提高主要畜禽监测调查数据质量和基础工作”系列活动和“党建引领，夯基础、抓质量、提服务，不断提高住户调查数据质量”系列活动等。同时，对照统计执法检查反馈问题开展自查自纠，确保调查数据质量。

3. 常态化开展谈心谈话。严格落实谈心谈话制度，岑溪调查队领导班子结合工作实际，常态化开展谈心谈话，2023 年领导班子成员累计开展谈心谈话 30 次。

二、夯实基础工作，数据质量不断提高

（一）注重培训，多形式提高调查员业务能力

一是制定年度调查员培训计划及业务骨干“大家讲”微课堂培训计划，并明确责任，扎实推进。二是先后组织业务骨干到广西调查总队处室、梧州调查队及其他先进调查队进行学习交流。三是集中与个别指导相结合，多形式开展统计业务培训工作。

（二）夯实基础工作，不断提升统计调查数据质量

一是制定《国家统计局岑溪调查队“加强统计调查 提升统计服务”行动方案》，统一组织、分头行动，扎实推进措施落到实处起到实效。二是统一管理、分股室负责做好样本维护工作，确保各调查点及调查对象得到有序有效管理和维护。三是构建台账式管理模式。结合工作需要，以“盒子化”“表格式”等形式对数据材料进行规范管理。四是修订住户调查和劳动力调查辅助调查员考核管理办法，并与劳务报酬挂钩，提高工作主动性和积极性。

（三）聚焦源头数据，夯实数据质量

一是主动沟通，构建统计局调查队、岑溪县镇村粮食统计联动机制，及时了解粮食生产形势，确保样本安全。二是以“党建 +”系列活动为契机，通过统计局调查队联动、走访督导、执法检查等方式，不断夯实基础工作，提高配合和支持力度，推动主要畜禽电子记账工作取得新突破。三是扎实开展“党建 +”活动、大走访、专项行动和季报走访等，不断完善动态管理台账，抓好源头数据质量，进一步夯实基础工作。

三、发挥“轻骑兵”作用，扎实做好统计优质服务

2023 年 6 月 13 日，岑溪调查队与梧州调查队到岑溪市筋竹镇开展“党建引领 提高主要畜禽调查数据质量”主题活动

一是明确分工，政务管理不断规范。加强干部职工的管理，激发干部职工干事创业工作热情，积极完成各项工作任务。二是扎实做好督查督办工作。结合队务会决议及重点工作，扎实开展督查督办工作10次，确保各项中心工作落到实处、起到实效。三是根据队员调研与写作水平，组建调查信息写作先锋队，不断提高优质服务水平。2023年获广西调查总队采用政务信息34篇，获国家统计局采用10篇。调查信息获广西调查总队采用58篇。统计法治宣传图片获中国信息报采用，实现了中国信息报采用零的突破。四是落实专人负责，按时保质做好档案归档工作。以办公室专人主管、各股室落实专人对接负责的方式，严格按照文书档案、影像档案和实物档案的要求做好2022年档案归档工作。五是多形式组织开展保密和国家安全工作。根据季度要求及4.15等重要时间节点，组织开展系列保密和国家安全工作。同时，利用“岑溪调查”微信公众号和工作群等多种渠道转发关于保密和国家安全相关宣传材料。

2023年9月22日，岑溪调查队在岑溪市人民广场开展第十四届“中国统计开放日”普法宣传活动

2023年7月11日，岑溪调查队到岑溪市梨木镇平田村开展“党建+信息化 护航农产量调查数据真实准确”主题党日活动

四、强化组织领导，认真贯彻落实53号文件，办公场所得到极大改善

一是积极争取，主动汇报，办公场所得到极大改善。争取到地方政府及广西调查总队的大力支持，对地方支持的办公场所及视频会议系统进行了改造升级。于8月18日搬进新办公室办公，极大改善办公环境。二是用好53号文件，积极争取地方绩效发放，于9月发放干部2022年地方绩效奖。

（撰稿：莫莉婷）

国家统计局合浦调查队

2023 年，国家统计局合浦调查队（以下简称合浦调查队）坚持以习近平新时代中国特色社会主义思想为指导，聚焦“数据真实、服务优质、基础扎实”工作主线，扎实开展各项调查工作，在广西国家调查队系统市县级目标管理考核中荣获县级优秀等级。

一、提高政治站位，学习贯彻党的二十大精神做到走深走实

合浦调查队在提高政治站位上下功夫，认真学习、深刻领会习近平总书记重要讲话精神，准确把握中央关于统计工作的部署要求，以实际行动增强“四个意识”、坚定“四个自信”、坚决做到“两个维护”。深入学习贯彻习近平总书记关于统计工作重要讲话和指示批示精神，坚持依法统计，建立健全防范和惩治统计造假、弄虚作假的制度体系。每季度学习《意见》《办法》《规定》《监督意见》等重要统计文件精神，将思想和行动统一到党中央重要文件规定上来，履行好统计调查职责，着力抓好贯彻落实。

二、坚持党建领航，党的思想建设和队伍建设守正创新

一是认真履行党建“第一责任人”职责，领导班子成员落实“一岗双责”。持续加强领导班子建设，领导干部以身作则、率先垂范。班子成员之间做到经常提醒和督促，确保把全面从严治党及党风廉政建设贯穿于工作始终。

二是扎实开展主题教育，助推高质量发展。始终把学习贯彻习近平新时代中国特色社会主义思

2023 年 8 月 9 日，合浦调查队到合浦县乌家镇丹田村委开展以“学习宣传贯彻党的二十大精神 讲好家门口的红色故事”为主题的宣讲活动

想作为重点，读原著悟原理，依托“三会一课”，引导全体党员、干部在强化理论武装、践行知行合一中树立正确的政绩观事业观。围绕主题教育和全队工作开展建言献策座谈会，共征集26条意见建议，全部已得到解决。

三是持续打造党建品牌，赋能调查业务提质。持续开展“一支部一品牌”创建，引导全体党员干部转变工作作风、提高工作效能、强化服务意识，增强业务能力，提升服务水平。坚持以党建引领业务为着力点，以文明创建工作为抓手，以淬炼调查精英为目标，提高数据质量、服务政府和民生，扎实践行群众路线，努力营造环境风清气正、全员奋勇争先的良好氛围。

2023年9月14日，合浦调查队到合浦县警示教育大厅开展“以案为鉴叩初心 警钟长鸣守底线”主题党日活动

四是抓实党建载体设置，强化党员队伍建设。设立党员模范先锋岗，发挥基层党组织战斗堡垒和党员先锋模范作用。组织全体干部职工通过上专题党课、参观红色纪念馆、参加线下读书班、观看红色电影等形式多样的党日活动增强党支部的内在活力。切实抓好发展党员工作，2023年度共培养两名发展对象。

三、贯彻落实广西国家调查工作会议精神，推动合浦国家调查事业蹄疾步稳

合浦调查队认真学习并贯彻落实广西国家调查工作会议精神，着力提高源头数据质量，顺利完成2023年重点调查工作任务。

一是扎实做好住户调查培训指导工作。通过开展形式多样的记账培训，不断提高记账数据质量，2023年合浦县住户调查电子记账率达93%，记账水平稳步提高。通过开展全县住户调查“大访户”工作，全面摸清记账户家庭收支情况，月均记账笔数得到明显提升。同时，强化宣传引导提高知名度，结合下乡访户契机开展统计法宣传，通过树立典型，向优秀记账户颁发荣誉证书、奖励的方式，提升记账荣誉感，激发全体记账户的记账热情和积极性，进一步提高源头数据质量。

二是圆满完成农业调查各项重点任务。通过将采集的数据与农业农村部门提供的数据进行比对，

2023年11月20日，广西调查总队党组成员、副总队长黄茂平（左一）到合浦县闸口镇开展2023年广西主要畜禽监测调查大型养殖（户）名录库建立工作情况督导

同时组织人员通过检查台账及现场定位等形式对53户大型养殖场的养殖情况进行核实，确保主要畜禽大型养殖场名录不重不漏。积极开展走访调研工作，掌握粮食及畜牧业生产形势，加强向种植户及涉农部门的走访调研工作，从“点”“面”掌握当地的粮食生产情况，调查队人员100%亲自参与秋粮实割实测，确保源头数据质量。2023年，共向广西调查总队农业调查处上报3篇关于合浦县粮食生产形势的调研报告。

三是积极创新价格调查工作方法方式。学习运用数据扫描新方法，选定了6个调查网点作为扫描数据应用网点，在一对一的相关业务知识培训后，由联络员利用自身职业优势结合网点数据库资料，协助采价员开展规格品选取替换、价格采集工作，进一步提升调查数据准确性，拓宽价格采集新渠道。通过开展样本大维护、业务大培训、数据大审核、网点大走访，高效有序开展“加强统计调查 提升统计服务”行动，督查“三定一直”、即采即审等方法制度落实情况，每月按比例抽选规格品开展实地核查，进一步提升源头数据质量。

2024年4月29日，广西调查总队党组成员、副总队长陆奉昌（右二）到合浦县嘉华鹅产业示范区开展乡村产业发展情况调研

2023年10月17日，合浦调查队到合浦县石康镇白沙江村开展实割实测工作

四、重视统计法治建设，防范和惩治统计造假弄虚作假统筹推进

一是紧抓领导干部这个“关键少数”，形成学法用法“风向标”。把统计法治纳入干部培训的必修课，持续推动统计法律法规进党校、进课堂、进基层，有力推动《意见》《办法》《规定》《监督意见》落实落地。走进地方党校，给合浦县企业负责人及统计员上统计法律法规专题课，及在合浦县委组织部举办的2023年合浦县年轻干部“赋能成长”培训班（第三期）作统计法律专题讲课。

二是充分利用“9.20”中国统计开放日、“12.4”国家宪法日、“12.8”统计法颁布纪念日等重要时点做好法治宣传，结合调查业务开会培训、走访调研、检查指导等契机开展多渠道的宣传，持续推进统计法进企业、进社区、进乡村，积极营造良好的统计调查外部环境。

三是加强统计执法专业化规范化建设。积极发挥统计执法监督职能作用，加强执法队伍建设，配齐执法工具，规范法律文书，提高执法水平。在执法过程中辅以普法，使《中华人民共和国统计法》深入人心，严防统计造假弄虚作假，切实提高调查企业报表人员思想认识和统计法治意识。同时，鼓励符合条件的干部积极考取执法证，2023 年，新增 1 名持证人员，执法队伍力量不断扩大。

2024 年 4 月 19 日，合浦调查队到合浦县和安超市开展居民消费价格调查工作

五、进一步加强调查研究，做好统计调查服务有力有效

合浦调查队切实加强业务学习，认真开展信息撰写学习研讨，从提高数据解读能力入手，引导干部职工关注社会热点和焦点问题，并深入一线开展实地调研，搜集基础资料，撰写专题调查报告，不断提高写作能力水平，扎实信息撰写基本功，写作质量和采用数量均有明显提升。2023 年全队上报政务信息 76 篇，广西调查总队采用 41 篇，国家统计局采用 18 篇；工作情况交流采用 5 篇，保持县队前列。进一步加强调查研究，发挥轻骑兵优势，主动深入基层，以笔为媒撰写调查信息。2023 年，全队上报调查信息 80 篇，采用 77 篇，采用得分 535 分，居县队首位。

（撰稿：胡悦）

国家统计局灵山调查队

2023年，国家统计局灵山调查队（以下简称灵山调查队）坚持以习近平新时代中国特色社会主义思想为指导，深入贯彻党的二十大精神和习近平总书记关于统计工作重要讲话指示批示精神，认真落实全国统计工作会议精神、广西国家调查工作暨党建工作会议精神，围绕“数据真实、服务优质、基础扎实”工作主线，聚焦重点工作任务，扎实工作，圆满完成各项工作任务。

2023年7月11日，灵山调查队到灵山县陆屋申安村开展早稻实割实测工作

2023年9月14日，灵山调查队联合灵山县统计局开展第十四届“中国统计开放日”宣传活动

一、强化政治担当，压实“两个责任”

（一）扎实开展学习贯彻习近平新时代中国特色社会主义思想主题教育

聚焦“学思想 强党性 重实践 建新功”的要求，力戒形式主义，将学习贯彻党的二十大精神与贯彻落实习近平总书记关于统计工作重要讲话指示批示精神紧密结合起来，与贯彻落实党中央关于统计工作重大部署、重要文件结合起来，依托队务会、“三会一课”、青年理论学习小组、和红湾阅读区等载体，扎实开展学习贯彻习近平新时代中国特色社会主义思想主题教育。紧紧抓住领导班子“关键少数”，带动“绝大多数”，利用“线上学、线下学、自学、集体学、围绕业务学”等方式，帮助全队深刻领悟“两个确立”决定性意义，增强“四个意识”，做到“两个维护”。

（二）持续抓好党的建设

树牢政治机关意识，经常性地开展政治机关意识教育和对党忠诚教育，继续抓好模范机关、清廉机关创建和“五基三化”提升年工作，严肃党内“三会一课”、民主生活会和组织生活会等组织生活，深化“党旗红·数据真”党建工作品牌创建工作，推动党建工作与业务工作深度融合，不断强化党建工作的引领作用。

（三）压实全面从严治党责任

高质量开好2022年度领导班子全面从严治党专题研究会、2023年度全面从严治党工作会议、2023年上半年全面从严治党专题研究会，跟踪落实专题研究会议定事项，进一步压实主要领导和领导班子全面从严治党第一责任人、“一岗双责”。灵山调查队主要领导带头履行廉政党课、廉政谈心谈话等主体责任，推动主体责任清单各项工作任务落实落细。及时组织研判意识形态工作形势，认真研究解决，落实意识形态工作责任制。组织召开廉政警示教育会议，利用节假日等节点开展常态化警示教育，坚持以严的基调强化正风肃纪，锲而不舍落实中央八项规定精神，持续深化纠治“四风”。认真组织人员对审计和执法检查发现的问题整改情况开展“回头看”，确保出现的问题真改、实改。深入开展纪检干部队伍教育整顿，提高纪检干部履职能力。纪检干部紧紧围绕履行统计调查核心职能和“一把手”履职用权情况，加强政治监督和日常监督，围绕提高调查数据质量充分发挥“监督的再监督”职能作用。

2023 年 10 月 30 日，灵山调查队到灵山县烟墩镇司练村开展劳动力入户回访工作

二、聚焦主责主业，狠抓数据质量

（一）着力夯实基础，确保数据真实准确

灵山调查队聚焦数据真实，牢固树立抓源头、重基层、强基础的工作理念，组织全队深入开展统计造假屡禁难绝专项治理行动，组织开展各调查专业存在的薄弱环节，开展数据质量自查，研究解决发现的问题和风险隐患，扎实推动落实。

一是抓好数据质量检查，夯实数据基础。认真开展源头数据质量核查工作，以平台审核、现场检查和电话回访等方式，进一步深入核查源头数据质量。把开展统计造假专项治理行动和数据质量作为队内督查工作重点，组织开展 2 次统计政令、数据质量和规范化检查，结合开展对历年来统计执法发现问题“回头看”，确保整改实效。

三是坚持依法治统，提高法治意识。常态化开展学习统计法律法规和《意见》《办法》《规定》《监督意见》等统计规范性文件，将统计法律法规作为公益宣传的内容，县文明办免费制作统计法律法规宣传画在公交停车亭张贴，县电视台在统计开放日期间免费滚动播放统计法律法规宣传标语。年内开展 2 次“双随机”执法检查，提高调查对象法治意识和配合度。

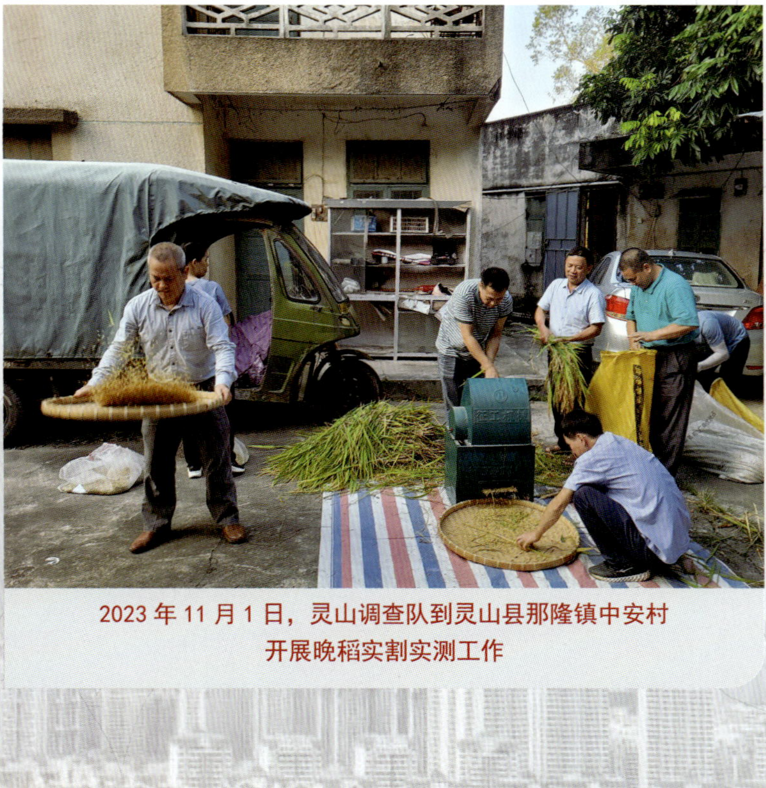

2023 年 11 月 1 日，灵山调查队到灵山县那隆镇中安村开展晚稻实割实测工作

（二）扎实推进重点统计调查工作

严格执行统计调查方法制度，规范业务流程和行为规范，严把数据质量关，强化统计调查全过程质量控制，顺利完成常规统计调查工作。

一是做好住户调查、农作物对地抽样调查新样本维护工作，稳步推进日常调查工作。住户调查实行季度数据比对制度，每季度集中组织工作人员逐户分析家庭成员和工作变动、数据同比环比变化等情况，进一步消除错记漏记；农作物对地抽样调查实行面积、产量调查全过程 100% 参与，进一提升调查数据质量。

二是高效完成主要畜禽监测调查样本轮换摸底调查工作。加强与农业农村、统计部门的沟通协调，按时按质完成样本轮换摸底调查工作，持续抓好畜牧业统计调查电子化记账工作，大中型户（场）电子记账率达 100%。

三是扎实开展“加强统计调查 提升统计服务”行动。开展样本大维护、业务大培训、数据大审核、网点大走访、规范调查工作流程和操作等工作，对全县住户调查所有网点 120 户调查对象进行遍访，引导调查对象如实填报数据。

三、从严管理，夯实统计保障基础

修订队内目标管理责任制，细化优化队内管人管事管物管数制度。强化督促检查工作，推动工作落实，充分利用 OA 办公自动化系统进行政务管理。强化内部控制，全面落实“过紧日子”的工作要求，加强预算绩效管理，不断提升财务工作规范化和标准化建设。

2023 年 11 月 22 日，灵山调查队到灵山县新圩镇六哥商店核对小微企业和个体户调查数据

四、加强沟通，营造良好氛围

一是积极争取县人民政府的支持，基础绩效奖与县直部门同期同方式进行发放，切实解决干部职工后顾之忧。

二是在住户调查工作中，加强与发展和改革局、人力资源和社会保障局和农业农村局等部门的沟通，强化数据共享和居民收入形势研判，建立相关单位提供工资、转移性收入等数据共享制度，逐步建立分析研判、数据共享和压实基层抓住户调查工作的机制。

三是在农业农村调查工作中，加强与农业农村部门的联系，深入基层开展农业生产形势调研，强化信息共享和农业生产形势研判。压实主要畜禽监测调查大中型户（场）的电子记账工作，推动电子工作常态化。

2024 年 4 月 7 日，灵山调查队到灵山县中山社区指导调查对象记账工作

（撰稿：陈斌）

国家统计局桂平调查队

2023年，在广西调查总队党组、桂平市委、市政府的正确领导下，国家统计局桂平调查队（以下简称桂平调查队）坚持以习近平新时代中国特色社会主义思想为指导，围绕“数据真实、服务优质、基础扎实”工作主线，认真贯彻落实2023年广西国家调查工作会议精神，稳步推进各项工作任务落实。

一、统筹推进，全力抓好主题教育

桂平调查队坚持把主题教育作为重大政治任务，以高度的政治自觉和务实的工作举措，全力以赴推进第二批主题教育高质量开展。一是高位谋划部署，组织保障到位。第一时间召开主题教育专题部署会，研究制定实施方案，成立主题教育领导小组，明确工作安排、工作责任及有关要求。为10名党员征订《党的二十大报告（单行本）》《中国共产党章程》《习近平新时代中国特色社会主义思想专题摘编》等必读学习材料，及时发放到党员手中。二是强化深学细研，推进理论学习走深走实。结合广西调查总队党组及桂平主题办的有关要求与重点工作提示，制定学习计划表，有计划推进主题教育开展。班子成员率先垂范，每月安排班子成员领学主题教育指定学习材料，立足读原著、学原文谈体会，带动党员干部学习入脑入心。三是加强问题检视整改。检视出问题5个，制定整改措施5条，在开展主题教育时一体推进落实问题整改，确保主题教育开展质效。

2023年7月12日，广西调查总队党组书记、总队长廖金昌（右二）带队到桂平调查队开展调研指导工作

二、主动作为，有序推进各项调查任务

（一）坚持部门联动、循序渐进的工作方法，抓好畜牧业调查工作

通过召开市、乡镇、村三级培训会，建立审核队伍，及时把控摸底数据的报送进度；加强沟通汇报，争取到地方工作经费支持10万元，根据各乡镇工作量进行发放，提高各乡镇配合度；通过市委绩效办通报摸底进度及各方合力督导，在规定时间内，对26个乡镇444个村进行了排查并按时上报数据，完成对抽中样本村实地核查，为下一步开展名录库摸底奠定基础。

（二）坚持领导推动、全力推进的工作方式，有序推进住户调查工作

主要领导与分管领导亲自带队走访核实、督导记账情况，制定《访户质量控制流程表》，明确流程控制内容15项，进一步提升住户调查源头数据质量。为提高新样本记账户的支持与配合度，进一步优化住户调查电子记账补贴方案。利用春

2023 年 9 月 20 日，桂平调查队到桂平市文化广场开展第十四届“中国统计开放日”宣传活动

节、“大访户”、网点大走访，开展对辅助调查员及记账户慰问活动，为记账户及辅助调查员送上油米粉、电火锅及电风扇等慰问品，鼓励记账户为国记好账。

2023 年 11 月 1 日，桂平调查队到桂平市罗播乡开展晚稻实割实测工作

（三）坚持问题导向与多方联动相结合，抓细抓实劳动力调查工作

分管领导坚持每月带队入户访户，针对易错问题及注意事项，在下乡前进行总结，陪访、回访时发现的问题，现场填写反馈清单，进行一对一培训，并将有关问题发在微信工作群，让全体辅助调查员学习自纠，提高劳动力调查源头数据质量。会同人社部门走访有关乡镇主要领导，面对面向调查村支书、辅助调查员宣传劳动力调查的重要意义，压实各方责任，形成关注和支持劳动力调查的合力。制定调查流程图、印制电话回访明白卡等，提高辅助调查员现场调查水平。在村屯张贴国家统计局公告、电子屏播放劳动力调查宣传标语、发放劳动力调查小知识、宣传标语等，扩大群众知晓度，营造劳动力调查良好氛围。

（四）坚持部门、乡镇联动，稳步推进县级粮食产量抽样调查工作

做好样本村、调查样方管理和维护，加强与农业部门、相关乡镇的沟通联系，提高辅助调查员配合度，按照物价水平及时提高农户割测样本补贴。扎实开展“加强统计调查 提升统计服务”行动，粮食产量水稻与玉米实割实测工作已全部完成，桂平队大走访实地参与率 100%。

三、精准发力，力争综合工作再上新台阶

（一）抓细抓实，提升依法统计水平

一是抓好统计学法普法，将学习贯彻习近平法治思想、习近平总书记关于统计工作的重要讲话指示批示精神、《意见》《办法》《规定》《监督意见》纳入常态化学习计划；联合桂平市统计局成功推动统计法律法规内容纳入党校领导干部教育培训必修课；抓住统计开放日“12.4”“12.8”等重要节点，推进统计法治普法“进校园”“进社区”“进农村”“进企业”活动，持续推动统计法

治宣传。二是推进统计造假屡禁难绝专项治理行动，制定《国家统计局桂平调查队防范和惩治统计造假弄虚作假责任制实施办法(试行)》，成立数据质量领导小组，层层压实责任。开展源头数据质量核查，认真核查基础工作规范性、基础账册完整性、基础数据逻辑性，全面排查各专业、各环节数据风险隐患。三是强化统计执法监督水平。2023 年共选派 4 人次参加广西调查总队与贵港调查队组织的“双随机”统计执法检查工作，通过在干中学、学中干，提高持证人员的统计执法经验与业务水平。

2024 年 4 月 19 日，桂平调查队到桂平市石咀镇开展农作物春播面积调查工作

（二）务实笃行，推动统计服务提质增效

始终聚焦经济社会发展热点难点问题，高效组织开展各项约稿调研，截止到 11 月 30 日，广西调查总队反馈采用调查信息 58 篇。注重发挥新媒体宣传合力，桂平微信公众号转发推送各类文章 293 篇，队内原创编发 30 篇。获中国信息报微信公众号综合采用 1 篇，获广西调查总队微信公众号“广西国家调查”综合采用 7 篇，单独采用 1 篇，这是桂平调查队首次获“广西国家调查”单篇采用，新闻宣传优势进一步提升。

（三）组织有力，持续抓好基层基础建设

一是强化财务保障作用。积极贯彻落实“过紧日子”要求，通过建立台账，强化对“三公”经费管理；强化资产管理，做好公车报废及采购工作；强化预算保障，积极向桂平市委、市政府汇报争取经费支持，有力地保障了各项调查工作正常开展。二是强化网络和数据安全管理，按规定对 3 名涉密人员在桂平市公安局做好出入境备案登记。开展网络和数据安全事件应急演练，邀请桂平网信办讲授网络和数据安全知识，开展国家安全和保密专题学习，筑牢保密思想防线。三是强化指挥棒作用，修订完善目标管理考核办法，组织 1 名青年干部参加广西国家调查队系统第二届统计建模比赛，组织 1 名新录用公务员参加初任培训，组织 4 人次参加中级统计师考试，进一步提高干部队伍的整体素质和理论素养。

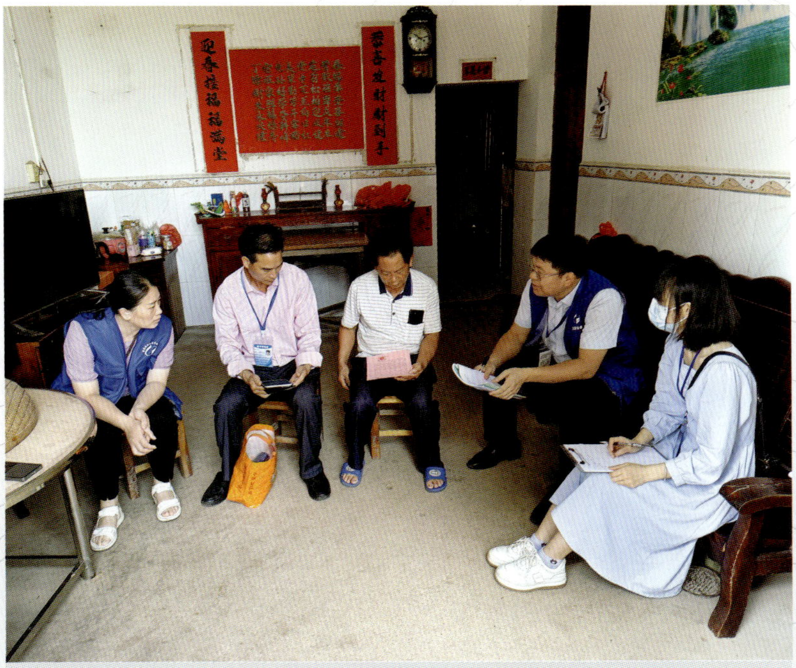

2024 年 5 月 13 日，桂平调查队到桂平市社步镇开展劳动力调查陪访工作

（四）突出重点，推进全面从严治党向纵深发展

严格落实“三会一课”制度，制定《国家统计局桂平调查队 2023 年党建工作要点》，定期召开全面从严治党专题会议研究部署全面从严治党和党风廉政建设工作，一体推进清廉机关创建工作，严格执行公务外出、公务用餐、公车管理等制度，深化纪法教育和警示教育，推进作风建设常态化长效化。

（撰稿：姚小欣）

国家统计局博白调查队

2023年，国家统计局博白调查队（以下简称博白调查队）在国家统计局广西调查总队和博白县委、县政府的正确领导下，以习近平新时代中国特色社会主义思想为指导，深入学习贯彻党的二十大精神，按照广西调查总队党组部署，扎实推进各项工作，较为圆满地完成各项任务。

2023年9年20日，博白调查队开展第十四届“中国统计开放日”活动

一、加强抓组织建设，增强党组织的凝聚力战斗力

一是严格执行民主集中制，落实“三会一课”、党费收缴、组织生活会、主题党日活动等制度，年内组织党员干部参观朱锡昂故居、王力书吧开展红色故事分享等活动，不断激发党员干部干事创业热情。2023年共召开支部党员大会12次，支部书记讲党课5次，开展主题党日活动12次，召开民主生活会、组织生活会各1次，开展民主评议党员1次，谈心谈话活动2次。二是规范设置支委会。按照批复成立第一届支委会，配备完善支部委员和专职党务干部，进一步提高党务工作水平。三是重视抓好发展党员和党员管理工作。2023年有2名干部职工递交入党申请书，现已成功推荐和确定2名入党积极分子。党支部参加县直属机关工委组织开展的“学用政策大比武”主题知识竞赛活动中经过初赛和决赛后最终荣获三等奖。四是持续推进联建共建。2023年继续与博白镇城关社区结对共建，于年初签订共建协议书，并按照“资源共享、平台共建、工作共抓、问题共解、活动共办”的原则，围绕城关社区重点难点问题，先后2次组织党员干部到社区开展“双报到”活动，与社区干部共同开展统计法宣传、城乡医保缴费宣传、公众安全感满意度宣传、文明城市创建、慰问困难群体等活动，向社区捐赠党的理论书籍，丰富党员的学习资源和载体，保持共产党员先进性。

2023年10月23日，博白调查队到博白县新田镇那花村开展晚稻估产测产工作

二、提高统计法治意识，夯实调查业务基础

一是扎实做好统计法治工作。坚持每季

2023 年 12 月 8 日，博白调查队开展“统计法颁布纪念日”暨统计法治宣传活动

度专题学习《意见》《办法》《规定》《监督意见》和《中华人民共和国统计法》《中华人民共和国统计法实施条例》等统计法律法规，让全体干部职工熟悉掌握统计法律法规文件精神。认真做好统计执法检查工作，完成 2 家调查企业的执法检查工作，通过执法检查倒逼企业进一步规范统计调查业务工作，从源头上提高统计调查数据质量。二是扎实提升调查业务数据质量。如劳动力调查进一步强化回访作用，分管领导和业务负责人坚持每月到不少于 3 个调查点开展回访工作。下乡前对回访的调查点通过电话进行全覆盖数据核查，现场回访时针对电话核查发现的问题进行核实，并及时向辅助调查员反馈存在问题，要求严格落实整改，有效发挥回访“查找问题、解决问题、教育培训”的作用。居民消费价格调查开展数据大核查，由分管领导带队对所有的规格品进行全覆盖核查，核查规格品价格数据与系统平台上报数据是否一致，将核查结果第一时间向采价员反馈并在月工作例会上通报，确保源头数据真实准确。住户调查加大日审力度，分管领导每周至少登录 2 次住户平台把关，重点查看未记账天数、单价异常、收支异常等存在问题并及时反馈到住户工作群，股室负责人每日登录平台审核，重点核实超限异常、记账逻辑审核，每月 10 日后重点关注上月未编码、补记时间跨度长、审核说明未填写等问题，并及时联系记账户解决，包点调查员每日细致审，及时解决待处理账页，并逐项查看机器通过账页，切实提高记账质量。

2024 年 1 月 10 日，博白调查队到博白县博白镇荔湾村开展劳动力调查入户陪访工作

三、扎实做好信息写作，提高优质服务水平

一是充分发挥调查队信息服务职能。扎实开展基层调研工作，掌握第一手调研资料，积极参与广西调查总队约稿和撰写调研信息，2023 年获广西调查总队采用信息 71 篇次，在信息分析研究工作考核中获得良好等次。二是坚持服务好地方党委政府决策。在日常统计调查和调研中获取的社会热点形成信息及时报送地方党委政府，为准确反映博白县经济社会发展现状和问题，解决群众关切问题提供优质信息服务，2022 年共获博白县人民政府办公室采用 41 条，在博白县政务信息系统中排名第 1。三是做好日常工作经验总结。在做好日常统计调查工作的同时，认真研究统计调查工作方式方法，加强工作经验总结和交流，2023 年获广西调查总队采用的政务信息和工作交流 33

篇，其中获国家统计局采用9篇，与去年相比提升较大。

四、加强监督执纪，持之以恒抓好党风廉政建设

2024年4月15日，博白调查队到博白县人民公园开展国家安全和保密教育活动

一是强化责任落实。认真学习贯彻上级全面从严治党工作会议精神，全年召开2次全面从严治党专题研究会议，制定印发《国家统计局博白调查队党风廉政建设责任制实施办法》，进一步明确各班子成员党风廉政建设责任。扎实开展纪检干部教育整顿，强化理论学习，严肃问题整改，打造忠诚、干净、担当的纪检干部。二是强化监督检查。纪检干部结合日常监督，通过现场检查、查阅资料、走访谈话等方式，加强对会议培训、“三公”经费使用、调查补贴发放、调查数据等易发多发问题环节的监督检查，班子成员结合日常工作严格落实分管领域党风廉政建设责任，规范数据生产全流程。三是强化监督提醒。认真学习贯彻统计系统中央八项规定及其实施细则精神有关制度文件，严格落实“每月一警示”，结合重要节日节点，多形式深入开展廉政警示教育，全年共通报违纪违法典型案例9次、观看廉政教育短片5个、参观廉政教育基地3处，有效增强党员干部纪法意识，筑牢拒腐防变的思想防线。四是强化纪律建设。结合干部教育整顿，召开干部队伍作风建设大会，通报干部职工作风存在的突出问题，并提出整改要求。

2024年4月24日，博白调查队到博白县水鸣镇大光村开展无人机航拍春播面积调查工作

（撰稿：刘冰）

国家统计局北流调查队

2023年，国家统计局北流调查队（以下简称北流调查队）坚持以习近平新时代中国特色社会主义思想为指导，认真贯彻落实全国统计工作会议精神、广西国家调查工作会议精神，聚焦“数据真实、服务优质、基础扎实”工作主线，开拓创新，奋力争先，较好地推进和落实各项工作。

2023年5月30日，北流调查队到北流市黎家庄开展“学习贯彻党的二十大 为民调查再出发”主题党日活动

2023年9月22日，北流调查队到北流市贵仁堂社区开展第十四届“中国统计开放日”宣传活动

一、夯基础、重引领、转作风，党的政治建设全面加强

（一）聚焦理论学习，政治素养得到新提升

一是制定2023年党员理论学习计划，把学习贯彻党的二十大精神、习近平总书记关于统计工作重要讲话和指示批示精神作为干部教育培训重点内容。二是切实组织开展理论学习活动，开展主题党日活动，讲专题党课，参观红色教育基地等形式提升学习效果。三是狠抓主题教育，强化理论武装。研究制定主题教育工作方案和学习计划，组建成立领导小组，认真谋划部署。通过领导班子“带头学”，党支部“集体学”，党员干部“个人学”，联合主题党日“共同学”，实现理论学习“全覆盖”；开展“立足岗位作贡献”活动，制定“加强统计调查 提升统计服务”行动方案，成立行动工作组，结合主题教育推动发展统计调查工作；坚持边学习、边对照、边检视、边整改，把问题整改整治贯穿主题教育始终，抓好突出问题的专项整治。

（二）聚焦党建引领，工作取得新成效

持续深化“党旗领航强堡垒，铜州国调绘蓝图”党建品牌建设。一是认真贯彻落实广西调查总队党组和北流市直机关工委关于党建工作的意见及要求，出台2023年党建工作要点。二是严格落实党建工作责任制。党支部书记认真履行抓基层党建工作第一责任人职责，推动党组织履行抓基层党建工作主体责任、班子其他成员履行分管领域基层党建工作责任。认真落实

意识形态工作责任制，持续加强对网站、微信公众号等阵地和网络意识形态工作的管理。三是强化“党建＋业务”融合工作。结合调查业务培训组织党员辅调员到红色教育基地开展现场党性教育，在劳动力调查回访卡上增加党的二十大知识模块。四是积极参与机关工委等部门组织的各类活动，拓展宣传渠道，在争取地方更多支持中展现北流国调风采。2022 年 12 月北流调查队获“自治区卫生先进单位”命名；2023 年 3 月被命名为“北流市直机关模范机关创建示范单位”；10 月获“北流市三八红旗集体”称号；12 月获北流市机关“四强”党支部称号。

2023 年 10 月 12 日，北流调查队到北流市塘岸镇蟠龙村开展劳动力调查入户陪访工作

（三）聚焦党风廉政，全面从严治党步入新常态

一是党支部书记自觉扛起第一责任人职责，其他班子落实一岗双责，积极履职担当，认真研究部署党风廉政建设工作，召开全面从严治党专题研究会。二是巩固文明单位和模范机关创建成果，大力打造清廉机关，开展清廉机关建设活动和举办“青廉说”演讲比赛，提升队内干部职工对清正廉洁的认知感悟。三是在重要节假日前开展廉政教育和廉政提醒谈话会，确保廉洁过节。

二、抓业务、促创新、提能力，基层基础建设行稳致远

一是推动住户调查工作再上新台阶。及时复盘开展工作时遇到的问题，结合新一轮样本的特点，印制《住户记账指南》《记账提示卡》《记账常见项目卡》《住户电子记账指南》等指导材料分发给所有调查对象、辅助调查员，全面提高源头数据质量。

二是扎实开展农民工市民化调查和农民工监测调查。妥善解决了队伍接手新调查业务时遇到的各种问题，年初及时组织相关人员共同研究预判调查工作可能存在的难点和盲点，印制了《辅助调查员提示卡》《调查户提示卡》和制定北流调查队工作方案及现场调查计划。北流调查队在 2023 年全区农民工调查业务视频培训会上作经验交流。

三是实干担当做好专项调查工作。围绕数据质量，制定《调查员考评办法》；召开 2023 年劳动力调查业务培训会，开展业务知识闭卷测试；加强与劳动力调查样本社区的沟通联系，联合北流市贵仁堂社区党支部开展主题党日活动。3 月在广西劳动力调查数据评估培训班上做经验交流发言。

四是稳步开展农业调查工作。做好农作物对地抽样调查样本轮换后衔接工作，召开辅助调查员培训会，邀请玉林队进行业务指导，印发《农作物对地抽样调查辅助调查员考核办法》；做好夏粮秋粮实割实测调查工作，领导班子亲自参与新样本点实割实测调查，做好粮食实测工作。

2023 年 11 月 10 日，北流调查队到北流市六靖镇龙湾村开展住户调查记账户集体培训会

2023 年 12 月 8 日，北流调查队到北流市桥头公园开展“12·8”《中华人民共和国统计法》颁布 40 周年纪念日法治宣传活动

五是统筹做好主要畜禽监测调查样本轮换摸底和畜牧业电子化记账工作。4 月召开北流市进一步推进主要畜禽监测调查样本轮换摸底调查工作视频会，全市各镇、街道、村（社区）有关领导和业务人员 100 多人参会；联合北流市统计局、北流市农业农村局成立工作领导小组，开展摸底工作质量督查；电子化记账大型养殖户的安装率和填报率均已达到 100%，生猪、家禽大型户出栏量电子记账与纸质台账的匹配率大幅度提升。

2024 年 4 月 30 日，北流调查队到北流市民安镇水岸村开展无人机春播播种面积调查工作

三、搭平台、强宣传、优队伍，统计法治建设纵深推进

一是召开专题会议学习总队 2023 年统计法治工作重点，印发北流调查队统计法治工作要点。认真贯彻落实防范和惩治统计造假弄虚作假责任制，召开专题会议布置相关工作，明确领导责任，狠抓责任制落实。推动地方党委、政府学习统计法律法规，2023 年 3 月北流市政府常务会学习《统计法》；5 月常务会传达学习《监督意见》。二是线上线下做好统计普法宣传工作。线上通过工作群、微信公众号开设统计普法小课堂，持续性开展普法宣传；线下紧抓《统计法》颁布 40 周年时间节点开展宣传活动，6 月在北流市龙桥社区开展“民法典、统计法进社区”普法宣传活动；9 月 22 日联合北流市统计局开展第十四届“中国统计开放日”活动，向北流市社区群众宣传统计法律法规。三是增强统计执法人才建设。组织符合报考条件的干部报考统计执法证，2023 年北流调查队 1 名同志通过统计执法证考试，目前队内已有 2 名统计执法人员；加强执法人才的培养锻炼，选派 1 人参加广西调查总队“双随机”统计执法检查，1 人参加玉林调查队统计执法检查。

四、细统筹、精分析、聚合力，统计调查服务成效显著

抓好统计调查分析研究、新闻宣传、调查数据综合管理等工作。上报调查信息、报告 54 篇，政务信息、工作情况交流 108 篇，其中广西调查总队采用政务信息 66 篇，工作情况交流 7 篇，国家统计局采用 18 篇。加大微信公众号的宣传力度和向地方媒体投稿力度，2023 年广西调查总队微信公众号采编北流调查队 10 则信息，《中国信息报》采编 1 则信息，获地方媒体采用信息 7 篇。

（撰稿：何婵）

国家统计局靖西调查队

2023年，国家统计局靖西调查队（以下简称靖西调查队）坚持以习近平新时代中国特色社会主义思想为指导，全面贯彻党的二十大精神，围绕广西调查总队“数据真实、服务优质、基础扎实”工作主线，开拓进取、求真务实，圆满完成各项工作任务。

一、坚持政治引领，全面从严治党纵深推进

一是持续强化理论武装。始终把习近平新时代中国特色社会主义思想作为“第一议题”，支部扎实开展学习贯彻习近平新时代中国特色社会主义思想主题教育，确保实效。严格规范开展党内政治生活，并主动配合广西调查总队党组对队领导班子开展巡察工作，积极按照反馈意见推动整改落实，充分运用巡察成果推动调查事业发展。二是持续打造党建品牌。深化“边关党旗红·调查数据真”党建品牌创建，支部书记领办“红色赋能农业调查 春风化雨润三农”党建项目取得较好成效，得到市直工委及其他市直单位点赞，为其他专业党建与业务融合发展提供模板。三是强化党风廉政建设。始终把党风廉政建设摆在突出位置来抓，严格落实领导班子成员“一岗双责”责任，常态化开展警示教育，扎实推进“清廉机关”各项建设和纪检干部队伍教育整顿。

二、坚持统筹兼顾，业务基础不断夯实

一是住户调查着眼长远打牢基础。年内，圆满完成住户调查大样本轮换工作，有效实现新旧样本点记账工作的有效衔接；2023年组织召开住户类培训会4次，广西调查总队领导到点调研指导住户调查工作2次；以每日提

2023年6月14日，广西调查总队住户监测处到靖西市育才职业技能培训学校开展乡村振兴背景下脱贫人口务工助力增收现状问题及对策调研

2023年9月20日，靖西调查队联合靖西市统计局在靖西市中山广场开展第十四届“中国统计开放日”宣传活动

2023 年 10 月 12 日，靖西调查队联合靖西市农业农村局到靖西市隆江村开展晚稻实割实测工作

醒、每周通报、每月总结的形式，清单式开展住户调查日常工作，使记账户配合度、记账数据质量、报表填报质量整体提升。二是农业调查聚焦服务推出示范。立足农作物对地抽样调查新样本启用第一年实际，以加强日常沟通为切入点，从规范数据采集流程，做细数据审核质量，做实数据分析报告三个方面，着力提升农业调查数据质量。在党建与业务融合方面通过书记领办项目推出示范，农业调查服务乡村振兴和经济社会发展有新成效。三是主要畜禽监测调查对标先进激发活力。年内克服全市行政村多、摸底工作量大、时间要求紧的困难，圆满完成 19 个乡镇 282 个行政村 9 个社区的主要畜禽样本轮换摸底调查；年内调查企业先后接受广西调查总队、百色调查队共两次“双随机”执法检查，落实依法统计责任。持续巩固主要畜禽调查电子化记账工作，大型养殖户电子记账率达 100%。四是劳动力调查补齐短板扩大宣传。坚持培训陪访、数据即报即审、每月电话核查助推劳动力调查数据质量提升。年内，开展集中培训 1 次，其他每月现场陪访培训十余次。针对靖西市回访成功率不高的问题，联合调查点开展“学习二十大 奋进新征程”支部主题党日、庆祝三月三民俗节日、重阳节集中宣传等活动，提高辖区干部群众对劳动力调查工作的知晓度、配合度。五是专项调查担当落实全面推进。以精心组织、主动作为、业务规范提升为抓手，认真做好专项统计调查业务工作，高质量完成新设立小微企业和个体经营户跟踪调查、青年发展现状问卷调查、服务零售结构调查、妇女儿童相关领域发展状况调查、全面从严治党民意调查等专项调查工作。

三、坚持法治先行，法治保障持续强化

一是持续推动统计监督作用。队内常态化学习《意见》《办法》《规定》《监督意见》等文件精神，与地方统计局联合推动地方政府开展统计造假屡禁难绝专项行动，进一步强化统计法治力度。二是进一步压实防惩统计造假责任。结合第二批主题教育、巡察反馈问题整改、“双随机”执法检查发现问题整改等，组织开展源头数据质量核查、统计造假屡禁难绝问题专项治理行动，全覆盖开展数据质量自查自纠，法治利剑高悬保障业务开展。2023 年，开展迎接广西调查总队统计执法检查 1 次，本队组织开展执法检查 1 次。三是抓好统计法治宣传教育。充分利用边境地区优势，联合靖西市统计局圆满开展第十四届“中国统计开放日”活动；联合百色调查队到南坡乡国门党校举办培训班 1 次，推动

2023 年 10 月 20 日，靖西调查队组织党员干部到靖西市新生社区开展统计法治宣传进社区活动

统计法治带入边境国门党校、融入边境调查业务开展的日常，统计法治宣传经验获《中国信息报》微信公众号采用。

四、坚守职能定位，统计服务突破发展

一是立足“为民调查”定位，调研信息迈入新阶段。始终聚焦经济社会发展热点难点问题，结合本地实际深入一线开展专题调研，提供真实、准确、详实的调研案例。2023年，靖西调查队参与撰写调查信息报告获广西调查总队采用62篇，采用得分为460分。二是认清意识形态形势，氛围营造展现新气象。巧借地处边境和民俗文化浓厚的特点开展宣传。新闻稿件获《中国信息报》单篇采用2篇，获《中国信息报》微信公众号综合采用3篇，广西调查总队微信公众号单篇采用1篇、综合采编8条，本队微信公众号推送文章148篇，其中原创文章28篇。三是立足“综合中心”职责，数据综合管理彰显新优势。按专业、按报表特点分类管理数据，落实专人、专用设备存储调查数据，及时更新检查和备份，确保数据安全规范管理。

2024年4月23日，广西调查总队党组成员、副总队长黄茂平（右一）带队到靖西市武平镇开展粮食和畜牧业统计调查工作调研

2024年4月23日，广西调查总队党组成员、副总队长黄茂平（左四）到靖西调查队开展调研指导工作，靖西市委书记郝玉松（左三）陪同

五、坚持凝心铸魂，自身建设不断强化

一是干部政治素养和政治担当不断提升。持续营造良好的干事创业环境。选派1名干部参加系统统计建模大赛，选派1名干部到百色调查队跟班学习。2023年以来，荣获记三等功干部1名，年度干部考核给予嘉奖1名，职级晋升2名，试用期干部转正2名。积极推动干部教育培训列入地方培训计划工作，2023年队领导班子成员参加地方赴省外专题培训班3人次，组织到党校办培训班1次。二是政务管理规范运转。贯彻落实习近平总书记对新时代办公厅工作重要指示精神，在办文办电办会、车辆管理、后勤管理、档案管理、机要保密、国家安全宣传、网络安全和信息化建设等严格把关。2023年，选派2名涉密人员参加保密培训班，参加信息化培训班2次，并在2023年广西国家调查队系统办公室工作会议上作经验交流发言。三是财务管理效能得到提升。牢固树立过“紧日子”思想，从严控制“三公”经费，严格执行“县账省管”模式。针对巡察、审计等反馈问题从思想上深入剖析，举一反三，不断提高单位内部的风险防控能力和内部管理水平。四是群团工作开创新局面。在春节等重大节日期间开展慰问活动4次，慰问因病住院干部职工4次。组织青年干部积极参加总队、市队青工委举办的各类活动4次，拍摄录制青年干部讲民俗、宣传法治等作品2篇。

（撰稿人：黎幸杰）

国家统计局富川调查队

2023年，国家统计局富川调查队（以下简称富川调查队）坚持以习近平新时代中国特色社会主义思想为指导，深入学习贯彻党的二十大精神，紧扣贯彻落实习近平总书记关于统计工作重要讲话指示批示精神。在国家统计局广西调查总队的正确领导下，在富川县委、县政府的大力支持下，富川调查队围绕“数据真实、服务优质、基础扎实”工作主线，创先争优，较好完成2023年工作。

一、学习贯彻习近平新时代中国特色社会主义思想和党的二十大精神

（一）扎实开展主题教育

主题教育开展以来，富川调查队积极参加中央、自治区、贺州市、富川县主题教育有关会议，并在队班子会议上及时传达学习主题教育有关会议精神。开展主题教育以来，全队党员同志不断增强“四个意识”、坚定“四个自信”、做到“两个维护”，能够把习近平新时代中国特色社会主义思想转化为坚定理想、锤炼党性和指导实践、推动工作的强大力量，在以学铸魂、以学增智、以学正风、以学促干方面取得了实实在在的成效。

（二）深入学习贯彻党的二十大精神

2023年是全面贯彻落实党的二十大精神的开局之年，富川调查队通过全体人员例会、班子会、“三会一课”以及深入基层一线开展调查和开展专项活动，加强对党的二十大精神的学习宣传贯彻。全年共开展党的二十大精神学习活动12次。

（三）严格落实党内政治生活制度

富川调查队党支部严格落实“第一议题”制度，通过“三会一课”制度，不断学习新修订的《中国共产党章程》和党内规章制度。严格按要求开展民主生活会和组织生活会，多种形式开展主题党日活动，丰富党内政治生活。全年共开展“志愿服务送关爱，文明实践树新风”、干部作风建设等主题党日活动12次。

（四）落实意识形态工作责任制

坚持党管意识形态，召开班子会专题研究意识形态工作，明确意识形态分管领导，在日常工作中加强对党员干部意识形态领域的教育管理，并按要求报告意识形态工作情况。

2023年6月8日，广西调查总队党组书记、总队长廖金昌（左二）到富川调查队检查指导工作

二、聚焦主责主业圆满完成各项调查任务

（一）扎实开展住户调查工作

一是顺利完成新开展的农民工监测调查工作。推动富川县人民政府印发《富川瑶族自治县人民政府办公室关于进一步加强农民工监测调查工作的通知》明确各有关乡镇、村委和调查员责任。

二是党建引领住户调查高质量开展。持续推进“党建＋业务”深度融合，开展“住户调查利民生，浓浓关怀传党情”主题党日活动，进一步增强党员辅调员的使命感和责任感。强化共联共建，联合富川县阳寿社区开展党的二十大精神集中宣讲，邀请老住户调查点辅调员进行传帮带，促使记账户用心记账记实账。

2023 年 7 月 13 日，富川调查队到富川县荆早村开展水稻生长情况调研

（二）全面加强农业调查工作

一是积极争取地方政府支持，以富川县人民政府名义印发《富川瑶族自治县人民政府办公室关于开展富川瑶族自治县主要畜禽监测调查样本轮换摸底调查工作的通知》和《富川瑶族自治县人民政府办公室关于做好农作物对地抽样调查工作的通知》。二是严把数据审核关，将数据层层审核作为夯实农产品生产者价格调查数据质量的突破口，实行股室调查员实地初审、分管领导复审、联网直报平台审核公式深入审核的“三级审核”机制，对出现的错误，及时修改更正并做好相关说明。

（三）规范做好劳动力调查工作

一是强化核查，牢固把握源头数据。调查期间，业务骨干紧盯后台数据，对存疑问题及时与调查户取得联系，电话询问核实，摸清原因，强化富川县劳动力调查样本数据质量监控，真实反映富川县劳动力从业情况。二是精益求精，做好辅调员管理。建立辅调员考核管理制度，根据承担的工作量及完成情况进行全面考核。每年评选出 3 名优秀等次辅调员，给予荣誉表彰和物质奖励，营造出“比、学、赶、超”的环境。

三、加强党建与业务深度融合，实现党建引领业务提质增效

一是充分发挥党员干部先锋模范作用，组织党员辅调员解决在调查过程中的重点难点问题。注重把业务工作薄弱环节中反映出的问题作为党建工作着力点，做到党建与业务同抓。二是发挥党员辅调员、党员记账户引领和先锋模范作用。目前，各专业在深入调查一线开展调查时，均能将党的政治理论学习教育融入调查全过程，调查对象配合度日益提高，数据质量稳步提升。三是富川调查队党支部获评“2022 年度县直机关五星级党组织”称号，“瑶乡筑梦党旗红 智慧调查数据真”党建品牌获评“富川瑶族自治县党建工作精品品牌”称号，持续深化政治机关建设。

四、干部队伍建设卓有成效

（一）制度保障到位

研究制定《国家统计局富川调查队干部作风强

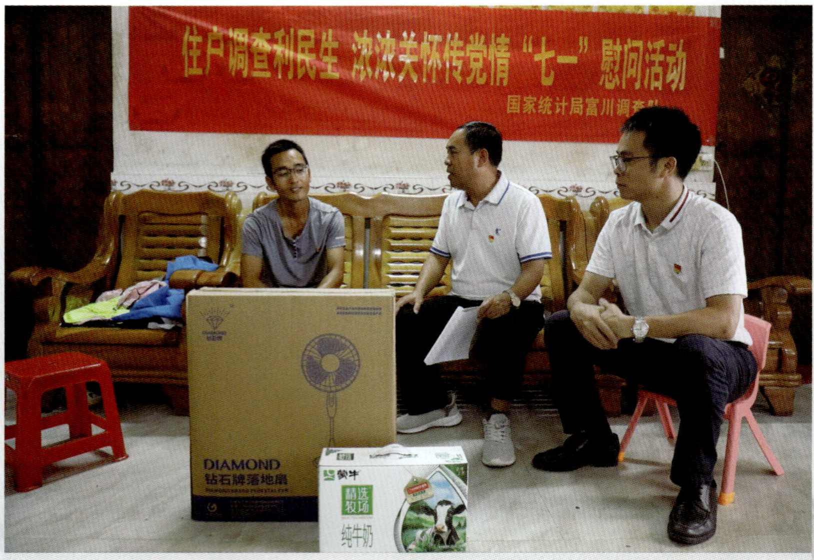

2023 年 7 月 17 日，富川调查队开展住户调查利民生 浓浓关怀传党情“七一”慰问活动

2023 年 9 月 20 日，广西调查总队党组成员、副总队长陆奉昌（中）带队到富川县朝东镇万亩冷泉香芋种植基地开展促农增收情况调研

化年工作方案》，明确总体目标，列出重点内容，细化时间安排，成立领导小组，通过解放思想、提升能力、转变作风，更好履行国家调查使命，不断提高调查数据质量。

（二）干部学习到位

组织全体干部专题学习《推进领导干部能上能下规定》《公务员职务与职级并行规定》等文件，向每位干部发放理论读本和笔记本，激励积极担当作为，打消一些干部做碌碌无为太平官的想法。

（三）思想认识到位

组织全体干部职工观看《中国医生》《决不姑息》《征程之星火》等题材电影，引导干部牢牢坚持党的领导，积极接受红色教育、传承红色基因、讲好红色故事，继承和发扬吃苦耐劳、自力更生、艰苦奋斗、无私奉献的精神，坚定文化自信，强化历史担当，向着新时代奋斗目标前进。

五、服务决策能力巩固提升

富川调查队紧紧围绕“服务优质”工作主线，不断增强责任意识和服务意识，密切监测经济运行情况，做到预测分析求“准”、专题分析求“精”、对比分析求“深”，力求通过真实、准确、完整、及时的统计调查分析为领导决策提供有深度、有见解、有价值的分析材料，用统计调查服务赢得地方领导对统计调查工作的支持。2023 年，富川调查队政务信息被国家统计局采用 16 篇，广西调查总队采用 75 篇；调查信息反馈 46 篇采用，得分 333 分；县级绩效考评相关信息已按时保质保量完成。

六、依法统计依法治统深入推进

（一）学习《意见》《办法》《规定》《监督意见》

富川调查队深入贯彻落实中央《意见》《办法》《规定》《监督意见》等重要文件精神要求，始终秉持“红线”不能踩、“底线”不能破的原则，严格遵守统计法律法规，确保统计依法依规、数据真实可靠。每季度召开专题学习会，从统计违法案件中汲取教训，以案为鉴，深刻认识统计造假、弄虚作假的危害性。富川调查队全年没有发生统计造假、弄虚作假事件。

（二）推动统计法治进富川县委、县政府和富川县委党校

2023 年 1 月 9 日富川县十届人民政府第 29 次常务会议和 2023 年 1 月 19 日十五届第 60 次富川县委常委会议分别传达学习自治区党委办公厅 自治区人民政府办公厅《关于更加有效发挥统计监督职能作用的实施意见》文件精神。5 月 18 日，队长翟有清受富川县委党校邀请为“2023 年全县科级副职领导干部学习贯彻习近平新时代中国特色社会主义思想和党的二十大精神专题研讨班（第二期）”作《大兴调查研究之风 深入推进依法统计依法治统》专题授课。

（三）开展《统计法》40 周年系列宣传活动

一是开展“统计法治齐传唱 普法宣传零距离”活动。活动期间，队长翟有清与瑶族群众代表围坐在一起，讲述《中华人民共和国统计法》颁布的背景及历程。二是积极参与统计法治征文活动。富川调查队择优报送一篇题为《青春之歌献统计 不负韶华再出发》统计法治征文到中国信息报。三是开展“增强企业统计法治意识 谱写畜牧业调查新篇章”活动。进入企业宣传五经普的重大意义、普查内容、普查方式、普查特点等，提高五经普的知晓度、支持度和配合度。

七、党风廉政宣传教育走实走深

一是加强作风建设。认真落实中央八项规定及其实施细则，持续整治“四风”特别是形式主义、官僚主义，密切联系群众，领导班子真正做到带头

反对特权思想和特权现象。二是加强纪律建设。多渠道开展全面从严治党宣传教育，紧盯重要节点，利用典型案例或深入廉政教育基地开展现场警示教育，创新开展“勤廉故事大家讲”活动。2023 年，共开展形式多样的警示教育 14 次，开展谈心谈话共 24 人（次）。三是推进制度建设和执行。进一步健全完善廉政风险防控机制，修订完善“三重一大”实施办法，严格人事、财务、资产、政府采购以及统计调查组织实施等管理制度，做到用制度管人管事。

2023 年 11 月 8 日，富川调查队到富川县莲山镇洞口村开展劳动力调查回访工作

（撰稿：杨如彪）

国家统计局宜州调查队

2023年，在国家统计局广西调查总队党组的正确领导下，国家统计局宜州调查队（以下简称宜州调查队）围绕“数据真实、服务优质、基础扎实”工作主线，深入开展学习贯彻习近平新时代中国特色社会主义思想主题教育，坚决贯彻落实习近平总书记关于统计工作重要讲话指示批示精神，业务基础、数据质量和统计服务进入新的阶段，各项工作任务圆满完成。

2023年7月17日，宜州调查队到宜州区德胜镇开展大豆带状复合种植实测工作

一、高质量服务推动高质量发展，多项工作再创新高

（一）注重高质量服务，收获可圈可点

多管齐下深抓优质服务建设。通过制定客观全面的考核办法、召开信息写作推进会、研究国家统计局采用新方向、强化信息敏感性等方式，提高“两个信息”写作水平，质与量均远超去年。截至10月底，共撰写调查信息75篇，在县级调查队中排名第一；撰写政务信息30余篇，获国家统计局采用15篇。在2023年年中工作推进会中，宜州调查队围绕优质服务进行典型发言。

（二）定位高质量发展，亮点层出不穷

2023年9月19日，宜州调查队在宜州区中山公园开展第十四届“中国统计开放日”统计法治宣传活动

清廉机关建设成效明显。宜州调查队全面开展清廉机关建设工作，顺利获评为宜州区清廉机关建设模范单位，并作为重点培育对象代表河池市参加自治区清廉机关建设示范单位的评选；档案工作上档进位。年初召开专题会议部署档案晋级工作，邀请档案局业务人员到本队进行指导并推动电子档案工作，档案室晋级工作顺利晋升二级档案室；

首次受邀到宜州区委党校进行统计法治授课，6月，队长宋首庭到宜州区委党校给宜州区科级干部培训班进行主题为“恪守统计法治，严防严惩统计造假弄虚作假”统计法治授课，培训班学员为区各乡镇、各单位科级领导，共计165人。

（三）多方式助推统计调查制度建设见效

推动村委、企业调查对象统计调查制度建设。参照工作规范化建设，结合本队统计调查工作需求，推动宜州区三岔镇红社村委、宜州区葆华猪场建立统计调查制度并上墙，制度包括统计业务岗位责任制度、数据资料管理制度、

数据采集审核报送制度、统计工作保密制度、数据质量检查和责任追究制度等，首次实现宜州调查队业务调查点所在村委、企业调查对象统计调查制度上墙。

2023 年 9 月 21 日，宜州调查队到南宁市青秀山红色主题教育基地开展读书分享会

二、党建和党风廉政“两手都要抓，两手都要硬”

一是加强政治建设，坚定政治立场，严格落实“第一议题”制度。把学习宣传贯彻党的二十大精神作为首要政治任务和年度学习重点内容，不折不扣推动党的二十大精神走深走实，全年开展各种理论学习共计 30 次。二是加强支部建设，着力打造坚强堡垒，严格执行党的组织生活制度，认真贯彻落实《条例》。三是强化廉政教育，以发生在统计调查系统的违纪违法问题为实例开展警示教育，教育引导党员干部在思想上正本清源，算好人生大账，守住廉政底线。四是从监督入手，着力规范内控管理与责任落实成效，开展贯彻落实中央八项规定精神情况自查，做到检查全覆盖、不留死角；五是开展体育健身、红色电影观看、知识竞赛、国家安全教育、读书分享、参观主题展示馆、学党章党规党纪等主题党日，引导党员干部铭记历史、坚定信念、传承精神、鼓舞信心、持续奋斗，砥砺干事创业的精气神、学思践悟的自觉性不断提升。

三、深入贯彻落实统计造假屡禁难绝专项治理行动

（一）高度重视法治工作，坚决贯彻落实《监督意见》

制定年度普法方案、法治工作要点，按照工作要点逐项完成。完成统计“八五”普法规划中期评估，开展第十四届“中国统计开放日”活动，宜州区各机关、企事业单位在开放日当日将 LED 宣传内容改为开放日宣传内容。通过联合宜州区统计局在宜州区中山公园设立展台、召集个体工商户调查对象到本队进行集中普法、入店铺解读“五经普”政策等形式，确保统计普法工作走深走实。

（二）与时俱进更新制度，强化单位内部控制

本年度根据广西调查总队相关处室要求，修订了住户调查工作制度、劳动力调查辅调员管理办法、农业调查样本管理办法、微信公众号和工作群管理制度等制度，不断扎紧扎实制度笼子，健全防惩统计造假弄虚作假制度，规范各专业工作开展。

（三）数据核查和样本维护双管齐下，严防死守数据质量

2023 年 10 月 18 日，宜州调查队联合宜州区桑蚕循环经济发展中心到宜州区冬田村开展主题党日活动

2023 年 10 月 30 日，宜州调查队到宜州区洛岩村李主屯开展“金色稻海淘真数 党旗领航掌实情”晚稻实割实测工作

1. 加强对广西调查总队反馈文件的学习。深入研究统计报表质量通报情况进行针对整改，组织学习广西调查总队“双随机”统计执法检查发现问题的通报，并对照反馈意见和反馈问题进行自检自查，及时整改，防患未然。

2. 开展源头数据质量大检查。组织各专业开展自检自查，对统计台账、调查工具等发放情况进行检查，配齐调查设备，落实后勤保障。对 2022 年以来统计调查工作深入检查数据采集、审核、上报等流程环节的风险点与存在问题，形成报告，各专业负责人就反馈问题提出整改措施，对发现的问题进行整改。

3. 扎实推动住户“大访户”工作。按照广西调查总队工作安排，通过采取专题会议部署、成立领导小组、做足入户前准备、做实访户核查等措施，对记账以来的数据质量进行了“大体检”，各项收支漏账做到应统尽统，不规范账目做到修正核实。

4. 倾力做好样本维护，为数据真实性打下坚实基础。通过努力，住户调查及农业调查新一轮样本持续稳固，样本点配合度显著增强；高质高效完成主要畜禽样本轮换摸底工作；劳动力调查持续探索创新工作方法，数据质量稳步保持。

四、推动主题教育走深走实取得实效

坚持把开展好主题教育作为当前首要政治任务，第一时间召开主题教育研究会，及时成立领导小组，制定印发实施方案、工作安排表和理论学习计划表，切实强化工作统筹，形成工作合力。通过开展集中学习、个人自学等形式，认真组织全体党员干部深入学习党的二十大报告和党章、《习近平新时代中国特色社会主义思想专题摘编》等必选读科目，努力提高学习实效，截止到目前共开展 3 次集中学习。坚持把检视问题整改贯穿主题教育始终，重点围绕主题教育目标要求查找梳理问题，共形成 5 方面 5 个问题清单，其中专项整治问题 1 个，明确了整改措施、整改目标、整改时限、责任人。同时立足于服务群众初心使命，党支部从群众需求入手、从服务点滴做起，鼓励党员深入联系村、社区收集群众微心愿，通过组织党员帮助无劳动力群众割牛草、邀请宜州区桑蚕循环经济发展中心党支部党员干部给调查对象开展技术培训，帮助蚕农解决蚕病等活动，持续推进党员志愿服务活动，充分发挥“党员先锋岗”“党员突击队”先锋模范作用。

2023 年 12 月 5 日，宜州调查队陪同宜州区副区长卢炳胜到宜州区福龙乡定满村开展调研指导工作

（撰稿：韦任宸）

国家统计局环江调查队

2023年，在国家统计局广西调查总队党组的正确领导下，国家统计局环江调查队（以下简称环江调查队）坚持以习近平新时代中国特色社会主义思想和党的二十大精神为指导，深入贯彻落实习近平总书记关于统计工作重要讲话和指示批示精神，不断提高政治站位，着力提高调查数据质量，稳步推进各项工作任务落实。

一、坚持党建引领，纵深推进全面从严治党

一是抓好支部建设，发挥党建引领作用。积极推进“五基三化”提升年建设活动，以“一支部一品牌”创建为抓手，进一步发挥党建引领作用。全年共组织召开党员大会8次，党员领导干部讲党课5次、集中理论学习12次、谈心谈话10人次，开展主题党日活动12次。

二是强化阵地管理，抓实意识形态工作。开展意识形态工作研判2次，切实做好干部职工思想教育和意识形态阵地管理。在舆论引导对外宣传中，始终坚持正面宣传，围绕统计调查服务工作，积极做好各项法规政策措施的宣传解读工作，把握正确舆论导向，不断强化风险意识和底线思维，坚决筑牢意识形态安全防线。

二、夯实调查根基，不断提高调查工作质效

一是加强法治建设。为推深做实统计法律法规专题学习，持续夯实依法统计工作意识，领导班子将对统计法律法规的学习教育作为基础性、经常性的工作不断抓紧抓好。全年共开展学习贯彻习近平总书记关于统计工作重要讲话指示批示精神和《意见》《办法》《规定》《监督意见》等重要文件精神4次，开展统计违法案件警示教育3次，业务培训会议开展法治知识学习10次，队领导在环江县委党校作统计法律法规知识专题讲座1次，对2家企业开展统计执法检查，2次派员参加河池队牵头组织开展的“双随机”统计执法检查。

二是规范调查流程。认真执行国家调查制度，以完成国家调查任务为基本职责，牢固树立国家调查队意识，持续发挥统计调查“轻骑兵”优势。不断加强基层规范化建设，按照总队《调查业务规范化实施细则（2023年修订版）》要求，规范辅助调查员管理，定期组织开展辅调员业务培训，确保辅调员能够正确理解和把握统计范围、统计口径及指标逻辑关系。

三是筑牢安全防线。抓实保密和国家安全工作。开展国家安全主题活动，组织参观国家安全展。抓实网络和数据安全工作，建立健全网络安全和数据安全责任制、统计网络与数据安全事件应急预案、

2023年11月7日，广西调查总队党组成员、副总队长陆奉昌（左二）率队到环江县开展脱贫地区乡村产业发展专题调研

2023年9月22日，环江调查队联合环江县统计局开展第十四届“中国统计开放日”宣传活动

统计数据安全管理办法，开展网络安全宣传周、网络和数据安全应急演练等系列活动，持续筑牢安全防线。

四是调查业务顺利完成。严格执行国家统计调查制度，坚决执行国家统计调查政令和国家统计方法制度，较好的完成城乡住户收支与生活状况调查、农户固定资产投资调查、农民工监测调查、脱贫县农村住户监测调查、农作物播种面积调查、农作物单位面积产量调查、农产品生产者价格调查、主要农产品中间消耗调查、主要畜禽监测调查、新设立小微企业跟踪调查、劳动力调查等11项常规调查任务。

五是样本轮换有力有序。扎实做好住户调查大样本轮换后数据衔接工作，推进“加强统计调查，提升统计服务”专项行动，做好新样本大维护，大走访和大培训，全县住户调查电子记账率达97.0%，居民收支调查新旧样本调查数据有效衔接；做好农业15个新粮食监测点启用工作，克服困难，扎实开展了春播、夏播、秋冬播面积调查和产量调查任务并上报调查资料；积极开展畜禽监测样本轮换工作，按照广西调查总队畜禽样本轮换相关要求，精心组织实施，主要畜禽监测调查样本轮换工作高质量完成。

2023年11月3日，广西调查总队党组成员、副总队长黄茂平（左二）率队到环江县开展秋收粮食生长情况调研

六是做优统计服务工作。充分发挥调查队职能，扎实开展基层调研工作，掌握第一手调研资料，积极参与广西调查总队约稿。2023年度参与广西调查总队约稿信息报送58篇，采用得分427分，考核得分 258.7分，排县级调查队第5名。推进新媒体宣传工作，适时更新发布“环江国家调查”公众号工作动态和经济社会发展信息，“环江国家调查”影响力不断增强。

三、转变工作作风，深入开展党风廉政建设

一是加强纪律学习，筑牢思想防线。牢固树立宗旨意识和组织纪律观念，组织党员干部开展党风廉政、统计纪律法规等多方面学习培训 10 次；加大警示教育力度，组织集中观看廉政警示片、革命教育片 7 次，开展廉政提醒谈心谈话 12 人次。

二是盯紧关键时点，锤炼优良作风。加强开展重点廉政风险点防范排查，围绕人、财、物、数等方面，分股室和专业认真梳理和排查各岗位的廉政风险点并提出防控措施，修订《国家统计局环江调查队 2023 年廉政风险手册》。紧盯重要节点加强警示教育和监督检查，树立文明廉洁过节的良好风尚。加强对职工干部考勤、工作纪律、外出告知、工作日饮酒等情况进行不间断督查，切实巩固作风建设成果。

三是主动配合体检，做好巡察整改。按照 2023 年广西调查总队巡察工作部署，第二巡察组 2023 年 9 月 15 日—21 日对环江调查队领导班子开展常规巡察工作，环江调查队全面做好配合服务工作，2023 年 11 月 2 日反馈了巡察意见。根据巡察整改工作要求，领导班子召开整改部署会，对照反馈的 4 个方面 11 个问题，制定整改措施 63 条。建立整改台账和销号管理制度，截至 2024 年 1 月底，63 条整改措施已全部完成。

四、聚焦能力提升，不断加强干部队伍建设

一是强化业绩导向。以广西调查总队《广西国家调查队系统市县调查队年度目标管理和单项工作考核办法》为蓝本，修订完善了《国家统计局环江调查队 2023 年人员目标管理考核办法》考评制度。切实发挥绩效考核抓工作、促发展、带队伍的“指挥棒”作用，不断激发队内干部创先争优的干劲。

二是发挥模范带头作用。组建党员服务突击队，下沉一线，对接帮助基层辅助调查员、调查户解决调查工作中存在的急难愁盼问题，提供“不间断”的统计调查服务；组建青年志愿者服务队，持续开展各种志愿服务活动，为群众办实事贡献更多青年力量，提升青年干部职工凝聚力。

2023 年 11 月 24 日，环江调查队到环江县思恩镇福龙村开展“立足岗位作贡献，生态河畔同治理”志愿服务活动

（撰写人：覃常举）

国家统计局都安调查队

2023年，国家统计局都安调查队（以下简称都安调查队）以习近平新时代中国特色社会主义思想为指导，深入学习贯彻党的二十大精神，全面落实2023年广西国家调查工作会议暨党建工作会议各项要求，以聚焦“数据真实、服务优质、基础扎实”工作主线为根本，担当实干、改革创新，各项工作呈现稳中向好、进中提质的发展态势。

2023年7月10日，河池调查队联合都安调查队、都安县菁盛乡人民政府在都安县菁盛乡开展“党建+住户调查”志愿服务暨《中华人民共和国统计法》颁布40周年宣传活动

一、笃学笃思笃行，以坚定的政治信仰亮旗帜、筑根基、强队伍

（一）深化理论武装，筑牢理想信念之基

都安调查队始终把学习贯彻习近平新时代中国特色社会主义思想作为首要政治任务，按照“三个全面”和“五个牢牢把握”的要求，督促全体干部职工深学细悟党的二十大精神，年内除通过“第一议题”、三会一课开展常规学习外，还通过开展“国调青声说两会 勇毅奋进启新程”主题党日活动、在公众号开设《读原文、学精神、思践悟 干部职工诵读习近平新时代中国特色社会主义思想主题教育学习资料》栏目、推送每月青年理论学习小组学习指南的方式营造勤学、强

2023年9月19日，广西调查总队党组书记、总队长廖金昌（右二）带队到都安开展桑蚕茧种养殖情况调研

用、深悟、力行的浓厚氛围。

（二）建设坚强堡垒，走实党建引领之路

针对党业融合不深的情况，都安调查队创新建立股室“主题党日轮值”制度，由办公室牵头召开工作会议，梳理已经开展的主题党日活动和可计划开展的主题党日活动，由各股室提想法、定主题，办公室及队领导班子审核把关，并由办公室负责协助开展，提升各股室参与党组织建设的荣誉感、使命感，以“党建+”工作推动调查业务高质量发展。2023年结合农业调查开展了“党建引领促先行 抢抓农时助春耕”、结合住户调查开展了“党建引领强调查 志愿服务践初心”、结合劳动力调查开展了“党建引领聚合力 劳动力调查谱新篇”等主题党日活动，牢固树立党建和业务融合发展的理念，深刻把握党建围绕中心、服务群众的职责定位，着力促进党建和业务工作一体推动、深度融合，持续打造具有鲜明特色的党建品牌。

2023年11月8日，广西调查总队党组成员、副总队长陆奉昌（前排中）到都安县开展脱贫地区产业发展专题调研

二、用心用情用力，以饱满的政治热情优服务、严管理、强保障

（一）牢记以文辅政使命，发挥参谋助手作用

一方面，认真做好各类经济分析汇报材料、工作总结、领导讲话稿等重要综合材料起草工作，2023年共撰写经济运行分析会议汇报材料3篇，聚焦当前统计调查工作的新情况、新变化、新特点，发挥统计智库作用。此外，年内起草印刷了3期《国家统计局都安调查队调查季度小册子》，做好民生重点领域统计分析，提升国家调查服务的咨政辅政水平。

2023年7月13日，广西调查总队一级巡视员梁开光（右一）到都安县下坳镇坝牙村开展玉米实割实测调研指导工作

另一方面，聚焦粮食安全、乡村振兴、共同富裕等重点领域，强化对农业生产、就业、收入等人民群众关心的民生问题开展调查研究。2023年，共编发调查信息、调查报告60篇，考核得分266.5分，在县级调查队中排名第二。

（二）统筹内外宣传资源，发挥新闻引导作用

一是构建“统计宣传”工作格局，办公室协助其他股室做好政务信息撰写审核工作，形成结对帮扶的工作机制，培

2023 年 9 月 14 日，广西调查总队劳动力调查处到都安县开展就业形势调研与劳动力调查入户回访工作

2024 年 3 月 12 日，都安调查队结合"学雷锋"志愿服务月，到主要农产品中间消耗调查点开展"调查一线党旗红 春耕助农暖民心"为民办实事主题党日活动

养各股室的写作能手，尽力扭转 2022 年政务信息落后的格局。截至 2023 年 11 月，被广西调查总队内网采用的工作动态、信息共 34 篇，较上年增加 17 篇，获国家统计局采用 11 篇，较上年增加 9 篇。

二是加大对外宣传力度，注重信息时效性。除向广西调查总队投稿外，还积极地向《中国信息报》、县融媒体、都安先锋投稿。2023 年开展的"清风护航促发展 廉洁从政守初心""党建引领聚合力 劳动力调查谱新篇"主题党日活动报道获得《中国信息报》党建巡礼模块采用，撰写的《调查路上，我打碎了夕阳》调查工作诗画获得《中国信息报》文心副刊板块采用；开展的"党建引领促先行 抢抓农时助春耕""国调青声说两会 勇毅笃行启新程""党建联盟送关怀 助力圆梦新时代"主题党日活动报道获得《都安先锋》采用；开展的"党建 + 住户调查志愿服务暨《中华人民共和国统计法》颁布 40 周年宣传活动"得到都安融媒体宣传报道。

（撰稿：覃颖）

国家统计局象州调查队

2023 年，国家统计局象州调查队（以下简称象州调查队）在广西调查总队及象州县党委、县政府的正确领导下，象州调查队坚持学习贯彻习近平新时代中国特色社会主义思想和党的二十大精神，紧扣贯彻落实习近平总书记关于统计工作重要讲话指示批示精神，聚焦“数据真实、服务优质、基础扎实”工作主线，稳步推进各项工作任务落实。

一、深化政治思想认识，推动学习常态化发展

象州调查队坚持贯彻落实“第一议题”制度，2023 年初制定党建工作要点、党支部理论学习计划及干部教育培训工作要点，持续深化“班子带头学、支部跟进学、干部深入学”学习机制。一是抓好“关键少数”领学。注重发挥领导干部的示范引领作用，依托主题教育，组织党员领导干部制定个人学习计划表，明确进度安排，坚持从学入手、以学铸魂，深入学习贯彻习近平新时代中国特色社会主义思想。二是抓好“主题主线”促学。及时召开班子会、党员大会、全体会议学习《党的二十大报告》《中国共产党章程》《习近平新时代中国特色社会主义思想专题摘编》等书籍，2023 年，象州调查队共深入开展政治理论的再学

2023 年 10 月 31 日，广西调查总队党组成员、副总队长黄茂平（左二）一行人到象州县参加 2023 年全区水稻高产攻关暨绿色高产高效行动晚稻整收整测试点现场会

2023 年 11 月 30 日，象州调查队到象州县桂中（象县）农民运动旧址红色教育基地开展“忆峥嵘岁月，强使命担当”主题党日活动

2023 年 7 月 25 日，广西调查总队与自治区农业农村厅等组成工作组到象州县开展早稻实割实测与整收整测试点工作

习、再深化，共 41 次。

二、全面深化党建引领作用，为调查事业保驾护航

象州调查队以党支部为单位，依托“三会一课”、主题党日等，采取务实管用、简便易行的措施开展主题教育。一是围绕中心强思想。坚持讲政治，提高政治“三力”，2023 年，党支部书记上党课 2 次，党日活动 10 次，结对共建 2 次，推动党员干部坚定拥护“两个确立”、坚决做到“两个维护”。二是发挥引领作用。积极开展“立足岗位做贡献”系列活动，设置“党员先锋岗”“党员志愿服务队”，常态化开展党员志愿服务工作，组织开展走访帮扶慰问、美化社区环境等志愿服务项目，2023 年，共开展党员志愿服务活动 14 次。三是抓紧抓实作风建设。完善考勤管理和公务用车机制，持续开展作风建设；组织人员认真开展固定资产盘点、公务用车租赁、套取会议费和培训费专项自查工作，持续净化政治生态；强化警示教育，注重运用身边人身边事违法违纪案例，开展“以案释纪释法”，筑牢拒腐防变思想防线，2023 年，召开廉政警示教育会 7 次，观看廉政警示教育片 2 次，参观廉政教育基地 2 次。

三、聚焦基层统计数据质量，加强推进依法治统工作

一是规范统计工作绩效考评。将基层统计工作规范化建设绩效考评纳入县统计类内容绩效考评项目，考评内容涉及机构保障、数据质量、法治建设、名录库管理及专项调查等指标，促使乡镇重视统计调查工作，防范数据造假弄虚作假。二是推动基层统计法治教育。持续发挥领导干部示范带头作用，把统计法治纳入象州县工作例会专题宣讲内容，增强领导干部依法统计意识；结合各专业辅助调查员业务培训等契机，做好统计法宣讲解读，加强辅调员法治意识，筑牢思想防线，2023 年，象州调查队已开展集中培训、一对一培训等，共 410 人次。三是多元化开展统计法治宣传。开展入户一对一宣传，解答调查户对统计调查的疑

2023 年 9 月 20 日，象州调查队联合象州县统计局在象州县文化广场开展第十四届“中国统计开放日”暨第五次全国经济普查宣传活动

问，积极向社区群众宣传统计工作，扩大宣传范围；利用“9.20”统计开放日等重要时点做好法治宣传，向群众发放普法资料；利用微信公众号平台，以视频、手册等形式展开宣传，拓宽宣传广度，推动宣传走深走实。

2024 年 2 月 18 日，象州调查队到象州县大乐镇那芙村委开展走访慰问驻村第一书记和工作队员工作

五、聚焦统计调查业务改革，抓好重点业务改革创新

（一）稳扎稳打，持续筑牢住户调查堡垒

一是规范制度运行。扎实做好样本、源头数据及平台监管管理，及时整理归档台账和原始记录。二是加强队伍建设。健全辅调员管理办法，定期对辅调员开展业务培训，按时按点做好访户工作，提高记账户对记账流程的熟悉程度。三是抓好数据质量。建立住户股交叉检查工作机制，充分利用平台随报随审，分管领导二次审核，及时反馈修改；本年度共完成 4 次自查、2 次核查、1 次“大访户”工作，以拧紧责任链条、聚焦对标对表为任务导向，查缺补漏应统尽统，提高源头数据质量。

（二）固本强基，确保农业调查提质增效

一是扎实做好新辅调员培训工作。召开 2 次培训会，现场讲解和演示农业调查工作，并由老辅调员现身说法，快速提升新辅调员业务能力。二是统筹兼顾整收整测试点工作。全力配合总队完成早、晚稻整收整测试点工作，探索总结相关做法，从先行先试到先行示范，为开展农产课题研究工作打下坚实基础。三是完成晚稻长势监测图像采集工作。共采集 4 次多光谱图像，并上传至“e 农调”开发组，为“e 农调”开发研究提供原始资料。

（三）谋篇布局，完成主要畜禽监测调查

一是加强组织实施，布置调查工作。一季度季报工作培训会议邀请象州县农业农村局、象州县统计局和辅助调查员参会，通过座谈方式探讨调查工作问题点。二是多部门联动，推进摸底工作。由象州县人民政府办公室牵头，成立象州县主要畜禽监测调查样本轮换工作领导小组，联合各有关部门、各乡镇、各村委按期完成数据收集录入工作。三是联合畜牧部门，督促电子化记账。与县畜牧站走访规模养殖户，了解记账情况并督促调查对象长期使用电子化记账。

2024 年 4 月 15 日，象州调查队到象州县象州镇大乐社区开展劳动力调查入户访户工作

（四）多措并举，扎实推进专项调查工作

一是加强业务培训。入户指导辅调员学习劳动力调查方

案，提升辅调员调查能力。二是实抓调查走访。按制度要求陪访、回访核实调查户的失业就业情况等信息。三是拓宽就业渠道。与象州县人力资源和社会保障局定期沟通核实失业人口情况，积极宣传专场招聘会线上直播活动，促进失业人员精准就业。

六、聚焦统计优质服务工作，强化调查队轻骑兵本色

象州调查队认真履行国家调查队职责，高度重视优质服务工作。一是抓好统筹协调，主动汇报统计调查工作。2023 年 8 月，向象州县县长汇报象州县上半年城乡居民人均可支配收入及住户居民收支调查等工作开展情况；9 月，向象州县委书记报送《2023 年象州县农村居民收支情况汇报》，象州县委书记对此情况汇报作出相应批示。二是抓好写作分析，优质服务工作彰显成效。2023 年向广西调查总队及象州县党委、县政府报送信息共 183 篇，其中向广西调查总队报送调查信息和调查报告 95 篇；报送政务信息 48 篇，采用率 70.8%；向象州县党委、县政府报送 39 篇政务信息，获采用 16 篇，以超额完成任务量 60% 的表现得到象州县人民政府办公室红榜通报表扬，实现高品质服务，为地方党委、政府决策提供科学依据，统计调查服务取得显著成效。

（撰稿：覃丽芳）

国家统计局大新调查队

2023年，国家统计局大新调查队（以下简称大新调查队）坚持以习近平新时代中国特色社会主义思想为指导，认真贯彻党的二十大精神，在广西调查总队党组的正确领导下，按照广西国家调查工作会议部署，紧扣工作主线，压紧压实专项行动责任，踔厉奋发，真抓实干，各项工作取得进步。

一、强化党的政治建设，党建引领迈上新台阶

（一）以党的政治建设铸魂

一是坚决做到"两个维护"。坚决贯彻落实习近平总书记关于统计工作重要讲话指示批示精神，认真落实"两个维护"的部署要求。二是强化政治理论武装。全年召开队班子会17次，"固定党日+"12次，学习"第一议题"21个，学习上级重要会议、文件精神26个，组织开展青年理论学习4次，领导上党课4次。三是深化清廉机关创建。积极推动创建工作落地落实，列入县机关工委重点推荐创建清廉机关名单。四是守牢意识形态阵地。实行对外发布信息三级审核机制，把握统计调查舆论主动权，抓关键时点，运用微信公众号、内网内容发布进行正向意识引流，形成常态化正向学习风向。

（二）以主题教育学习强党性

一是组织领导抓实抓细。迅速成立主题教育领导小组，制定方案和工作安排，确保学习全覆盖，深刻领悟精神、到达预期效果，目前已开展3次集中学习，学习进度为65%。二是大兴调查研究之风。联合大新县农村商业银行机关党支部开展"访民情送统计、金融服务 助力乡村振兴"主题党日活动，

2023年8月10日，广西调查总队党组书记、总队长廖金昌（左四）带队到大新县开展调研指导住户调查"大访户"及基层基础工作

2023年3月7日，大新调查队到大新县文化广场集体学习宣传全国两会精神

为养殖场提供惠企信贷政策宣传服务，解决企业急难愁盼问题。三是结合中心工作推动发展。成立党员突击队，“立足岗位作贡献”结合当前的专项行动、住户大访户、实割实测、畜牧业样本轮换等重点工作调解决问题。四是扎实推进检视整改。从巡察、审计反馈问题以及调研中检视问题6个，制定整改措施8条，确保在规定时限整改落实到位。

（三）以支部组织建设培根基

以创建模范机关、清廉机关作为党建活动主线，开展“聚焦两会　国调巾帼诉心声”“慎终追远、缅怀先烈”、三月三民俗活动等具有特色的主题党日活动，利用慰问退休党员机会送学上门，利用住户调查“大访户”了解到记账户办理桉树砍伐证困难影响家庭收入，党员干部主动协调帮忙解决该户急困愁盼问题。

（四）以全面从严治党固本

一是“两个责任”压得更实。召开2次专题研究会议部署全面从严治党工作，主动与大新县纪委驻发改委纪检组座谈交流干部作风强化、纪检干部队伍教育整顿工作，进一步压紧压实责任。二是巡察整改工作落实更到位。及时传达巡察反馈意见，制定工作方案，成立领导小组，形成问题整改清单，制定36项整改措施，已完成34项、未完成2项需长期整改。召开专题民主生活会，建立巡察整改监督台账，定期督促督办，确保整改实效。三是廉政教育做得更细。制定纪检工作要点，把管党治党要求贯穿到业务工作和日常管理全过程。领导干部上廉政党课2次，开展廉政警示教育7次、廉政集体谈话5次，研究部署防惩统计造假弄虚作假工作2次，开展“节日感党恩廉洁筑人生”主题党日活动，开展数据保密和国家安全工作专题学习3次。

二、围绕工作主线和专项行动，多项工作取得新突破

（一）统一思想，高位推进提升统计服务行动

大新调查队围绕广西调查总队工作主线，认真学习《关于进一步加强统计基层基础建设的实施意见》《各统计专业源头数据质量核查方案》《“加强统计调查　提升统计服务”行动方案》文件要求，从统一思想，组织领导、夯实基础、强化保障等四个方面发力，制定大新调查队工作方案，成立领导小组，明确行动目标和内容，组织实施和工作要求，做到数出于户（企）、数实相符、账机数据一致。

（二）多方联动，畜牧业调查摸底工作圆满完成

争取以大新县政府发文部署大新县畜牧业调查样本轮换摸底调查工作，联动大新县统计局、大新县农业农村局等部门组成3个督导组对14个乡镇开展全覆盖检查指导，圆满完成全县47048户摸底调查。结合专项行动工作，开展前三季度和全年畜牧业数据质量核查、两家大型养殖企业统计执法检查、电子记账“随报随审”等行动，确保调查数据

2023年7月14日，大新调查队联合大新县农业农村局到大新县恩城乡和平村付那屯大豆玉米带状复合种植示范区开展实收实测工作

真实准确、完整及时。

（三）稳步前行，劳动力调查工作成效显现

加强入户陪访回访指导、规范台账、开展数据自查工作等，稳步夯实劳动力调查基础工作。制定 2023 年大新县劳动力调查陪访、回访时间安排表，更新完善 10 项台账，完成大新县辖区 8 个调查网点 2 轮全覆盖陪访、回访。对事后数据质量抽查回访 41 户，对大新县辖区 180 户进行电话回访，对大新县辖区 12 名调查员入户调查全过程的规范化进行指导，通过样本框核查、电话回访核查、现场回访核查、台账核查等方式查找源头数据质量风险点，进行深刻剖析切实改进，全方位筑牢劳动力调查源头数据质量防线。1 月至 10 月，自治区抽查完全匹配率、调查员访问率均为 100%。

2023 年 8 月 11 日，广西调查总队党组书记、总队长廖金昌（左二）到大新调查队开展主题教育基层调研指导工作

（四）追求实效，住户调查数据提质增效

一是以“点”“线”“面”三个维度为抓手，着力压实数据质量责任。通过座谈会、乡镇设点培训、专题调研、共同访户和检查指导等多种方式着力搭建“三级书记”抓统计基础工作平台，压实数据责任。二是党员先锋为民服务解难题，住户调查“大访户”成效明显。协调解决调查户 6 ~ 7 年树龄的桉树砍伐证难办的困难，把学习宣传党的二十大精神与“大访户”紧密联系起来，记账笔数偏少、收入漏记等问题明显减少，记账户配合程度进一步提高。

（五）靶向发力，“三个 100%”保障农业调查数据质量

大新调查队业务骨干坚持对 12 个样本村内每一块地 100% 到位踏田估产、坚持对每一次粮食实割实测 100% 全程参与、坚持对每袋样本谷物脱粒、晾晒、除杂、称重、测水分和记录 100% 亲自操作，在产生和采集数据的各重要环节上“靶向发力”从源头上保障数据质量。

（六）汇聚合力，高效推进大豆玉米带状复合种植产量调查

主动联系县、市农业局开展大豆玉米带状复合种植实收，通过上半年实割实测，提前熟悉积累经验。协调农业农村局、乡村干部人员，在时间紧任务重的情况，加班加点，攻坚克难，完成 6 个村、30 个地块的大豆玉米带状复合种植地块预产上报工作。

2023 年 9 月 20 日，大新调查队联合大新县统计局在大新县德天广场开展第十四届”中国统计开放日——经济大普查 数说新时代“活动

（七）瞄准靶心，统计调查服务转向优质

瞄准调查研究需求，信息写作以质量取胜，国家统计局采用逐年增多，据反馈调查信息考核得分排名第三，

2023年10月19日，广西调查总队党组成员、副总队长、基层党建工作第六督导组组长黄茂平（右三）到大新调查队开展督导检查工作

新闻宣传类信息有较大突破。截至11月6日，政务信息广西调查总队采用27篇，获国家统计局采用7篇，工作交流广西调查总队采用5篇，获国家统计局采用1篇。截至9月30日，上报调查信息58篇，获广西调查总队采用报告5篇，信息45篇，考核得分215.2，目前县级排名第三。截至11月6日，获“广西国家调查”微信公众采用10篇，获中国信息报“公众号采用3篇。队内微信公众发布原创作品46篇，大新县人民政府门户网采用1篇。

三、以进固稳，真抓实干，为统计现代化改革添砖加瓦

（一）以《监督意见》为抓手，统计法治走深走实

集中学习《意见》《办法》《规定》《监督意见》文件精神12次，运用统计开放日宣传活动和“双节慰问”的契机，到31个调查网点入户开展法治课堂宣讲活动，宣讲《统计法》《统计法实施条例》。推动大新县第29次政府常务会议、第十五届常委会第61次会议专题学习再次常态化专题学习《意见》《办法》《规定》《监督意见》等文件精神。利用微信公众号对外发布《中华人民共和国统计法》颁布40周年知识竞答，拍摄和发布“相约统计开放日”宣传视频向社会广泛宣传。

（二）以专项治理为依托，持续筑牢防范和惩治统计造假弄虚防线

制定统计造假专项治理行动工作方案，开展全员学习统计法规11次，全面研讨制度方法8次，积极开展警示教育2次，深入核查源头数据4次，深入查纠基层数据风险隐患检查数据质量8次，“大访户”访遍120户住户调查记账户，按月更新报送台账推进落实专项治理，不断强化防范和惩治统计造假弄虚作假责任意识，持续筑牢防范和惩治统计造假弄虚防线。

（三）以教育培训为支撑，干部队伍建设焕发张力

制定《干部教育培训工作要点》《干部教育培训计划》，开展岗位调整轮岗锻炼、人员交流学习、派选人员协助广西调查总队和崇左调查队执法检查、参与岗位比武竞赛等高标准教育培训锻炼干部。设立“党员先锋岗”，民主评议“优秀党员”等先进典型带动队伍比学赶超、干事创业热情。鼓励符合条件的同志参加统计资格考试，做到应考尽考。引进多层次人才充实队伍力量提升工作质效，1名新公务员、1名引进人才、1名基层锻炼干部到岗。

（四）以规范制度为载体，着力提高行政管理规范

一是推动政务管理规范高效。从严格制度执行着手，加强对《工作规则》学习培训，规范公文、行政管理，对新入职的两名同志进行行政、公文管理培训。二是修订《政府采购管理实施办法》《采购管理制度》《固定（无形）资产管理办法》，规范资产和政府采购管理，继续推进节约型、节能型机关建设。三是全面落实网络安全和数据安全责任，制定《统计数据安全管理办法》《网络和数据安全约谈办法》《统计网络与数据安全事件应急预案（试行）》等办法。

（撰稿：陆婧萍）

附录　全国及各省（自治区、直辖市）主要统计调查指标

APPENDIX Main Statistical Survey Indicators by Region

附录 1-1 全国及各省（自治区、直辖市）居民人均可支配收入
Per Capita Disposable Income of Households by Region

单位：元 (yuan)

地 区	Region	2019	2020	2021	2022	2023
全 国	**National**	**30733**	**32189**	**35128**	**36883**	**39218**
北 京	Beijing	67756	69434	75002	77415	81752
天 津	Tianjin	42404	43854	47449	48976	51271
河 北	Hebei	25665	27136	29383	30867	32903
山 西	Shanxi	23829	25214	27426	29178	30924
内蒙古	Inner Mongolia	30555	31497	34108	35921	38130
辽 宁	Liaoning	31820	32738	35112	36089	37992
吉 林	Jilin	24563	25751	27770	27975	29797
黑龙江	Heilongjiang	24254	24902	27159	28346	29694
上 海	Shanghai	69442	72232	78027	79610	84834
江 苏	Jiangsu	41400	43390	47498	49862	52674
浙 江	Zhejiang	49899	52397	57541	60303	63831
安 徽	Anhui	26415	28103	30904	32745	34893
福 建	Fujian	35616	37202	40659	43118	45426
江 西	Jiangxi	26262	28017	30610	32419	34242
山 东	Shandong	31597	32886	35705	37560	39890
河 南	Henan	23903	24810	26811	28222	29933
湖 北	Hubei	28320	27881	30829	32914	35146
湖 南	Hunan	27680	29380	31993	34036	35895
广 东	Guangdong	39014	41029	44993	47065	49327
广 西	Guangxi	23328	24562	26727	27981	29514
海 南	Hainan	26680	27904	30457	30957	33192
重 庆	Chongqing	28920	30824	33803	35666	37595
四 川	Sichuan	24703	26522	29080	30679	32514
贵 州	Guizhou	20397	21795	23996	25508	27098
云 南	Yunnan	22082	23295	25666	26937	28421
西 藏	Xizang	19501	21744	24950	26675	28983
陕 西	Shaanxi	24666	26226	28568	30116	32128
甘 肃	Gansu	19139	20335	22066	23273	25011
青 海	Qinghai	22618	24037	25920	27000	28587
宁 夏	Ningxia	24412	25735	27905	29599	31604
新 疆	Xinjiang	23103	23845	26075	27063	28947

附录 1-2 全国及各省（自治区、直辖市）居民人均消费支出
Per Capita Consumption Expenditure of Households by Region

单位：元 （yuan）

地 区	Region	2019	2020	2021	2022	2023
全 国	**National**	**21559**	**21210**	**24100**	**24538**	**26796**
北 京	Beijing	43038	38903	43640	42683	47587
天 津	Tianjin	31854	28461	33188	31324	34914
河 北	Hebei	17987	18037	19954	20890	22920
山 西	Shanxi	15863	15733	17191	17537	19756
内蒙古	Inner Mongolia	20743	19795	22658	22298	27026
辽 宁	Liaoning	22203	20672	23831	22604	24865
吉 林	Jilin	18075	17318	19605	17898	21411
黑龙江	Heilongjiang	18112	17056	20636	20412	22052
上 海	Shanghai	45605	42536	48879	46045	52509
江 苏	Jiangsu	26697	26225	31451	32848	35491
浙 江	Zhejiang	32026	31295	36668	38971	42194
安 徽	Anhui	19137	18877	21911	22542	23607
福 建	Fujian	25314	25126	28440	30042	31869
江 西	Jiangxi	17651	17955	20290	21708	23379
山 东	Shandong	20428	20940	22821	22640	24293
河 南	Henan	16332	16143	18391	19020	21011
湖 北	Hubei	21567	19246	23846	24828	27106
湖 南	Hunan	20479	20998	22798	24083	25462
广 东	Guangdong	28995	28492	31589	32169	34332
广 西	Guangxi	16418	16357	18088	18343	19749
海 南	Hainan	19555	18972	22242	21500	23752
重 庆	Chongqing	20774	21678	24598	25371	26515
四 川	Sichuan	19338	19783	21518	22302	23550
贵 州	Guizhou	14780	14874	17957	17939	20161
云 南	Yunnan	15780	16792	18851	18951	20995
西 藏	Xizang	13029	13225	15343	15886	17220
陕 西	Shaanxi	17465	17418	19347	19848	22012
甘 肃	Gansu	15879	16175	17456	17489	19013
青 海	Qinghai	17545	18284	19020	17261	20327
宁 夏	Ningxia	18297	17506	20024	19136	21629
新 疆	Xinjiang	17397	16512	18961	17927	19715

附录 1-3　全国及各省（自治区、直辖市）城镇居民人均可支配收入
Per Capita Disposable Income of Urban Households by Region

单位：元　　　　(yuan)

地　区	Region	2019	2020	2021	2022	2023
全　国	**National**	**42359**	**43834**	**47412**	**49283**	**51821**
北　京	Beijing	73849	75602	81518	84023	88650
天　津	Tianjin	46119	47659	51486	53003	55355
河　北	Hebei	35738	37286	39791	41278	43631
山　西	Shanxi	33262	34793	37433	39532	41327
内蒙古	Inner Mongolia	40783	41353	44377	46295	48676
辽　宁	Liaoning	39777	40376	43051	44003	45896
吉　林	Jilin	32299	33396	35646	35471	37504
黑龙江	Heilongjiang	30945	31115	33646	35042	36492
上　海	Shanghai	73615	76437	82429	84034	89477
江　苏	Jiangsu	51056	53102	57744	60178	63211
浙　江	Zhejiang	60182	62699	68487	71268	74997
安　徽	Anhui	37540	39442	43009	45133	47446
福　建	Fujian	45621	47160	51141	53817	56153
江　西	Jiangxi	36546	38556	41684	43697	45554
山　东	Shandong	42329	43726	47066	49050	51571
河　南	Henan	34201	34750	37095	38484	40235
湖　北	Hubei	37601	36706	40278	42626	44990
湖　南	Hunan	39842	41698	44866	47301	49243
广　东	Guangdong	48118	50257	54854	56905	59307
广　西	Guangxi	34745	35859	38530	39703	41287
海　南	Hainan	36017	37097	40213	40118	42661
重　庆	Chongqing	37939	40006	43503	45509	47435
四　川	Sichuan	36154	38253	41444	43233	45227
贵　州	Guizhou	34404	36096	39211	41086	42772
云　南	Yunnan	36238	37500	40905	42168	43563
西　藏	Xizang	37410	41156	46503	48753	51901
陕　西	Shaanxi	36098	37868	40713	42431	44713
甘　肃	Gansu	32323	33822	36187	37572	39833
青　海	Qinghai	33830	35506	37745	38736	40409
宁　夏	Ningxia	34329	35720	38291	40194	42395
新　疆	Xinjiang	34664	34838	37642	38410	40578

附录 1-4　全国及各省（自治区、直辖市）城镇居民人均消费支出
Per Capita Consumption Expenditure of Urban Households by Region

单位：元　　　　(yuan)

地 区	Region	2019	2020	2021	2022	2023
全 国	**National**	**28063**	**27007**	**30307**	**30391**	**32994**
北 京	Beijing	46358	41726	46776	45617	50897
天 津	Tianjin	34811	30895	36067	33824	37586
河 北	Hebei	23483	23167	24192	25071	27906
山 西	Shanxi	21159	20332	21966	21923	24524
内蒙古	Inner Mongolia	25383	23888	27194	26667	32249
辽 宁	Liaoning	27355	24849	28438	26652	29091
吉 林	Jilin	23394	21623	24421	21835	26677
黑龙江	Heilongjiang	22165	20397	24422	24011	25882
上 海	Shanghai	48272	44839	51295	48111	54919
江 苏	Jiangsu	31329	30882	36558	37796	40461
浙 江	Zhejiang	37508	36197	42194	44511	47762
安 徽	Anhui	23782	22683	26495	26832	27900
福 建	Fujian	30946	30487	33942	35692	37674
江 西	Jiangxi	22714	22134	24587	25976	27733
山 东	Shandong	26732	27291	29314	28555	30251
河 南	Henan	21972	20645	23178	23539	25570
湖 北	Hubei	26422	22886	28506	29121	31500
湖 南	Hunan	26924	26796	28294	29580	31036
广 东	Guangdong	34424	33511	36621	36936	39333
广 西	Guangxi	21591	20907	22555	22438	24427
海 南	Hainan	25317	23560	27565	26418	28930
重 庆	Chongqing	25786	26464	29850	30574	31531
四 川	Sichuan	25367	25133	26971	27637	29280
贵 州	Guizhou	21402	20587	25333	24230	27693
云 南	Yunnan	23455	24569	27441	26240	28339
西 藏	Xizang	25637	24927	28159	28265	28858
陕 西	Shaanxi	23514	22866	24784	24766	27303
甘 肃	Gansu	24454	24615	25757	25207	27044
青 海	Qinghai	23799	24315	24513	21700	25373
宁 夏	Ningxia	24161	22379	25386	24213	27076
新 疆	Xinjiang	25594	22952	25724	24142	26134

附录 1-5 全国及各省（自治区、直辖市）农村居民人均可支配收入
Per Capita Disposable Income of Rural Households by Region

单位：元 （yuan）

地区	Region	2019	2020	2021	2022	2023
全国	**National**	**16021**	**17132**	**18931**	**20133**	**21691**
北京	Beijing	28928	30126	33303	34754	37358
天津	Tianjin	24804	25691	27955	29018	30851
河北	Hebei	15373	16467	18179	19364	20688
山西	Shanxi	12902	13878	15308	16323	17677
内蒙古	Inner Mongolia	15283	16567	18337	19641	21221
辽宁	Liaoning	16108	17450	19217	19908	21483
吉林	Jilin	14936	16067	17642	18135	19472
黑龙江	Heilongjiang	14982	16168	17889	18577	19756
上海	Shanghai	33195	34911	38521	39729	42988
江苏	Jiangsu	22675	24199	26791	28487	30488
浙江	Zhejiang	29876	31931	35247	37565	40311
安徽	Anhui	15416	16620	18372	19575	21144
福建	Fujian	19568	20880	23229	24987	26722
江西	Jiangxi	15796	16981	18684	19936	21358
山东	Shandong	17776	18753	20794	22110	23776
河南	Henan	15164	16108	17533	18697	20053
湖北	Hubei	16391	16306	18259	19710	21293
湖南	Hunan	15395	16585	18295	19546	20921
广东	Guangdong	18818	20143	22306	23598	25142
广西	Guangxi	13676	14815	16363	17433	18656
海南	Hainan	15113	16279	18076	19117	20708
重庆	Chongqing	15133	16361	18100	19313	20820
四川	Sichuan	14670	15929	17575	18672	19978
贵州	Guizhou	10756	11642	12856	13707	14817
云南	Yunnan	11902	12842	14197	15147	16361
西藏	Xizang	12951	14598	16932	18210	19924
陕西	Shaanxi	12326	13317	14745	15704	16992
甘肃	Gansu	9629	10344	11433	12165	13131
青海	Qinghai	11499	12343	13604	14456	15614
宁夏	Ningxia	12858	13889	15337	16430	17772
新疆	Xinjiang	13122	14056	15575	16550	17948

附录 1-6 全国及各省（自治区、直辖市）农村居民人均消费支出
Per Capita Consumption Expenditure of Rural Households by Region

单位：元 （yuan）

地 区	Region	2019	2020	2021	2022	2023
全 国	**National**	**13328**	**13713**	**15916**	**16632**	**18175**
北 京	Beijing	21881	20913	23574	23745	26277
天 津	Tianjin	17843	16844	19286	18934	21553
河 北	Hebei	12372	12644	15391	16271	17244
山 西	Shanxi	9728	10290	11410	12091	13684
内蒙古	Inner Mongolia	13816	13594	15691	15444	18651
辽 宁	Liaoning	12030	12311	14606	14326	16040
吉 林	Jilin	11457	11864	13411	12729	14355
黑龙江	Heilongjiang	12495	12360	15225	15162	16453
上 海	Shanghai	22449	22096	27205	27430	30782
江 苏	Jiangsu	17716	17022	21130	22597	25029
浙 江	Zhejiang	21352	21555	25415	27483	30468
安 徽	Anhui	14546	15024	17163	17980	18905
福 建	Fujian	16281	16339	19290	20467	21746
江 西	Jiangxi	12497	13579	15663	16984	18421
山 东	Shandong	12309	12660	14299	14687	16075
河 南	Henan	11546	12201	14073	14824	16638
湖 北	Hubei	15328	14473	17647	18991	20922
湖 南	Hunan	13969	14974	16951	18078	19210
广 东	Guangdong	16949	17132	20012	20800	22209
广 西	Guangxi	12045	12431	14165	14658	15435
海 南	Hainan	12418	13169	15487	15146	16924
重 庆	Chongqing	13112	14140	16096	16727	17964
四 川	Sichuan	14056	14953	16444	17199	17901
贵 州	Guizhou	10222	10818	12557	13173	14260
云 南	Yunnan	10260	11070	12386	13309	15147
西 藏	Xizang	8418	8917	10577	11139	12619
陕 西	Shaanxi	10935	11376	13158	14094	15648
甘 肃	Gansu	9694	9923	11206	11494	12575
青 海	Qinghai	11343	12134	13300	12516	14790
宁 夏	Ningxia	11465	11724	13536	12825	14649
新 疆	Xinjiang	10318	10778	12821	12169	13645

附录 1-7　全国及各省（自治区、直辖市）居民消费价格指数
Consumer Price Indices by Region

（上年 =100）　　(preceding year=100)

地　区	Region	2019	2020	2021	2022	2023
全　国	**National**	**102.9**	**102.5**	**100.9**	**102.0**	**100.2**
北　京	Beijing	102.3	101.7	101.1	101.8	100.4
天　津	Tianjin	102.7	102.0	101.3	101.9	100.4
河　北	Hebei	103.0	102.1	101.0	101.8	100.6
山　西	Shanxi	102.7	102.9	101.0	102.1	99.9
内蒙古	Inner Mongolia	102.4	101.9	100.9	101.8	100.6
辽　宁	Liaoning	102.4	102.4	101.1	102.0	100.1
吉　林	Jilin	103.0	102.3	100.6	102.1	99.9
黑龙江	Heilongjiang	102.8	102.3	100.6	101.9	100.6
上　海	Shanghai	102.5	101.7	101.2	102.5	100.3
江　苏	Jiangsu	103.1	102.5	101.6	102.2	100.4
浙　江	Zhejiang	102.9	102.3	101.5	102.2	100.3
安　徽	Anhui	102.7	102.7	100.9	102.0	100.2
福　建	Fujian	102.6	102.2	100.7	101.9	100.0
江　西	Jiangxi	102.9	102.6	100.9	102.0	100.3
山　东	Shandong	103.2	102.8	101.2	101.7	100.1
河　南	Henan	103.0	102.8	100.9	101.5	99.8
湖　北	Hubei	103.1	102.7	100.3	102.1	100.1
湖　南	Hunan	102.9	102.3	100.5	101.8	100.2
广　东	Guangdong	103.4	102.6	100.8	102.2	100.4
广　西	Guangxi	103.7	102.8	100.9	101.9	99.8
海　南	Hainan	103.4	102.3	100.3	101.6	100.3
重　庆	Chongqing	102.7	102.3	100.3	102.1	99.7
四　川	Sichuan	103.2	103.2	100.3	102.0	100.0
贵　州	Guizhou	102.4	102.6	100.1	101.6	99.7
云　南	Yunnan	102.5	103.6	100.2	101.6	100.3
西　藏	Xizang	102.3	102.2	100.9	101.5	99.9
陕　西	Shaanxi	102.9	102.5	101.5	102.1	100.1
甘　肃	Gansu	102.3	102.0	100.9	101.9	100.5
青　海	Qinghai	102.5	102.6	101.3	102.4	100.5
宁　夏	Ningxia	102.1	101.5	101.4	102.3	100.4
新　疆	Xinjiang	101.9	101.5	101.2	101.8	100.0

附录 1-8　全国和 36 个大中城市居民消费价格指数
Price Indices of Consumer in China and 36 Large and Medium-sized Cities

（上年 =100）　　(preceding year=100)

地　区	Region	2019	2020	2021	2022	2023
全　国	**National**	**102.8**	**102.1**	**101.1**	**102.1**	**100.4**
北　京	Beijing	102.3	101.7	101.1	101.8	100.4
天　津	Tianjin	102.7	102.0	101.3	101.9	100.4
石家庄	Shijiazhuang	102.7	102.3	100.9	101.2	100.7
太　原	Taiyuan	102.7	102.6	101.0	102.1	99.7
呼和浩特	Hohhot	102.6	102.0	100.9	102.1	100.5
沈　阳	Shenyang	102.4	102.3	101.3	101.7	100.3
大　连	Dalian	102.4	102.1	101.4	102.2	100.4
长　春	Changchun	102.9	101.9	100.5	101.9	99.8
哈尔滨	Harbin	102.6	101.4	100.6	101.9	100.7
上　海	Shanghai	102.5	101.7	101.2	102.5	100.3
南　京	Nanjing	103.1	102.4	101.5	102.2	100.6
杭　州	Hangzhou	103.1	102.1	101.3	102.4	100.2
宁　波	Ningbo	103.0	101.9	102.1	102.3	100.4
合　肥	Hefei	102.9	102.3	101.7	102.4	100.0
福　州	Fuzhou	102.5	102.4	100.6	102.4	100.2
厦　门	Xiamen	103.0	102.5	101.2	101.8	100.2
南　昌	Nanchang	102.8	102.5	101.0	101.8	100.6
济　南	Jinan	103.3	102.4	101.5	101.4	100.6
青　岛	Qingdao	103.3	102.4	101.5	102.0	100.5
郑　州	Zhengzhou	103.1	102.3	101.1	101.2	99.4
武　汉	Wuhan	103.2	102.4	100.6	102.3	100.4
长　沙	Changsha	102.9	101.8	101.1	101.7	100.4
广　州	Guangzhou	103.0	102.6	101.1	102.4	101.0
深　圳	Shenzhen	103.4	102.3	100.9	102.3	100.8
南　宁	Nanning	103.4	102.3	101.4	101.7	99.7
海　口	Haikou	103.3	101.6	100.5	101.1	100.3
重　庆	Chongqing	102.7	102.3	100.3	102.1	99.7
成　都	Chengdu	102.8	102.5	100.5	102.4	100.2
贵　阳	Guiyang	102.7	102.4	100.5	101.9	100.1
昆　明	Kunming	102.3	103.1	100.2	101.7	100.8
拉　萨	Lasa	102.2	102.0	100.5	101.8	100.3
西　安	Xi'an	102.7	102.1	101.7	102.2	100.0
兰　州	Lanzhou	102.2	102.0	101.3	102.3	100.6
西　宁	Xining	102.5	102.7	101.3	102.5	100.3
银　川	Yinchuan	102.2	101.8	101.4	102.0	100.6
乌鲁木齐	Urumqi	102.0	100.9	101.3	101.6	100.2

附录 1-9　全国及各省（自治区、直辖市）农产品生产者价格指数
Producer Price Indices for Farm Products by Region

（上年 =100）　　（preceding year=100）

地　区	Region	2019	2020	2021	2022	2023
全　国	**National**	**114.5**	**115.0**	**97.8**	**100.4**	**97.7**
北　京	Beijing	109.9	110.9	98.2	102.7	99.7
天　津	Tianjin	108.8	114.9	109.8	98.4	98.1
河　北	Hebei	107.1	111.5	108.1	103.5	95.5
山　西	Shanxi	115.2	109.4	104.8	104.0	101.6
内蒙古	Inner Mongolia	105.6	111.0	107.6	100.8	97.8
辽　宁	Liaoning	107.6	108.1	105.1	103.6	98.8
吉　林	Jilin	108.7	117.1	109.3	100.7	95.8
黑龙江	Heilongjiang	106.2	118.5	111.1	102.5	100.6
上　海	Shanghai	105.6	106.7	104.4	102.6	98.4
江　苏	Jiangsu	109.3	107.5	100.3	100.1	98.3
浙　江	Zhejiang	109.9	107.3	99.3	101.5	101.2
安　徽	Anhui	109.3	115.6	101.3	102.8	96.7
福　建	Fujian	106.9	102.3	104.5	100.8	99.8
江　西	Jiangxi	113.2	111.0	96.1	97.5	95.3
山　东	Shandong	112.2	108.7	104.2	100.6	101.0
河　南	Henan	119.9	116.8	98.0	97.2	91.4
湖　北	Hubei	110.1	118.1	101.0	100.6	97.1
湖　南	Hunan	118.0	123.3	90.1	103.6	97.6
广　东	Guangdong	107.3	104.7	98.8	100.1	98.0
广　西	Guangxi	115.5	115.5	94.9	100.8	97.1
海　南	Hainan	109.2	112.8	106.3	106.8	98.2
重　庆	Chongqing	112.1	113.6	98.4	98.7	97.5
四　川	Sichuan	115.6	116.1	94.3	99.1	95.6
贵　州	Guizhou	116.2	122.6	86.4	95.9	95.1
云　南	Yunnan	109.6	120.2	96.8	96.7	98.8
西　藏	Xizang					
陕　西	Shaanxi	107.7	112.3	99.3	104.4	101.3
甘　肃	Gansu	109.9	106.6	101.9	100.2	103.3
青　海	Qinghai	109.6	122.6	104.1	98.4	97.4
宁　夏	Ningxia	106.4	113.1	106.5	98.3	96.6
新　疆	Xinjiang	99.6	111.0	114.2	99.6	102.4

附录 1-10 全国及各省（自治区、直辖市）工业生产者出厂价格指数
Producer Price Indices for Industrial Products by Region

（上年 =100） (preceding year=100)

地区	Region	2019	2020	2021	2022	2023
全 国	**National**	**99.7**	**98.2**	**108.1**	**104.1**	**97.0**
北 京	Beijing	99.6	99.1	101.1	102.3	99.2
天 津	Tianjin	99.3	97.1	110.9	105.8	96.4
河 北	Hebei	100.2	98.5	116.4	100.5	94.7
山 西	Shanxi	99.7	96.7	130.2	111.4	91.3
内蒙古	Inner Mongolia	102.1	99.7	128.5	108.6	92.1
辽 宁	Liaoning	99.5	97.0	113.6	107.9	96.6
吉 林	Jilin	98.9	98.6	105.1	101.9	98.1
黑龙江	Heilongjiang	98.2	93.4	112.3	110.9	95.7
上 海	Shanghai	98.8	98.3	102.1	102.6	99.7
江 苏	Jiangsu	98.9	97.8	106.3	103.2	96.7
浙 江	Zhejiang	98.9	96.9	106.3	104.0	97.3
安 徽	Anhui	100.3	99.1	107.7	103.2	96.6
福 建	Fujian	100.6	98.4	104.9	102.9	98.2
江 西	Jiangxi	98.9	98.3	110.5	103.5	96.6
山 东	Shandong	99.7	98.1	110.3	105.1	96.5
河 南	Henan	100.2	99.2	107.8	105.0	97.4
湖 北	Hubei	100.2	99.1	104.1	103.4	97.4
湖 南	Hunan	99.6	99.0	105.9	102.0	98.5
广 东	Guangdong	100.2	99.0	103.4	103.0	98.5
广 西	Guangxi	99.3	99.4	108.9	102.5	97.0
海 南	Hainan	97.4	93.8	113.5	115.0	97.3
重 庆	Chongqing	99.8	99.1	103.2	102.3	97.8
四 川	Sichuan	100.4	98.8	105.9	102.8	97.6
贵 州	Guizhou	99.8	98.3	106.5	105.7	98.1
云 南	Yunnan	100.0	98.6	110.0	105.4	96.7
西 藏	Xizang	98.9	99.4	101.5	104.1	101.1
陕 西	Shaanxi	100.8	95.1	116.9	107.3	94.9
甘 肃	Gansu	98.3	93.9	116.4	110.9	95.9
青 海	Qinghai	98.5	96.6	114.5	112.2	96.3
宁 夏	Ningxia	99.4	96.9	119.9	111.1	92.7
新 疆	Xinjiang	98.5	91.6	119.4	112.3	93.5

附录 1-11　全国及各省（自治区、直辖市）工业生产者购进价格指数
Purchasing Price Indices for Industrial Producers by Region

（上年 =100）　(preceding year=100)

地　区	Region	2019	2020	2021	2022	2023
全　国	**National**	**99.3**	**97.7**	**111.0**	**106.1**	**96.4**
北　京	Beijing	99.6	99.5	103.7	106.2	98.7
天　津	Tianjin	98.8	96.9	114.7	104.4	96.0
河　北	Hebei	102.1	98.4	119.8	104.7	93.8
山　西	Shanxi	101.1	97.2	116.3	109.7	94.7
内蒙古	Inner Mongolia	101.1	99.5	128.0	111.2	93.0
辽　宁	Liaoning	100.8	98.2	115.0	110.1	95.8
吉　林	Jilin	99.2	98.7	106.2	104.6	98.9
黑龙江	Heilongjiang	100.3	95.1	110.5	110.0	97.5
上　海	Shanghai	98.7	96.9	107.3	104.9	98.9
江　苏	Jiangsu	97.2	96.5	113.8	105.8	96.4
浙　江	Zhejiang	97.1	95.9	114.5	106.1	94.8
安　徽	Anhui	99.9	98.5	111.5	104.0	95.1
福　建	Fujian	99.0	98.6	109.2	105.2	96.2
江　西	Jiangxi	98.2	97.0	112.3	109.4	95.8
山　东	Shandong	99.2	97.5	109.5	105.8	97.0
河　南	Henan	101.2	99.4	109.5	105.7	95.3
湖　北	Hubei	99.3	98.4	108.5	107.8	95.9
湖　南	Hunan	100.2	98.9	108.1	104.8	97.5
广　东	Guangdong	99.2	97.4	108.0	104.1	97.6
广　西	Guangxi	99.5	98.5	110.7	107.3	95.7
海　南	Hainan	103.1	92.0	116.5	119.8	100.5
重　庆	Chongqing	100.1	99.9	107.2	104.4	97.0
四　川	Sichuan	100.6	98.1	107.5	105.8	97.1
贵　州	Guizhou	99.4	98.6	112.0	111.2	95.7
云　南	Yunnan	99.0	97.3	108.9	107.9	96.8
西　藏	Xizang					
陕　西	Shaanxi	100.3	97.6	116.3	106.2	94.3
甘　肃	Gansu	99.0	94.1	118.1	113.5	92.5
青　海	Qinghai	98.2	96.1	111.5	114.0	97.7
宁　夏	Ningxia	97.5	94.7	120.8	117.6	94.1
新　疆	Xinjiang	100.0	93.4	115.0	114.6	93.6

附录 1-12　全国 70 个大中城市新建商品住宅销售价格指数（2023 年）

（上年同期 =100）

地　区	Region	1—1 月平均 1-1 month Average	1—2 月平均 1-2 month Average	1—3 月平均 1-3 month Average	1—4 月平均 1-4 month Average	1—5 月平均 1-5 month Average
北　京	Beijing	105.2	105.0	104.8	104.8	104.7
天　津	Tianjin	97.0	97.4	97.7	98.1	98.4
石家庄	Shijiazhuang	97.6	97.7	97.8	98.1	98.3
太　原	Taiyuan	95.6	96.1	96.3	96.7	97.1
呼和浩特	Hohhot	96.7	97.1	97.4	97.7	97.9
沈　阳	Shenyang	95.0	95.2	95.5	95.8	96.1
大　连	Dalian	95.2	95.2	95.3	95.3	95.3
长　春	Changchun	95.0	95.0	95.1	95.2	95.3
哈尔滨	Harbin	93.0	93.5	94.1	94.6	95.1
上　海	Shanghai	104.2	104.1	104.1	104.2	104.4
南　京	Nanjing	100.2	100.0	100.0	100.3	100.5
杭　州	Hangzhou	106.5	106.4	106.2	105.9	105.8
宁　波	Ningbo	101.9	102.0	102.2	102.5	102.7
合　肥	Hefei	102.4	102.8	103.2	103.5	103.7
福　州	Fuzhou	97.5	97.6	97.9	98.3	98.5
厦　门	Xiamen	96.1	96.4	96.8	97.1	97.3
南　昌	Nanchang	101.7	101.7	101.8	101.8	101.9
济　南	Jinan	101.6	102.0	102.3	102.6	102.8
青　岛	Qingdao	101.5	101.8	101.9	102.0	102.0
郑　州	Zhengzhou	97.0	97.4	98.0	98.6	98.9
武　汉	Wuhan	94.3	94.8	95.5	96.2	96.8
长　沙	Changsha	103.4	103.4	103.4	103.5	103.5
广　州	Guangzhou	99.7	99.6	99.6	99.7	99.7
深　圳	Shenzhen	99.1	99.0	98.8	98.8	98.7
南　宁	Nanning	96.0	96.5	97.0	97.2	97.4
海　口	Haikou	100.9	101.2	101.3	101.4	101.5
重　庆	Chongqing	99.4	99.5	99.7	100.1	100.3
成　都	Chengdu	108.6	108.6	108.6	108.6	108.5
贵　阳	Guiyang	97.9	97.9	98.1	98.0	98.1
昆　明	Kunming	96.9	97.1	97.7	98.0	98.2
西　安	Xi'an	102.2	101.7	101.5	101.5	101.6
兰　州	Lanzhou	94.4	94.8	95.3	95.8	96.2
西　宁	Xining	97.3	97.8	98.2	98.5	98.9
银　川	Yinchuan	100.9	101.2	101.3	101.7	101.8
乌鲁木齐	Urumqi	101.8	101.7	101.6	101.4	101.2

Housing Price Indices of Newly Constructed Commercial Residential Buildings in 70 Large and Medium-sized Cities（2023）

（same period preceding year=100）

1—6 月平均 1-6 month Average	1—7 月平均 1-7 month Average	1—8 月平均 1-8 month Average	1—9 月平均 1-9 month Average	1—10 月平均 1-10 month Average	1—11 月平均 1-11 month Average	1—12 月平均 1-12 month Average
104.5	104.3	104.1	104.0	103.8	103.6	103.5
98.7	98.9	99.2	99.3	99.5	99.7	99.9
98.5	98.7	98.8	98.8	98.9	99.0	99.2
97.3	97.5	97.7	98.0	98.1	98.3	98.5
98.2	98.3	98.5	98.6	98.7	98.7	98.8
96.1	96.2	96.3	96.5	96.7	96.8	97.0
95.4	95.4	95.4	95.5	95.6	95.6	95.6
95.5	95.6	95.6	95.6	95.7	95.7	95.9
95.6	95.9	96.1	96.3	96.5	96.7	96.8
104.4	104.4	104.4	104.4	104.4	104.4	104.4
100.6	100.6	100.5	100.4	100.3	100.1	99.8
105.5	105.3	105.0	104.8	104.6	104.4	104.2
102.9	103.1	103.1	103.2	103.0	102.9	102.8
103.7	103.6	103.4	103.2	103.0	102.8	102.6
98.6	98.6	98.6	98.6	98.6	98.6	98.6
97.4	97.4	97.4	97.4	97.5	97.5	97.4
102.1	102.0	101.9	101.7	101.6	101.4	101.2
103.0	103.1	103.1	103.0	102.9	102.8	102.8
102.0	102.0	101.9	101.9	101.8	101.7	101.6
99.1	99.1	99.1	99.0	99.0	98.9	98.9
97.2	97.6	98.0	98.3	98.6	98.9	99.0
103.5	103.5	103.5	103.5	103.6	103.5	103.4
99.6	99.5	99.4	99.3	99.1	99.0	98.8
98.5	98.3	98.2	98.0	98.0	97.9	97.7
97.5	97.6	97.6	97.7	97.8	97.9	97.9
101.6	101.7	101.8	101.8	101.9	102.0	102.0
100.4	100.4	100.6	100.7	100.8	101.0	101.1
108.3	108.0	107.8	107.6	107.4	107.2	107.0
98.2	98.2	98.2	98.2	98.3	98.3	98.4
98.3	98.4	98.5	98.5	98.6	98.6	98.7
101.6	101.6	101.6	101.7	101.9	102.1	102.3
96.6	97.0	97.4	97.7	97.8	98.0	98.1
99.1	99.2	99.1	99.1	99.1	99.1	99.0
102.0	102.0	101.9	101.9	101.8	101.7	101.6
101.0	100.9	100.9	100.9	100.8	100.8	100.7

附录 1-12　续表

（上年同期 =100）

地　区	Region	1—1 月平均 1-1 month Average	1—2 月平均 1-2 month Average	1—3 月平均 1-3 month Average	1—4 月平均 1-4 month Average	1—5 月平均 1-5 month Average
唐　山	Tangshan	97.4	97.6	97.7	97.9	98.0
秦皇岛	Qinhuangdao	94.4	94.4	94.7	94.9	95.0
包　头	Baotou	95.5	95.9	96.1	96.5	96.8
丹　东	Dandong	96.0	96.0	96.1	96.5	96.6
锦　州	Jinzhou	96.2	96.4	96.3	96.8	97.0
吉　林	Jilin	95.4	95.5	95.7	95.9	96.2
牡丹江	Mudanjiang	97.0	97.2	97.1	97.2	97.1
无　锡	Wuxi	99.1	99.0	98.9	99.1	99.1
徐　州	Xuzhou	98.4	98.8	99.3	99.8	100.1
扬　州	Yangzhou	97.6	98.0	98.5	98.9	99.4
温　州	Wenzhou	92.1	92.6	93.0	93.5	93.8
金　华	Jinhua	97.6	97.7	97.7	97.6	97.4
蚌　埠	Bengbu	97.7	97.7	97.8	98.2	98.6
安　庆	Anqing	95.7	96.1	96.7	97.1	97.5
泉　州	Quanzhou	96.3	95.9	95.7	95.6	95.8
九　江	Jiujiang	98.3	98.5	98.8	99.1	99.3
赣　州	Ganzhou	99.7	99.5	99.3	99.3	99.2
烟　台	Yantai	98.2	98.4	98.7	98.9	99.2
济　宁	Jining	95.6	95.9	96.2	96.4	96.4
洛　阳	Luoyang	95.0	95.3	95.7	96.2	96.7
平顶山	Pingdingshan	97.0	97.3	97.6	97.9	98.1
宜　昌	Yichang	94.8	95.3	95.6	95.8	95.7
襄　阳	Xiangyang	96.0	96.3	96.5	96.9	97.3
岳　阳	Yueyang	91.9	92.3	92.8	93.5	93.9
常　德	Changde	94.4	94.8	95.1	95.5	95.8
韶　关	Shaoguan	97.4	97.6	97.7	98.1	98.5
湛　江	Zhanjiang	93.0	93.5	94.1	94.9	95.7
惠　州	Huizhou	97.1	97.0	97.2	97.6	97.8
桂　林	Guilin	95.5	95.9	96.3	96.7	96.9
北　海	Beihai	90.2	91.4	92.3	93.2	94.0
三　亚	Sanya	98.8	99.1	99.5	99.8	100.2
泸　州	Luzhou	95.6	95.9	96.3	96.7	97.3
南　充	Nanchong	98.2	98.6	98.9	99.3	99.6
遵　义	Zunyi	99.5	99.8	100.0	100.3	100.5
大　理	Dali	95.3	95.7	96.2	96.5	96.5

continued

（same period preceding year=100）

1—6月平均 1-6 month Average	1—7月平均 1-7 month Average	1—8月平均 1-8 month Average	1—9月平均 1-9 month Average	1—10月平均 1-10 month Average	1—11月平均 1-11 month Average	1—12月平均 1-12 month Average
98.2	98.2	98.3	98.4	98.4	98.4	98.4
95.1	95.2	95.4	95.5	95.7	95.8	95.9
97.0	97.0	97.1	97.1	97.1	97.1	97.1
96.7	96.9	97.0	97.1	97.2	97.3	97.3
97.1	97.3	97.5	97.6	97.9	98.0	98.1
96.4	96.7	96.8	97.0	97.2	97.4	97.6
97.1	97.0	96.9	96.7	96.6	96.6	96.6
99.1	99.0	98.9	98.8	98.8	98.8	98.7
100.2	100.3	100.3	100.2	100.1	100.0	99.8
99.8	99.9	99.9	99.9	99.8	99.7	99.5
94.1	94.4	94.6	94.8	95.1	95.3	95.4
97.3	97.2	97.0	96.9	96.9	96.8	96.8
98.7	98.9	99.0	99.1	99.1	99.2	99.2
97.8	98.1	98.4	98.6	98.7	98.7	98.7
95.9	96.1	96.3	96.7	96.9	97.1	97.2
99.5	99.6	99.6	99.6	99.5	99.5	99.4
99.0	98.8	98.6	98.4	98.3	98.1	98.0
99.4	99.5	99.6	99.7	99.8	99.7	99.7
96.5	96.6	96.7	96.9	97.0	97.1	97.1
97.0	97.2	97.3	97.3	97.4	97.5	97.5
98.2	98.2	98.2	98.2	98.2	98.2	98.1
95.9	95.9	96.0	96.1	96.2	96.3	96.4
97.7	97.9	98.0	98.2	98.2	98.3	98.3
94.4	94.7	94.9	95.2	95.4	95.6	95.8
96.0	96.3	96.5	96.7	96.9	97.0	97.0
98.8	98.9	98.9	98.9	98.8	98.7	98.7
96.5	97.0	97.5	97.9	98.2	98.4	98.5
97.7	97.5	97.4	97.3	97.1	96.9	96.8
97.0	97.0	97.1	97.1	97.1	97.2	97.2
94.7	95.4	96.1	96.7	97.2	97.6	97.9
100.6	100.8	101.1	101.3	101.5	101.7	101.8
97.6	97.8	97.9	98.0	98.1	98.1	98.0
99.9	100.0	100.1	100.2	100.2	100.1	100.0
100.5	100.6	100.7	100.6	100.6	100.6	100.5
96.6	96.8	96.9	97.0	97.0	97.0	97.1

附录 1-13　全国 70 个大中城市新建商品住宅销售价格月度环比指数（2023 年）

（上月 =100）

地　区	Region	1 月 January	2 月 February	3 月 March	4 月 April	5 月 May
北　　京	Beijing	100.4	100.2	100.3	100.6	100.2
天　　津	Tianjin	100.3	100.9	100.8	100.6	100.2
石 家 庄	Shijiazhuang	100.1	100.2	100.7	100.7	100.5
太　　原	Taiyuan	100.2	100.5	100.1	100.3	100.7
呼和浩特	Hohhot	99.7	100.6	100.5	100.3	100.1
沈　　阳	Shenyang	99.6	99.9	100.5	100.2	100.3
大　　连	Dalian	99.9	99.7	99.6	99.6	99.7
长　　春	Changchun	99.5	99.7	100.3	100.4	99.8
哈 尔 滨	Harbin	99.6	100.1	100.4	100.7	100.3
上　　海	Shanghai	100.7	100.2	100.4	100.4	100.3
南　　京	Nanjing	100.0	100.3	100.5	100.5	99.7
杭　　州	Hangzhou	100.4	100.2	100.2	100.1	100.2
宁　　波	Ningbo	100.6	100.9	100.6	100.2	100.4
合　　肥	Hefei	100.7	100.3	100.3	100.1	100.2
福　　州	Fuzhou	100.2	100.3	100.4	100.2	100.1
厦　　门	Xiamen	99.7	100.1	100.5	100.1	99.8
南　　昌	Nanchang	100.3	100.3	100.6	100.5	100.4
济　　南	Jinan	99.8	100.9	100.7	100.6	100.7
青　　岛	Qingdao	100.4	100.5	100.5	100.2	100.3
郑　　州	Zhengzhou	100.2	100.6	100.9	100.5	99.8
武　　汉	Wuhan	100.2	100.6	101.3	100.7	100.2
长　　沙	Changsha	100.3	100.0	100.6	100.5	100.4
广　　州	Guangzhou	99.8	100.3	100.2	100.2	100.1
深　　圳	Shenzhen	99.8	100.2	100.4	100.3	99.8
南　　宁	Nanning	99.9	100.5	100.9	100.3	100.4
海　　口	Haikou	99.9	100.4	100.5	100.7	100.4
重　　庆	Chongqing	100.3	100.7	100.9	100.7	99.9
成　　都	Chengdu	100.6	100.7	100.7	100.9	100.5
贵　　阳	Guiyang	99.6	99.7	100.7	100.2	100.4
昆　　明	Kunming	100.3	100.9	101.2	100.1	99.6
西　　安	Xi'an	100.2	100.0	100.4	100.6	100.4
兰　　州	Lanzhou	99.9	100.5	100.6	100.4	100.5
西　　宁	Xining	100.5	100.3	100.2	100.3	100.2
银　　川	Yinchuan	100.1	100.5	100.6	101.0	100.2
乌鲁木齐	Urumqi	100.3	100.4	100.8	100.1	100.3

Month-to-month Housing Price Indices of Newly Constructed Commercial Residential Buildings in 70 Large and Medium-sized Cities（2023）

(last month=100)

6月 June	7月 July	8月 August	9月 September	10月 October	11月 November	12月 December
100.1	100.4	99.8	100.4	99.6	99.9	100.0
100.3	99.8	99.6	99.8	100.0	100.4	99.6
99.9	99.8	99.3	99.5	100.3	99.7	100.3
99.8	100.1	100.2	99.6	99.5	99.7	100.4
100.2	99.9	99.9	99.7	99.8	99.6	99.7
99.7	99.4	100.1	100.2	99.9	99.2	99.8
100.2	99.3	100.3	99.4	99.7	99.1	99.4
100.5	99.3	99.2	99.6	100.2	99.5	100.1
100.3	99.6	99.4	99.3	99.8	99.6	99.3
100.4	100.2	100.1	100.5	100.2	100.6	100.2
99.8	99.9	99.6	99.2	99.3	99.0	98.8
100.4	100.0	100.1	100.1	100.3	100.4	99.8
100.3	99.6	99.8	100.3	99.1	99.6	99.7
99.9	99.7	99.8	99.9	100.2	99.8	99.8
99.8	99.6	99.7	99.5	99.4	99.6	99.4
99.7	99.5	99.7	99.4	99.8	99.5	98.9
100.1	99.7	99.5	99.4	99.6	99.2	99.3
100.2	100.1	99.9	99.7	99.9	99.8	99.6
100.1	99.9	99.8	99.5	99.8	99.5	99.2
99.7	99.3	99.5	99.4	99.1	99.6	99.5
100.0	99.9	99.5	99.7	99.9	99.5	98.9
100.2	100.1	100.3	100.1	100.4	99.8	99.9
99.9	99.8	99.7	99.4	99.3	99.1	99.0
99.7	99.4	99.4	99.5	99.5	99.2	99.1
99.7	99.3	99.5	99.5	99.5	99.0	100.3
100.4	100.2	100.4	100.3	100.0	99.7	99.4
99.8	100.3	100.1	100.2	99.9	99.8	99.4
100.2	100.2	100.3	100.2	100.2	100.3	100.1
99.8	99.5	99.9	99.8	100.4	99.4	99.9
99.5	99.9	99.4	99.3	99.2	100.5	99.5
100.3	100.5	100.4	100.4	100.6	100.2	100.5
100.2	100.1	99.5	99.5	98.7	100.0	99.4
100.1	99.6	98.9	99.6	99.6	99.4	99.0
100.4	99.6	100.3	99.5	99.3	99.9	99.1
99.6	99.8	100.1	99.8	99.6	99.9	99.5

附录 1-13 续表

（上月 =100）

地 区	Region	1 月 January	2 月 February	3 月 March	4 月 April	5 月 May
唐 山	Tangshan	100.1	100.4	100.3	100.7	99.9
秦皇岛	Qinhuangdao	99.7	99.8	100.2	99.6	100.1
包 头	Baotou	99.9	100.5	99.9	100.4	99.8
丹 东	Dandong	100.1	99.7	99.5	100.3	99.6
锦 州	Jinzhou	99.5	99.8	100.2	100.4	100.1
吉 林	Jilin	99.2	100.3	100.7	100.1	100.6
牡丹江	Mudanjiang	99.8	99.8	99.3	100.2	100.1
无 锡	Wuxi	99.7	100.3	100.3	100.4	99.8
徐 州	Xuzhou	100.2	100.6	101.0	100.6	100.1
扬 州	Yangzhou	100.4	100.4	100.6	100.0	100.3
温 州	Wenzhou	99.0	100.3	100.1	100.2	99.8
金 华	Jinhua	99.8	100.4	100.2	99.6	99.7
蚌 埠	Bengbu	100.4	100.3	100.3	100.4	100.2
安 庆	Anqing	100.2	100.4	100.6	100.2	100.2
泉 州	Quanzhou	99.5	99.6	99.4	99.8	100.3
九 江	Jiujiang	100.2	100.1	100.4	100.4	100.1
赣 州	Ganzhou	99.9	99.9	100.0	100.3	99.8
烟 台	Yantai	99.9	100.5	100.5	99.9	100.1
济 宁	Jining	99.8	99.9	100.4	100.3	99.5
洛 阳	Luoyang	99.5	100.3	100.5	100.6	100.1
平顶山	Pingdingshan	99.4	99.9	100.4	100.1	100.2
宜 昌	Yichang	99.5	100.6	100.2	99.9	99.3
襄 阳	Xiangyang	99.7	100.2	100.4	100.3	100.2
岳 阳	Yueyang	100.1	100.1	100.5	100.2	99.8
常 德	Changde	99.5	100.2	100.5	100.2	99.8
韶 关	Shaoguan	100.2	100.2	100.6	100.4	100.7
湛 江	Zhanjiang	100.6	101.4	100.8	100.6	100.8
惠 州	Huizhou	99.6	100.3	100.2	100.7	99.6
桂 林	Guilin	100.1	100.7	100.1	100.5	99.6
北 海	Beihai	100.4	100.6	100.9	100.4	100.5
三 亚	Sanya	100.3	100.5	100.7	100.1	100.6
泸 州	Luzhou	99.4	100.1	100.5	100.4	100.5
南 充	Nanchong	100.5	99.8	100.6	100.3	99.4
遵 义	Zunyi	100.2	100.8	100.9	100.5	99.5
大 理	Dali	99.4	100.3	100.6	99.5	99.2

continued

(last month=100)

6 月 June	7 月 July	8 月 August	9 月 September	10 月 October	11 月 November	12 月 December
99.9	99.7	99.7	99.5	99.4	99.3	99.3
99.6	99.4	99.9	99.5	99.9	99.4	99.8
99.6	99.4	99.3	99.2	99.7	99.8	99.6
100.1	100.2	99.8	99.4	99.9	99.7	99.7
100.2	100.1	100.0	100.3	99.7	99.6	99.2
100.2	99.4	99.5	99.6	100.2	100.3	99.3
100.3	99.7	99.6	99.0	99.4	99.6	99.7
99.6	99.4	99.7	100.1	99.5	99.3	99.6
99.9	100.2	99.2	99.4	98.4	99.2	99.0
100.1	99.7	99.0	99.0	99.1	99.1	99.4
100.3	99.6	99.6	99.5	99.8	99.5	99.3
99.8	99.1	98.9	100.0	99.6	99.4	99.4
99.7	99.8	99.9	99.7	99.8	99.7	99.5
99.8	99.9	99.7	99.8	99.0	99.3	99.2
99.6	100.1	100.1	100.3	99.7	100.0	99.8
99.8	99.9	99.6	99.5	98.9	99.6	99.6
99.6	99.5	99.4	99.7	99.3	99.5	99.9
100.1	99.6	100.2	99.9	99.6	99.2	99.4
100.1	100.2	99.8	99.8	99.2	99.4	99.2
99.8	99.7	99.2	99.6	99.6	99.5	99.7
99.7	99.6	99.3	99.7	99.8	99.8	99.6
99.8	99.0	100.1	99.4	99.6	100.1	99.9
100.4	99.5	99.8	99.7	99.4	99.7	99.4
99.8	99.4	99.1	99.9	100.0	99.5	99.5
99.6	100.1	99.8	99.6	99.8	99.2	99.4
99.7	99.7	99.5	99.3	98.9	99.2	99.4
100.2	99.7	99.4	99.3	99.0	99.3	99.0
98.9	99.3	99.6	99.7	98.5	99.3	99.6
99.5	99.4	99.5	99.4	99.6	99.8	99.6
100.2	100.3	100.3	99.6	99.2	99.5	99.4
100.3	100.2	100.4	100.1	100.1	99.9	99.7
99.5	99.4	99.4	99.8	99.7	99.5	99.4
99.9	99.8	99.6	99.6	99.9	99.9	99.8
99.9	100.2	99.6	99.8	99.4	99.6	99.6
99.2	100.3	99.4	100.2	99.4	100.1	99.9

附录 1-14 全国 70 个大中城市新建商品住宅销售价格月度同比指数（2023 年）

（上年同月 =100）

地 区	Region	1 月 January	2 月 February	3 月 March	4 月 April	5 月 May
北 京	Beijing	105.2	104.7	104.6	104.5	104.3
天 津	Tianjin	97.0	97.8	98.4	99.1	99.7
石家庄	Shijiazhuang	97.6	97.8	98.2	98.7	99.4
太 原	Taiyuan	95.6	96.5	96.8	97.7	98.6
呼和浩特	Hohhot	96.7	97.4	98.0	98.8	98.7
沈 阳	Shenyang	95.0	95.4	96.2	96.6	97.0
大 连	Dalian	95.2	95.3	95.6	95.3	95.3
长 春	Changchun	95.0	95.0	95.2	95.6	95.5
哈尔滨	Harbin	93.0	94.0	95.1	96.4	97.1
上 海	Shanghai	104.2	103.9	104.1	104.6	104.9
南 京	Nanjing	100.2	99.7	100.1	101.2	101.5
杭 州	Hangzhou	106.5	106.2	105.8	105.3	105.1
宁 波	Ningbo	101.9	102.2	102.6	103.1	103.8
合 肥	Hefei	102.4	103.3	104.0	104.3	104.4
福 州	Fuzhou	97.5	97.6	98.6	99.4	99.6
厦 门	Xiamen	96.1	96.7	97.4	98.1	98.3
南 昌	Nanchang	101.7	101.7	101.9	101.9	102.2
济 南	Jinan	101.6	102.4	102.8	103.6	103.8
青 岛	Qingdao	101.5	102.1	102.1	102.2	102.3
郑 州	Zhengzhou	97.0	97.8	99.4	100.2	100.1
武 汉	Wuhan	94.3	95.3	96.9	98.3	99.2
长 沙	Changsha	103.4	103.3	103.5	103.6	103.8
广 州	Guangzhou	99.7	99.4	99.8	99.9	99.6
深 圳	Shenzhen	99.1	98.9	98.5	98.9	98.2
南 宁	Nanning	96.0	96.9	98.0	98.1	98.2
海 口	Haikou	100.9	101.5	101.5	101.8	101.7
重 庆	Chongqing	99.4	99.6	100.0	101.2	101.3
成 都	Chengdu	108.6	108.6	108.5	108.7	108.3
贵 阳	Guiyang	97.9	98.0	98.4	97.9	98.5
昆 明	Kunming	96.9	97.3	98.8	99.0	99.1
西 安	Xi'an	102.2	101.2	101.2	101.6	101.7
兰 州	Lanzhou	94.4	95.2	96.2	97.2	98.0
西 宁	Xining	97.3	98.4	98.9	99.2	100.5
银 川	Yinchuan	100.9	101.4	101.7	102.6	102.5
乌鲁木齐	Urumqi	101.8	101.5	101.3	100.9	100.5

Year-over-year Housing Price Indices of Newly Constructed Commercial Residential Buildings in 70 Large and Medium-sized Cities（2023）

（same month of preceding year=100）

6月 June	7月 July	8月 August	9月 September	10月 October	11月 November	12月 December
103.5	103.5	102.8	102.9	102.1	101.9	101.7
100.2	100.5	100.6	100.6	100.9	102.0	102.3
99.5	99.6	99.3	99.1	100.2	100.0	101.0
98.4	98.8	99.5	99.7	99.6	100.1	101.2
99.4	99.1	99.9	99.5	99.3	98.9	100.0
96.6	96.4	97.3	97.8	98.3	98.3	98.7
95.8	95.2	95.8	95.7	96.5	96.1	95.9
96.7	96.3	95.3	95.6	96.4	96.6	97.9
98.0	97.8	97.7	97.8	98.2	98.7	98.4
104.8	104.5	104.1	104.4	104.4	104.7	104.5
100.9	100.5	99.8	99.5	99.2	98.0	96.9
104.5	103.7	103.3	103.0	103.0	102.7	102.2
104.1	103.8	103.4	103.5	102.1	101.6	101.2
103.8	102.8	102.3	101.5	101.2	100.8	100.7
99.1	98.4	98.6	98.8	98.7	98.6	98.2
97.6	97.5	97.7	97.4	97.9	97.6	96.7
102.9	101.8	101.2	100.3	100.1	99.3	98.9
103.7	103.5	103.1	102.5	102.2	102.1	101.8
101.9	102.0	101.5	101.2	101.2	100.9	99.8
100.0	99.1	99.0	98.7	98.3	98.3	98.4
99.6	99.7	100.5	101.1	101.6	101.4	100.3
103.6	103.5	103.5	103.6	103.7	102.9	102.4
99.2	98.7	98.6	98.3	98.0	97.6	97.0
97.6	97.2	97.0	97.0	97.2	96.9	96.4
97.8	98.0	98.1	98.3	98.7	98.3	98.7
102.3	102.1	102.3	102.5	102.7	102.6	102.1
100.6	100.5	101.8	101.7	102.2	102.3	102.2
107.2	106.4	106.4	105.8	105.6	105.4	104.9
98.5	98.3	98.3	98.1	98.9	99.1	99.2
98.9	99.2	99.0	98.9	98.9	99.2	99.4
101.7	101.6	101.9	102.7	103.6	104.1	104.5
98.8	99.4	99.9	100.3	99.4	99.4	99.3
100.2	99.7	99.0	98.9	99.1	98.6	97.8
102.8	101.8	101.7	101.4	100.9	101.5	100.5
100.3	100.3	100.6	100.6	100.5	100.4	100.2

附录 1-14　续表

（上年同月 =100）

地　区	Region	1 月 January	2 月 February	3 月 March	4 月 April	5 月 May
唐　山	Tangshan	97.4	97.8	98.1	98.6	98.3
秦皇岛	Qinhuangdao	94.4	94.4	95.4	95.4	95.2
包　头	Baotou	95.5	96.2	96.7	97.7	98.0
丹　东	Dandong	96.0	96.0	96.3	97.5	97.1
锦　州	Jinzhou	96.2	96.5	96.3	98.1	97.9
吉　林	Jilin	95.4	95.5	96.2	96.3	97.5
牡丹江	Mudanjiang	97.0	97.4	97.0	97.2	97.0
无　锡	Wuxi	99.1	98.8	98.9	99.5	99.5
徐　州	Xuzhou	98.4	99.1	100.3	101.4	101.3
扬　州	Yangzhou	97.6	98.4	99.3	100.4	101.3
温　州	Wenzhou	92.1	93.1	93.8	94.8	95.0
金　华	Jinhua	97.6	97.9	97.7	97.0	96.8
蚌　埠	Bengbu	97.7	97.8	97.9	99.4	100.1
安　庆	Anqing	95.7	96.6	97.7	98.3	99.0
泉　州	Quanzhou	96.3	95.5	95.4	95.4	96.3
九　江	Jiujiang	98.3	98.8	99.3	99.9	100.3
赣　州	Ganzhou	99.7	99.3	99.1	99.3	98.9
烟　台	Yantai	98.2	98.6	99.3	99.6	100.3
济　宁	Jining	95.6	96.1	96.9	96.9	96.4
洛　阳	Luoyang	95.0	95.6	96.5	97.8	98.6
平顶山	Pingdingshan	97.0	97.6	98.3	98.6	99.0
宜　昌	Yichang	94.8	95.8	96.2	96.3	95.5
襄　阳	Xiangyang	96.0	96.6	96.8	98.2	98.9
岳　阳	Yueyang	91.9	92.7	93.9	95.3	95.6
常　德	Changde	94.4	95.3	95.6	96.8	97.1
韶　关	Shaoguan	97.4	97.9	97.9	99.3	100.0
湛　江	Zhanjiang	93.0	93.9	95.5	97.2	99.2
惠　州	Huizhou	97.1	96.9	97.7	98.7	98.6
桂　林	Guilin	95.5	96.4	97.0	98.0	97.8
北　海	Beihai	90.2	92.7	94.0	95.9	97.2
三　亚	Sanya	98.8	99.4	100.3	100.8	101.7
泸　州	Luzhou	95.6	96.2	97.0	98.1	99.4
南　充	Nanchong	98.2	98.9	99.4	100.5	101.1
遵　义	Zunyi	99.5	100.0	100.5	101.2	101.3
大　理	Dali	95.3	96.1	97.1	97.3	96.8

continued

（same month of preceding year=100）

6月 June	7月 July	8月 August	9月 September	10月 October	11月 November	12月 December
99.0	98.5	98.8	98.8	98.3	98.4	98.3
95.9	95.9	96.4	96.5	97.1	96.8	97.1
97.9	97.4	97.4	97.2	96.9	97.0	97.1
97.1	98.0	98.2	98.1	98.1	97.9	97.8
97.9	98.2	98.6	99.2	99.8	99.6	99.1
97.6	98.0	98.2	98.4	98.8	99.6	99.4
97.0	96.5	96.1	95.2	95.7	96.3	96.5
98.9	98.6	97.9	98.4	98.7	98.4	97.6
100.7	100.8	100.3	99.9	98.8	98.5	97.9
101.8	100.7	100.0	99.6	99.1	98.4	97.3
95.9	96.2	96.2	96.6	97.1	97.5	97.0
97.0	96.4	95.7	96.3	96.4	96.3	96.0
99.6	99.8	99.9	99.7	99.6	100.0	99.6
99.3	100.2	100.3	100.6	99.5	98.9	98.4
96.5	97.2	98.2	99.2	99.5	99.1	98.2
100.5	100.1	99.9	99.5	98.8	98.8	98.2
98.1	97.5	97.3	96.8	96.7	96.6	96.8
100.2	100.2	100.3	100.5	100.4	99.3	99.0
96.8	97.4	97.9	97.9	97.7	98.2	97.7
98.6	98.2	97.8	97.8	98.1	98.0	98.2
98.8	98.3	98.1	97.9	98.1	98.1	97.6
96.7	96.2	96.5	96.6	97.1	97.4	97.5
99.5	99.1	99.3	99.2	98.8	99.0	98.6
97.0	96.9	96.5	97.1	97.8	97.7	97.8
97.0	97.8	98.2	98.2	98.5	98.0	97.8
100.3	99.8	99.1	98.8	98.0	97.9	97.9
100.1	100.4	101.0	101.3	100.8	100.6	100.2
97.3	96.5	96.4	96.3	95.5	95.0	95.3
97.4	97.3	97.4	97.2	97.2	97.7	97.9
98.3	99.8	101.5	101.7	101.7	101.6	101.4
102.4	102.3	102.8	103.2	103.5	103.1	103.1
99.3	99.0	98.9	98.8	98.8	97.9	97.8
101.1	100.7	100.9	101.0	99.9	99.3	99.0
100.7	101.1	100.9	100.5	100.6	99.9	100.0
97.0	98.1	97.6	97.4	97.3	97.4	97.6

附录 1-15　全国 70 个大中城市二手住宅销售价格指数（2023 年）

（上年同期 =100）

地　区	Region	1—1 月平均 1-1 month Average	1—2 月平均 1-2 month Average	1—3 月平均 1-3 month Average	1—4 月平均 1-4 month Average	1—5 月平均 1-5 month Average
北　京	Beijing	104.3	104.3	104.2	104.0	103.7
天　津	Tianjin	93.8	94.0	94.2	94.3	94.6
石家庄	Shijiazhuang	96.6	96.8	97.1	97.2	97.3
太　原	Taiyuan	95.3	95.7	96.1	96.6	96.8
呼和浩特	Hohhot	94.6	94.8	94.9	95.0	95.0
沈　阳	Shenyang	93.3	93.5	93.9	94.1	94.1
大　连	Dalian	94.9	95.1	95.4	95.7	95.8
长　春	Changchun	93.2	93.3	93.3	93.2	93.4
哈尔滨	Harbin	90.9	91.2	91.8	92.4	92.9
上　海	Shanghai	102.3	102.4	102.5	102.5	102.3
南　京	Nanjing	97.4	98.1	98.4	98.8	99.0
杭　州	Hangzhou	98.5	98.6	98.7	98.8	98.8
宁　波	Ningbo	99.2	99.0	99.0	99.0	99.1
合　肥	Hefei	98.8	99.2	99.5	99.8	100.0
福　州	Fuzhou	97.5	97.9	98.2	98.3	98.2
厦　门	Xiamen	98.0	98.0	98.0	97.8	97.4
南　昌	Nanchang	97.8	97.8	97.7	97.7	97.7
济　南	Jinan	96.5	96.7	96.9	97.3	97.5
青　岛	Qingdao	96.6	96.8	96.8	96.9	97.0
郑　州	Zhengzhou	94.1	94.5	94.8	95.0	95.1
武　汉	Wuhan	93.9	94.3	94.8	95.2	95.5
长　沙	Changsha	100.1	100.2	100.4	100.7	101.0
广　州	Guangzhou	99.5	99.4	99.3	99.2	99.1
深　圳	Shenzhen	97.3	97.6	98.0	98.1	98.2
南　宁	Nanning	93.5	93.5	93.8	94.1	94.3
海　口	Haikou	97.9	97.9	97.8	97.7	97.6
重　庆	Chongqing	96.8	97.0	97.1	97.4	97.5
成　都	Chengdu	108.8	109.0	109.1	109.2	109.1
贵　阳	Guiyang	95.9	96.1	96.6	96.9	97.3
昆　明	Kunming	100.3	100.2	100.3	100.3	100.3
西　安	Xi'an	98.3	98.8	99.2	99.5	99.7
兰　州	Lanzhou	94.8	94.9	95.1	95.2	95.4
西　宁	Xining	97.6	98.0	98.2	98.2	98.3
银　川	Yinchuan	96.3	96.6	97.0	97.3	97.6
乌鲁木齐	Urumqi	97.5	97.7	97.6	97.5	97.5

Housing Price Indices of Second-hand Residential Buildings in 70 Large and Medium-sized Cities（2023）

（same period preceding year=100）

1—6 月平均 1-6 month Average	1—7 月平均 1-7 month Average	1—8 月平均 1-8 month Average	1—9 月平均 1-9 month Average	1—10 月平均 1-10 month Average	1—11 月平均 1-11 month Average	1—12 月平均 1-12 month Average
103.4	103.0	102.7	102.5	102.2	101.9	101.6
94.9	95.1	95.3	95.5	95.7	95.9	96.1
97.3	97.3	97.3	97.4	97.4	97.5	97.6
96.8	96.9	96.9	96.9	96.9	97.0	97.0
95.1	95.2	95.3	95.4	95.4	95.3	95.3
94.1	94.1	94.2	94.2	94.2	94.2	94.3
95.8	95.7	95.6	95.5	95.5	95.5	95.4
93.5	93.7	93.8	93.8	93.8	93.8	93.9
93.3	93.5	93.7	93.9	94.0	94.1	94.2
102.0	101.5	101.1	100.7	100.4	100.1	99.8
99.0	98.9	98.7	98.4	98.1	97.8	97.5
98.6	98.4	98.3	98.2	98.2	98.3	98.3
98.9	98.7	98.5	98.4	98.1	98.0	97.7
100.0	99.8	99.6	99.4	99.2	98.9	98.7
98.1	97.9	97.8	97.6	97.5	97.3	97.1
97.0	96.7	96.5	96.4	96.2	95.9	95.7
97.8	97.7	97.6	97.5	97.3	97.2	97.0
97.7	97.8	97.8	97.8	97.7	97.7	97.6
96.9	96.8	96.6	96.5	96.4	96.3	96.2
95.1	95.1	95.1	95.0	95.0	94.9	94.9
95.7	95.7	95.8	95.8	95.9	95.8	95.7
101.1	101.2	101.1	101.0	100.9	100.8	100.6
98.9	98.6	98.3	98.1	97.9	97.7	97.4
98.3	98.3	98.3	98.4	98.4	98.4	98.2
94.4	94.5	94.6	94.6	94.6	94.6	94.6
97.4	97.2	97.0	97.0	96.9	96.8	96.6
97.5	97.2	97.1	96.9	96.8	96.6	96.5
108.7	108.2	107.7	107.2	106.8	106.3	105.8
97.5	97.7	97.7	97.6	97.6	97.6	97.5
100.3	100.4	100.3	100.2	100.0	99.7	99.4
99.7	99.6	99.5	99.5	99.5	99.4	99.4
95.6	95.8	95.8	95.8	95.8	95.7	95.7
98.4	98.6	98.6	98.6	98.6	98.6	98.6
97.7	97.7	97.7	97.7	97.7	97.7	97.7
97.5	97.4	97.4	97.3	97.2	97.1	97.0

附录 1-15　续表

（上年同期 =100）

地　区	Region	1—1 月平均 1-1 month Average	1—2 月平均 1-2 month Average	1—3 月平均 1-3 month Average	1—4 月平均 1-4 month Average	1—5 月平均 1-5 month Average
唐　山	Tangshan	93.6	93.5	93.4	93.5	93.8
秦皇岛	Qinhuangdao	95.5	95.5	95.7	95.8	95.9
包　头	Baotou	95.5	95.6	95.7	95.9	96.1
丹　东	Dandong	93.5	93.7	93.8	94.0	94.1
锦　州	Jinzhou	94.0	94.2	94.2	94.4	94.6
吉　林	Jilin	91.2	91.2	91.2	91.1	91.2
牡丹江	Mudanjiang	89.0	89.4	90.2	90.6	91.0
无　锡	Wuxi	99.7	100.2	100.5	100.6	100.4
徐　州	Xuzhou	98.0	98.6	99.1	99.2	99.1
扬　州	Yangzhou	97.3	97.5	97.6	98.0	98.2
温　州	Wenzhou	94.9	95.3	95.7	95.9	96.1
金　华	Jinhua	93.8	94.1	94.5	94.8	95.1
蚌　埠	Bengbu	96.8	97.0	97.2	97.3	97.5
安　庆	Anqing	93.7	94.0	94.4	94.6	94.7
泉　州	Quanzhou	93.6	93.6	93.6	93.6	93.7
九　江	Jiujiang	97.1	97.0	97.1	97.2	97.3
赣　州	Ganzhou	99.0	99.0	99.1	99.1	99.1
烟　台	Yantai	97.7	98.2	98.6	98.8	99.0
济　宁	Jining	93.1	93.3	93.6	93.8	94.0
洛　阳	Luoyang	92.6	92.9	93.1	93.4	93.7
平顶山	Pingdingshan	95.7	95.7	95.9	96.1	96.2
宜　昌	Yichang	93.2	93.3	93.4	93.4	93.5
襄　阳	Xiangyang	94.3	94.3	94.4	94.7	95.0
岳　阳	Yueyang	94.7	95.1	95.1	95.1	95.3
常　德	Changde	93.9	94.2	94.5	94.8	95.2
韶　关	Shaoguan	95.4	95.5	95.7	96.1	96.4
湛　江	Zhanjiang	94.1	94.4	94.7	95.0	95.4
惠　州	Huizhou	97.8	97.4	97.4	97.6	97.7
桂　林	Guilin	95.9	96.3	96.5	96.6	96.7
北　海	Beihai	92.2	92.3	92.6	92.9	93.3
三　亚	Sanya	98.8	98.9	99.0	99.1	99.3
泸　州	Luzhou	97.2	97.4	97.6	97.8	98.0
南　充	Nanchong	101.5	101.6	101.8	101.8	101.8
遵　义	Zunyi	94.7	95.1	95.7	96.0	96.3
大　理	Dali	95.4	95.7	96.1	96.3	96.6

continued

（same period preceding year=100）

1—6 月平均 1-6 month Average	1—7 月平均 1-7 month Average	1—8 月平均 1-8 month Average	1—9 月平均 1-9 month Average	1—10 月平均 1-10 month Average	1—11 月平均 1-11 month Average	1—12 月平均 1-12 month Average
93.9	94.0	94.0	94.1	94.2	94.2	94.2
95.9	95.9	95.9	96.0	96.1	96.1	96.1
96.2	96.2	96.3	96.3	96.3	96.2	96.2
94.0	94.0	94.0	94.0	94.0	94.0	94.1
94.7	94.8	94.8	94.8	94.9	94.9	94.9
91.4	91.5	91.7	91.8	91.9	92.0	92.1
91.2	91.4	91.6	91.9	92.0	92.2	92.3
100.1	99.8	99.4	99.1	98.9	98.7	98.5
98.9	98.8	98.7	98.5	98.2	97.8	97.4
98.3	98.2	98.1	97.9	97.7	97.5	97.2
96.2	96.3	96.3	96.3	96.3	96.2	96.0
95.3	95.4	95.4	95.5	95.5	95.5	95.5
97.6	97.7	97.8	97.8	97.9	97.8	97.8
94.9	95.0	95.1	95.3	95.4	95.5	95.5
93.8	93.8	93.9	93.9	94.0	94.0	93.9
97.3	97.2	97.2	97.1	97.1	97.0	96.9
99.1	99.2	99.2	99.3	99.4	99.4	99.4
99.1	98.9	98.8	98.6	98.4	98.1	97.8
94.2	94.3	94.5	94.6	94.7	94.8	94.8
93.9	94.0	94.2	94.3	94.5	94.6	94.7
96.3	96.3	96.4	96.5	96.5	96.5	96.5
93.5	93.5	93.6	93.7	93.8	93.9	93.9
95.2	95.3	95.4	95.5	95.5	95.5	95.4
95.5	95.7	95.7	95.8	95.9	95.9	96.0
95.4	95.7	96.0	96.1	96.4	96.5	96.5
96.6	96.8	96.8	96.8	96.8	96.8	96.7
95.7	95.8	96.0	96.2	96.3	96.4	96.5
97.7	97.7	97.7	97.6	97.6	97.5	97.5
96.7	96.7	96.7	96.6	96.6	96.6	96.5
93.5	93.8	94.0	94.3	94.5	94.6	94.8
99.5	99.6	99.6	99.6	99.7	99.8	99.7
98.2	98.2	98.1	98.0	97.9	97.9	97.9
101.6	101.3	101.1	101.0	100.7	100.6	100.4
96.5	96.5	96.4	96.4	96.4	96.4	96.4
96.6	96.7	96.8	96.8	96.8	96.8	96.8

附录 1-16 全国 70 个大中城市二手住宅销售价格月度环比指数（2023 年）

（上月 =100）

地 区	Region	1 月 January	2 月 February	3 月 March	4 月 April	5 月 May
北 京	Beijing	100.9	100.8	100.7	100.1	99.4
天 津	Tianjin	99.6	100.6	100.1	99.8	100.3
石 家 庄	Shijiazhuang	99.5	100.1	100.3	99.8	99.8
太 原	Taiyuan	99.7	100.3	100.2	99.6	100.3
呼和浩特	Hohhot	99.6	99.9	99.8	99.9	99.5
沈 阳	Shenyang	99.4	99.6	100.3	99.6	99.4
大 连	Dalian	99.5	100.2	100.3	99.5	99.5
长 春	Changchun	99.0	99.6	99.9	99.8	99.5
哈 尔 滨	Harbin	99.3	99.7	100.8	100.4	99.6
上 海	Shanghai	100.4	101.0	100.7	99.8	99.2
南 京	Nanjing	100.5	100.6	100.4	99.9	99.4
杭 州	Hangzhou	99.8	100.4	100.6	100.3	99.5
宁 波	Ningbo	100.2	100.2	100.3	100.1	99.7
合 肥	Hefei	99.8	100.5	100.2	99.9	99.6
福 州	Fuzhou	100.1	100.4	100.2	99.8	99.6
厦 门	Xiamen	99.8	99.9	100.1	99.5	99.3
南 昌	Nanchang	99.5	99.9	99.9	99.7	99.7
济 南	Jinan	99.7	100.2	100.4	100.2	99.8
青 岛	Qingdao	99.9	100.2	100.2	99.7	99.8
郑 州	Zhengzhou	99.6	100.3	100.4	99.7	99.6
武 汉	Wuhan	99.7	100.1	100.5	100.4	99.5
长 沙	Changsha	100.2	100.1	100.4	100.3	100.2
广 州	Guangzhou	99.8	100.5	100.2	100.3	99.8
深 圳	Shenzhen	100.6	100.5	100.3	100.5	99.9
南 宁	Nanning	99.4	99.5	100.4	100.2	99.7
海 口	Haikou	99.6	100.1	100.3	99.5	99.9
重 庆	Chongqing	99.5	100.3	100.3	100.4	99.5
成 都	Chengdu	100.5	101.0	100.8	100.7	100.3
贵 阳	Guiyang	99.5	100.4	100.5	100.3	99.7
昆 明	Kunming	99.3	99.5	100.7	100.4	100.5
西 安	Xi'an	100.6	100.8	100.8	100.3	99.6
兰 州	Lanzhou	99.5	99.6	100.4	99.8	99.4
西 宁	Xining	100.2	100.1	100.3	100.1	100.1
银 川	Yinchuan	99.4	100.4	100.5	100.2	99.9
乌鲁木齐	Urumqi	99.6	100.1	99.7	99.8	99.8

Month-to-month Housing Price Indices of Second-hand Residential Buildings in 70 Large and Medium-sized Cities（2023）

（last month=100）

6 月 June	7 月 July	8 月 August	9 月 September	10 月 October	11 月 November	12 月 December
99.3	99.4	100.4	100.7	98.9	98.6	98.8
99.8	99.6	99.3	100.1	99.7	99.8	99.5
99.7	99.9	99.6	100.1	99.8	99.6	99.8
99.5	100.1	99.7	99.3	99.6	99.6	99.2
99.8	99.7	99.6	99.4	99.3	99.2	99.4
99.5	99.4	99.6	99.3	99.7	99.2	99.7
99.4	99.2	99.4	99.5	99.6	99.4	99.5
99.6	99.7	99.8	98.8	99.5	99.3	99.6
99.5	99.3	99.3	99.2	99.1	99.5	99.4
98.8	99.3	99.7	100.6	99.2	98.5	99.4
98.9	99.1	99.4	99.1	98.9	98.6	98.9
99.4	99.4	99.5	99.6	100.5	100.0	98.9
99.3	99.5	99.3	99.2	98.8	99.5	99.2
99.6	99.5	99.7	99.6	99.5	99.1	99.0
99.4	99.3	99.5	99.2	99.2	99.1	98.7
99.3	99.4	99.4	99.3	99.1	98.7	98.8
99.8	99.8	99.4	99.7	99.6	99.3	98.7
99.7	99.9	99.5	98.9	99.7	99.4	99.6
99.7	99.1	99.2	99.7	99.5	98.7	99.5
99.2	99.0	99.1	99.5	99.2	99.1	98.8
99.4	99.4	99.2	99.5	99.7	98.7	98.4
100.1	99.8	99.5	99.6	99.7	99.4	99.4
99.7	99.0	99.4	99.3	99.2	99.0	98.5
99.3	99.1	99.8	100.0	99.5	98.5	98.9
99.3	99.5	99.4	99.6	98.7	98.8	99.6
99.6	99.6	99.5	99.6	99.3	99.1	98.8
99.5	99.2	99.4	99.1	99.3	99.3	98.7
100.2	99.8	99.6	99.8	99.9	99.5	98.5
99.6	99.3	99.4	99.7	99.5	99.3	99.0
99.3	100.4	99.3	99.7	98.7	99.0	99.2
99.6	99.4	99.7	99.5	100.0	99.4	99.5
100.1	99.5	99.2	99.2	99.3	99.1	99.4
100.2	99.8	99.6	99.5	99.7	99.2	99.2
99.6	99.3	99.6	99.7	99.4	99.5	99.8
99.5	99.4	99.5	99.6	99.9	99.8	99.8

附录 1-16　续表

（上月 =100）

地　区	Region	1 月 January	2 月 February	3 月 March	4 月 April	5 月 May
唐　山	Tangshan	99.3	99.6	99.8	100.5	99.6
秦皇岛	Qinhuangdao	99.6	99.9	100.2	99.8	99.9
包　头	Baotou	99.8	99.8	99.9	100.2	99.9
丹　东	Dandong	99.7	99.6	99.4	100.2	99.8
锦　州	Jinzhou	99.4	99.7	99.9	100.1	99.7
吉　林	Jilin	99.3	99.5	99.7	99.7	99.5
牡丹江	Mudanjiang	99.3	99.6	99.8	100.1	99.7
无　锡	Wuxi	99.6	101.0	100.7	99.8	99.6
徐　州	Xuzhou	100.1	100.8	100.3	99.6	99.4
扬　州	Yangzhou	99.8	99.8	100.6	99.9	99.7
温　州	Wenzhou	99.8	100.6	100.4	99.6	99.4
金　华	Jinhua	99.6	99.9	100.4	99.8	99.6
蚌　埠	Bengbu	99.7	100.2	100.1	99.9	99.8
安　庆	Anqing	99.7	100.1	100.2	99.9	99.4
泉　州	Quanzhou	99.4	99.7	99.8	99.5	99.9
九　江	Jiujiang	99.9	99.8	100.3	100.3	99.8
赣　州	Ganzhou	99.6	99.7	100.4	100.3	100.1
烟　台	Yantai	100.1	100.4	100.2	99.5	99.7
济　宁	Jining	99.7	99.9	100.5	100.3	99.3
洛　阳	Luoyang	99.5	99.9	100.1	99.9	99.5
平顶山	Pingdingshan	99.7	99.8	100.1	100.1	99.8
宜　昌	Yichang	99.6	99.8	99.9	99.7	99.4
襄　阳	Xiangyang	99.4	99.9	100.1	100.2	99.8
岳　阳	Yueyang	99.5	100.6	99.5	100.5	99.5
常　德	Changde	99.7	100.2	100.1	100.3	100.1
韶　关	Shaoguan	99.3	99.4	100.5	100.6	100.5
湛　江	Zhanjiang	99.8	100.4	100.4	100.3	100.2
惠　州	Huizhou	99.8	99.9	100.1	100.4	99.5
桂　林	Guilin	99.6	100.5	100.4	99.6	100.4
北　海	Beihai	99.7	99.9	100.3	100.2	100.3
三　亚	Sanya	100.4	100.1	100.5	100.1	100.4
泸　州	Luzhou	99.6	100.2	100.1	100.1	100.2
南　充	Nanchong	99.9	100.4	100.4	100.2	100.4
遵　义	Zunyi	99.2	100.5	100.9	99.7	99.6
大　理	Dali	99.4	99.8	100.4	99.4	99.9

continued

(last month=100)

6月 June	7月 July	8月 August	9月 September	10月 October	11月 November	12月 December
98.9	99.3	99.4	99.8	99.4	99.3	98.9
99.5	99.4	99.8	99.6	99.8	99.2	99.2
99.7	99.3	99.5	99.4	99.4	99.5	99.4
99.4	99.6	99.0	99.5	99.3	99.1	99.6
99.5	99.7	99.3	99.6	99.4	99.0	99.5
99.3	99.0	99.6	99.5	99.3	99.4	99.4
99.4	99.3	100.1	99.3	99.0	98.9	99.2
99.3	99.2	99.4	99.7	99.9	99.0	98.9
99.1	99.1	99.4	98.7	98.8	98.2	98.5
99.6	99.6	99.2	99.3	98.9	98.8	98.7
99.8	99.2	99.4	99.1	99.6	98.6	98.9
99.6	99.3	99.1	99.7	99.5	99.1	99.5
99.6	99.9	99.8	99.6	99.4	99.5	99.3
99.6	99.7	99.8	99.9	99.3	99.4	99.1
99.4	99.7	99.1	99.5	99.1	99.2	99.5
99.8	99.4	99.5	99.6	99.3	98.8	99.1
100.3	100.0	99.9	99.8	99.8	99.5	99.8
99.7	99.2	99.7	99.3	98.8	98.7	99.5
99.7	99.9	99.9	99.1	99.1	98.9	99.3
99.6	99.8	99.5	99.7	99.8	99.3	98.9
99.5	99.8	99.7	99.5	99.4	99.7	99.3
99.2	99.2	99.6	99.5	99.5	99.8	99.6
99.8	99.1	99.4	99.6	99.0	98.9	98.6
99.8	99.6	99.2	99.9	99.3	99.7	99.7
99.6	100.3	100.0	99.3	99.9	98.9	98.6
99.6	99.4	99.7	99.0	99.4	99.3	99.3
99.7	99.6	99.5	99.3	99.5	99.2	99.2
99.2	100.1	99.7	99.6	99.2	99.8	99.4
99.4	99.3	99.3	99.5	99.3	99.6	98.9
99.4	100.4	99.2	99.4	99.2	99.4	99.0
100.2	99.5	99.9	99.8	100.1	99.4	99.1
99.7	99.5	99.4	99.5	99.7	99.7	99.6
100.1	99.6	99.7	99.5	99.4	99.4	99.5
99.5	99.6	99.4	99.7	99.4	99.7	99.8
99.4	100.3	100.1	99.5	99.8	99.0	99.5

附录 1-17　全国 70 个大中城市二手住宅销售价格月度同比指数（2023 年）

（上年同月 =100）

地　区	Region	1 月 January	2 月 February	3 月 March	4 月 April	5 月 May
北　京	Beijing	104.3	104.4	103.8	103.3	102.8
天　津	Tianjin	93.8	94.1	94.6	94.8	95.9
石家庄	Shijiazhuang	96.6	97.0	97.7	97.7	97.4
太　原	Taiyuan	95.3	96.1	96.9	98.1	97.8
呼和浩特	Hohhot	94.6	95.0	95.0	95.1	95.1
沈　阳	Shenyang	93.3	93.8	94.7	94.7	94.3
大　连	Dalian	94.9	95.3	96.0	96.5	96.4
长　春	Changchun	93.2	93.3	93.2	93.0	94.0
哈尔滨	Harbin	90.9	91.5	92.9	94.3	94.8
上　海	Shanghai	102.3	102.5	102.8	102.5	101.7
南　京	Nanjing	97.4	98.7	99.2	99.7	99.9
杭　州	Hangzhou	98.5	98.7	99.0	99.1	98.8
宁　波	Ningbo	99.2	98.8	99.0	99.2	99.3
合　肥	Hefei	98.8	99.5	100.0	100.8	100.9
福　州	Fuzhou	97.5	98.3	98.8	98.4	97.9
厦　门	Xiamen	98.0	97.9	98.0	97.2	96.1
南　昌	Nanchang	97.8	97.8	97.5	97.6	98.0
济　南	Jinan	96.5	96.8	97.4	98.3	98.6
青　岛	Qingdao	96.6	96.9	96.9	97.2	97.3
郑　州	Zhengzhou	94.1	94.8	95.4	95.6	95.4
武　汉	Wuhan	93.9	94.7	95.8	96.5	96.5
长　沙	Changsha	100.1	100.4	100.8	101.6	102.0
广　州	Guangzhou	99.5	99.3	99.2	99.0	98.6
深　圳	Shenzhen	97.3	98.0	98.7	98.6	98.4
南　宁	Nanning	93.5	93.4	94.4	94.9	95.2
海　口	Haikou	97.9	98.0	97.7	97.1	97.1
重　庆	Chongqing	96.8	97.2	97.4	98.2	98.1
成　都	Chengdu	108.8	109.2	109.4	109.4	108.7
贵　阳	Guiyang	95.9	96.2	97.6	98.0	98.6
昆　明	Kunming	100.3	100.1	100.4	100.3	100.6
西　安	Xi'an	98.3	99.4	100.0	100.4	100.4
兰　州	Lanzhou	94.8	94.9	95.5	95.5	96.1
西　宁	Xining	97.6	98.4	98.5	98.3	98.6
银　川	Yinchuan	96.3	97.0	97.6	98.3	98.6
乌鲁木齐	Urumqi	97.5	98.0	97.4	97.3	97.2

Year-over-year Housing Price Indices of Second-hand Residential Buildings in 70 Large and Medium-sized Cities（2023）

（same month of preceding year=100）

6月 June	7月 July	8月 August	9月 September	10月 October	11月 November	12月 December
101.5	100.6	100.8	101.1	99.8	98.6	97.8
96.1	96.5	96.4	97.5	97.7	98.0	98.1
97.6	97.4	97.4	97.7	98.0	98.3	98.2
96.8	97.1	97.2	97.0	97.2	97.2	97.1
95.5	95.8	96.1	96.1	95.4	94.7	95.2
94.1	94.1	94.5	94.2	94.4	94.4	94.8
95.7	95.1	94.8	95.0	95.3	95.2	95.0
94.4	94.6	94.7	93.9	94.0	93.8	94.2
95.3	95.1	95.3	95.2	95.0	95.3	95.2
100.2	98.8	98.0	98.1	97.7	96.7	96.6
99.3	98.3	97.0	96.0	95.6	94.6	93.9
97.6	97.3	97.2	97.4	98.7	98.9	97.9
98.1	97.5	97.3	96.8	96.2	96.1	95.3
99.9	98.7	98.2	97.6	97.2	96.7	96.0
97.5	97.0	96.9	96.4	96.2	95.9	94.9
95.1	94.9	95.1	94.9	94.5	93.5	92.9
98.1	97.3	96.6	96.6	96.2	96.0	95.1
98.4	98.5	98.3	97.3	97.3	97.2	97.1
96.4	95.9	95.6	95.7	95.8	95.2	95.2
95.3	94.9	94.8	94.8	94.5	94.5	93.9
96.6	96.1	95.9	96.2	96.3	95.7	94.6
102.0	101.5	100.8	100.2	100.1	99.4	98.7
97.8	96.8	96.3	96.2	96.1	95.7	94.8
98.7	98.3	98.6	99.0	98.7	97.5	96.9
95.0	95.0	95.2	95.2	94.7	94.0	94.3
96.4	96.2	96.0	96.2	96.2	95.6	94.9
97.1	96.0	95.9	95.5	95.5	95.4	94.5
106.8	105.2	104.1	103.7	103.1	102.2	100.5
98.8	98.6	97.6	97.4	97.6	97.3	96.1
99.9	101.0	99.9	99.2	98.6	97.1	96.0
99.8	98.9	99.1	99.0	99.2	99.3	99.1
96.6	96.8	96.3	95.9	95.7	94.9	94.8
99.4	99.3	98.8	98.5	99.1	98.7	98.0
98.3	97.9	97.8	97.9	97.5	97.5	97.4
97.5	97.2	96.8	96.4	96.3	96.1	96.4

附录 1-17　续表

（上年同月 =100）

地　区	Region	1 月 January	2 月 February	3 月 March	4 月 April	5 月 May
唐　山	Tangshan	93.6	93.3	93.1	94.0	94.7
秦皇岛	Qinhuangdao	95.5	95.6	96.2	96.1	95.9
包　头	Baotou	95.5	95.6	95.9	96.6	96.7
丹　东	Dandong	93.5	94.0	94.0	94.5	94.3
锦　州	Jinzhou	94.0	94.3	94.3	95.1	95.4
吉　林	Jilin	91.2	91.3	91.1	90.7	92.0
牡丹江	Mudanjiang	89.0	89.9	91.7	91.8	92.6
无　锡	Wuxi	99.7	100.8	101.0	101.0	99.8
徐　州	Xuzhou	98.0	99.2	100.2	99.4	98.5
扬　州	Yangzhou	97.3	97.7	97.9	99.0	99.0
温　州	Wenzhou	94.9	95.7	96.5	96.6	96.6
金　华	Jinhua	93.8	94.3	95.4	95.6	96.2
蚌　埠	Bengbu	96.8	97.2	97.6	97.6	98.3
安　庆	Anqing	93.7	94.2	95.2	95.3	95.3
泉　州	Quanzhou	93.6	93.5	93.7	93.8	94.1
九　江	Jiujiang	97.1	96.8	97.4	97.6	97.5
赣　州	Ganzhou	99.0	99.0	99.2	99.2	99.0
烟　台	Yantai	97.7	98.7	99.3	99.4	99.9
济　宁	Jining	93.1	93.4	94.1	94.8	94.7
洛　阳	Luoyang	92.6	93.2	93.7	94.3	94.6
平顶山	Pingdingshan	95.7	95.7	96.2	96.7	96.8
宜　昌	Yichang	93.2	93.4	93.6	93.5	93.6
襄　阳	Xiangyang	94.3	94.4	94.6	95.4	96.1
岳　阳	Yueyang	94.7	95.6	95.0	95.3	95.7
常　德	Changde	93.9	94.6	95.1	95.8	96.6
韶　关	Shaoguan	95.4	95.5	96.1	97.4	97.7
湛　江	Zhanjiang	94.1	94.6	95.3	95.8	97.2
惠　州	Huizhou	97.8	97.1	97.5	98.1	98.0
桂　林	Guilin	95.9	96.7	97.0	96.9	97.0
北　海	Beihai	92.2	92.5	93.2	93.7	94.8
三　亚	Sanya	98.8	98.9	99.3	99.4	100.1
泸　州	Luzhou	97.2	97.5	98.1	98.4	98.9
南　充	Nanchong	101.5	101.6	102.2	101.9	101.7
遵　义	Zunyi	94.7	95.5	97.0	96.9	97.4
大　理	Dali	95.4	95.9	96.8	97.2	97.7

continued

（same month of preceding year=100）

6 月 June	7 月 July	8 月 August	9 月 September	10 月 October	11 月 November	12 月 December
94.5	94.5	94.4	94.9	94.8	94.6	94.1
95.9	95.8	96.3	96.4	96.9	96.6	96.1
96.7	96.5	96.5	96.6	96.0	95.9	95.9
93.8	94.1	93.8	94.3	94.2	93.8	94.5
95.3	95.1	94.8	95.0	95.5	95.0	94.9
92.3	92.2	92.6	92.8	93.1	93.3	93.4
92.5	92.5	93.2	93.7	93.7	93.8	94.0
98.6	97.7	96.9	96.9	97.2	96.5	96.0
98.2	97.8	98.0	97.1	95.8	94.0	92.4
98.7	97.8	97.1	96.9	95.9	95.1	94.1
97.1	96.7	96.6	95.9	96.0	95.3	94.4
96.3	96.1	95.6	95.8	95.7	95.4	95.2
98.0	98.1	98.5	98.5	98.3	97.4	96.9
95.6	95.7	96.0	96.4	96.2	96.5	96.0
94.0	94.2	94.2	94.3	94.1	94.0	93.9
97.3	96.9	97.0	96.8	97.0	96.2	95.6
99.2	99.6	99.7	99.9	99.8	99.5	99.3
99.6	97.8	97.7	97.4	96.2	95.3	94.9
94.9	95.0	95.7	95.6	95.6	95.5	95.5
94.9	95.1	95.2	95.5	96.0	95.9	95.5
96.5	96.8	96.9	97.0	96.8	97.0	96.6
93.9	93.5	94.4	94.4	94.6	94.6	94.8
96.4	96.0	96.1	96.4	95.8	95.1	94.0
96.6	96.7	95.9	96.6	96.5	96.6	96.8
96.5	97.5	98.0	97.5	98.3	97.8	97.2
97.6	97.5	97.4	96.9	96.6	96.4	96.1
97.0	96.9	97.4	97.5	97.4	97.5	97.1
97.6	97.6	97.5	97.4	97.0	97.1	96.7
96.7	96.7	96.4	96.5	96.2	96.5	95.9
94.5	95.6	95.8	96.3	96.4	96.4	96.6
100.3	100.1	100.0	99.9	100.5	100.2	99.5
98.9	98.1	97.6	97.0	97.4	98.0	97.5
100.7	99.8	99.8	99.6	98.8	98.8	98.7
97.4	96.5	96.2	96.4	96.2	96.1	96.9
96.8	97.4	97.2	96.9	97.0	96.8	96.8

附录 1-18　全国粮食作物播种面积（1980—2023 年）
Sown Area of Grain Crops by Nationwide（1980—2023）

单位：千公顷　　(1000 hectares)

年 份 Year	粮食作物播种面积 Sown Area of Grain Crops	稻 谷 Rice	小 麦 Wheat	玉 米 Corn	大 豆 Soybean	薯 类 Tubers
1980	117234	33878	28844	20087	7226	10153
1981	114958	33295	28307	19425	8024	9620
1982	113462	33071	27955	18543	8419	9370
1983	114047	33136	29050	18824	7567	9402
1984	112884	33178	29576	18537	7286	8988
1985	108845	32070	29218	17694	7718	8572
1986	110933	32266	29616	19124	8295	8685
1987	111268	32193	28798	20212	8445	8868
1988	110123	31987	28785	19692	8120	9054
1989	112205	32700	29841	20353	8057	9097
1990	113466	33064	30753	21401	7560	9121
1991	112314	32590	30948	21574	7041	9078
1992	110560	32090	30496	21044	7221	9057
1993	110509	30355	30235	20694	9454	9220
1994	109544	30171	28981	21152	9222	9270
1995	110060	30744	28860	22776	8127	9519
1996	112548	31406	29611	24498	7471	9797
1997	112912	31765	30057	23775	8346	9785
1998	113787	31214	29774	25239	8500	10000
1999	113161	31283	28855	25904	7962	10355
2000	108463	29962	26653	23056	9307	10538
2001	106080	28812	24664	24282	9482	10217
2002	103891	28202	23908	24634	8720	9881
2003	99410	26508	21997	24068	9313	9702
2004	101606	28379	21626	25446	9589	9457
2005	104278	28847	22793	26358	9591	9503
2006	104958	28938	23613	28463	9304	7877
2007	105999	28973	23770	30024	8801	7902
2008	107545	29350	23715	30921	9225	8057
2009	110255	29793	24442	32948	9339	8088
2010	111695	30097	24459	34977	8700	8021
2011	112980	30338	24523	36767	8103	7998
2012	114368	30476	24576	39109	7405	7821
2013	115908	30710	24470	41299	7050	7727
2014	117455	30765	24472	42997	7098	7544
2015	118963	30784	24596	44968	6827	7305
2016	119230	30746	24694	44178	7599	7241
2017	117989	30747	24508	42399	8245	7173
2018	117038	30189	24266	42130	8413	7180
2019	116064	29694	23727	41284	9332	7142
2020	116768	30080	23380	41260	9883	7210
2021	117632	29921	23568	43324	8415	7333
2022	118332	29450	23519	43070	10240	7185
2023	118969	28949	23627	44219	10467	7048

附录 1-19　全国粮食作物总产量（1980—2023 年）
Total Output of Grain Crops by Nationwide（1980—2023）

单位：万吨　　　　(10000 tons)

年 份 Year	粮食作物播种面积 Sown Area of Grain Crops	稻 谷 Rice	小 麦 Wheat	玉 米 Corn	大 豆 Soybean	薯 类 Tubers
1980	32056	13991	5521	6260	794	2873
1981	32502	14396	5964	5921	933	2597
1982	35450	16160	6847	6056	903	2705
1983	38728	16887	8139	6821	976	2925
1984	40731	17826	8782	7341	970	2848
1985	37911	16857	8581	6383	1050	2604
1986	39151	17222	9004	7086	1161	2534
1987	40298	17426	8590	7924	1247	2821
1988	39408	16911	8543	7735	1165	2697
1989	40755	18013	9081	7893	1023	2730
1990	44624	18933	9823	9682	1100	2743
1991	43529	18381	9595	9877	971	2716
1992	44266	18622	10159	9538	1030	2844
1993	45649	17751	10639	10270	1531	3181
1994	44510	17593	9930	9928	1600	3025
1995	46662	18523	10221	11199	1350	3263
1996	50454	19510	11057	12747	1322	3536
1997	49417	20073	12329	10431	1473	3192
1998	51230	19871	10973	13295	1515	3604
1999	50839	19849	11388	12809	1425	3641
2000	46218	18791	9964	10600	1541	3685
2001	45264	17758	9387	11409	1541	3563
2002	45706	17454	9029	12131	1651	3666
2003	43070	16066	8649	11583	1539	3513
2004	46947	17909	9195	13029	1740	3558
2005	48402	18059	9745	13937	1635	3469
2006	49804	18172	10847	15160	1508	2701
2007	50414	18638	10953	15512	1279	2742
2008	53434	19261	11293	17212	1571	2843
2009	53941	19620	11589	17326	1522	2793
2010	55911	19723	11614	19075	1541	2843
2011	58849	20288	11863	21132	1488	2924
2012	61223	20653	12254	22956	1344	2883
2013	63048	20629	12371	24845	1241	2855
2014	63965	20961	12832	24976	1269	2799
2015	66060	21214	13264	26499	1237	2729
2016	66044	21109	13327	26361	1360	2726
2017	66161	21268	13433	25907	1528	2799
2018	65789	21213	13144	25717	1597	2865
2019	66384	20961	13359	26077	1809	2883
2020	66949	21186	13425	26067	1960	2987
2021	68285	21284	13695	27255	1640	3044
2022	68653	20849	13772	27720	2028	2977
2023	69541	20660	13659	28884	2084	3014

附录 1-20 全国及各省（自治区、直辖市）粮食作物播种面积
Sown Area of Grain Crops by Region

单位：千公顷 （1000 hectares）

地区	Region	2019	2020	2021	2022	2023
全　国	**National**	**116063.6**	**116768.2**	**117630.8**	**118332.1**	**118968.5**
北　京	Beijing	46.5	48.9	60.9	76.7	89.5
天　津	Tianjin	339.3	350.2	373.5	376.7	390.0
河　北	Hebei	6469.2	6388.8	6428.6	6443.8	6455.2
山　西	Shanxi	3126.2	3130.0	3138.1	3150.3	3161.0
内蒙古	Inner Mongolia	6827.5	6833.2	6884.3	6951.8	6984.7
辽　宁	Liaoning	3488.7	3527.2	3543.6	3561.5	3578.4
吉　林	Jilin	5644.9	5681.8	5721.3	5785.1	5825.6
黑龙江	Heilongjiang	14338.1	14438.4	14551.3	14683.2	14743.1
上　海	Shanghai	117.4	114.3	117.4	122.8	127.2
江　苏	Jiangsu	5381.5	5405.6	5427.5	5444.4	5458.9
浙　江	Zhejiang	977.4	993.4	1006.7	1020.5	1024.7
安　徽	Anhui	7287.0	7289.5	7309.6	7314.3	7334.5
福　建	Fujian	822.4	834.4	835.1	837.6	841.1
江　西	Jiangxi	3665.1	3772.4	3772.8	3776.4	3774.3
山　东	Shandong	8312.8	8281.5	8355.1	8372.2	8387.9
河　南	Henan	10734.5	10738.8	10772.3	10778.4	10785.3
湖　北	Hubei	4608.6	4645.3	4686.0	4689.0	4707.0
湖　南	Hunan	4616.4	4754.8	4758.4	4765.5	4763.5
广　东	Guangdong	2160.6	2204.7	2213.0	2230.3	2229.5
广　西	Guangxi	2747.0	2806.1	2822.9	2829.3	2834.7
海　南	Hainan	272.7	270.7	271.4	273.0	273.6
重　庆	Chongqing	1999.3	2003.1	2013.2	2046.7	2025.9
四　川	Sichuan	6279.3	6312.6	6357.7	6463.5	6404.0
贵　州	Guizhou	2709.4	2754.1	2787.7	2788.7	2773.8
云　南	Yunnan	4165.8	4167.4	4191.4	4211.0	4243.2
西　藏	Xizang	184.8	182.3	186.5	192.6	194.6
陕　西	Shaanxi	2998.9	3001.1	3004.3	3017.5	3023.0
甘　肃	Gansu	2581.1	2638.3	2676.8	2699.8	2710.9
青　海	Qinghai	280.2	290.0	302.4	303.5	304.9
宁　夏	Ningxia	677.4	679.2	689.3	692.3	693.9
新　疆	Xinjiang	2203.6	2230.2	2371.7	2433.9	2824.8

附录 1-21　全国及各省（自治区、直辖市）粮食总产量
Total Output of Grain by Region

单位：万吨　　(10000 tons)

地　区	Region	2019	2020	2021	2022	2023
全　国	**National**	**66384.3**	**66949.0**	**68285.1**	**68652.8**	**69541.0**
北　京	Beijing	28.8	31.0	37.8	45.4	47.8
天　津	Tianjin	223.3	228.0	249.9	256.2	255.7
河　北	Hebei	3739.2	3796.0	3825.1	3865.1	3809.9
山　西	Shanxi	1361.8	1424.0	1421.2	1464.3	1478.1
内蒙古	Inner Mongolia	3652.5	3664.0	3840.3	3900.6	3957.8
辽　宁	Liaoning	2430.0	2339.0	2538.7	2484.5	2563.4
吉　林	Jilin	3877.9	3803.0	4039.2	4080.8	4186.5
黑龙江	Heilongjiang	7503.0	7541.0	7867.7	7763.1	7788.2
上　海	Shanghai	95.9	91.0	94.0	95.6	101.9
江　苏	Jiangsu	3706.2	3729.0	3746.1	3769.1	3797.7
浙　江	Zhejiang	592.2	606.0	620.9	621.0	638.8
安　徽	Anhui	4054.0	4019.0	4087.6	4100.1	4150.8
福　建	Fujian	493.9	502.0	506.4	508.7	511.0
江　西	Jiangxi	2157.5	2164.0	2192.3	2151.9	2198.3
山　东	Shandong	5357.0	5447.0	5500.7	5543.8	5655.3
河　南	Henan	6695.4	6826.0	6544.2	6789.4	6624.3
湖　北	Hubei	2725.0	2727.0	2764.3	2741.1	2777.0
湖　南	Hunan	2974.8	3015.0	3074.4	3018.0	3068.0
广　东	Guangdong	1240.8	1268.0	1279.9	1291.5	1285.2
广　西	Guangxi	1332.0	1370.0	1386.5	1393.1	1395.4
海　南	Hainan	145.0	145.0	146.0	146.6	147.0
重　庆	Chongqing	1075.2	1081.0	1092.8	1072.8	1095.9
四　川	Sichuan	3498.5	3527.0	3582.1	3510.5	3593.8
贵　州	Guizhou	1051.2	1058.0	1094.9	1114.6	1119.7
云　南	Yunnan	1870.0	1896.0	1930.3	1958.0	1974.0
西　藏	Xizang	103.9	103.0	106.5	107.3	108.9
陕　西	Shaanxi	1231.1	1275.0	1270.4	1297.9	1323.7
甘　肃	Gansu	1162.6	1202.0	1231.5	1265.0	1272.9
青　海	Qinghai	105.5	107.0	109.1	107.3	116.2
宁　夏	Ningxia	373.2	380.0	368.4	375.8	378.8
新　疆	Xinjiang	1527.1	1583.0	1735.8	1813.5	2119.2

附录 1-22　全国及各省（自治区、直辖市）粮食单位面积产量
Output of Grain per Hectare by Region

单位：公斤 / 公顷　　(kg/hectare)

地　区	Region	2019	2020	2021	2022	2023
全　国	**National**	**5719.7**	**5733.5**	**5805.0**	**5801.7**	**5845.3**
北　京	Beijing	6183.1	6243.9	6196.8	5910.9	5340.6
天　津	Tianjin	6580.4	6515.7	6690.3	6802.1	6556.7
河　北	Hebei	5780.1	5941.5	5950.1	5998.1	5902.1
山　西	Shanxi	4356.2	4550.4	4529.1	4647.9	4676.1
内蒙古	Inner Mongolia	5349.8	5362.2	5578.3	5610.9	5666.4
辽　宁	Liaoning	6965.2	6630.9	7164.4	6976.1	7163.5
吉　林	Jilin	6869.8	6693.6	7060.1	7053.9	7186.4
黑龙江	Heilongjiang	5232.9	5222.7	5406.9	5287.1	5282.6
上　海	Shanghai	8170.4	8002.6	8004.7	7782.1	8010.1
江　苏	Jiangsu	6887.0	6898.5	6902.0	6922.9	6956.8
浙　江	Zhejiang	6058.2	6097.3	6167.6	6085.3	6234.1
安　徽	Anhui	5563.3	5513.7	5592.0	5605.7	5659.2
福　建	Fujian	6005.4	6019.9	6064.0	6073.2	6074.9
江　西	Jiangxi	5886.4	5736.1	5810.8	5698.4	5824.4
山　东	Shandong	6444.3	6577.1	6583.7	6621.6	6742.2
河　南	Henan	6237.2	6356.2	6075.0	6299.1	6142.0
湖　北	Hubei	5912.8	5871.4	5899.1	5846.0	5899.9
湖　南	Hunan	6444.1	6341.3	6461.0	6333.0	6440.7
广　东	Guangdong	5742.7	5749.4	5783.3	5790.9	5764.4
广　西	Guangxi	4848.9	4882.3	4911.7	4924.0	4922.4
海　南	Hainan	5316.9	5373.2	5379.8	5368.9	5373.8
重　庆	Chongqing	5377.7	5398.8	5428.4	5241.8	5409.3
四　川	Sichuan	5571.5	5587.9	5634.3	5431.4	5611.8
贵　州	Guizhou	3880.0	3840.2	3927.5	3997.0	4036.6
云　南	Yunnan	4489.1	4549.3	4605.4	4649.7	4652.1
西　藏	Xizang	5624.2	5642.7	5692.4	5573.6	5594.8
陕　西	Shaanxi	4105.2	4248.0	4228.7	4301.2	4378.7
甘　肃	Gansu	4504.2	4556.8	4600.6	4685.6	4695.4
青　海	Qinghai	3766.6	3703.8	3607.4	3534.8	3812.0
宁　夏	Ningxia	5508.9	5602.2	5345.2	5428.8	5459.1
新　疆	Xinjiang	6929.9	7099.8	7318.9	7451.0	7502.1